Horst Arend
Alkoholismus

*»Was wir wissen, ist ein Tropfen,
was wir nicht wissen, ist ein Ozean.«*

Isaac Newton

Horst Arend

Alkoholismus – Ambulante Therapie und Rückfallprophylaxe

BELTZ
PsychologieVerlagsUnion

Anschrift des Autors:

Dr. Horst Arend
Zum Mutterbachtal 17
66539 Neunkirchen

Lektorat: Gerhard Tinger

Wissenschaftlicher Beirat der Psychologie Verlags Union:

Prof. Dr. Walter Bungard, Lehrstuhl Psychologie I, Wirtschafts- und Organisationspsychologie,
  Universität Mannheim, Schloß, Ehrenhof-Ost, 68131 Mannheim
Prof. Dr. Ernst-D. Lantermann, Universität Kassel, GH, FB 3, Psychologie,
  Holländische Straße 56, 34127 Kassel
Prof. Dr. Rainer K. Silbereisen, Fachbereich Psychologie,
  Justus-Liebig-Universität Gießen, Otto-Behagel-Straße 10, 35394 Gießen
Prof. Dr. Bernd Weidenmann, Universität der Bundeswehr München,
  Fakultät für Sozialwissenschaften, Werner-Heisenberg-Weg 39, 85579 Neubiberg
Prof. Dr. Hans-Ulrich Wittchen, Max-Planck-Institut für Psychiatrie,
  Kraepelinstraße 10, 80804 München

Die Deutsche Bibliothek – CIP-Einheitsaufnahme

Arend, Horst:
Alkoholismus : ambulante Therapie und Rückfallprophylaxe /
Horst Arend. – Weinheim : Beltz, Psychologie-Verl.-Union,
1994
  Zugl.: Kaiserslautern, Univ., Diss., 1993 u. d. T.: Arend, Horst:
  Alkoholabhängigkeit bei jungen Erwachsenen
  ISBN 3-621-27223-2

D 386 (1993)
vom Fachbereich Sozial- und Wirtschaftswissenschaften der Universität Kaiserslautern genehmigte, gekürzte Fassung der Dissertation: Alkoholabhängigkeit bei jungen Erwachsenen. Stand der Forschung, ambulantes Therapieprogramm zur Rückfallprophylaxe sowie kontrollierte Fallstudien aus der klinischen Praxis.

Das Werk einschließlich aller seiner Teile ist urheberrechtlich geschützt. Jede Verwertung außerhalb der engen Grenzen des Urheberrechtsgesetzes ist ohne Zustimmung des Verlages unzulässig und strafbar. Das gilt insbesondere für Vervielfältigungen, Übersetzungen, Mikroverfilmungen und die Einspeicherung und Verarbeitung in elektronischen Systemen.

© 1994 Psychologie Verlags Union, Weinheim

Umschlaggestaltung: Dieter Vollendorf, München
Druck und Bindung: Druckhaus Beltz, Hemsbach
Printed in Germany
Gedruckt auf chlorfrei gebleichtem Papier

ISBN 3-621-27223-2

Geleitwort

Aus dem Studium der "natürlichen Geschichte des Alkoholismus" (Vaillant, 1983) und dem Überblick über die große Anzahl der Publikationen - allein in die vorliegende Arbeit sind mehr als 900 Schriften eingearbeitet - kann man zu der Überzeugung gelangen, daß bei der klinischen Bearbeitung des Alkoholthemas vorwiegend internistische, psychiatrische und neurologische Fragestellungen betroffen sind einschließlich der Entstehungsbedingungen, akuten Symptomatik und Folgeerscheinungen. Somit sind meist nur medizinische Aspekte berücksichtigt, bei denen psychologische Kriterien durchweg außen vor bleiben.

Dabei gibt es große psychologische Arbeitsfelder, die einer dringenden Aufarbeitung bedürfen, wie z. B. das Erfassen der jeweiligen Prozeßbedingungen in der Abhängigkeitsentstehung, -aufrechterhaltung und -vermeidung. Zu fragen ist ferner nach den Persongebundenheiten (traits) in jeder dieser Phasen, nach der Funktionalität des Alkohols im Leben des einzelnen oder nach den Bewältigungsmechanismen (copings) bei der Rückfallprophylaxe, nach Trinksitten, Trinkstilen, Einstellungen und Erwartungshaltungen.

In den 60er Jahren konnte in katamnestischen Erhebungen gezeigt werden (vgl. Schmidt, 1986), daß ein Teil der behandelten Alkoholiker durchaus in der Lage ist, später ein normales und sozial unauffälliges Trinkmuster zu gestalten. Damit stellte sich die Indikation zur Abstinenz ganz neu. In der Folge entwickelten sich Behandlungsansätze mit dem ausdrücklichen Ziel des "kontrollierten Trinkens" (vgl. Arend, 1991a; Arend, Laux et al., 1992). Es ist anzunehmen, daß dieses "kontrollierte Trinken" auf entscheidende (möglicherweise neu geschaffene) Personeigenschaften, Haltungen und Entscheidungsprozesse rekurriert, die es von seiten der Psychologie zu untersuchen gilt.

Seit Ende der 70er Jahre untersucht man im Rahmen kognitiv-behavioraler Therapiekonzepte, ob Einstellungen und Erwartungen gegenüber Alkohol wichtige Einflußfaktoren sind. Das heißt, es zeigte sich, daß der "pharmakologische Effekt" des Alkohols durch die von einer Person subjektiv erwarteten Wirkungen des Akohols mitbestimmt wird (Marlatt, 1987). Mit diesen wenigen Hinweisen auf psychologische Forschungsgebiete mögen wir uns an dieser Stelle begnügen.

Ich freue mich nun, daß die vorliegende, unter meiner Betreuung entstandene Monographie eine psychologische, recht aufwendige, hauptsächlich für den klinischen Praktiker gedachte Arbeit mit optimalen Bewertungen darstellt, die den folgenden konzeptionellen Hauptzielsetzungen folgt:

- Neben Definitions- und Diagnostikfragen wird der Stand der Forschung zum Thema Alkoholismus dargestellt (Ätiologie, Erhaltung, Theorien, Interventionsstrategien).

- Ein verhaltenstherapeutisch orientiertes Therapieprogramm wird konzipiert, ausgehend vom kognitiv-behavioralen Rückfallmodell nach Marlatt & Gordon (1985), und der sozial-kognitiven Lerntheorie von Bandura (1979), ergänzt mit eigenen Ansätzen im Hinblick vor allem auf ambulantes Setting.

- Die Praktikabilität und Validität dieses Therapieprogramms wird an einer "kontrollierten Einzelfallstudie" aufgezeigt, wobei sicherlich der versierte Umgang mit einem geeigneten Meß- und Kontrollinstrumentarium die besondere Kompetenz des Verfassers unterstreicht.

In sämtlichen drei Zielsetzungen hat Herr Arend sehr sorgfältige, exakte und für die klinische Praxis gut adaptierte Forschungsarbeit geleistet.

Meinen langjährigen Mitarbeiter habe ich oft wegen seines Durchhaltevermögens bewundert, und an dieser Stelle danke ich herzlich für die stets zuvorkommende und einvernehmliche Art des Miteinanders.

Ich wünsche dieser Schrift ihre verdiente Aufnahme bei den Fachkollegen und eine weite Verbreitung.

Kaiserslautern, im März 1994   Josef Laux

Vorwort

In den letzten Jahren hat die Thematik des Rückfalls und der Rückfallprophylaxe zunehmendes Interesse in der Therapie von Abhängigkeitserkrankungen erfahren. In dieser Arbeit wird ein neu entwickeltes, verhaltenstherapeutisch orientiertes Therapieprogramm zur Rückfallprophylaxe dargestellt und mit kontrollierten Einzelfallstudien auf seine Wirksamkeit überprüft.

Neben der Therapiezielfrage hat mich die Rückfallthematik seit Beginn meiner therapeutischen Tätigkeit immer wieder beschäftigt, wobei anfangs mein Erstaunen groß war, daß dieses Phänomen, das in der Therapie mit abhängigen Menschen alltäglich ist, in der Fachliteratur und auf Fachtagungen so wenig Beachtung gefunden hat. Der Rückfall war bis vor kurzem ein Tabu, weil er gleichgesetzt wurde mit dem Scheitern der Therapie. Aus diesem Grund konnte ich einen Teil meiner Kenntnisse über Rückfälle und Rückfallprophylaxe auch nur durch die meist schmerzlichen Erfahrungen meiner KlientInnen sammeln. Für ihr Vertrauen und ihre Offenheit möchte ich mich herzlich bei ihnen bedanken. Mein Dank geht auch an alle Personen, die mich bei dieser Arbeit unterstützt haben, besonders jedoch an meine SupervisionskollegInnen, mit denen ich in nunmehr vierzehnjähriger vertrauensvoller Zusammenarbeit meine Schwierigkeiten in der Therapie mit meinen KlientInnen analysieren und klären konnte.

Ein ebenso herzliches Dankeschön gilt meinem Supervisor, Dr. Manfred Zielke, Leitender Psychologe der Psychosomatischen Fachklinik Bad Dürkheim, der meine therapeutische Entwicklung ganz wesentlich mitgeprägt hat.

Mein besonderer Dank aber geht an Prof. Dr. Josef Laux, Universität Kaiserslautern. Er hat das Entstehen dieser Arbeit äußerst interessiert und kompetent begleitet sowie wertvolle Anregungen und Hilfen gegeben. Über die lange Wegstrecke bis zur Fertigstellung war er für mich stets ein verläßlicher Ansprechpartner, der mir mit seiner verständnisvollen und einfühlenden Art oft Mut gemacht hat.

Nicht zuletzt gilt aber auch mein besonders herzlicher Dank meiner Familie, meiner Frau Ursula und meinen Kindern Anna Marie und Johannes Mathias, die mir stets großes Verständnis entgegengebracht haben. Meine Frau hat diese Arbeit durch ihre tatkräftige Unterstützung erst ermöglicht, und ihr ist sie gewidmet.

Neunkirchen, im April 1994   Horst Arend

Inhaltsverzeichnis

1. **Einleitung** 1

2. **Das Konzept des Alkoholismus und der Alkoholabhängigkeit** . 8

2.1 Die Alkoholproblematik im Kontext einer historischen Perspektive 8
2.2 Definitionen von Alkoholismus und Alkoholabhängigkeit 10
2.3 Der Begriff der Sucht 13

3. **Diagnose der Alkoholabhängigkeit** 15

3.1 Labordiagnostik 15
3.2 Fragebogendiagnostik 16
3.3 Typologien und Taxonomien im Alkoholismusbereich 17
3.4 Verhaltensdiagnostik 19
3.5 Zusammenfassung 20

4. **Theorien zur Genese und Aufrechterhaltung der Alkoholabhängigkeit** 21

4.1 Einleitung 21
4.2 Biologische Theorien 23

    4.2.1 Einleitung 23
    4.2.2 Biogenetische Ansätze 23
    4.2.3 Biologische Mediatoren und High-Risk-Studien 27
    4.2.4 Zusammenfassung 32

4.3 Psychologische Theorien 33

    4.3.1 Einleitung 33
    4.3.2 Psychoanalytische Theorien 34
    4.3.3 Persönlichkeitsmerkmale 36
    4.3.4 Lerntheorien 38
    4.3.5 Zusammenfassung 42

4.4	Soziologische Theorien	43
	4.4.1 Einleitung	43
	4.4.2 Soziokulturelle Theorien	44
	4.4.3 Soziodemographische Ansätze	45
	4.4.4 Sozialisationstheorien	46
	4.4.5 Zusammenfassung	50
4.5	Die Droge Alkohol	50
4.6	Zusammenfassung	52

5. Multimodale Ansätze in der Alkoholismustherapie 55

5.1	Einleitung	55
5.2	Das traditionelle medizinische Krankheitsmodell	56
5.3	Der Ansatz der Sozial-Kognitiven Lerntheorie	62
	5.3.1 Einleitung	62
	5.3.2 Die Entwicklung einer Alkoholproblematik und Alkoholabhängigkeit	63
	5.3.3 Die Aufrechterhaltung der Alkoholproblematik und Alkoholabhängigkeit	69
	5.3.4 Der Rückfall	71
5.4	Zusammenfassung	79

6. Methoden und Ergebnisse in der Therapie der Alkoholabhängigkeit 83

6.1	Das traditionelle Therapiekonzept	83
6.2	Verhaltenstherapeutische Ansätze und ihre Effektivität in der Therapie der Alkoholabhängigkeit	84
	6.2.1 Einleitung	84
	6.2.2 Ansätze der Klassischen Konditionierung	85
	6.2.3 Der Ansatz der "Exposition" und der "Reaktions-Verhinderung"	86
	6.2.4 Operante Ansätze und das Kontingenzmanagement	86
	6.2.5 Coping Skills Trainings	87
	6.2.5.1 Interpersonelle Skills Trainings ("Social Skills Trainings")	87
	6.2.5.2 Intrapersonelle Skills Trainings	89

	6.2.6	Multimodale Ansätze	91
	6.2.7	Selbstkontroll- und Selbstmanagementansätze	92
	6.2.8	Zusammenfassung	93

6.3 Therapieerfolgsforschung in der Behandlung
der Alkoholabhängigkeit 94

    6.3.1 Einleitung 94
    6.3.2 Untersuchungen zur allgemeinen Wirksamkeit
          der Alkoholismustherapie 95
    6.3.3 Untersuchungen zur differentiellen Wirksamkeit
          von Alkoholismustherapien (Methoden, Intensität
          und Setting der Behandlung sowie Klientenmerkmale) .. 96

6.4 Methodenprobleme in der Erfolgsforschung
der Alkoholismustherapie 99
6.5 Zusammenfassung 100

7 Ambulante Therapie und Rückfallprophylaxe 102

7.1 Diagnostik 102

    7.1.1 Einmalige Datenerhebungen 103
    7.1.2 Vorher-Nachher-Messungen 104
    7.1.3 Nachher-Messungen 107
    7.1.4 Therapiebegleitende Erhebungsinstrumente 107

7.2 Das Therapieprogramm 109

    7.2.1 Die Grundlagen 109
    7.2.2 Das Erstgespräch 111
    7.2.3 Die Initialphase 112

    7.2.3.1 Intensivierung der therapeutischen Beziehung 112
    7.2.3.2 Motivationsarbeit 113
    7.2.3.3 Die Vermittlung der Therapie-Rationale 116
    7.2.3.4 Verhaltensanalyse 116
    7.2.3.5 Zusammenfassung 119

7.2.4 Die Interventionsphase I: Aufbau von Basiskompetenzen
für das "Selbstmanagement"
("Der Versuchung widerstehen") 120

7.2.4.1 Einleitung 120
7.2.4.2 Protokollierung und Analyse der Risikosituationen 121
7.2.4.3 Das interaktionelle Modell der Selbstkontrolle 121
7.2.4.4 Das Management alkoholbezogener Stimuli
und des Alkoholverlangens 125
7.2.4.5 Das Ablehnungstraining 130
7.2.4.6 Kontrolliertes Üben von Verhalten in Risikosituationen
("Graduierte Exposition") 132
7.2.4.7 Bewältigung des Alkoholverlangens ("Craving") 135
7.2.4.8 Die Bewältigung von Ausrutscher (lapse)
und Rückfall (relapse) 136
7.2.4.9 Zusammenfassung 141

7.2.5 Die Interventionsphase II: Auf- und Ausbau von
intra- und interpersonellen Fertigkeiten
("Leben lernen") 143

7.2.5.1 Einleitung 143
7.2.5.2 Das Entspannungstraining (ET) 144

7.2.5.3 Das Problemlösetraining (PT) 150

7.2.5.4 Methoden der kognitiven Restrukturierung 152

7.2.5.5 Das Selbstsicherheitstraining (ST)
zum Aufbau interpersoneller Fertigkeiten 158

7.2.5.6 Lebensstilveränderungen 175

7.2.5.7 Zusammenfassung 179

7.2.6 Therapiebeendigung und Katamnese 180

8. Fallbeispiele 182

8.1 Einleitung 182
8.2 Fallbeispiel A 182

8.2.1 Symptomatik, Zuweisungsmodus, biopsychosoziale
Problemlage (Eingangsinterview) 182

8.2.2	Soziodemographische Angaben zur Person, familiärer und sozialer Hintergrund	183
8.2.3	Lebensgeschichte	183
8.2.4	Entwicklung der Symptomatik und Therapieversuche	186
8.2.5	Diagnostik	189
8.2.6	Therapieverlauf	193
8.2.7	Therapieergebnisse	202
8.2.8	Zusammenfassung	215

8.3 Fallbeispiel B 217

8.3.1	Symptomatik, Zuweisungsmodus, biopsychosoziale Problemlage (Eingangsinterview)	217
8.3.2	Soziodemographische Angaben zur Person, familiärer und sozialer Hintergrund	218
8.3.3	Lebensgeschichte	218
8.3.4	Entwicklung der Symptomatik und Therapieversuche	220
8.3.5	Diagnostik	223
8.3.6	Therapieverlauf	228
8.3.7	Therapieergebnisse	239
8.3.8	Zusammenfassung	253

9. Zusammenfassung und Ausblick 255

Literaturverzeichnis 265

Anhang mit Anlagen 301

8.3.5	Diagnostik	223
8.3.6	Therapieverlauf	228
8.3.7	Therapieergebnisse	239
8.3.8	Zusammenfassung	253

9. Zusammenfassung und Ausblick 255

Literaturverzeichnis 265

Anhang mit Anlagen

1. Einleitung

In Deutschland hat die Abhängigkeit von legalen und illegalen Drogen mittlerweile epidemische Ausmaße angenommen und ist neben den Herz-Kreislauf- und Krebs-Erkrankungen das drittgrößte Gesundheitsproblem. Innerhalb des Spektrums psychotroper Substanzen stellt dabei der Mißbrauch und die Abhängigkeit von Alkohol den größten Problembereich dar, wenn auch in den Medien, in der Gesundheits- und Sozialpolitik und zum Teil in der Fachöffentlichkeit das vorherrschende Interesse den illegalen Drogen gilt (vgl. z. B. Adams et al., 1989; Nationaler Rauschgiftbekämpfungsplan der Bundesregierung, 1990; Arend et al., 1992; Saarländisches Suchthilfeprogramm, herausgegeben vom Ministerium für Frauen, Arbeit, Gesundheit und Soziales, 1992; Deutscher Caritasverband, 1993).

In einer 1990 durchgeführten Repräsentativerhebung zum Konsum und Mißbrauch von illegalen Drogen, alkoholischen Getränken, Medikamenten und Tabakwaren in den alten und neuen Bundesländern schätzten sich in der Altersgruppe der 12-39 jährigen 2,4 % (Alte Bundesländer) bzw. 2,6 % (Neue Bundesländer) als alkoholabhängig ein, wobei man aus Erfahrung weiß, daß bei dieser Art von Befragung von einer hohen Dunkelziffer ausgegangen werden muß. Dies ergibt bei sehr konservativer Schätzung auf die Erwachsenenbevölkerung hochgerechnet 1,54 Millionen alkoholabhängige Menschen in den alten und neuen Bundesländern (Bundesministerium für Gesundheit, 1992). Die Deutsche Hauptstelle gegen die Suchtgefahren (DHS) rechnet aufgrund verschiedener Datenquellen für Deutschland derzeit mit 2,5 Millionen behandlungsbedürftigen Alkoholabhängigen sowie mit ca. 800.000 Medikamentenabhängigen und 100.000 Abhängigen von "harten" Drogen (Heroin und Kokain) in den alten Bundesländern (Deutsche Hauptstelle gegen die Suchtgefahren (DHS), 1992a). Auf einer von der DHS durchgeführten Fachkonferenz "Sucht und Familie" wurde insbesondere auf die Situation der Mit-Betroffenen aufmerksam gemacht, wobei man bei geschätzten 3,5 Millionen Abhängigen von Alkohol, Medikamenten und illegalen Drogen von über 7 Millionen Mit-Betroffenen ausgeht (Deutsche Hauptstelle gegen die Suchtgefahren (DHS), 1992b).

Die Folgeschäden der Alkoholabhängigkeit wie Arbeitsunfälle, Fehlzeiten am Arbeitsplatz, Autounfälle, verminderte Lebenserwartung, erhöhte Suizidrate, Krankheiten etc. sind, wie Bühringer & Simon (1992) aufzeigten, erheblich, und Bundesgesundheitsminister Seehofer (1992) bezifferte die Zahl der Menschen, die jährlich an den Folgen des Alkoholmißbrauchs sterben, auf fast 40.000. Die jährlichen "mißbrauchsbezogenen Kosten" werden von Bühringer & Simon im vereinten Deutschland auf den enorm hohen Betrag von 50-80 Milliarden Mark geschätzt. Sie gelangen zu der Schlußfolgerung, daß diese Problemlage unmittelbares Handeln notwendig macht, "vor allem im ambulanten Bereich, um mehr Personen zu einer Behandlung zu motivieren" (S. 162). Ebenso forderte Ziegler (1990), daß das Angebot der ambulanten Einrichtungen quantitativ und qualitativ verbessert werden muß, damit intensiver als bisher auch ambulante Therapien durchgeführt werden können. Die Arbeit und die Effektivität der Einrichtungen der ambulanten Suchtkrankenhilfe wird zwar jährlich durch eine Statistik auf der Grundlage von EBIS (Einrichtungsbezogenes Informationssystem) dokumentiert (vgl. Simon et al., 1993), dringend erforderlich sind jedoch m. E. wissenschaftliche Arbeiten, die zum Ziel haben, ambulante Therapieansätze zu entwickeln und zu evaluieren. So fordert beispielsweise der Landesverband Bayern des Deutschen Caritasverbandes (1991) als Träger zahlreicher Einrichtungen in der ambulanten Suchtkrankenhilfe in einem wissenschaftlichen Rahmenkonzept für die ambulante psychosoziale Behandlung auch konsequenterweise, daß sie "auf dem jeweils neuesten Stand der wissenschaftlichen Erkenntnisse der Suchtforschung und der Suchttherapie erfolgt" (S. 1). In dem Abschnitt Behandlung heißt es in dem Rahmenkonzept dann weiter (S. 4):

> Als Behandlungsverfahren kommen alle psychotherapeutischen Methoden und Ansätze in Betracht, die sich in der Suchtkrankenhilfe bewährt haben. Der Einsatz einer Methode richtet sich nach der individuellen Indikation und nach der Ausbildung der therapeutischen MitarbeiterInnen ... U. a. werden eingesetzt: Verhaltenstherapie, psychoanalytische Ansätze, klientenzentrierte Gesprächstherapie, strukturelle Familientherapie, konzentrative Bewegungstherapie, Sozialtherapie, Transaktionsanalyse, Entspannungsverfahren, kreative Verfahren, körperorientierte Verfahren usw.

In diesen Ausführungen spiegelt sich ein grundlegendes Dilemma der Suchtkrankenhilfe in Deutschland wider: Was hat sich wissenschaftlich abgesichert bewährt? Es gibt nämlich kaum kontrollierte Untersuchungen mit wissenschaftlich abgesicherten Erkenntnissen über die allgemeine Effektivität von Therapie sowie die spezifische Wirksamkeit verschiedener therapeutischer Methoden und Vorgehensweisen. Feuerlein (1991) bescheinigt der bisherigen Alkoholismusforschung in Deutschland auch eine "relative Dürftigkeit" und fordert eine intensivere Forschung mit verbesserten Forschungsmethoden. Deshalb behilft man sich im Abhängigkeitsbereich, ähnlich wie in anderen biopsychosozialen Problemfeldern auch, mit der aus der allgemeinen psychotherapeutischen Wirksamkeitsforschung herstammenden und lange Zeit "gültigen", mittlerweile jedoch revidierten Aussage: Therapie ist wirksam, aber es gibt keine Unterschiede in der Wirkung verschiedener Therapieformen (vgl. Grawe, 1992a). Demzufolge findet man in der Abhängigkeitsbehandlung eine bunte therapeutische Vielfalt, die oft mit dem Satz: *"Viele Wege führen nach Rom"* legitimiert wird, wobei das Wort "Therapie" schon Wirksamkeit suggerieren soll. Man muß sich jedoch im Interesse des Klientels und angesichts der Kosten von therapeutischen Behandlungen die Frage nach dem effizientesten Weg stellen. Aus diesen Gründen sollte m. E. jeder therapeutische Ansatz auf seine Effektivität überprüft werden, wobei sehr gut auf den Forschungsresultaten von nunmehr 40 Jahren Psychotherapieforschung aufgebaut werden kann. Durch diese Vorgehensweise wäre es auch möglich, der "Trittbrettfahrer-Argumentation", wie Grawe (1992a) es formuliert hat, beizukommen: Psychotherapie ist wirksam, und es gibt keine Unterschiede in der Wirksamkeit verschiedener Therapieverfahren, also ist auch meine Methode wirksam.

So werden auch bei der Frage der Effektivität von ambulanter Therapie bei Alkoholabhängigkeit nur globale Aussagen gemacht (vgl. z. B. Jahresstatistik EBIS von Simon et al., 1993), und es wird einfach unterstellt, daß all das, was TherapeutInnen, oftmals auf Grund eigener Vorlieben und Interessen, praktizieren, sich bewährt hat. Dabei negiert man, wie übrigens in anderen biopsychosozialen Krankheitsbereichen auch, die bisher gewonnenen Erkenntnisse der Psychotherapieforschung. So hat Grawe (1992a) in einer vortrefflichen Arbeit überzeugend dargelegt, daß bisher nur drei therapeutische Ansätze, die Verhaltenstherapie, die Gesprächspsychotherapie und bestimmte Formen der psychoanalytischen Therapie, ihre Wirksamkeit zweifelsfrei nachgewiesen haben.

Im Abhängigkeitsbereich kamen Miller & Hester (1986a) in ihrer Überblicksarbeit zur Therapieerfolgsforschung in den USA - in Deutschland existieren bislang keine kontrollierten Studien - zu der Erkenntnis, daß bei der Behandlung im stationären Setting vor allem Therapiemethoden verwandt werden, die ihren Effektivitätsnachweis bisher schuldig geblieben sind. Die verhaltenstherapeutisch orientierten Behandlungsmethoden, die ihre Effektivität in kontrollierten Therapiestudien nachgewiesen haben, werden hingegen kaum angewandt.

Die Autoren kommen für den Alkoholismusbereich zu den gleichen Schlußfolgerungen wie Grawe (1992a) für die Psychotherapieforschung insgesamt, daß nämlich das Problem nicht darin liegt, "that 'we know not what we do', but rather that in the alcoholism field we are not applying in treatment what is already known from research" (Miller & Hester, 1986a, S. 122).

Die vorliegende Arbeit setzt nun gerade an dieser Notwendigkeit der Transformation von Forschungserkenntnissen in die klinische Praxis an, indem ein verhaltenstherapeutisches Behandlungsprogramm (die Begriffe Therapie, Behandlung, Intervention werden von mir synonym verwandt) auf der Basis des kognitiv-behavioralen Rückfallmodells von Marlatt & Gordon (1985) und der Sozial-Kognitiven Lerntheorie von Bandura (1979) entwickelt und im klinischen Alltag einer Beratungs- und Behandlungsstelle mit Hilfe von kontrollierten Einzelfallanalysen (die Begriffe Einzelfallanalyse und Einzelfallstudie werden von mir synonym verwandt) überprüft wird. Aus dieser kontrollierten klinischen Praxis (vgl. Petermann, 1982) ist m. E. in Zukunft der hauptsächliche Erkenntniszuwachs in der Alkoholismustherapie zu erwarten, da der Nutzen groß angelegter Forschungsprojekte - soweit sie überhaupt durchgeführt werden können (vgl. Bühringer et al., 1992) - meist durch praxisfremde Standards eingeschränkt wird.

Mit der vorliegenden Arbeit wird in Deutschland in der Abhängigkeitsforschung in mehrfacher Hinsicht "Neuland" betreten:

1. Die Therapiestudie wurde im ambulanten Setting einer Beratungs- und Behandlungsstelle durchgeführt. Bei der Betrachtung der Entwicklung von Therapieformen im Abhängigkeitsbereich in Deutschland kann man in den letzten 10 Jahren ein zwar immer stärker werdendes Interesse aller Beteiligten an der ambulanten Behandlung feststellen, dem jedoch nur eine äußerst unzureichende Erforschung von deren Ausgestaltung und Effektivität gegenübersteht (Feuerlein, 1991). So gibt es meines Wissens in Deutschland im ambulanten Bereich bisher nur zwei wissenschaftliche Arbeiten, die einen Ansatz zur Behandlung von Abhängigen beschrieben, dokumentiert und evaluiert haben (Dittmar et al., 1978; Vollmer & Kraemer, 1982). Einschränkend muß man jedoch feststellen, daß beide Studien an einem Forschungsinstitut durchgeführt und in der Pilotstudie von Vollmer & Kraemer die Klienten überwiegend über Anzeigen und Zeitungsartikel rekrutiert worden sind.

Eine der Hauptfragen, die sich in der Psychotherapieforschung jedoch stellt, ist die Effektivität eines neuen Behandlungsansatzes bei Klienten in der alltäglichen klinischen Praxis. Das in Kapitel 7 dargestellte Therapieprogramm, das auf der Basis des kognitiv-behavioralen Rückfallmodelles von Marlatt & Gordon (1985) sowie der langjährigen praktischen Erfahrung des Autors mit jüngeren Alkoholabhängigen entwickelt wurde, ist deshalb in dem "normalen" Setting einer Beratungs- und Behandlungsstelle mit "Alltags-Klienten" überprüft worden. Im Hintergrund stand dabei das von Barlow et al. (1984) entworfene Modell des "Scientist Practitioner", bei dem die wissenschaftliche Seite der Praxis drei Aspekte umfaßt:
- Der Praktiker informiert sich über die Forschungsergebnisse aus seinem Arbeitsbereich.
- Der Praktiker überprüft seine Interventionen mit empirischen Methoden.
- Der Praktiker gewinnt neue Erkenntnisse aus seinem Arbeitsfeld und publiziert diese.

In der klinischen Praxis sieht jedoch die Realität leider immer noch so aus, daß der Praktiker kaum praxisbezogene Forschung macht und die Forschungsergebnisse kaum Einfluß auf seine Arbeit haben. In dieser Arbeit wurde versucht, dem Anspruch des Scientist Practitioner-Modells gerecht zu werden, und es wurde insofern "Neuland" betreten, als daß die neueren Erkenntnisse aus der Sozial-Kognitiven Lerntheorie und der Rückfallforschung in ein Therapieprogramm integriert worden sind und dieser Ansatz auf seine Praktikabilität und Wirksamkeit im klinischen Alltag überprüft wurde.

Das Problem des zu geringen Transfers von der Forschung in die Praxis und des schwach ausgeprägten Interesses des Praktikers an der Forschung liegt m. E. begründet in der traditionellen Forschungsmethodologie der Gruppenstudie, den Differenzen zwischen Forschung und Praxis in bezug auf Vorgehensweise und Philosophie sowie dem Fetisch der statistischen Signifikanz. Obwohl Bergin & Strupp bereits vor nunmehr zwei Jahrzehnten zur statistischen Signifikanz kritisch anmerkten, daß "... the kinds of effects we need to demonstrate at this point in time should be significant enough so that they are readily observable by inspection or descriptive statistics " (1972, S. 440), hat sich dieses Konzept in der Psychotherapieforschung über die Jahre hinweg trotz vieler trivialer und irrelevanter Ergebnisse gehalten, und das Konzept der klinischen Signifikanz hat sich bisher nicht entscheidend durchsetzen können.

2. Mit Hilfe von kontrollierten Einzelfallanalysen wurde die Wirksamkeit des entwickelten Therapieprogramms überprüft. Dies ist insofern "Neuland", als daß bis in die jüngste Zeit in der Psychotherapieforschung die Gruppenstudie - oft unabhängig von den Erkenntniszielen - der methodische Ansatz der Wahl gewesen ist. Westmeyer (1979) hat in diesem Zusammenhang kritisch angemerkt, daß sich die Erkenntnismethoden vielfach verselbständigt und den Blick auf die Erkenntnisinhalte und -ziele verstellt haben. Es wird jedoch nicht angenommen, daß die Einzelfallbetrachtung die Gruppenstudie ersetzen kann, sondern daß beide in einem integrativen Evaluationskonzept unterschiedliche Positionen auf einer versuchsplanerischen Handlungsdimension darstellen (Huber, 1983).

Als Untersuchungsdesign wurde das "Non-concurrent multiple baseline design across persons" gewählt, weil vergleichbare Personen in einem vergleichbaren therapeutischen Setting mit demselben Treatment behandelt wurden, wobei die Klienten nicht - wie beim Multiple baseline design - zur selben Zeit, sondern in der Reihenfolge ihrer Anmeldung in der Beratungsstelle mit der Behandlung begonnen haben (vgl. Watson & Workman, 1981; Barlow & Hersen, 1984).

Entsprechend den Modalitäten von Barlow & Hersen (1984) für eine direkte Replikation wurden vier Klienten in der zeitlichen Reihenfolge ihrer Anmeldung in die Therapiestudie aufgenommen, wobei die Klienten in die Auswertung aufgenommen wurden, die das gemeinsam geplante Behandlungsprogramm vollständig durchlaufen hatten. Diese Arbeit ist eine gekürzte Fassung der Dissertation "Alkoholabhängigkeit bei jungen Erwachsenen. Stand der Forschung, ambulantes Therapieprogramm zur Rückfallprophylaxe sowie kontrollierte Fallstudien aus der klinischen Praxis" (Arend, 1993), in die zur Veranschaulichung der Umsetzung des Behandlungsprogramms in die klinische Praxis lediglich zwei Fälle aufgenommen worden sind. Der an allen Einzelfallanalysen sowie der methodischen Anlage der Therapiestudie interessierte Leser sei auf die Dissertation verwiesen.

Es wurde also nicht wie in vielen klinischen Studien zuerst der Versuchsplan erstellt und dann das geeignete Klientel "gesucht" -"the selection of a problem is dictated by the experimental design" (Bergin & Strupp, 1972, S. 440) -, sondern nach einer Analyse der gegebenen klinischen Realität, der Bedürfnisse der Klienten sowie der Fragestellung wurde das dafür adäquate Untersuchungsdesign ausgewählt. Dabei sieht man in jüngster Zeit in der klinischen Forschung zunehmend mehr den Nutzen der Einzelfallmethodik (Fiedler,

1987; Grawe, 1988) und betont die Notwendigkeit von Untersuchungen mit "normalen" Klienten im "alltäglichen" klinischen Kontext, was von Barlow et al. (1984) als die zentrale Fragestellung der Psychotherapieforschung überhaupt angesehen wird.

3. Eines der Hauptziele dieser Arbeit war die Entwicklung eines Behandlungsprogramms, das die Prävention und therapeutische Aufarbeitung des Rückfalls in den Mittelpunkt stellt. Dies ist insofern "Neuland", als daß der Rückfall immer noch ein Tabuthema im Abhängigkeitsbereich darstellt (Körkel, 1991), auch wenn er ein häufig vorkommendes Phänomen repräsentiert. Dieser Sachverhalt hat Litman (1980) dazu veranlaßt, von Alkoholabhängigkeit als einer "relapsing condition" zu sprechen. Bisher führte das Verständnis vom Rückfall bei den meisten Mitarbeitern in der Suchtkrankenhilfe zu großen Berührungsängsten, die zwischen den Therapeuten und den Abhängigen zu einer Art "stillem Übereinkommen" geführt haben, sich mit dem Rückfall, der bekanntlich zum Alltag in der Suchtkrankenhilfe gehört, nicht auseinanderzusetzen. Oft wird sogar die Meinung vertreten, daß ein Therapeut, der mit dem Abhängigen das Thema Rückfall bespricht, diesem auch indirekt Botschaften vermittelt wie "Ich glaube nicht daran, daß Sie es schaffen", "Man kann schon mal einen Ausrutscher oder Rückfall haben, das ist halb so schlimm". Ist der Rückfall dennoch Thema in der Therapie, wird der Therapeut eher "erzieherisch" tätig und wiederholt schon fast "gebetsmühlenhaft", daß der Klient niemals wieder trinken dürfe, in der Hoffnung, daß der Klient diese Einstellung internalisiert. In der Gruppe fördern meist die Mitglieder diese Zielsetzung durch Selbstberichte von "schlimmen Rückfällen" ("Mythos des grundsätzlich katastrophalen Rückfalls"), die in der Regel mit einem kleinen Schluck begonnen haben ("Schnapspralinenmythos").

Erst in den letzten Jahren ist auch in Deutschland ein stärkeres Interesse an dem Thema Rückfall aufgekommen (Körkel, 1988; Watzl & Cohen, 1989), und erste Veränderungen im Verständnis und im Umgang mit der Rückfälligkeit sind auch mittlerweile im therapeutischen Bereich zu beobachten. Der Forschungsgruppe um Marlatt kommt m. E. dabei das große Verdienst zu, den Rückfall des Abhängigen aus seiner negativen, abwertenden und moralisierenden Sichtweise in eine neue Blickrichtung gerückt zu haben (vgl. Marlatt & Gordon, 1985).

Wie bereits erwähnt, wurde in dieser Arbeit ein verhaltenstherapeutisches Behandlungsprogramm zur Rückfallprophylaxe im klinischen Alltag entwickelt und auf seine Wirksamkeit überprüft. In ihrem kognitiv-behavioralen Rückfallmodell schreiben Marlatt & Gordon (1985) den Komponenten "unausgewogener Lebensstil", "hochrisikoreiche Situation", "fehlende Coping-Skills zur Bewältigung akuter Streßsituationen" sowie "kognitive Fehleinstellungen wie geringe Selbstwirksamkeitserwartungen und positive Alkoholeffekterwartungen" eine wichtige Rolle im Rückfallgeschehen zu. Von Marlatt anfangs nicht berücksichtigt wurden Konditionierungsvorgänge, die m. E. jedoch in dem komplexen Rückfallprozeß insofern von Bedeutung sind, als daß konditionierte Stimuli, oft sicherlich in Verbindung mit positiven Alkoholeffekterwartungen, Alkoholverlangen auslösen können. Diesem Umstand muß im ambulanten Setting vor allem in der ersten Therapiephase durch entsprechende therapeutische Maßnahmen Rechnung getragen werden.

In das Therapieprogramm, das in Kapitel 7 ausführlich beschrieben wird, werden dabei eine Reihe von bewährten Behandlungsverfahren integriert. Die Weiterentwicklung und das "Neuland" liegen vor allem darin, daß Strategie und Zielsetzung der Behandlung verändert wurden und die einzelnen Therapiekomponenten in einen Selbstmanagement-Ansatz integriert worden sind (Kanfer et al., 1990).

Dieser neue Therapieansatz hat entsprechend dem Modell von Prochaska & Di Clemente (1982) seinen Schwerpunkt auf der Phase der Aufrechterhaltung der Abstinenz, während die Behandlungsprogramme bisher ihr Hauptziel vor allem in der Erreichung der Abstinenz gesehen haben. Nicht, den Abhängigen "trockenzulegen", sondern ihm dazu zu verhelfen, daß er es selbst bewerkstelligen kann, "trocken zu bleiben", ist der Fokus dieses Therapieprogramms. Diese äußerst schwierige Phase der Aufrechterhaltung der Abstinenz - Mark Twain hat sich einmal in diesem Zusammenhang geäußert, daß es für ihn nicht schwer sei, mit dem Rauchen aufzuhören, das habe er schon 100 mal getan, es jedoch äußerst schwierig sei, das Nichtrauchen beizubehalten - wurde bisher in der Regel entweder dem Abhängigen selbst oder einer wenig strukturierten "Nachsorge" überlassen. Viele Klienten halten jedoch, wie eine Untersuchung von Fahrner & Jung (1988) aufgezeigt hat, eine "Nachsorge" nach der "eigentlichen" stationären Therapie für eher überflüssig und nehmen deshalb die Angebote von Beratungsstellen und Selbsthilfeorganisationen nur in einem geringen Umfang wahr. Dies wäre jedoch von Vorteil und würde die Rückfallquote beträchtlich senken, weil die Klienten in der "Käseglockenatmosphäre" einer stationären Therapieeinrichtung es in der Regel nicht lernen können, konkrete alkoholbezogene Problem- und Versuchungssituationen zu bewältigen. Weiterhin haben sie auch seltener Gelegenheit zu überprüfen, wie sich ihre neu gelernten Fertigkeiten im Alltag bewähren, und nach der Entlassung erfolgt oft ein zu geringer Transfer der neu erworbenen Kompetenzen in den Alltag. Hinzu kommt, daß, solange keine realen Bewährungssituationen vorliegen, Ungewißheit darüber besteht, in welchem Ausmaß diese neu erworbenen Fertigkeiten mit Verbesserungen im Abhängigkeitsverhalten in der Zeit nach der Therapieentlassung einhergehen. So stellt sich beispielsweise die Frage, ob der Erwerb von selbstsicherem Verhalten, dessen Fehlen oft ganz entscheidend zur Entwicklung einer Abhängigkeit beiträgt, ausreicht, um ein durch Konditionierungsvorgänge ausgelöstes starkes Alkoholverlangen zu bewältigen oder ob dafür nicht ganz spezifische Fähigkeiten zum Management der Alkoholgedanken und des Alkoholverlangens notwendig sind. So fanden beispielsweise Rist & Watzl (1983), daß sich später Rückfällige von Abstinenten nicht in der allgemeinen Selbstsicherheit unterscheiden, sondern darin, welches Selbstvertrauen und welche Selbstsicherheit sie in alkoholbezogenen Situationen erlebt haben.

Diese Bewältigung der Probleme und Schwierigkeiten, die in einem unmittelbaren Zusammenhang mit der Alkoholabhängigkeit und der erreichten Abstinenz stehen, ist der erste Baustein des in dieser Arbeit neu konzipierten Therapieprogramms und trägt die Überschrift "Der Versuchung widerstehen". Im ambulanten Setting hat der Therapeut dabei den Vorteil, daß er fortlaufend konkrete und realistische Rückmeldungen über die Effektivität der Maßnahmen erhält, eventuell auftretende Schwierigkeiten sofort angehen sowie Ausrutscher und Rückfälle direkt und systematisch aufarbeiten kann. Durch dieses Erlernen von Fertigkeiten zur Bewältigung alkoholbezogener Situationen im Rahmen eines Selbstmanagement-Ansatzes kann der Klient seine anfangs brüchige Abstinenz stabilisieren sowie Selbstwirksamkeitserwartungen und Selbstvertrauen entwickeln, weil er seine Abstinenz überwiegend internen Faktoren und nicht so sehr - wie beispielsweise bei einer stationären Therapie - externen Umständen attribuiert.

Auf dieser Grundlage baut der zweite Abschnitt des Therapieprogramms auf, der die Überschrift "Leben lernen" trägt, weil insbesondere bei jüngeren Alkoholabhängigen in der Regel nicht eine Rehabilitation, sondern eine Habilitation, eine Nachreifung erforderlich ist. Dabei erfolgt ein klientenzentrierter Auf- und Ausbau von Kompetenzen und Fertigkeiten, die es dem Abhängigen ermöglichen sollen, seine Alltagsprobleme und Lebensschwierigkeiten adäquat zu meistern, eine zufriedene Abstinenz zu erreichen sowie einen Lebensstil zu entwickeln, der ihm ein gewisses Maß an Lebensqualität ermöglicht.

Der Darstellung dieses Therapieprogramms in Kapitel 7 und den beiden Falldarstellungen in Kapitel 8 vorangestellt ist in den Kapiteln 2 bis 6 eine vollständige Aufarbeitung der Literatur zur Definition, Diagnose, Ätiologie und Therapie der Alkoholabhängigkeit, wobei ein Schwergewicht der Darstellung auf dem Ansatz der Sozial-Kognitiven Lerntheorie und den verhaltenstherapeutischen Behandlungsmethoden liegt.

2. Das Konzept des Alkoholismus und der Alkoholabhängigkeit

2.1 Die Alkoholproblematik im Kontext einer historischen Perspektive

Der Gebrauch von Rauschmitteln ist fast so alt wie die Menschheit selbst, und in nahezu allen Kulturen waren alkoholische Getränke bekannt und verbreitet (Westermeyer, 1989). Keller (1979) akzentuierte diese geschichtliche Tatsache mit der Paraphrase eines bekannten Satzes: "Am Anfang war der Alkohol". Eine historische Analyse zeigt, daß es seit Beginn des profanen Alkoholkonsums Phänomene gegeben hat, die man als "Alkoholprobleme" definieren könnte. Schon in frühester Zeit bestand eine ambivalente Einstellung gegenüber dem Alkohol, er wurde gelobt und besungen, aber auch verteufelt und verdammt, wechselnde Rollen, die er bis heute beibehalten hat (vgl. Die Bibel, 1980; Völger & v. Welck, 1982). Trunkenheit wurde unter dem Begriff der Völlerei als Sünde und Laster verurteilt und ist eine der sieben Todsünden auf einem Gemälde von Hieronymus Bosch. Im 19. Jahrhundert führte eine Veränderung der Trinknormen dazu, daß Personen mit exzessivem Alkoholkonsum auffielen und als "Säufer" und "Charakterschwache" abgelehnt wurden (Pfrang, 1984), und gegen Ende des 19. Jahrhunderts war Alkoholmißbrauch nicht mehr primär ein soziales und gesellschaftliches Problem, sondern die Trunksucht wurde zum medizinisch-psychiatrischen Problem und zur individuellen Pathologie (Berger et al., 1980).

Die Grundlagen für diese Auffassung, die Trunksucht als Krankheit des Willens ansieht, wurden von Rush (1790) in Amerika und von Trotter (1804) in England gelegt, und Huss prägte 1849 den Begriff des Alkoholismus. Gegen Ende des 19. Jahrhunderts wurden dann in Deutschland und in Amerika spezielle Einrichtungen, "Trinkerheilanstalten", zur Behandlung von Alkoholikern eröffnet, deren primäres Behandlungsziel die Abstinenz gewesen ist (vgl. Pfrang, 1984; Brown, 1985). 1915 wurde die Trunksucht im Sinne der Reichsversicherungsordnung als Krankheit anerkannt, wobei die Behandlung selten durch Ärzte erfolgte, sondern "die eigentlich heilsame Beeinflussung durch Geistliche Hausväter, Angestellte kirchlicher Organisationen stattfindet" (Fränkel, 1931, S. 151).

In der Zeit des Nationalsozialismus sah das "Gesetz zur Verhütung erbkranken Nachwuchses" den schweren Alkoholismus als Indikationsbereich für die Sterilisierung vor. Hüllemann (1983) schätzt, daß etwa 10.000 Alkoholiker sterilisiert worden sind, während die Anzahl derer, die interniert oder sogar getötet wurden, ungewiß ist.

Nach dem 2. Weltkrieg wurden die alten Konzepte und Behandlungsmethoden aus der Zeit der Weimarer Republik wieder aufgenommen, die den Alkoholiker als Person mit schwerer Charakterstörung und schlechter Prognose definieren.

Im Jahre 1968 erfolgte schließlich die erneute Anerkennung von Alkoholismus als Krankheit, eine Sichtweise, die in der Bevölkerung bisher jedoch kaum Akzeptanz erreicht hat. "Der Süchtige wird als willensschwach, charakterlos, verlogen, unzuverlässig, kriminell, aggressiv und belastend erlebt, krank ist er jedoch nicht" (Ziegler, 1984, S. 13), und in einer Untersuchung von Haegele (1985) in der ehemaligen DDR sah fast die Hälfte der Befragten im Alkoholismus eine individuelle Verursachung und Verantwortlichkeit. In einer neueren Arbeit hat John (1992) bei 387 Artikeln zur Alkoholproblematik in 17 westdeutschen Zeitschriften eine Inhaltsanalyse durchgeführt und festgestellt, daß die Mehrzahl den Alkoholabhängigen Verantwortlichkeit für die Verursachung ihrer Abhängigkeit zuschreibt, wobei auch "moralische Schwäche" zu den Faktoren gehört.

Während bis in die siebziger Jahre unter Fachleuten und in der Öffentlichkeit kaum Interesse an der Alkoholproblematik bestand und dies im krassen Gegensatz zu der objektiven Bedeutsamkeit des Problems stand, hat sich in den achtziger Jahren ein Einstellungswandel vollzogen. Alkoholmißbrauch wird sowohl von den Bürgern als auch von den Politikern als soziales Problem wahrgenommen. In einer Trendstudie des Instituts für Demoskopie Allensbach (1981) äußerten sich 1981 59 % (im Vergleich dazu waren es 1973 nur 31 %) der Bundesbürger besorgt über das Ausmaß des Alkoholkonsums, und anläßlich einer Klinikeinweihung erklärte der Parlamentarische Staatssekretär Waffenschmidt: "Alkoholmißbrauch und Alkoholabhängigkeit sind mit Abstand das Suchtproblem Nummer eins in unserer Gesellschaft" (Saarbrücker Zeitung, 08.12.87).

Während die Anzahl behandlungsbedürftiger Alkoholiker ständig gewachsen ist, erfolgte im Gegenzug kein Auf- und Ausbau eines der Größe und Komplexität der Problematik angemessenen Behandlungssystems. Die Zahl der Alkoholabhängigen ist in Deutschland in den vergangenen dreißig Jahren kontinuierlich gestiegen (vgl. Schmidt, 1983; Ziegler, 1989; DHS, 1992a):

1955:	200.000
1962:	350.000
1968:	600.000
1975-1981:	1.500.000
1989:	1.500.000 - 1.800.000
1992:	1.800.000 für die alten Bundesländer
	2.500.000 für Deutschland

Insbesondere der ambulante Bereich ist - wenn auch zum 01.04.91 eine Empfehlungsvereinbarung über die Leistungen zur ambulanten Rehabilitation Abhängiger in Kraft getreten ist (vgl. Beyer, 1991) - noch stark unterentwickelt, und in dem wichtigen Feld der Prävention werden erst seit ungefähr 10 Jahren ernsthafte Anstrengungen unternommen (Janssen, 1991). Noch schlechter bestellt ist es um den Bereich der Forschung und Ausbildung. Wie eine Untersuchung von Rommelspacher et al. (1989) zeigt, werden in der Bundesrepublik Deutschland so gut wie keine Gelder für Forschung zur Verfügung gestellt, und das von vielen Fachleuten schon länger geforderte zentrale Suchtforschungsinstitut ist m. E. noch weit von seiner Realisierung entfernt. In einer jüngst veröffentlichten Bestandsaufnahme kommt Reuband (1993) zu dem Schluß, daß Deutschland im europäischen Vergleich ein Entwicklungsland im Bereich der Drogenforschung ist, und John (1993a) vermutet gar ein Desinteresse an Suchtforschung in Deutschland. In der psychologischen und psychiatrischen Forschung in Deutschland ist das Thema Sucht und Abhängigkeit nach wie vor von geringer Relevanz (Watzl & Dobel, 1991; Lehmann, 1991) und zudem -im Verhältnis zur Größe der Problematik- in der Ausbildung vollkommen unterrepräsentiert (vgl. z. B. Vorlesungsverzeichnis der Hochschulen für SS 92, WS 92/93).

Zur Weiterentwicklung der Suchtkrankenhilfe ist es m. E. notwendig, daß die Praktiker die Forderung von Bühringer (1991) nach einer wissenschaftlich orientierten Praxis ernst nehmen, d. h. daß sie die vorliegenden wissenschaftlichen Erkenntnisse in ihre Arbeit einfließen lassen und diese entsprechend dem von Petermann (1982) beschriebenen Konzept einer "Kontrollierten Praxis" evaluieren.

2.2 Definitionen von Alkoholismus und Alkoholabhängigkeit

Obwohl der von Huss 1849 eingeführte Begriff des Alkoholismus eine weltweite Akzeptanz erfahren hat, wurden dennoch eine Vielzahl anderer Begriffe für das gleiche Phänomen eingeführt, und es fehlt immer noch eine allgemein gültige Definition von Alkoholismus. Diese Begriffsvielfalt, von Jellinek (1960) als "terminologisches Chaos" bezeichnet, beruht vor allem darauf, daß sich Wissenschaftler verschiedenster Disziplinen sowie Laien mit diesem Phänomen auseinandersetzen und jeder aus seinem Theorie- und Praxisverständnis und vor dem Hintergrund seiner Konzeptbildungen Begriffe einführt und definiert.

An Versuchen, Alkoholismus zu definieren, hat es nicht gefehlt, wie verschiedene Übersichtsarbeiten zeigen (Jellinek, 1960; Keller, 1982). Dabei betonten anfangs die Definitionen primär die körperlichen Folgeerscheinungen, die mit chronischem Alkoholkonsum verbunden sind.

In den 40er und 50er Jahren gewann das Konzept der Alkoholsucht jedoch eine zunehmende Bedeutung, und Jellinek (1960) meinte, daß man Chronischen Alkoholismus (körperliche und psychische Veränderungen als Folge fortgesetzten Alkoholgebrauchs) und Alkoholsucht (unkontrolliertes Verlangen nach Alkohol) voneinander abgrenzen müsse. Er schlug vor, daß ein exzessiver Trinker erst dann als Alkoholiker oder "alcohol addict" (S. 66) zu bezeichnen ist, wenn Toleranz, Entzugserscheinungen und Kontrollverlust oder Unfähigkeit zur Abstinenz vorhanden sind.

Die Weltgesundheitsorganisation (WHO) ersetzte 1964 die Begriffe "Sucht" und "Gewöhnung" durch den wertneutralen Begriff der Abhängigkeit und stellte sieben Abhängigkeitstypen zusammen, die sich pharmakologisch und aufgrund ihrer Abhängigkeitsmerkmale (psychische/physische Abhängigkeit, Toleranzentwicklung) unterscheiden. Alkoholismus wird in diesem Kontext subsumiert unter der Drogenabhängigkeit vom Barbiturat-/Alkohol-Typ. Der Nachteil dieses Versuchs der WHO, weltweit zu einheitlichen Definitionen zu kommen, liegt nach Wanke (1985) darin, daß "mit dem pharmakologisch orientierten WHO-Begriff der Drogenabhängigkeit sozusagen die Versandtüte für die internationale Verständigung geliefert wird, daß aber für eine therapeutische Disziplin noch recht wenig hineinzupacken ist" (S. 17).

Weiterhin wurde durch die Verwendung des Begriffspaares Physische/Psychische Abhängigkeit ein ungerechtfertigter Dualismus determiniert, der mit dazu geführt hat, daß bisher wenig über die Vernetzung des komplexen biopsychosozialen Krankheitsgeschehens bekannt ist.

In den letzten Jahren wurden zwei Abhängigkeitskonzepte entwickelt, auf die näher eingegangen wird, weil sie vor allem in der klinischen Forschung und Therapie verwandt werden.

In den siebziger Jahren entwickelte eine Arbeitsgruppe um Edwards (Edwards, 1977) im Auftrag der WHO das Abhängigkeitskonzept weiter und schlug vor, zwischen Alkoholabhängigkeit und alkoholbezogenen Folgeschäden (alcohol-related disabilities) zu trennen. Abhängigkeit wird definiert als ein psycho-physio-soziales Syndrom, das durch ein komplexes Verstärkersystem determiniert und aufrechterhalten wird. Das Alkoholabhängigkeitssyndrom wird gekennzeichnet durch 7 Elemente:

Tabelle 1: Die Elemente des Alkoholabhängigkeitssyndroms

1. Subjektiv unwiderstehliches Verlangen zu trinken, das normalerweise bei dem Versuch aufzuhören oder das Trinken einzuschränken, erlebt wird;
2. erhöhte Alkoholtoleranz;
3. wiederholt aufgetretene Entzugssymptome;
4. Einnahme von Alkohol, um die Entzugssymptome zu lindern bzw. zu vermeiden;
5. Einengung des Trinkverhaltens;
6. Vorrang des Alkoholtrinkens gegenüber anderen wichtigen Aspekten des Lebens;
7. schnelles Wiedereinsetzen des Abhängigkeitssyndroms nach einer Abstinenzperiode.

Alkoholabhängigkeit wird von Edwards (1986) als eigenständiges Syndrom gesehen, das nicht notwendigerweise von Problemen im körperlichen, psychischen und sozialen Bereich begleitet sein muß. Zur Diagnose ist weder das Vorliegen aller 7 Elemente notwendig noch müssen sie in der gleichen Intensität vorhanden sein. Das Vorliegen einer Neuroadaptation (Toleranz und Entzugserscheinungen) ist dabei zur Diagnose der Abhängigkeit nicht unbedingt erforderlich. Das Alkoholabhängigkeitssyndrom wird als eine kontinuierliche qualitative Größe konzipiert und ist äquivalent mit dem früheren Konzept des "Alkoholismus". Dieses Konzept von Edwards hat sich als stimulierend und fruchtbar für die weitere Forschung und Praxis erwiesen (Skinner & Allen, 1982; Jacobi et al., 1987; John et al., 1992), ist aber auch nicht ohne Kritik geblieben (Shaw, 1979). Es bildete die Grundlage für die Diagnosestellung nach dem ICD-9 (Degkwitz et al., 1980) und wurde mit kleinen Veränderungen in die Fassung des ICD-10 (Dilling et al., 1991) mit den beiden Kategorien "Schädlicher Alkoholgebrauch" und "Alkoholabhängigkeitssyndrom" übernommen.

Neben dem ICD-Klassifikationssystem gibt es noch das Diagnostische und Statistische Manual Psychischer Störungen der American Psychiatric Association (DSM-III, 1984), das auch in Deutschland auf zunehmend stärkere positive Resonanz stößt (Wittchen et al., 1989). Es zeichnet sich aus durch seine empirische Orientierung und legt mit Hilfe operationalisierter diagnostischer Kriterien ungefähr 200 Kategorien präzise fest. Ein multiaxiales Klassifizierungssystem mit 5 Achsen ermöglicht es dabei dem Kliniker, die einzelfallbezogenen Klientendaten besser zu strukturieren und zu systematisieren.

Das DSM-III unterscheidet zwischen:
- Alkoholmißbrauch (305.0), definiert durch die Kriterien "pathologischer Alkoholkonsum", "Einschränkungen der sozialen oder beruflichen Anpassung" sowie "Schwierigkeiten mit der Familie oder Freunden" und "Mindestdauer des Mißbrauchs von einem Monat", und
- Alkoholabhängigkeit (303.9), definiert durch die Kriterien für Mißbrauch sowie Toleranzentwicklung oder Alkoholentzugssyndrom.

Das DSM-III nimmt m. E. eine zu starke Zentrierung auf biologisch-pharmakologische Faktoren zur Bestimmung der Abhängigkeit vor, die in der revidierten Fassung des Manuals (DSM-III-R, 1989) wieder aufgegeben wird. Substanzabhängigkeit wird hier als ein Komplex kognitiver, verhaltensspezifischer und körperlicher Symptome beschrieben, die eine herabgesetzte Kontrolle über den Gebrauch psychotroper Substanzen anzeigen und auf einen fortgesetzten Mißbrauch der Substanz trotz negativer Auswirkungen hinweisen.

Tabelle 2: Diagnostische Kriterien der Abhängigkeit von psychotropen Substanzen nach DSM-III-R

---

1. Die Substanz wird häufig in größeren Mengen oder länger als beabsichtigt eingenommen.
2. Anhaltender Wunsch oder ein oder mehrere erfolglose Versuche, den Substanzgebrauch zu verringern oder zu kontrollieren.
3. Viel Zeit für Aktivitäten, um die Substanz zu beschaffen, sie zu sich zu nehmen oder sich von ihren Wirkungen zu erholen.
4. Häufiges Auftreten von Intoxikations- oder Entzugssymptomen, wenn eigentlich die Erfüllung wichtiger Verpflichtungen bei der Arbeit, in der Schule und zu Hause erwartet wird oder wenn die Einnahme einer Substanz zur körperlichen Gefährdung führt (z. B. Alkohol am Steuer).
5. Wichtige soziale, berufliche oder Freizeitaktivitäten werden aufgrund des Substanzmißbrauchs aufgegeben oder eingeschränkt.
6. Fortgesetzter Substanzmißbrauch trotz Kenntnis eines anhaltenden oder wiederkehrenden sozialen, psychischen oder körperlichen Problems, das durch den Substanzmißbrauch verursacht oder verstärkt wurde.
7. Ausgeprägte Toleranzentwicklung.
8. Charakteristische Entzugssymptome.
9. Häufige Einnahme der Substanz, um Entzugssymptome zu bekämpfen oder zu vermeiden.

Einige Symptome der Störung bestehen seit mindestens einem Monat oder sind über eine längere Zeit hinweg wiederholt aufgetreten.

Bei allen Kategorien psychotroper Substanzen sind die Symptome des Abhängigkeitssyndroms identisch, und 3 von 9 Leitsymptomen sind zur Diagnosestellung erforderlich, wobei zusätzlich zur Diagnose noch der Schweregrad der Abhängigkeit einzuschätzen ist. Strukturierte und standardisierte Interviews liefern dem Kliniker dabei Hilfestellung zur Symptomerfassung und Diagnosestellung (Wittchen & Unland, 1991).

Zusammenfassend läßt sich sagen, daß in den letzten drei Jahrzehnten erhebliche Anstrengungen unternommen worden sind, eine Begriffsklärung vorzunehmen und zu einer einheitlichen, allgemein akzeptierten Definition zu gelangen. Definitionen von Alkoholismus waren aber auch immer durch die Interessen, Ziele und Ansichten der Personen geprägt, die sie formuliert haben. Mir erscheint deshalb der Ansatz, ziel- und zweckgerichtete Definitionen zu entwickeln, die dem jeweiligen Erkenntnisstand angepaßt werden können, sinnvoller und erfolgversprechender als der Versuch, eine Definition zu formulieren, die von allen Disziplinen akzeptiert wird. In diesem Sinne wäre es wünschenswert, wenn in naher Zukunft für den klinischen Bereich ein integriertes Konzept auf der Basis von DSM-III-R und ICD-10 entwickelt werden könnte, zumal eine gute Übereinstimmung der beiden Konzepte gefunden wurde (Grant, 1989; Caetano, 1990; Rounsaville et al., 1993).

2.3 Der Begriff der Sucht

Obwohl, wie bereits erwähnt, der Begriff der Sucht von der WHO im Jahre 1964 im Bereich der Drogen durch den Begriff der Abhängigkeit ersetzt wurde, wird er in Deutschland immer noch synonym mit den Termini Abhängigkeit und Alkoholismus verwandt. In letzter Zeit hat der Suchtbegriff in Deutschland im Zusammenhang mit "nichtstoffgebundenem" Problemverhalten wie exzessives Spielen, Essen, Arbeiten etc. einen regelrechten Boom erfahren. Dies veranlaßte die Deutsche Hauptstelle gegen die Suchtgefahren (DHS) dazu, vor einem inflationären Gebrauch des Suchtbegriffs zu warnen, der immer unschärfer wird und "zuletzt nicht mehr brauchbar ist zur Beschreibung behandlungsbedürftiger Suchterkrankungen" (DHS, 1985, S. 9). Andererseits sieht man aber auch die Problematik, daß ein auf stoffliche Abhängigkeiten begrenzter Suchtbegriff den Phänomenen nicht mehr gerecht wird.

Obwohl bereits Rieger 1905 eine präzise Terminologie für den Suchtbegriff forderte, konstatierte Feuerlein noch vor wenigen Jahren, daß Sucht einen unscharfen, verschwommenen Begriff darstellt (Feuerlein, 1986).

In jüngster Zeit hat Wanke (1985,1986, 1987) eine Klärung des Suchtbegriffs vorgenommen und Sucht wie folgt definiert: "Sucht ist ein unabweisbares Verlangen nach einem bestimmten Erlebniszustand. Diesem Verlangen werden die Kräfte des Verstandes untergeordnet. Es beeinträchtigt die freie Entfaltung einer Persönlichkeit und zerstört die sozialen Bindungen und sozialen Chancen eines Individuums" (1985, S.20). Sucht wird demnach von Wanke primär als ein psychisches Problem gesehen, das zu Folgeschäden im sozialen und körperlichen Bereich führt.

Gossop (1989) definierte Sucht durch folgende Elemente:
- ein starkes Verlangen oder eine Art Zwang, das süchtige Verhalten auszuüben, insbesondere dann, wenn es gerade nicht möglich ist;
- eingeschränkte Fähigkeit, das Verhalten zu kontrollieren, insbesondere Beginn und Verlauf;
- starkes Unbehagen und Streß, wenn die Ausübung des Verhaltens gestoppt oder verhindert wird;
- Aufrechterhaltung des Verhaltens trotz klarer und starker negativer Konsequenzen.

In Amerika war es vor allem Peele, der eine Reformulierung des Suchtbegriffes vorgenommen hat (1985, 1988). Er sieht in der Sucht nicht mehr ausschließlich ein biologisches Konzept, das durch Begriffe wie Toleranz und Entzug definiert wird. Suchtverhalten ist seiner Auffassung nach wesentlich durch psychische und soziokulturelle Einflüsse determiniert und repräsentiert gleichsam den Lebensstil einer Person, ein Aspekt, der in dem Modell der Rückfallprophylaxe von Marlatt eine außerordentlich wichtige Rolle spielt (Marlatt & Gordon, 1985).

Peele meint, daß Sucht am besten zu verstehen ist "as an individual's adjustment, albeit a self-defeating one, to his or her environment. It represents an habitual style of coping, albeit one that the individual is capable of modifying with changing psychological and life circumstances" (1985, S. 2).

Zusammenfassend kann man sagen, daß die neueren Definitionen von Sucht sich von der einseitigen, pharmakologisch-biologischen Dominanz im Abhängigkeitskonzept gelöst haben und den psychosozialen Aspekten des Phänomens einen größeren Stellenwert einräumen. Diese Entwicklung eines stoffungebundenen Suchtverständnisses wirft jedoch neue differential-diagnostische Fragen auf wie beispielsweise zwischen Sucht und Zwangsneurose (Hand & Kaunisto, 1984; Arend, 1988; Jahrreiss, 1989).

Deshalb ist bei weiterer Verwendung des Suchtbegriffs und zur Vermeidung unfruchtbarer Diskussionen über Realdefinitionen die Formulierung einer Suchttheorie notwendig. Dieses Unternehmen hat jedoch jüngst Feuerlein (1986), nicht gerade optimitisch, als "Herausforderung, schwieriges Unterfangen und gar als Wagnis" bezeichnet.

3. Diagnose der Alkoholabhängigkeit

3.1 Labordiagnostik

Zur Diagnose der Alkoholabhängigkeit wurden auf der Grundlage der im zweiten Kapitel beschriebenen Definitionselemente Fragebogentests (Selbst- und Fremdbeurteilung) und Labortests (Werte klinisch-chemischer und hämatologischer Untersuchungen) sowie Kombinationen von beiden entwickelt. Einen guten Überblick über die Fragebogenverfahren und die spezfischen Schwierigkeiten bei der Diagnostik der Alkoholabhängigkeit findet man bei Küfner & Feuerlein (1983) und John (1993b).

Im somatischen Bereich werden die kurz- und langfristigen Folgen des Trinkverhaltens mit Hilfe von objektiven Merkmalen der Physis und der Labordiagnostik festgestellt. Die meisten Alkoholfolgekrankheiten wie z. B. Leberzirrhose oder Polyneuropathie, sind jedoch relativ unspezifisch und erst in Verbindung mit einem positiven Befund aus der Exploration über das Trinkverhalten differentialdiagnostisch valide. So hatte auch der ausschließlich an den Folgekrankheiten orientierte Kriterienkatalog des National Council on Alcoholism (Criteria Committee, 1978) den erheblichen Nachteil einer zu großen Sensitivität, d. h. es wurden zu viele falsch-positive Alkoholismusdiagnosen gestellt (Ringer et al., 1977).

Die heute in der klinischen Praxis in der Regel vorgenommenen Blutuntersuchungen zur Bestimmung verschiedener Parameter (die Leberfunktionswerte Gamma-Glutamyl-Transferase, Gamma-GT, Glutamat-Pyruvat-Transaminase, GPT, Glutamat-Oxalacetat-Transaminase, GOT, sowie das mittlere korpuskuläre Volumen der Erythrozyten, MCV) sind wegen ihrer hohen Sensitivität und geringen Spezifität - d. h. es kommt zu relativ vielen falsch-positiven Diagnosen - nur eingeschränkt anwendbar und bedürfen der weiteren Absicherung. Insbesondere hat sich das Gamma-GT als sehr sensitiv erwiesen und ist ein oft verwandter Paramater bei der Diagnosestellung. Die Einschränkungen seiner Nützlichkeit als Screening-Instrument werden von Penn & Worthington (1983) in einem Überblicksartikel umfassend dargestellt.

Die mangelnde Robustheit einzelner Parameter führte zu einer Kombination verschiedener "Marker", z. B. Gamma-GT, GOT, GPT und MCV (Cushman et al., 1984), und eine Weiterentwicklung dieser Multiparametertests ist das von Stamm et al. (1984) entwickelte Verfahren mit 32 klinisch-chemischen und hämatologischen Kenngrößen. Hier konnte man mittels neuer statistischer Methoden eine Optimierung der Entscheidungsgrenzen herbeiführen, so daß immerhin 83 % der männlichen und 88 % der weiblichen Alkoholiker sowie 89 % der männlichen und 90 % der weiblichen Nicht-Alkoholiker richtig identifiziert werden konnten (Feuerlein, 1987).

Zusammenfassend kann man sagen, daß der Nutzen der Labordiagnostik darin liegt, daß sie in einem hohen Prozentsatz der Fälle den Verdacht auf das Vorliegen von Alkoholmißbrauch oder -abhängigkeit lenken kann. Die Kennwerte haben jedoch keine Beweiskraft für die Erkennung oder den Ausschluß einer Alkoholproblematik und Alkoholabhängigkeit. Gerade bei jungen Alkoholabhängigen befinden sich die Werte infolge noch gering ausgeprägter Organschäden oftmals nicht im signifikanten Bereich. Die Alkoholspezifität, der durch die Laborbefunde indizierten Schäden, muß auf jeden Fall durch eine Befragung des Klienten und/oder seiner Angehörigen abgesichert werden. Nach Feuerlein (1987) gibt es auch derzeit keine Aussicht auf objektivierende Tests, die ohne diese Explorationsdaten für eine Diagnosestellung auskommen.

3.2 Fragebogendiagnostik

Die alkoholbezogenen psychosozialen Schäden sowie das pathologische Trinkverhalten werden meist durch Fragebogentests erfaßt, von denen in den letzten 40 Jahren mehrere Hundert entwickelt wurden (vgl. Miller, 1976; Küfner & Feuerlein, 1983). Bei der Konstruktion dieser Tests werden zwei grundlegende Strategien verwandt: direkte und indirekte Befragungen. Bei den indirekten Fragebogentests werden Items vorgegeben, die keinen offensichtlichen Bezug zum Trinkverhalten haben. In diese Kategorie gehören vor allem die zahlreichen Versuche aus dem Persönlichkeitsfragebogen "Minnesota Multiphasic Personality Inventory" (MMPI), Alkoholismusskalen zu entwickeln (Rosenberg, 1972; Clopton, 1978). Die bekannteste davon ist die Skala von Mc Andrew (1965), die aus 49 Items besteht und nach einer Literaturübersicht von Apfeldorf & Hunley (1981) zu 61,5 % bis 81,5 % richtigen Klassifikationen kommt. Mc Andrew (1981) errechnet in seiner Überblicksarbeit sogar einen Mittelwert von 85,9 % bei einer Streuung von 79 % bis 97,5 %.

In einer abschließenden Bewertung zur indirekten Strategie meinten Küfner & Feuerlein (1983, S. 10):

> Zusammenfassend betrachtet erscheint die Trennfähigkeit der Alkoholikergruppen von anderen psychischen Störungen mittels allgemeiner Persönlichkeitsfragen für eine praxisorientierte Diagnostik wahrscheinlich nicht brauchbar, zum einen wegen der zu erwartenden relativ hohen Zahl falsch positiver Diagnosen und zum anderen wegen fehlender Informationen über klinisch wichtige alkoholbezogene Symptome und Verhaltensweisen.

In der direkten Strategie wird ein Fragebogen mit Items zusammengestellt, die unmittelbar die alkoholbezogenen psychosozialen Schäden und Trinkverhaltensweisen abfragen.

Der Alcadd-Test von Manson (1949a,b) ist die erste empirisch konstruierte und evaluierte Alkoholismusskala. Der bekannteste Fragebogen im angloamerikanischen Sprachraum ist wohl der Michigan-Alcoholism-Screening-Test, der in einer Interviewform "MAST" (Selzer, 1971) und in einer Kurzform "Brief-MAST" (Pokorny et al., 1972) vorliegt. Beim MAST wurde in einer Anzahl von Validierungsstudien immer wieder das Problem der hohen falschpositiven Klassifikationsrate diskutiert (Zung, 1982).

Im deutschen Sprachraum existieren fünf empirisch-statistisch überprüfte Alkoholfragebogen:

- die Übersetzung des Manson-Evaluation Test von Böcher (1965)
- der Kurzfragebogen für Alkoholgefährdete, KFA, von Feuerlein et al. (1976, 1989)
- der Basler Drogen- und Alkoholfragebogen, BDA, von Ladewig et al. (1976)
- der Münchner Alkoholismustest, MALT, von Feuerlein et al. (1979)
- der Rasch-skalierte Fragebogen zum funktionalen Trinken, FFT, von Belitz-Weihmann & Metzler (1993)

Aus jüngster Zeit stammen drei Fragebogen zur Differentialdiagnose des Alkoholismus:

- das Trierer Alkoholismusinventar, TAI, von Funke et al. (1987)
- die Göttinger Abhängigkeitsskala, GABS, von Jacobi et al. (1987)
- die Lübecker Alkoholabhängigkeitsskala, LAS, von John et al. (1992).

Im Fragebogen von Böcher, im KFA und BDA findet man lediglich Selbstbeurteilungsfragen, die grundsätzlich der Beeinflußbarkeit durch den Klienten unterliegen. Sie berücksichtigen auch nicht die klinischen Befunde, die, wie bereits ausgeführt, wichtig für die Diagnosestellung sein können.

Der Münchner Alkoholismustest MALT ist ein umfassender Fragebogen, der somatische, psychische und soziale Schäden infolge der Alkoholproblematik sowie das pathologische Trinkverhalten selbst erhebt (zur Beschreibung siehe Kapitel 7). Bei der Testkonstruktion wurde mehr Wert auf die Spezifität als auf die Sensitivität gelegt, und Validierungsstudien von Feuerlein et al. (1977) sowie von Auerbach & Melchertsen (1981) haben sehr gute Ergebnisse erzielt.

Der MALT hat ein breites Anwendungsfeld, er kann als Suchtest zur Identifikation von Alkoholabhängigen verwandt werden, zur Absicherung einer Verdachtsdiagnose beitragen und ist sehr gut im klinischen Bereich einsetzbar.

3.3 Typologien und Taxonomien im Alkoholismusbereich

Die dargestellten diagnostischen Verfahren, von Pattison & Kaufmann (1982) auch als "binary procedure" bezeichnet, versuchen die Population in zwei diskrete Klassen, Alkoholiker und Nicht-Alkoholiker, aufzuteilen. Dieser Vorgehensweise zugrunde liegt die Vorstellung von Alkoholismus als einem einheitlichen Phänomen ("Uniformitätshypothese"), die jedoch in den letzten Jahren aufgrund zahlreicher empirischer Befunde zunehmend mehr in Frage gestellt worden ist (Pattison et al, 1977; Heather & Robertson, 1985). Man vertritt mittlerweile die Annahme, daß es *den* Alkoholiker nicht gibt, sondern Untergruppen existieren, zu deren Diagnose differenzierte multivariate Verfahren notwendig sind (Caddy, 1978; Meyer et al., 1983). Der Gedanke an die Bildung von Subgruppen ist sehr alt, und die früheste bekanntgewordene Typologie stammt von dem griechischen Arzt Galen, der in seiner Temperamentenlehre mit vier Typen - Sanguiniker, Choleriker, Phlegmatiker, Melancholiker - eine Einteilung nach biologisch-psychischen Gesichtspunkten vorgenommen hat. Seitdem wurden viele Persönlichkeitstypologien erstellt, und dieser Ansatz hat auch im Alkoholismusbereich eine lange Tradition.

Babor & Lauerman (1986) haben in ihrem Übersichtsartikel 39 Typologien dargestellt, die im Zeitraum 1850 - 1941 entwickelt worden sind. Sie kamen zu der Schlußfolgerung, daß diese frühen Typologien, die durch Rationalität und Erfahrung ihre "Idealtypen" gebildet haben, methodisch unzulänglich und von geringer klinischer und sozialpolitischer Relevanz gewesen sind.

Bowman & Jellinek (1941) beschrieben 24 Klassifikationssysteme, und diese Arbeit bildete die Grundlage für die wohl bekannteste Typologie, die von Jellinek (1960) wie folgt beschrieben wurde:

Alpha-Trinker: Konflikttrinker, psychische Abhängigkeit liegt vor, kein Kontrollverlust.
Beta-Trinker: Gelegenheitstrinker, soziale Abhängigkeit mit gewöhnlich fehlender körperlicher Abhängigkeit.

Gamma-Alkoholiker: Körperliche und psychische Abhängigkeit sowie Kontrollverlust liegen vor.
Delta-Alkoholiker: "Spiegeltrinker" mit körperlicher Abhängigkeit und Unfähigkeit zur Abstinenz. Kein Kontrollverlust.
Epsilon-Trinker: Episodischer Trinker, psychische Abhängigkeit und Kontrollverlust liegen vor.

Diese Typologie hat auch heute noch einen hohen Stellenwert in der klinischen Praxis, und ihre Gültigkeit und Nützlichkeit wurden erst jüngst in einer empirischen Untersuchung von Schulz et al. (1992) wieder bestätigt.

Eine Renaissance erfuhren die Typologien durch die Entwicklung multivariater Verfahren, die einen empirisch überprüfbaren Zugang zu dieser Fragestellung der differentiellen Psychologie versprachen. Man spricht nun besser von Klassifikationen, da in vielen Fällen der theoretische Überbau ganz fehlt oder nur unzureichend fundiert ist, und man hofft, "die Theorie aus den Daten zu ziehen" (Funke, 1987).

Im Alkoholismusbereich versuchte man Subgruppen von Alkoholikern auf der Basis homogener Persönlichkeitsmerkmale zu bilden (Morey & Blashfield, 1981), wobei vor allem Persönlichkeitstests wie der Minnesota Multiphasic Personality Inventory, MMPI, (Spreen, 1963) und das Freiburger Persönlichkeitsinventar, FPI, (Fahrenberg et al., 1973) eingesetzt worden sind. In einer kritischen Analyse von 29 Untersuchungen, die zum Ziel hatten, empirische Subtypen aufgrund statistischer Verfahren zu identifizieren, kommt Skinner (1982) zu dem Schluß, daß dadurch weder Verbesserungen in der Diagnostik noch in der klinischen Praxis erreicht worden sind.

Dieser Mangel an klinischer Nützlichkeit der empirisch gewonnenen Klassifikationen auf der Basis von Persönlichkeitsmerkmalen veranlaßte die Alkoholforscher, wieder Schemata aus theoretsichen Überlegungen heraus zu entwickeln (vgl. Meyer et al., 1983). Dieser a priori Ansatz verwendet zumeist dichotome Merkmale zur Klassifikation von Abhängigen wie z. B. primäre oder sekundäre Abhängigkeit, Vorliegen oder Nichtvorliegen einer Psychopathologie, Existenz einer familiären Basis der Alkoholabhängigkeit bzw. familiärer Alkoholismus mit oder ohne psychiatrische Zusatzdiagnose (Hesselbrock, 1986; Penick et al., 1990).

Seltsamerweise wurden nur wenige Klassifikationsschemata aufgrund von Trinkmustern erstellt. Neben der schon erwähnten und sehr bekannten Jellinek-Typologie wurde mittels Faktorenanalyse der Alcohol Use Inventory, AUI, von Wanberg et al. (1977) entwickelt, von dem mittlerweile eine verkürzte deutsche Fassung, das Trierer Alkoholismusinventar, TAI, vorliegt (Funke et al., 1987).

Zusammenfassend kann man sagen, daß immer wieder Versuche unternommen worden sind, um Klassifikationssysteme für Alkoholabhängige zu entwickeln. Man verspricht sich dadurch eine bessere Erforschung des Problems der optimalen Zuweisung von Klienten zu Behandlungsmethoden und Behandlungssettings. Die Ergebnisse dieser Bemühungen sind eher bescheiden, mißt man sie an der nunmehr 50 Jahre alten Richtschnur von Bowman & Jellinek (1941): "The relevance of a classification that goes beyond ..... pigeonholing is determined by its predictive value" (S. 143).

Man muß sich m. E. von dem Gedanken lösen, *die* Typologie oder Klassifikation zu erstellen. Sinnvoller und nützlicher wäre es vielmehr, unterschiedliche Klassifikationen auf der Basis spezifischer Merkmale (prämorbide Charakteristika, Trinkverhaltensmuster, Schweregrad der Abhängigkeit, Verhaltenskonsequenzen aus der Abhängigkeit etc.) sowie für unterschiedliche Zwecke (ätiologische Fragestellungen, Behandlungsaspekte, Therapieerfolg) zu bilden.

3.4 Verhaltensdiagnostik

In der Verhaltenstherapie erfolgte als Reaktion auf die Situation in der traditionellen Diagnostik, die kaum Handlungsanleitungen für die Therapie lieferte, die Entwicklung einer eigenständigen Verhaltensdiagnostik mit den beiden Komponenten Verhaltensmessung und Verhaltensanalyse (Keßler, 1978; Hersen & Bellack, 1981). Dabei diente lange Zeit das S-O-R-K-C-Modell von Kanfer & Phillips (1975) als heuristisches Modell für das Verständnis und die Analyse des menschlichen Verhaltens und seiner Bedingungen. Das Modell ist linear konzipiert und sieht eine Analyse in Verhaltensketten vor. Das Verhalten (R) wird in Abhängigkeit von Umweltfaktoren begriffen und geht in die Verhaltensgleichung als abhängige Variable ein, die topographisch und quantitativ ermittelt werden soll. Die unabhängigen Variablen sind:

S = positive und negative diskriminative Stimuli; konditionierte Stimuli; verdeckte Stimuli
O = biologische und psychische Ausstattung der Person
K = Kontingenzverhältnisse, d. h. Verstärkungspläne (kontinuierlich intermittierend) und
C = Verstärkung, Bestrafung oder neutrale Konsequenzen.

In diesem linearen Modell sind allerdings verschiedene Ebenen des Verhaltens und ihre möglichen Interaktionen nur schwer zu berücksichtigen. Die Weiterentwicklung in der Verhaltenstherapie führte über ein lineares Selbstregulationsmodell und ein offenes Schleifenmodell zu einem komplexen Drei-Ebenen-Systemansatz in Form eines umfassenden Regelkreismodells (vgl. Abbildung 1). So benutzt Kanfer (1989) weiterhin das funktionale Konzept, weitet es allerdings durch die Integration verschiedener Ebenen und den Aspekt der Selbstregulation zu einem Systemmodell aus.

In dieses Modell fließt die Erkenntnis ein, daß menschliches Verhalten nur durch ein Zusammenwirken von biologischen, psychischen und sozialen Faktoren zu erklären ist. Die α-Ebene bezeichnet alle von außen kommenden Einflüsse und situativen Bedingungen; mit der ß-Ebene sind alle selbsterzeugten Stimuli, Gedanken, Kognitionen und internen psychischen Prozesse gemeint; γ beschreibt die biologisch-somatische Variable, d. h. die Prozesse und Reaktionen, die aus der physiologischen Struktur entstammen. Kanfer ist es wichtig zu betonen, daß die Unterscheidung in die drei Ebenen künstlich ist, obwohl sie einen großen heuristischen Wert für die Forschung und Modellbildung besitzt. Der Ablauf des Verhaltens wird nach diesem Modell als ein komplexes System interagierender Mechanismen analysiert und verstanden.

Die Systemperspektive in der Verhaltenstherapie kann man als eine Art Meta-Modell für die Analyse von biopsychosozialen Störungen sehen, und als Therapeut sollte man diese Komplexität menschlichen Verhaltens immer vor Augen haben. Dies schließt jedoch nicht aus, daß man nach einer durchgeführten Verhaltensanalyse an spezifischen Punkten dieses vernetzten Systems zusammen mit dem Klienten Interventionen vornimmt.

Die funktionale Verhaltensanalyse hat sich in der Behandlung von Alkoholabhängigen als sehr nützlich und hilfreich erwiesen (vgl. Miller, 1976; Sobell, Sobell & Sheahan, 1976). Dabei steht die funktionale Beziehung zwischen dem Alkoholtrinken, den vorausgehenden Stimulusbedingungen und den nachfolgenden Konsequenzen im Mittelpunkt der individuellen Analyse. In jedem Einzelfall werden differenzierte Überlegungen hinsichtlich der Lerngeschichte, vergangener und aktueller Bedürfnisse, der Verhaltensmöglichkeiten und defizitärer Verhaltensmuster angestellt.

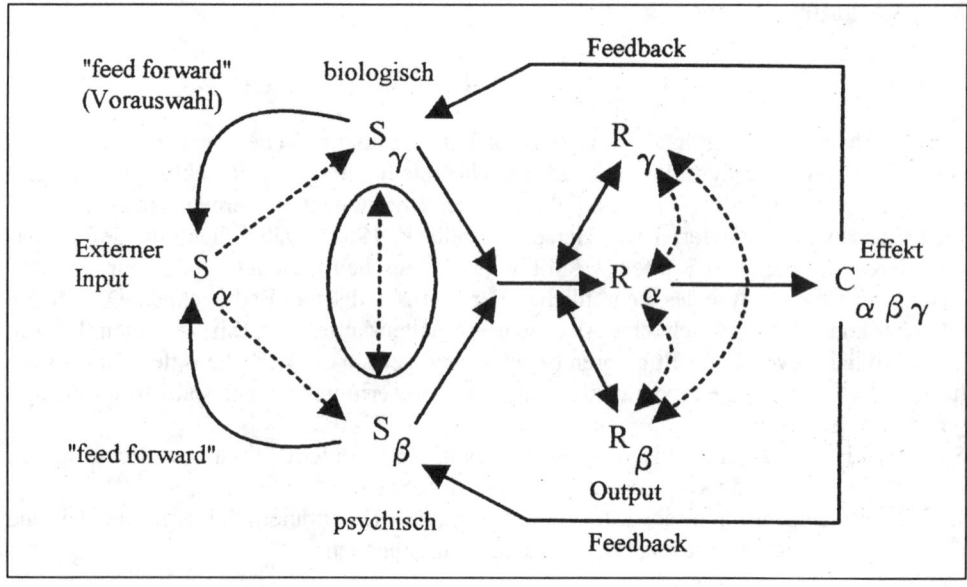

Abbildung 1: Umfassendes Regelkreismodell menschlichen Verhaltens nach Kanfer (1989)

3.5 Zusammenfassung

Es kann festgehalten werden, daß aus therapeutischer Sicht die Anwendung eines binären diagnostischen Verfahrens wie des Münchner Alkoholismustests (MALT) einen raschen Einstieg in den diagnostischen Prozeß ermöglicht. Die Klassifikation ist aufgrund der guten Testeigenschaften zuverlässig abgesichert, und die Beantwortung auf Itemebene liefert erste Anhaltspunkte für die Erfassung der individuellen Alkoholproblematik. Differentialdiagnostische Verfahren wie das Trierer Alkoholismusinventar (TAI) sowie die funktionale Verhaltensanalyse des Problemtrinkens liefern das Rohmaterial für differenzierte diagnostische und therapeutische Überlegungen. Neben dieser Erhebung der Entwicklung und des momentanen Zustands der Alkoholabhängigkeit ist eine differenzierte Erfassung der biopsychosozialen Situation des Klienten notwendig, um mit ihm eine auf seine individuelle Problemkonstellation abgestimmte Therapie zu planen und durchzuführen. Die Anamnese, die Verhaltensanalye als eine Spezialform der Anamnese, klinische Selbst- und Fremdbeurteilungsverfahren sowie Persönlichkeitsfragebogen und Tests sind dabei Verfahren und Hilfsmittel, die es dem Therapeuten und dem Klienten ermöglichen, die "Realität" des Klienten gemeinsam im Sinne einer subjektiven, personenzentrierten Diagnostik zu rekonstruieren, was eine notwendige Voraussetzung für eine adäquate, klientenbezogene therapeutische Intervention ist (Orlik et al., 1982; Arend, 1992).

4. Theorien zur Genese und Aufrechterhaltung der Alkoholabhängigkeit

4.1 Einleitung

In der klinischen Praxis führt der Behandlungsauftrag eines Alkoholabhängigen bei dem Therapeuten zu zwei zentralen Fragestellungen:

1. Wie hat sich bei dieser Person das abhängige Trinkverhalten entwickelt und durch welche Faktoren wird es aufrechterhalten?
2. Welche therapeutischen Möglichkeiten mit empirisch nachgewiesener Effizienz gibt es, um den Behandlungsauftrag zu erfüllen?

Bei der Frage der Genese der Abhängigkeit wird man konfrontiert mit einer Vielzahl von nebeneinander bestehenden Theorien und Mini-Theorien (eine gute Überblicksdarstellung findet man in Lettieri & Welz, 1983 sowie Wanke & Bühringer, 1991). Zu Beginn der wissenschaftlichen Beschäftigung mit der Alkoholproblematik standen eher monokausale Erklärungsansätze im Vordergrund, deren Schwergewicht entweder auf der biologischen, psychischen oder sozialen Ebene lag. Die Suche nach *der* Ursache einer Alkoholabhängigkeit hat sich jedoch als eine unrealistische Zielsetzung herausgestellt. In jüngster Zeit wurden vermehrt multikausale biopsychosoziale Ansätze entwickelt, die vorgeben, das komplexe Geschehen bei der Entwicklung einer Abhängigkeit adäquater beschreiben, erklären und vorhersagen zu können (Wallace, 1989; Cox, 1990). Erhebliche Differenzen bestehen allerdings noch bezüglich der Bedeutung und des Stellenwertes der einzelnen Komponenten in einer biopsychosozialen Konzeption der Entstehung und Aufrechterhaltung einer Alkoholproblematik. Schon vor gut zwanzig Jahren hat man versucht, das Nebeneinander von Theorien in Analogie zum Gesundheitsmodell in einem Triasmodell (siehe Abbildung 2) zu integrieren (Roebuck & Kessler, 1972; Kielholz & Ladewig, 1973).

Die drei Faktoren Person, Umwelt und Droge betrachtet man als voneinander unabhängige Dimensionen, die mit jeweils spezifischen Einflußfaktoren zur Entwicklung und Aufrechterhaltung einer Abhängigkeit beitragen. Man weiß jedoch noch relativ wenig über die Interaktion der Dimensionen im dynamischen Prozeß einer Abhängigkeitsentwicklung. Von Wartburg & Ris (1979) stellten zutreffend fest, daß zwar jeder Spezialist in dem theoretischen Rahmen der multifaktoriellen Pathognese der Abhängigkeit die Wichtigkeit der anderen Disziplinen würdigt, anschließend seine Theorie der Alkoholabhängigkeit aber ausschließlich von seiner Fachrichtung aus präsentiert und interdisziplinäre Aspekte kaum berücksichtigt. In diesem Zusammenhang spricht Petry (1987) von der "Leerformel der Multikonditionalität", auf die sich Forscher und Therapeuten bei der Genese der Abhängigkeit berufen.

In dieser Arbeit wird der derzeitige Wissensstand in der Ätiologieforschung kurz dargestellt, wobei die gewählte Reihenfolge "bio - psycho - sozial" keinen Wertungs- sondern lediglich einen Ordnungsgesichtspunkt repräsentiert. Anzumerken ist weiterhin, daß es in der Alkoholismusforschung kaum Theorien gibt, wenn man formale wissenschaftstheoretische Maßstäbe anlegt. Es handelt sich vielmehr um ein Konglomerat aus Definitionen, Generalisierungen aus empirischen Befunden, Postulaten aus klinischen Erfahrungen sowie aus theoretischen Konzeptbildungen aufgrund von Untersuchungsergebnissen. Die Betrach-

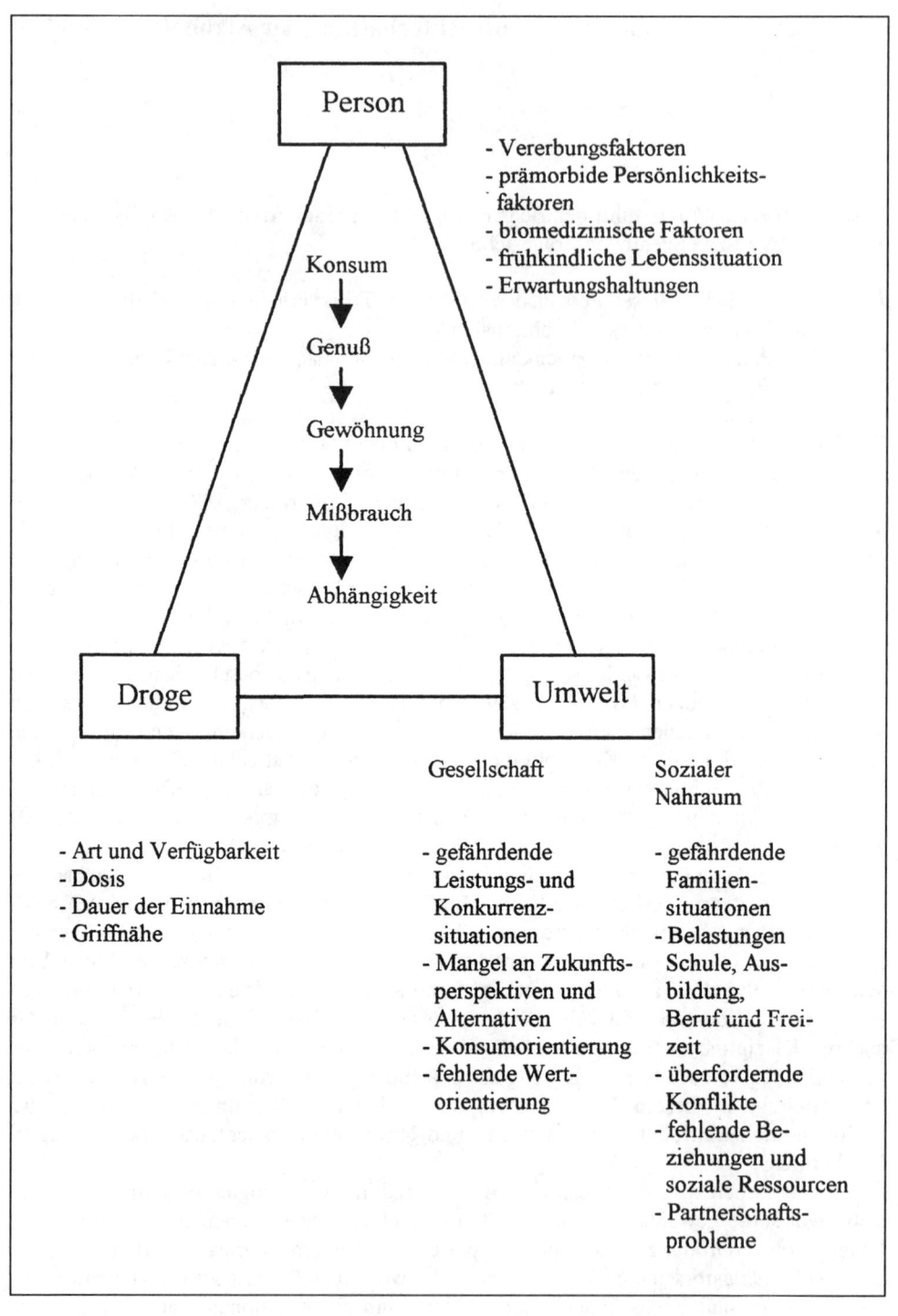

Abbildung 2: Trias der Entstehungsursache der Drogenabhängigkeit

tung dieser Vielfalt von Theorien legt die Schlußfolgerung nahe, daß sich die Abhängigkeitsforschung in einem präparadigmatischen Stadium befindet (Gambino & Shaffer, 1979; Shaffer, 1986), das von Kuhn (1970) folgendermaßen beschrieben wurde: "The pre-paradigma period, in particular, is regularly marked by frequent and deep debates over legitimate methods, problems, and standards of solution, though these serve rather to define schools than to produce agreement" (S. 47-48).

4.2 Biologische Theorien

4.2.1 Einleitung

Die ältesten biologischen Theorien wie die Allergietheorie, die endokrinologische Theorie, die Ernährunstheorie und die hirnpathologische Theorie, sahen die Alkoholabhängigkeit von einem rein somatischen Aspekt her und versuchten, *den* Verursachungsfaktor zu finden (vgl. Antons & Schulz, 1976). Gemeinsam ist diesen Theorien auch der Fehler, daß sie aus den Folgeerscheinungen eines chronischen exzessiven Alkoholkonsums auf Ursachen und Entwicklungsprozesse geschlossen haben. Da die meisten dieser älteren Theorien überwiegend aus den Ergebnissen tierexperimenteller Studien abgeleitet worden sind, bestehen zudem starke Zweifel an einer Übertragbarkeit auf den menschlichen Organismus. Die Hoffnung von Jellinek (1960), daß einer dieser biologischen Ansätze empirisch untermauert werden könnte und damit die Krankheitsnatur der Alkoholabhängigkeit außer Frage stehen würde, hat sich nicht erfüllt. Heute kann man sagen, daß diese Theorien das Schicksal vieler Theorien geteilt haben, indem sie nicht widerlegt wurden, sondern aus mangelndem Interesse einfach eingegangen sind (Hofstätter, 1984).

In den letzten beiden Jahrzehnten sind zahlreiche Ansätze im Bereich der Biogenetik und Biochemie entwickelt worden, und die Literatur über die biomedizinische Alkoholforschung ist sehr umfangreich geworden. Auch der sozialwissenschaftlich orientierte Forscher und Kliniker kommt m. E. nicht mehr umhin, sich mit den Hypothesen und Ergebnissen dieser Disziplin auseinanderzusetzen, um sie bei seiner Arbeit berücksichtigen zu können.

Gute Überblicksdarstellungen findet man bei Rigter & Crabbe (1980), Galanter (1983-1991), Tabakoff et al. (1983), Zang (1984), Kisker et al. (1987), Goedde & Agarwal (1989), Goldstein (1989) sowie Wanke & Bühringer (1991).

4.2.2 Biogenetische Ansätze

Die Idee, daß Alkoholismus angeboren ist, hat ihre Wurzeln im Gedankengut des 19. Jahrhunderts. Die Entstehung von Alkoholismus bzw. Dipsomanie, eingeordnet in die Kategorie der Geistesstörungen, wurde vor allem durch die Degenerationstheorie erklärt (Bynum, 1984). Ebenso wie das Krankheitskonzept wurde die Vererbungstheorie in den dreißiger und vierziger Jahren unseres Jahrhunderts wieder neu entdeckt (Levine, 1978). Vor allem die Anonymen Alkoholiker machten die Vererbungshypothese in Form der Allergietheorie sehr populär, wissenschaftlich hoffähig im Alkoholismusbereich wurde sie jedoch erst wieder anfangs der siebziger Jahre. Es war vor allem Goodwin, der in diesem Bereich einen Forschungsoutput mit auslöste, den er selbst als "growth industry" (Goodwin,

1984) bezeichnete. Man nimmt jedoch nicht mehr wie früher an, daß ein bestimmtes Gen X Alkoholismus verursacht, sondern daß verschiedene Kombinationen von Anlage- und Umweltkomponenten daran beteiligt sein können. Diese Sichtweise hat die Entwicklungspsychologin Anne Anastasi in der "Anlage-Umwelt-Kontroverse" bereits Ende der fünfziger Jahre vertreten und betont, daß die Frage nach dem "Wie" der Interaktion von Anlage und Umwelt der eigentlich interessante und fruchtbare Forschungsansatz sei. (Anastasi, 1972). Mit erheblicher Zeitverzögerung liegen erste interaktionelle Ansätze nun auch im Abhängigkeitsbereich vor (vgl. z. B. Donovan, 1986; Tarter & Edwards, 1987; Frawley, 1987; Hill et al, 1987; Pomerleau & Pomerleau, 1988).

Empirisch abzusichern versuchte man in der Alkoholismusforschung die Vererbungstheorie durch die methodischen Strategien der Zwillingsuntersuchung und der Adoptionsstudie, wie sie beispielsweise auch in der Intelligenzforschung eingesetzt worden sind (vgl. Shields, 1962; Burt, 1966). Weitere Forschungsmethoden sind Familienuntersuchungen, in denen Alkoholiker, die aus Familien stammen, in denen Alkoholismus gehäuft auftritt, mit Alkoholikern verglichen werden, bei denen keine familiäre Vorbelastung besteht, sowie "High-Risk-Studien", bei denen Kinder von Alkoholikern mit Kindern von Nicht-Alkoholikern verglichen werden.

Familienuntersuchungen

Schon Aristoteles hatte die Beobachtung gemacht, daß Alkoholismus familiär gehäuft vorkommt, Benjamin Rush (1790) warnte davor, daß elterlicher Alkoholismus zu Alkoholproblemen bei den Nachkommen führt, und Jellinek & Jolliffee (1940) formulierten die diagnostische Kategorie "familial alcoholism".

Über Jahrzehnte hinweg haben Familienuntersuchungen übereinstimmend höhere Inzidenzraten für Alkoholismus bei Angehörigen von Alkoholikerfamilien ergeben, auch wenn die Ergebnisse der Studien aufgrund unterschiedlicher methodischer Vorgehensweisen stark variieren (Goodwin, 1976; Cotton, 1979; Agarwal & Goedde, 1987).

Die meisten Studien, die empirische Belege für die Hypothese brachten, daß Kinder aus einer Familie mit problematischem und abhängigem Trinkverhalten ein höheres Risiko für eine eigene problematische Entwicklung haben, erhoben jedoch ihre Daten retrospektiv mit klinischen Stichproben. Prospektive Längsschnittuntersuchungen mit nicht-klinischen, "community-based", Stichproben erbrachten bisher widersprüchliche Ergebnisse. Knop et al. (1984) fanden keine Unterschiede im Trinkverhalten zwischen Kindern mit positiver familiärer Trinkgeschichte und der Normalpopulation, und Pandina & Johnson (1989) fanden bei einer breiten Palette von Trinkverhaltensweisen (z. B. frühe und häufige Intoxikationserlebnisse, Vermeidungstrinken etc) keine Unterschiede zwischen Adoleszenten und jungen Erwachsenen mit positiver und negativer familiärer Trinkgeschichte. Hingegen gab es Unterschiede bei den selbstberichteten Problemen und erfolgten Behandlungen infolge des Trinkens zwischen beiden Gruppen; sie waren bei den Jugendlichen mit positiver familiärer Trinkgeschichte doppelt so hoch als bei denen mit negativem familiären Hintergrund (Pandina & Johnson, 1990). Stabenau (1990) fand in einer prospektiven Studie mit unbehandelten, nichthospitalisierten jungen Männern, daß der Faktor "männliches Geschlecht" das Alkoholismusrisiko 1,5 mal erhöht, positive familiäre Trinkproblematik ebenfalls 1,5 mal und die Diagnose "Antisoziale Persönlichkeitsstörung" 3 mal, und zwar in einer unabhängigen und additiven Form.

Es kann festgehalten werden, daß die Daten die Schlußfolgerung erlauben, daß Alkoholismus eine Familienkrankheit ist. Die Untersuchungen in dem Überblicksartikel von Cotton

(1979) zeigen aber auch, daß ein hoher Prozentsatz der Alkoholiker - Spannbreite von 47 % bis 82 % - nicht aus Alkoholikerfamilien stammt und nicht jeder, der in einer "Alkoholikerfamilie" heranwächst, selbst zum Alkoholiker wird (Scott, 1989).

Die Daten erlauben jedoch nicht die Annahme einer genetischen Transmission des Alkoholismus, da die familiäre Häufung eines Merkmals nicht grundsätzlich auf Vererbung basieren muß, sondern Umweltfaktoren im Sinne einer "Familientradition" in starkem Ausmaß beteiligt sein können. Die zahlreichen methodischen Probleme der Familienuntersuchungen erschweren zusätzlich eindeutige Schlußfolgerungen (Goodwin, 1981). Eine Trennung von Anlage- und Umweltfaktoren erfordert eine andere Forschungsmethodologie, und zwei Strategien wurden bisher im Alkoholismusbereich angewandt: Zwillings- und Adoptionsstudien.

Zwillingsuntersuchungen

Die Zwillingsuntersuchung ist die klassische Methode bei der Anlage-Umwelt-Fragestellung, was Marshall & Murray (1989) dazu veranlaßt hat zu konstatieren "that one of the hazards of being a twin is being pursued by psychiatric researchers" (S. 277).

Im Alkoholismusbereich liegen drei Studien vor, in denen die Zwillingsmethode angewandt wurde: Kaij (1960) in Schweden, Hrubec & Omenn (1981) in den USA und Gurling et al. (1981) in England.

Die Inkonsistenz der Daten - Kaij sowie Hrubec & Omenn ermittelten eine Beteiligung genetischer Faktoren, während Gurling et al. keine signifikanten Unterschiede in den Konkordanzraten feststellten - sowie die methodischen Mängel lassen keine eindeutigen Schlußfolgerungen hinsichtlich eines genetischen Einflusses bei der Alkoholabhängigkeit zu.

Probleme bestehen insbesondere bei der Definition und Diagnose des Alkoholismus, der Zygosität der Zwillinge sowie der Reliabilität der Messungen (Murray et al., 1983; Lester, 1989). Weiterhin läßt sich die Tatsache, daß die Studien von Kaij sowie Gurling et al. zu diametral entgegengesetzten Schlußfolgerungen hinsichtlich des Einflusses genetischer Faktoren bei der Entstehung von Alkoholismus kommen, auch auf den Zufallsfaktor zurückführen, da die Stichproben der Alkoholikerzwillinge sehr klein sind (Torgersen, 1987).

Adoptionsstudien

In diesem methodischen Ansatz werden Personen untersucht, die kurz nach der Geburt von ihren biologischen, alkoholabhängigen Eltern getrennt wurden und bei nicht-alkoholabhängigen Adoptiveltern aufgewachsen sind. Die adoptierten Kinder werden somit von den Umwelteinflüssen in einer Familie mit einem alkoholabhängigen Elternteil isoliert, und ein höherer Anteil von Alkoholikern unter den adoptierten Kindern von alkoholabhängigen Eltern im Vergleich zu den adoptierten Kindern von nicht-alkoholabhängigen Eltern würde für einen genetischen Faktor sprechen. Weiterhin kann die Prävalenz des Alkoholismus zwischen den adoptierten Kindern und den Geschwistern, die bei den alkoholabhängigen Eltern verblieben sind, verglichen werden.

Insbesondere waren es drei Adoptionsstudien, die versucht haben, die Hypothese von der Vererbung des Alkoholismus empirisch zu belegen: die Studie von der Goodwin-Gruppe in Dänemark, von Bohman & Cloninger in Schweden sowie von Cadoret & Gath in den USA.

Die Untersuchungen von Goodwin et al. (1973, 1974, 1977) unterstützten zumindest bei Männern die Annahme einer genetischen Basis der Alkoholabhängigkeit. Es ergibt sich eine fast viermal höhere Abhängigkeitsrate für die Söhne mit einem biologischen abhängigen

Elternteil verglichen mit einer Kontrollgruppe mit biologischen Eltern ohne nachweisbare Alkoholabhängigkeit. Bei Frauen ergeben sich keine Unterschiede zwischen den beiden Gruppen, es werden jedoch bei den Töchtern, die bei einem alkoholabhängigen Elternteil aufgewachsen sind, erhöhte Depressions- und Drogenmißbrauchsraten festgestellt.

Kritische Analysen der Untersuchungen der Goodwin-Gruppe von Murray et al (1983), Fillmore (1988) und Lester (1989) erwecken jedoch Zweifel an der Validität der Daten. Insbesondere wurden die zu kleine und unrepräsentative Stichprobengröße sowie die Probleme mit den Diagnosekriterien angeführt, und Murray et al (1983) meinten sogar, daß die Resultate vielleicht auch einfach nur ein Artefakt sein können. Notwendig wären sicherlich weitere Datenerhebungen innerhalb dieser Studie, insbesondere weil die untersuchten Personen von ihrem Altersmittelwert zu jung waren (M = 30, S = 23 - 45 Jahre), um das "Lebensrisiko" für eine Abhängigkeitsentwicklung besser abschätzen zu können.

Die schwedische Adoptionsstudie von Bohman (1978) mit 2324 Adoptierten bestätigte die Bedeutung genetischer Faktoren bei der Entwicklung einer Alkoholproblematik. Die adoptierten Söhne von alkoholabhängigen Eltern wurden zu fast 40 % selbst alkoholabhängig, während die Adoptivsöhne in der Kontrollgruppe nur einen Anteil von 14 % erreichten. Bei adoptierten Töchtern fanden Bohman et al (1981), daß die Elternkonstellation "milder, mäßiger oder schwerer Alkoholmißbrauch" bei der biologischen Mutter und "kein bzw. milder Alkoholmißbrauch" beim biologischen Vater zu dreimal mehr Alkoholmißbraucherinnen, verglichen mit einer Kontrollgruppe von Adoptierten, führte. Kein erhöhtes Risiko für Adoptivtöchter besteht hingegen bei einem biologischen Vater mit schwerem Alkoholmißbrauch sowie in Verbindung mit postnatalen Umweltfaktoren.

In einer weiterführenden Analyse mit multivariaten statistischen Verfahren identifizierten Cloninger et al. (1981) zwei unterschiedliche Muster von Alkoholmißbrauch mit verschiedenen genetischen und umweltbedingten Ursachenfaktoren.

Der "milieu-limited type" hat in der Untersuchungsstichprobe eine Prävalenzrate von 76 % und ist in seiner Ausformung und Ausprägung sensitiv gegenüber Umweltfaktoren, während der "male-limited type" mit einer Prävalenzrate von 24 % im wesentlichen auf Männer beschränkt sowie in hohem Maße genetisch bedingt ist und eine Merkmalskonfiguration aufweist, die typisch für Personen mit einer antisozialen Persönlichkeitsstörung ist (Cloninger, 1987; Cloninger et al., 1988a). In einer neueren ätiologischen Studie fanden Mc Gue et al. (1992) ebenfalls nur für den Typ "early-onset male alcoholism" substantielle genetische Einflüsse.

Einschränkend muß gesagt werden, daß die Untersuchungen von Cloninger wegen methodischer Probleme stark kritisiert worden sind (Searles, 1988; Fillmore, 1988; Littrell, 1988). Nach einer Reanalyse der Daten schlußfolgerte Searles sogar, daß die Umwelteinflüsse und insbesondere die nichtidentifizierten "are substantially more important in determining alcohol abuse than are genetic factors (Searles, 1988, S. 161). Diese Kritik konnten Cloninger et al. (1988b) nicht überzeugend entkräften.

Die amerikanische Adoptionsstudie von Cadoret & Gath (1978) stützte sich auf die Daten aus dem Adoptionsregister des Staates Iowa. Zusätzlich wurden Interviews mit den Adoptiveltern und den Adoptierten geführt. Die Autoren kamen zu dem Schluß, daß in die Entwicklung einer Alkoholabhängigkeit genetische Faktoren involviert sind und keine der von ihnen untersuchten Umweltfaktoren einen Effekt ausgemacht haben. Diese Studie wurde kritisiert wegen ihrer kleinen Stichprobengröße, den spärlichen Informationen, die über die biologischen Väter vorliegen, sowie den sehr breit gefaßten diagnostischen Kriterien für Alkoholismus (Murray et al., 1983).

4.2.3 Biologische Mediatoren und High-Risk-Studien

Unter der Annahme, daß Alkoholismus eine polygenetische multifaktorielle Störung ist, war der nächste logische Schritt die Erforschung vermittelnder Faktoren, "marker", die zur Entwicklung der Alkoholabhängigkeit bei genetisch prädisponierten Personen beitragen.

> A marker is a measurable variation in structure, function, or performance that is associated with a problem. A genetic or trait marker is linked to the predisposition toward the disorder and is usually present before the illness develops and observable during remissions. This is distinct from a state marker that is classically observed during or after the illness and is often a consequence of the disorder itself (e.g. alcoholic cirrhocis)

(Schuckit, 1988, S. 147).

Die Untersuchungen lassen sich aufgrund der Art der vermittelnden Faktoren einteilen in genetische, elektrophysiologische, neuropsychologische, kognitive, psychologische und biochemische Markerstudien. In den 80iger Jahren, in denen Fillmore (1988) eine Dominanz der biogenetischen Theorie im Alkoholismusbereich ausgemacht hat, wurden eine große Anzahl von Untersuchungen durchgeführt, deren Quantität unvermindert anhält. Bei den Markerstudien, die Söhne und Töchter von Alkoholikereltern mit Kontrollpersonen vergleichen, fühlt man sich unwillkürlich an die Flut der Untersuchungen zu der Persönlichkeitsstruktur des Alkoholabhängigen erinnert, die bei einem großen Einsatz an Ressourcen nur von geringer klinischer und präventiver Relevanz gewesen sind.

Genetische Marker

Bei den genetischen Markern geht es darum eine Kopplung zwischen einem Merkmal mit bekannter Genetik und Alkoholismus zu etablieren, wobei im Alkoholismusbereich vier Typen untersucht worden sind (Swinson, 1983):
- Blutgruppen- und Serumproteine
- Sekretion oder Nichtabsonderung der Substanz ABH (Antigene zur ABO-Blutgruppe) im Speichel
- Geschmacksempfindlichkeit gegenüber Phenylthiocarbamid (PTC)
- Farbblindheit

Nach einer Sichtung der Literatur kommt Swinson (1983) zu dem Schluß, "that the present, there is no hard evidence to support an association between a genetic marker and alcoholism" (S. 22).

Elektrophysiologische Marker

Bei den elektrophysiologischen Markern geht man von der Annahme aus, daß erblich bedingte, unterschiedliche Reaktionen des Zentralnervensystems auf Alkoholtrinken die Ursache für eine erhöhte Vulnerabilität bestimmter Personen sein könnten.
   Propping (1984) fand, daß monozygote Zwillinge bei den EEG-Ableitungen weitgehend identisch auf Alkohol reagierten, während bei den dizygoten Zwillingen der Synchronisationsgrad, der durch Alkohol beeinflußt wird, deutlich verschieden war. Er sah darin einen Marker für eine genetische Prädisposition. Gabrielli et al. (1982) fanden bei Alkoholikervätern und Söhnen sehr ähnliche, relativ niedrige Alpha-Wellen bei EEG-Ableitungen, die nach Verabreichung einer kleinen Alkoholdosis stärker ansteigen als bei Personen der

Kontrollgruppe (Pollock et al., 1983). Daraus folgerten die Untersucher, daß die EEG-Aktiviät ein möglicher biologischer Marker für eine Prädisposition von Alkoholabhängigkeit bei Alkoholikersöhnen sein könnte. Alkohol korrigiert bei ihnen das natürlich vorhandene, geringere Niveau der Alpha-Aktivität und erzeugt somit mehr Gefühle der Entspannung, was eine empirische Absicherung der Spannungs-Reduktions-Hypothese bedeuten könnte.

In einer zweiten Untersuchungsreihe wurden "Ereignisevozierte Potentiale" (ERP) gemessen (Porjesz & Begleiter, 1983). ERP sind elektrophysiologische Reaktionen des Gehirns auf einen Stimulus, wobei ein Teil davon, das P 300, ungefähr 300 ms nach dem Stimulus beobachtet wird. Diese Situation erfahren Personen in der Realität, wenn sie ein antizipiertes, aber seltenes Ereignis erleben, und man nimmt an, daß P 300 mit der Fähigkeit zur selektiven Aufmerksamkeit bezüglich eines antizipierten Stimulus korreliert.

Begleiter et al. (1984) fanden, daß präadoleszente Söhne die gleiche verringerte Amplitude in der P 300-Welle hatten wie ihre alkoholabhängigen Väter, ein Befund, der von Schuckit (1987) repliziert werden konnte. Begleiter et al. (1984) nehmen an, daß eine reduzierte P 300-Amplitude eine Gedächtnisbeeinträchtigung indiziert, die mit der Fähigkeit einer Person interferiert ihr Verhalten ständig zu erfassen und einzuschätzen.

Zusammenfassend kann man jedoch sagen, daß dieser Marker nicht die prädiktive Validität aufweist, die man ihm anfangs zugeschrieben hat. Polich et al. (1988) stellten sehr kritisch fest, daß "the results suggest that the relationship between the P 300 ERP and the inheritability of alcoholism is not yet clear and may be subject to modulation by task requirements, population differences, and subject sex" (S. 252). Begleiter & Porjesz (1990) sehen die Notwendigkeit von Longitudinaluntersuchungen, um den möglichen prädiktiven Wert dieses Markers abschätzen zu können.

Neuropsychologische und kognitive Marker

Auf der Suche nach neuropsychologischen und kognitven Markern wurden insbesondere Söhne von Alkoholikern und Nicht-Alkoholikern auf einer Vielzahl entsprechender Tests miteinander verglichen. Mehrere Autoren berichteten von Defiziten bei Alkoholikersöhnen in Intelligenztests (Verbal-IQ), perzeptiv-motorischen Koordinationsfähigkeiten, Gedächtsnisleistungen sowie der visuellen und auditorischen Aufmerksamkeitssteuerung (Gabrielli & Mednick, 1983; Tarter et al., 1984; Alterman et al., 1985; Drejer et al., 1985). Hingegen fanden Workman-Daniels & Hesselbrock (1987) keine signifikanten Unterschiede auf verschiedenen neuropsychologischen Tests. Wurden konfundierende Faktoren wie beispielsweise Alter, Intelligenzquotient und Alkoholkonsum kontrolliert, verschwanden sogar die Unterschiede zwischen beiden Gruppen vollkommen (Hesselbrock et al., 1985). Schuckit (1987) fand ebenfalls bei der experimentellen Bedingung "keine Alkoholaufnahme" keine signifikanten Unterschiede bei mehreren kognitven und psychomotorischen Parametern. Er sieht, ebenso wie andere Forscher, die divergierenden Befunde vor allem durch die Stichprobenauswahl bedingt, und Hesselbrock et al. (1991) fordern nach einer Analyse der vorliegenden Studien eine methodisch sorgfältigere Planung der Untersuchungen sowie eine "vorsichtige" Interpretation der Ergebnisse.

Solange Längsschnittuntersuchungen fehlen, bleibt zudem die Möglichkeit, "that the manifest cognitive deficits found in high-risk children are merely epiphenomena and unrelated to the risk for an adverse outcome" (Tarter et al., 1989, S. 121).

Psychologische Marker

Im Bereich der psychologischen Marker kann man auf Arbeiten zurückgreifen, die in Längsschnittstudien Kinder untersuchten, die später eine Alkoholabhängigkeit entwickelt haben. Übereinstimmend wurden folgende Eigenschaften und Verhaltensweisen gefunden: Aggressivität, Unabhängigkeit, Nonkonformität, antisoziales Verhalten, Impulsivität, emotionale Instabilität und Hyperaktivität (Jessor & Jessor, 1977; Vaillant & Milofsky, 1982; Zucker & Gomberg, 1986; Tarter, 1988).

Tarter et al (1985) haben darüber hinaus postuliert, daß gewisse "temperament traits", d. h. angeborene Verhaltensdispositionen, beim Kind ein erhöhtes Risiko für eine spätere Alkoholabhängigkeit beinhalten. Dazu zählen sie eine geringe Aufmerksamkeits- und Konzentrationsfähigkeit, hohe behaviorale Aktivität, geringe Soziabilität und hohe Emotionalität.

Keine Unterschiede fanden Untersucher mit der High-Risk-Forschungsmethode (Söhne von Alkoholikern verglichen mit Söhnen von Nicht-Alkoholikern) hingegen bei den Persönlichkeitsdimensionen Angst, Extraversion, Neurotizismus, Kontrollüberzeugungen sowie bei dem kognitiven Stil der Feldabhängigkeit (vgl. Schuckit, 1989). In einer Reihe von Untersuchungen wurde vor allem die Beziehung zwischen Hyperaktivität und Entwicklung einer Alkoholabhängigkeit erforscht, und man hat überwiegend positive Korrelationen gefunden (Tarter et al., 1989; Tarter, 1991).

Interessant in diesem Zusammenhang sind auch Befunde, daß hyperaktive Kinder eine hohe Prävalenz von biologischen, nicht aber von adoptierten alkoholabhängigen Vätern haben (Cantwell, 1972; Morrison & Stewart, 1983). Die empirische Evidenz deutet daraufhin, daß Hyperaktivität in der Kindheit ein Vulnerabilitätsfaktor für Alkoholismus sein könnte, wobei die biologischen Mechanismen, die der Hyperaktivität zugrunde liegen, noch weitgehend unbekannt sind.

Insgesamt kann man festhalten, daß es noch wenig überzeugende empirische Evidenz für eine enge Assoziation zwischen einer meßbaren Persönlichkeitskonfiguration in der Kindheit und Jugend und einer späteren Abhängigkeitsentwicklung gibt.

Biochemische Marker

Die Forschungsergebnisse dieses Ansatzes und deren Relevanz für eine Abhängigkeitsentwicklung werden in zwei Bereichen - Stoffwechselprozesse des Alkohols in der Leber und alkoholbedingte Prozesse im Zentralnervensystem - dargestellt.

Die Stoffwechselrate von Alkohol variiert zwischen Personen (Kopun & Propping, 1977), und man nimmt heute an, daß die Hälfte der interindividuellen Varianz durch genetisch bedingte Unterschiede in den Enzymen determiniert ist (von Wartburg, 1987). Bereits seit Jahren sind ethnische Unterschiede bekannt. So wurden bei den Chinesen, Japanern und einigen amerikanischen Indianerstämmen im Vergleich zu den Kaukasiern erhöhte Stoffwechselraten festgestellt (Agarwal & Goedde, 1989a).

In der biomedizinschen Alkoholforschung werden insbesondere den Enzymsystemen Alkoholdehydrogenase (ADH), Aldehyddehydrogenase (ALDH), Microsomal - Ethanol - Oxidizing - System (MEOS), die an dem Alkoholabbau in der Leber größtenteils beteiligt sind (vgl. Teschke, 1987), sowie dem Abbauprodukt Azetaldehyd eine bedeutsame Rolle in der Entwicklung einer Alkoholabhängigkeit zugeschrieben. Manche Forscher attribuieren dem Azetaldehyd sogar eine "Mediatorrolle" bei der Alkoholpräferenz (Topel, 1985).

Mehrere Befunde weisen daraufhin, daß die Enzymsysteme ADH und ALDH genetisch kontrolliert sind (Agarwal et al., 1981). So fand man bei Okzidentalen bei der ADH überwiegend die Untereinheit Beta$_1$, während Orientalen vor allem die atypische Untereinheit Beta$_2$ aufwiesen, die eine erhöhte Alkoholeliminationsrate bewirkt (Van Thiel et al., 1985). Die Folge davon sind deutlich erhöhte Blutazetaldehydkonzentrationen, die vor allem bei Personen der mongoloiden Rasse zum Auftreten des von Ewing et al. (1974) beschriebenen "Flushing Syndromes" (Erröten der Haut, Herzklopfen, Schwindelgefühle, Übelkeit, Taubheitsgefühle in Händen und Füßen, Verschlechterung der Befindlichkeit) führen können als auch häufiger Organschädigungen erwarten lassen. Weiterhin wurde eine stark mutagene Wirkung dieser toxischen Substanz festgestellt (Obe et al., 1985).

Neuere Befunde sprechen jedoch eher für die Hypothese, daß der erhöhte Azetaldehydspiegel durch einen verlangsamten Abbau von Azetaldehyd zu Azetat hervorgerufen wird und dafür das fehlende Isoenzym I der ALDH verantwortlich ist (Agarwal & Goedde, 1989b). Dieser genetisch bedingte Mangel evoziert das "Flushing Syndrome" und stellt gleichsam einen angeborenen Schutz gegen die Entwicklung einer Alkoholabhängigkeit dar (Reed, 1985; Higuchi et al., 1992), wobei eine neuere Untersuchung von Nakawatase et al. (1993) bei "Japanese Americans" darauf hinweist, daß "the social context appeared to have a moderating effect on the relationship between the flushing response and alcohol use" (S. 48).

Während also eindeutig ethnische Differenzen vorliegen, ergaben Vergleiche von sorgfältig "gematchten" Personengruppen mit und ohne familiären Alkoholismus ähnliche Abbauraten, was auf eine ähnliche Struktur des Enzymsystems ALDH schließen läßt (Schuckit, 1985; O'Malley & Maisto, 1985; Pollock et al., 1986). Die Befunde sprechen somit eher für einen schützenden als für einen fördernden Alkoholismusfaktor im Enzymsystem.

Einen interessanten Befund berichteten Schuckit & Rayses (1979), die bei Alkoholabhängigen und ihren Nachkommen leicht erhöhte Azetaldehydspiegel feststellten. Dieser "chronische Aldehydismus" (von Wartburg, 1981) impliziert eine Abhängigkeitsgefährdung, da dadurch die Bildung von Kondensationsprodukten zwischen Azetaldehyd und biogenen Aminen ("Opiatvorläufer - Alkaloiden") begünstigt wird (Myers, 1980). Minimale Mengen dieser Kondensationsprodukte im Gehirn reichen aus, um einen erheblichen Anstieg der Alkoholpräferenz zu bewirken.

Das MEOS, das beim Abbau mittlerer und höherer Alkoholkonzentrationen wirksam wird, ist durch chronische Alkoholzufuhr induzierbar und für diese Induktion werden genetische Faktoren postuliert (Topel, 1985). Diese Ausbildung einer metabolischen Toleranz ermöglicht die Elimination überdurchschnittlich großer Alkoholmengen, was zur Folge hat, daß diese Person größere Mengen Alkohol trinken muß, um die gewünschte psychopharmakologische Wirkung zu erreichen.

Der zweite Schwerpunkt der biochemischen Studien liegt in der Erforschung der Auswirkungen der Alkoholaufnahme auf verschiedene biogene Amine, die im Gehirn als Neurotransmitter dienen. Einige dieser Transmittersubstanzen - vor allem die Katecholamine Noradrenalin und Dopamin sowie das Indolamin Serotonin - sind in das "Belohnungssystem" des Gehirns integriert, und Rommelspacher (1992) sieht in dem mesolimbischen dopaminergen System eine Schaltstelle der Entwicklung und Aufrechterhaltung süchtigen Verhaltens. Weil Alkohol diese Mechanismen beeinflussen kann, schreibt man ihm Verstärkerqualitäten zu (Hunt, 1983).

Das Abbauprodukt Azetaldehyd ist eine stark reaktive Substanz und bildet, wie schon erwähnt, mit den biogenen Aminen im Gehirn Alkaloide mit teilweise morphinähnlicher Struktur, die bei der Entwicklung der Alkoholabhängigkeit infolge ihrer Verstärkerwirkung eine bedeutsame Rolle spielen sollen (Myers, 1980; Urwyler, 1985; Collins, 1988). Davis & Walsh (1970) formulierten erstmals die Hypothese, daß die Tetrahydroisochinoline (TIQ), die bei der Reaktion von Azetaldehyd mit den Katecholaminen Noradrenalin und Dopamin entstehen, in die Entwicklung einer Alkoholabhängigkeit involviert sind.

In einer neueren Überblicksarbeit kommt Hunt (1990a) zu dem Schluß, "that norepinephrine rather than dopamine is the catecholamine mediating the reinforcing effect of ethanol" (S. 78). Weiterhin zeigt sich seiner Einschätzung nach eine zunehmende Evidenz, daß Serotonin ebenfalls eine wichtige Rolle in bezug auf die verstärkenden Effekte von Alkohol einnimmt.

Eine weitere Annahme besagt, daß β-Carboline, die durch Kondensation von Azetaldehyd mit Indolaminen wie dem Serotonin entstehen, Bedeutung für den Verstärkungseffekt des Alkohols haben. Diese "falschen Transmitter" haben nämlich die Fähigkeit, körpereigene, opiatähnliche Substanzen wie Endorphine und Enkephaline zu ersetzen. Diese endogenen Opioide, insbesondere das met-Enkephalin und das β-Endorphin, haben eine Funktion als Analgetika und Sedativa. Dem β-Endorphin, dem Peptid mit der größten Opiatpotenz, wird mittlerweile eine empirisch abgesicherte, anxiolytische, antidepressive, streßabbauende und euphorigene Wirkung zugeschrieben (Blum & Trachtenberg, 1988; Topel, 1990). In Tierstudien fand man nun, daß ein langfristiger Alkoholkonsum den β-Endorphinspiegel senkt, und in klinischen Untersuchungen wurde festgestellt, daß im Liquor von Alkoholabhängigen die β-Endorphinspiegel dreimal niedriger und die ACTH-Spiegel fünfmal höher lagen als die Werte einer Kontrollgruppe. Aus dieser fatalen Disposition zwischen streßabbauenden Modulatoren und Streßhormonen ließe sich nach Topel (1989) "das typische Syndrom des zwanghaften Trinkens ableiten" (S. 80).

Es wird weiterhin postuliert, daß der im Verlauf der Trinkzeit progressiv ansteigende Alkaloidspiegel beim Alkoholabhängigen ein Teil von einem Kompensationsmechanismus für einen reduzierten endogenen Endorphinspiegel sein könnte und daß dieses ständig vorliegende endogene Defizit den Zwang zum Alkoholtrinken mitverursachen könnte (von Wartburg, 1987). Ein genetisch bedingtes Defizit des endorphinergen Systems, aber auch langanhaltender Streß, der ein chronisches Defizit an Enkephalinen und Endorphinen evozieren kann, würde somit ein starkes Gefährdungspotential darstellen (Trachtenberg & Blum, 1987).

Zusammenfassend kann man sagen, daß die Rolle der Alkoholdehydrogenase (ADH) bei der Entwicklung einer Alkoholproblematik noch unklar ist und genetisch determinierte Variationen möglicherweise zu den inter- und intraindividuellen Veränderungen in der Eliminationsrate des Alkohols beitragen. Dem Azetaldehyd kommt eine bedeutsame Rolle zu, wobei ein stark erhöhter Azetaldehydspiegel und das dadurch bedingte "Flushing Syndrome" eher als ein Schutzfaktor einzustufen sind. Die momentan stürmisch ablaufende Forschung zur Funktion der Neurotransmitter und neuropeptid-abhängigen Systeme in der Abhängigkeitsentwicklung kann in bezug auf potentielle Marker noch nicht abschließend bewertet werden (Collins, 1988; Sander et al., 1992). So sehen Eskay & Linnoila (1991), daß bisher kein biochemischer Marker die Validitätskriterien - ..."should be a trait that is genetically transmitted, stable over time, easily and reliably determined, present during remission of alcoholism, and exist in individuals at risk at a higher frequency than the general population" (S. 49) - erfüllt hat. Hunt (1990b) forderte deshalb auch bessere methodische Standards der Untersuchungen, "that more of the criteria for a valid biological mechanism underlying the reinforcing effects of ethanol has been satisfied" (S. 64).

4.2.4 Zusammenfassung

Es kann festgehalten werden, daß die biogenetische und biomedizinische Forschung Hinweise auf eine Beteiligung genetischer Faktoren bei einem bestimmten Alkoholikertyp geliefert hat. Empirisch gestützt wird diese Annahme vor allem durch die Adoptionsstudien, deren Ergebnisse jedoch wegen großer methodischer Schwächen und der Vielzahl der konfundierenden Faktoren in Frage gestellt worden sind (Fillmore, 1988; Lester, 1989). Im Gegensatz zu früher, wo man ein bestimmtes Gen X als prädisponierenden Faktor für Alkoholismus annahm, vertritt man heute die Auffassung, daß Alkoholismus eine "polygenetische und multifaktorielle Störung" ist und genetisch vermittelte biologische Einflüsse zu der Entwicklung einer Alkoholabhängigkeit beitragen (Schuckit et al., 1985).

Obwohl der Output in der biomedizinischen Forschung sehr stark angestiegen ist, ist der Wissensstand dadurch jedoch nicht klarer und eindeutiger, sondern eher komplexer und schwieriger geworden. Zu dieser Schlußfolgerung kommen auch Krause & Oehme (1992) in ihrem Artikel über Möglichkeiten und Grenzen biomedizinischer Suchtforschung: "Andererseits muß man heute trotz dieser zweifellos vorhandenen Erfolge dennoch feststellen, daß wir die Elemente unseres Wissens bisher nicht zusammenführen können" (S. 107). Die Verwertung der Ergebnisse der Studien ist oft abhängig von der theoretischen Orientierung, und so warnen beispielsweise auch Fillmore (1988) und Peele (1986) vor einer zu frühen und empirisch nicht gerechtfertigten Festlegung auf eine Dominanz biologischer Einflüsse und den daraus entstehenden vielfältigen Konsequenzen für die Prävention und Behandlung sowie die Gesundheits- und Sozialpolitik. Unbestritten ist das biopsychosoziale Entstehungsmodell der Alkoholabhängigkeit, in dem man annimmt, daß biologische Vulnerabilitätsfaktoren in Interaktion mit psychologischen und sozialen Komponenten das "Gesamtrisiko" einer Abhängigkeitsentwicklung bestimmen (Tarter & Edwards, 1987). Goldstein (1989) spricht in diesem Zusammenhang von "Hardware" (genetische Prädisposition) und "Software" (hemmende oder fördernde psychosoziale Faktoren) einer Abhängigkeitsentwicklung und wendet sich entschieden gegen die fruchtlose Diskussion "Biologie versus Psychologie".Diese Sichtweise ist nicht neu, präsentierte doch der Biochemiker Williams (1948) vor über 40 Jahren als Hypothese für die Ätiologie des Alkoholismus "the interplay of hereditary and environmental factors". Neu ist jedoch die starke Betonung genetischer Faktoren, was in völligem Widerspruch zu den empirischen Daten steht. So wird in einer Publikation des National Institute on Alcohol Abuse and Alcoholism (1985) geschrieben, daß eine beeindruckende Evidenz für die genetische Übertragung des Alkoholismus besteht, und Fitzgerald (1988) behauptet sogar in ihrem Buch, daß genetische Faktoren die Hauptrolle in der Entwicklung einer Alkoholabhängigkeit spielen. Übersehen wird dabei vollkommen, daß selbst wenn methodisch sorgfältige Untersuchungen die Beteiligung genetischer Faktoren empirisch absichern würden und die Marker-Studien vermittelnde Faktoren finden könnten, bisher jedoch nur ein relativ geringer Prozentsatz von Alkoholikern gefunden wurde, die einem genetisch bedingten Alkoholismustyp zugerechnet werden können. Die Familienuntersuchungen erbrachten eine Bandbreite von 47 - 82 % nicht-familiären Alkoholismus, und Cloninger et al. (1981) fanden in ihrer Adoptionsstudie eine Prävalenzrate von 76 % milieubeeinflußtem (Typ 1) und 24 % genetisch beeinflußtem (Typ 2) Alkoholismus. Sie schlußfolgerten, daß "the demonstration of the critical importance of sociocultural influences in most alcoholics suggest that major changes in social attitudes about drinking styles can change dramatically the prevalence of alcohol abuse regardless of genetic predisposition" (S. 867). Die biomedizinische Forschung berücksichtigte jedoch bisher in der Anlage ihrer Studien psychosoziale Faktoren meist zu wenig oder gar nicht. Es bedarf deshalb sorgfältig geplanter prospektiver Längsschnittuntersuchungen, um die dynamischen und komplexen Wechselwirkungen zwischen Anlage- und Umweltfaktoren in der Entwicklung einer Abhängigkeit erfassen zu können. Dies erfordert einen ständigen Kampf gegen den menschlichen Mechanismus des Reduktionismus (Peele, 1981), der in der biomedizinischen Alkoholismusforschung beispielsweise in folgender Aussage seinen Ausdruck fand: "...that a prestigious panel of scientists stated that once we understood alcohol dehydrogenase sufficiently, we would have solved the problem of alcoholism" (Deitrich, 1990, S. 5). Vaillant (1983, S. 75) charakterisierte die Situation treffend, indem er formulierte:

> Alcoholism involves illusions. Many of these illusions stem from trying to see a very complex disorder in simple black and white terms. Although the 'keep it simple' banners at AA meetings are useful for treatment, they are dangerous in trying to understand alcoholism as a scientific phenomenon.

4.3 Psychologische Theorien

4.3.1 Einleitung

Die psychologische Erforschung des Trinkverhaltens sowie der Entstehung und Aufrechterhaltung einer Alkoholabhängigkeit hat in den letzten drei Jahrzehnten, vor allem in den USA, an Interesse und Bedeutung gewonnen (vgl. z. B. Blane & Leonhard, 1987). Leider führt die psychologische Forschung in Deutschland - wie übrigens die Forschung im Abhängigkeitsbereich insgesamt - verglichen mit der Größe und sozialpolitischen Relevanz des Alkoholproblems ein stiefmütterliches Dasein (Rommelspacher et al, 1989; Forschung im Dienste der Gesundheit, FDG, 1991).

In den Anfängen der psychologischen Forschung im Alkoholbereich versuchte man vor allem stabile, internale Ursachenfaktoren herauszufinden, und die dominierenden Theorien waren die Psychoanalyse und die Lerntheorie von Hull. Die wissenschaftliche Beschäftigung mit der Persönlichkeit des Alkoholikers mit Hilfe projektiver Verfahren führte zu Modellen und Theorien, die Aussagen über antezedente, prämorbide Persönlichkeitsmerkmale machten sowie die Alkoholikerpersönlichkeit zu erfassen suchten. Die Triebreduktionstheorie fand im Alkoholismusbereich in der klassischen Spannungs-Reduktions-Hypothese ihren Ausdruck, und es entwickelte sich daraus auf der Grundlage experimentell-psychologischer Forschung ein lerntheoretisch orientierter Zweig in der psychologischen Erforschung des Trinkverhaltens und der Trinkproblematik (vgl. z. B. Miller & Mastria, 1977; Nathan et al., 1978; Marlatt & Nathan, 1978; Heather & Robertson, 1985; Sobell, L.C., 1987).

Man kann beobachten, daß die Forschung im Alkoholbereich bis in die jüngste Zeit stark abhängig war von theoretischen Entwicklungen innerhalb der Psychologie und relativ wenig Theorieentwicklung aus dem Alkoholfeld selbst gekommen ist. Weiterhin ließ die methodische Güte der Arbeiten sehr zu wünschen übrig, wobei in diesem Bereich jedoch in den letzten 10 - 15 Jahren erhebliche Verbesserungen erreicht worden sind.

In dieser Arbeit werden vor allem die wichtigsten psychologischen Ansätze - Psychoanalyse, Persönlichkeitstheorie und Lerntheorie - und deren Beitrag für das Verständnis des komplexen Vorgangs der Entstehung und Aufrechterhaltung einer Alkoholabhängigkeit dargestellt.

4.3.2 Psychoanalytische Theorien

Nach Lürssen (1974) erhebt die Psychoanalyse den Anspruch, "eine Gesamttheorie des normalen und krankhaften menschlichen Verhaltens zu geben" (S. 145). Er schränkt aber ein, daß bei der Sucht die Psychopathologie und Psychogenese keineswegs so klar sind und erheblich mehr Erklärungsdefizite aufweisen, als dies beispielsweise bei der Neurose der Fall ist. So offerieren die psychoanalytischen Ansätze auch eine Vielzahl von ätiologischen Wegen in eine Abhängigkeit, wobei fast alle den durch psychosexuelle Entwicklungsdefizite verursachten Abhängigkeitsbedürfnissen eine bedeutsame Rolle zuschreiben. Die psychoanalytischen Theorien sehen nicht in dem Suchtmittel, sondern in der Persönlichkeitsstruktur den entscheidenden kausalen Faktor (vgl. z. B. Rado, 1934; Fenichel, 1975), wobei insbesondere in den ungelösten, unbewußten Konflikten der frühen Kindheit die Wurzeln für eine Abhängigkeitsentwicklung liegen. Man nimmt an, daß die Fixierung oder Regression auf die jeweilige Entwicklungsphase (oral, anal, genital) zur Entwicklung und Herausbildung unterschiedlicher "Alkoholikertypen" führt und unterscheidet zwischen Trieb-, Ich- und Objektpsychologischen Ansätzen.

Im Triebmodell ist Sucht, wie alle psychischen Symptome, der Versuch, einen Triebkonflikt zu lösen. Freud, der selbst eigene Erfahrungen mit Kokain gesammelt hat (vom Scheidt, 1973), nahm anfangs eine genitale Fixierung an und sah im Alkoholtrinken einen Ersatz für die Masturbation, die er als Urform der Sucht bezeichnete. Erst später betonte er die Bedeutung der oralen Phase für die Genese der Alkoholabhängigkeit (Freud, 1905). Das Trinken wurde als eine Regression auf die orale Phase definiert und verschafft der Person Bedürfnisbefriedigung. Die "Oralität des Abhängigen" wurde aus Persönlichkeitsmerkmalen wie Abhängigkeit, Unreife, geringe Frustrationstoleranz und Unfähigkeit zum Aufschub der Bedürfnisbefriedigung geschlußfolgert.

Das Triebkonzept hatte den lustbetonten Aspekt des Trinkens stark überschätzt, indem es annahm, daß der Süchtige ständig Genuß erleben möchte. Heute weiß man, daß viele Abhängige eher durch Genußunfähigkeit gekennzeichnet sind und das Suchtmittel oftmals die einzige Möglichkeit darstellt, sich Lustbefriedigung zu verschaffen.

Die orale Fixierung ist eine populäre Vorstellung geblieben, deren wissenschaftlicher Erklärungswert jedoch oft in Frage gestellt worden ist. So schreibt beispielsweise Wanke (1978, S. 44):

> In diesem Zusammenhang kann man fragen, ob Oralität als Erklärung süchtigen Verhaltens nicht eine Tautologie ist. Ganz allgemein besteht die Gefahr, daß bei der theoretischen Fundierung der Phänomene eine eigene Sprache geschaffen wird, die Begriffe in neologistischer Form durch sich selbst erklärt, ohne daß ein echter Erkenntniszuwachs resultiert.

Bei dem Ich-(struktur-)psychologischen Ansatz sind die Störungen in der Entwicklung der Persönlichkeitsstruktur, die durch die Instanzen Ich, Über-Ich und Es repräsentiert wird, von primärem Interesse, wobei das Ich im Mittelpunkt der Betrachtung steht. Beim Abhängigen nimmt man an, daß das Ich geschwächt und unterentwickelt ausgebildet ist und somit die Realitätsprüfung, die Auseinandersetzung mit der Außenwelt, die Affekt- und Impulskontrolle nicht adäquat wahrnehmen kann und das Ich letztendlich in seiner Regulationsfähigkeit gegenüber den Triebwünschen des Es versagt.

Hinzu kommt, daß das schwach entwickelte Über-Ich, das oft auch als "der im Alkohol lösliche Teil der Persönlichkeit" (Fenichel, 1975) oder als sehr streng und sadistisch (Rost, 1987) charakterisiert wird, das Ich kaum unterstützen kann.

Im Ich-psychologischen Ansatz ist das Symptom nicht mehr Ausdruck eines Konfliktes, sondern Ergebnis eines Defektes in der Struktur der Persönlichkeit. Diese Defizite versucht die Person zu kompensieren, wobei eine Möglichkeit die Drogen repräsentieren, was Rost (1987) treffend beschrieben hat: "Der Selbstheilungscharakter der Droge für ein in seiner Struktur geschwächtes Ich ist somit die zentrale Aussage der ichpsychologischen Theorie über die Bedeutung der Sucht" (S. 52).

Mangelnde Impulskontrolle, gestörte Ausdrucksfähigkeit, geringe Frustrationstoleranz und ungenügende Affektdifferenzierung sind die hauptsächlichen Defizite der süchtigen Persönlichkeit, und Lürssen (1974) meinte sogar, daß "jede Frustration beim Süchtigen zum nicht zu bewältigenden Schmerzreiz wird" (S. 147).

Die wesentliche Selbstheilungsfunktion der Droge liegt in der Affektdämpfung und Affektregulierung, und sie übernimmt Funktionen, die beim gesunden Ich durch psychische Prozesse wie die "Abwehrmechanismen", wahrgenommen werden.

Der Ich-psychologische Ansatz ist in sich schlüssig und kann die Entwicklung einer Abhängigkeit gut beschreiben. Seine große Schwäche liegt jedoch darin, daß er die Frage nicht beantworten kann, warum eine Person X eine Abhängigkeit und eine Person Y eine Neurose entwickelt, um die Ich-Defizite zu kompensieren.

Der objektpsychologische Ansatz zentriert sich auf die früheste Entwicklungsphase des Kindes, wobei diese Entwicklung vor allem in der Interaktion zur Mutter und zur Umwelt und nicht so sehr unter biologischen und triebhaften Aspekten gesehen wird (Klein, 1972). Die Objektbeziehungstheorie betrachtet den Verlauf der Entwicklung eines Kindes von der Phase der Symbiose mit der Mutter bis zur Individuation und sieht in diesem Prozeß Fixierungspunkte für Süchte, psychosomatische Störungen, Psychosen und Borderline-Störungen (Kernberg, 1981).

Dieser Ansatz sieht die Funktion der Sucht wesentlich negativer als die Ichpsychologie und charakterisiert die Sucht als Prozeß der Selbstzerstörung, als "chronischer Suizid" (Menninger, 1938), als "protrahierter Selbstmord" (Lürssen, 1974).

Der Abhängige entwickelt selbstdestruktive Aggressionen gegen das Ich als Bestrafung für feindselige aggressive Impulse, die er als für sich nicht akzeptabel erlebt. Bei Wanke (1978) findet man in einer Falldarstellung sehr anschaulich diese Verbindung von Sucht und starker Autoaggressivität beschrieben, wobei die Patientin ihre Selbstzerstörung regelrecht erotisiert. Die Sucht kann jedoch auch "Schutzfunktion" haben und Entlastung bewirken, indem sie Personen vor noch schwerwiegenderen Erfahrungen und Konsequenzen, wie sie beispielsweise bei einer Psychose auftreten können, bewahrt (Zeiler, 1992).

Einschränkend muß jedoch gesagt werden, daß dieses selbstdestruktive Potential längst nicht bei allen Abhängigen in diesem starken Ausmaß vorliegt, sondern eher einzelne aggressive Komponenten zu beobachten sind.

Bei der Betrachtung der drei Ansätze kommt man zu dem Schluß, daß jedes Konzept seine Stärken und Schwächen hat. Es drängt sich geradezu die Annahme auf, daß sich Sucht nicht aus der Fixierung auf eine bestimmte Entwicklungsphase ableiten läßt, sondern Störungen in jedem Stadium auftreten können und zu einer jeweils spezifischen Phänomenologie der Sucht führen. Von dieser Grundannahme ging Rost (1987) in seinem integrierten psychodynamischen Modell aus und ordnete die drei dargestellten psychoanalytischen Konzepte (Objekt-, Ich-, Trieb-) auf einer entwicklungspsychologischen Zeitachse an. Hinzu kommt noch eine soziologische Perspektive, um jene Fälle zu erfassen, bei denen Alkoholabhängigkeit trotz einer gesunden Persönlichkeitsentwicklung auftritt. Aus seinem Modell ergibt sich die Forderung differentialdiagnostischer Überlegungen sowie der Aufbau unterschiedlicher Behandlungsinhalte und Behandlungssettings für die unterschiedlichen Alkoholismusformen.

Zusammenfassend kann man sagen, daß mittlerweile die psychoanalytische Theorienbildung versucht, den Abhängigen differenzierter zu beschreiben. Nach wie vor erfolgt jedoch noch meist eine Gleichsetzung der Psychogenese der Persönlichkeitsstruktur mit der Genese der Abhängigkeit, und das soziokulturelle Umfeld wird als ein möglicher Faktor der Abhängigkeitsentwicklung weitgehendst ausgeklammert.

Die methodische Kritik richtet sich vor allem gegen den tautologischen Charakter der psychoanalytischen Modelle, die schlechte Operationalisierbarkeit der Konzepte und Begriffe sowie die fast ausschließliche Verwendung retrospektiver Selbstberichte. Weiterhin liegt ein großes Problem für die Entwicklung einer Theorie der Abhängigkeitsentwicklung darin, daß eine ähnliche Persönlichkeits- und Familienkonstellation für eine Vielzahl psychopathologischer Störungen verantwortlich gemacht wird.

Diese Aspekte tragen wahrscheinlich alle dazu bei, daß auf der Basis des psychoanalytischen Gedankenguts keine eigenständige Forschungs- und Therapietradition im Alkoholbereich entstanden ist (Rost, 1987; Ghaffari, 1987).

4.3.3 Persönlichkeitsmerkmale

Die Suche nach der prämorbiden Persönlichkeit, nach der psychologischen Prädisposition der Alkoholabhängigkeit, hat sich sowohl aus der Psychoanalyse als auch aus dem Krankheitsmodell heraus entwickelt. Mit Hilfe klinischer Falldarstellungen und projektiver Testverfahren versuchte man die Persönlichkeitsstruktur des Alkoholabhängigen zu finden. Bei dem Konzept der Alkoholikerpersönlichkeit, das in den vierziger Jahren begründet wurde (Landis, 1945), ging man davon aus, daß eine einzigartige Konstellation von Persönlichkeitsmerkmalen den Alkoholiker von dem Nicht-Alkoholiker schon vor dem Beginn einer Abhängigkeitsentwicklung unterscheidet. Aus diesen Anfängen hat sich ein eigenständiger Forschungszweig mit unterschiedlichen methodischen Zugangsweisen und Forschungsinstrumenten, entwickelt, und das Interesse ist über die Jahrzehnte hinweg unvermindert groß geblieben. So gibt Cox (1987) an, daß sich allein über 1000 Literaturstellen in der "Psych INFO Database" auf die Schlagworte Persönlichkeit und Alkoholismus beziehen.

Die Forschungsstrategie der Wahl sah dabei in der Regel so aus, daß einer Gruppe institutionalisierter Alkoholabhängiger ein standardisierter Persönlichkeitstest vorgegeben wurde, und diese Ergebnisse mit den Werten einer Stichprobe von Nicht-Abhängigen verglichen wurden (Cox, 1983).

Die Versuche, *die* Merkmalskonfiguration des Alkoholikers zu bestimmen, waren jedoch nicht erfolgreich (Syme, 1957; Lisansky, 1960) und veranlaßten Keller (1972a) zu der Schlußfolgerung, die auch als "Keller's Law" bekannt geworden ist: "The investigation of any trait in alcoholics will show that they have more or less of it" (S. 1147). Die Aussage, daß es nicht *die* Alkoholikerpersönlichkeit gibt, führt jedoch nicht zu der Konsequenz, daß Persönlichkeitsfaktoren in der Abhängigkeitsentwicklung keine Rolle spielen, wie dies Sadava (1978) in einer extremen Position formuliert hat: "...in a given environment, everyone is equally vulnerable to alcohol problems and those who abuse alcohol are different only in their drinking " (S. 199). Vielmehr kann man annehmen, daß ein Set von Persönlichkeitsfaktoren in Interaktion mit biologischer Vulnerabilität und Umweltfaktoren zum Alkoholgebrauch motiviert und eine Abhängigkeitsentwicklung begünstigt (Cox & Klinger, 1990).

Welche Forschungsergebnisse liegen nun vor? Hier muß bei der Sichtung der Forschungsliteratur berücksichtigt werden, daß Untersucher immer wieder aus Querschnittuntersuchungen, in denen Alkoholiker mit Nicht-Alkoholikern verglichen wurden, unzulässige Schlußfolgerungen auf prämorbide Persönlichkeitsfaktoren gezogen haben, obwohl mit diesem Untersuchungsdesign Antezedenzen und Konsequenzen nicht voneinander zu trennen sind. Barnes (1979) schlug eine hilfreiche Unterteilung des Konzeptes Alkoholikerpersönlichkeit in die Konzepte "Klinische Alkoholikerpersönlichkeit" und "Präalkoholische Persönlichkeit" vor. Auf die Untersuchungen im Bereich der präalkoholischen Persönlichkeit soll in diesem Kapitel näher eingegangen werden.

Die wohl bekannteste prospektive Längsschnittuntersuchung stammt von Jessor und seinen Mitarbeitern, die 432 Jugendliche im Alter von 12-15 Jahren über einen Zeitraum von vier Jahren befragt haben (Jessor & Jessor, 1975, 1977). Der Beginn des Trinkens korrelierte bei den Jugendlichen, die später ein problematisches Trinkverhalten entwickelten, mit folgenden Persönlichkeitsvariablen: Geringere Leistungsbereitschaft, vermehrtes Streben nach Unabhängigkeit und Unkonventionalität, geringere Erfolgserwartung und Religiösität, höhere Toleranz für Fehlverhalten (Lügen, Stehlen, Schwindeln, Aggression) sowie weniger negative Wahrnehmung des Trinkens. Zwischen diesen Ergebnissen und den Befunden anderer Forschergruppen besteht eine große Übereinstimmung (Kandel, 1978; Zucker, 1979, Huba & Bentler, 1984). Nicht gefunden hat man psychopathologische Merkmale wie Angst, Depression, geringes Selbstwertgefühl, und es gibt auch keine überzeugenden Befunde dafür, daß diese "High-Risk"-Jugendlichen überwiegend psychisch unausgeglichen oder deprimiert wären. Es scheint vielmehr so zu sein, daß die Jugendlichen, die Alkoholprobleme entwickeln, weniger Interesse als ihre Altersgenossen daran haben, an den gesellschaftlich relevanten und langfristigen Zielen und Werten zu arbeiten, bzw. weniger Möglichkeiten haben, daran arbeiten zu können. Stattdessen steht kurzfristige Befriedigung im Vordergrund, und impulsives, auf unmittelbare Gratifikation ausgerichtetes Verhalten ist kennzeichnend für diese Risikogruppe. Alkohol als solch ein kurzfristiger und potenter Verstärker kann diese Ziele realisieren helfen.

In einer Längsschnittuntersuchung mit Hilfe von Archivdaten wertete Jones (1968) die Daten der "Oakland Growth Study" aus, die dreißig Jahre zuvor begonnen und 3 Erhebungszeitpunkte (junior high school, high school, adulthood) hatte. Die 6 Jungen, die später Problemtrinker wurden, zeigten stärker extravertiertes und rebellisches Verhalten, waren feindseliger, ließen sich stärker gehen und zeigten ein höheres Ausmaß an Impulsivität als die anderen 46 Jungen.

In zahlreichen retrospektiven Untersuchungen versuchte man die präalkoholischen Persönlichkeitsfaktoren dadurch zu erfassen, indem man Alkoholabhängige und deren Angehörige um eine Beschreibung der Persönlichkeit vor der Abhängigkeitsentwicklung gebeten hat. Trotz der vielen methodischen Probleme mit diesem Untersuchungsansatz können retrospektive Daten nützlich für die Hypothesengenerierung für prospektive Längsschnittuntersuchungen sein. Die Befunde der retrospektiven Untersuchungen sind konsistent mit den bisher referierten Resultaten, denn männliche Alkoholiker beschrieben sich als impulsiv, hyperaktiv, aggressiv, maskulin und antisozial vor Beginn ihres Alkoholtrinkens (Goodwin et al., 1975; Tarter et al, 1977). In der repräsentativen "Nationalstichprobe" von Cahalan & Room (1974) charakterisierten sich Problemtrinker als in ihrer Kindheit impulsiv, bekümmert und niedergeschlagen und gaben an, eine schwierige Kindheit mit oftmals gestörten Familienverhältnissen gehabt zu haben.

Zusammenfassend kann man sagen, daß die referierten Untersuchungen, die mit unterschiedlichen methodischen Vorgehensweisen antezedente Persönlichkeitsmerkmale einer Abhängigkeitsentwicklung zu erfassen suchten, trotz aller methodischer Schwächen (vgl. Sutker & Allain, 1988) eine bemerkenswerte Konsistenz in den Befunden aufweisen. Die Forscher beschreiben diese Personen als delinquent, rebellisch, unabhängig, nonkonformistisch, aggressiv, hyperaktiv und impulsiv. Nathan (1988) kam in seinem Überblicksartikel zu dem Schluß, daß die Forschungsergebnisse deutlich auf eine Verbindung "between a range of behaviors synonymous with antisocial behavior and later alcoholism" (S. 185) hinweisen. Die "präalkoholischen" Kinder und Jugendlichen zeigen offensichtlich Störungen der emotionalen und behavioralen Selbstregulation, und Cox (1987) postulierte aufgrund der Untersuchungsbefunde zwei Typen, einen mit einem stärker soziopathischen und einen mit einem größeren neurotischen Anteil. In den Untersuchungen gab es keine Hinweise auf vorhandene psychopathologische Merkmale in der präalkoholischen Phase.

Die Studien begründen jedoch noch nicht in ausreichendem Maße, warum Personen mit bestimmten Persönlichkeitseigenschaften ein höheres Risiko einer Abhängigkeitsentwicklung haben. So kommt Lang (1983) nach einer kritischen Diskussion auch zu folgender Schlußfolgerung. "Hence are conclusions drawn about the role of personality in understanding and predicting addictive behavior will necessarily be tentative" (S. 173). Nathan (1988) geht sogar so weit, daß er in der Erforschung der Persönlichkeitsstruktur keinen Nutzen sieht, weil er der Auffassung ist, daß "the addictive personality is the behavior of the addict" (S. 183). Diese verhaltensorientierte Ausrichtung wird im nächsten Abschnitt näher beleuchtet werden.

4.3.4 Lerntheorien

Neben der Psychoanalyse und den Persönlichkeitstheorien stellen die Lerntheorien den dritten wichtigen psychologischen Ansatz zur Beschreibung und Erklärung der Entstehung und Aufrechterhaltung einer Alkoholabhängigkeit dar. Im Mittelpunkt ihres Interesses stehen nicht mehr unbewußte Triebe und Persönlichkeitsmerkmale, sondern offen beobachtbares Verhalten, das man versucht, objektiv zu erfassen und zu messen.

Es existiert nicht *die* Lerntheorie, sondern es gibt mehrere lerntheoretische Ansätze zur Beschreibung, Erklärung und Vorhersage von Verhalten, die ein gemeinsames Set von Grundannahmen haben und manchmal auch unter dem Begriff "Verhaltentheoretische Ansätze" subsumiert werden. Die wichtigsten davon sollen im Rahmen dieser Arbeit kurz skizziert werden. Gute und grundlegende Darstellungen findet man beispielsweise bei Kanfer & Phillips (1975) und Zeier (1976). Das Hauptaugenmerk in diesem Abschnitt gilt dem Beitrag, den lerntheoretische Modelle im Hinblick auf die Entstehung und Aufrechterhaltung einer Alkoholproblematik geleistet haben.

Der Ausgangspunkt für alle Ansätze ist die Annahme, daß jegliches Alkoholtrinken, sowohl Gebrauch als auch Mißbrauch, auf der Grundlage der gleichen Lernprinzipien erlernt und aufrechterhalten wird. Unterschiede in den Theorien bestehen hinsichtlich der Bedeutung, die der Vielzahl von sozialen, kognitiven und Umweltfaktoren bei der Entwicklung einer Alkoholproblematik zugeschrieben wird.

In bezug auf das Trinkverhalten nimmt man ein Kontinuum an, das von der Abstinenz bis zur Abhängigkeit reicht, wobei die Übergänge fließend sind. Zwischen dem "normalen" Alkoholkonsumenten und dem Alkoholabhängigen gibt es keine qualitativen, sondern eher quantitative Unterschiede, beispielsweise in Menge und Frenquenz des Alkoholkonsums sowie in dem Ausmaß der biopsychosozialen Folgeschäden. Die Person wird als Problemtrinker definiert, wenn der Alkoholkonsum konsistente negative Effekte im körperlichen, psychischen und sozialen Bereich hervorruft, wobei die Häufigkeit und Intensität dieser Probleme ein Indikator für die Schwere der Problematik darstellt (Miller & Mastria, 1977; Marlatt, 1979).

Die Lerntheorie, die stark der empirischen Forschung verpflichtet ist, hat ihre Modelle ständig überprüft und weiterentwickelt. Dieser evolutionäre Prozeß spiegelt sicht sowohl in der Geschichte der Verhaltenstherapie als der therapeutischen Schule, die lerntheoretisches Wissen in die klinische Praxis transferiert, als auch in den klinischen Anwendungsfeldern wider (vgl. Schorr, 1984). Diese verschiedenen Entwicklungsphasen, die auch im Alkoholbereich durchlaufen wurden, sind: Klassische Konditionierungs-, Triebreduktions-, Operante Konditionierungs- und Sozial-Kognitve Lerntheorie.

Der Stellenwert des Paradigmas der Klassischen Konditionierung für das Verständnis der Genese einer Alkoholproblematik ist sehr begrenzt. Da Alkoholkonsum keine reflexive, ungelernte Reaktion darstellt, finden sich auch keine Annahmen zur Entwicklung eines Alkoholproblems. Benutzt wird der Ansatz, um Aussagen zu den Phänomenen Toleranz, "Craving" (Suchtmittelgier) und Rückfall zu machen (Ludwig & Wikler, 1974; Siegel, 1983; Ludwig, 1986), sowie in der Aversionstherapie, die einen breiten Raum zu Beginn der "professionellen" Alkoholismusbehandlung eingenommen hat (Elkins, 1975; Miller & Hester, 1980; Rimmele et al., 1989).

Im operanten Paradigma sieht man den Alkoholkonsum durch die Antezedenzen und vor allem durch die Konsequenzen gesteuert: "More specifically, the consumption of alcohol is preceded by certain events (antecedents), internal and/or external, followed by various short- and long- term consequences" (Sobell M. & Sobell L., 1978, S. 33).

Dem Alkohol wird ein positiver und negativer Verstärkerwert zugeschrieben. Obwohl sich beim ersten Alkoholkonsum nicht unbedingt positive Folgen ergeben müssen - so berichten Jugendliche oft von negativen Begleiterscheinungen wie Übelkeit und Erbrechen -, erlebt die Mehrzahl der Alkoholtrinker anfangs positive Effekte.

Die "Folgen" des Alkoholtrinkens im sozialen Kontext wie gemeinsame Freude, Symphatie, Kontakt, Dazugehören werden subjektiv positiv erlebt, während das Image des Abstinenten in unserer Gesellschaft eher negativ ist (Wieser, 1973).

Der initiale Effekt einer kleinen Menge Alkohol ist in der Regel stimulierend und eine höhere Alkoholdosis wirkt eher beruhigend. Dieser dämpfende Effekt ist von vielen Alkoholkonsumenten erwünscht. Die Reduktion von Angst und Streß, der Abbau von Langeweile und Hemmungen sowie die Erhöhung von Assertivität, Stärke und Aggression sind häufige Motive für Trinken, und Alkohol ist für diese Personen in der Regel ein starker positiver und negativer Verstärker (Gottheil et al., 1987; Wilson, 1988; Cox, 1990).

Im Verlauf ihrer Trinkgeschichte lernt eine Person, sich immer mehr positive und negative Verstärkungen durch Alkohol zu holen, und bei einem stark alkoholbezogenen Lebensstil wird er zum potenten, allzeit verfügbaren und schnell wirksamen Verstärker. Sie lernt auch, unter welchen Bedingungen Trinken vorwiegend positive oder negative Konsequenzen hat, jedoch erfolgt infolge der Inkonsistenz von Belohnung und Bestrafung bei den meisten Problemtrinkern kein gutes Diskriminationslernen. Es besteht somit eine hohe Löschungsresistenz der Trinkreaktion, weil eine intermittierende Verstärkung stattgefunden hat.

Bedeutsam für die Lerngeschichte ist weiterhin, daß Trinken eine soziale Handlung darstellt und dadurch Gewöhnung und "Wirkungstrinken" (Trinken, *um* lockerer, selbstbewußter, entspannter ... *zu* werden) erleichtert werden. Diese soziale Maskierung führt dazu, daß der Einzelne sein Trinkverhalten selten analysiert und dadurch die Motive des Wirkungstrinkens kaum bewußt werden. Das Wissen über die positiven Wirkungen ist, wie eine Untersuchung von Christiansen et al. (1982) zeigt, schon in der Kindheit vorhanden, und es wird gelernt, daß Alkohol ein potentes Mittel zur Bewältigung belastender Situationen darstellt.

Im Verlauf der Problementwicklung hat Alkoholtrinken zunehmend mehr die Funktion der negativen Verstärkung, bis schließlich beim Vorliegen einer körperlichen Abhängigkeit Alkohol in der Regel nur noch dazu dient, die negativen Auswirkungen des Entzugsyndroms zu mildern oder dessen Auftreten zu verhindern. Der Teufelkreis ist geschlossen: Alkoholtrinken als Problemlöseversuch und Verstärkerquelle ist selbst zum Problem mit einer Fülle negativer Konsequenzen geworden, die wiederum mit Alkohol bewältigt werden sollen.

Zusammenfassend kann man sagen, daß der operante Ansatz einen wichtigen Beitrag zur Erforschung der Genese einer Alkoholproblematik geleistet hat. Das operante Paradigma sieht in der Response-kontingenten Konsequenz den entscheidenden Faktor bei der Steuerung des Alkoholkonsums, und erst später erfolgte zusätzlich die Berücksichtigung der Antezedenzen, "Stimulus cues", in einem integrativen Ansatz. Durch die wissenschaftlichen Arbeiten mit dem operanten Lernparadigma wurden in das Feld der Alkoholforschung stärker die Methoden der empirischen Sozialforschung eingebracht. Das Modell ist jedoch nicht in der Lage, die Entstehung und Aufrechterhaltung einer komplexen Störung, wie sie beispielsweise die Alkoholabhängigkeit darstellt, hinreichend zu beschreiben und zu erklären.

Die wissenschaftliche Präzision und Genauigkeit, zu der sich die Forscher verpflichtet fühlten, hat zu einer eher künstlichen Vereinfachung des komplexen Problems geführt. Vogel-Sprott (1972) stellte dazu treffend fest, daß die Lerntheorie den Beitrag genetischer, pharmakologischer und sozialer Faktoren zu wenig beachtet und sich primär auf das Trinkverhalten konzentriert hat und schlußfolgerte, daß "on this basis alone, learning principles appear unlikely to provide a complete explanation for the etiology of alcoholism" (S. 499).

Ein traditioneller behavioraler Ansatz in der Frage der Entwicklung einer Alkoholproblematik stellt die Spannungs-Reduktions-Hypothese (SRH) dar, die aus der "Systematischen Verhaltenslehre" von Hull (1952) entwickelt wurde. Schon Jellinek (1945) formulierte, gestützt auf die empirischen Befunde von Horton (1945), daß Alkohol u. a. zur Spannungsreduktion verwandt wird und daß süchtiges, zwanghaftes Trinken definitiv diesem Zweck dient. Masserman & Yum (1946) unterstützten diese theoretischen Annahmen durch ihre klassischen Tierexperimente zur "experimentellen Neurose", und spätestens seit dem Überblicksartikel von Conger (1956) wurde die SRH zum dominierenden Erklärungsansatz für menschliches Trinkverhalten.

Eine Anzahl theoretischer Artikel erweiterte den Geltungsbereich der SRH auf Problemtrinken und Alkoholabhängigkeit (Kingham, 1958; Kepner, 1964). Die SRH war der Ausgangspunkt einer Vielzahl empirischer Studien, die jedoch keine konsistenten Befunde erbracht haben. Für den tierexperimentellen Forschungsbereich kamen Cappell & Herman (1972) nach einer kritischen Überprüfung der Untersuchungsresultate zu der Schlußfolgerung, daß "negative, equivocal, and contradictory results are quite common if not preponderant" (S. 59).

Für den Humanbereich waren die Ergebnisse noch verwirrender, und stützende empirische Befunde waren äußerst selten (Marlatt, 1976). Higgins (1976) resümierte in seinem Überblicksartikel: "Despite an extensive and complex body of research, it must be concluded that the specific role of tension reduction in the etiology of either normal or abusive drinking remains obscure" (S. 69).

Bestenfalls kann man sagen, daß Alkohol spannungsreduzierende Effekte haben kann; in manchen Untersuchungen wurde jedoch auch berichtet, daß Alkoholabhängige nach der

Alkoholeinnahme mehr Spannung und Angst verspürten (Mc Namee et al., 1968; Nathan & O'Brien, 1971). Man erklärt sich diese Befunde damit, daß zwischen Alkoholmenge und Entspannungseffekt keine positive lineare Beziehung, sondern ein biphasischer Verlauf besteht (Doctor et al., 1966).

Es kann festgehalten werden, daß die SRH in ihrer ursprünglichen Form die Entstehung und Aufrechterhaltung von Trinkverhalten und Problemtrinken nicht angemessen erklären kann, und die Validitätseinschränkung dieser Theorie ist durch die Begrenzung auf *einen* ätiologischen Faktor gleichsam immanent. Die pessimistische Sichtweise von Cappell & Herman (1972), daß die SRH nicht überleben würde, hat sich jedoch nicht bestätigt (vgl. Cappell & Greeley, 1987). In den siebziger Jahren erfolgte mit dem Aufkommen der Streßforschung (vgl. Lazarus, R.S. 1966; Nitsch, 1981) eine Adaptation der SRH zur Streß-Reduktions-Hypothese (SRH), und die Entstehung und Aufrechterhaltung einer Alkoholproblematik wurde in der Folgezeit stärker im Zusammenhang mit Streß gesehen (Wanke, 1981a; Pohorecky & Brick, 1983; Powers & Kutash, 1985; Gottheil et al., 1987). Diese Veränderung war jedoch überwiegend semantischer Natur, denn weder für Spannung noch für Streß besteht eine allgemein akzeptierte Definition (Goldberger & Breznitz, 1982), und die inhaltlichen und methodischen Probleme der Untersuchungen sind im Kontext der Streßforschung die gleichen geblieben (Connors & Maisto, 1983).

Mit der Einführung der Sozial-Kognitiven Lerntheorie (Bandura, 1979) in diesen Forschungszweig versuchte man nicht nur wie bisher möglichst reale und echte Effekte von Alkohol mittels der Lösung des Annäherungs-Vermeidungskonflikts in der Skinner-Box oder durch Veränderungen physiologischer Parameter zu messen, sondern nahm eine Erweiterung auf die subjektive, phänomenologische Ebene vor. Wie eine Person Alkohol subjektiv erfährt und erlebt und welche Effekte auf kognitiver, affektiver und behavioraler Ebene sie erwartet, wurde zu einem zentralen Forschungsanliegen innerhalb des SRH-Paradigmas (Young et al., 1990).

Zusammenfassend kann man sagen, daß die SRH stimulierend auf eine experimentelle, empirisch orientierte Forschung im Alkoholbereich gewirkt hat. Sie kann jedoch die Genese und Aufrechterhaltung von Trinken und Problemtrinken nicht hinreichend beschreiben und erklären. Man kann sagen, daß Alkohol Spannung und Streß reduzieren kann, andere Effekte aber ebenso möglich sind (Cappell, 1987). Cappell & Greely (1987) kommen zu dem Schluß, "that a generalized TRT (Tension Reduction Theory) will never receive support no matter how much research is done" (S. 48).

Die "Social Learning theory" bzw. "Sozial-Kognitive Lerntheorie" (SKL) von Bandura (1979) integriert eine Anzahl von Vorläuferansätzen (Miller & Dollard, 1941; Rotter, 1954; Bandura, 1969; Mischel, 1973; Endler & Magnusson, 1976) und repräsentiert einen Zusammenfluß wichtiger empirischer und theoretischer Erkenntnisse aus verschiedenen psychologischen Disziplinen. Die SKL sieht soziale, kognitive und Persönlichkeitsfaktoren als bedeutsame Variablen zur Beeinflussung von Denken, Fühlen und Verhalten an; sie akzeptiert die Relevanz biologischer Komponenten als prädisponierende Faktoren zur Modulierung von Lernen und Verhalten, sieht die Person jedoch als aktiven, adaptiven Organismus. Mischel (1977, S. 253) hat das Menschenbild der SKL wie folgt zusammengefaßt:

> This image is one of the human being as an active, aware problem-solver, capable of profiting from an enormous range of experiences and cognitive capacities, posessing great potential for good or ill, actively constructing his or her psychological world, and influencing the environment but also being influenced by it in lawful ways - even if the laws are difficult to discover and hard to generalize.

Mischel (1973) und Bandura (1979) definierten für die SKL 7 zentrale Annahmen:
1. Die Person besitzt konstruktive Fähigkeiten.
2. Die Person besitzt Fähigkeiten zur Informationsverarbeitung.
3. Die Person besitzt Fähigkeiten zur Bildung von Erwartungen und lernt, daß bestimmte Situationen mit einer bestimmten Wahrscheinlichkeit zu bestimmten Konsequenzen führen und daß eigene Handlungen bestimmte Effekte haben können. (Self-efficacy theory von Bandura, 1977).
4. Die Person nimmt - in Abhängigkeit von biologischer Konstitution, Lerngeschichte und augenblicklichem Zustand - eine subjektive Bewertung von Situationen vor.
5. Die Person besitzt die Fähigkeit zu planvollem und selbstregulativem Handeln (Kanfer, 1977).
6. Es besteht eine Interaktion zwischen Verhalten, Persönlichkeits- und Umweltfaktoren; Bandura (1978) spricht in diesem Zusammenhang von "reziprokem Determinismus" und Lazarus (1981) von "Transaktion".
7. Die SKL betont die multifaktorielle Interaktion zwischen biologischen, psychologischen (kognitive, emotionale, psychophysiologische), behavioralen und sozialen Variablen.

Im Alkoholismusfeld repräsentiert die SKL mittlerweile eine akzeptierte Alternative zu der immer noch dominierenden, medizinisch orientierten Theorie der Alkoholabhängigkeit. Die SKL nimmt an, daß Alkoholtrinken ein soziales Verhalten darstellt, das vor dem jeweiligen soziokulturellen Hintergrund und den Vulnerabilitätsfaktoren einer Person durch Modelllernen, soziale Verstärkung, antizipierte und direkte verstärkende Alkoholeffekte erworben wird. Das Trinkmuster variiert entlang eines Kontinuums, beginnend mit der Experimentierphase in der Adoleszenz bis hin zu normalem, sozialem Trinken, Episoden des Mißbrauchs, Gewöhnung, Abhängigkeit und Abstinenz. Mit ihrem biopsychosozialem Ansatz kann die SKL Variationen im Trinkmuster über Personen und Kulturen wie auch innerhalb von Individuen über die Zeit und Situationen beschreiben und erklären. Banduras Theorie und Ausführungen zur Alkoholproblematik bildeten die Grundlage für ein integriertes "Sozial-Kognitives-Lernmodell" der Entstehung und Aufrechterhaltung einer Alkoholabhängigkeit, sowie für die Beschreibung und Erklärung des Rückfallgeschehens (vgl. Nathan et al., 1978; Miller, 1980; Marlatt & Gordon, 1985; Nathan, 1987; sowie Kapitel 5.3. dieser Arbeit).

Es kann festgehalten werden, daß die SKL sowohl die Personenzentriertheit, die eine wesentliche Beschränkung vieler psychologischer Theorien ist, als auch die Umweltdeterminiertheit der frühen lerntheoretischen Ansätze überwindet und mit der Berücksichtigung biologischer, psychologischer und sozialer Faktoren und dem Konzept des reziproken Determinismus der Komplexität menschlichen Verhaltens gerecht zu werden versucht.

4.3.5 Zusammenfassung

Man kann sagen, daß in den vergangenen 40 bis 50 Jahren eine eigenständige psychologische Forschung im Alkoholbereich stattgefunden hat. Die Anfänge waren bestimmt durch die Psychoanalyse und die Lerntheorie von Hull, und die populäre Spannungs-Reduktions-Hypothese (SRH) verkörperte das Gedankengut beider Schulen. Danach entwickelten sich zwei divergente Richtungen: die Persönlichkeitsuntersuchungen, abgeleitet aus der psychodynamischen Orientierung und die experimentellen Laboruntersuchungen zur SRH. Hinzu kamen zu Beginn der sechziger Jahre Ansätze des sozialen Lernens, und ab Mitte der siebziger Jahre kann man eine stärkere Verzahnung von psychologischer Forschung und dem Alkoholismusfeld feststellen. Bis jetzt ist die psychologische Forschung im Bereich von Alkoholkonsum und Alkoholabhängigkeit jedoch noch stark und einseitig abhängig von den Entwicklungen in der Psychologie, und nur wenig kommt aus dem Feld selbst. Es existieren auch noch keine formalisierten psychologischen Theorien, sondern eher Erkenntnisse über die Rolle spezifischer psychologischer Prozesse und Faktoren in der Ätiologie und Aufrechterhaltung von normalem, problematischem und abhängigem Trinkverhalten. Wichtig ist m. E., daß sich in jüngster Zeit eine eigenständige und bedeutsame psychologische Alkoholismusforschung entwickelt hat, was jedoch nicht als eine Abkehr von interdisziplinären Ansätzen verstanden werden darf. Leonard & Blane (1987, S. 388) schreiben zu diesem Punkt:

> The paradox of simultaneonsly being more deeply psychological as well as extrapsychological may speak for a yin-yang stage in scientific development in which more intense activity within a discipline sets the groundwork for cross-disciplinary breakthroughs in theory and research.

4.4 Soziologische Theorien

4.4.1 Einleitung

Das Hauptinteresse der Soziologie gilt nicht so sehr der Einzelperson, sondern sie beschäftigt sich vor allem mit sozialen Regelmäßigkeiten und deren Ursachen in sozialen Gruppen. Max Weber (1972) definierte Soziologie als "eine Wissenschaft, welche soziales Handeln deutend verstehen und dadurch in seinem Ablauf und seinen Wirkungen ursächlich erklären will" (S. 1).

Die aufzeigbaren sozialen Regelmäßigkeiten sind meist Ausdruck gruppenspezifischer Einstellungen, Überzeugungen und Handlungen, der "sozialen Normen". Mittels dieser Erwartungen und Normen erfolgt die Bewertung des Verhaltens als "normal" oder "abweichend", wobei die Normen "relativ" sind und zwischen Gesellschaften und Gruppen sowie über die Zeit hinweg variieren können. Sucht und Abhängigkeit stehen in enger Verbindung zu Norm und Normabweichung (vgl. Berger, 1985; Wanke, 1985), und für Antons & Schulz (1976) ist der Akoholismus "nur aus der Einbettung in das alltägliche, gewohnte Trinken verständlich; nur die sozialen Funktionen einer Droge lassen die Häufigkeit individuellen Drogenmißbrauchs verstehen" (S. 19).

Wissen über sozial angepaßtes Trinken in einer Gesellschaft ist notwendig, um eine Abhängigkeitsentwicklung verstehen und erklären zu können. Obwohl Bacon (1943) schon vor fünfzig Jahren soziales Trinken - und nicht pathologisches Trinkverhalten - als Gegenstand soziologischer Forschung beschrieben hat, ist es ein kaum erforschter Bereich geblieben. Fahrenkrug (1986) in Deutschland, und Cahalan (1987), der Pionier der sozialwissenschaftlichen Alkoholforschung in den USA, forderten erst kürzlich verstärkte Forschungsbemühungen im Bereich des Alkoholkonsums und der Alkoholprobleme und nicht nur von Alkoholismus.

Von Abhängigkeit im soziologischen Sinn spricht man, wenn die Person ihr Trinkverhalten nicht mehr selbst steuern kann und sie eine wichtige soziale Norm verletzt, "nämlich die Erwartung eines autonomen Verhaltens und einer sozialen Handlungskompetenz" (Berger, 1985, S. 69). Eine ähnliche Auffassung vertreten Antons & Schulz (1977), die den entscheidenden sanktionsauslösenden Faktor in der sozialen, mit den gesellschaftlichen Zielen unvereinbaren Funktionsunfähigkeit der Person sehen.

Da nur wenig über die Entwicklung und Aufrechterhaltung normalen Trinkens geforscht worden ist (vgl. z. B. Horton, 1943; Roebuck & Kessler, 1972; Stein, 1985; Roman, 1991), wird in diesem Bereich primär auf allgemeine soziologische Theorien zurückgegriffen.

4.4.2 Soziokulturelle Theorien

Die Bedeutsamkeit soziokultureller Faktoren bei der Entwicklung einer Abhängigkeit steht heute außer Frage, und sie werden in ätiologischen Modellen entsprechend berücksichtigt (vgl. Kielholz & Ladewig, 1973; Heath, 1982). Es besteht Konsens darüber, daß Trinkverhalten und die Effekte des Trinkens durch gesellschaftlich geformte Normen, Werte und Einstellungen beeinflußt werden.

Soziokulturelle Theorien versuchen einen Beitrag zur Erklärung der Unterschiede in der Alkoholismusrate zwischen Kulturen und Subkulturen zu leisten. Man geht dabei von der Annahme aus, daß die Ursachen von abweichendem Trinkverhalten inklusive Alkoholismus sowohl durch Unterschiede im Trinkverhalten selbst als auch in den gesellschaftlichen Attitüden gegenüber dem Trinken und der Trunkenheit sichtbar werden.

So beschrieb beispielsweise Bales (1946) drei aufeinander bezogene Bereiche, durch die eine Kultur und soziale Organisationen die Alkoholismusrate beeinflussen können:
1. das Ausmaß, in dem eine Kultur innere Spannungen bei ihren Mitgliedern hervorruft und notwendige Anpassungen verlangt;
2. die Attitüden, die eine Kultur ihren Mitgliedern in bezug auf das Trinken vermittelt, einschließlich der Normen, Gedanken und Gefühle gegenüber der Trinkhandlung;
3. das Ausmaß, in dem eine Kultur Alternativen zur Streßbewältigung bereithält und andere Befriedigungsmöglichkeiten offeriert.

Er stellte weiterhin fest, daß Kulturen mit einer rituellen Orientierung die geringste und die mit utilitaristischer Ausrichtung die höchste Alkoholismusrate aufweisen, wobei in Deutschland nach Feuerlein (1984) eine Mischform zwischen konvivalem und utilitaristischem Trinken besteht.

Ein interessanter Ansatz von Mac Andrew & Edgerton (1969) versucht eine soziokulturelle Interpretation des Alkoholgebrauchs und der Alkoholeffekte sowie der Trunkenheit vorzunehmen. In ihrer "Time-out theory of drunken comportment" kritisieren sie die These, daß primär psychophysiologische Faktoren das Verhalten unter Alkoholeinfluß steuern. Sie bringen empirische Belege dafür, daß individuelles Verhalten im betrunkenen Zustand ein gelerntes, soziokulturell determiniertes Verhalten ist und daß der Alkohol im Körper nicht notwendigerweise enthemmende Effekte haben muß. Sie decken weiterhin auf, daß fast alle Gesellschaften über den Mechanismus des "Time-out" ihren Mitgliedern Absolution für Übergriffe, wie beispielsweise körperliche und sexuelle Aggression im betrunkenen Zustand, erteilen. Chritchlow (1986) zeigt in einem Überblicksartikel auf, welche Bedeutung diese soziokulturell vermittelten "Beliefs" beim Alkoholkonsum in bezug auf dessen Auswirkungen im Sozialverhalten haben können.

Zusammenfassend kann man sagen, daß soziokulturelle Faktoren einen signifikanten Einfluß auf den Gebrauch von Alkohol ausüben. Aus interkultureller Sicht scheint es offensichtlich, daß Riten, Normen und andere soziokulturelle Variablen mindestens ebenso bedeutsame Determinanten sind wie biologische und psychologische Faktoren (Heath, 1990; Pittman & White, 1991). Wie die spezifischen Zusammenhänge in komplexen Gesellschaften mit ihren Subkulturen aussehen und welche Vorhersagen gemacht werden können, ist jedoch bisher noch nicht zufriedenstellend erforscht worden.

4.4.3 Soziodemographische Ansätze

Dieser Forschungsbereich versucht Zusammenhänge zwischen soziodemographischen Variablen (z. B. Alter, Geschlecht, Religion) und soziostrukturellen Faktoren (z. B. soziale Schicht, Arbeit und Beruf, Familie), sowie unterschiedlichen Ausprägungen des Trinkverhaltens zu erforschen. In ihrer wegweisenden Untersuchung haben Cahalan et al. (1969) erstmals landesweit das Trinkverhalten der Amerikaner untersucht, und Wieser (1973) kommt das Verdienst zu, das Trinkverhalten der Deutschen erforscht und es als Sozialverhalten betrachtet zu haben.

Beide Studien kommen zu eher unbefriedigenden Ergebnissen im Hinblick auf eine soziostrukturelle Variation des Trinkverhaltens, und Antons & Schulz (1976) schreiben dazu: "Bis auf den Unterschied zwischen den Geschlechtern scheinen alle anderen Unterschiede zu gering, um daraus ausreichende theoretische und praktische Schlußfolgerungen ziehen zu können" (S. 67)

Während früher Alkoholismus als eine typische Männerkrankheit betrachtet wurde, sieht Wanke (1981b) eine wachsende quantitative Angleichung der Frauen an die Männer, was auch eine spezifische Frauenforschung im Alkoholismusbereich zur Folge hatte (Gomberg, 1976; Mantek, 1979; Deutsche Hauptstelle gegen die Suchtgefahren, 1981, 1990; Berger et al., 1983; Wilsnack & Beckman, 1984; Vogt, 1986; Watzl, 1986; Perkins, 1992). Es häufen sich die Befunde, daß geschlechtsspezifische ätiologische Faktoren existieren. So fand Wanke (1970) bei Frauen den Konfliktkreis "Partner & Familie" im Vordergrund, während bei Männern die Bereiche "Beruf" sowie "somatische Störungen" überwogen. Williams & Klerman (1984) messen dem Faktor Isolation und Einsamkeit bei Frauen ein ätiologisches Gewicht zu, und Olenik & Chalmers (1991) fanden, daß weibliche Problemtrinkerinnen Alkohol eher zur Stimmungsänderung und infolge ehelicher Konflikte trinken. Ein weiterer bedeutsamer ätiologischer Bereich scheint die Inzesterfahrung sowie das Erlebnis des sexuellen Mißbrauchs und der Gewalt zu sein (Wilsnack, 1984; Hurley, 1991). Obwohl von Schmidt et al. (1990) erst kürzlich ein umfassender Indikatorenkatalog für Frauen erstellt wurde, steckt die Erforschung der weiblichen Alkoholproblematik jedoch noch in den Kinderschuhen, und die Ergebnisse sind oft inkonsistent und widersprüchlich.

Das Alter ist eine weitere, oft untersuchte Variable, was nicht verwundert, da der Rauschmittelkonsum junger Menschen von starkem öffentlichen Interesse ist (vgl. Barnes, 1982). Rauschmittelkonsum im "Alter" ist hingegen gesellschaftlich weniger relevant, und deshalb zeigt sich auch ein deutlich geringeres Forschungsinteresse (Gottheil, 1984). In allen Untersuchungen zeigt sich durchgängig, daß eine hohe Trinkrate für die Gruppe "Jugendliche und junge Erwachsene" typisch ist (Cahalan & Room, 1974; Blane & Chafetz, 1979; Berger et al., 1980; von Soer, 1980; Bundesminister für Jugend, Familie und Gesundheit, 1983; Franzkowiak, 1986; Jacobson et al., 1987; Nordlohne et al., 1993) und dieses Trinkverhalten über einige Jahre stabil bleiben kann (Ghodsian & Power, 1987; White, 1987). Als Determinanten dieses erhöhten Konsums werden immer wieder die adoleszenztypischen Entwicklungsaufgaben genannt (Jessor, 1987; Wanke, 1989; Arend, 1991b).

Nicht sinnvoll ist es m. E., starkes Alkoholtrinken im Jugendalter generell als pathologisch zu definieren, und Fahrenkrug (1980) weist mit einer Untersuchung in Schleswig-Holstein auch nach, "daß das gängige Stereotyp des generell pathologischen Charakters jugendlichen Alkoholkonsums auf dessen massenhafte Realität nicht zutrifft" (S. 19). Reitzle (1987) vertritt die Position, daß der Gebrauch von Alkohol im Jugendalter eine positive Rolle in der Selbstregulation haben kann, eine Sichtweise, die mit neueren Ansätzen korrespondiert, die im Substanzgebrauch ein Copingverhalten für individuelle Problemlagen sehen (Shiffman & Wills, 1985). Hinzu kommt, daß Jugendliche aus einem rauschmittelorientierten Lebensstil "herauswachsen" können und eine zu frühe Etikettierung in diesen Fällen eher kontraproduktiv wäre (Winick, 1962; Clark & Cahalan, 1976; Miller-Tutzauer et al., 1991).

Weiterhin wurden in dem soziodemographischen Ansatz Zusammenhänge zwischen der Entwicklung einer Alkoholproblematik und Faktoren untersucht wie Beruf (Whitehead & Simpkins, 1983; Mandall et al., 1992), streßbesetzte Arbeitsbedingungen (Kasl, 1987; Renn, 1989), Arbeitslosigkeit (Crawford et al. 1987; Heather et al., 1987; Henkel, 1992), soziale Schicht (Cahalan, 1970), Wohnort und geographische Lage (Cahalan, 1970; Solms, 1975), ethnische und konfessionelle Zugehörigkeit (Cahalan, 1970; Vaillant, 1983), Freizeit (Antons & Schulz, 1976; Jacobson et al., 1987), alleinstehend/verheiratet (Antons & Schulz, 1976) und kritische Lebensereignisse (Dudley & Mules, 1977; Reinecker & Zauner, 1983).

Insgesamt kann man feststellen, daß die Erforschung der Zusammenhänge zwischen soziodemographischen, soziostrukturellen Merkmalen und Trinkverhalten sowie Abhängigkeitsentwicklung eher unbefriedigende Resultate geliefert hat. Die Bedeutung der gefundenen Korrelationen - soweit sie bei bestimmten Merkmalen konsistent sind - bleibt letztlich unklar, und der Nutzen rein deskriptiver, retrospektiver Querschnittuntersuchungen ist für ätiologische Fragestellungen sehr gering. Beim Vergleich der Studien ergeben sich zusätzliche methodische Probleme, da die Operationalisierung der Begriffe im Bereich des Trinkverhaltens (z. B. mäßiges Trinken, starkes Trinken, Problemtrinken) sehr unterschiedlich vorgenommen worden ist. Darüberhinaus bestehen erhebliche Zweifel, ob soziodemographische Variablen von direkter ätiologischer Relevanz sind. So haben Jessor & Jessor (1977) in ihrer "Problem-Behavior-Theory" aufgezeigt, daß sich die Entwicklung von Problemverhalten besser durch proximale, subjektive als durch distale, soziodemographische Variablen vorhersagen läßt. In einer neueren Untersuchung konnten Martin & Pritchard (1991) aufzeigen, wie komplex diese Zusammenhänge zwischen einer Vielfalt soziostruktureller und personaler Merkmale sowie dem Alkoholgebrauch junger Erwachsener sind.

4.4.4 Sozialisationstheorien

Die soziokulturellen Ansätze weisen auf die Bedeutung der Normen und Attituden einer Gesellschaft und Subkultur bei der Entwicklung des Alkoholtrinkens hin. Die Sozialisation ist der Prozeß, durch den die in einer Gesellschaft herrschenden Werte, Normen und Techniken vermittelt und verbindlich gemacht werden (Grieswelle, 1974). Im Sozialisationsprozeß erfolgt die Entwicklung der "soziokulturellen Persönlichkeit" (Wössner, 1970), und die wichtigsten Sozialisationsinstanzen sind neben der Gesamtgesellschaft vor allem die Familie und die "Peer-Group", aber auch Kindergarten, Schule, Arbeitsstelle sowie Vereine und Verbände sind von Bedeutung. Störungen in der Sozialisation, ein fehlgesteuerter Ablauf des sozialen Lernens, bei dem die Vermittlung sozialer Normen und Rollen sowie die Entwicklung sozialer Kompetenzen und Selbstkontrollfähigkeiten nur ungenügend erfolgt ist, werden immer häufiger als Determinanten einer Suchtentwicklung im Jugendalter gesehen (Feuerlein, 1981).

Die Bedeutung der Familie für die Entwicklung einer Alkoholproblematik ist durch die Forschung belegt (Cotton, 1979), und die Literatur über die Familiensozialisation von Jugendlichen kann man drei Bereichen zuordnen:
- elterliche Einstellungen gegenüber Rauschmittelgebrauch;
- aktuelles Rauschmittelverhalten der Eltern;
- Familienstruktur, Erziehungsstil und Eltern-Kind-Beziehung.

Zwischen den elterlichen Einstellungen gegenüber dem Rauschmittelgebrauch und dem Rauschmittelverhalten ihrer Kinder bestehen keine eindeutigen Zusammenhänge. So berichten Rachal et al. (1980, zit. n. Spiegler & Harford, 1987), sowie Chipperfield & Vogel-Sprott (1988) von einer Übereinstimmung, während Davies & Stacey (1972, zit. n. Spiegler & Harford, 1987) bemerkenswerte Unterschiede fanden. Abstinente, Gelegenheitstrinker und starke Trinker erlebten bei ihren Eltern negative, ablehnende Einstellungen gegenüber Alkohol, während leichte bis mäßig trinkende Jugendliche bei ihren Eltern positive Attitüden gegenüber Alkoholkonsum erlebten.

Der Einfluß des Modellernens auf die Ausbildung von Verhalten ist ein oft replizierter Befund (Bandura, 1969), und der Modellerneffekt wurde auch beim Trinkverhalten mehrfach nachgewiesen (Caudill & Marlatt, 1975; Reid; 1978; Collins & Marlatt, 1981). Es existiert eine breite empirische Basis dafür, daß Jugendliche mit hoher Wahrscheinlichkeit Alkohol trinken und andere Drogen konsumieren, wenn ihre Eltern dies auch tun (Annis, 1974; Briddle et al., 1980; Fawzy et al., 1983; Parker & Harford, 1988; Barnes & Welte, 1990). Müller (1980) kommt nach einer Sichtung der Forschungsliteratur zu folgender Schlußfolgerung: "So besteht interkulturell eine Konvergenz in den empirischen Ergebnissen, daß je mehr und je öfter die Eltern Alkohol konsumieren, desto größer die Wahrscheinlichkeit ist, daß ihre Kinder ebenfalls trinken" (S. 54).

Inkonsistente Ergebnisse liegen hinsichtlich der Fragestellung vor, ob die Häufigkeit elterlichen Trinkens in einem direkten Zusammenhang zum Problemtrinken bei den Kindern steht. In einer amerikanischen Studie über Trinkgewohnheiten im abstinenten Milieu (Globetti, 1969, zit.n. Müller, 1980) wird berichtet, daß Jugendliche im "Abstinenzmilieu" zwar weniger oft trinken als im "Alkoholmilieu", der Anteil derer, die Alkoholprobleme haben, gemessen an jenen, die trinken, jedoch größer ist. In einer Untersuchung von Matakas et al. (1981) an 258 Patienten mit Alkoholproblemen gaben 20 % an, aus einem "abstinenten" Elternhaus zu stammen, ein hoher Anteil verglichen mit den 5 % Abstinenten in der Gesamtbevölkerung. Ebenfalls 20 % berichteten von einem Alkoholmißbrauch ihrer Eltern. Die Autoren schlußfolgerten aus diesen Daten (S. 115):

> Es scheint also nicht der Alkoholexzeß der Eltern zu sein, der die Entstehung des Alkoholismus bei den Kindern begünstigt. Viel eher ist es das als problematisch empfundene Verhältnis der Eltern zum Alkohol und - könnte man hinzufügen - ein problemhaftes Verhältnis zu den Wirkungen, die der Alkohol hat.

Eine Sondergruppe bilden Kinder und Jugendliche, bei denen ein oder beide Elternteile eine Suchtmittelproblematik haben. Die Forschungsergebnisse in diesem Bereich deuten daraufhin, daß für diese Personengruppe ein deutlich erhöhtes Risiko besteht, selbst eine Suchtmittelproblematik zu entwickeln (Cotton, 1979; Goodwin, 1981; Pandina & Johnson, 1990;

Galanter, 1991) und sie ein höheres Ausmaß an gesundheitsbezogenen und psychosozialen Schäden aufweisen (Brakhoff, 1987; Jacob, 1987; Majewski, 1987; West, 1987; Sher et al., 1991; Peterson et al., 1992).

Es besteht jedoch noch wenig Wissen darüber, wie diese Entwicklung in "abhängigen Familien" verläuft und welche Faktoren innerhalb eines biopsychosozialen Ansatzes eine Rolle spielen. Velleman & Orford (1990) verweisen auf die Notwendigkeit einer differenzierten Analyse des Merkmals "Abhängigkeit eines Elternteils" und dessen Auswirkungen auf die Familie. Werner & Broida (1991) bestätigen die Notwendigkeit dieser Forderung, indem sie aufzeigen, daß das Aufwachsen in einer Familie mit abhängigem Elternteil nicht automatisch zu geringerem Selbstwertgefühl und stärkeren externen Kontrollüberzeugungen bei dem Kind führt, sondern daß die Dysfunktionalität in der Familie die entscheidende Prädiktorvariable ist. Jones & Houts (1992) kommen aufgrund ihrer Untersuchungsergebnisse zu der Schlußfolgerung, daß die Auswirkungen einer elterlichen Alkoholabhängigkeit auf die Entwicklung sozialer Kompetenzen bei dem Kind in Verbindung mit der Art der Kommunikation in der Familie gesehen werden müssen. Rubio-Stipec et al. (1991) sowie Fisher et al. (1992) fanden, daß die Kinder von Alkoholabhängigen dem gleichen Risiko einer Fehlentwicklung ausgesetzt sind wie Kinder von psychisch Kranken und Kindern aus anderen "dysfunktionalen" Familienkonstellationen, und Potter & Williams (1991) stellten fest, daß die den Kindern von Alkoholikern so populär zugeschriebenen Rollen wie der Held, das schwarze Schaf, der Clown, das vergessene Kind etc. in allen Familien existieren. Probleme mit Alkohol ergaben sich in Familien mit und ohne Alkoholprobleme eines Elternteils bei den Kindern mit der "Sündenbock-Rolle", während die Rollen des Helden und des Clowns jeweils mit positivem Selbstwertgefühl assoziiert waren. So häufen sich auch die Befunde, die aufzeigen, daß Kinder von Alkoholabhängigen keine oder nur geringe biopsychosoziale Schäden davongetragen haben (Berkowitz & Perkins, 1988; Windle & Searles, 1990; Happel, 1990; Tweed & Ryff, 1991; Bates & Pandina, 1992). Notwendig sind m. E. differenzierte und sorgfältige Untersuchungen, wobei beispielsweise Chassin et al. (1992) in methodischer Hinsicht insbesondere auf das Problem der Stichprobe verweisen und Roosa et al. (1993) die Validität der Angaben der Kinder zum "Abhängigkeitsstatus" ihrer Eltern in vielen Untersuchungen als problematisch ansehen.

In den Familien abhängiger Jugendlicher und junger Erwachsener werden immer wieder streßbesetzte Erlebnisse wie Tod eines Elternteils, Scheidung, Trennung etc. gefunden. Eine Grundannahme besagt, daß die Sozialisation in einem solchen "broken-home-Milieu" ungünstiger verläuft und die Entwicklung von deviantem und abhängigem Verhalten begünstigt (Stosberg, 1981). Die Forschungsergebnisse dazu sind jedoch sehr widersprüchlich (Wanke, 1971; Walch-Heiden, 1984; Burnside et al., 1986; Hell & Ryffel, 1986). Von Blechman (1982) wurde grundlegende Kritik an diesem strukturellen Ansatz geübt, und Stimmer (1980) hat in seiner Untersuchung die Bedeutung der sozialisationsbedingten Interaktionsgestörtheit in der Familie für einen späteren Rauschmittelmißbrauch aufgezeigt.

Die Befunde zum elterlichen Erziehungsverhalten sind ähnlich inkonsistent. Als pathogene Elternhaltungen werden vor allem Über- und Unterforderung, Überbehütung, Liebesentzug, Perfektionismus und Dominanz genannt (Harbauer, 1977; Emmelkamp & Heeres, 1988). Manche Untersuchungen fanden eine Beziehung zwischen elterlichem Erziehungsstil und exzessivem Suchtmittelgebrauch (Feser, 1978), andere fanden jedoch nur marginale (Vaillant, 1983) oder keine (Wanke et al., 1970) Relevanz für diese Variable im Entwicklungsgeschehen einer Suchtmittelproblematik. Diese Widersprüchlichkeit der Befunde ist wahrscheinlich darauf zurückzuführen, daß eine einzige familiäre Variable nicht die große ätiologische Potenz besitzt. Vielversprechender wäre es, suchtfördernde und -hemmende familiäre Verhaltensmuster und Familienstrukturen zu untersuchen, was beispielsweise

Scheller & Balkenhol (1986) in ihrer Studie zum Einfluß des Elternhauses bei der Entwicklung einer Alkoholabhängigkeit bei Frauen versucht haben.

Die Peer group (Gleichaltrigengruppe) repräsentiert einen weiteren bedeutsamen Sozialisationsfaktor in einer Abhängigkeitsentwicklung, wobei in den letzten 20 Jahren die Gleichaltrigengruppe im Jugendalter an Stellenwert gewonnen hat (Thomasius, 1991). Sie hat sowohl Bedeutung für den Beginn (Jessor & Jessor, 1977) als auch für den regelmäßigen Gebrauch von Rauschmitteln (Margulies et al., 1977), und ein konsistentes Ergebnis der Drogenforschung ist die hohe Korrelation zwischen dem Drogenverhalten einer Person und dem ihrer Freunde (Kandel & Maloff, 1983), wobei die soziale Unterstützung ein wichtiger Faktor zu sein scheint (Wills & Vaughan, 1989). Gruner (1977) sieht in dem sozialen Druck der Peer group einen wichtigen Auslöser, während Bärsch (1975) sowie Berger & Legnaro (1980) in der Anerkennung durch die Gruppe ein wesentliches Motiv für Alkoholtrinken sehen.

Ungeklärt ist noch, wie die Interaktionsprozesse zwischen den Jugendlichen und der Peer group verlaufen und welchen Einfluß die Bezugsgruppe hat. Man kann beispielsweise die Hypothese vertreten, daß der Jugendliche nicht - im Gegensatz zu der weitverbreiteten Annahme - in schlechte Gesellschaft geraten und zum Rauschmittelkonsum verführt worden ist, sondern sich gerade diese Bezugsgruppe ausgesucht hat, um in einem sozialen Umfeld zu leben, das seine schon entwickelten Normen und Verhaltensweisen mit ihm teilt. Sieber & Angst (1981) weisen daraufhin, daß die bisherigen Untersuchungen nicht geklärt haben, ob die gefundene Beziehung auf einem "interpersonalen Selektionsprozeß" oder auf einem "Sozialisationsprozeß" basiert. So konnten Andrews & Kandel (1979) einen Präsozialisierungsprozeß nachweisen, da die Jugendlichen, die mit dem Drogenkonsum in einer Clique begonnen hatten, schon Einstellungen mitbrachten, die dieses Verhalten begünstigt haben.

Schule und Beruf repräsentieren weitere wichtige Sozialisationsinstanzen. So stellten beispielsweise Berger & Legnaro (1980) fest, daß das im Elternhaus erworbene Normdefizit in bezug auf das Trinkverhalten im Umfeld Schule und Beruf eher noch verstärkt wird. Ein oft berichteter Befund ist auch, daß schwache Schulleistungen signifikant mit einem erhöhten Rauschmittelkonsum korrelieren (Sieber, 1988). Feuerlein (1984) mißt dem Eintritt Jugendlicher in das Berufsleben eine bedeutsame Rolle zu, da Jugendliche Verhaltensweisen - und somit auch Trinkverhalten - ihres Arbeitsumfeldes übernehmen. Zusätzlich kann Alkoholtrinken dem Jugendlichen auch dazu dienen, den durch die neue Lebenssituation hervorgerufenen Streß zu bewältigen (Pentz, 1985).

Zusammenfassend kann man sagen, daß der Familie und der Peer group des Jugendlichen eine bedeutsame Rolle in der Entwicklung einer Rauschmittelabhängigkeit zukommen kann. Die Forschungsliteratur stützt jedoch nicht die neuerdings propagierte Zentrierung auf die Familie, und es muß die Frage nach derem relativen Stellenwert im Kontext biologischer, psychischer und sozialer Determinanten gestellt werden. Diese Ausdifferenzierung des Determinantenkatalogs erschwert zwar die Entwicklung einer Ätiologietheorie und macht Untersuchungsdesigns komplexer, reduktionistische Tendenzen verhindern jedoch letztendlich die Entwicklung eines Modells, welches Problemverhalten angemessen beschreiben, erklären und vorhersagen kann. In diesem Zusammenhang sei eine neue Arbeit von Jessor (1993) erwähnt, in der ein interdisziplinäres Paradigma zur Erforschung des komplexen Verhaltens Jugendlicher in der Adoleszenzphase vorgeschlagen wird. Infolge der Fülle der inhaltlichen und methodischen Probleme in der "Familienforschung" im Suchtbereich muß man vieles, was so schön gesichert erscheint, wohl doch in Frage stellen, und Glynn & Haenlein (1988) konstatierten nach einer kritischen Analyse der Befunde die alte Weisheit von Kurt Lewin, daß nichts so nützlich ist wie eine gute Theorie.

4.4.5 Zusammenfassung

Das Interesse soziologisch orientierter Forscher an dem Alkoholproblem hat zu Beginn der fünfziger Jahre eingesetzt und ist im Verlauf der vier Jahrzehnte immer größer geworden (vgl. Roman, 1991; Pittman & White, 1991). Die Forschungsgebiete sind sehr weit gespannt und reichen von makrosoziologischen Ansätzen bis zu mikrosoziologischen Studien. Mit Hilfe der skizzierten Theorien haben Soziologen versucht, die Entwicklung und Aufrechterhaltung einer Alkoholabhängigkeit zu beschreiben und zu erklären. Genau wie die Psychologen und Biomediziner sind die Soziologen noch weit von einem umfassenden ätiologischen Modell entfernt, das alle bekannten sozialen, kulturellen und umweltbezogenen Faktoren integrieren kann.

Das Verdienst der bisherigen soziologischen Forschung ist es gewesen, auf die Bedeutung der sozialen Faktoren in der Abhängigkeitsentwicklung aufmerksam gemacht zu haben. Die Aufgabe zukünftiger Forschung wird es sein, empirisch überprüfbare soziologische Modelle zu entwickeln und in einem biopsychosozialen Modell die sozialen Faktoren mit den biologischen und psychologischen zu vernetzen.

4.5 Die Droge Alkohol

In dem Ursachenmodell einer Abhängigkeitsentwicklung ist neben den Faktoren Person und Umwelt die Droge die dritte wichtige Dimension. Dem Alkohol werden zahlreiche Wirkungen auf physiologische und psychologische Funktionen zugeschrieben, und er weist im Vergleich zu anderen psychotropen Substanzen ein breites Wirkungsspektrum auf (vgl. Feuerlein, 1984).

Alkohol hat keine bestimmte Wirkung per se, sondern der Alkoholeffekt ist abhängig von der Dosis, der Blutalkoholkurve, aber auch von vielen nichtpharmakologischen Faktoren wie beispielsweise Erwartungshaltung und sozialer Kontext (Jones, 1973; Marlatt & Rohsenow, 1980; Chritchlow, 1986; Hull & Bond, 1986; 1987; Pihl & Ross, 1987). Young & Pihl (1980) sprechen in diesem Zusammenhang davon, daß Alkohol eine allgemeine "plasticity" induziert, die durch kognitive Faktoren und das Setting ausgeformt wird. Die traditionelle Annahme, daß Alkohol stets entspannt und euphorisiert, konnte empirisch nicht bestätigt werden, und mittlerweile weiß man auch, daß es sowohl bei Erstgebrauchern als auch bei chronischen Trinkern zu negativen Effekten kommen kann (Mello, 1983).

Marlatt (1987) kommt in einem Überblicksartikel über die Effekte des Alkohols zu dem Schluß, daß er in geringen Mengen ein allgemeines Arousal evoziert, während er bei höherer Dosierung eher depressive Effekte bewirkt. Die Alkoholabhängigen haben jedoch meist nur positive Erwartungshaltungen gegenüber den Alkoholeffekten, weil sie sich nach einer Phase chronischen Trinkverhaltens nicht an die aktuellen, negativen Aspekte wie Angst, Depression, Schuldgefühle, negative Selbstwertäußerungen erinnern (Tamerin et al., 1970; Connors et al., 1987). Mello & Mendelson (1978) spekulierten, daß die Intoxikation einen "dissoziativen Effekt" hervorruft, der bei starken Trinkern und Abhängigen die Erinnerung beeinträchtigt.

Was veranlaßt nun eine Person, regelmäßig Alkohol zu konsumieren? Neben den schon in den vorhergehenden Abschnitten besprochenen Faktoren haben Mello & Mendelson mit ihrer klassisch gewordenen Versuchsanordnung der "self-administration" im Rahmen des operanten Paradigmas den Verstärkerwert der Droge bei Menschen aufgezeigt (vgl. Mello, 1972; Mello & Mendelson, 1978). Ein wichtiger Wirkfaktor vieler Drogen ist, daß sie in der Anfangsphase ihres Gebrauchs einen positiven affektiven Zustand evozieren können (Levenson, 1987). Diese anfängliche positive Drogenerfahrung motiviert die Person dazu, die Erfahrung zu wiederholen, und durch Konditionierungsprozesse kommen weitere Stimuli mit Verstärkerwert hinzu ("sekundäre Verstärkung").

Diese Vorstellung von Drogenmißbrauch und -abgängigkeit als operantem Verhalten und der Droge als potentem Verstärker klingt sehr plausibel, ist jedoch zu einfach, um die komplexe Entwicklungsgeschichte einer Abhängigkeit ausreichend beschreiben und erklären zu können. Es liegt genügend klinische Evidenz vor, die dem Mythos des universellen Verstärkers widerspricht (Peele & Alexander, 1985), und viele Drogen produzieren schon beim Erstgebrauch negative Effekte wie Übelkeit, Erbrechen, gereizte Stimmung, Lethargie und kognitive Beeinträchtigungen.

Wie läßt es sich nun erklären, daß die offensichtlichen aversiven Konsequenzen des Alkoholgebrauchs und -mißbrauchs so wenig Einfluß auf das Trinkverhalten haben? Im Rahmen ihrer "Stimulus self-administration-Hypothese" nimmt Mello (1983) an, daß die Veränderung des Zustands ("state change"), gleichgültig ob positiv oder negativ, der entscheidende Aspekt ist. "One implication of this hypothesis is that any drug which has definite stimulus properties, that is, behavioral effects for the user, is a drug which has abuse potential" (Mello, 1983, S. 174).

Empirisch gestützt wird die "State change-Hypothese" u. a. durch das Drogenverhalten von Polytoxikomanen, die verschiedene Drogen mit unterschiedlichen pharmakologischen Eigenschaften und unterschiedlichen behavioralen Effekten konsumieren, sowie durch das Verhalten von stabilisierten Methadonklienten, die meist Beigebrauch von anderen Drogen haben. Dieses Drogenverhalten hat eine schnelle Zustandsveränderung zum Ziel, wobei die Richtung nur von sekundärer Bedeutung ist. Jede Zustandsveränderung hätte nach dieser Auffassung Verstärkerwirkung, und Wikler & Rasor (1953) hatten bei Opiatabhängigen auch beschrieben, daß der Hauptgrund für die Drogeneinnahme "to get off the normal" war. Diese Hypothese der Zustandsveränderung korrespondiert auch mit Befunden von Kilpatrick et al. (1976), die als Charakteristikum des Menschen die Suche nach dem Neuen, nach unterschiedlichen Erfahrungen und ungewöhnlichen Empfindungen bezeichneten, sowie mit dem "Sensation Seeking"-Konzept von Zuckerman (1987) und der "Opponent Process Theory of Motivation" von Solomon & Corbit (1974). Letztere nehmen an, "that there are brain mechanisms which attenuate all excursions from hedonic neutrality, whether those excursions be appetitive or aversive, pleasant or unpleasant" (S. 143).

Die Hypothese der Zustandsveränderung ermöglicht die Integration von bisher schwer einzuordnenden klinischen Erfahrungen sowie des Phänomens der "nichtstoffgebundenen" Süchte. Nimmt man an, daß die Suche nach Zustandsveränderung ein Wesenszug des Menschen ist, können viele Verhaltensweisen dazu dienen, dieses Grundbedürfnis zu befriedigen. Beim Abhängigen, Süchtigen reduzieren sich diese Verhaltensweisen immer mehr bzw. sind von Beginn an sehr eingeschränkt, und schließlich dominiert eine Verhaltensweise. Individuelle, soziale und gesellschaftliche Konsequenzen und Bewertungsprozesse bedingen die Etikettierung "negativ, schlecht, pathologisch, krank, behandlungsbedürftig". So spricht Glasser (1976) von positiver Sucht, wenn eine Person, beispielsweise durch intensives Laufen oder Meditation, Zustandsveränderungen ohne negative Konsequenzen erfährt.

Weitere Forschungsarbeit ist notwendig, um die Wirkweise von Drogen besser zu ergründen, wobei ein vielversprechender Schritt die Untersuchung der Gemeinsamkeiten von exzessiv konsumierten Substanzen und ausgeübten Verhaltensweisen ist (Levison et al., 1983).

4.6 Zusammenfassung

Das Wissen über die Genese einer Alkoholabhängigkeit wurde in diesem Kapitel dargestellt, wobei das Triasmodell von Kielholz & Ladewig (1973) als Ordnungsrahmen verwandt wurde. Der Überblick zeigt, daß in den einzelnen Fachdisziplinen sich umfangreiches Detailwissen angesammelt hat und zahlreiche Theoriebildungen vorgenommen wurden, die im Rahmen dieser Arbeit gar nicht alle abgehandelt werden konnten.

Ebenso wie in anderen biopsychosozialen Problemfeldern kann man in den 80iger Jahren in der Alkoholismusforschung eine starke Betonung des biomedizinischen Ansatzes feststellen (Hellhammer et al., 1988). Andererseits wird wiederum vor diesen reduktionistischen Tendenzen gewarnt, und im Abhängigkeitsbereich auf die möglichen gefährlichen Konsequenzen dieser Entwicklung für die gesundheitspolitische Diskussion aufmerksam gemacht (Peele, 1981; 1986). Fillmore & Sigvardsson (1988), eine Sozialwissenschaftlerin und ein Genetiker, warnen vor der Gefahr, die eine Polarisierung biologischer und psychosozialer Ansätze in der ätiologischen Forschung in bezug auf die Gesundheitspolitik mit sich bringen könnte. Sie rufen Forscher beider Disziplinen auf, "Brücken zu schlagen" und miteinander die ethischen Implikationen und sozialen Konsequenzen ihrer Forschungsergebnisse zu diskutieren.

Die psychologische Theorienbildung zur Genese der Abhängigkeit hat in den letzten 10 bis 15 Jahren ebenfalls einen enormen Aufschwung genommen (vgl. Blane & Leonard, 1987), während Fahrenkrug (1986) die sozialwissenschaftlich orientierte Forschung vor allem in Deutschland als desolat bezeichnet hat.

Betrachtet man die einzelnen Teildisziplinen, die an der Erforschung der Genese der Abhängigkeit beteiligt sind, ist es naheliegend, einen biopsychosozialen Ansatz - wie er auch aus der Verhaltensmedizin bekannt ist - vorzuschlagen (Galizio & Maisto, 1985; Levin, 1990; Zielke & Mark, 1990). Dieser Ansatz könnte eine Verknüpfung der im Abhängigkeitsbereich beteiligten Disziplinen bewirken und die immer wieder geforderte Integration der Daten gewährleisten.

Ein wissenschaftlich orientierter, biopsychosozialer Ansatz könnte das klassische Krankheitskonzept ablösen und den m. E. unfruchtbaren Streit zwischen den Vertretern des sozialwissenschaftlichen und des biomedizinischen Modells beenden. So wichtig die Anerkennung von Alkoholismus als Krankheit war, so notwendig ist es jetzt, sich von der einseitigen medizinischen Orientierung des alten Krankheitsbegriffs zu trennen. Sturm & Zielke (1988) konzipierten für die psychosomatischen Erkrankungen das Paradigma des "chronischen Krankheitsverhaltens", und auch im Suchtbereich könnte man mit einem neuen Krankheitsparadigma viele "Scheingefechte" beenden und zu einer fruchtbaren, gemeinsamen Perspektive kommen. Die koronare Herzerkrankung wurde vor gut 30 Jahren von den meisten Medizinern auch als uniforme Krankheit mit dem Verursachungsfaktor Arteriosklerose gesehen, während man heute die Enstehung als komplexes biopsychosoziales Geschehen begreift und die Behandlung ein breites Spektrum von Interventionen umfaßt.

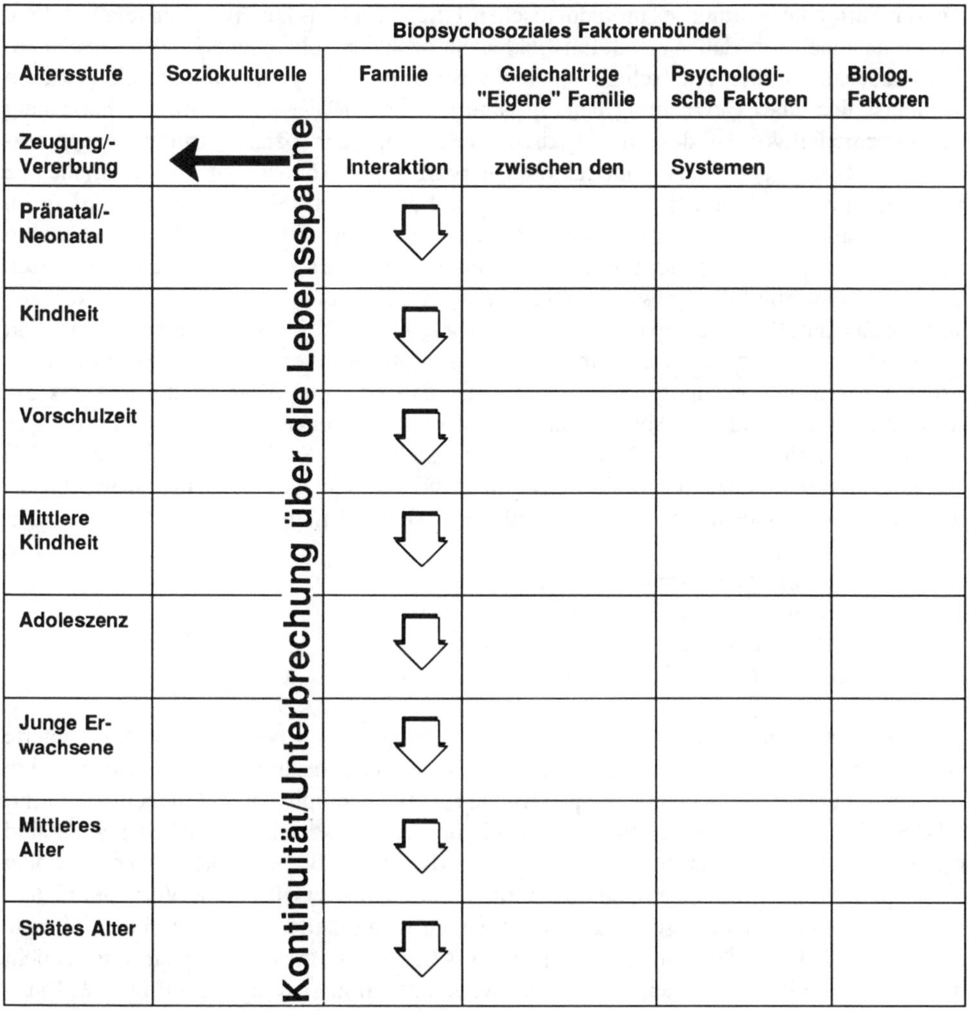

Altersstufe	Biopsychosoziales Faktorenbündel					
	Soziokulturelle	Familie	Gleichaltrige "Eigene" Familie	Psychologische Faktoren	Biolog. Faktoren
Zeugung/-Vererbung	←	Interaktion	zwischen den	Systemen	
Pränatal/-Neonatal		⇩			
Kindheit		⇩			
Vorschulzeit		⇩			
Mittlere Kindheit		⇩			
Adoleszenz		⇩			
Junge Erwachsene		⇩			
Mittleres Alter		⇩			
Spätes Alter		⇩			

(Spalte 2: Kontinuität/Unterbrechung über die Lebensspanne)

Abbildung 3: Gittermodell der Problem- und Abhängigkeitsentwicklung nach Zucker (1987)

Marlatt et al. (1988) beschreiben die Vielzahl der ätiologischen Determinanten in einem biopsychosozialen Rahmen und nehmen als weiteren Ordnungsaspekt ein Phasenmodell der Abhängigkeitsentwicklung und des Veränderungsprozesses an. Eine ihrer Grundannahmen ist die prozeßhafte Entwicklung einer Abhängigkeit, wobei die ätiologischen Faktoren zu Beginn des Substanzmißbrauchs sich von denen unterscheiden, die eine Stabilisierung und Aufrechterhaltung einer Abhängigkeit mitbedingen. Während der Beginn des Alkoholgebrauchs relativ gut erforscht ist (vgl. Zucker & Gomberg, 1986; Jessor, 1987) und es genügend Hinweise gibt, die auf gemeinsame ätiologische Faktoren bei Alkohol-, Drogenproblematik und antisozialer Persönlichkeitsstörung hindeuten (Grande et al., 1984; Schubert et al., 1988; Liskow et al., 1991), sind Studien über das biopsychosoziale Bedingungsgefüge, das zur Aufrechterhaltung des problematischen Trinkverhaltens beiträgt, noch relativ selten. Man kann annehmen, daß in einem Entwicklungsprozeß der Abhängigkeit in den verschiedenen Lebensabschnitten unterschiedliche biologische, psychologische und soziale Faktoren in unterschiedlicher Gewichtung beteiligt sind. Zucker (1987) schlägt für die Forschung ein Gittermodell vor, bei dem die Abszisse ein Set biopsychosozialer Strukturen repräsentiert, die Risiko- und/oder Schutzfaktoren hervorbringen können, und die Ordinate die Entwicklungsstufen von der Geburt bis ins späte Lebensalter abbildet (vgl. Abbildung 3).

Das relative Risiko in jeder Altersstufe beeinhaltet sowohl additive, substraktive als auch interaktive Elemente des biopsychosozialen Faktorensets. Es ist ein dynamischer Prozeß auf dem Hintergrund der Entwicklung und Reifung einer Person, und ein "klinischer Fall" ist nach Zucker (1987) "the event that occurs when relative risk becomes great enough that previously epiphenomenal symptomatic manifestations go over threshold" (S. 59-60).

Die bisherigen Forschungsergebnisse zeigen, daß es viele Wege in die und aus der Abhängigkeit gibt und eine Abkehr von der Uniformitätshypothese sowohl in der Ätiologie als auch der Behandlung der Abhängigkeit erforderlich ist. So beschreibt Zucker (1987) aufgrund unterschiedlicher Entwicklungsverläufe und Bedingungsfaktoren in seinem probabilistischem biopsychosozialen Risikomodell vier "Alkoholismen":
- antisocial alcoholism
- developmentally cumulative alcoholism
- developmentally limited alcoholism
- negative affect alcoholism

und integriert damit eine Vielzahl ätiologischer Befunde.

Insgesamt gesehen liefert die ätiologische Forschung jedoch noch zu wenig gesicherte empirische Evidenz, um daraus spezifische Behandlungsansätze ableiten und auf ihre Effektivität überprüfen zu können. Spezifische, relativ gut empirisch abgesicherte, ätiologische Faktoren wie mangelnde Impulskontrolle und ein antisoziales Verhaltensmuster sind meist so stark in den Lebensstil der Person involviert, daß sie oft keinen praktikablen Ansatzpunkt für den Einstieg in eine Therapie liefern. Andererseits ist die Vermeidung und Beseitigung von Entzugserscheinungen als *der* aufrechterhaltende Faktor sicherlich eine zu reduktionistische Sichtweise und in dieser Allgemeingültigkeit auch empirisch nicht belegt. Viele weitere Faktoren, wie beispielsweise das Familiensystem (Kaufmann & Kaufmann, 1983), positive Wirkungserwartungen (Lang & Michalec, 1990), hoher postiver und negativer Verstärkungswert des Alkohols (Cox, 1990) sind daran beteiligt, und oft liefert die Anayse eines Rückfalls weitere aufrechterhaltende Faktorenkonstellationen.

Eine Aufgabe für die Zukunft wird es sein, möglichst differenzierte Untersuchungen unter Berücksichtigung der multifaktoriellen Struktur zu planen, um die Zellen des "Gitter-Modells" von Zucker (1987) zu füllen. Dies bedeutet jedoch auch die Abkehr von dem Mythos eines progredienten Entwicklungsverlaufs und die Akzeptanz der Sichtweise, daß die Alkoholabhängigkeit das Ergebnis eines probabilistischen Prozesses ist, wobei die Vielzahl der ätiologischen Risikofaktoren unabhängig voneinander manchmal gleichzeitig, manchmal in unterschiedlichen Entwicklungsabschnitten ins Spiel kommen können (Zucker, 1989). Ätiologisches Wissen hat bedeutsame Implikationen für Prävention, Beratung und Therapie, und gesicherte empirische Evidenz aufgrund methodisch sorgfältiger prospektiver Längsschnittstudien könnte den momentan existierenden, präparadigmatischen Zustand überwinden helfen. White (1982) hofft, "that when Alcohol, Science and Society is revisited in 2015 we will have this interactive model and it will have been tested and have generated a theory on the etiology of alcoholism" (S. 229).

5. Multimodale Ansätze in der Alkoholismustherapie

5.1 Einleitung

Brickman et al. (1982) haben in einem exzellenten Artikel im Rahmen einer integrativen Theorie des Helfens und der Bewältigung von Problemen vier verschiedene Modelle beschrieben, die im Abhängigkeitsbereich alle zur Anwendung kommen (vgl. Siegler et al., 1968; Lettieri & Welz, 1983; Ward, 1985).
  Die beiden Faktoren, mit denen eine Differenzierung vorgenommen wird, sind "Verantwortung für die Verursachung eines Problems" sowie "Verantwortung für die Lösung der bestehenden Schwierigkeiten".

Verantwortung für das Problem	Verantwortung für die Lösung	
	Hoch	Niedrig
Hoch	Moralisches Modell	Aufklärungsmodell
Niedrig	Ausgleichsmodell	Medizinisches Modell

Abbildung 4: Modelle des Helfens und Bewältigens von Problemen aufgrund unterschiedlicher Verantwortungsattributionen (nach Brickman et al., 1982)

Im moralischen Modell wird der Person für die Entstehung und Lösung ihrer Probleme Verantwortung zugeschrieben. Inadäquates Trinkverhalten stellt in diesem Modell eine Charakterschwäche dar, und man erwartet von dieser Person die Willensstärke, das sündige Leben aufgeben zu können und ein "trockener", ehrbarer Mensch zu werden.
  Im Aufklärungsmodell wird die Person verantwortlich für ihr Problem, nicht jedoch für dessen Lösung gesehen. Sie fühlt sich schuldig und akzeptiert, daß der Mensch im Grunde genommen schlecht ist. Die negativen Impulse - wie Saufen, Fressen, Lügen, Stehlen, Huren - sind tief in der Person verwurzelt, und zu ihrer Kontrolle bedarf es der Unterwerfung unter eine moralische Instanz oder Autorität. Die Parallelen zu den Anonymen Alkoholikern im Alkoholismusbereich sind unverkennbar (vgl. Harsch, 1977; Anonyme Alkoholiker, 1980).
  Das Ausgleichsmodell sieht den Betroffenen nicht für die Problementstehung, wohl aber für dessen Lösung verantwortlich. Der Mensch wird als "im Kern gut" gesehen, und der Betroffene versucht durch Anstrengung und Selbstbehauptung sowie mit aktiver Hilfe durch seine Bezugspersonen, sein Problem zu bewältigen. Brickman et al. (1982) sehen dieses Modell vor allem in der Kognitiven Verhaltenstherapie repräsentiert (Mahoney, 1977, 1991; Meichenbaum, 1979, 1994).
  Im medizinischen Modell ist die Person weder für die Entstehung noch für die Lösung ihres Problems verantwortlich. Sie muß sich als krank verstehen und erleben und dies für

sich akzeptieren; Hilfe und Behandlung erhält sie dann von Fachleuten, wobei jüngst in einer Umfrage unter Assistenzärzten diese angaben, daß sie mit Süchtigen am liebsten nichts zu tun hätten (Reimer, 1991).

Im Rahmen dieser Arbeit ist es nicht möglich, die gesamte Palette der konkurrierenden Theorien und Behandlungsmodelle im Abhängigkeitsbereich darzustellen (vgl. Ward, 1985). Näher eingegangen wird auf das medizinische Krankheitsmodell wegen seiner Verbreitung und sozialpolitischen Relevanz sowie auf die Sozial-Kognitive Lerntheorie - ansiedelbar im Ausgleichsmodell -, weil sie die Grundlage für den empirischen Teil der Arbeit bildet.

5.2 Das traditionelle medizinische Krankheitsmodell

Die Grundannahmen des derzeit vorherrschenden Krankheitsmodells im Alkoholbereich reichen fast 200 Jahre zurück und wurden von Rush (1790) in Amerika, Trotter (1804) in England und Brühl-Cramer (1819) in Deutschland gelegt.

Die Wiederentdeckung des Alkoholismus als Krankheit erfolgte in den dreißiger und vierziger Jahren dieses Jahrhunderts (Levine, 1978), und dazu haben vor allem die Anonymen Alkoholiker sowie die Forschungsgruppe am Yale Center of Alcohol Studies in den USA beigetragen. Insbesondere war es Jellinek, der mit seinen Arbeiten (Jellinek, 1946, 1952, 1960) diesen "new approach to alcoholism" (1960, S.1) formulierte. Mit seinem medizinisch-naturwissenschaftlich orientierten Krankheitsmodell wollte er den Alkoholismus aus der Sackgasse von Ideologie, Moral und Bestrafung herausführen und dem Alkoholiker einen Anspruch auf die vorhandenen medizinischen Behandlungsmöglichkeiten eröffnen. Letzteres Ziel wurde durch die Anerkennung als Krankheit in vielen Ländern - beispielsweise in den USA 1958, in Deutschland 1968 - erreicht, während das Bild, die Einstellung und das Verhalten zum Alkoholiker in Teilen der Bevölkerung immer noch durch das moralische Modell geprägt ist (Ziegler, 1984; Haegele, 1985; Caetano, 1987; Blum et al., 1989).

Während frühere Ansätze die Krankheit stärker durch die Droge Alkohol verursacht sahen, nahm Jellinek (1960) an, daß die entscheidenden Faktoren in der Person selbst liegen. Die dürftige empirische Befundlage veranlaßte ihn jedoch dazu, seinen neuen Ansatz explizit als Arbeitshypothese zu formulieren, die weiterer Forschung und empirischer Absicherung bedarf. Wichtig war ihm primär die sozialpolitische Zielsetzung der Anerkennung von Alkoholismus als Krankheit: "The indications for the great majority are that the accepted version is merely that 'alcoholism is a *disease*'. For the time being may suffice, but not indefinitely" (1960, S. 159).

Pattison et al. (1977) bezeichneten knapp 20 Jahre später diesen Ansatz als "traditionelles Alkoholismusmodell", der folgende Grundannahmen macht:
- Es existiert ein spezifisches einheitliches Phänomen, das man als Alkoholismus bezeichnen kann.
- Alkoholiker und Präalkoholiker unterscheiden sich qualitativ von Nicht-Alkoholikern.
- Bei Alkoholikern zeigt sich das Phänomen des Kontrollverlustes über das Trinkverhalten ("loss of control") und möglicherweise die Unfähigkeit, mit dem Trinken aufzuhören.
- Manchmal erfahren Alkoholiker ein unwiderstehliches körperliches Verlangen oder einen überwältigenden psychischen Drang nach Alkohol ("craving").

- Alkoholismus ist ein permanenter und irreversibler Zustand. Deshalb kann die Krankheit niemals richtig geheilt, sondern lediglich durch lebenslange und absolute Abstinenz zum Stillstand gebracht werden.
- Alkoholismus ist eine progressive Krankheit mit einer Reihe von festgelegten Entwicklungsphasen, die nur durch eine völlige Abstinenz wirkungsvoll zu unterbrechen sind.

Mit der Integration des Alkoholismus in das medizinisch-psychiatrische Feld begann eine intensive Forschungsarbeit zunächst im psychiatrischen und später auch im psychologischen und soziologischen Bereich, wobei die Befunde zunehmend mehr die Grundannahmen des medizinischen Krankheitsmodells in Frage stellten. Diese von Kuhn (1970) als "Anomalien" bezeichneten Befunde, die mit den zentralen Annahmen des medizinischen Krankheitsmodells unvereinbar sind, haben viele Suchtforscher dazu veranlaßt, von einem präparadigmatischen Zustand zu sprechen und einen Paradigmenwechsel zu fordern (Gambino & Shaffer, 1979; Shaffer, 1986; Klepsch, 1989; Körkel, 1992).

Eine wesentliche Annahme des medizinischen Modells ist die Uniformitätshypothese, die besagt, daß es ein spezifisches, einheitliches Phänomen gibt, das man als Alkoholismus bezeichnet, und sich Alkoholiker in qualitativer Hinsicht von Nicht-Alkoholikern unterscheiden. Faktoren wie Allergie (Silkworth, 1937), Enzym- und Vitamindefizite (Mardones, 1951; Williams, 1959) sowie unterschiedliche psychologische Prädispositionen (Blane, 1968) wurden als mögliche Ursachen für diesen Unterschied angenommen.

Es liegt mittlerweile eine Vielzahl von empirischen Befunden vor, die eindeutig belegen, daß Alkoholabhängigkeit kein einheitliches Phänomen ist (Pattison et al, 1977; Heather & Robertson, 1985). Neuere Ansätze konzipieren Alkoholabhängigkeit als ein Syndrom, das unterschiedliche Verläufe, Trinkmuster und ätiologische Faktoren umfaßt und die verschiedenartigsten biopsychosozialen Konsequenzen impliziert (Pattison & Kaufman, 1982).

Kontrollverlust ("loss of control") und Verlangen nach Alkohol bzw. Alkoholwirkung ("craving") sind die zentralen Konzepte des medizinischen Krankheitsmodells.

Der Begriff des Verlangens nach Alkohol ist schillernd, und oft werden auch Ausdrücke wie "irresistible desire", "overpowering urge", "strong need", "appetite", "compulsion" und "psychological dependence" verwandt. Eine von der WHO eingesetzte Expertenkommission schlug vor, den Begriff "craving" wegen seiner vielfältigen Konnotationen in der wissenschaftlichen Literatur zu vermeiden und stattdessen die Begriffe "physical dependence" und "pathological desire" zu gebrauchen. Man hielt sich jedoch nicht an diesen Vorschlag, und so ist die Begriffsvielfalt bis heute geblieben (vgl. Watzl & Gutbrod, 1983; Kozlowski & Wilkinson, 1987; Diskussion im British Journal of Addiction, 1987, 82, 37-45; Pickens & Johanson, 1992). Jellinek (1960) sah in dem Verlangen, neben dem Kontrollverlust, das Kriterium für den Gamma-Alkoholismus. Er begrenzte das Verlangen jedoch ausschließlich auf ein aufgrund von Entzugserscheinungen verursachtes, körperliches Verlangen mit einer physiopathologischen Basis. "It may be said that an 'overpowering desire', i.e., a physical dependence upon alcohol, is shown only in the presence of withdrawal symptoms" (Jellinek, 1960, S. 43).

In der Folgezeit wurde durch eine Vielzahl von Untersuchungen die Nützlichkeit des Konzeptes "Craving" immer stärker in Frage gestellt (Mello, 1972; Pattison et al., 1977). Ludwig & Wikler (1974) nahmen auf der Grundlage der Lerntheorie eine Neukonzeptualisierung vor. Sie postulieren eine konditionierte physiologische Reaktion, das "subklinische konditionierte Entzugssyndrom", das - analog der Annahme der Emotionstheorie von Schachter & Singer (1962) - in einem zweiten Schritt von der Person eingeschätzt und bewertet wird. "Craving" wäre demnach das psychische oder kognitive Korrelat eines Erregungszustandes, das jedoch nicht mit Trinkverhalten gleichgesetzt werden darf und in seiner Intensität variiert (Ludwig, 1988).

Verlangen ist nach der Auffassung von Ludwig & Wikler lediglich eine notwendige, aber nicht hinreichende Bedingung für den Rückfall, und es bedarf einer Vielzahl weiterer Faktoren, den "modifiers" wie Stärke des Verlangens, Verfügbarkeit von Alkohol, situative Faktoren, emotionale Befindlichkeit, Schweregrad der Abhängigkeit, Länge der Abstinenzperiode etc., damit es zum Trinkverhalten kommt (Ludwig & Stark, 1974; Funderburk & Allen, 1977).

Die Berichte von Alkoholabhängigen zeigen auch eine große Anzahl innerer und äußerer Auslöser für Verlangen (Hore, 1974; Mathew et al., 1979; Rankin et al., 1982). Weiterhin kann es im "natürlichen" Umfeld des Abhängigen infolge der Konditionierungsprozesse mit intero- und exterozeptiven Variablen zu einem häufigeren und intensiveren Verlangen kommen als in einer "künstlichen" Umgebung. Dies erklärt teilweise die unterschiedlichen Befunde und die meist sehr geringe Bedeutung dieses Phänomens in Laboruntersuchungen (Mello, 1972) sowie stationären Therapieeinrichtungen (Rist & Watzl, 1983).

Ein weiterer Erklärungsansatz, die "kompensatorische Konditionierungstheorie" von Siegel (1983), nimmt an, daß funktionale Drogentoleranz, Entzugserscheinungen und Craving größtenteils gelernte Phänomene sind. Er geht ebenso wie Ludwig & Wikler von dem Modell der klassischen Konditionierung aus, nimmt aber an, daß Craving eine konditionierte kompensatorische Reaktion ist, die durch Stimuli ausgelöst werden kann, die mit vorausgehender Drogeneinnahme assoziiert worden sind.

Diese kompensatorische konditionierte Reakton hilft dem Organismus, im Zustand eines homöostatischen Gleichgewichts zu bleiben. Erfolgt nun auf den konditionierten Stimulus keine Drogeneinnahme - wie beispielsweise in einer Abstinenzphase -, erlebt die Person eine konditionierte kompensatorische Reaktion, die sie subjektiv als Entzugserscheinungen oder Craving bewertet. Nach Siegel ist diese kompensatorische Reaktion des Organismus, das "preparatory responding" (Poulos et al., 1981), die psychobiologische Grundlage für das Craving. Ebenso sind durch das kompensatorische Modell die Phänomene "Toleranzentwicklung" sowie "Kontextspezifität der Toleranzentwicklung" zufriedenstellend erklärbar.

Interessant ist auch, daß die experimentelle und klinische Forschung gefunden hat, daß nicht nur physikalische Stimuli wie Drogenbesteck, Geschmack von Alkohol, Kneipeninterieur etc. Entzugserscheinungen und Craving evozieren können, sondern auch emotionale Zustände potente Auslöser für eine kompensatorische Reaktion sein können (Mac Rae et al., 1987; Siegel et al., 1988).

Eine englische Forschergruppe um Hodgson definiert, analog zu dem Phänomen Furcht, Craving als ein multidimensionales Konstrukt mit einer physiologischen, emotional-kognitiven und behavioralen Ebene, die zum Teil miteinander verbunden sind. "Viewed in this way, craving is simply a label refering to a cluster of responses" (Hodgson et al., 1978, S. 344). Die Autoren erklären die Entstehung und Aufrechterhaltung von Craving mit dem operanten Lernparadigma. Der schwer Alkoholabhängige hat in seiner Trinkgeschichte schon oft Alkohol getrunken, um Entzugserscheinungen zu beseitigen oder zu lindern, und erlebt eine Art Trinkzwang, wenn infolge einer "priming dose" zahlreiche kognitive und physiologische Cues wieder reaktiviert werden und als diskriminative Stimuli wirken. Craving ist demnach ein gelerntes Zwangsverhalten und nicht ein Symptom eines irreversiblen Krankheitsprozesses. Die Behandlung sollte daher mit bestimmten, bei Ängsten und Zwängen bewährten verhaltenstherapeutischen Verfahren wie "Cue Exposure" und "Response Prevention" erfolgen (Rachman & Hodgson, 1980; Rankin et al., 1983; Cooney et al., 1983).

Neben diesen klassischen und operanten Ansätzen gibt es noch einen kognitiven Ansatz von Marlatt (1978, 1985), der im Rahmen seines Sozial-Kognitiven Rückfallmodells Craving definiert "as a subjective state that is mediated by the incentitive properties of positive outcome expectancies" (1985, S. 138).

Heather & Stallard (1989) bezweifeln die Nützlichkeit dieses ausschließlich kognitiv determinierten Craving-Konzeptes und betonen die Bedeutsamkeit von Konditionierungsprozessen im Rückfallgeschehen. Sie konnten ebenso wie Vollmer et al. (1989) aufzeigen, daß substanzbezogene Stimuli potente Auslöser für den Rückfall sein können. In einer neueren Arbeit revidiert Marlatt (1990) jedoch seine Auffassung und sieht in klassischen Konditionierungsprozessen potente Determinanten des Rückfallgeschehens. Weiterhin legt, wie bereits ausgeführt, die neuere biochemische Forschung die Existenz eines körperlich begründeten Verlangens nach dem Suchtstoff nahe (Havemann-Reinecke, 1992).

Zusammenfassend kann man sagen, daß ein reformuliertes Craving-Konzept in der Theorie und Therapie der Abhängigkeit seinen Stellenwert hat. Insbesondere in der Rückfallprophylaxe müssen neben den Defiziten in der Bewältigungskompetenz auch Prozesse aufgrund von "Konditionierungsvorgängen" beachtet und bearbeitet werden. So zeigten in einer Untersuchung von Abrams et al. (1991) Alkoholmißbraucher sowohl in allgemeinen als auch alkoholspezifischen Situationen bedeutend größeres Alkoholverlangen als soziale Trinker. Deshalb sollte m. E. in der ersten Therapiephase ein größeres Gewicht auf der Bearbeitung dieser Craving-Vorgänge liegen, um dann in der zweiten Phase beim Klienten Kompetenzen zur adäquaten Lebensbewältigung aufzubauen.

Das zweite zentrale Konstrukt des medizinischen Krankheitsmodells ist der Kontrollverlust, worunter Jellinek (1952) verstand, daß jedes alkoholische Getränk beim Alkoholabhängigen eine Kettenreaktion in Gang setzt, die als starkes körperliches Verlangen nach Alkohol empfunden wird, und dazu führt, daß er nicht mehr mit dem Trinken aufhören kann. Als Grundlage für dieses Phänomen vermutete Jellinek (1960) irreversible biochemische Prozesse, die sich im Verlauf einer Abhängigkeitsentwicklung herausbilden, was zur Folge hat, daß der Alkoholabhängige, auch nach einer längeren Abstinenzphase, nicht mehr zu einem "normalen" Trinken zurückkehren kann. Diese Annahme führte folgerichtig zur Forderung der Abstinenz als primärem Therapieziel für den Gamma-Alkoholiker.

Aufgrund der Erfahrungen mit Abhängigen, daß es nämlich nicht zwangsläufig zum Kontrollverlust kommen muß, reformulierte Keller (1972b) das Konzept: "....if an alcoholic takes a drink, he can never be sure he will be able to stop before he loses control and starts on a bout" (S.160). Da diese Konzeption jedoch empirisch nicht mehr überprüfbar und tautologisch ist, war sie für die weitere wissenschaftliche Diskussion wertlos.

Das Konzept des Kontrollverlustes hat sowohl von theoretischer als auch empirischer Seite viel Kritik und deutliche Einschränkungen erfahren (vgl. Sobell, Sobell & Christelmann, 1972; Maisto & Schefft, 1977; Pattison et al., 1977; Marlatt, 1978). Vor allem waren es Mello & Mendelson (vgl. Mello, 1972), die in Laborexperimenten mit Alkoholabhängigen zeigen konnten, daß in diesem Setting Trinkverhalten eine Funktion der Umweltkontingenzen darstellt, das in Abhängigkeit von bestimmten Konsequenzen wie Belohnung und Bestrafung beeinflußt werden kann, ohne daß ein Kontrollverlust auftritt.

Selbst hohe Blutalkoholkonzentrationen an zwei aufeinanderfolgenden Tagen (Paredes et al., 1973) sowie starker Alkoholkonsum in einer 3-4 stündigen Trinkphase (Sobell, Schaefer & Mills, 1972) führten nicht zwangsläufig zu Kontrollverlust und körperlicher Abhängigkeit. Mello (1972) hat gezeigt, daß, abhängig von der Person und ihrem Trinkmuster, größere Alkoholmengen über eine längere Zeitperiode von normalerweise 3-5 Tagen, notwendig sind, um wieder eine körperliche Abhängigkeit beim abstinenten Abhängigen hervorzurufen.

Gute und umfassende Darstellungen der experimentellen Befunde zum Trinkverhalten von Alkoholabhängigen finden sich bei Mello (1972), Heather & Robertson (1983) sowie Caddy & Gottheil (1983).

Merry (1966) beschrieb erstmals die Rolle kognitiver Faktoren bei dem Phänomen des Kontrollverlustes. Er verwarf aufgrund seiner Ergebnisse die Hypothese einer zugrundeliegenden biochemischen Reaktion nach dem ersten Schluck Alkohol und behauptete, daß ein "mental set" für das Weitertrinken mitverantwortlich ist. Marlatt et al. (1973) griffen diese Überlegung auf und demonstrierten in einer bahnbrechenden Arbeit mit Hilfe der Methode des "balancierten Placebodesigns" die Bedeutung des Faktors "Erwartung" für den Kontrollverlust. Größerer Alkoholkonsum und stärkeres Alkoholverlangen traten bei den Versuchspersonen nämlich dann auf, wenn die Personen annahmen, Alkohol getrunken zu haben, unabhängig davon, ob in dem Mixgetränk Alkohol enthalten war oder nicht. Weiterhin stellen die Befunde zum kontrollierten Trinken eine beeindruckende empirische Evidenz dar, daß ein großer Teil von Alkoholabhängigen in ihrem natürlichen Umfeld kontrolliert trinken kann. (vgl. Heather & Robertson, 1983; Arend, 1991a).

Zusammenfassend kann man sagen, daß die ursprünglich von Jellinek als Arbeitshypothese formulierte Annahme des Kontrollverlustes aufgrund eines zugrundeliegenden biochemischen Defekts empirisch nicht bestätigt werden konnte. Revisionen des Konzeptes wurden von mehreren Autoren vorgenommen (Glatt, 1967; Keller, 1972b). Glatt (1976), ein entschiedener Vertreter des medizinischen Krankheitsmodells, schreibt in der Revision seiner Revision: "The hypothesis of an irreversible metabolic, biochemical change as the basis of Loss of Control (in all types of alcoholism) certainly seems untenable" (S. 140).

Stattdessen schlägt er ein multidimensionales, biopsychosoziales Kontrollverlustkonzept vor, in dem der Kontrollverlust durch die dynamische Interaktion zwischen pharmakologischen, physiologischen, psychologischen und sozialen Faktoren erklärt wird. Aufgrund dieser empirischen Befundlage kann der Kontrollverlust nicht mehr länger als *das* zentrale Konstrukt für die Diagnose der Alkoholabhängigkeit angesehen werden. Das Konzept ist lediglich von Relevanz als klinisch beschreibendes Konstrukt für eine Anzahl von Abhängigen, sein explanativ-prädiktiver Stellenwert ist m. E. stark eingeschränkt zu sehen.

Eine weitere, fest verwurzelte Annahme im Abhängigkeitsbereich ist die Irreversibilitätshypothese, die besagt, daß der Alkoholabhängige niemals in einen Zustand der Heilung gelangen kann. Er kann seine Krankheit durch lebenslange Abstinenz lediglich stoppen, und diesen Zustand haben die Amerikaner auch mit dem Schlagwort "once an alcoholic, always an alcoholic" beschrieben. Diese Annahme folgt aus der Kontrollverlusthypothese, wobei die oben geschilderten Untersuchungsergebnisse zu dieser Hypothese ebenso gegen dieses Postulat sprechen wie eine beeindruckende Anzahl von Untersuchungen, die aufzeigen, wie frühere Alkoholabhängige "kontrolliert", d. h. in sozial angepaßter Weise, trinken. Gute Überblicksdarstellungen zu der Thematik des "Kontrollierten Trinkens" findet man bei Heather & Robertson (1983); Marlatt (1983); Miller (1983); Chase et al. (1984), Arend (1991a) sowie Rosenberg (1993).

Eine weitere Komponente des medizinischen Krankheitsmodells ist die Progressivitätshypothese, die ihre Wurzeln ebenfalls in dem Gedankengut der Anonymen Alkoholiker hat. Aufgrund der Auswertung eines Fragebogens an einer hochselektierten Stichprobe von 98 Anonymen Alkoholikern entwickelte Jellinek (1946, 1952) sein Phasenmodell mit einer idealtypischen Abfolge von 43 Symptomen, sowie einer präalkoholischen und drei alkoholischen Phasen (Prodromal, Kritische und Chronische Phase). Er sah diese Sequenz nicht als notwendiges, aber charakteristisches Merkmal des Alkoholikers: "...of the great majority of alcohol addicts and to represent what may be called the average trend" (Jellinek, 1952, S. 676). Glatt (1974) integrierte Jellineks Phasentheorie und seine Sichtweise des Heilungsprozesses in das berühmt gewordene U-Diagramm, das heute noch in der Behandlung der Alkoholabhängigkeit einen hohen Stellenwert hat.

Jellineks Phasenmodell konnte empirisch nicht bestätigt werden und wurde wegen erheblicher methodischer Mängel stark kritisiert (Park, 1973; Orford & Hawker, 1974; Clark & Cahalan, 1976).

Weiterhin belegen zahlreiche Langzeitstudien (Cahalan, 1970; Cahalan & Room, 1974; Fillmore, 1975, 1987; Vaillant, 1983; Cahalan, 1987), daß die Symptome - auch bei körperlich Abhängigen - keineswegs in der von Jellinek beschriebenen Sequenz auftreten müssen und sich nicht zwangsläufig eine kontinuierlich fortschreitende Verschlechterung bei alkoholabhängigen Personen ergeben muß.

Darüberhinaus zeigen Untersuchungen zur "Spontanremission", daß ein großer Anteil von Alkoholabhängigen aufgrund eigener Anstrengungen Verbesserungen im Trinkverhalten bzw. eine stabile Abstinenz erreicht (Smart, 1976; Saunders et al., 1979; Tuchfeld, 1981). Katamnestische Untersuchungen über längere Zeiträume haben aufgedeckt, daß für Alkoholabhängige eher häufige Fluktuationen zwischen abstinenten, leichten, mittleren und schweren Trinkphasen kennzeichnend sind als ein progressiver Verlauf (Polich et al., 1981; Öjesjö, 1981; Duckitt et al, 1985; Taylor et al., 1985; Vaillant, 1989).

Aufgrund dieser vielfältigen empirischen Daten läßt sich die Annahme des progressiven Verlaufs, als eines der kennzeichnenden Merkmale der Alkoholabhängigkeit nicht mehr aufrechterhalten. Dies schließt jedoch nicht aus, daß sich im Einzelfall der Verlauf der Abhängigkeit der von Jellinek postulierten Sequenz annähert oder mit ihr sogar deckungsgleich ist.

Zusammenfassend kann man sagen, daß aufgrund der theoretischen Diskussion und empirischen Befundlage die Annahme des traditionellen Modells - Alkoholabhängigkeit sei ein einheitliches Phänomen mit einer einheitlichen Ursache und einem einheitlichen Verlauf - als widerlegt gelten kann.

Weiterhin haben die zentralen Bestimmungsstücke dieses Konzeptes - Kontrollverlust und Verlangen - keine empirische Bestätigung in ihrer ursprünglichen Fassung erhalten. Sie sind vielmehr von sehr komplexer Natur, haben momentan eher beschreibenden Charakter und sind gleichsam nützliche Konstrukte für die Beschreibung klinischer Phänomene. Die Dichotomie Alkoholabhängiger - Nichtabhängiger ist nicht mehr aufrechtzuerhalten, sondern vielmehr ist jeder Mensch aufgrund biopsychosozialer Faktoren mehr oder weniger für die Entwicklung einer Abhängigkeit vulnerabel.

5.3 Der Ansatz der Sozial-Kognitiven Lerntheorie

5.3.1 Einleitung

Die Lerntheorie als Paradigma des Erwerbs und der Aufrechterhaltung von Verhalten hat eine kontinuierliche Entwicklung erfahren (vgl. George & Marlatt, 1983; Fiedler, 1991). Ausgehend von den eher mechanistischen und reduktionistischen Modellen, die vor allem aus Tierexperimenten abgeleitet wurden, ist die heutige Verhaltenstheorie sehr komplex geworden und integriert die Forschungsergebnisse vieler psychologischer Teildisziplinen. Während früher die Lerntheorie primär versuchte, die externen Determinanten zu erforschen, die zur Entwicklung und Aufrechterhaltung des Verhaltens beitragen, liegt heute der Schwerpunkt auf der Interaktion zwischen Person, Verhalten und Umwelt. Dieser reziproke Determinismus ist ein wichtiges Wesensmerkmal eines neuen Ansatzes, der von Bandura als "Social learning theory" bzw. "Sozial-Kognitve Lerntheorie" (Bandura, 1979) bezeichnet wurde.

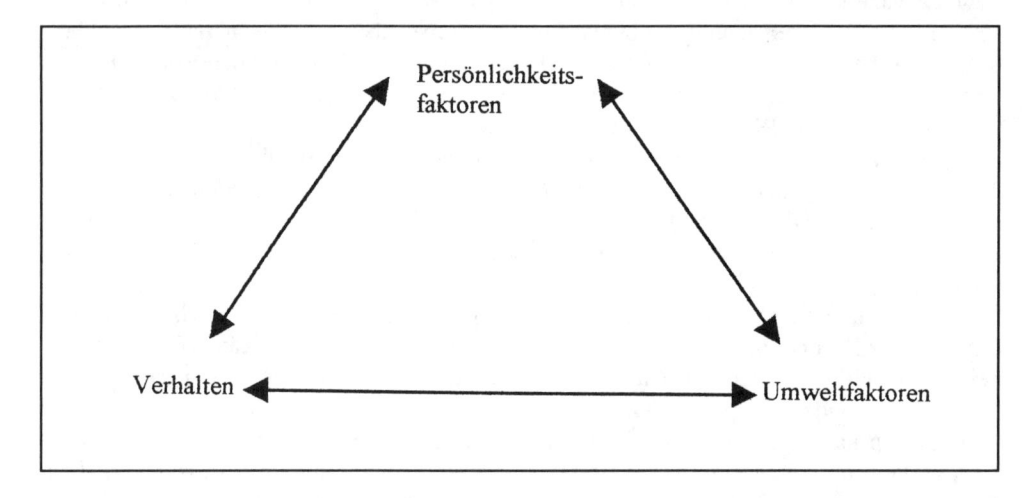

Abbildung 5: Reziproker Determinismus nach Bandura (1979)

Die Transformation der Sozial-Kognitiven Lerntheorie (SKL) in den Alkoholismusbereich ist eng verbunden mit den Arbeiten von Marlatt (1978, 1979, 1987) und Wilson (1978a, 1981, 1987). Die SKL sieht die Lerngeschichte, vorausgegangene Erfahrungen mit Alkohol, situative und umweltbezogene Antezedenzen, interne kognitive und emotionale Faktoren sowie positive und negative Konsequenzen in dem breiten Ursachenspektrum, das zur Erklärung der Entstehung und Aufrechterhaltung einer Alkoholproblematik beiträgt. Sie bildet die Grundlage für den in Kapitel 7 dargestellten Behandlungsansatz.

5.3.2 Die Entwicklung einer Alkoholproblematik und Alkoholabhängigkeit

Die SKL geht davon aus, daß das Trinkverhalten im Rahmen der psychosozialen Entwicklung einer Person innerhalb einer Kultur gelernt wird, wobei ein Großteil dieser Lernprozesse in der Regel schon stattfindet, bevor das Kind bzw. der Jugendliche überhaupt Alkohol konsumiert hat (Christiansen et al., 1982). Der soziale Einfluß des kulturellen Umfeldes, der Familie, der Gleichaltrigengruppe formt wesentlich die Einstellungen und Erwartungen in bezug auf den Konsum von Alkohol.

Die Bedeutung des Modellernens in der Problementwicklung

Die Forschung hat gezeigt, daß Modellernen einen großen Einfluß auf die Entwicklung und Ausübung von Verhalten hat (Bandura, 1969), und im Alkoholbereich werden alkoholbezogene Einstellungen, Erwartungen und Verhaltensweisen überwiegend durch Modellernen (Eltern, Gleichaltrige) erworben (Barnes, 1977, Margulies et al., 1977; Chipperfield & Vogel-Sprott, 1988).

Während das elterliche Trinkverhalten wichtig für den Beginn des Trinkens ist, beeinflußt die Gleichaltrigengruppe, insbesondere in der Adoleszenzphase, vor allem die Ausgestaltung (Menge, Häufigkeit, Funktionalität) des Trinkverhaltens. Experimentelle Studien haben den Modellerneffekt durch die Gleichaltrigen bestätigt und Mechanismen dieses Beeinflussungsprozesses aufgezeigt (Caudill & Marlatt, 1975; Cooper et al., 1979; Lied & Marlatt, 1979; Collins & Marlatt, 1981; Collins et al., 1985).

Weiterhin werden die Erwartungen in bezug auf die Alkoholeffekte, eine wichtige kognitive Determinante des Trinkverhaltens, überwiegend durch Modellernen erworben (Mc Carty et al., 1983; Oei & Jones, 1986).

Die Rolle der Erwartungen in der Problementwicklung

Die Bedeutung der Erwartungen in bezug auf die Effekte des Alkohols hat Marlatt mit Hilfe der Methode des "Balancierten Placebo-Designs" aufgezeigt (Marlatt & Rohsenow, 1980). Das Postulat, daß Personen Erwartungen im Hinblick auf die Effekte des Alkohols entwickeln, stellt das Bindeglied zwischen früheren Einflüssen und Erfahrungen (z. B. problematisches Eltern- und Gleichaltrigen-Modell; in der Familie mit einem alkoholabhängigen Elternteil aufgewachsen) und dem aktuellen Verhalten in der Trinksituation dar. Die Erfahrungen, die eine Person in ihrer Entwicklung mit dem sozialen Umfeld macht, werden in ein Set von Alkoholerwartungshaltungen transformiert, und diese kognitive Struktur beeinflußt entscheidend das Trinkverhalten sowie andere Verhaltensbereiche wie Aggressivität, Sexualität, Soziabilität und Leistung der Person in der Trinksituation (Goldman et al., 1987).

Die Erwartungshaltungen in bezug auf die Alkoholeffekte werden schon im Kindheitsalter, - die kritische Periode der Ausbildung liegt dabei nach Miller et al. (1990) im Alter zwischen 6 und 11 Jahren - vor allem in der Familie gelernt. Die direkte Erfahrung mit Alkohol ist interessanterweise ohne Bedeutung für die Ausbildung dieser Erwartungshaltungen und verändert sie auch kaum noch (Christiansen et al., 1985).

Die Erwartungshaltungen haben eine wichtige vermittelnde Rolle in bezug auf die Trinkentscheidungen und Trinkverhaltensweisen bei Jugendlichen, was durch zahlreiche Untersuchungen bestätigt werden konnte. So fanden Christiansen et al. (1985), daß die Jugendlichen mit zunehmendem Alter stärker annahmen, daß Alkohol das Sozialverhalten verbessert, das Arousal erhöht und die Spannung abbaut. Whaley (1986) stellte fest, daß negative

Konsequenzen des Alkohols keine Auswirkungen auf das Trinkverhalten Jugendlicher haben, und er spricht von einem "positivity bias in the cognitive processing of information related to alcohol use" (S. 396). Brown et al (1987) fanden, daß jugendliche Problemtrinker deutlich mehr Verstärkung vom Alkohol erwarten als "gematchte" Gleichaltrige ohne Alkoholprobleme.

Innerhalb des High-Risk-Paradigmas fand man, daß Jugendliche mit erhöhtem Abhängigkeitsrisiko stärkere Erwartungen in folgende Richtungen haben:
- Spannungsreduktion und Entspannungsförderung (Sher & Levenson, 1982);
- größerer Verstärkungswert des Alkohols (Levenson et al., 1987);
- verbesserte kognitive und motorische Funktionsfähigkeit, Stärke und Macht (Mann et al., 1987).

Das Fazit aus den Untersuchungen ist, daß die Erwartungen in bezug auf die Effekte des Alkohols im Leben sehr früh erworben werden und in hohem Ausmaß zu der Entwicklung des Problemtrinkens beitragen. So fanden beispielsweise Christiansen et al. (1989), daß die positiven Erwartungshaltungen von Adoleszenten deren Trinkverhalten (problematisch/unproblematisch) ein Jahr später vorraussagen konnten.

Der Verstärkerwert des Alkohols

In der Entwicklung einer Alkoholproblematik interagiert nun diese früh erworbene Erwartungshaltung mit den ersten unmittelbaren Alkoholerfahrungen. Dabei ist in dieser frühen Phase die direkte pharmakologische Wirkung oft nicht entscheidend, sondern viel wichtiger sind die Einflüsse durch Modellernen, Erwartungshaltungen und sekundäre Verstärkungsprozesse. So kommt beispielsweise der Jugendliche durch Alkoholtrinken in eine für ihn sozial attraktive Clique, erhält Anerkennung und Prestige, fühlt sich akzeptiert und "erwachsen". Deshalb werden die oftmals gemachten, negativen Anfangserfahrungen mit Alkohol billigend in Kauf genommen bzw. können die schon stabil entwickelten Erwartungshaltungen nicht mehr modifizieren.

Im weiteren Verlauf der Entwicklung erfährt der Jugendliche auch die primären Verstärkereffekte des Alkohols, und es beginnt der Prozeß einer komplexen Interaktion zwischen pharmakologischem Verstärker- und psychologischem Erwartungseffekt, dessen Entwicklung und Verlauf eine wesentliche Determinante des normalen und problematischen Trinkverhaltens darstellt (Cox, 1990). Dabei zeigte es sich, daß "High Risk-Personen" mehr trinken müssen, um einen verstärkenden Effekt zu erfahren, als Personen, die ein geringes Risiko für eine Abhängigkeitsentwicklung haben (Stewart et al., 1992). Weiterhin sind die Reaktionen der Umwelt meist für das Alkoholtrinken sozial verstärkend, und die Ablehnung von Alkoholkonsum führt bei Jugendlichen schon mal zu der Frage, ob man "krank" sei. Bei Jugendlichen symbolisiert Alkoholtrinken oft Erwachsenenverhalten wie Macht, soziale Kontrolle, Selbständigkeit etc. und kann deshalb verstärkend wirken. Eine gute Verträglichkeit großer Alkoholmengen stößt ebenso auf positive Resonanz wie die enthemmende Wirkung des Alkohols. Weiterhin wird unerwünschtes Verhalten wie Aggression, sexuelle Aggression etc. unter starkem Alkoholeinfluß meist entschuldigt und dadurch indirekt verstärkt.

Kommt es zu einer Entwicklung, daß Verstärkung fast nur noch durch Alkoholkonsum oder durch ein Verhalten, das eng mit Alkoholkonsum verbunden ist, erreicht werden kann, bildet sich ein stabiles und sehr löschungsresistentes Trinkverhaltensmuster heraus. Der

Mangel an Alternativen zur Erreichung von Verstärkern begünstigt die Entwicklung eines regelmäßigen exzessiven Konsums, wobei insbesondere in kritischen, streßbesetzten Situationen der Verstärkerwert besonders hoch sein kann.

Eine weitere Annahme der SKL besagt, daß in dieser ersten Phase Faktoren wie kulturelle Normen, Modellernen, der Einfluß von Gleichaltrigen, gelernte Erwartungen, erste Erfahrungen mit Alkohol etc. eine Art "soziale Lerngeschichte" der Person bilden, die ihrerseits wieder in einem gewissen Ausmaß durch biogenetische und prädisponierende psychologische Faktoren moduliert wird. Dieser Hintergrund sowie die aktuellen Erfahrungen determinieren die individuellen Differenzen in den Mustern des Alkoholgebrauchs und erlauben Aussagen in bezug auf die Wahrscheinlichkeit einer Problementwicklung. So schlußfolgerten Bry et al. (1982) aus ihrer Untersuchung, daß das Ausmaß des Rauschmittelmißbrauchs bei Jugendlichen eher eine Funktion der Anzahl und nicht so sehr bestimmter Arten oder Kombinationen von Risikofaktoren war, und es kristallisierte sich auch kein hochsignifikanter Risikofaktor heraus.

Streß, soziale Kompetenz und Coping als Faktoren in einer Problementwicklung

Streß wird, wie Lender (1987) in einer historischen Analyse aufzeigt, schon sehr lange als wichtiger Ursachenfaktor für den Gebrauch und Mißbrauch von Alkohol betrachtet, wobei man annimmt, daß Alkohol prinzipiell die Fähigkeit besitzt, Streß zu reduzieren (Langenbucher & Nathan, 1990). Viele Personen erleben diesen Effekt jedoch nicht, sondern glauben nur daran, und selbst Kinder und Jugendliche, die noch keinen Alkohol getrunken haben, behaupten, daß Alkohol Spannung und Streß reduziert (Christiansen et al., 1982; Marlatt, 1987).

Die Streßreduktionshypothese postuliert, daß Alkoholgebrauch eine oder mehrere Streßreaktionen reduzieren und diese Streßerleichterung dazu führen kann, daß sich der Alkoholkonsum in Menge und/oder Frequenz steigert. Mittlerweile gibt es genügend empirische Befunde, die belegen, daß Alkohol Streß reduziert und den affektiven Zustand von Personen verbessert (Powers & Kutash, 1985; West & Sutker, 1990). Es ist jedoch keine eineindeutige Beziehung, und es existieren eine Vielzahl vermittelnder Variablen - wie Umweltfaktoren, Erwartungshaltung, Stimmungs- und Persönlichkeitsvariablen, bisherige Erfahrung mit Alkohol, Alter und Geschlecht, Alkoholdosis, Zeitpunkt des Trinkens, Art des Getränks sowie Trinkgeschwindigkeit -, die Einfluß auf die Auswirkungen des Alkoholkonsums haben (Pohorecky, 1991).

Somit kann man sagen, daß Alkoholgebrauch weder eine notwendige noch hinreichende Bedingung für eine Streßreduktion ist, sondern vielmehr, wie bereits ausgeführt, Erwartungshaltungen eine ganz wichtige Rolle in dem komplexen Geschehen bilden. Oft erfolgt ein Streßabbau ohne Alkohol, manchmal kann Alkoholkonsum sogar zu einer Streßerhöhung führen, und im Stadium der Alkoholabhängigkeit ist Alkoholgebrauch selbst eine Ursache von Streß. Bestenfalls kann man Alkohol als eine Komponente unter vielen ansehen, die zum Streßabbau beitragen kann, wobei durch vermittelnde Variablen determiniert wird, ob Alkoholkonsum letztendlich zu einer Streßreduktion führt. Andererseits weiß man aber auch, daß Alkohol nicht nur negative Effekte reduziert, sondern Personen auch Alkohol trinken, um sich positive Affekte zu verschaffen, und dies stimmt mit der Erkenntnis der biphasischen Natur der Alkoholwirkung überein.

In engem Zusammenhang mit Streß und Alkoholgebrauch stehen die beiden Konstrukte "Soziale Kompetenz" und "Coping". Die Forschung in dem Bereich "Soziale Kompetenz" hat, wie Garmezy et al. (1980) mittels einer Sichtung der Psychological Abstracts über 50

Jahre belegen, einen exponentiellen Anstieg erfahren. Der momentane Forschungsstand ist jedoch noch immer durch definitorische und konzeptionelle Probleme sowie durch unterschiedliche Paradigma charakterisiert (Argyle, 1972, 1984; Feldhege & Krauthan, 1979; Bellack & Hersen, 1979; Curran, 1985; Tisdelle et al., 1986).

Wrubel et al. (1981) definieren soziale Kompetenz allgemein als die effektive Teilnahme einer Person an den Aktivitäten in ihrem sozialen Umfeld. Die kompetente Person bestimmt aktiv in einer sozialen Situation, was sie möchte und besitzt die Fertigkeiten, ihre jeweiligen Ziele zu realisieren.

Die Sozial-Kognitive Lerntheorie nimmt im Rahmen eines Kompetenzmodells (vgl. Wine, 1981) - als Alternative zu dem medizinisch orientierten Defektmodell - an, daß Defizite und Einschränkungen in der sozialen Kompetenz einer Person hoch mit der Entwicklung und Aufrechterhaltung einer Alkoholproblematik korrelieren. Dadurch werden die bestehenden Defizite scheinbar kompensiert, und der Alkoholkonsum kann zur dominierenden Bewältigungsstrategie für soziale Streßsituationen werden.

In einem umfassenden Überblicksartikel belegen O'Leary et al. (1976), daß Präalkoholiker im allgemeinen Defizite im Bereich der sozialen Fertigkeiten haben. Sie werden als delinquent, rebellisch, aggressiv, hyperaktiv und impulsiv beschrieben und zeigen demnach offensichtlich Störungen in der behavioralen und emotionalen Selbstregulation. Die Untersuchungsergebnisse weisen daraufhin, daß Problemtrinken in der Adoleszenzphase mit Schwierigkeiten in den Beziehungen zu Gleichaltrigen kovariiert und diese Jugendlichen scheinbar weniger soziale Kompetenzen in der Aufnahme und Aufrechterhaltung von Kontakt - auch gegenüber dem anderen Geschlecht - haben.

Weiter wurde berichtet, daß passive, selbstunsichere Personen Alkohol konsumieren, um in sozialen Situationen kompetenter zu werden (Sturgis et al., 1979). Dies stimmt mit den Ergebnissen einer neueren Studie überein, in der neben schlechten familiären Bedingungen das Vorliegen einer geringen Assertivität ein wichtiger Bedingungsfaktor für starken Rauschmittelgebrauch gewesen ist (Rhodes & Jason, 1990). Dabei ist es oft so, daß Problemtrinker auf Fragebogenverfahren verbal Selbstsicherheit bekunden, jedoch in realen Situationen erhebliche Unsicherheiten zeigen und negative Gefühle empfinden (Miller & Eisler, 1977; Hamilton & Maisto, 1979). Dies könnte damit zusammenhängen, daß Problemtrinker in einer Art "Präventivstrategie" vor oder zu Beginn von "unsicheren sozialen Situationen" eine entsprechende Menge Alkohol trinken, dadurch ihre Defizite überspielen und sich somit subjektiv als selbstsicher erleben.

Diese Defizite im Bereich der sozialen Fertigkeiten führen bei einer Person zu eingeschränkten Handlungs- und Verhaltensmöglichkeiten innerhalb seines sozialen Kontexts, reduzieren ihre Kontrollmöglichkeiten über eigene Aktivitäten und die Umwelt und engen den Zugang zu potenten Verstärkerquellen ein. Ein Mangel an sozialen Fertigkeiten evoziert erhöhte Angst und Spannung - "sozialer Streß" - in interpersonellen Situationen, die ein gewisses Maß an sozialer Kompetenz erfordern.

Aufgrund dieser Ausgangsanalyse sind unterschiedliche Entwicklungen bei einem Jugendlichen möglich, und Alkoholkonsum bzw. Rauschmittelgebrauch ist nur eine mögliche Alternative zur Bewältigung dieser Problemsituation. Sie wird umso wahrscheinlicher, wenn die Person durch Modellernen und/oder eigene Erfahrungen gelernt hat, daß Rauschmittelkonsum angemessenes soziales Verhalten begünstigt (z. B. "bin lockerer, kann mehr aus mir herausgehen, bin weniger gehemmt, bin lustiger und gesprächiger etc.") und sie dadurch kurzfristig Erleichterung erlebt. Prozesse der negativen und positiven Verstärkung erhalten dieses Verhalten aufrecht, und Daten aus dem Alkoholbereich weisen daraufhin, daß die vor dem Alkoholtrinken bestehenden Defizite durch Alkoholtrinken aufrechterhalten werden und/oder Alkoholkonsum das Erlernen entsprechender Fertigkeiten im Verlauf der weiteren psychosozialen Entwicklung verhindert (Abrams & Niaura, 1987).

Trotz dieser ermutigenden Forschungsergebnisse ist jedoch die Interaktion der Beziehung "Soziale Kompetenz" und "Rauschmittelgebrauch" noch weitgehend ungeklärt, und es fehlt an methodisch guten, prospektiven Längsschnittuntersuchungen zur Abklärung dieser Frage. Monti et al. (1989) nehmen an, daß interpersonelle und intrapersonelle Kompetenzdefizite mit einer genetischen Vulnerabilität, situativen Anforderungen sowie weiteren Faktoren wie soziale Unterstützung, Erwartungshaltungen etc. interagieren und somit insgesamt eine Risikokonstellation für die Entwicklung einer Alkoholproblematik bilden. Andere Autoren betreiben nicht mehr diese störungsspezifische Forschung, sondern betonen ganz allgemein die Förderung biopsychosozialer Faktoren zur Kompetenzerhöhung und -erweiterung, um somit die Person generell vor Fehlentwicklungen zu schützen (Bond, 1984). So konnten beispielsweile Spivack et al. (1976) zeigen, daß das Problemlösetraining eine sehr wirksame präventive Maßnahme über den ganzen Lebenszyklus sein kann.

In engem Zusammenhang mit Alkoholkonsum, Streß und sozialer Kompetenz steht "Coping", und eine Annahme der Sozial-Kognitiven Lerntheorie besagt, daß Alkoholkonsum ein "Coping-Verhalten" darstellt, weil Personen damit Streß reduzieren und/oder positive Affekte steigern können. Der Begriff "Coping" oder "Bewältigung", der anfangs eher eine "Fußnote zur Streßtheorie" war (Roskies & Lazarus, 1980, S. 45), wurde zu einem in der psychologischen Literatur weitverbreiteten Konstrukt. Alltagssprachlich versteht man unter "Coping" bzw. "Bewältigung" die erfolgreiche Auseinandersetzung mit einer Belastung (Braukmann & Filipp, 1984), während im wissenschaftlichen Bereich der Begriff nicht unbedingt den Erfolg der Bemühungen impliziert. Mayring (1985) schlägt deshalb vor, statt von Bewältigung besser von Bewältigungsversuchen zu sprechen. Eine relativ klare, eingegrenzte und brauchbare Definition stammt von Lazarus & Folkman (1984): "Bewältigung ist definiert als die sich ständig verändernden, kognitiven und verhaltensmäßigen Bemühungen einer Person, die darauf gerichtet sind, sich mit spezifischen externen und/oder internen Anforderungen auseinanderzusetzen, die ihre adaptiven Ressourcen stark beanspruchen oder übersteigen" (S. 141)

Im Abhängigkeitsbereich haben insbesondere Wills & Shiffman (1985) versucht, einen konzeptuellen Rahmen für die Beziehung zwischen Substanzgebrauch und Coping zu schaffen. Ausgehend von einer "Adaptive-Orientierung", die in der Rauschmitteleinnahme einen aktiven Versuch zur Bewältigung von chronischem Streß sieht (Alexander & Hadaway, 1982; Alexander, 1990), nehmen sie an, daß Substanzgebrauch stattfindet, um negative Affekte zu reduzieren und positive Affekte zu steigern; Substanzgebrauch ist somit ein Coping-Verhalten zum Affektmanagement. Sie unterscheiden dabei zwischen:
- Stress-Coping Skills, d. h. Aktivitäten und Verhalten einer Person, um die Balance zwischen den Anforderungen der Umwelt und den verfügbaren Ressourcen, um diesen Anforderungen zu begegnen, aufrechtzuerhalten;
- Temptation-Coping Skills, d. h. spezielle Fertigkeiten, die darauf abzielen, unterschiedliche Versuchungssituationen wie Erwartungen in bezug auf die Effekte des Alkohols, Alkoholangebote, sozialer Druck durch wichtige Personen des sozialen Umfeldes, Verlangen nach Alkohol etc. angemessen zu bewältigen (z. B. selbstsicheres Ablehnen eines Alkoholangebotes).

Welche Rolle spielt nun das Coping bei der Entwicklung und Aufrechterhaltung einer Alkoholproblematik? Die Bedeutung, die Rauschmittel als Coping-Verhalten zu Beginn einer problematischen Entwicklung gewinnen, ist abhängig von dem vorhandenen Repertoire allgemeiner "Stress-Coping"- und spezieller "Temptation-Coping" Skills beim Jugendlichen. Die Sozial-Kognitive Lerntheorie nimmt an, daß Jugendliche mit einem geringen und wenig effektiven allgemeinen Copingrepertoire für streßbesetzte Situationen nach einer Experimentierphase mit Rauschmitteln diese eher als Coping-Mittel einsetzen, um negative Affekte zu reduzieren und positive Affekte zu steigern. So fanden beispielsweise Shedler & Block (1990) in ihrer Längsschnittuntersuchung über 15 Jahre, daß die Jugendlichen, die im Alter von 18 Jahren regelmäßig Rauschmittel gebrauchen ("User"), bereits im Alter von 7 Jahren erheblichen sozialen Streß erlebten: Sie waren unfähig, mit anderen Kindern gute Beziehungen herzustellen, hatten kein Selbstvertrauen, konnten nicht stolz auf eigene Leistungen sein und kamen sich wertlos und schlecht vor. Mit 11 Jahren waren sie stur, unkooperativ, mißtrauisch, konnten sich nicht konzentrieren, waren gefühlsmäßig unbeteiligt und reagierten bei geringsten Frustrationen "überschießend". Mit 18 waren die "User" seelisch schwer angeschlagen, feindselig, innerlich zurückgezogen und entfremdet von Beziehung und Leistung. Die "Experimentierer" hingegen verhielten sich pubertär normal: Sie waren neugierig auf Grenzerfahrungen und brauchten das Rauschmittel nicht als Ventil für emotionalen Streß bzw. zur Kompensation eines Kompetenzdefizits.

Weiterhin fällt der Einstieg in den Rauschmittelgebrauch meist mit der Lebensphase der Adoleszenz zusammen, in der eine Vielzahl von Kompetenzen und Fertigkeiten zur Bewältigung der von Havighurst (1972) beschriebenen Entwicklungsaufgaben benötigt werden. Rauschmittelkonsum ist eine problematische Form der Bewältigung dieser Aufgaben, wobei prinzipiell zwei Situationen auftreten können:
- Der Jugendliche erlebt eine große Diskrepanz zwischen dem vorliegenden und dem angestrebten Entwicklungsstand bei den verschiedensten Entwicklungsaufgaben, da das Kompetenzpotential nicht ausreicht, die Entwicklungsaufgaben zufriedenstellend zu lösen. Es kommt zu einem "Entwicklungsstreß", der mit Minderwertigkeitsgefühlen und negativen Selbstwertgefühlen verbunden ist (Petersen & Spiga, 1982; Compas, 1987). Legale und illegale Drogen bieten in dieser Situation einerseits die Möglichkeit, die jugendtypischen Entwicklungsaufgaben scheinbar zu bewältigen, und andererseits die Möglichkeit, die gestellten Aufgaben zu verleugnen, die alltäglichen Problemsituationen nicht wahrzunehmen und sich unrealistische Phantasien über das Ausmaß der eigenen Kompetenz zu machen.
- Der Jugendliche bewältigt die spezifische Entwicklungsaufgabe "Auseinandersetzung und Umgang mit Rauschmitteln" nicht adäquat. Wichtig ist deshalb, daß Jugendliche spezifische "Temptation-Coping Skills" lernen, um rauschmittelbezogene Versuchungssituationen besser bewältigen zu können (Goldstein et al., 1990).

Rauschmittel dienen in der schwierigen Adoleszenzphase vor allem zur Selbstregulation der Emotionen, insbesondere bei Personen, die über wenig emotionale, kognitive und behaviorale Kompetenzen verfügen (Reitzle, 1987; Hurrelmann & Hesse, 1991). Dabei steht in der Experimentier- und Initialphase die Steigerung positiver Affekte im Vordergrund, während bei den regelmäßigen Gebrauchern eher die Reduktion negativer Affekte und die Steigerung des Selbstwertgefühls bedeutsam ist.

Bei kontinuierlich hohem, erlebtem Streßlevel und geringen Bewältigungskompetenzen kann nun Alkoholkonsum zum Mißbrauchsverhalten werden, da die Selbstwirksamkeits- und Ergebniserwartungen dahin tendieren, daß Alkoholkonsum die beste und u. U. einzig verfügbare Methode ist, um das gewünschte Ergebnis zu erreichen. George & Marlatt (1983) sprechen in diesem Zusammenhang von "Alkoholkompetenz", wobei fortgesetzter Mißbrauch in Verbindung mit biobehavioralen Prozessen in eine Abhängigkeit münden kann.

Wichtig in der Problementwicklung ist auch der Aspekt der sozialen Unterstützung durch Personen des sozialen Umfeldes, wobei man annimmt, daß Unterstützung und Zuwendung die negativen Auswirkungen massiver Streßsituationen besser abfedern können (Cohen & Wills, 1985; Wills & Vaughan, 1989). Beim Problemtrinker ist es oft so, daß soziale Unterstützung nicht vorliegt oder im Verlauf der Problementwicklung entzogen wurde. Dies führt wiederum zu stärkerem Streß, der erhöhten Alkoholkonsum als Bewältigungsversuch zur Folge hat, und dadurch wächst die Gefahr, daß die Person in einen Teufelskreis hineingerät.

Zusammenfassend kann man sagen, daß in der Problementwicklung ein Defizit an Coping-Skills dazu führen kann, daß sich Alkohol zur "universalen Kompetenz" herausbildet und sich dadurch die Wahrscheinlichkeit einer Abhängigkeitsentwicklung beträchtlich erhöht. Insbesondere haben die Personen dabei die Erwartung, daß Alkohol die negativen Affekte in positive transformiert, wobei Levenson et al. (1987) fanden, daß Personen mit erhöhtem Alkoholismusrisiko durch Alkohol auch eine höhere Streßreduktion erfahren.

5.3.3 Die Aufrechterhaltung der Alkoholproblematik und Alkoholabhängigkeit

Im Prozeß der Aufrechterhaltung einer Alkoholproblematik wird häufig die kontinuierliche Selbstbeobachtung und Selbstbewertung verzerrt, und gescheiterte eigene Problemlöseversuche sowie gravierende Konsequenzen infolge des Trinkverhaltens führen entweder zu weiteren Verzerrungen oder zum Hilfesucheprozeß. Das Gefühl der geringen Selbstwirksamkeit im Sinne von Bandura (1977) sowie das Wissen und die Erfahrung geringer Kompetenzen zur Veränderung führen meist zu einer weiteren Einschränkung der Selbstregulation. Dies bewirkt bei einer Person oft eine tiefgreifende Resignation, und sie sieht keine Möglichkeiten mehr, mit ihren eigenen Verhaltensweisen irgendwelche Ergebnisse zu erzielen.

Die Person erreicht in ihrer Abhängigkeitsentwicklung eine Stufe, bei der die Folgen des Trinkens gleichzeitig wiederum Ursachen des Trinkens darstellen. Trinken, das ursprünglich ein Kontroll- und Bewältigungsmechanismus dargestellt hat, wird selbst zum Kontrollproblem und Streßfaktor. Die psychischen, sozialen und körperlichen Folgeerscheinungen, wie beispielsweise das antizipierte oder vorhandene Entzugssyndrom, sind für den Abhängigen zusätzliche erhebliche Streßbelastungen, die er durch Alkohol zu regulieren versucht. Küfner (1981) beschreibt in seinem integrativen systemischen Suchtmodell einen intrapsychischen, somatischen und psychosozialen Teufelskreis. Der Schriftsteller de Saint Exupéry (1980) hat im Kapitel XII seines Buches "Der kleine Prinz" den Teufelskreis des Alkoholabhängigen treffend beschrieben:

> Der kleine Prinz, der bei dem Besuch auf einem Stern einen Trinker vorfindet, fragt diesen, warum er trinke. Der Trinker antwortet: "Um zu vergessen." Der kleine Prinz will wissen, was der Trinker vergessen will. "Um zu vergessen, daß ich mich schäme", gesteht der Trinker. Der kleine Prinz will dann erfahren, weshalb sich der Trinker schämt. "Weil ich saufe", erklärt der Trinker und hüllt sich endgültig in Schweigen.

Die SKL sieht in der körperlichen Abhängigkeit und Toleranz wichtige Determinanten der Aufrechterhaltung einer Alkoholproblematik, wobei sie diese beiden Konzepte jedoch nicht monokausal bedingt sieht, sondern neben der pharmakologischen Wirkung und möglicher physiologischer/biochemischer Veränderungen die Bedeutung klassischer, operanter und sozial-kognitiver Lernprozesse bei der Ausbildung dieser Phänomene betont (Wilson et al., 1980; Abrams & Niaura, 1987; Mc Cusker & Brown, 1990).

Ein weiterer wichtiger Faktor in der Aufrechterhaltung ist das "Craving" bzw. "Verlangen" aufgrund von Konditionierungsvorgängen und kognitiven Prozessen, die auf die unmittelbaren positiven Konsequenzen des Alkohols fokussieren.

Diese positiven Erwartungshaltungen einer Person spielen eine wichtige Rolle bei der Aufrechterhaltung einer Abhängigkeit (Lang & Michalec, 1990). Der Alkoholabhängige erwartet, daß Alkohol das negative subjektive Erleben, den dysphorischen emotionalen Zustand, den körperlichen Schmerz etc. in einen Zustand des Wohlbefindens transformieren kann, und Alkohol wird von ihm gleichsam als ein magisches Elixier angesehen.

Postitive Erwartungshaltungen, Konditionierungsprozesse und fehlende alternative Bewältigungskompetenzen führen in Verbindung mit dem Ausmaß des erlebten Stresses dazu, daß das Trinkverhalten trotz massiver negativer Konsequenzen aufrechterhalten wird. In diesem Zusammenhang wird immer wieder die Frage gestellt, warum der Problemtrinker weitertrinkt, wenn er soviel negative Konsequenzen erfährt. Marlatt (1987) postuliert, daß die Person die Erwartung nach den positiven, kurzfristigen Konsequenzen des Alkoholkonsums lernt und das Ansteigen des physiologischen Arousals in der ersten Phase des biphasischen Verlaufs die Grundlage für diesen Lernprozeß bildet. Die Alkoholwirkung verhindert gleichzeitig das Auftauchen negativer Effekte, indem in der Trinksituation die Erinnerung an die aversiven Konsequenzen des exzessiven Konsums blockiert wird. Marlatt nimmt dabei an, daß nicht so sehr das bestehende Level von Streß, Angst, Spannung etc. durch den Alkohol reduziert wird, sondern daß der Alkohol die Erwartungen bezüglich der negativen Konsequenzen durch seine Einwirkungen auf kognitive Prozesse vermindert. Direkte Beobachtungen während der Trinkphase zeigen nämlich, daß der Abhängige dysphorischer, ängstlicher, agitierter und depressiver wird, aber sich danach nicht mehr daran erinnern kann und bei einer Befragung eher seine Erwartungshaltung in bezug auf die "magische Kraft" des Alkohols berichtet.

> Freed from the pressures of past painful memories and the anxious anticipation of future negative consequences, the heavy drinker experiences a narrowing of the attention to the "here and now" -an increased responsivity to immediate external cues to the exclusion of other past or future events

(Marlatt, 1987, S. 310).

Eine weitere Erklärungsmöglichkeit für die Aufrechterhaltung des Trinkverhaltens trotz massiver negativer Folgen liefert die im Abschnitt zur Drogenwirkung beschriebene "State Change-Theorie" von Mello (1983).

Die SKL verwendet nicht das Konstrukt "Kontrollverlust", sondern spricht von "eingeschränkter Selbstkontrollfähigkeit", wobei infolge der Auswirkungen auf das Zentralnervensystem bei höheren Alkoholdosen diese Selbstkontrollfähigkeit absinkt. Weiterhin bewirkt die starke Erwartungshaltung an positive Alkoholeffekte verbunden mit einer Toleranzentwicklung, daß der Abhängige "unkontrolliert" weitertrinkt in der Hoffnung, die ersehnte Wirkung doch noch zu erreichen. Nach einer längeren Abstinenzphase führen deshalb die positiven Wirkungen bei geringer Alkoholmenge infolge der gesunkenen Toleranz beim Abhängigen oft zu der falschen Schlußfolgerung, daß er "kontrolliert" trinken kann.

Die SKL sieht in der Abhängigkeit jedoch mehr als ein durch biologische und psychologische Variablen erklärbarer Zustand. Abhängigkeit verkörpert einen Lebensstil, repräsentiert einen Erlebenszustand, der anderweitig nicht realisierbar ist.

This is an exacerbating cycle of experience where the results of exposure to the involvement ensure continued involvement, and the life of the involvement perpetuates its own existence ... At this point, the addictive experience becomes the sole means for asserting control over addicts' emotional lives and becomes the core of their self-concepts

(Peele, 1985, S. 129).

Abstinentes Verhalten bedeutet demnach die Aufgabe dieses Lebensstils sowie den Verlust von "Alkoholkompetenz und -sicherheit" und konfrontiert den Abhängigen mit einer Realität, der er stark entfremdet ist. Daraus resultiert ein Gefühl der Insuffizienz und Inkompetenz, das eine starke Sehnsucht weckt, wieder in die "Welt der Abhängigkeit" einzutauchen, seinen alten, gewohnten Lebensstil wieder aufzunehmen und somit Sicherheit zu erreichen. Deshalb ist in dem von Marlatt & Gordon (1985) entwickelten Konzept der Rückfallprohylaxe die Bearbeitung und Veränderung des Lebensstils eine ganz wichtige Komponente.

5.3.4 Der Rückfall

Der Rückfall ist ein zentrales Problem in der Behandlung der Alkoholabhängigkeit und hat Alkoholforscher dazu veranlaßt, von Alkoholabhängigkeit als einer "relapsing condition" zu sprechen (Litman, 1980). In einer Überblicksstudie zur Effektivität der Therapie bei Abhängigkeit von Heroin, Alkohol und Tabak stellten Hunt et al. (1971) gleich hohe Rückfallquoten und fast identische Rückfallverläufe fest.

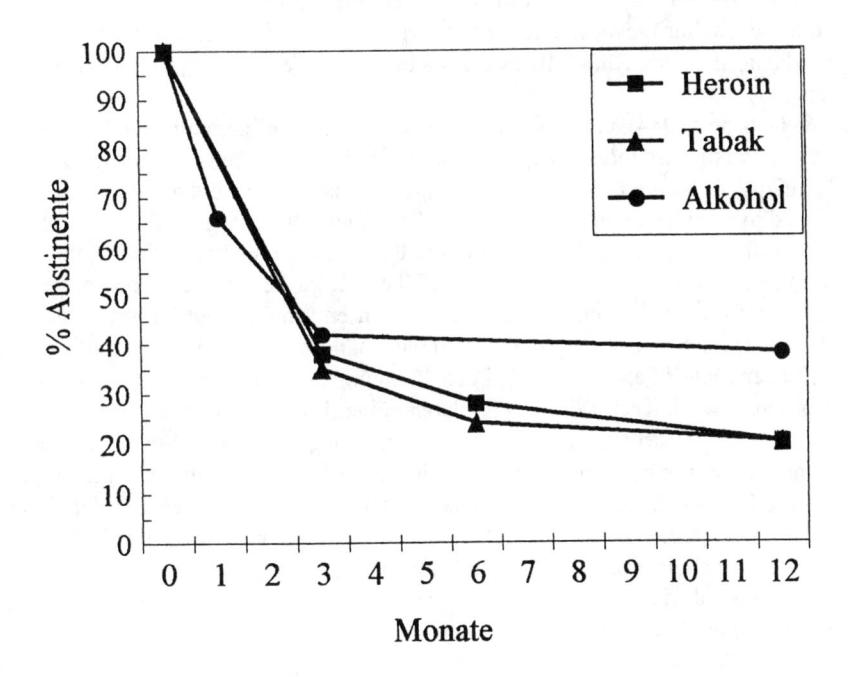

Abbildung 6: Rückfallverläufe bei Heroin-, Alkohol- und Tabakabhängigkeit nach Hunt et al. (1971)

Es zeigte sich, daß ungefähr 2/3 aller Rückfälle - unabhängig von der Substanz - innerhalb der ersten 90 Tage nach Behandlungsende vorkamen und die Rückfallquote nach 1 Jahr zwischen 65 % und 75 % lag. In einer neueren Untersuchung, dem "Rand-Report", waren 81 % der behandelten Alkoholabhängigen innerhalb des Katamnesezeitraums von 4 Jahren zeitweise oder kontinuierlich schwer rückfällig, 12 % haben kontrolliert Alkohol getrunken, und nur 7 % waren stabil abstinent (Polich et al., 1981). Miller & Hester (1980) fanden in ihrer Überblicksarbeit mit über 500 Therapiestudien eine Rückfallquote von gut 75 % im 1. Jahr nach der Therapie. In der "VDR-Studie" von Feuerlein und Mitarbeitern in den alten Bundesländern (Küfner et al., 1988) war die Abstinenzquote zwar beträchtlich höher, aber immerhin noch 51 % waren innerhalb von 4 Jahren nach Therapieende rückfällig.

Diese negativen Behandlungsresultate basieren auf der Konzeptualisierung von Rückfall als einem "Alles oder Nichts"-Phänomen. Nimmt ein "trockener" Alkoholabhängiger nach einer Phase völliger Abstinenz eine beliebige Menge Alkohol zu sich, ist er rückfällig. Wie bei der Definition von Abhängigkeit gibt es jedoch auch bei der Definition von Rückfälligkeit keine von allen Forschern und Praktikern geteilte Definition der Rückfälligkeit (vgl. Körkel & Lauer, 1988). So erscheint es Brownell et al. (1986) nicht angebracht, bei einmaligem kurzzeitigem Alkoholkonsum von Rückfall zu sprechen, und sie empfehlen eine konzeptuelle Unterscheidung zwischen "Ausrutscher" oder "Fehltritt" ("lapse" oder "slip") und "ausgewachsener Rückfall" ("full-blown relapse"). Ein Ausrutscher ist ein kurzzeitiger, vereinzelter Alkoholkonsum und kann wesentliche Informationen über Ursachen und Defizite im Coping-Verhalten liefern. In diesem Sinne ist der Ausrutscher nicht als "Rückfall", sondern als "Vorfall", als "prolapse" und damit als ein Schritt nach vorne zu verstehen. Von einem "ausgewachsenen Rückfall" ("full-blown relapse") sprechen die Autoren, wenn die alte, abhängige Verhaltensgewohnheit wieder hergestellt ist. Während der Ausrutscher eher ein Ereignis darstellt, ist der Rückfall das Endstadium eines "Sich-Aufgeben-Prozesses" des Abhängigen.

Marlatt & George (1984) verstehen unter Rückfall ganz allgemein den Mißerfolg im Bemühen einer Person, irgendein Verhalten zu verändern, und betonen den prozeßhaften Verlauf: "a relapse is viewed as a transitional process, a series of events that may or may not be followed by a return to pre-treatment baseline levels of the target behaviour" (S. 263).

In der Literatur finden sich jedoch noch keine Kriterien, die es ermöglichen, die Grenzüberschreitung von einigen Ausrutschern zum Rückfall zu bestimmen, und m. E. ist die Wiederherstellung der körperlichen Abhängigkeit ein entscheidendes Kriterium.

Das traditionelle medizinische Modell erklärt das Phänomen des Rückfalls mittels genetischer und biochemischer Faktoren, wobei das "Craving" als zentraler Faktor im Rückfallgeschehen gesehen wird. Trinkt der Alkoholabhängige das erste Glas Alkohol, kommt es über angenommene physiologische Prozesse zu einem gesteigerten Verlangen, und die Person erleidet einen Kontrollverlust, was zu einer Wiederherstellung der Abhängigkeitssymptome führt. Entsprechend diesem Verständnis ist nach dem ersten Schluck der Kontrollverlust und der Rückfall eine unvermeidliche, willentlich nicht mehr steuerbare Folge. Dieser Auffassung ist es vor allem zuzuschreiben, daß der Rückfall in der Abhängigkeitsbehandlung bis in die siebziger Jahre ein zwar immer wieder von Forschern und Klinikern beklagtes, aber kaum erforschtes Phänomen gewesen ist.

Die aufkommende Kritik an diesem traditionellen Rückfallkonzept sah insbesondere die beiden Konstrukte, Verlangen und Kontrollverlust, als unbrauchbar an zur Erklärung einer Rückfälligkeit (Marlatt, 1978; Baker et al., 1987). Dies führte zu einer Intensivierung der Forschung in diesem Bereich, wobei insbesondere die Forschungsgruppen von Alan Marlatt und Gloria Litman bedeutende theoretische und klinische Erkenntnisse erzielt haben.

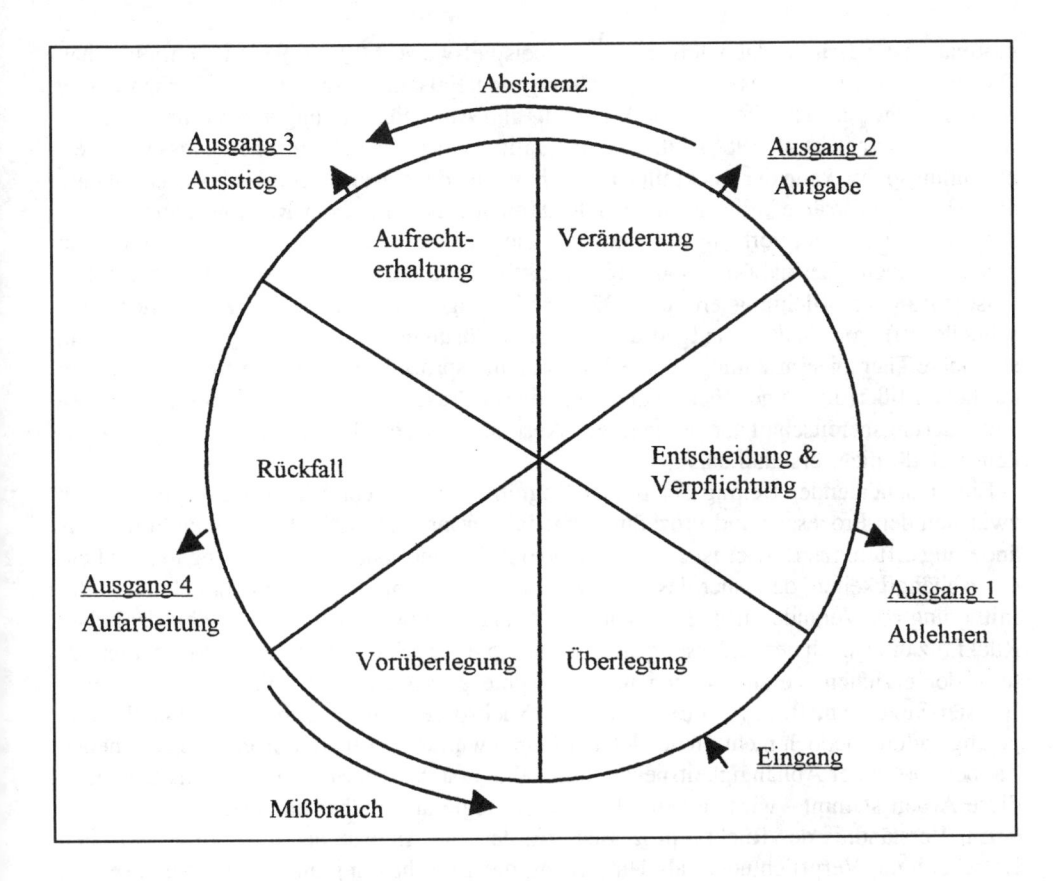

Abbildung 7: Drehtürmodell des Veränderungsprozesses bei Abhängigkeiten (nach Prochaska & Di Clemente, 1982)

In der Sozial-Kognitiven Lerntheorie wird, wie schon erwähnt, der Rückfall nicht mehr als diskrete Entität verstanden, sondern als ein Prozeß, bei dem eine Reihe von Ereignissen zu einer Rückkehr in den Zustand vor der Therapie führen kann. Marlatt (1989) sieht in dem Rückfall einen Teil eines "Prozesses der Verhaltensänderung", denn bevor eine Person rückfällig wird, muß sie zuerst den Remissionsprozeß begonnen, d. h. Veränderungen angestrebt haben.

Prochaska & Di Clemente (1982) haben ein erweitertes "Drehtürmodell" des Veränderungsprozesses bei Abhängigkeiten entwickelt (siehe Abbildung 7). Das Modell konzipiert sechs Phasen, wobei in der Phase der Vorüberlegung die Person keine Probleme durch den Gebrauch der Substanz erlebt und auch nicht darüber nachdenkt. Den Einstieg in den Veränderungsprozeß bildet die Phase der Überlegung, in der die Person aufgrund der erfahrenen negativen Konsequenzen über Veränderungen nachzudenken beginnt. Typisch für diese Phase ist eine starke Ambivalenz, in der die Person oft gleichzeitig und unmittelbar Vor- und Nachteile des problematischen Verhaltens erlebt (Orford, 1985). Dies führt nach Janis & Mann (1977) meist zu "schwachen" Entscheidungen, die äußerst vulnerabel sind, was im sozialen Umfeld des Abhängigen oft Enttäuschung und Verbitterung auslöst. Die adäquate therapeutische Strategie für diese Phase ist nicht die Überredung, sondern sind motivationsfördernde Maßnahmen, wie sie beispielsweise Miller (1985) beschrieben hat. Die darauf folgende Phase der Verpflichtung und Entscheidung zur Verhaltensänderung ist sehr wichtig im Hinblick auf die Einübung und Aufrechterhaltung von Verhaltensänderungen (Brownell et al, 1986). Durch eine qualitativ "schwache" Entscheidungs- und Verpflichtungsphase kann der Rückfallprozeß schon kurz danach einsetzen, und fast jeder kennt die "Neujahrsvorsätze", die meist schnell kläglich scheitern. Dem Rückfall kann man in der Therapie effektiv vorbeugen, indem man sich für die Besinnungs- und Entscheidungsphase genügend Zeit läßt und somit eine Entscheidung des Abhängigen mit einem hohen Ausmaß an Verpflichtung erreicht. Die Praxis hingegen sieht leider meist anders aus: schnelle, oft von "außen" aufgedrückte Problemlösungen sind angezeigt, "Versand" in stationäre Therapieeinrichtungen ohne Entscheidungsprozeß bei dem Betroffenen ist üblich; die hohe Mißerfolgs- und Rückfallquote bei dieser Praxis ist infolge der geringen internen Veränderungsbereitschaft und des geringen Ausmaßes an Verpflichtung seitens des Betroffenen deshalb nicht erstaunlich.

Ein entscheidender Beitrag der Sozial-Kognitiven Lerntheorie liegt nun darin, daß sie zwischen den Prozessen und Prozeduren zur Initiierung und Aufrechterhaltung einer Veränderung differenziert. Dies ist eine entscheidende konzeptionelle Entwicklung in dem Feld der Abhängigkeiten, da bisher das Hauptziel der Therapieprogramme ausschließlich in der Initiierung von Veränderungen lag. Man sieht zwar die Notwendigkeit - angesichts der hohen Rückfallzahlen nach der Entlassung aus der Therapie - der Stabilisierung und Aufrechterhaltung der erzielten Veränderungen und versuchte es vornehmlich mit drei Strategien - Booster-Sitzungen, Breit-Spektrum-Ansätze, Nachsorge -, der entscheidende Durchbruch gelang dadurch jedoch nicht. In den letzten Jahren wurde die Rückfallprohylaxe zum neuen Zauberwort in der Abhängigkeitsbehandlung, aber erst der klinische Alltag - aus dem auch diese Arbeit stammt - wird zeigen, ob diese Strategie anwendbar und effektiv ist.

Ein Verständnis des Rückfallprozesses erfordert die Analyse der Interaktion zwischen Entscheidung, Verpflichtung - als Umsetzung der Entscheidung auf die Verhaltensebene - sowie den Selbstwirksamkeitserwartungen und den Problem- und Versuchungssituationen ("High Risk-Situationen"). Letztere repräsentieren in den Modellen von Marlatt & Gordon (1985), Annis (1986) und Litman (1986) die Schlüsselvariablen des Rückfallgeschehens, wobei die hochrisikoreiche Situation von Marlatt & Gordon (1985) definiert wird als "any situation that poses a threat to the individual's sense of control and increases the risk of potential relapse" (S. 37).

Marlatt erforschte mit seinem Team die Rückfallauslöser bei verschiedenen Abhängigkeiten und Süchten, wobei Cummings et al. (1980) drei zentrale Rückfallklassen ("The Big Three") für Alkoholabhängige fanden:
- negative Gefühlszustände wie Frustration, Ärger, Angst, Depression, Einsamkeit, Langeweile mit 38 %;
- interpersonelle Konflikte in der Beziehung, mit Freunden, Familienangehörigen, Arbeitskollegen und Vorgesetzten mit 18 %;
- sozialer Druck (direkt oder indirekt) durch eine andere Person bezüglich des Problemverhaltens mit 18 %.

Aufgrund seiner Untersuchungen entwickelte Marlatt ein Rückfallmodell, das mehrere kognitve und behaviorale Komponenten integriert und folgenden Verlaufsprozeß annimmt:

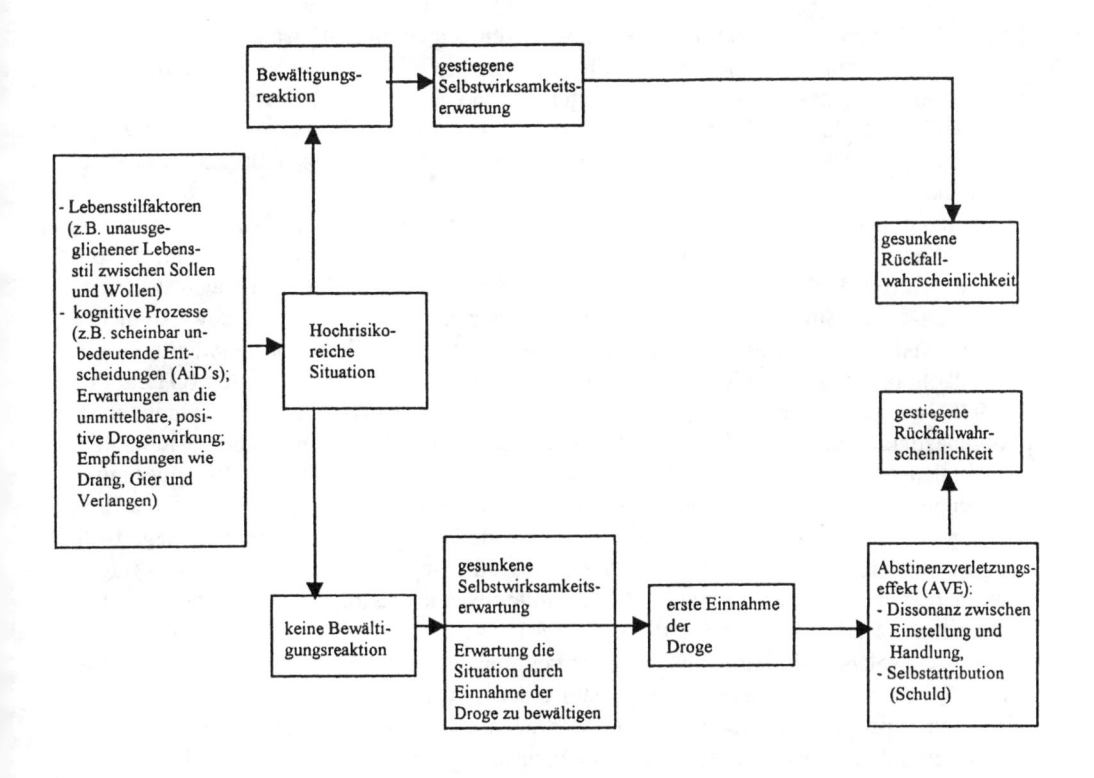

Abbildung 8: Rückfallverlauf nach Marlatt

In dem Modell von Marlatt sind für eine Analyse des Rückfalls folgende Variablen bedeutsam:
- Ein dauerhaft unausgewogener Lebensstil mit vielen Pflichten, Anforderungen und Streß ("Shoulds") und wenig positiven Akzenten ("Wants") erhöht die Gefahr, daß sich der abstinente Abhängige durch Alkohol Erleichterung, Entspannung, Entlastung und Annehmlichkeit verschaffen will.
- Kognitive Verzerrungen wie Leugnung und Rationalisierung sowie scheinbar unbedeutende Entscheidungen,"Apparently Irrelevant Decisions, AID's", führen beim Abhängigen zu Entscheidungen, die scheinbar nichts mit der Wiederaufnahme des Problemverhaltens zu tun haben (Marlatt & Gordon, 1985, S. 44 ff. bringen ein schönes Beispiel von einem Spieler). Retrospektiv betrachtet haben sie jedoch einen Rückfall eingeleitet bzw. dessen Wahrscheinlichkeit beträchtlich erhöht (ein Beispiel dafür wäre die Entscheidung, Alkohol zu Hause für Besuch zu lagern).
- Der abstinente Alkoholabhängige kommt mit einem bestimmten Ausmaß an erlebter Kontrolle und Erwartungen in die eigenen Kompetenzen ("Selbstwirksamkeitserwartungen") in eine hochrisikoreiche Situation (z. B. negativer Gefühlszustand), was sein Erleben der Kontrolle in Frage stellt.

Hat er eine Bewältigungsreaktion (z. B. Ausdrücken des Gefühls, Entspannungsverhalten, kognitive Restrukturierung etc.) zur Verfügung und führt diese auch aus, bewirkt dies eine weitere Steigerung des Selbstwirksamkeitsgefühls und Kompetenzerlebens. Dadurch sinkt die zukünftige Rückfallwahrscheinlichkeit, weil die Person noch stärker von sich überzeugt ist, schwierige Situationen mit ihrem Repertoire an Kompetenzen bewältigen zu können (Di Clemente, 1986).

Hat die Person kein adäquates Bewältigungsverhalten für die hochrisikoreiche Situation oder setzt es nicht ein, sind die Folgen sinkende Selbstwirksamkeitserwartungen, die oft mit einem Gefühl der Hilflosigkeit verbunden sind. Sie verhält sich dann bei hohem erlebtem Streßniveau in der Situation oft sehr passiv, und Kognitionen wie "Ich kann sowieso nichts machen", "Ist sowieso alles egal" verstärken dieses Verhalten. Wie schon erwähnt, ist für viele Alkoholabhängige ein Mangel an sozialen Kompetenzen charakteristisch (O'Leary et al., 1976), wobei vor allem im Vergleich zu Nicht-Abhängigen Defizite in der Handhabung alkoholbezogener Situationen bestehen (Twentyman et al., 1982). Die Wahrscheinlichkeit des initialen Alkoholkonsums erhöht sich noch, wenn die Person positive Veränderungserwartungen hat und Alkohol als "magisches Elixier" ansieht ("Wenn ich ein Glas Bier trinke geht es mir gleich besser") sowie die in der Vergangenheit erlebten negativen Konsequenzen ignoriert. "The lure of immediate gratification becomes the dominant figure in the perceptual field, as the reality of the full consequences of the act recedes into the background" (Marlatt & Gordon, 1985, S. 40/41).

Ist in einer solchen Situation die Ausübung des abhängigen Verhaltens (z. B. Alkoholkonsum) möglich, sind die Voraussetzungen für einen "Ausrutscher" gegeben.

Es kann festgehalten werden, daß bei Vorliegen einer hochrisikoreichen Situation die Wahrscheinlichkeit des Auftretens eines Ausrutschers abhängig ist von der Interaktion zwischen wahrgenommenem Streß, der Verfügbarkeit und Anwendung effektiver Bewältigungskompetenzen, dem erlebten Ausmaß an persönlicher Kontrolle und Selbstwirksamkeitserwartungen und den antizipierten Effekten des Alkohols.

Der weitere Verlauf nach einem Ausrutscher ist nach Marlatt abhängig von einem Prozeß, den er als "Abstinenzverletzungseffekt" - AVE - beschreibt und der zwei wesentliche Merkmale aufweist:
1. Kognitive Dissonanz (d. h. es wird ein innerer Widerspruch zwischen dem selbstauferlegten Abstinenzziel und der Abstinenzverletzung festgestellt) und Attributionsprozesse (d. h. die Person sucht nach den Gründen für den Ausrutscher). Der AVE fällt um so stärker aus, je mehr die Person die Gründe für den Ausrutscher bei sich selbst sucht und eine stabile und globale internale Ursachenzuschreibung macht (z. B. "Ich bin schwach"). Eine variable, spezifische und externale Ursachenattribution erhöht die Wahrscheinlichkeit, daß es bei dem Ausrutscher bleibt.
2. Die emotionalen Reaktionen auf die Kausalerklärungen wie z. B. Schuld- und Schamgefühle sowie Selbstkritik.

Das Ausmaß der Selbstverpflichtung zur Abstinenz, die bisherigen Anstrengungen, abstinent zu bleiben, die Dauer der Abstinenzperiode, die Anwesenheit persönlich wichtiger Personen sind weitere Faktoren, die die Intensität des AVE beeinflussen.

Die additiven Effekte der kognitiven und emotionalen Komponente erhöhen nach Marlatt die Wahrscheinlichkeit erneuten Alkoholkonsums und damit eines ausgewachsenen Rückfalls. Das Weitertrinken nach dem Ausrutscher hängt stark davon ab, ob der Abhängige annimmt, die Kontrolle verloren zu haben, und in welchem Ausmaß sich ein Gefühl der

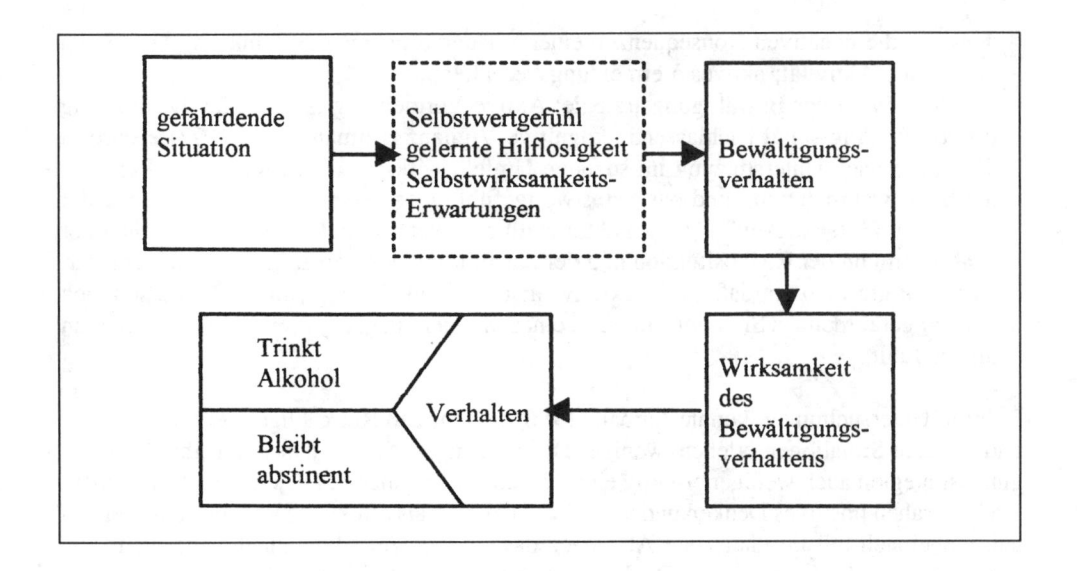

Abbildung 9: Rückfallmodell nach Litman

Niedergeschlagenheit, Mutlosigkeit und Hilflosigkeit breit macht. Eine Dissonanzreduktion in dem Sinn, daß der Abhängige sein Selbstbild ändert, z. B. "Ich bin und bleibe ein Alkoholiker" und "Mir kann keiner helfen", führen auch zur Aufgabe und zum Weitertrinken. Eine Reaktion auf einen Ausrutscher kann auch darin bestehen, daß die Person die Bedingungen so umstrukturiert, daß sie eine "schlechte" Entscheidung trifft. Sie maximiert beispielsweise den Nutzen des Trinkens und/oder minimiert die Kosten oder verhält sich nach dem Motto: "Es wird schon gutgehen".

Marlatt nimmt auch physiologische und soziale Faktoren beim Rückfallprozeß an, beschreibt sie jedoch nicht explizit in seinem Modell. Sicherlich hat der psycho-physiologische Effekt des Alkohols im Rückfallgeschehen eine bedeutsame Rolle, und das anfängliche "High-Gefühl" aufgrund eines erhöhten Arousals und das subjektive Erleben von gesteigerter Stärke und Kontrolle sind bekannt.

Erste empirische Untersuchungen haben die Nützlichkeit des Modells von Marlatt aufgezeigt (Curry et al., 1987; de Jong-Meyer et al., 1988; Collins & Lapp, 1991; Bradley et al., 1992; de Jong-Meyer & Heyden, 1993). O'Donnell (1984) hingegen konnte bei Alkoholabhängigen keinen Abstinenzverletzungseffekt nachweisen. Er fand, daß vor allem Personen rückfällig wurden, die unvorbereitet und allzu sorglos in Risikosituationen wie beispielsweise Geburtstagsfeier, Stammkneipe etc. hineingehen. Sie zeigen eher eine eingeschränkte Vigilanz ("geistige Wachsamkeit"), eine der Risikosituationen nach Litman (1986).

Das Rückfallmodell von Litman (1986) (vgl. Abbildung 9) ist ebenfalls ein interaktionaler Ansatz, wobei das Auftreten und der Verlauf eines Rückfalls im wesentlichen durch das Zusammenspiel folgender Faktoren bestimmt wird:
- streßbesetzte, gefährdende Situationen: negative, unangenehme Gefühlszustände; gefährdende externe Situationen; soziale Angst; nachlassende kognitive Vigilanz;
- Verhalten zur Bewältigung von Risikosituationen: positives Denken, d. h. die Person denkt an die Vorteile und den Nutzen der "Trockenheit"; negatives Denken, d. h. die Person

denkt an die negativen Konsequenzen einer Wiederaufnahme des Trinkens; Ablenkung durch eine Aktivität; aktives Vermeidungsverhalten;
- die Effektivität der Bewältigungsstrategie: Aktive Vermeidung ist ein effektives Coping für soziale Angst und nachlassende kognitive Vigilanz (Litman et al., 1977), ebenso ist die Suche nach Unterstützung im sozialen Umfeld wirksam (Litman et al., 1984).
- die Selbstwahrnehmung und das Selbstwertgefühl einer Person sowie das Ausmaß der "gelernten Hilflosigkeit". Dieser Faktor stellt eine vermittelnde Variable zwischen der Wahrnehmung der Risikosituation und der Ausführung des Bewältigungsverhaltens dar. Dabei nimmt man an, daß die Rückfallwahrscheinlichkeit steigt, wenn die Person sich in einer gefährdenden Situation aufgrund eines Mangels an geeignetem Coping-Verhalten hilflos fühlt.

In ihren Untersuchungen konnte Litman (1986) zeigen, daß Rückfällige mehr bedrohliche und riskante Situationen erleben, weniger Bewältigungsverhalten haben und ihre Bewältigungsstrategien auch weniger effektiv einschätzen als Abstinente. Diejenigen, die abstinent blieben, sahen positives Denken und aktive Vermeidung als effektives Bewältigungsverhalten, wobei sich mit Fortdauer der Abstinenz das Coping-Verhalten zunehmend mehr von der Vermeidung auf das positive Denken verlagert hat. Weiterhin führt bei den Abstinenten ein starkes Erleben der Effektivität des Bewältigungsverhaltens zu einer Reduktion der Risikoeinschätzung von Problemsituationen.

De Jong-Meyer et al. (1988) fanden zwar keinen Unterschied in der Häufigkeit von Risikosituationen zwischen Abstinenten und Rückfälligen, letztere hatten aber ebenso wie bei Litman weniger Bewältigungsstrategien. Abstinente nennen als Coping-Verhalten das Denken an die positiven Folgen der Abstinenz sowie die negativen Konsequenzen des Trinkens und das Suchen nach sozialer Unterstützung. Shiffman (1987) sieht in der Risikosituation eine notwendige, aber keine hinreichende Bedingung für den Ausrutscher, und Coping ist seiner Auffassung nach das kritische Element für den Ausgang der Krise. Dabei scheint es so zu sein, daß ein großes Repertoire an Coping-Verhalten und Flexibilität wichtiger und effektiver zur Aufrechterhaltung der Abstinenz ist als ein bestimmtes Coping-Verhalten. Der Klient sollte deshalb in der Therapie lernen, daß die Aufrechterhaltung der Abstinenz nicht eine Sache des Willens ist, sondern eine Aufgabe darstellt, für die er das geeignete "Handwerkszeug" benötigt.

Nach Annis (1990) ist das Vertrauen in die eigenen Kompetenzen der beste Prädiktor für zukünftiges Verhalten in einer Risikosituation, was beispielsweise Rist & Watzl (1983) sowie Fäh et al. (1991) auch empirisch belegen konnten. Die Therapie sollte deshalb so aufgebaut werden, daß Alkoholabhängige lernen, ihre individuellen, nach Schwierigkeitsgrad abgestuften Risikosituationen zu bewältigen, um dadurch allmählich Selbstwirksamkeitserwartungen aufbauen zu können (Annis & Davis, 1988).

Annis (1986) sowie Rollnick & Heather (1982) sehen ein großes Problem im Rückfallgeschehen durch eine zentrale Botschaft der klassischen Abstinenztherapie mitverursacht. Sie besagt, daß es nach dem ersten Schluck nach einer Abstinenzphase unweigerlich zum Verlust der Kontrolle über das Trinkverhalten kommen wird. Deshalb kann der Abhängige zur Bewältigung dieser Situation keine Selbstwirksamkeitserwartungen entwickeln und erlebt sich in einer Art "self-fulfilling-prophecy" hilflos und ohne Kontrolle. Diese von Marlatt (1978) als "Kontrollparadoxon" bezeichnete Situation -"übe 100%ige Kontrolle aus und sei abstinent, hast du aber einen Schluck Alkohol getrunken, besitzt du 0 % Kontrolle und kannst nichts mehr tun"- macht einen Abstinenten nach einem Ausrutscher oft erst zum Rückfälligen.

So fanden Heather et al. (1983), daß die Akzeptanz der Aussage "one drink, a drunk" bei Alkohlabhängigen eine größere prädiktive Validität in bezug auf die Rückfallhäufigkeit nach einer Therapie hatte als der Schweregrad der Abhängigkeit. Die Schlußfolgerung der Autoren war, daß das Modell der Abhängigkeit, das eine Person im Kopf hat, von größerer Bedeutung beim Rückfallprozeß ist als psychobiologische Phänomene. Dieser Sachverhalt, der m. E. bisher in den Behandlungen eher vernachlässigt wurde, wird in dieser Arbeit in der Vermittlung eines Therapierationals an den Klienten explizit berücksichtigt.

5.4 Zusammenfassung

Die Sozial-Kognitive Lerntheorie konzipiert Problemtrinken und Alkoholabhängigkeit als komplexe Störung, bei der eine Vielzahl von biopsychosozialen Faktoren interagieren. Der Lernprozeß des Alkoholtrinkens ist ein integraler Bestandteil der psychosozialen Entwicklung eines Jugendlichen in unserer Kultur. Prädisponierende biogenetische und psychologische Faktoren interagieren mit den Einflüssen der Sozialisationsinstanzen und den spezifischen Trinksituationen und initiieren die anfänglichen Alkoholkonsummuster. Direkte Alkoholerfahrungen werden wichtig, wenn der Gebrauch von Alkohol kontinuierlich fortgesetzt wird. Die Wahrscheinlichkeit eines kontinuierlichen Alkoholgebrauchs ist hoch, wenn die Person nicht in der Lage ist, alternative Kompetenzen und Fertigkeiten zu entwickeln, und sich Zugang zu adäquaten und fruchtbaren Verstärkerquellen zu verschaffen. Wichtige proximale Determinanten des Trinkverhaltens sind ein hohes Ausmaß von Anspannung, weil die Stressoren die Coping-Kapazität übersteigen, eine geringe Selbstwirksamkeitserwartung hinsichtlich alternativer Coping-Strategien, hohe Ergebniserwartungen bezüglich der gewünschten Alkoholeffekte sowie eine Ausblendung der langfristigen negativen Konsequenzen.

Wird nun der Alkoholkonsum kontinuierlich aufrechterhalten, erfordert die Toleranzentwicklung größere Mengen, um die gleichen Effekte zu erzielen, und das Risiko der Entwicklung einer Abhängigkeit steigt. Liegt eine Abhängigkeit vor, wird der Problemlöser Alkohol selbst zum Problem. Alkohol soll dann nämlich das Entzugssyndrom lindern oder verhindern und mit Hilfe der "Alkoholkompetenz" versucht die Person, die an sie gestellten Aufgaben einigermaßen zu bewältigen.

Die Rückfallkonzepte im Rahmen der Sozial-Kognitiven Lerntheorie stellen die Wichtigkeit psychologischer Variablen im Rückfallgeschehen heraus. Situative und personenbezogene Faktoren führen in einem komplexen Wechselspiel in einer Risikosituation zum Ausrutscher, und sich daran anschließende Bewertungsprozesse und das zur Verfügung stehende Bewältigungsverhalten bedingen, ob es zu einem ausgewachsenen Rückfall kommt oder nicht. Beeinflußt wird der Rückfallprozeß aber auch durch die Qualität der ursprünglichen Entscheidung und Verpflichtung zur Veränderung des Trinkverhaltens.

Das Rückfallmodell von Marlatt bietet m. E. einen guten heuristischen Bezugsrahmen für die individuelle Analyse und Prävention von Rückfällen in der klinischen Praxis. Nachfolgend wird noch auf einige Aspekte eingegangen, die ich aufgrund meiner Erfahrung mit Abhängigen für wichtig halte und in meinem Behandlungskonzept berücksichtige. Während Marlatt den Konditionierungsprozessen im Rückfallprozeß zu wenig Bedeutung zumißt, kommt m. E. den Stimuli, die eng mit dem Substanzgebrauch gekoppelt waren, in der Abstinenzphase eine bedeutsame Funktion zu, weil sie Prozesse auslösen können, die mit "Craving", "Verlangen", "Gier", "Schußgeilheit" etc. etikettiert werden (vgl. Abbildung 10).

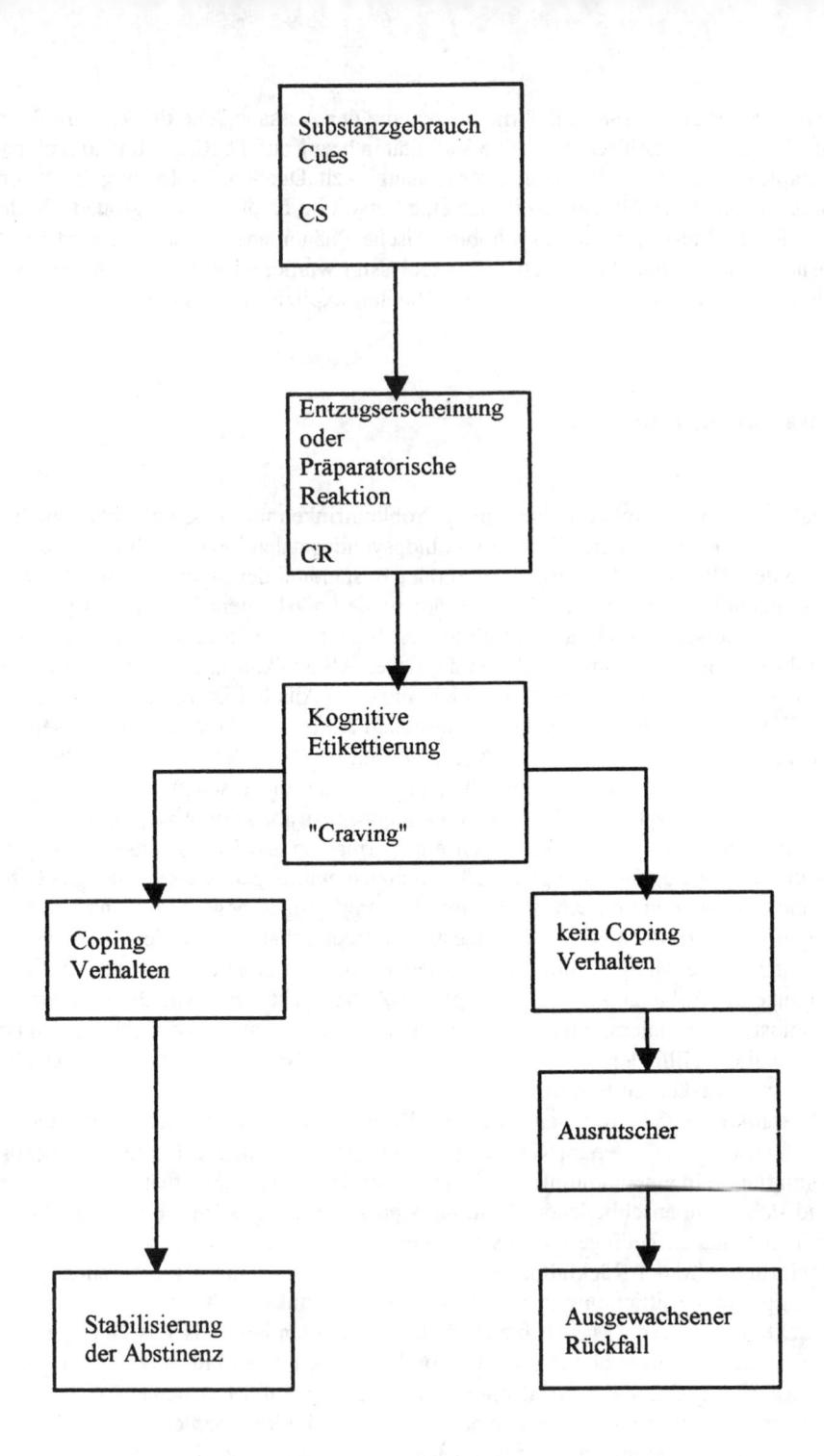

```
┌─────────────────┐
│ Substanzgebrauch│
│ Cues            │
│                 │
│ CS              │
└────────┬────────┘
         │
         ▼
┌─────────────────┐
│ Entzugserscheinung│
│ oder            │
│ Präparatorische │
│ Reaktion        │
│                 │
│ CR              │
└────────┬────────┘
         │
         ▼
┌─────────────────┐
│ Kognitive       │
│ Etikettierung   │
│                 │
│ "Craving"       │
└──┬───────────┬──┘
   │           │
   ▼           ▼
┌────────┐  ┌────────────┐
│ Coping │  │ kein Coping│
│Verhalten│  │ Verhalten  │
└───┬────┘  └─────┬──────┘
    │             │
    │             ▼
    │        ┌──────────┐
    │        │Ausrutscher│
    │        └─────┬────┘
    │              │
    ▼              ▼
┌──────────┐  ┌────────────┐
│Stabilisierung│ │Ausgewachsener│
│der Abstinenz│ │Rückfall    │
└──────────┘  └────────────┘
```

Abbildung 10:   Konditionierungsmodell des Rückfalls

Alkoholbezogene Cues stellen für den Abhängigen oft eine hochriskante Situation dar, und physiologische, emotionale und kognitve Reaktionen wie vermehrter Speichelfluß, erhöhte Angst, starke Erwartungseffekte etc. können einen Rückfall wahrscheinlicher machen (Baker et al., 1987). Dabei haben Personen mit größerer Cue-Reaktivität in Gegenwart von Alkohol ein erhöhtes Rückfallrisiko, weil dadurch die Ausübung ihrer sozialen Fertigkeiten unterbrochen werden kann. Die wichtige Rolle der Reaktivität gegenüber Alkoholstimuli im Rückfallgeschehen wurde von Corty et al. (1988) bestätigt, wobei sie fanden, daß die konditionierte Reaktion, die als Gier und starkes Verlangen erlebt wird, erst auftritt, wenn die Versuchung real ist, d. h. wenn die Person auch die Möglichkeit hat, Alkohol zu trinken.

Ein weiterer Faktor, den es m. E. im Rückfallprozeß zu berücksichtigen gibt, ist das von Scholz (1986) beschriebene protrahierte Ausfallsyndrom, das nach Abklingen der akuten Entzugssymptome vor allem in den ersten 3 Monaten der Abstinenz auftritt und sich in Symptomen wie psychischer Irritabilität, Stimmungsverschlechterung, Schlafstörung, Beeinträchtigung des abstrakten Denkens, Konzentrationsproblemen und Erinnerungsschwierigkeiten äußert. In der Therapie ist es deshalb notwendig, den Klienten über diesen Sachverhalt aufzuklären, um ihn für diese Risikosituation handlungskompetent zu machen, wobei die Maxime lautet: Nicht nach dem Warum fragen, sondern sofort handeln!

Die Rückfallanalyse zeigt manchmal, daß der Ausrutscher in einer Risikosituation erfolgt ist, die vorher adäquat bewältigt worden war. Wichtig ist es deshalb, daß der Klient ein interaktionelles Konzept übernimmt, in dem der "Ausgang" abhängig ist von der Interaktion zwischen der Risikosituation, den Bewältigungsfertigkeiten und dem Zustand, dem Wohlbefinden der Person. Beispielsweise kann ein Klient den "Wochenabschluß" mit seinen Arbeitskollegen in der Wirtschaft schon siebenmal gut bewältigt haben, und beim achtenmal hat er einen Ausrutscher, weil er in dem interaktionellen Geschehen seine schlechte psychische Verfassung nicht berücksichtigt hat. Statt die Situation aktiv zu vermeiden hat er sich in die Gefahr begeben, und die Erwartungen an die positiven, stimmungsverbessernden Alkoholeffekte sind immer stärker geworden, bis es schließlich mit Hilfe der gedanklichen "Absolution" ("Ein Bier kann nichts schaden") zum Ausrutscher gekommen ist. In dem in Kapitel 7 dargestellten Therapieansatz wird dieses interaktionelle Konzept sowie das vorbeugende, vorausschauende Planen und Handeln in alkoholbezogenen Situationen näher beschrieben.

Zu berücksichtigen sind weiterhin Rückfallfaktoren, die außerhalb des "direkten" Behandlungseinflusses liegen. So fanden Moos und seine Kollegen, daß abstinent gebliebene Alkoholabhängige weniger streßbesetzte Situationen (z. B. Tod von Partner und Verwandten, ökonomische Probleme, Schwierigkeiten mit der Justiz) erlebt sowie konsistenter und effektiver ihre kognitiven und behavioralen Coping-Strategien eingesetzt haben als Rückfällige (Billings & Moos, 1983). In weiteren Untersuchungen zeigte sich, daß Abstinente mehr soziale Unterstützung in ihrem sozialen Netzwerk haben und öfter positive Erfahrungen erleben (Colletti & Brownell, 1982; Rosenberg, 1983; Havassy et al., 1991).

Anzuführen bleiben schließlich noch die Situationen, in denen die Person ihre Entscheidung zur Abstinenz schwächt und sich zum Trinken entschließt bzw. Versuche zum "kontrollierten" Trinken macht.

Die Konzeption des Rückfalls im SKL entfernt sich von dem "alkoholzentrierten" Erklärungsversuch des traditionellen Modells und befreit den Abhängigen von seiner eher passiven Rolle, die in der Botschaft "Du mußt nur stark sein und der Versuchung widerstehen" implizit enthalten ist. Die Frage nach dem "Wie" bleibt jedoch weitgehendst unbeantwortet, denn in der Therapie erhält der Klient nämlich kaum konkrete Handlungsanweisungen für die Versuchungssituation und die Phase nach einem Ausrutscher. Die SKL hingegen schreibt dem Abhängigen eine aktive Rolle in dem Umgang mit den unvermeidbaren Risikosituationen zu und vermittelt dem Klienten ein Repertoire physiologischer, kognitiver, emotiver und behavioraler Fertigkeiten, die es ihm ermöglichen, die Kontrolle in diesen problematischen Situationen zu bewahren bzw. einen möglichen Ausrutscher besser zu verarbeiten.

6. Methoden und Ergebnisse in der Therapie der Alkoholabhängigkeit

6.1 Das traditionelle Therapiekonzept

In der Behandlung der Abhängigkeit spiegelt sich der Entwicklungsstand der Alkoholismustheorie wider. Da keine einheitliche Theorie mit einer einheitlichen Begriffsbestimmung existiert, ist der kleinste gemeinsame Nenner die "Multikonditionalität", die in der Behandlung meist als multiprofessionelle Breitbandtherapie umgesetzt wird. Aufgrund des mangelnden Wissens respektive der ungenügenden praktischen Anwendung von Forschungsergebnissen werden unterschiedliche Verfahren zu einem Behandlungspaket zusammengeschnürt, wobei in der Regel folgende Komponenten vorzufinden sind (vgl. z. B. Feuerlein, 1984; Schmidt, 1986; Schlüter-Dupont, 1990):
- medizinische Rehabilitation: Behandlung von Alkoholfolgeschäden durch Körper-, Sport- und Bewegungstherapie sowie Aufbau gesundheitsrelevanter Einstellungen und Verhaltensweisen;
- Information und Aufklärung über Alkoholabhängigkeit;
- Gruppentherapie: meist konfrontativ, mit dem Ziel der Entwicklung einer rationalen und emotionalen Krankheitseinsicht seitens des Klienten sowie der Etablierung und Festigung des Abstinenzziels;
- Einzelberatung und Einzeltherapie;
- Arbeits- und Beschäftigungstherapie;
- Ergotherapie;
- indikative Gruppen (z. B. Entspannungs-, Arbeitslosengruppe);
- Angehörigenseminare/familientherapeutische Angebote;
- Nachsorgeseminare durch Selbsthilfegruppen in der Klinik.

Man nimmt dabei bisher ungeprüft an, daß aus dem Zusammenwirken dieser unterschiedlichen Verfahren sich ausschließlich synergetische Effekte entwickeln. Diese Breitbandtherapie hat jedoch keineswegs zu signifikanten Effizienzsteigerungen in der Alkoholismusbehandlung geführt. Die von Emrick (1974) aufgestellte Faustregel von 1/3 abstinenten, 1/3 gebesserten und 1/3 ungebesserten Klienten nach einer Entwöhnungsbehandlung hat auch heute noch weitgehend ihre Gültigkeit (vgl. Küfner et al., 1988).

Die bereits 1975 von einer Kommission der Psychiatrie-Enquete aufgestellten Forderungen nach spezialisierten Einrichtungen mit differenzierten, indikationsgeleiteten Behandlungsangeboten und Behandlungszeiten sind bisher nur ungenügend in die Praxis umgesetzt worden. So stellte Feuerlein (1988, S. 394) auch jüngst fest:

> Eine Verbesserung der Therapie wird wahrscheinlich mit der Einsicht verbunden sein müssen, daß es keine "einzig wahre" Therapieform gibt, sondern daß je nach Indikation differenziert werden muß, um zur jeweils optimalen Therapie zu kommen. Der Weg dorthin führt wie auch sonst in Medizin und Psychologie in erster Linie über wissenschaftlich-empirische Forschung.

Unter der Prämisse "Alkoholismus ist ein Krankheit" und dem normativen Therapieziel Abstinenz wird das Therapiekonzept in Fachkliniken der BRD in der Regel jedoch immer noch stark von der Uniformitätshypothese geleitet und richtet sich an *den* Alkoholabhängigen. Eine Ausnahme bilden die verhaltenstherapeutisch orientierten Fachkliniken (vgl. Schneider, 1982; Missel & Zemlin, 1986), die in Deutschland jedoch auch an den normativ vorgegebenen Therapiezielen "Übernahme der Krankenrolle" und "Lebenslange Abstinenz" festhalten (müssen).

Miller & Hester (1986a) berichten von einer ähnlichen Situation in den USA. Sie fanden mehr als 20 unterschiedliche Behandlungsmethoden, wobei in den meisten Behandlungsprogrammen folgende Methoden standardmäßig verwandt werden:
- Programm der Anonymen Alkoholiker
- Information und Aufklärung über Alkoholismus
- Konfrontation
- Disulfiramtherapie
- Gruppentherapie
- Einzelberatung

Neuere, vor allem verhaltenstherapeutisch orientierte Behandlungsmethoden, die ihre Effektivität durch kontrollierte Therapieerfolgsstudien belegt haben, werden hingegen seltener angewandt. Dazu gehören:
- Aversionstherapie
- Selbstkontrolltraining
- Community-Reinforcement-Ansätze
- Ehe- und Familientherapie
- Streß-Management-Training
- Social Skills-Training

Miller & Hester (1986a, S. 122) kommen bei der Sichtung der Literatur zur Therapieerfolgsforschung in den USA - in Deutschland existieren bislang kaum kontrollierte Studien - zu folgendem Schluß:

> The list of elements that are typically included in alcoholism treatment in the United States likewise evidenced a commonality: virtually all of them lacked adequate scientific evidence of effectiveness. We were shocked. The problem, it seemed, was not that "we know not what we do", but rather that in the alcoholism field we are not applying in treatment what is already known from research.

6.2 Verhaltenstherapeutische Ansätze und ihre Effektivität in der Therapie der Alkoholabhängigkeit

6.2.1 Einleitung

Die Verhaltenstherapie hat sich vor allem auf der Grundlage der experimental-psychologischen Forschung als eine eigenständige Form der Psychotherapie entwickelt, die in Deutschland, neben der psychoanalytischen und tiefenpsychologisch fundierten Therapie, von der gesetzlichen Krankenversicherung anerkannt ist (Faber, 1991). In den letzten beiden Jahrzehnten haben verhaltenstherapeutische Ansätze in den Behandlungskonzepten für Alkoholabhängige eine größere Bedeutung gewonnen. In der Regel wurden dabei Verfahren, die sich bei anderen Krankheitsbildern als nützlich erwiesen haben, in die Behandlung der Alkoholabhängigkeit transferiert. Da die verhaltenstheoretischen Konzeptionen des menschlichen Handelns zunehmend komplexer wurden (vgl. Kanfer, 1989), veränderten sich entsprechend die verhaltenstherapeutischen Behandlungsmethoden, von der Aversionsbehandlung bis zu "Self-management-" und "Kognitiv-behavioralen" Ansätzen.

In diesem Abschnitt werden die bedeutendsten verhaltenstherapeutischen Ansätze kurz dargestellt; gute Überblicksdarstellungen finden sich bei Miller (1980), Caddy & Block (1983), Hester & Miller (1989) sowie Hester et al. (1990).

6.2.2 Ansätze der Klassischen Konditionierung

Die Aversionsbehandlungen basieren alle - trotz vielfältiger Variationen - auf dem Klassischen Konditionierungsmodell von Pavlov und sind in Amerika Bestandteil vieler Behandlungsprogramme (vgl. Miller & Hester, 1986a).

Die elektrische Aversiontherapie hat sich in methodisch gut durchgeführten Studien als unwirksam erwiesen und erhöht als eine Komponente in einem Behandlungspaket meist nur minimal die Erfolgsrate (Hedberg & Campbell, 1974; Wilson, 1978b).

Die chemische Aversionsbehandlung mit Brechmitteln ("Emetika") wurde bereits in den 40iger Jahren am Shadel-Hospital in den USA mit großem Erfolg - 60 bis 70 % Abstinente im Einjahres-Follow-up - durchgeführt (Lemere & Voegtlin, 1950). Kritisch anzumerken ist, daß diese kontrollierten Untersuchungen ausschließlich mit einer hochselektierten Stichprobe von Klienten - hochmotivierte, wohlhabende Privatklienten in intakten sozialen Beziehungen - durchgeführt wurden und die Erfolgsquoten anderer Untersuchungen bedeutend geringer sind (Caddy, 1982; Elkins, 1991a,b; Wilson, 1991). Weiterhin war die chemische Aversionsbehandlung immer in ein Behandlungspaket integriert, und eine eigenständige Wirksamkeit ist somit nicht erwiesen.

Bei der Methode des "Covert Sensitization" werden stark aversive, ekelerregende Vorstellungen mit ebenfalls imaginierten Sequenzen der Trinkhandlung gekoppelt, während sich der Klient in einem entspannten Zustand befindet. Trotz der Vorteile dieses Verfahrens, daß es nämlich der Klient in jeder Problem- und Versuchungssituation selbst einsetzen kann, ist es jedoch bisher eher selten in der Alkoholabhängigkeitsbehandlung angewandt worden, und die Resultate sind verglichen mit den anfänglichen enthusiastischen klinischen Fallberichten (z. B. Cautela, 1970) eher enttäuschend (Little & Curran, 1978). Während die kurzfristigen Therapieergebnisse eher positiv sind (Miller & Dougher, 1989), kann über die Langzeitwirkung aufgrund der vorliegenden spärlichen und methodisch ungenügenden Studien noch keine abschließende Aussage gemacht werden (Hester & Miller, 1989).

Demnach kann man sagen, daß die Aversionstherapien eher kurzfristige und kaum langfristige Effekte bewirken. Sie unterdrücken für eine kurze Zeit das Trinkverhalten und den Drang zum Trinken, bewirken jedoch keine Veränderung der mit der Alkoholproblematik verbundenen Probleme.

6.2.3 Der Ansatz der "Exposition" und der "Reaktions-Verhinderung"

Diese aus der Verhaltenstherapie mit Angst- und Zwangssymptomatik bekannte Intervention der Wahl (vgl. Rachman & Hodgson, 1980; Hand, 1993; Marks, 1993) wurde auch erfolgreich in der Behandlung mit Problemtrinkern eingesetzt. Die Grundlage für die Anwendung dieser Behandlungsstrategie bilden Befunde, die aufzeigen, daß Alkoholabhängige eine erhöhte Reaktivität gegenüber alkoholbezogenen Stimuli haben (Pomerleau et al., 1983; Monti et al., 1987; Staiger & White, 1991; Payne et al., 1992), stark von Außenreizen abhängig sind (Brand-Jacobi, 1983), ein geringes "Scanning" (Sensitivität gegenüber interner Stimulation) aufweisen (Heilbrunn et al., 1986) und Craving größtenteils ein gelerntes oder "konditioniertes" Phänomen darstellt (Siegel, 1983). Dabei scheint es, wie eine neuere Untersuchung von Mc Cusker & Brown (1991) aufzeigt, für den Craving-Prozeß von Bedeutung zu sein, wieviel Angst diese autonome "Cue responsitivity" bei dem Abhängigen hervorruft.

In der Therapie werden die Klienten ihren Trinkauslösern ausgesetzt und daran gehindert, Alkohol zu trinken (Hodgson & Rankin, 1976; Blakey & Baker, 1980; Rankin et al., 1983; Bradley & Moorey, 1988; Lindenmeyer et al., 1994). Angenommen wird, daß verschiedene psychologische Prozesse zur Effektivität dieses Behandlungsansatzes beitragen. Es erfolgt eine Löschung der konditionierten Entzugserscheinungsreaktionen, wenn Alkohol nicht konsumiert werden kann, und der diskriminative Stimulus verliert infolge der Reaktionsverhinderung an Signalfunktion für einen potenten Verstärker. Zusätzlich werden während der wiederholten "in vivo" Expositionen eine Vielzahl behavioraler und kognitiver Fertigkeiten zur Bewältigung des Alkoholverlangens entwickelt (Cooney et al., 1987).

Die vorliegenden empirischen Befunde sprechen für die Anwendung dieses Behandlungsansatzes in der Therapie mit Abhängigen (Laberg, 1990; Powell et al., 1990, 1993), und ein Rückfallprophylaxetraining sollte m. E. sowohl Exposure-Verfahren als auch Skills Trainings beinhalten.

6.2.4 Operante Ansätze und das Kontingenzmanagement

Das Ziel dieser Verfahren ist, das Trinkverhalten durch Manipulation der nachfolgenden Konsequenzen auf dieses Verhalten zu beeinflussen. Durch kontingente Verabreichung oder Entzug von Belohnung oder Bestrafung wird erwünschtes Verhalten in seiner Auftretenswahrscheinlichkeit erhöht und unerwünschtes reduziert. Kontingenzmanagement ist die Anwendung der operanten Methodologie in der klinischen Praxis und Sulzers Fallstudie ist eine der ersten operanten Therapieansätze zur Behandlung einer Alkoholproblematik (Sulzer, 1965). Die nachfolgenden Untersuchungen unter Laboratoriumsbedingungen haben überzeugend gezeigt, daß das Trinkverhalten von Alkoholabhängigen durch die nachfolgenden Konsequenzen beeinflußt werden kann (vgl. Caddy, 1982; Litman & Topham, 1983). Das große Problem ist jedoch die Übertragung des operanten Behandlungsansatzes in das natürliche Umfeld des Alkoholabhängigen. Eine Erklärung dafür liegt darin, daß der Ehepartner, der Berufskollege, der Vorgesetzte etc. selten die Kontingenzen direkt, konsistent und wiederholt setzt und somit kaum Wirkung erzielt.

Die sicherlich interessanteste Anwendung der operanten Verfahren in dem natürlichen Umfeld der Alkoholabhängigen ist der "Community Reinforcement-Ansatz" von Hunt & Azrin (1973). Durch ein gemeindenahes Kontingenzprogramm werden den ehemaligen Abhängigen mit Hilfe von Beratung und Anweisungen berufliche, familiäre und soziale Verstärker neu erschlossen, die bei Rückfälligkeit wieder entzogen werden. Eine Modifikation dieses Ansatzes sieht zusätzlich eine Disulfiramverabreichung zur Reduktion des impulsiven Trinkens vor (Azrin et al., 1982). Verschiedene Studien haben die Effektivität dieses gemeindenahen Therapieprogrammes gegenüber den traditionellen Behandlungsansätzen belegt (Sisson & Azrin, 1989).

6.2.5 Coping Skills Trainings

In der Sozial-Kognitiven Lerntheorie werden, wie schon ausgeführt, Coping Skill-Defizite als wichtige Faktoren in der Entwicklung und Aufrechterhaltung einer Alkoholproblematik gesehen. Alkohol bietet nämlich die Möglichkeit der Kompensation dieser Defizite, und Abhängigkeit repräsentiert in diesem Ansatz einen Zustand, in dem das Rauschmittel zu einem universalen Copingverhalten geworden ist. Der Aufbau von sozialen, emotionalen, kognitiven und behavioralen Fertigkeiten ist deshalb zu einem wichtigen Bestandteil verhaltenstherapeutisch orientierter Abhängigkeitsbehandlungen geworden, um das Rückfallrisiko zu reduzieren. Finney & Moos (1992) fanden in ihrer 10-Jahres-Katamnese, daß die Qualität der Lebenssituation (weniger streßbesetzt, gute kohäsive Familienstruktur) sowie häufig angewandtes aktives Coping in der Erhebung 2 Jahre nach Therapieende prädiktiv für ein positives Resultat nach 10 Jahren gewesen ist. Skills Trainings werden sowohl innerhalb eines unimodalen als auch eines multimodalen Therapieansatzes eingesetzt.
Man kann dabei zwei große Klassen unterscheiden:
- Trainings, die auf interpersonelle Faktoren wie familiäre und partnerschaftliche Beziehungen, soziale Unterstützung, Beziehung am Arbeitsplatz, im Verein etc. zielen;
- Trainings, die sich an intrapersonelle Bereiche wie Kognitionen, Erwartungshaltungen, Emotionen etc. richten.

6.2.5.1 Interpersonelle Skills Trainings ("Social Skills Trainings")

Eine grundlegende These von Bandura (1969) besagt, daß Defizite im Sozialverhalten die Handlungsalternativen einer Person in einer sozialen Situation einschränken sowie die individuelle Kontrolle über die Situation und den Zugang zu den Verstärkerquellen bei einer Person reduzieren. Diese Defizite erschweren weiterhin den Zugang einer Person zu sozialer und emotionaler Unterstützung durch andere, eine wichtige Komponente bei der Entwicklung und Aufrechterhaltung "biopsychosozialer Gesundheit". Defizite im Sozialverhalten sind Risikofaktoren für eine Vielzahl von Fehlentwicklungen (vgl. Bellack & Hersen, 1979) und erhöhen erheblich die Wahrscheinlichkeit einer Abhängigkeitsentwicklung und eines Rückfalls (Monti et al., 1986).

Differentialdiagnostisch bedeutsam ist, ob bei dem Klienten originär ein Skilldefizit vorliegt oder ob er infolge einer Angstproblematik an der Ausführung des Verhaltens gehindert ist. Liegt eine Angstproblematik vor, muß der Klient kein Skills Training, sondern ein Verfahren zur Angstbewältigung durchführen.

Der Aufbau sozialer und kommunikativer Kompetenzen ist somit ein wichtiger Aspekt in der Behandlung einer Vielzahl von Störungen (Twentyman & Zimering, 1979; Curran, 1985), und auch in der Abhängigkeitsbehandlung hat dieses Verfahren eine große Bedeutung erlangt und sich als effektiv erwiesen (Chaney, 1989; Monti et al, 1990; Rohsenow et al., 1991).

Social Skills Trainings sind vor allem aus zwei Gründen in der Rehabilitation von Abhängigen wichtig:
- Die Existenz dieser Fertigkeiten erhöht die Bewältigungskompetenz für hochriskante Situationen wie interpersonelle Probleme und intrapersonelle Spannungszustände, die meist dem Rückfall vorausgehen.
- Sie bilden die Grundlage für den Aufbau sozialer Unterstützung, ein sehr wichtiger Aspekt bei der Aufrechterhaltung der Abstinenz.

Eine Sonderform des Social Skills Trainings stellt das Selbstsicherheits- oder Assertivitätstraining dar, das zu einem wichtigen Baustein in dem verhaltenstherapeutischen Behandlungskonzept bei einer Vielzahl von Störungen geworden ist (Galassi et al., 1981). Zahlreiche Studien haben einen direkten Zusammenhang zwischen Selbstunsicherheit und exzessivem Alkoholkonsum aufgezeigt (P. Miller et al., 1974; Higgins & Marlatt, 1975; Miller & Eisler, 1977; Sturgis et al., 1979; Janker & Merklinger, 1988). Im klinischen Bereich hat das Selbstsicherheitstraining in der Behandlung von Alkoholabhängigen eine große Popularität erlangt, und die vorliegenden Daten stützen die Effektivität dieser Behandlungskomponente (P.M. Miller, 1978; Miller & Hester, 1980; Chaney, 1989).

Die Forschung in dem Feld der Abhängigkeiten zielte auch auf eine Analyse spezifischer Defizite im Bereich der sozialen Fertigkeiten (Pfost et al., 1992). So fanden Hamilton & Maisto (1979) bei Abhängigen starkes Unbehagen und Anspannung in Situationen, die eine negative Selbstbehauptung, z. B. eine Bitte abschlagen, erfordern. Twentyman et al. (1982) stellten bei Abhängigen erhebliche Defizite in alkoholbezogenen Situationen fest (z. B. ein alkoholisches Getränk ablehnen), und Rist & Watzl (1983) berichteten, daß die später rückfälligen Klientinnen in der Therapie weniger Selbstwirksamkeitserwartungen und Kompetenzgefühle in alkoholbezogenen Situationen hatten als die später abstinenten Klientinnen; beide Gruppen unterschieden sich jedoch nicht in der allgemeinen Selbstsicherheit. Ladewig et al. (1984) fanden, daß 6 Monate nach Therapieende zwar Kontaktängste und Schuldgefühle im Normalbereich waren, die Tendenz zur "Überanpassung" und die Unfähigkeit, "Nein zu sagen" waren jedoch auf dem Unsicherheitsfragebogen weiterhin stark ausgeprägt.

Die Befunde deuten daraufhin, daß es notwendig ist, Kontrolle und Sicherheit in alkoholbezogenen Situationen mit dem Klienten aufzubauen, und Trainings spezifischer assertiver Verhaltensweisen - beispielsweise ein alkoholisches Getränk bestimmt und selbstsicher ablehnen - haben sich als nützlich und effektiv erwiesen (Foy et al., 1976; Greenwald et al., 1980; Rosenberg, 1983; Neidigh et al., 1988).

Unbedingt notwendig ist eine Analyse der individuellen Bedingungen im Einzelfall, um daraus gezielt Übungen ableiten zu können; verfehlt und demotivierend kann in vielen Fällen die Durchführung eines standardisierten Selbstsicherheitstrainings sein. Zu berücksichtigen ist weiterhin, daß zu Beginn der Therapie, infolge alkoholbedingter Fehleinschätzungen, Selbstberichte und Fragebögen des Alkoholabhängigen manchmal unrealistisch selbstsichere Einschätzungen liefern. Diese werden im Verlauf der Therapie, insbesondere infolge realer Erfahrungen ohne Alkoholeinfluß, zunehmend mehr revidiert, oder der Klient zeigt behaviorales und/oder kognitives Vermeidungsverhalten in bzw. vor sozial unsicheren Situationen.

Verhaltenstherapeutisch orientierte Ehe- und Familientrainings haben als wesentliches Ziel die Verbesserung der Kompetenz in der Interaktion sowie in den Problemlösefähigkeiten, und kontrollierte Studien haben konsistent positive Resultate geliefert (Mc Crady, 1989; O'Farrell & Cowles, 1989; Mc Crady et al., 1991). Weiterhin wurden im Rahmen multimodaler Therapieansätze Abhängigen mit einer schwierigen beruflichen Sozialisation zusätzliche

Trainings berufsbezogener Fertigkeiten angeboten (Foy et al., 1979; Riley et al., 1987; Dunn et al., 1992).

Zusammenfassend kann man sagen, daß sich Trainings interpersoneller Fertigkeiten in der Behandlung von Alkoholabhängigen als nützlich und effektiv erwiesen haben und fester Bestandteil vieler verhaltenstherapeutischer Behandlungen geworden sind. Es ist jedoch keineswegs so, daß alle Abhängigen und Problemtrinker Defizite in diesem Bereich haben, und die Analyse im Einzelfall ist unbedingt notwendig, um unnötige und teure Behandlungseinheiten zu vermeiden. Nach meinen Erfahrungen ist es so, daß insbesondere junge Alkoholabhängige infolge der durch den Alkoholmißbrauch unterbrochenen Sozialisation interpersonelle Fertigkeiten nicht lernen konnten oder, bedingt durch das "zustandsabhängige Lernen", nur unter Alkoholeinfluß ausüben können. Weiterhin kristallisiert sich heraus, daß die "Skills Trainings" nicht nur die Fertigkeiten auf der Verhaltensebene aufbauen, sondern auch die Selbstwirksamkeits-Erwartungen des Klienten erhöhen und dessen soziale Ängste abbauen helfen.

6.2.5.2 Intrapersonelle Skills Trainings

Es liegt genügend empirische Evidenz vor, daß intrapersonelle Faktoren wichtig in der Entwicklung und Aufrechterhaltung einer Alkoholabhängigkeit sind sowie bedeutsame Auslöser für einen Rückfall darstellen. Alkohol dient in diesem Rahmen vor allem als ein Mittel zur Bewältigung unangenehmer, negativer Affekte.

Entspannungstraining
In den letzten beiden Jahrzehnten wurden eine Reihe von Verfahren in der Behandlung von Alkoholabhängigen eingesetzt, die unter dem breiten Label "Entspannungstraining" subsumiert werden können (vgl. z. B. Laux, 1983a; Lehrer & Woolfolk, 1985; Laux & Schubert, 1988). Die am meisten verwandten Entspannungsverfahren sind die "Progressive Muskelentspannung" nach Jacobson (Bernstein & Borkovec, 1978; Jacobson, 1991) und die Meditation (Benson, 1976; O'Connell, 1991), aber auch Autogenes Training, Biofeedback sowie Hypnose-induzierte Entspannungsverfahren werden eingesetzt (Laux, 1983b, 1988; Stoil, 1989; Miller, W.A., 1991).

Die Basis für diesen Ansatz bildet die Annahme, daß der Alkoholabhängige oft Alkohol zur Reduktion von Streß, Angst und Spannung einsetzt, wobei die Forschungsergebnisse zeigen, daß die Zusammenhänge zwischen Alkohol und Streßabbau sehr komplex sind (Cappell & Greely, 1987). Aber selbst wenn Alkohol im physiologisch meßbaren Bereich Streß und Angst nicht abbaut, sind es die festverwurzelten Erwartungen der Alkoholabhängigen an diesen Effekt, die sie zum Konsum veranlassen (Goldman et al., 1987). Marlatt (1976) hat dem Alkohol in streßbesetzten Situationen deshalb verstärkende Qualitäten zugeschrieben, weil er, in Abwesenheit anderer Bewältigungskompetenzen, bei der Person ein Gefühl von Kontrolle über die streßbesetzte Situation hervorruft und nicht, weil er immer die Angst per se reduziert. Daraus kann man schlußfolgern, daß die wahrgenommene Bewältigungskompetenz und die persönliche Kontrolle einer Person über die Situation und nicht so sehr ihr Ausmaß an physiologisch meßbarer Entspannung und Angstreduktion Indikatoren für die Effektivität eines Entspannungstrainings sind.

Klajner et al. (1984) stellten in einer Überblicksarbeit zur Effizienz von Entspannungstrainings in der Behandlung von Substanzmißbrauch ebenfalls fest, daß in den Untersuchungen, in denen eine Effektivität nachgewiesen wurde, eine erhöhte wahrgenommene Kontrolle und Bewältigungskompetenz eine plausiblere Erklärung für die Wirkweise darstellt als eine Reduktion im Angstlevel der Person. Sie schlußfolgerten, daß "there is some evidence that relaxation training techniques can produce an increase in the individual's perceived sense of control, and that they may be of benefit in subsequent coping with natural stressors" (S. 46).

Verschiedene Überblicksarbeiten kommen zu dem Schluß, daß die wenigen kontrollierten Studien allenfalls bescheidene Therapieerfolgsraten aufweisen und der Nutzen eher unklar ist (Miller & Hester, 1980; Caddy & Block, 1983; Klajner, 1984; Hester et al., 1990). Eine neuere Übersichtsarbeit zeigt, daß trotz der weiterhin großen Popularität von Entspannungsverfahren in der Behandlung der Alkoholproblematik, in jüngster Zeit keine Effektivitätsuntersuchung mehr publiziert wurde (Riley et al., 1987). Es zeichnet sich vielmehr der Trend ab, das Entspannungstraining innerhalb eines multimodalen Behandlungsansatzes, der der Komplexität der Störung besser gerecht wird, anzuwenden.

Systematische Desensibilisierung
Die systematische Desensibilisierung - eine gute Darstellung der lerntheoretischen Grundlagen und praktischen Anwendung des Verfahrens findet man bei Wolpe (1974) und Morris (1975) - wurde von einer Anzahl klinischer Forscher erfolgreich angewandt, um den Alkoholkonsum zu reduzieren oder zu eliminieren (vgl. Miller & Hester, 1980). Das Therapieziel war in allen Fällen, mit Hilfe der Systematischen Desensibilisierung das Angstniveau bei dem Klienten zu verringern, wobei man annahm, daß bei verringertem Angstniveau eine Abnahme des Alkoholkonsums erfolgt.

In vivo Desensibilisierungsverfahren haben zu guten Resultaten geführt (Hodgson & Rankin, 1976), und die Weiterentwicklung - das "Cue Exposure" - ist, wie schon ausgeführt, zu einem wichtigen Baustein in der Rückfallprophylaxe geworden (Baker et al., 1987).

Kognitives Skills Training
Die kognitive Verhaltenstherapie wurde in den letzten beiden Jahrzehnten eine weitverbreitete Behandlungstechnik bei einer Vielzahl von Problemen und Störungen (vgl. Kendall, 1982 - 1986; Dobson, 1988), und kognitive Elemente finden sich in einer Vielzahl "nichtkognitiver" Therapien (Ellis, 1991).

Das Training kognitiver Skills in der Behandlung von Problemtrinkern und Alkoholabhängigen basiert auf 3 Annahmen:
- Trinkprobleme sind oft das Ergebnis unangepaßter Kognitionen.
- Alkoholgebrauch und -mißbrauch ist ein Versuch zur Bewältigung der Schwierigkeiten und Probleme, die mittelbar oder unmittelbar aus diesen unangepaßten Kognitionen entstehen.
- Ein Aufbau angemessener Kognitionen, eine direkte kognitive Umstrukturierung führt zu einer Reduktion des Alkoholkonsums.

Ellis et al. (1988) sehen in der Veränderung des "süchtigen Denkens" und im Aufbau spezifischer kognitiver Skills neben dem Erwerb behavioraler und emotiver Techniken den zentralen Ansatzpunkt in der Therapie mit Abhängigen.

Trainings kognitiver Skills sind meist ein Bestandteil von Selbstkontrollprogrammen, multimodalen Therapiepaketen und Rückfallprophylaxetrainings. In Effektivitätsstudien kam man zu guten Ergebnissen (Mc Court & Glantz, 1980; Oei & Jackson, 1982; Sanchez-Craig & Walker, 1982), wobei es sinnvoll scheint, bei Klienten mit kognitiven Defiziten (Walker et al., 1982) und Unterschichtsklienten (Jones et al., 1982) konkrete Verhaltenstrainings durchzuführen.

De Jong-Meyer et al. (1988) fanden in einem Vergleich rückfälliger und nichtrückfälliger Alkoholabhängiger, daß rückfällige Alkoholabhängige signifikant ausgeprägtere irrationale Denkgewohnheiten haben, und die Autoren schlußfolgerten: "Der größte Unterschied zwischen den Rückfälligen und den Nicht-Rückfälligen in unserer Untersuchung zeigt sich bei den übergreifenden, generellen kognitiven Strategien" (S. 88). Sie fordern deshalb nicht nur die Einübung spezifischer Bewältigungsstrategien für rückfallbezogene Risikosituationen, sondern auch den Aufbau kognitiver Coping Skills wie z. B. "positives Denken", "Disputation negativer, abwertender Selbstaussagen" und "kognitive Wachsamkeit" im Sinne von Litman (1980).

Zusammenfassend kann man sagen, daß die Untersuchungsergebnisse darauf hinweisen, daß der Aufbau kognitiver Skills und der Abbau irrationaler Denkgewohnheiten bedeutsame Bestandteile eines Behandlungsprogramms für Alkoholabhängige darstellen. In vielen Studien hat sich immer wieder gezeigt, daß die Erwartungshaltung in bezug auf die kurzfristigen Alkoholeffekte in einer Versuchssituation ein ganz entscheidender Faktor im Rückfallprozeß darstellt. Leider fehlen bisher noch Untersuchungen, die detailliert allgemeine und spezifische irrationale Gedanken in den Risikosituationen exploriert haben, sowie Studien, die die Effektivität der kognitiven Restrukturierung in der klinischen Praxis belegen. Insbesondere ist es nach meiner Erfahrung wichtig, die Ausführung des kognitiven und behavioralen Bewältigungsverhaltens in der problematischen Realsituation zu verankern, um einen wirksamen Rückfallschutz zu erreichen. Die in dem Therapiesetting erworbenen kognitiven Fertigkeiten werden nämlich von den Klienten in der realen Risikosituation oft gar nicht eingesetzt, und eine Bewältigung findet somit nicht statt.

6.2.6 Multimodale Ansätze

Multimodale Behandlungsansätze in der Verhaltenstherapie basieren auf der Prämisse, daß das Problemverhalten in einer funktionalen Beziehung zu anderen Lebensbereichen steht. In der Behandlung der Alkoholabhängigkeit versucht man durch diesen Ansatz nicht nur das Trinkverhalten zu modifizieren, sondern auch die Störungen und Defizite mitzubehandeln, die Antezedenzen und Konsequenzen der Trinkproblematik darstellen. Zahlreiche Befunde haben nämlich darauf hingewiesen, daß eine Verbesserung der Trinkproblematik nicht automatisch eine Verbesserung im Wohlbefinden des Abhängigen zur Folge hat (Pattison, 1976), ein Sachverhalt, der in der Selbsthilfe mit "Nüchternheit" und "Zufriedener Nüchternheit" beschrieben wird.

Lazarus (1978), einer der exponiertesten Vertreter des multimodalen Behandlungsansatzes, berichtete als erster von einer Alkoholismusbehandlung mit dieser Behandlungsstrategie. Er integrierte in seinen Therapieansatz medizinische Behandlung, Entspannungstraining, systematsiche Desensibilisierung, Hypnose und Aversionsbehandlung.

In den 70er und 80er Jahren gab es viele multimodale Behandlungsansätze, vor allem mit dem Ziel des "Kontrollierten Trinkens" (Vogler et al., 1975, Sobell & Sobell, 1978; Pomerleau et al., 1978).

In einer umfassenden Überblicksarbeit haben Miller & Hester (1980) die Ergebnisse der Untersuchungen zusammengestellt, die einen multimodalen Therapieansatz zur Behandlung der Alkoholproblematik gewählt hatten, wobei 15 Untersuchungen die von den Autoren aufgestellten methodischen Mindestkriterien erfüllt haben. Insgesamt kann man sagen, daß die multimodalen Programme eine große empirische Evidenz für den Nutzen verhaltenstherapeutischer Verfahren in der Behandlung von Problemtrinkern, insbesondere mit dem Therapieziel "Kontrolliertes Trinken", erbracht haben. Weiterhin liefern die verschiedenen Studien Hinweise dafür, daß multimodale Ansätze die Abbruchquote reduzieren können.

6.2.7 Selbstkontroll- und Selbstmanagementansätze

Die Therapieergebnisse verhaltenstherapeutisch orientierter Behandlungen waren anfangs eher dürftig, weil insbesondere kein Transfer der in der Therapie erzielten Veränderungen in die Realität stattfand. Andererseits zeigen Beobachtungen im Alltag, daß sich Personen mit eigener Kraft aus ihrer Abhängigkeit befreien können.

Seit der einschlägigen Arbeit von Skinner (1953) haben sich immer mehr verhaltenstheoretisch orientierte Forscher und Praktiker mit Formen der Verhaltensregulation auseinandergesetzt und sie unter den Begriffen Selbstregulation, Selbstkontrolle oder Selbstmanagement zusammengefaßt (Kanfer, 1977; Karoly & Kanfer, 1982). Die Person wird in diesem Kontext als ihr eigener Agent der Verhaltenssteuerung und Verhaltensänderung gesehen und ist, wie es Kelly (1955) treffend formuliert hat, ihr "eigener Wissenschaftler".

Der Selbstmanagementansatz vermittelt dem Klienten Fertigkeiten und Strategien zur Bewältigung von Problemsituationen, wobei klassische Techniken wie "Therapeutischer Vertrag", "Gedankenstop", "verdeckte Sensibilisierung", "verdeckte Kontrolle", "Selbstsicherheitstraining", "Entspannungstraining", "Kognitive Restrukturierung", "Streß- und Angst-Management", "Problemlösetraining" etc. zur Anwendung kommen.

Im Abhängigkeitsbereich wurden Selbstkontrollansätze vor allem in der Behandlung mit Problemtrinkern mit dem Ziel des kontrollierten Trinkens durchgeführt (Carey & Maisto, 1985; Arend, 1991a). Insbesondere war es W.R. Miller, der mit seinen Kollegen ein umfassendes "Behavioral Self-Control Training" - (BSCT) - zur Behandlung von Problemtrinkern mit dem Ziel des kontrollierten Trinkens entwickelt hat. Mittlerweile liegen ein gutes Dutzend von Kontroll- und Vergleichsstudien vor, die die Effektivität des BSCT in der Behandlung von Problemtrinkern belegen (Miller, 1987a, Hester & Miller, 1989; Miller et al., 1992).

In der Behandlung von Alkoholabhängigen mit dem Therapieziel Abstinenz lernt der Klient Selbstkontrolltechniken, um Versuchungssituationen besser bewältigen und dadurch die Wahrscheinlichkeit eines Ausrutschers und Rückfalls reduzieren zu können. Ein Rückfalltraining im Rahmen des Selbstmanagementansatzes, wie es auch im empirischen Teil dieser Arbeit dargestellt wird, sieht den Klienten mit seinem Selbstkontrollpotential im Mittelpunkt der Behandlung; der Therapeut ist vor allem motivierend, unterstützend, fördernd und anleitend tätig ("Coaching"). Das ambulante Setting eignet sich insofern sehr gut, da es dem Klienten Lernfortschritte in der Realität ermöglicht. Notwendig ist jedoch bei ihm ein hohes Maß an Motivation und Selbstverpflichtung zur Ausführung der Therapieschritte.

Bisher liegen nur wenige Untersuchungen zur Effizienz des Rückfallprophylaxetrainings vor. So berichtet Annis von ersten erfolgversprechenden Ergebnissen ihres Rückfallpräventionsprogramms bei Alkoholabhängigen (Annis & Davis, 1988). Für Raucher (Shiffman, 1985), Adipöse (Perri et al., 1984) und Spieler (Marlatt & Gordon, 1985) liegen ebenfalls erste positive Erfahrungsberichte mit einem Rückfallprophylaxetraining vor. Weitere empirische Arbeiten sind notwendig, um die Nützlichkeit und Fruchtbarkeit dieses exzellenten theoretischen Ansatzes in der klinischen Praxis aufzuzeigen.

Zusammenfassend kann man sagen, daß der Selbstmanagementansatz die Fähigkeit der Person, auf ihr Verhalten Einfluß ausüben zu können, in den Mittelpunkt der therapeutischen Arbeit rückt und sogar als das eigentliche Therapieziel definiert (Fiedler, 1981). Während die Effektivität von Selbstkontrollmethoden in der Behandlung von Problemtrinkern mit dem Therapieziel "Kontrolliertes Trinken" empirisch belegt ist, steht dieser Nachweis in der Behandlung von Alkoholabhängigen mit dem Therapieziel "Abstinenz" noch aus. Dabei ist m. E. besonders darauf zu achten, daß die Klienten ihre Selbstkontrollstrategien auch über längere Zeit aufrechterhalten. Kirschenbaum (1987) diskutierte in einer Überblicksarbeit 7 Elemente, die einen Mißerfolg in der Selbstregulation bedingen können:

- negative Kognitionen wie geringe Selbstwirksamkeitserwartungen, gelernte Hilflosigkeit, geringe Erfolgserwartungen, negative Selbstbewertungen;
- Schwierigkeiten in der Bewältigung emotionaler Stressoren;
- Nachlassen in den gelernten Veränderungstechniken;
- sozialer Druck (direkte Aufforderung bzw. Beobachtung anderer);
- "Ausrutscher" in dem zu kontrollierenden Verhalten, die insbesondere in der Anfangsphase zum Rückfall führen können;
- physiologische Auslöser (z. B. das "Craving" beim Abhängigen);
- problematische Aufmerksamkeitsfokussierung (z. B. nur noch negative Aspekte im Tagesablauf bemerken).

Die sieben Elemente, die unabhängig voneinander oder in Interaktion miteinander stehen können, bedingen mit der Zeit ein Nachlassen der Selbstbeobachtung und schaffen damit die Voraussetzung für einen Mißerfolg. Den komplexen kognitiven, emotionalen und behavioralen Prozeß der Aufrechterhaltung der Selbstregulation beschreibt Kirschenbaum mit "obsessive-compulsive self-regulation", um auf die Notwendigkeit der Intensität und Tiefe der Verwurzelung der kognitiven, emotionalen und behavioralen Elemente der Selbstregulation in das Alltagsleben aufmerksam zu machen.

6.2.8 Zusammenfassung

Ein Hauptmerkmal des verhaltenstherapeutischen Ansatzes sind die Effektivitätsuntersuchungen der angewandten Methoden und Techniken. Dies hat zur Folge, daß ineffektive Ansätze nur noch selten in der Therapie eingesetzt werden und wegen dieser strengen Verpflichtung zur empirischen Überprüfung eine rasche Entwicklung neuer und verbesserter Verfahren erfolgt.

In der Entwicklung der Verhaltenstherapie der Alkoholabhängigkeit hat man der zunehmenden Komplexität von Verhaltens- und Störungsmodellen Rechnung getragen und breite, individuell zugeschnittene Behandlungsansätze entwickelt. Der Klient ist aktiv an der Entwicklung und Durchführung der Behandlung beteiligt, und das Therapieziel ist nicht mehr eng auf die Veränderung des Trinkverhaltens, sondern auf eine Modifikation des gesamten Lebensstils ausgerichtet. Die neuere Verhaltenstherapie sieht ihren hauptsächlichen Ansatzpunkt nicht mehr in der Anwendung einer oder mehrerer Techniken, sondern in der Vermittlung einer Strategie zur Bewältigung eines Problemverhaltens (Hand, 1989).

Seit Beginn der siebziger Jahre erlebte der Alkoholismusbereich eine starke Beeinflussung durch verhaltenstherapeutische Behandlungsansätze, und man hat die zentrale Thematik in der Behandlung der Abhängigkeiten, den Rückfall, erforscht und entsprechende Programme zur Rückfallprophylaxe theoretisch entwickelt. Die verhaltenstherapeutischen Ansätze haben sich in der Behandlung der Alkoholabhängigkeit mindestens als ebenso effektiv erwiesen wie der "traditionelle" Behandlungsansatz, und durch die Verhaltenstherapie kam es zu einer verbesserten Methodologie in der Therapieerfolgsforschung (Sobell, Brochu et al., 1987).

Trotz dieser methodisch gut abgesicherten Therapieerfolge ist die Verhaltenstherapie in der Behandlung der Alkoholabhängigkeit bisher in einer Außenseiterrolle geblieben und hat in Deutschland eher eine geringe Bedeutung in den Behandlungskonzeptionen der klinischen Einrichtungen (von Aster, 1990; Watzl, 1991). Die Gründe dafür sind, wie Miller (1987b) ausgeführt hat, vielfältig, nicht zuletzt liegt es jedoch auch daran, daß Alkoholabhängigkeit immer noch als eine Krankheit im klassisch medizinischen Sinne begriffen wird. Die Weiterentwicklung des medizinischen Ansatzes in ein biopsychosoziales Krankheits- und Behandlungskonzept hat im Abhängigkeitsbereich - im Gegensatz zu dem Feld der psychosomatischen Erkrankungen - bisher noch kaum Eingang in den klinischen Alltag gefunden. Diese Situation wird m. E. vor allen bedingt durch ein Verharren und Beharren der Traditionalisten in "Weisheiten" und "Dogmen", die Jacobi (1987)auch treffend als "Mythen im Alkoholismusbereich" beschrieben hat. Sie geben zwar unbestreitbar Sicherheit und bewahren das Erreichte, notwendig sind jedoch auch Innovationen und Experimente, was zugegebenermaßen schwierig ist, weil es Unsicherheit und Angst schafft.

Ein weiterer Aspekt, der m. E. die sinnvolle und notwendige Integration von Verhaltenstherapie in die ambulante und stationäre Versorgung von Abhängigen verhindert, ist die Nähe bzw. Gleichsetzung von Verhaltenstherapie mit dem Ansatz des "kontrollierten Trinkens" (vgl. Heather & Robertson, 1983; Arend, 1991a). Dies ist heute jedoch nicht mehr gerechtfertigt, da die Verhaltenstherapie mittlerweile auch ihre Effektivität bei abstinenzorientierten Therapien nachgewiesen hat.

Zu hoffen bleibt, daß die verhaltenstherapeutischen Ansätze in naher Zukunft in Deutschland - ähnlich wie in Großbritannien - zu einem Regelangebot für Problemtrinker und Alkoholabhängige werden. Die Verhaltenstherapie ist auch in diesem Behandlungsfeld längst ihren Kinderschuhen entwachsen und hat - wie kein anderer Behandlungsansatz zuvor - mit methodisch sorgfältigen Untersuchungen ihre Effektivität unter Beweis gestellt. Damit die Verhaltenstherapie in Deutschland zu einem Regelangebot für Problemtrinker und Alkoholabhängige werden kann, ist das "Schlachten heiliger Kühe" sowie die Vision und der Einsatz für Entwicklungen notwendig, was es unumgänglich macht, "mit bestehenden Überzeugungen - vor allem mit den eigenen - zu brechen" (Antons-Volmerg, 1989, S. 22).

6.3 Therapieerfolgsforschung in der Behandlung der Alkoholabhängigkeit

6.3.1 Einleitung

Die Notwendigkeit der Therapieerfolgsforschung ist heute allgemein aus wissenschaftlichen, gesundheitspolitischen und ethischen Gründen heraus akzeptiert. Eysenck (1952) hatte vor gut vierzig Jahren mit seinen provokanten Äußerungen den Anstoß dazu gegeben. Ein Ergebnis dieser verstärkten Bemühungen zum Nachweis der Effektivität unterschiedlicher Psychotherapieverfahren haben Luborsky et al. (1975) in dem Satz "Everyone has won and all must have prizes" zusammengefaßt. In neueren Untersuchungen von Grawe et al. (1990) sowie Beutler et al. (1991) wird dieses Statement von Luborsyky et al. jedoch verneint. Die

Autoren gelangen zu dem Schluß, daß es sehr wohl beträchtliche Unterschiede in der klinischen Effektivität verschiedener Therapiemethoden gibt.

Der zweite Eckpfeiler in der Entwicklung einer Methodik der Psychotherapieforschung war die Kritik von Kiesler (1966) an den "Uniformitätsmythen", und das von ihm vorgeschlagene Gittermodell wurde als neues Untersuchungsparadigma wegweisend für zahlreiche Untersuchungen. Multiple Therapieerfolgskriterien, multimethodale Diagnostik sowie die Integration von Prozeß- und Erfolgsforschung waren weitere Forderungen von Kiesler für Untersuchungen mit ausreichender methodischer Qualität.

Methodenkritische Literaturübersichten in Feldern der Psychotherapieforschung erfolgen meist vor dem Hintergrund der von Campbell & Stanley (1966) sowie von Cook & Campbell (1979) aufgestellten Validitätskriterien. Umfangreiche Kriterienlisten über potentielle Störfaktoren in Therapiestudien wurden beispielsweise von Mahoney (1978) sowie Köhnken et al. (1979) erstellt. Letztere bezweifeln jedoch die Angemessenheit und Nützlichkeit der Validitätstheorie für Therapieuntersuchungen, insbesondere weil "das Ideal der Präzision optimiert wird, ohne das Kriterium der Gegenstandsangemessenheit genügend zu berücksichtigen" (S. 118).

Viele Forscher präferieren deshalb für den Bereich der Psychotherapieforschung in der klinischen Praxis Einzelfallanalysen, die zwar in bezug auf die Validität nicht die methodische Güte von kontrollierten Gruppenstudien aufweisen, aber für den Gegenstandsbereich der klinischen Therapieforschung angemessener sind (Hersen & Barlow, 1976; Kazdin, 1982; Petermann, 1982). Momentan zeichnet sich in der Psychotherapieforschung eine Entwicklung ab, die das Einzelfalldesign als prinzipiell gleichwertig neben dem Kontrollgruppendesign sieht und die Wahl des Forschungsdesigns vor allem in Relation zu der Fragestellung, dem Forschungsgegenstand, dem Forschungssetting und den Theorievorstellungen betrachtet (Fiedler, 1987; Grawe, 1988).

6.3.2 Untersuchungen zur allgemeinen Wirksamkeit der Alkoholismustherapie

Mit Ausnahme von zwei frühen Literaturübersichten (Voegtlin & Lemere, 1942; Hill & Blane, 1967) zeigen die Überblicksarbeiten zum Therapieerfolg in der Alkoholismusbehandlung übereinstimmend die Wirksamkeit der Behandlungsprogramme (Emrick,1974, 1975; Baekeland & Lundwall, 1975; Costello et al., 1977). Das bisher wohl umfangreichste Literaturreview zur Therapieerfolgsforschung in der Behandlung der Alkoholproblematik von Miller & Hester (1980) konnte dabei in der Frage der generellen Wirksamkeit die von Emrick (1974) gefundene "Ein-Drittel-Faustregel" - 1/3 der Klienten ist abstinent, 1/3 ist in ihrem Trinkverhalten gebessert und 1/3 ist ungebessert - bestätigen. Allerdings reduziert sich bei längerfristigen Nachuntersuchungen von 6 Monaten und mehr die Erfolgsrate erheblich. "Our best estimate is that about 19 % are abstinent or improved after one year" (Miller & Hester, 1980, S. 104). Dies korrespondiert mit den Resultaten von Emrick (1982), Taylor et al. (1985), Feuerlein (1990) sowie Finney & Moos (1991).

In einer großangelegten prospektiven Studie in den USA, dem "Rand-Report", lebten nach 4 Jahren über den gesamten Zeitraum nur 7 % vollkommen abstinent, und 12 % waren normale Trinker (Polich et al., 1981).

In einer vergleichbaren Studie in Deutschland von Feuerlein und seinen Mitarbeitern (Küfner et al., 1986, 1988), der "VDR-Studie", lebten nach 18 Monaten 53,2 % (42,2 %) und nach 48 Monaten 46,4 % (37,3 %) dauerhaft abstinent (in Klammern stehen die Erfolgszahlen bei konservativer Berechnung).

Es kann festgehalten werden, daß aufgrund der vorliegenden Untersuchungen die Therapieprogramme wirksam sind. Die Erfolgsraten reduzieren sich jedoch bei längeren Bewährungszeiten deutlich und weisen auf die Notwendigkeit von Maßnahmen im Bereich der Nachsorge und Rückfallvorbeugung hin (Paul et al., 1991). Kritisch sehen muß man bei diesen Metastudien auch die methodischen Probleme, die beim Vergleich und der Zusammenfassung einzelner Untersuchungsergebnisse zu einem "Gesamtergebnis" bestehen. Eine prognostische Erfolgsaussage für den Einzelfall in der klinischen Praxis läßt sich auf keinen Fall daraus ableiten. Zu berücksichtigen sind außerdem bei den vorliegenden Erfolgsquoten die Spontanremissionsraten, wobei die wenigen Studien infolge terminologischer und methodischer Probleme schwer vergleichbar sind. Überblicksarbeiten zu dieser Thematik gelangen deshalb auch zu unterschiedlichen Einschätzungen. Während Smart (1976) und John (1982) meinen, daß sich keine zuverlässige Quote gebesserter unbehandelter Alkoholabhängiger nennen läßt, schätzt Süß (1988) die Spontanremissionsrate auf bis zu 13 % für längerfristige Abstinenz und weitere 10 - 15 % für Besserung. Er macht jedoch die Einschränkung, daß diese Zahlen wegen erheblicher methodischer Mängel der Untersuchungen - mit denen sich Uhl & Springer (1979) ausführlich auseinandergesetzt haben - nur mit Vorsicht verwandt werden können. Man kann demnach zwar sagen, daß es Spontanremissionsraten gibt, ihre Höhe jedoch noch vollkommen unklar ist.

6.3.3 Untersuchungen zur differentiellen Wirksamkeit von Alkoholismustherapien (Methoden, Intensität und Setting der Behandlung sowie Klientenmerkmale)

Das schon erwähnte Literaturreview von Miller & Hester (1980) enthält empirische Daten von mehr als 20 unterschiedlichen Behandlungsmethoden, und die Autoren gelangen nach Durchsicht der Arbeiten zu folgender Einschätzung: "Nevertheless, no treatment method has been shown to be consistently superior to the absence of treatment or to alternative treatments in a sufficient number of well-controlled studies to warrant 'established' status" (Miller & Hester, 1980, S. 108).

In einer neueren Literaturübersicht, in die weitere 300 bis 1985 publizierte Untersuchungen aufgenommen wurden, beschränkten sich Miller & Hester (1986a) auf die kontrollierten Untersuchungen. Sie fanden dabei die merkwürdige Tatsache, daß die Methoden, die ihre Effektivität durch die klinische Erfolgsforschung nachgewiesen haben, in den USA so gut wie nicht in den Therapieprogrammen verwandt werden (vgl. Abbildung 11). Sie konstatierten, daß "American treatment of alcoholism follows a standard formula that appears to be impervious to emerging research evidence, and has not changed significantly at least two decades" (S. 162). Für Deutschland ist es schwierig, eine Einschätzung vorzunehmen, da bisher kaum kontrollierte klinische Erfolgsforschung durchgeführt worden ist. Miller & Hester (1986a, S. 162/163) gelangten nach ihrer umfassenden Analyse zu folgender kritischer Schlußbewertung:

> It ist noteworthy that the "standard practice" list contains no modalities that have been soundly supported by research. Current empirical evidence suggests that a combination of the ingredients would not be expected to yield therapeutic gains substantially greater than the spontaneous remission rate, and indeed this appears to have been the overall result of American alcoholism treatment over the past few decades.

Behandlungsmethoden mit Effektivitätsnachweis durch kontrollierte Forschung		Standardmethoden in Therapieprogrammen
- Aversionstherapien (Covert Sensitization) - Selbstkontrolltraining	} Veränderung	- Programm der Anonymen Alkoholiker - Information und Aufklärung - Konfrontation - Disulfiramvergabe - Gruppentherapie - Einzelberatung
- Community Reinforcement-Ansatz - Ehe- und Familientherapie - Social Skills Training - Stress Management Training	} Aufrechterhaltung	

Abbildung 11: Liste der Behandlungsmethoden nach Miller & Hester (1986a)

In bezug auf die Intensität der Behandlung vertreten die meisten Therapeuten die Auffassung, daß ein "Mehr an Behandlung" die bessere Behandlung sei. Diese Auffassung wird jedoch nur durch einige unkontrollierte Untersuchungen gestützt (Armor et al., 1978; Smart, 1978; Smart & Gray, 1978; Küfner et al., 1986), während andere Untersuchungen diese Annahme eher in Frage stellen (Miller & Hester, 1980, 1986a; Lunkenheimer, 1981; Kern & Jahrreiss, 1990; Bien et al., 1993). Die Ergebnisse kontrollierter Studien hingegen zeigen eindeutig, daß eine längere Behandlung nicht notwendigerweise bessere Erfolge bringt (Emrick, 1982). Miller & Hester (1986a) kommen aufgrund der Forschungsresultate sogar zu folgender Schlußfolgerung: "More treatment is not necessarily better treatment. If anything, differences that have emerged in controlled research to date would favor shorter and less intensive approaches, not only in cost-effectiveness but in absolute effectiveness" (S. 157).

Neuere Untersuchungen aus Deutschland unterstützen diese Erkenntnis (Missel et al., 1987; Ott, 1990), wobei sich im Zusammenhang mit diesen Ergebnissen allerdings auch gleich die Frage stellt, für welche Klienten welche Behandlungsdauer angemessen ist. Diese differentielle Indikationsforschung ist jedoch bisher kaum durchgeführt worden.

Zum Behandlungssetting (stationär, halbstationär, ambulant) fanden Baekeland et al. (1975) keine empirische Evidenz für die immer wieder vorgebrachte Behauptung, daß generell die stationäre der ambulanten Behandlung überlegen sei.

In fünf kontrollierten Untersuchungen fanden Vergleiche zwischen stationärer und halbstationärer und in weiteren 10 Untersuchungen Vergleiche zwischen stationärer und ambulanter Behandlung statt (Miller & Hester, 1986c). Die Ergebnisse dieser Untersuchungen sind im Gegensatz zu den Resultaten aus unkontrollierten Studien sehr konsistent und widersprechen sogar oft den Erwartungen der Untersucher: "In no case was residential care found to yield superior improvement relative to less expensive treatment alternatives. To the contrary, all observed differences favored nonresidential settings" (Miller & Hester, 1986c, S. 799).

Auch hier wäre es notwendig, Indikationsforschung zu betreiben, um Kriterien zu erhalten, für welchen Klienten welche Behandlungsform angemessen ist. Sicherlich kann man jedoch jetzt schon sagen, daß die in Deutschland noch immer sehr oft praktizierte Vorgehensweise, den Alkoholabhängigen beim ersten Versuch der Problembewältigung in eine stationäre Einrichtung zu vermitteln, nicht in jedem Einzelfall indiziert und hilfreich ist.

Ein weiterer Bereich der differentiellen Wirksamkeitsforschung ist die Bestimmung von Prädiktoren für den Therapieerfolg, wobei John (1985) drei Gruppen von Prognosemerkmalen unterscheidet: Behandlungsmerkmale, Merkmale der Lebenssituation und Personenmerkmale.

In vielen Untersuchungen wurde versucht, bedeutsame Zusammenhänge zwischen Klientenvariablen und Therapieerfolgskriterien zu finden, um im Sinne der "Matching-Hypothese" (Glaser, 1980) durch differenzierte Zuweisung von Klienten zu Behandlungsformen und -verfahren eine Effizienzsteigerung zu erzielen (Gibbs & Flanagan; 1977; Finney & Moos, 1979; Moos et al., 1982; Küfner et al., 1988).

Süß & Waldow (1986) haben die Ergebnisse verschiedener Literaturübersichten englischsprachiger Untersuchungen analysiert und eine Liste mit den 20 bedeutendsten Prognosevariablen des Therapieerfolgs erstellt.

Abschließend kann man feststellen, daß die Untersuchungen zwar immer wieder Hinweise auf bedeutsame Prädiktorvariablen erbracht haben, aber bisher noch keine stabilen allgemeingültigen Prädiktoren gefunden werden konnten. So schlußfolgerten auch Miller & Hester (1986b, S. 186) aus ihrer Analyse der Daten:

> No general predictors of alcoholism treatment outcome have emerged, suggesting that prognosis involves an interaction of client and treatment variables. There seem to be neither "good prognosis" clients (without reference to type of treatment) nor "effective" treatments (without considering type of client).

Es stellt sich demnach, wenn es keine stabilen Prädiktoren für alle Behandlungen gibt, die Frage, welche Klientenmerkmale den Therapieerfolg für eine spezifische Behandlungsmodalität voraussagen. In einer unter dieser Fragestellung vorgenommenen Analyse der vorliegenden Studien kommen Miller & Hester (1986b) zu dem Schluß, daß noch keine klaren Kriterien für ein optimales Matching von Klient X zu Behandlung Y vorliegen, und sie geben deshalb lediglich einige Empfehlungen (vgl. S. 195).

Süß & Waldow (1986) empfehlen für die klinische Praxis ein "adaptives kriterienorientiertes Indikationsmodell" mit folgenden Aspekten:
- Operationalisierung von Therapiezielen mittels Prognosevariablen;
- kontinuierliche Datensammlung und Überprüfung des Therapieverlaufs sowie der Therapiezielerreichung;
- Therapieentlassung des Klienten, wenn die Therapieziele erreicht sind, weitere Verbesserungen nicht erreichbar sind oder der Klient entlassen werden möchte;
- Aufbau indikativer Therapiebausteine und Abbau unspezifischer Behandlungskomponenten.

6.4 Methodenprobleme in der Erfolgsforschung der Alkoholismustherapie

Im Alkoholismusbereich liegen zur Methodologie der Erfolgsforschung zahlreiche kritische Überblicksarbeiten vor, die ein halbes Jahrhundert umfassen (Voegtlin & Lemere, 1942; Hill & Blane, 1967; Crawford & Chalupsky, 1977; Nathan & Lansky, 1978; Sobell, L.C. et al., 1980; Emrick & Hansen, 1983; Nathan & Skinstead, 1987; Sobell, Brochu et al., 1987; Sobell & Sobell, 1989). Die Arbeiten gelangen im allgemeinen zu dem Schluß, daß die Therapieforschung mit konzeptuellen und methodologischen Problemen behaftet ist. Insbesondere werden 4 Hauptdefizite aufgeführt:

Mängel im Design: kaum experimentelle Untersuchungen, keine Zufallsverteilung der Klienten, kein "Matching", selten prospektive Untersuchungen, wenig Informationen über die Therapeuten und die Behandlungskomponenten.

Defizite in der Datenerfassung: kaum differenzierte biopsychosoziale Daten, selten multiple Therapieerfolgskritierien, geringe Verwendung standardisierter Tests (vgl. Sobell & Sobell, 1989).

Validität der Daten: Heftige Diskussion bezüglich der Validität der Angaben der Befragten zum Alkoholkonsum (Guze et al., 1963; Midanik, 1982; Watson et al., 1984; Maisto & O'Farrell, 1985; Sobell et al., 1988; Sobell & Sobell, 1990). Es hat sich gezeigt, daß in klinischen Settings mit nicht-alkoholisierten Klienten, zu denen der Therapeut ein Vertrauensverhältnis aufgebaut hat, die Angaben zum Alkoholkonsum valide sind (Sobell & Sobell, 1986; Midanik, 1988), ja sogar valider sind als objektive Informationen von Angehörigen oder "harte" Daten von biochemischen Tests (O'Farrell & Maisto, 1987). Weiterhin machen Sobell & Sobell (1980) mit ihrem Konzept "Convergent validity approach" Vorschläge zur Validitätsverbesserung, und Babor et al. (1987) beschreiben Verfahrensweisen zur Gewinnung validerer und reliablerer Daten.

Katamnesedaten: Meist zu kurze Zeiträume und nur einmalige Datenerhebung; unterschiedliche Berücksichtigung der Therapieabbrecher und "verschwundenen Klienten" in der Therapieerfolgsberechnung. In neueren Untersuchungen zeigt sich jedoch ein Trend zu längeren Follow-up-Zeiten von 12 und mehr Monaten (Riley et al., 1987).

Welcher Katamnesezeitraum ist notwendig und angemessen, um zuverlässige Schlußfolgerungen über die Effektivität einer Behandlung machen zu können? Bandura (1969) vertrat die Auffassung, daß der Behandlungseffekt nur unmittelbar nach Behandlungsende erfaßt werden kann. Spätere Datenerhebungen erlauben wegen der Fülle der unkontrollierbaren Einflußfaktoren lediglich Aussagen über die Aufrechterhaltung von Behandlungseffekten, den weiteren "natürlichen Verlauf" nach einer Therapie. Kritisch anzumerken ist, daß die Untersuchungen mit langen Nachuntersuchungszeiträumen nie eine kontinuierliche Datenerfassung vornehmen, sondern sehr kleine Erhebungsfenster - oft nur 1 Woche - vor dem Katamnesezeitpunkt wählen. Dies ist insofern problematisch, da die Annahme stabiler Verläufe nach dem Abschluß der Behandlung aufgrund der empirischen Daten nicht gerechtfertigt ist (Polich et al., 1981; Rychtarik et al., 1987).

Deshalb sind m. E. zur Beurteilung der Effekte einer Behandlung kürzere, in der Regel 1-2 Jahre dauernde Follow-up-Zeiten zu wählen, wobei eine kontinuierliche Datenerfassung über den gesamten Zeitraum vorzunehmen ist.

Zusammenfassend kann man festhalten, daß, trotz der vorgenommenen Verbesserungen keine der bisher durchgeführten Therapieerfolgsstudien den von Cook & Campbell (1979) aufgestellten Validitätskriterien genügen kann. Anderseits muß man der Therapieerfolgsforschung im Alkoholismusbereich zu Gute halten, daß sie mittlerweile einen Methodenstandard erreicht hat, der durchaus mit dem in der Therapieforschung in anderen biopsychosozialen Problembereichen vergleichbar ist (Goldstein et al., 1984). Damit steckt sie m. E. jedoch in der gleichen Sackgasse, in der sich die Psychotherapieforschung auch befindet, daß es nämlich unmöglich ist, in einer Untersuchung alle Validitätskriterien wegen der dadurch bedingten Zielkonflikte zu erfüllen.

Köhnken et al. (1979) stellen die Angemessenheit der Validitätstheorie von Cook & Campbell (1979) mit dem übergeordneten Ideal der Präzision für Psychotherapieuntersuchungen prinzipiell in Frage. Eine von ihnen aufgestellte Kriterienliste begreifen sie nur als Orientierungshilfe zur Beurteilung von Therapiestudien, wobei die Kriterien jedoch "keine notwendigen und hinreichenden Beurteilungsgesichtspunkte für Therapiestudien" sind (Köhnken et al., 1979, S. 74).

Im Bereich der Alkoholismustherapie findet man Kriterienlisten u.a. bei Caddy (1980), Emrick & Hansen (1983) sowie in Deutschland bei Brenk-Schulte & Feuerlein (1980), wobei die Vergleichbarkeit der Klientengruppe, die Standardisierung der Erfolgskriterien sowie der Untersuchungsbedingungen (Erhebungsmethoden, Erhebungszeitpunkte) als wichtige grundlegende Standards gefordert werden.

6.5 Zusammenfassung

Es kann festgehalten werden, daß der derzeitige Forschungsstandard im Bereich der speziellen Alkoholismustherapie als auch in der allgemeinen Psychotherapieerfolgsforschung trotz großer Anstrengungen im letzten Jahrzehnt noch nicht zufriedenstellend ist. Infolge der konzeptuellen und definitorischen Schwierigkeiten in bezug auf die Alkoholabhängigkeit hat sich eine Fülle von Behandlungsverfahren entwickelt, von denen bisher die Mehrzahl ihren Effektivitätsnachweis in kontrollierten Studien schuldig geblieben ist. Insbesondere existiert eine Diskrepanz zwischen den Resultaten der Therapieerfolgsforschung und der Therapiepraxis. Während sich in der Forschung vor allem verhaltenstherapeutische Methoden als effizient erwiesen haben, werden in der Praxis überwiegend traditionelle Behandlungskomponenten eingesetzt, deren Effektivität bisher kaum belegt ist. Ein weiterer strittiger Punkt ist die Frage, ob die Alkoholabhängigkeit als eine Krankheitseinheit zu sehen ist oder ob es unterschiedliche Entwicklungen und Verläufe gibt. Während die Forschung unterschiedliche Typen aufzeigt (Jellinek, 1960; Zucker, 1987; Rost, 1987; Funke, 1990; Lesch et al., 1990), wird in der klinischen Praxis oftmals noch *eine* Therapie für *alle* Alkoholabhängigen durchgeführt. Notwendig ist jedoch die Überwindung dieser Einheitlichkeit und die Umsetzung der Erkenntnisse in differentielle Therapieansätze, um Klienten "besser gerecht zu werden" und die Therapieerfolgsquoten zu erhöhen. Die empirischen Daten der Therapieerfolgsforschung sprechen zwar für eine generelle Wirksamkeit der Therapie, viele widersprüchliche Befunde und Fragen existieren jedoch im Bereich der differentiellen Forschung. Eine Intensivierung der Arbeit in diesem Feld kann m. E. zu wesentlichen Effizienzsteigerungen in der Abhängigkeitsbehandlung führen.

Aufgrund der Komplexität des Forschungsgegenstandes mit einer fast unbegrenzten Zahl von Einflußfaktoren ist Süß (1988) der Ansicht, daß Fortschritte nur durch Koordination von Forschungsbemühungen erreichbar sind und nicht durch das Entscheidungsexperiment oder durch Breitbanduntersuchungen mit möglichst vielen Meßinstrumenten zur Erfassung relevanter Einflußfaktoren. Eine generelle Standardisierung von Diagnostik und Untersuchungsplanung hält er nicht für sinnvoll und macht stattdessen folgenden Vorschlag:

"- kleinere Untersuchungen mit gezielten und umgrenzten Fragestellungen
- keine Breitbanduntersuchungen, in denen versucht wird, alle relevanten Faktoren zu erfassen
- Einsatz spezifischer Diagnostik für die spezifische Fragestellung, aber auch
- Einsatz einer standardisierten Core-Batterie"

(Süß, 1988, S. 91).

7 Ambulante Therapie und Rückfallprophylaxe

7.1 Diagnostik

Die Therapieerfolgsforschung hat hinreichend die Notwendigkeit und Sinnhaftigkeit multipler Kriterien für den Therapieerfolg belegt (Belasco, 1971; Sobell, Sobell & Ward, 1980). In der Alkoholismustherapie bedeutet die Abstinenz nicht, daß es automatisch zu Verbesserungen im körperlichen, psychischen und sozialen Bereich kommt, auch wenn sie vielfach eine wichtige und notwendige Voraussetzung dafür ist (Pattison, 1976). Neben der Verhaltensanalyse (siehe Seite 116) ermöglichen insbesondere folgende diagnostische Verfahren die Erhebung biopsychosozialer Daten vor, während und nach einer Behandlung:

Tabelle 3: Erhebungs- und Meßinstrumente

Einmalige Datenerhebungen   - Eingangsinterview   - Demographischer Fragebogen (Anlage 1)   - Münchner Alkoholismustest, MALT (Feuerlein et al., 1979)   - Trierer Alkoholismusinventar, TAI (Funke et al., 1987)   - Trinkgeschichte
Vorher-Nachher-Messungen   - Unsicherheitsfragebogen, U-Bogen (Ullrich de Muynck & Ullrich, 1977)   - Fehlschlagangst-Fragebogen, FAF (Ullrich & Ullrich de Muynck, 1976)   - Kieler änderungssensitive Symptomliste, KASSL (Zielke, 1979)   - Inventar zur Selbstkommunikation für Erwachsene, ISE (Tönnies, 1982)   - Fragebogen zum Rückfall (Anlage 2)   - Erfassung von Veränderungen im sozialen Bereich (Arbeit, Wohnen, Finanzen, Freizeit, Sozialkontakte) (Anlage 3a-e)
Nachher-Messungen   - Veränderungsfragebogen des Erlebens und Verhaltens, VEV (Zielke & Kopf-Mehnert, 1978)   - Fragebogen zur Therapiebewertung (Anlage 4)
Therapiebegleitende Erhebungsinstrumente   - Trinkprotokoll (Verhaltensanalyse) (Anlage 5)   - Protokoll der Problem- und Versuchungssituationen (Anlage 6)   - Fragebogen zu wichtigen Erlebens- und Verhaltensbereichen (Anlage 7)   - Erhebung der Leberenzymwerte Gamma-GT, GOT, GPT

7.1.1 Einmalige Datenerhebungen

Im **Eingangsinterview** werden Informationen zum bisherigen Krankheitsverlauf, zur Therapiemotivation, zum Ausmaß der derzeitigen biopsychosozialen Problemlage sowie zu den bis dahin durchgeführten Behandlungsmaßnahmen und dem Therapieziel des Klienten erhoben. Weiterhin wird nachgefragt, wie der Klient in die Sprechstunde gekommen ist und was ihn gerade jetzt in die Einrichtung geführt hat.

Der **demographische Bogen** (vgl. Anlage 1), den der Klient zu Behandlungsbeginn ausfüllt, erhebt soziostrukturelle Variablen wie Familie, Schul- und Berufsausbildung sowie Arbeitsverhältnisse. Suchtprobleme in der Familie, frühere Behandlungen, Strafverfahren, Therapieauflagen sind weitere Aspekte, die erfragt werden.

Der **Münchner Alkoholismustest , MALT,** ist ein ökonomisches, einfach anzuwendendes Instrument zur Diagnose der Alkoholabhängigkeit und besitzt eine hohe Reliabilität ($r = .94$) und Validität ($r = .85$) sowie eine geringe Fehlklassifikationsrate.

Der MALT besteht aus zwei Teilen, dem Fremdbeurteilungsteil, MALT-F, mit 7 Items und dem Selbstbeurteilungsteil, MALT-S, mit 24 Items, die zusammen die vier Symptombereiche der Abhängigkeit - somatischer, psychischer und sozialer Bereich sowie das Trinkverhalten - abdecken.

Die Auswertung des MALT ist sehr einfach und schnell, die mit "trifft zu" zu beantwortenden Items im MALT-F werden mit 4 multipliziert, im MALT-S einfach addiert, und beide Werte zusammen ergeben den Testwert. Der Punktwertbereich des MALT von 0 - 52 ist in drei Kategorien eingeteilt:

0 - 5 Punkte:	unauffällig, im Normbereich
6 - 10 Punkte:	Verdacht auf Alkoholismus bzw. Alkoholgefährdung
11 - 52 Punkte:	Alkoholismus

Aufgrund der empirischen Untersuchungen ist es jedoch nicht gerechtfertigt, bei steigender Punktzahl von schweren Formen des Alkoholismus zu sprechen, dazu sind weitere Informationen sowie inhaltliche Analysen der Items notwendig.

Das **Trierer Alkoholismusinventar, TAI,** ist ein differentielles Diagnoseinstrument für unterschiedliche Aspekte alkoholabhängigen Erlebens und Verhaltens, wie sie von alkoholabhängigen Personen als Antezedenzien und Konsequenzen ihres exzessiven Alkoholkonsums erfahren werden. Das TAI besteht aus fünf allgemeinen Skalen (Schweregrad der Abhängigkeit, Soziales Trinken, Süchtiges Trinken, Motive, Schädigung), denen mit Hilfe faktorenanalytischer und teststatistischer Methoden 77 Items zugeordnet worden sind, sowie aus zwei Skalen mit 13 partnerschaftsbezogenen Fragen zu Konsumantezedenzien bzw. -konsequenzen (Partnerprobleme wegen Trinken, Trinken wegen Partnerproblemen).

Für das TAI wurden zufriedenstellende teststatistische Kennwerte ermittelt, die den Einsatz des Tests als differentialdiagnostisches Instrument erlauben (vgl. Funke et al., 1987).

Die **Trinkgeschichte** liefert aus der Sicht des Klienten Informationen über Entwicklung und Verlauf der Abhängigkeit. Der Therapeut erfährt etwas über Trinksituationen, Trinkverhalten, Konsequenzen, Erwartungen, Reaktionen des Umfeldes sowie über Mäßigungs- und Kontrollversuche des Klienten. Interessant ist auch die Art und Weise, wie der Klient darüber berichtet, ob kurz oder ausführlich, rational oder emotional, distanziert oder beteiligt, als Subjekt oder Objekt des Geschehens. Aufschlußreich sind weiterhin die eigene Theorie des Klienten über die Entwicklung der Abhängigkeit sowie die Begebenheiten, die der Klient zu Beginn der Behandlung ausspart und erst später "eher zufällig" berichtet.

7.1.2 Vorher-Nachher-Messungen

Wie in Kapitel 5 bereits ausgeführt, nehmen in dem Sozial-Kognitiven Lernmodell der Abhängigkeitsentwicklung und des Rückfallgeschehens die Defizite im intra- und interindividuellen Kompetenzbereich einen bedeutsamen Stellenwert ein. In der Therapie wird deshalb ein Aufbau von Kompetenzen angestrebt, wobei die erzielten Veränderungen in den einzelnen Bereichen mit nachfolgend beschriebenen Meßinstrumenten erfaßt werden können.

Der **Unsicherheitsfragebogen, U-Bogen**, liefert quantifizierte Informationen über den Störungsbereich der sozialen Angst und der sozialen Inkompetenz und hat sechs Subskalen:

Subskala U1: "Fehlschlag- und Kritikangst" (15 Items)
Subskala U2: "Kontaktangst" (15 Items)
Subskala U3: "Fordern-können" (15 Items)
Subskala U4: "Nicht-nein-sagen-können" (10 Items)
Subskala U5: "Schuldgefühle" (5 Items)
Subskala U6: "Anständigkeit" (5 Items)

Der U-Bogen weist insgesamt gesehen eine zufriedenstellende Reliabilität auf und hat seine Brauchbarkeit und Nützlichkeit in vielen psychosozialen Problemfeldern unter Beweis gestellt.

Der **Fehlschlagangst-Fragebogen, FAF**, ist im Rahmen des Assertiveness-Training-Programms, ATP, entwickelt worden und erfaßt mit 20 Items auf einer sechsstufigen Skala von 0 (gar nicht) bis 5 (sehr stark) die Angst oder Furcht einer Person in unterschiedlichen sozialen Situationen. Die theoretisch möglichen Punktwerte liegen zwischen 0 und 100, wobei sozial ängstliche Klienten einen Durchschnittswert von 57 haben und die Mehrzahl (zwei Drittel) dieser Personen zwischen 35 und 79 Punkten liegt. Die Werte einer Vergleichsgruppe sozial nicht ängstlicher Personen liegen gesichert niedriger.

Die **Kieler Änderungssensitive Symptomliste, KASSL**, ist ein Meßverfahren, das sowohl eine Status- als auch Veränderungsdiagnostik ermöglicht. Die Symptomliste besteht aus 50 Items, die sieben Skalen zugeordnet sind, wobei die faktorenanalytisch gebildeten Skalen folgende Bereiche umfassen:

- Soziale Kontaktstörungen (SK)
- Verstimmungsstörungen (VE)
- Berufsschwierigkeiten (BE)
- Konzentrations- und Leistungsstörungen (KL)
- Symptombelastung (SB)

Die Validitätsstudien und Reliabilitätsüberprüfungen ergaben zufriedenstellende Resultate. Zur Veränderungsdiagnostik wurden durch spezielle Korrekturverfahren zuverlässige Veränderungsindizes in den einzelnen Skalenbereichen ermittelt (vgl. Zielke, 1979). Eine von Zielke (1981) vorgenommene Modifikation in der Auswertung ersetzt die "Trifft zu/Trifft nicht zu"-Dichotomisierung der Symptomeinschätzung durch eine sechsstufige Skala von 0 = gar nicht bis 5 = äußerst stark, womit man ein differenzierteres Bild der Ausgangsproblematik und der Veränderung erhält.

Das **Inventar zur Selbstkommunikation für Erwachsene, ISE**, basiert auf der Annahme, daß die Art, wie Menschen sich selbst ansprechen und im Selbstgespräch behandeln, ein wesentlicher Inhalt ihres bewußten Erlebens und Verhaltens ist. Art und Ausmaß der intrapersonellen Kommunikation stehen dabei in enger Verbindung mit psychischen Beeinträchtigungen, und eine positive Veränderung kann zu einer Besserung des seelischen Befindens führen.

Das Inventar besteht aus 38 Items, die 6 faktorenanalytisch gewonnenen Skalen - 3 zur positiven und 3 zur negativen Selbstkommunikation - zugeordnet sind:

- Selbstzufriedenheit, Selbstermutigung, positive psychische Befindlichkeit
- Selbstunzufriedenheit, Selbstentmutigung, negative psychische Befindlichkeit

Bei den Validitätsuntersuchungen ergaben sich deutliche Übereinstimmungen mit der faktoriellen Struktur des Freiburger Persönlichkeitsinventars FPI (Fahrenberg et al., 1973), und somit kann die negative Selbstkommunikation als sicherer Hinweis für psychoneurotische Beeinträchtigungen angesehen werden. Die Reliabilitätskoeffizienten können mit Werten um r = .80 in Anbetracht der kleinen Skalen als gut angesehen werden.

Der **halbstandardisierte Fragebogen zum Rückfall** (vgl. Anlage 2) umfaßt 20 Items, wovon 10 Items aus dem "Klassischen" (KRM) und 10 aus dem Sozial-Kognitiven Rückfallmodell (SKRM) entstammen. Mit Hilfe dieses Bogens wird zu Beginn der Therapie die meist an dem Klassischen Rückfallmodell orientierte Einstellung des Klienten zum Thema Rückfall erfragt. Nach der Therapie kann mit diesem Fragebogen die Etablierung und Verfestigung des neuen Gedankengutes zum Rückfall und den daraus resultierenden Verhaltensweisen überprüft werden. Neben dieser inhaltlichen Analyse ist auch eine quantitative Analyse möglich, indem man die Summenwerte zu den verschiedenen Erhebungszeitpunkten über die jeweils 10 Items der beiden Rückfallmodelle vergleicht.

Erfassung von Veränderungen im sozialen Bereich (vgl. Anlage 3a-e): In zahlreichen Untersuchungen wird die Bedeutung von beruflichem und sozialem "Functioning" bzw. "sozialer Integration" sowie "sozialer Netzwerke" und "sozialer Unterstützung" für eine erfolgreiche Behandlung von Abhängigen aufgezeigt (Maisto & McCollam, 1980; John, 1984; Pfeiffer et al., 1988; Amann et al., 1988). Arbeit, Wohnen und Finanzen in geordneten und zufriedenstellenden Verhältnissen sind oft wichtige Komponenten in der Erreichung und Stabilisierung von Abstinenz. Schon Galenus (129-199 n. Chr.), ein bedeutender Arzt der Antike, hat die heilende Kraft der Arbeit beschrieben: "Arbeit ist der beste Arzt, den uns die Natur gegeben hat." In einer Studie mit Querschnitts- und Längsschnittdaten zeigen Winefield et al. (1991) auf, welchen negativen Einfluß Arbeitslosigkeit sowie wenig zufriedenstellende Beschäftigung auf das Wohlbefinden junger Menschen haben. Oft zeigen sich auch interaktive Effekte zwischen den einzelnen Komponenten, so daß beispielsweise die stabile Abstinenz eine geregelte Arbeit erst ermöglicht und das dadurch erzielte Einkommen die Schulden- und Wohnsituation verbessert und diese "hautnahen" Verbeserungen wiederum wesentlich zur Stabilisierung der Abstinenz beitragen.

Mögliche Veränderungen im sozialen Bereich können durch folgende Fragebögen erfaßt werden:

Der Fragebogen zur Arbeitssituation und zum Arbeitsverhalten erfaßt bei Personen, die in Ausbildung, Umschulung oder regelmäßiger Beschäftigung sind, Schwierigkeiten und Probleme am Arbeitsplatz, das Ausmaß der Zufriedenheit mit der Tätigkeit und Situation am Ausbildungs- und Arbeitsplatz sowie die subjektiv eingeschätzte Kompetenz zur Bewältigung auftretender Schwierigkeiten (vgl. Anlage 3a-1).
  Bei Personen, die in unregelmäßiger oder keiner Beschäftigung sind, werden die Bemühungen zur Erlangung einer Arbeits- bzw. Ausbildungsstelle erhoben sowie die Zufriedenheit/Unzufriedenheit und die Bewältigung der Arbeitslosensituation abgefragt (vgl. Anlage 3a-2).

Der Fragebogen zur Wohnsituation (vgl. Anlage 3b) erfaßt die Wohnsituation sowie die Zufriedenheit/Unzufriedenheit mit der aktuellen Wohnsituation und die Bewältigung möglicher Probleme infolge der Wohnsituation.

Anmerkung: Bei der Erfassung von Veränderungen im Arbeits- und Wohnbereich müssen in der gegenwärtigen gesellschaftlichen Lage die Grenzen individueller Beeinflußbarkeit gesehen werden.

Der Fragebogen zur finanziellen Situation des Klienten (vgl. Anlage 3c) gibt Auskunft über die Finanzierung des Lebensunterhalts, das monatliche Einkommen, die Höhe möglicher Schulden, die Zufriedenheit/Unzufriedenheit in bezug auf die finanzielle Situation und die Bewältigung finanzieller Angelegenheiten.

Der Fragebogen zur Freizeitsituation (vgl. Anlage 3d) erfaßt sowohl die aktiven Freizeitbeschäftigungen als auch den passiven Freizeitkonsum sowie die Zufriedenheit/Unzufriedenheit mit der Freizeitsituation. Man nimmt an, daß positive Veränderungen im Freizeitverhalten sowie Zufriedenheit in der Freizeit bedeutsame Faktoren für die Stabilisierung der Abstinenz sind. Marlatt & Gordon (1985) sprechen in diesem Zusammenhang von einer Veränderung des Lebensstils und sehen in einem aktiv-kreativen Freizeitstil eine bedeutsame Komponente in der Rückfallverhütung. In einer Studie zum Freizeitverhalten junger Substanzgebraucher fanden Iso-Ahola & Crowley (1991), daß Substanzgebraucher im Vergleich zur Kontrollgruppe der Nicht-Gebraucher zwar mehr Freizeitaktivitäten wahrnehmen, jedoch viel öfter Langeweile erleben. Die Autoren erklären diesen Sachverhalt damit, daß die Substanzgebraucher ein ausgeprägtes Bedürfnis nach "Arousal" haben und sich Langeweile einstellt, wenn dieses Bedürfnis nicht optimal befriedigt wird. Probleme mit der Freizeit oder - besser gesagt - mit der freien Zeit, in der nach Fries (1986) die "gesellschaftlich und persönlich notwendige 'private Arbeit' zu erbringen ist" (S. 423), um produktiv am gesellschaftlichen Leben teilhaben zu können, sind oftmals Auslöser für Rückfälle.

Der Fragebogen zu den Sozialkontakten (vgl. Anlage 3e). Es ist empirisch belegt, daß ein Mensch besser gegenüber den negativen Auswirkungen von Streß und belastenden Erfahrungen geschützt ist, wenn er eine ausreichende Zahl sozialer Beziehungen von genügender Intensität und Qualität besitzt (Cobb, 1976; Colletti & Brownell, 1982). Gerade bei jungen Abhängigen, die sich meist nicht wie die älteren Abhängigen ihre "Beziehungswelt" in der abstinenten Selbsthilfegruppe aufbauen können und wollen, ist der Aufbau von Kontakten außerhalb der "Trinkerszene" ein enorm wichtiges Therapieziel (Arend & Hopp, 1986). Der Fragebogen erhebt Art und Umfang der Kontakte sowie die Zufriedenheit mit der Beziehungssituation.

7.1.3 Nachher-Messungen

Der **Veränderungsfragebogen des Erlebens und Verhaltens, VEV**, stellt ein Alternativkonzept zur herkömmlichen Veränderungsmessung dar. Er erfaßt die Stärke und Richtung der subjektiv wahrgenommenen Veränderungen im Erleben und Verhalten von Klienten nach der Beendigung der Psychotherapie. Über die Dokumentation einzelner Veränderungsaussagen hinaus ermöglicht der Fragebogen die Berechnung eines Gesamtwertes aus den in einer Komparativform formulierten Items, die in einer retrospektiven Selbsteinschätzung durch den Klienten eingestuft werden. Dieser Gesamtwert erlaubt Aussagen, in welcher Richtung und mit welcher Stärke sich ein Klient nach einer abgeschlossenen Therapie in seinem Erleben und Verhalten verändert hat.

Der Fragebogen umfaßt 42 Veränderungsfragen wie z. B. "Ich fühle mich freier", die den subjektiv wahrgenommenen Zustand eines Klienten in Komparativform erfassen. Die Items laden auf einem bipolaren Veränderungsfaktor, dessen Pole mit Entspannung, Gelassenheit und Optimismus sowie Spannung, Unsicherheit und Pessimismus bezeichnet werden.

Der Fragebogen eignet sich zur Kontrolle der Wirksamkeit von Psychotherapie und zur Erhebung von Langzeiteffekten, um die Stabilität möglicher Änderungen zu kontrollieren. Die Validität wird von den Testkonstrukteuren als gut eingeschätzt. Gemäß den Prinzipien der Konstruktion dieses Fragebogens wurden sehr hohe Konsistenzschätzungen (.97) und eine relativ geringe Retestreliabilität ($r = .61$) ermittelt.

Der **Fragebogen zur Therapiebewertung** (vgl. Anlage 4) führt elf Bereiche auf, in denen in der Therapie eine Veränderung angestrebt wurde. Der Klient soll einschätzen, in welchem Bereich die Therapie welche Veränderung bewirkt hat und auf einer weiteren Skala eine Gesamtbewertung der Therapie vornehmen. Dieser Bogen liefert eine detaillierte Rückmeldung über den subjektiv eingeschätzten Nutzen der Therapie und gibt Anhaltspunkte für ein Abschlußgespräch zum Therapieende.

7.1.4 Therapiebegleitende Erhebungsinstrumente

Das Trinkprotokoll wird - sofern notwendig - täglich geführt und liefert für die Therapie wertvolle Informationen in bezug auf problematische Antezedenzien und Konsequenzen des Trinkverhaltens (vgl. Anlage 5).

Das Protokoll der Problem- und Versuchungssituationen (vgl. Anlage 6) wird zu Beginn der Therapie täglich geführt, um den Klienten zur Selbstbeobachtung anzuhalten. Der Klient lernt dadurch die Situationen und Problembereiche zu erkennen, die sein Ziel einer dauerhaften Abstinenz bedrohen und für die es notwendig ist, alternatives Bewältigungsverhalten zu entwickeln. Durch eine differenzierte Einschätzung der Schwierigkeit der jeweiligen

Problem- und Versuchungssituation (S), der aktuellen Bewältigungsfähigkeit (B) sowie der eigenen Befindlichkeit (P) gelangt der Klient zu situationsangemessenen Verhaltensweisen, die das Risiko eines Rückfalls erheblich minimieren. Im Selbstkontrolltraining wird der Klient angeleitet, Situationen, wie z. B. den Geburtstag des Freundes, vorher auf einer Skala von 0 - 10 auf ihren Schwierigkeitsgrad einzuschätzen (S), Problemkonstellationen und deren Bewältigung zu antizipieren (B) und dies in Interaktion mit der eigenen Befindlichkeit (P) zu sehen. Die Protokollierung der Problem- und Versuchungssituationen liefert das Rohmaterial für das Selbstkontrolltraining und spiegelt die Entwicklung des Klienten in diesem wichtigen Bereich wider.

Der Fragebogen zu wichtigen Erlebens- und Verhaltensbereichen wird dem Klienten wöchentlich mitgegeben, und dieser stuft sich auf den 17 Items mit einer Skala von 0 - 10 ein (vgl. Anlage 7). Erhoben wird die körperliche und psychische Verfassung und Belastungsfähigkeit sowie die Bewältigung von Belastungen, Ängsten und Schwierigkeiten. Weiterhin wird festgehalten, ob Gedanken oder Gespräche über Alkohol vorkommen. Durch diesen Bogen wird der Klient angeleitet und angehalten, systematisch und ausdauernd Selbstbeobachtungen durchzuführen, die oft in Zusammenhang mit dem Rückfallgeschehen stehen, um in dem Rückfallprozeß entsprechend frühzeitig intervenieren zu können. Zusätzlich ist der Fragebogen ein Indikator für den Fortschritt in der Bearbeitung einzelner Problembereiche und ermöglicht eine schnelle Einschätzung der Befindlichkeit des Klienten zwischen zwei Therapiesitzungen.

Die Erhebung der Leberenzymwerte Gamma-GT, GOT und GPT. Die Zusammenhänge zwischen regelmäßigem Alkoholkonsum und veränderten Leberenzymwerten waren Gegenstand mehrerer Untersuchungen (vgl. Kielhorn, 1987; Harada et al., 1989). Es stellte sich heraus, daß die Gamma-Glutamyltransferase (Gamma-GT) ein relativ zuverlässiger biologischer Marker für mißbräuchlichen Alkoholkonsum darstellt (Gjerde et al., 1987). Die Gamma-GT stellt im Vergleich zu den beiden Transaminasen Glutamat-Oxalacetat-Transaminase (GOT) und Glutamat-Pyruvat-Transaminase (GPT) den sensibelsten Parameter für eine alkoholische Leberschädigung dar, während die GPT am unsensibelsten reagiert (Ghise-Beer & Grafe, 1986). Problematisch ist die Tatsache, daß sowohl Abhängige als auch Mißbraucher erhöhte Gamma-GT-Werte aufweisen können und somit ohne weitere Informationen keine eindeutige Diagnose gestellt werden kann. Dieser Wert ist äußerst sensitiv und kann sowohl unter Abstinenz schnell fallen als auch unter erneuter Alkoholzufuhr wieder schnell steigen. Weiterhin können auch medizinisch indizierte Pharmakaverschreibungen zu einer Gamma-GT-Erhöhung führen (Colombo, 1981; Haffner et al., 1989).

Trotz dieser Einschränkungen werden die Leberenzymwerte in dieser Untersuchung erhoben, da vor allem der Gamma-GT-Wert dem Klienten eine wertvolle Rückmeldung im Sinne von positiven Konsequenzen geben kann ("auch körperlich geht es mit mir wieder aufwärts"). Weiterhin stellt die Labordiagnostik eine zusätzliche externe Kontrolle dar und ist als "objektives Kriterium" über einen längeren Zeitraum zur Wiedererlangung des Führerscheins bei der Medizinisch-Psychologischen Eignungsuntersuchung wertvoll. Als letztendlicher "Beweis" für die Angaben des Klienten in bezug auf eine totale Abstinenz eignen sich die Werte der Parameter m. E. aber nicht; längere Trinkepisoden sind jedoch bei einer regelmäßigen Datenerhebung gut zu erfassen. Die Werte haben somit innerhalb des Konzeptes der "convergent validity" zur Untermauerung der Berichte des Klienten ihren Stellenwert (O'Farrell & Maisto, 1987).

Die Normwerte für die einzelnen Marker liegen bei Männern in folgenden Bereichen:

Gamma-GT: 6-28 U/l
GOT: 2-18 U/l
GPT: 5-22 U/l

7.2 Das Therapieprogramm

7.2.1 Die Grundlagen

Das Therapieprogramm wurde auf der Grundlage des Kompetenzmodells, der Sozial-Kognitiven Lerntheorie, der neueren Erkenntnisse aus der Rückfallforschung sowie der langjährigen Erfahrung des Autors in der Behandlung von gefährdeten und abhängigen jungen Menschen entwickelt (vgl. Mahoney, 1988; Masterpasqua, 1989; Bandura, 1979; Marlatt & Gordon, 1985). Die Behandlung ist eingebettet in einen Self-Management-Ansatz, d. h. der Klient wird angeleitet, schrittweise die Kontrolle über die Auslösung, Steuerung, Belohnung und Veränderung des Verhaltens in den Bereichen wiederzugewinnen, in denen er eine Abhängigkeit erlebt. Er nimmt aktiv an der Bewertung des Problemverhaltens und Auswahl des Zielverhaltens teil und versucht, durch Aufmerksamkeit und Selbstbeobachtung die internen und externen auslösenden Stimuli und Konsequenzen zu erkennen und Zusammenhänge zu seinem Problemverhalten herzustellen. In diesem psychoedukativen Therapieansatz wird der Klient angeleitet, unterstützt und gefördert, von einer passiven Abhängigkeitshaltung zu einer Strategie des aktiven Problemlösens überzugehen und die dazu notwendigen neuen Fertigkeiten, die eine bessere Anpassung an die Alltagsanforderungen ermöglichen, zu lernen und beizubehalten. Einschränkend muß jedoch gesagt werden, daß man sich in der Therapie in der Regel mit den "normalen" Anforderungen beschäftigt und zukünftig möglicherweise auftretende, extreme Streßsituationen eher selten bearbeitet werden können. Für diesen Fall ist - in einem dynamischen Modell von persönlicher Entwicklung und psychoedukativer Therapie - eine Wiederaufnahme der Behandlung für einen begrenzten Zeitraum möglich und sinnvoll.
  In der Behandlung der Alkoholabhängigkeit strebt man zu Beginn der Therapie eine Verhaltensänderung in Richtung Abstinenz sowie deren Aufrechterhaltung an. Gerade die Aufrechterhaltung der Abstinenz wird mittlerweile von vielen Forschern und Therapeuten, die Alkoholismus als eine "relapsing condition" charakterisieren, als die zentrale Problemstellung in der Behandlung angesehen (Litman, 1980; Marlatt & Gordon, 1985).
  Nicht die Initiierung einer Verhaltensänderung - was bisher vor allem in Langzeittherapieeinrichtungen den Schwerpunkt der Behandlung ausmacht -, sondern deren Aufrechterhaltung im Alltag entscheidet über die weitere Entwicklung eines Abhängigen. Diese Erkenntnis ist sicherlich nicht neu und revolutionär, bisher wurde sie jedoch leider kaum in die therapeutische Praxis umgesetzt. Stabilisierungs- und Rückfallpräventionsmaßnahmen haben bisher in Deutschland im Rahmen der "Nachsorge" keinen großen Stellenwert in der Behandlung und fristen eher ein "Mauerblümchendasein". Theoretisch wird die Bedeutung der Nachsorge zur Stabilisierung des Therapieerfolgs in der Ambulanz oder in Selbsthilfegruppen zwar immer wieder herausgestellt, praktisch besteht jedoch eine geringe Nachfrage

und ein geringes Wissen über geeignete Konzepte und Maßnahmen sowie deren Effektivität (Paul et al., 1991). In einer vom Verband der ambulanten Beratungs- und Behandlungsstellen für Suchtkranke (VABS) in Auftrag gegebenen Expertise zur Situation der Nachsorge in den therapeutischen Einrichtungen führten die Autoren diese Zustandsbeschreibung von Paul et al. auf folgenden Sachverhalt zurück (Fahrner & Jung, 1988, S. 9):

> Das Problem der bisherigen Weiterbehandlung nach einem stationären Aufenthalt wird darin gesehen, daß dem Klienten teilweise unbewußt suggeriert wird, daß die eigentliche Behandlung jetzt vorbei sei und daß anschließend noch einige, wie immer wieder besonders betont wird, freiwillige Maßnahmen (lockerer Art) im Rahmen der Nachsorge möglich seien. Gegenüber dem eher strukturierten stationären Aufenthalt stellt dies einen derart krassen Übergang dar, daß viele Klienten diesen Teil der Therapie für eher überflüssig halten.

In einer ambulanten Behandlung stellt sich die Situation vollkommen anders dar. Hier gibt es nicht die "künstliche" Trennung von "Käseglocke stationäre Therapie" und Alltag in der "Nachsorge", sondern der Klient muß sich vom ersten Tag seiner Entscheidung für die Abstinenz bewähren. Anzumerken sei in diesem Zusammenhang, daß in einer stationären Einrichtung infolge der künstlichen "Käseglockenatmosphäre" und des fehlenden natürlichen Settings ein verhaltenstherapeutischer Behandlungsansatz nur eingeschränkt möglich und mit vielen Schwierigkeiten verbunden ist.

In der Abhängigkeitsbehandlung scheitern bisher in der täglichen Bewährung viele Klienten, und die Analyse von dieser meist nicht professionell betreuten Phase der Aufrechterhaltung des "neuen" Verhaltens zeigt, daß es oft nicht fehlende Motivation gewesen ist, sondern fehlendes "know how" zur Bewältigung der aufgetauchten Probleme. Genau an diesem wichtigen Punkt wird der erste Baustein des hier dargestellten Behandlungsansatzes ansetzen, nämlich dem Klienten - vor dem Hintergrund eines Rückfallmodells - Möglichkeiten an die Hand zu geben, der Versuchung besser widerstehen zu können. Der zweite Therapiebaustein ermöglicht dem Klienten - nachdem eine relativ stabile Abstinenz erreicht ist - den Aufbau von Fertigkeiten und Kompetenzen zur besseren Bewältigung des Alltags und der adäquateren Befriedigung seiner Bedürfnisse.

Wie schon erwähnt, erfolgt die Behandlung im Rahmen eines Self-Management-Ansatzes (Karoly & Kanfer, 1982) sowie in Anlehnung an das Prozeßmodell eines Therapieverlaufs von Kanfer & Grimm (1980) und umfaßt folgende Komponenten:
- das Erstgespräch
- die Initialphase
- die Interventionsphase I: Der Versuchung widerstehen
- die Interventionsphase II: Aufbau intra- und interpersoneller Fertigkeiten; Lebensstilveränderungen
- die Katamnesephase

Mit Ausnahme des Erstgesprächs und der Katamnesephase ist die Dauer der einzelnen Phasen davon abhängig, wie schnell der jeweilige Klient seine Ziele erreicht.
Das Behandlungsprogramm ist strukturiert, wobei diese Strukturierung durch die Problemorientiertheit, Rückmeldungen, Hausaufgaben, Protokollbögen etc. unterstützt wird. Es wird ausführlich beschrieben, damit sich der Leser gut in den Therapieablauf hineinversetzen und die einzelnen Behandlungskomponenten nachvollziehen kann. Der interessierte Therapeut hat dadurch die Möglichkeit, die Behandlung mit seinen Klienten in seinem Setting ebenfalls durchzuführen. Die detaillierte Schilderung vereinfacht weiterhin die Darstellung

der Therapiefälle, da bei der Falldarstellung nur noch auf die einzelnen Behandlungskomponenten verwiesen zu werden braucht oder Abweichungen dargestellt werden müssen.

7.2.2 Das Erstgespräch

Dem Erstgespräch wird immer wieder große Bedeutung für den weiteren Verlauf einer Therapie zugeschrieben (Garfield, 1982; Blasius, 1991), und gerade in der Abhängigkeitstherapie gestaltet sich der Beginn oft schwierig. Die Person kommt nicht immer aufgrund eigener Einsicht in die Notwendigkeit einer Veränderung in die Sprechstunde, sondern infolge des Drucks nahestehender Personen oder Institutionen wie Justiz, Arbeitgeber etc. Im Erstgespräch wird dem Klienten die Gelegenheit gegeben, seine Sicht der Problematik sowie seine Erwartungen an die Therapiegespräche darzustellen. Übliche Fragen zu Beginn des Gesprächs sind beispielsweise:
- Schildern Sie mir bitte, was Sie zu mir führt?
- Wie ernst ist Ihrer Meinung nach Ihr Problem?
- Wie lange bestehen schon Ihre Schwierigkeiten?
- Was hat Sie gerade zum jetzigen Zeitpunkt zur Kontaktaufnahme veranlaßt?
- Wie sind Sie in unsere Einrichtung gekommen?
- Welche Personen Ihrer Umgebung kennen die von Ihnen geschilderten Probleme?
- Was erwarten Sie sich von den Gesprächen mit mir?

Allgemein gesagt, sollte der Therapeut auch im Gespräch mit Abhängigen zu Therapiebeginn
- mit weiten Fragen beginnen und sie erst allmählich enger stellen;
- so oft wie möglich offene Fragen stellen;
- keine Suggestivfragen stellen.

Die erste Begegnung mit dem Klienten beinhaltet seitens des Therapeuten folgende Ziele:
- Bildung eines therapeutischen Arbeitsbündnisses;
- Stärkung bzw. Aufbau der Motivation beim Klienten, weitere Gespräche wahrzunehmen;
- Vermittlung von Zuversicht und Hoffnung sowie das Stellen von Anforderungen wie Aktivität, Verantwortungsübernahme etc. an den Klienten;
- dem Klienten das Gefühl vermitteln, daß er verstanden wird;
- dem Klienten Wertschätzung und Wärme entgegenbringen, damit dieser sich traut, seine Einstellungen und Gefühle offen zu äußern;
- vom Klienten erste Informationen über seine Probleme zu erhalten;
- Förderung positiver Erwartungen im Hinblick auf die Therapie beim Klienten;
- Information über den Behandlungsablauf.

Wichtig ist es auch von Anfang an, auf die Stärken und Kompetenzen des Klienten zu achten und ihm diese auch rückzumelden (z. B. "Ich finde es gut, daß Sie während der ganzen Zeit darauf geachtet haben, sich Ihren Arbeitsplatz zu erhalten."). Gerade beim abhängigen Klienten ist es wichtig und beziehungsfördernd, daß der Therapeut ihn mit seinen Defiziten *und* Stärken wahrnimmt. Eine ausschließliche Fokussierung auf die Alkoholproblematik, wie sie meist vom Umfeld des Klienten vorgenommen wird, ist zu vermeiden.

Notwendig erscheint es mir, noch etwas ausführlicher auf die Therapeut-Klient-Beziehung einzugehen, besteht doch immer noch das Vorurteil, der Verhaltenstherapeut würde ohne Herstellung einer Beziehung, distanziert und technokratisch als Vermittler von therapeutischen Methoden arbeiten. In der Verhaltenstherapie wurde jedoch schon immer, entgegen anderslautender hartnäckiger Behauptungen, der Therapeut-Klient-Beziehung eine bedeutsame Rolle zugeschrieben (Sloane et al., 1975; Sweet, 1984). In einem jüngst erschienenen Buch von Margraf & Brengelmann (1992) wird in mehreren Beiträgen bei verschiedenen Störungsbereichen aufgezeigt, daß die Güte der Beziehung ein wichtiger Faktor in einer erfolgreichen verhaltenstherapeutischen Behandlung ist. Die therapeutische Beziehung ist jedoch keine zusätzliche Technik, derer sich der Verhaltenstherapeut bedient, sondern eine Haltung, die zu Verhaltensweisen führt, deren Ziel es ist, die Beziehung zwischen Klient und Therapeut so zu gestalten, daß ein Arbeitsbündnis zur Lösung der anstehenden Probleme möglich wird. Zielke (1992) hat Kriterien für eine therapeutische Beziehung und Beurteilungsdimensionen für ein "gutes" oder "schlechtes" Arbeitsbündnis aufgestellt, wobei neben offen beobachtbarem Verhalten auch immer suggestive Prozesse in der Beziehungsgestaltung wirksam sind (Laux, 1992).

Der Aufbau einer therapeutischen Beziehung ist in einer Abhängigkeitstherapie von großer Bedeutung, da auf dieser Grundlage die allmähliche Auseinandersetzung des Abhängigen mit seiner Realität möglich ist und in einen fruchtbaren Veränderungsprozeß münden kann. Konfrontation in der Anfangsphase ohne eine tragfähige Beziehung, verbunden mit der Forderung der Abstinenz, ist m. E. kontraindiziert und fördert keine Einsicht, sondern erhöht die Wahrscheinlichkeit des Abbruchs.

Am Ende des Erstgesprächs wird der Klient gebeten, Unklarheiten sowie noch bestehende Informationsdefizite anzusprechen und seine Rückmeldung über das Gespräch zu geben. Weiterhin soll er aufgrund der im Erstgespräch erhaltenen Informationen und gemachten Erfahrungen überlegen, ob er die Behandlung mit diesem Therapeuten durchführen möchte. Es wird eine "Bedenkzeit" ausgemacht, nach deren Ablauf der Klient anruft und seine Entscheidung mitteilt. Dieser Aspekt ist m. E. wichtig, da der Klient dadurch die Möglichkeit hat, seine Entscheidung zu treffen und Verantwortung für seine Therapie zu übernehmen. Der Therapeut versucht ihn nicht zur Behandlung zu überreden, sondern überträgt ihm gleich die Rolle eines aktiven, kompetenten Beurteilers und Entscheiders (Meichenbaum & Turk, 1987).

7.2.3   Die Initialphase

Die Anfangsphase der Therapie ist durch folgende Komponenten gekennzeichnet:

7.2.3.1 Intensivierung der therapeutischen Beziehung

Im Abschnitt "Erstgespräch" wurde bereits die Bedeutung der therapeutischen Beziehung für das Behandlungskonzept beschrieben. Dieser Beziehungsprozeß bildet gleichsam die Basis für die angestrebten Veränderungen, wobei sich der Therapeut vor allem auf die von Goldstein (1975) beschriebenen Methoden der Beziehungsförderung und die von Rogers (1973) als effektiv aufgezeigten Therapeutenvariablen stützt. Außerdem wird auf weitere gute Abhandlungen zu dieser Thematik verwiesen (Heider, 1977; Zimmer, 1983; 1992).

7.2.3.2 Motivationsarbeit

In der Behandlung von Abhängigen ist die Erarbeitung eines fundierten, wohlüberlegten Entschlusses und einer persönlichen Verpflichtung zur Verhaltensänderung ein äußerst wichtiger Aspekt im Veränderungsprozeß. Motivation wird in diesem Behandlungskonzept nicht als statische Größe in einem "Trait-Ansatz" gesehen, sondern als Prozeß konzeptualisiert, an dem der Klient, dessen soziales Umfeld, der Therapeut und das therapeutische Setting beteiligt sind.

Wie schon erwähnt, halte ich aufgrund meiner langjährigen Erfahrungen mit jungen Problemtrinkern und Abhängigen den konfrontativen Ansatz, der das Ziel der Kapitulation sowie die Übernahme des Etiketts "Ich bin ein Alkoholiker" verfolgt, in der Anfangsphase einer Behandlung für wenig fruchtbar. Zudem gibt es auch meines Wissens keine empirischen Belege dafür, daß dieser Schritt notwendig ist für eine dauerhafte Abstinenz. So konnten Miller et al. (1993) in einer neueren Untersuchung zeigen, daß der Klient umso mehr trinkt, je stärker ihn der Therapeut mit seiner Alkoholproblematik konfrontiert.

In Anlehnung an Miller (1985) werden in der Anfangsphase mit dem Klienten 3 Bereiche besprochen und bearbeitet:

1. Vorstellung und Erarbeitung einer Pro- und Contra-Entscheidungsmatrix sowie Entschluß und Verpflichtung zur Veränderung.

Pro Alkoholkonsum	Contra Alkoholkonsum

Abbildung 12: Pro- und Contra-Tabelle Alkoholkonsum

Dieser aus der Entscheidungstheorie stammende Ansatz geht davon aus, daß erst eine Entscheidung in Richtung Veränderung fällt, wenn die Kosten des Alkoholkonsums bei weitem den Nutzen überwiegen. Dabei ist meistens von einem langfristigen Prozeß auszugehen, in dem der Klient schon öfter mehr oder weniger differenzierte Kosten-Nutzen-Überlegungen angestellt hat (z. B. "Es hat keinen Wert mehr, ich muß aufhören"), letztendlich die Differenz zwischen Kosten und Nutzen jedoch nicht stark genug war bzw. sich die Bewertungen als nicht stabil genug erwiesen haben (kurzfristige und langfristige Konsequenzen), um eine dauerhafte Verhaltensänderung zu bewirken.

> **Beispiel:** Viele Therapeuten kennen aus ihrer klinischen Praxis den Problemtrinker, der morgens im "verkaterten" Zustand beschließt, keinen Alkohol mehr zu trinken, mittags mit besserer Befindlichkeit schon daran denkt, zwei, drei Bier, aber nicht mehr, zu trinken, und abends wie gewöhnlich in seiner Stammkneipe steht und am späten Abend seinen gewohnten "Kranz" auf dem Bierdeckel hat. Am nächsten Morgen beginnt das Spiel von Neuem ...

In Abänderung der oben dargestellten Entscheidungstabelle wird dem Klienten das Bild einer Balkenwaage zur Entscheidungsfindung vorgegeben. Hier sind nicht nur die einzelnen Argumente - pro und contra - für die Entscheidung wichtig (z. B. 7:4), sondern von großer Bedeutung ist die Bewertung, die "Gewichtung" der einzelnen Gründe, wobei dem Klienten ein "Gewichtungssortiment" von 50 g bis 1000 g zur Verfügung steht. Ob ein Argument beispielsweise mit 100 g oder 500 g gewichtet wird, hat für die persönliche Entscheidungsfindung eine große Bedeutung, und die Gewichtungen gleicher Pro- und Contra-Argumente können bei verschiedenen Personen oft vollkommen unterschiedlich sein. Die Gewichtungen symbolisieren bei dem rationalen Entscheidungsprozeß gleichsam die affektive Komponente, die entscheidend ist für die Verpflichtung zur Veränderung. Mit diesem Modell der Balkenwaage läßt sich sowohl der Standort des Klienten im Prozeßmodell von Prochaska & Di Climente (1986) abklären als auch eine Neuorientierung des Klienten verstehen und nachvollziehen. Ein Rückfall ist in diesem Modell eine Konsequenz von Veränderungen des Klienten in der Gewichtung seiner Pro- und Contra-Gründe auf seiner Entscheidungsmatrix und/oder von neuen Argumenten, die die Situation entscheidend verändert haben.

Die Entscheidungsmatrix führt bei entsprechender Konstellation zum Veränderungsentschluß und möglicherweise zur Abstinenzverpflichtung. Die Güte des Entschlusses und die Stärke der Verpflichtung bilden gleichsam das Fundament für die Therapie, wobei man beide Komponenten nicht als etwas Statisches, sondern als etwas Prozeßhaftes begreifen sollte, auch vor dem Hintergrund, daß Ambivalenz und Konflikt Hauptmerkmale abhängigen Verhaltens darstellen. Für das Behandlungskonzept bedeutet dies, daß großer Wert auf diese beiden Komponenten gelegt wird und sie im Therapieprozeß immer zu berücksichtigen sind. Eine zu kurze oder ungenügende Bearbeitung dieser Thematik und ein zu schnelles "Hineinspringen" des Therapeuten in die Veränderungsphase führt zu einer Behandlung auf unsicherem und schwankendem Fundament. Die Notwendigkeit einer kontinuierlichen "Pflege" der Entscheidungsmatrix im Therapieverlauf belegt eine Studie von Litman et al. (1983), die fanden, daß sich nicht rückfällige Problemtrinker von Rückfälligen dadurch unterschieden, daß sie sich in der Problem- und Versuchungssituation an ihre Entscheidungsmatrix erinnert haben. Hall et al. (1990) fanden, daß die persönliche Verpflichtung zur absoluten Abstinenz nach einer Behandlung mit einem geringeren Rückfallrisiko verbunden ist, unabhängig von dem in dieser Phase erlebten psychosozialen Streß.

Die konkrete Umsetzung dieser Erkenntnisse in dieses Behandlungskonzept sieht so aus, daß der Klient seine erstellte Entscheidungsmatrix immer bei sich trägt, regelmäßig überprüft und gegebenenfalls modifiziert. In einer überraschenden Versuchungssituation hat der Klient die Anweisung, sofort einen Ort aufzusuchen (z. B. die Toilette), an dem er in aller Ruhe seine Entscheidungsmatrix durchgehen kann. Danach kann er mit einem festen Entschluß und erneuerter Verpflichtung in die Situation zurückkehren oder sie sofort verlassen.

Mit einer guten und festen Entscheidung und einem hohen Ausmaß an Verpflichtung kann der Klient adäquater seine Problem- und Versuchungssituationen bewältigen, und ein umfassendes Verständnis des Rückfallprozesses erfordert m. E. die Analyse der Interaktion zwischen Entschluß (Entscheidung, in einer bestimmten Art und Weise zu handeln), Verpflichtung (konkrete Umsetzung dieser Absicht) und Situationen mit hohem Risikopotential. Den ersten beiden Komponenten wird in der Therapie oft zu wenig Beachtung geschenkt, und man führt den Rückfall ausschließlich auf nicht vorhandenes bzw. nicht ausgeführtes Coping-Verhalten zurück. Oft steht jedoch im Hintergrund des Rückfalls eine Entscheidung zum Trinken und die Aufgabe der Verpflichtung zur Abstinenz, von Klein (1984) auch das "Heimliche Ja" genannt. Mit Hilfe der Entscheidungsmatrix kann der Klient lernen, diesen oft "verborgenen" Um- und Neubewertungen nachzuspüren und das "Heimliche Ja" nochmals zu überprüfen.

2. Übertragung der Verantwortung für die Entscheidung an den Klienten

Der Therapeut schildert zwar dem Klienten klar und deutlich seine Einschätzung der Problemlage, vermeidet jedoch moralische Konnotationen und überläßt dem Klienten die Entscheidungsbefugnis, solange keine Bedrohung für dessen Leben existiert.

> **Beispiel:** Das Gespräch zwischen Therapeut und Klient kann bei dem Klienten die Einsicht in die Notwendigkeit einer Veränderung fördern und dessen Entschluß stärken, etwas zu tun. Im Gegensatz zum Therapeuten ist der Klient jedoch der Meinung, daß er diese angestrebte Veränderung ohne professionelle Hilfe schaffen kann. In dieser Situation kommt dem Therapeuten die Rolle zu, sich konstruktiv zu verhalten, d. h. einerseits die konkreten Schwierigkeiten bei der gewählten Problemlösungsstrategie aufzuzeigen und andererseits dem Klienten Hoffnung zu vermitteln, daß er es schaffen kann. Das Entscheidende ist, den Klienten in seiner gezeigten Autonomie zu stärken und ihm die Verantwortung für diese Entscheidung mit allen daraus entstehenden Konsequenzen zu übertragen. Verbunden damit ist das Angebot des Therapeuten, daß der Klient die Therapie jederzeit wieder aufnehmen kann, wenn er sich für eine zusätzliche professionelle Hilfe entscheidet.

3. Korrektur des Bildes der Hilflosigkeit und das Aufzeigen von Entscheidungs- und Handlungsfähigkeit

Das Bild, das Klienten häufig von sich haben, daß sie nämlich hilflos der Alkoholproblematik ausgeliefert sind und nichts dagegen tun können, wird mit Hilfe von Erfahrungen des Klienten korrigiert. Ziel ist es, daß der Klient sieht, daß er selbst zu einer Veränderung beitragen und seine Fähigkeiten einsetzen kann. Beispielsweise entscheidet er sich nach erfolgter Entgiftung in einer Problemsituation, nicht zu trinken, und sagt "Nein" bei einem Alkoholangebot etc.

Zusammenfassend kann man sagen, daß durch die Motivationsarbeit folgende Ziele verfolgt werden:
- Erhöhung des Selbstwertgefühls durch die Betonung der Wahlfreiheit, der Eigenverantwortung und der Fähigkeit des Klienten, sinnvolle Entscheidungen zu treffen;
- Erzeugung von kognitiver Dissonanz infolge der Diskrepanz zwischen den Interessen, Wünschen, Werten und Zielvorstellungen des Klienten einerseits sowie dem akuten Verhalten und der Realität andererseits. Diese Dissonanzsteigerung erfolgt in einer vertrauensvollen Atmosphäre, auf dem Boden eines erhöhten Selbstwertgefühls und gesteigerter Selbstwirksamkeitserwartungen beim Klienten.
- Der Therapeut interveniert in Richtung auf eine Reduktion der kognitiven Dissonanz mittels Veränderung des Trinkverhaltens und des Lebensstils seitens des Klienten.

Therapeutisch unfruchtbar ist die Dissonanzsteigerung durch eine direkte Konfrontation in einer "kalten" Atmosphäre und bei einem gering ausgeprägten Selbstwertgefühl des Klienten. Der Klient versucht in einer solchen Situation durch eine Veränderung der kognitiven Strukturen, insbesondere durch Leugnung, die kognitive Dissonanz zu reduzieren.

7.2.3.3 Die Vermittlung der Therapie-Rationale

Der Therapeut stellt in einer für den Klienten verständlichen Form die wesentlichen Bestimmungsstücke der Sozial-Kognitiven Lerntheorie sowie des Sozial-Kognitiven Rückfallmodells dar. Mit Hilfe der persönlichen Erfahrungen des Klienten werden diese theoretischen Grundlagen illustriert. Ziel ist es, daß der Klient diese Therapietheorie übernimmt und sich somit eine Basis schafft, um sein Problemverhalten zu analysieren, funktionale Zusammenhänge zu erfassen und potentielle Risikosituationen frühzeitig zu erkennen. (Zur Darstellung der Sozial-Kognitiven Lerntheorie und des Sozial-Kognitiven Rückfallmodells vgl. Kapitel 5.)

7.2.3.4 Verhaltensanalyse

Im Verlauf von mehreren Sitzungen werden in der Initialphase mit dem Klienten die therapierelevanten diagnostischen Informationen erhoben. Neben den verwendeten Fragebögen (siehe Kapitel 7.1) bildet die Verhaltensanalyse das Kernstück im Prozeß der Informationsgewinnung, die in Anlehnung an die Schemata von Schulte (1976) und Feldhege (1980) folgende Komponenten umfaßt:

- Erhebung der Entwicklungs- und Lebensgeschichte des Klienten;

- Genese des Rauschmittelkonsums und der Alkoholproblematik;

- funktionale Analyse der gegenwärtigen Alkoholproblematik:
  o Beschreibung des Alkoholkonsumverhaltens während der letzten drei Monate (Baseline): Menge, Häufigkeit, Zeitpunkte der Einnahme, Art der Einnahme (langsam, stetig, hastig, gierig etc.), situativer Kontext; Beschreibung möglicher Schwankungen in Intensität und Häufigkeit; Beschreibung eines typischen Tagesablaufs, einer typischen Problemsituation;

- o Analyse der Auslösebedingungen des Alkoholkonsumverhaltens (soziale, emotionale, situative, kognitive, physiologische);
- o Analyse der kurz-, mittel- und langfristigen Konsequenzen des Trinkverhaltens, die zu einer Steigerung oder Reduktion der Auftretenswahrscheinlichkeit des Trinkverhaltens führen (soziale, emotionale, kognitive, physiologische);
- o Analyse möglicher Modelleinflüsse auf das Problemverhalten in der Familie, im Verwandten- und Bekanntenkreis;
- o Analyse relevanter Organismusvariablen (z. B. organische Funktionsstörungen wie Hirnschädigungen, hormonale Anomalien etc.).

- Analyse der Selbstkontrolle: sie liefert weitere Informationen für die Hypothesenbildung bzw. geben erfolglose Versuche der Selbstkontrolle Hinweise auf eine adäquatere Therapieplanung. Von Bedeutung sind folgende Aspekte:
- o die Anzahl der Versuche und durch wen der Versuch initiiert wurde;
- o Zielsetzungen der Selbstkontrollversuche (Abstinenz, kontrolliertes Trinken);
- o Gründe für das Scheitern;
- o Analyse der bisherigen Rückfallprozesse;
- o mögliche Situationen, Zeiten, Orte, in denen das Problemverhalten nicht oder in geschwächter Form auftritt bzw. aufgetreten ist.

- Analyse weiterer Problembereiche und Abklärung möglicher Zusammenhänge mit dem "Primärsymptom" Alkoholabhängigkeit;

- Erstellung eines hypothetischen funktionalen Bedingungsmodells des Problemverhaltens;

- Zielanalyse: Auf der Basis der Verhaltensanalyse und der ausgewerteten Daten der Fragebögen nimmt der Therapeut zusammen mit dem Klienten eine Zusammenstellung der zu verändernden Verhaltensweisen vor und beschreibt die Zielverhaltensweisen. Hilfreich ist in diesem Zusammenhang eine Imaginationsübung mit folgender Instruktion: "Stellen Sie sich vor, die Therapie wäre beendet. Wie würde Ihr Leben dann aussehen? Versuchen Sie so konkret wie möglich zu werden und auch einzelne Verhaltensweisen zu beschreiben." Folgende Aspekte werden besprochen:
- o Bei welchen Therapiezielen muß der Klient sein eigenes Verhalten ändern, bei welchen müssen Teile des Umfeldes sich verändern und bei welchen beide Bereiche?
- o Funktionalität der Symptome und die Folgen einer Symptomveränderung. Stehen dem Klienten alternative Verhaltensweisen zur Verfügung, die er nach dem Abbau des symptomatischen exzessiven Verhaltens ausführen kann (Positive Sucht!)?

- Therapieplanung: Der Therapeut schlägt dem Klienten therapeutische Maßnahmen vor, wobei dem Klienten die Zusammenhänge zwischen Problem-, Zielanalyse sowie den Maßnahmen deutlich werden sollen. Dies erhöht m. E. die Motivation und Compliance seitens des Klienten und ermöglicht zu einem frühen Zeitpunkt den Transfer in die Realität. Wichtig ist auch, daß Therapeut und Klient auf der Basis einer gemeinsamen Problemhierarchie und Zielsetzung arbeiten.

- Analyse möglicher Rückfälle während der Therapie: Eine genaue und differenzierte Rückfallanalyse liefert wertvolle Informationen über interpersonelle und/oder intrapersonelle Situationen, für die noch keine Bewältigungskompetenzen zur Verfügung stehen, oder

erlaubt Rückschlüsse darauf, warum bestehende Fertigkeiten nicht zur Anwendung gekommen sind. Eine Analyse der Konsequenzen des erneuten Alkoholkonsums erfordert eventuell Veränderungen in der therapeutischen Mikroplanung. Die Analyse der Rückfallsituation erfolgt analog dem Vorgehen bei der Problemanalyse und umfaßt folgende Komponenten:
o Beschreibung der Situation (Zeit, Ort, Personen), in der ein Rückfall passiert ist;
o Hauptgrund für den Rückfall;
o Beschreibung der inneren Vorgänge (Gedanken, Gefühle, Körperempfindungen) vor und nach dem Rückfall;
o weiterer Verlauf nach dem "ersten Schluck" Alkohol.

- Protokollierung und Analyse von Risikosituationen:
Eine wichtige Voraussetzung für die Durchführung von selbstkontrolliertem Verhalten sieht Kanfer (1977) in der Fähigkeit einer Person zur Selbstbeobachtung, Selbstbewertung und Selbstbelohnung. Der Klient wird angeleitet, sein Problemverhalten genau zu analysieren und zu beobachten. Bei dem körperlich entgifteten Klienten ist es wichtig, daß er seine alkoholbezogenen Gedanken, Empfindungen, Erwartungen und Wünsche sowie die Situationen, in denen diese häufig auftreten, beobachtet und registriert (siehe Anlage 6).

Zu Beginn der Behandlung ist es äußerst wichtig - insbesondere bei Klienten, die keinen bewußten Zugang zu ihrem Problemverhalten und dessen Funktionalität haben -, detaillierte Protokolle anfertigen zu lassen und mittels Imagination in der Therapiestunde nochmals einige Situationen zu bearbeiten und "nachzuanalysieren".

> **Beispiel:** Stellen Sie sich die Situation vom letzten Dienstag, die Sie auf Ihrem Protokollbogen geschildert haben, noch einmal vor. Gut, nehmen Sie sich Zeit und geben Sie mir ein Zeichen, wenn Sie das Bild vor sich haben. Welche Gedanken, Gefühle, Empfindungen haben Sie vor und während dieser Versuchungssituation erlebt? ... Was haben Sie zur Bewältigung dieser Situation getan? ... Wie ging es Ihnen danach? ... Was haben Sie dann zu sich gesprochen und wie haben Sie sich gefühlt?

Diese Übungen dienen dazu, daß der Klient lernt, sich besser zu beobachten, eine Art Introspektion entwickelt, wie man in der Gesprächspsychotherapie sagen würde. Weiterhin erfährt der Klient dadurch, daß sein Trinkverhalten bzw. Verlangen nach Alkohol durch komplexe interne und externe Stimulusbedingungen gesteuert wird und er diesem Verlangen nicht - wie meist vorher angenommen - hilflos ausgeliefert ist. Erste kleine erfolgreiche Bewältigungsversuche in der Anfangsphase stärken die Motivation und erhöhen die Compliance und legen somit die Basis für selbstkontrolliertes, selbstverantwortliches Handeln.

Der Klient erhält ferner vom Therapeuten die Handlungsanweisung, Risikosituationen (z. B. Stammkneipe) zu meiden, um unnötigen Rückfallsituationen in dieser gefährlichen Anfangsphase - keine Alkoholkompetenz mehr und noch geringe Alternativkompetenz - vorzubeugen.

7.2.3.5 Zusammenfassung

Es kann festgehalten werden, daß dieser Initialphase, deren Komponenten in nachfolgender Tabelle dargestellt sind, im Behandlungsprozeß eine große Bedeutung zukommt.

Tabelle 4: Zusammenstellung der Komponenten der Initialphase

- Intensivierung der therapeutischen Beziehung und Aufbau eines Arbeitsbündnisses zwischen Therapeut und Klient
- Motivationsarbeit
    - o Entscheidungsmatrix: Pro und Contra Alkoholkonsum ("Balkenwaagenmetapher")
    - o Verpflichtung zur Abstinenz und Übernahme der persönlichen Verantwortung zur Veränderung
    - o Aufzeigen der Entscheidungs- und Handlungsfähigkeit
- Vermittlung der Therapie-Rationale
- Diagnostik (Fragebogen, Verhaltensanalyse, Hypothesenbildung, Zielanalyse und Therapieplanung)

Wichtig erscheint es mir, daß sich der Klient, der oft auf eine schnelle Veränderung seines Problems aus ist, auf diesen Prozeß einläßt und aktiv mitarbeitet. Eine Aussage an den Klienten in diesem Zusammenhang ist, daß die Güte und Effektivität der Therapie auch in hohem Maße von der Qualität der Arbeit in dieser Phase - Motivationsklärung, Diagnostik, Hypothesenbildung - abhängt. Unumgänglich und motivationsfördernd ist es jedoch, in der Ambulanz auch dem Wunsch des Klienten nach direktem Handeln - "Was soll ich machen?" - in dieser Phase entgegenzukommen. Praktische Handlungsanweisungen im Rahmen von Selbstkontrollmaßnahmen sowie die Organisation einer Entgiftungsmöglichkeit sind Beispiele dafür und fördern die Klient-Therapeut-Beziehung. ("Der redet nicht nur, sondern hilft mir auch!")

Weiterhin erhält der Klient in dieser Initialphase einen präzisen Einblick in die Ursachen und aktuellen Bedingungsfaktoren seines Problemverhaltens. In Verbindung mit dem Therapierational fördert dies bei ihm die Einsicht in die Notwendigkeit von Eigenaktivitäten und erhöht somit seine Compliance für die anstehenden Therapiemaßnahmen. Erstgespräch und Initialphase bilden demnach die Basis für die Initiierung des "Self-Management-Prozesses".

7.2.4 Die Interventionsphase I:
Aufbau von Basiskompetenzen für das "Selbstmanagement"
("Der Versuchung widerstehen")

7.2.4.1 Einleitung

In der ambulanten Behandlung stellt sich die Situation meist so dar, daß der Klient, der sich zur Abstinenz verpflichtet hat und somit seiner Alkoholkompetenz beraubt sieht, in seinem Alltag einer Fülle von Situationen und Problemen gegenübersteht, die es nun ohne Alkohol zu meistern gilt. Erschwerend kommt noch hinzu, daß man infolge des früheren, auf das Trinken bezogenen Lebensstils auch kaum Alltagssituationen findet, die nicht mit Alkohol gekoppelt sind.

Deshalb ist es notwendig, daß sich an die Initialphase möglichst ohne Verzögerung konkrete Interventionen anschließen, damit der Klient erstens mehr "Handwerkszeug" erhält, um trocken zu bleiben, und sich zweitens durch erste Veränderungen und Teilerfolge die Behandlungsmotivation und Compliance weiter stabilisiert. In der Ambulanz kann man diesen idealtypischen Ablauf jedoch nicht immer einhalten, und oft besteht die Notwendigkeit, in der Initialphase schon erste konkrete Interventionsschritte zu planen und mit dem Klienten durchzuführen.

Beispiel: Ein Klient wird nach der Entgiftung im Krankenhaus wieder arbeitsfähig geschrieben und sieht in der Situation "Arbeitsplatz" ein erhebliches Rückfallrisiko.

Da für den Klienten eine Vermeidung dieser Situation und die damit de facto verbundene Kündigung nicht in Frage kommt, stellt sich in der Therapie die Aufgabe, wie er diese schwierige Situation bewältigen kann.

Die detaillierte Analyse der Problemkonstellation führt zu einem Bündel von Interventionsmaßnahmen:
kein Geld mitnehmen, damit er sich am Automaten kein Bier ziehen kann (höchstens 30 Pfennig, damit er anrufen kann); Training der Ablehnung von Alkoholangeboten; Selbstverstärkung (sozial und materiell) nach der Arbeit für die Abstinenz; als letzte Möglichkeit, bei massivem Alkoholverlangen, den Arbeitsplatz mit einer "Krankmeldung" verlassen.

In diesem Beispiel wird auch schön ein Wesensmerkmal des Selbstmanagement-Ansatzes deutlich, nämlich daß die Person lernt, Kontrolle über ihr Verhalten zurückzugewinnen und sich wieder oder erstmals als Agent ihrer Handlungen erlebt.

In der ersten Interventionsphase werden dem Klienten Methoden und Fertigkeiten vermittelt, die ihn befähigen, die von Marlatt als "High Risk-Situationen" bezeichneten Problem- und Versuchungssituationen zu bewältigen und Selbstkontrolle auszuüben, um somit die Abstinenz zu stabilisieren.

7.2.4.2 Protokollierung und Analyse der Risikosituationen

Wie schon erwähnt, sieht Kanfer (1977) in der Fähigkeit einer Person zur Selbstbeobachtung, Selbstbewertung und Selbstbelohnung eine wichtige Voraussetzung für selbstkontrolliertes Verhalten. Mit Hilfe eines Protokollbogens (siehe Anlage 6) erfaßt der Klient, wie schon in der Initialphase beschrieben, seine individuellen Risikosituationen, wobei einige Schilderungen des Klienten auf dem Protokollbogen zu Übungszwecken vertieft werden. Dadurch wird neben dem Trainingseffekt dem Klienten nochmals die Bedeutung dieser Tätigkeit der Selbstbeobachtung und Protokollierung für den Selbstmanagement-Ansatz verdeutlicht. Diese täglich erstellten Protokolle bilden das "Rohmaterial" für die erste Interventionsphase, geben sie doch Aufschluß über die individuellen Problem- und Versuchungssituationen sowie die Stärken und Schwächen der Klienten.

7.2.4.3 Das interaktionelle Modell der Selbstkontrolle

Die Klienten kommen meist mit einer Vorstellung von Wille und Stärke in die Therapie, die ihnen durch das weitere gesellschaftliche und engere soziale Umfeld vermittelt worden ist. Ihr Konzept von Willensstärke verbalisieren sie oft wie folgt: "Man muß nur richtig wollen, einen starken Willen haben, dann wird man schon trocken bleiben. Bleibt man nicht trocken, hat man nicht richtig gewollt und ist noch nicht tief genug gesunken." Für den Fall, daß jemand offensichtlich tief genug gesunken ist und immer noch nicht abstinent lebt, rettet man seine zirkuläre Hypothese dadurch, indem man postuliert, daß diese Person bereits über eine "imaginäre Schwelle" hinweg und bei ihr "Hopfen und Malz" verloren ist.

Hinter diesem Modell steht eine statische Auffassung von Wille, Stärke und Veränderungsmotivation, aber auch ein Schwarz-Weiß-Denken und ein Alles-oder-Nichts-Konzept. Man nimmt an, daß bestimmte negative Folgen des Alkoholmißbrauchs dazu führen, daß der Wille zur Veränderung ausreichend hoch genug ist und sich in der Folgezeit auch auf gleichbleibendem Niveau stabilisiert. Die therapeutische Erfahrung mit Abhängigen zeigt jedoch, daß dieser Verlauf eher die Ausnahme als die Regel darstellt und die Motivation oft schwankt.

Auf der Basis der eigenen Erfahrungen des Klienten wird das Konzept der "Willensstärke", das insbesondere in der Abhängigkeitstherapie mit viel Mythos umgeben ist, besprochen und aufgearbeitet sowie durch das Konzept der Selbstkontrolle ersetzt. Selbstkontrolle repräsentiert ein Geschehen, bei dem die Person aktiv durch ihr Verhalten involviert ist. Selbstkontrolle in einer spezifischen Problem- und Versuchungssituation wird begriffen als ein komplexer, interaktioneller und dynamischer Vorgang im Sinne des reziproken Determinismus von Bandura (1979) zwischen den Komponenten Person, Situation und Verhalten:

```
            Person
             /\
            /  \
           /    \
          /      \
    Situation ←→ Verhalten
```

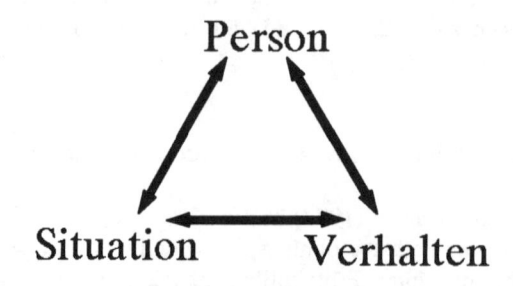

Abbildung 13:   Interaktionelles Modell der Selbstkontrolle

Während das Konzept der Willensstärke nur den "mentalistischen" Faktor bei einer Person berücksichtigt, integriert das interaktionelle Modell der Selbstkontrolle die Faktoren Person (physische und psychische Befindlichkeit), Situation (Schwierigkeit der Problem- und Versuchungssituation) und Verhalten (Bewältigungskompetenz). Das Zusammenspiel dieser drei Faktoren, die der Klient jeweils auf einer Skala von 0 - 10 einstuft (siehe Anlage 6), trägt entscheidend mit dazu bei, wie sich der Behandlungsverlauf nach der Entscheidung zur Verpflichtung gestaltet.

Für den Behandlungsverlauf und eine effektive Rückfallprophylaxe ist es sehr bedeutsam, daß der Klient dieses interaktionelle Konzept internalisiert und in sein alltägliches Verhalten transformiert. Es gilt das alte, reduktionistische Modell, aus dem sich im Alltag konkrete Verhaltensanweisungen ableiten wie "Ich muß immer stark sein", "Ich muß in jeder Situation zu jeder Zeit bestehen können", durch das komplexe, interaktionistische Modell zu ersetzen. Aufgrund der Vorstellungen des alten Modells testen die Klienten auch oft ihre eigene Stärke, indem sie z. B. einige Stunden vor der Bierflasche sitzen, nach der abgeschlossenen Entgiftung in die Stammkneipe gehen oder zum Oktoberfest nach München fahren. Oft werden sie in diesen Testsituationen aufgrund der Schwere der Aufgabe und noch zu geringer Bewältigungsfertigkeiten rückfällig. Dies kann wiederum aufgrund der Alles-oder-Nichts-Annahme von Willensstärke zu Ohnmachtsgefühlen, Resignation und Hoffnungslosigkeit sowie weiterem Alkoholkonsum führen.

In der Therapie werden aufgrund der Erfahrungen des Klienten bzw. aufgrund der Erfahrungen des Therapeuten mit anderen Klienten Beispiele dargestellt und durchgesprochen, die das dynamische Zusammenspiel zwischen den Komponenten Person, Situation und Bewältigungsverhalten aufzeigen.

Beispiel: Ein Klient hat im Verlauf seiner Therapie eine gute Bewältigungskompetenz für die Situation "Freitags nach Feierabend mit den KollegenInnen auf ein Bier in die Wirtschaft gehen" erworben.
Über die Zeit - mittlerweile sieben Gelegenheiten - ist seine Einschätzung der Schwierigkeit der Situation geringer geworden, von S = 8 auf S = 2 bis 3, und seine Bewältigungsfähigkeiten sind gestiegen, von ehemals B = 4 auf B = 7 bis 9. In die bisherigen Situationen ist er stets mit einer guten Befindlichkeit und Sicherheit, P von 7 bis 9, hineingegangen.

Am 8. Freitag hat der Klient eine Auseinandersetzung mit seinem Chef und findet keine Gelegenheit, mit jemandem darüber zu reden. Beim üblichen Gang in die Wirtschaft ist er noch voller Wut und Ärger, eine Befindlichkeit, die bei ihm früher regelmäßig zu Alkoholkonsum geführt hat.
Durch diese Veränderung des Faktors P - er sinkt in der Einschätzung des Klienten auf 2 - verändern sich in der dynamischen Interaktion die anderen Faktoren ebenfalls. Die Einschätzung der Schwierigkeit der Situation erhöht sich auf 7, und das Zutrauen in die eigene Bewältigungsfähigkeit sinkt auf 3.

Die sinnvolle und angemessene Schlußfolgerung aufgrund des interaktionellen Konzeptes der Selbstkontrolle ist das aktive Vermeiden der Feierabendsituation an diesem Freitag und der Anruf bei der Freundin, um mit ihr unmittelbar nach Feierabend über den Vorfall im Betrieb zu reden.

Dieses Beispiel zeigt, daß es ein wichtiges Therapieziel ist, daß der Klient lernt, flexibel und angemessen aufgrund der Analyse und Einschätzung der komplexen Interaktion aus den drei Variablen P, S, B zu handeln. In dem geschilderten Beispiel würde bei dem traditionellen Modell mit einem eher statischen Konzept der Willensstärke der Klient sich die Handlungsanweisung geben, daß er "sich dieser Situation zu stellen habe", und deshalb Gefahr laufen, rückfällig zu werden.

Ein weiteres Therapieziel ist, daß der Klient lernt, sensibel Veränderungen in der Situation zu registrieren und danach zu handeln.

> **Beispiel:** Ein Klient hat die Situation "Geburtstag des Freundes" kurz vor seinem Eintreffen mit P = 7, S = 4 und B = 8 eingeschätzt. Der Freund und eine Vielzahl der Anwesenden wissen um die Alkoholproblematik des Klienten, deshalb sind kaum Alkoholangebote zu erwarten, und ein Gespräch über sein Sprudeltrinken wird aller Voraussicht nach nicht aufkommen. Der Klient fühlt sich gut und sicher, eine ähnliche Situation hat er erst kürzlich bei einem anderen Freund gut bewältigt, und er weiß, daß er ein mögliches Alkoholangebot ganz sicher ablehnen wird. Im Verlauf des langweiligen Abends ertappt sich der Klient dabei, daß er sich intensiver mit dem Bierglas seines Nachbarn als mit dessen Gespräch beschäftigt. Er versucht dagegen zu steuern, sich abzulenken und merkt schnell, daß ihn die Gedanken an Alkohol immer stärker gefangen nehmen. Das Alkoholverlangen wird größer, und beim Anblick des Bierglases läuft ihm das Wasser im Mund zusammen.
>
> Auf der Basis des interaktionellen Modells entschließt er sich, die Situation, die einen Schwierigkeitsgrad von 9 erreicht hat und in der er sich nicht mehr wohl fühlt - P = 3 - und einen Rückfall befürchten muß - B = 4 -, augenblicklich zu verlassen und nach Hause zu fahren. Im Auto atmet er erstmal einige Minuten tief durch und geht in Gedanken seine Pro- und Contra-Karte durch, um damit seine Motivation und Verpflichtung zur Abstinenz zu stärken. Zu Hause macht er sich einen feinen Tee, hört sich seine Lieblings-CD an und ist stolz darauf, diese schwierige Situation durch sein Handeln gemeistert zu haben.

So haben auch de Jong et al. (1988) in einer neueren Untersuchung zum Rückfall von Alkoholabhängigen aufzeigen können, daß sich die Rückfälligen von den Nicht-Rückfälligen nicht so sehr in dem Ausmaß der Bewältigungskompetenz für Problemsituationen unterscheiden, sondern dadurch, daß die Nicht-Rückfälligen in der Problemsituation handeln. Die Rückfälligen hingegen wenden kein Bewältigungsverhalten an, da sie u. U. schon "heimlich Ja gesagt haben", und attribuieren dies zum Schutz ihres Selbst oft übermächtigen äußeren Umständen.

In diesem Zusammenhang werden mit dem Klienten die von Wills & Shiffman (1985) beschriebenen drei Arten von Coping besprochen und mit Beispielen illustriert:
- Das antizipatorische Coping zielt darauf ab, die Versuchung zu minimieren oder zu verhindern.
- Das unmittelbare Coping erfolgt in einer konkreten Situation im Angesicht der Versuchung.
- Das restorative Coping beinhaltet die kognitiv-affektive Bewältigung eines Ausrutschers und die Verhinderung eines Rückfalls.

Die Protokollierung und Analyse der Risikosituationen sowie die Übernahme eines interaktionellen Modells führen beim Klienten zu einer Sensibilisierung und zur Aufdeckung funktionaler Zusammenhänge zwischen dem Alkoholverlangen sowie spezifischen internen und externen Cues und antizipierten Konsequenzen. Diese aufspürende, aufdeckende Arbeit führt Klient und Therapeut zu den Defiziten im Bewältigungsverhalten, wobei zu Beginn der Therapie das Management alkoholbezogener Gedanken und Gefühle sowie des Alkoholverlangens im Vordergrund steht. Gerade die ersten Wochen nach der Entgiftung können infolge eines protrahierten Entzugssyndroms sehr riskant sein, und viele alkoholbezogene Cues evozieren konditionierte antizipatorische Reaktionen, die der Klient meist als ein starkes Alkoholverlangen erlebt und beschreibt. Rückfällige Alkoholabhängige sehen dabei retrospektiv oft nur das Ende des Erlebens- und Verhaltensprozesses, eine Situation, in der meist nur noch eingeschränkte Handlungsmöglichkeiten bestehen. Wichtig ist es deshalb, daß der Klient lernt, bei sich die frühen Warnzeichen zu erkennen und entsprechend zu handeln, weil dies den größtmöglichen Schutz vor dem Ausrutscher bietet.

7.2.4.4 Das Management alkoholbezogener Stimuli und des Alkoholverlangens

Welche Methoden und Techniken kann der Therapeut dem Klienten vermitteln, damit dieser trotz seiner ungenügenden Fertigkeiten und Kompetenzen abstinent bleibt?
Vermeidung schwieriger Situationen und konkretes Rearrangement externer Auslöser. Zu Beginn der Abstinenzphase ist es wichtig, daß der Klient sich nicht überfordert und auf der Grundlage des interaktionellen Modells für sich akzeptiert, daß die Vermeidung schwieriger Situationen wie z. B. Geburtstagsfeier, Stammkneipe, Fasching etc. in dieser Phase sinnvoll und angemessen ist und nicht etwa bedeutet, daß man sich "seinen Problemen nicht stellt". Aber auch scheinbar "alltägliche" Alkoholcues wie Alkoholwerbung und alkoholbezogene Situationen im Fernsehen können, wie eine neuere Untersuchung von Sobell, L. C. et al. (1993) zeigt, sehr abstinenzbedrohend sein.

Hilfreich ist hier die Metapher einer Batterie, die nur eine begrenzte Menge an Energie zur Verfügung hat, wobei in der schwierigen Anfangsphase der Abstinenz viel Energie benötigt wird und die Batterie durch Erfolgserlebnisse noch nicht kontinuierlich "nachgeladen" werden kann. Der sparsame Umgang mit dem Energiepotential ist deshalb notwendig, und anfangs sollte der Klient wenn möglich nur Energie zur Bewältigung der Situationen zur Verfügung stellen - z. B. wird am Arbeitsplatz Alkohol getrunken -, die nicht oder nur mit erheblichen negativen Konsequenzen vermieden werden können. In diesem Bild erlebt der Klient sein "aktives" Vermeidungsverhalten nicht so sehr als "Kneifen", sondern als eine sinnvolle "Überlebensstrategie".

Weiterhin kann durch ein einfaches Rearrangement von externen Stimuli wie beispielsweise Entfernung der alkoholischen Getränke aus der Wohnung, Ausschalten der Werbezeiten im Fernsehen, Planung des Heimweges in einem weiten Bogen um die Stammkneipe, eingeschränkte Mitnahme von Geldmitteln (u. U. nur 30 Pfennige zum Telefonieren), Umfahren des Ganges mit den Alkoholregalen im Supermarkt, Tanken an einer Tankstelle ohne Verkaufsshop etc. die Auftretenswahrscheinlichkeit des Problemverhaltens reduziert werden.
Fremdverstärkung durch den Therapeuten und Selbstverstärkung des Klienten. Der Therapeut verstärkt kontinuierlich die kleinen Fortschritte des Klienten und leitet ihn im Rollenspiel an, sich selbst zu verstärken. Neben dem positiven Selbstgespräch, das der Klient nie gelernt bzw. die letzten Jahre nicht mehr oder nur noch selten geführt hat, werden dem Klienten Bilder zur Selbstverstärkung wie "sich auf die Schulter klopfen", "vor Freude und Stolz einen Tanz aufführen", "einen Luftsprung machen" etc. vermittelt.

In der Behandlung mit Alkoholabhängigen ist es meist notwendig, durch Übungen die Selbstverstärkung zu implementieren sowie die Übertragung in den Alltag zu fördern. Auf die Aufrechterhaltung dieser neuen Verhaltensweisen ist während des gesamten Therapieprozesses zu achten, wobei die bisher gewohnte, innere Sprechweise des Klienten - z. B. Ich-, Du-Form, redet sich mit dem Vornamen an etc. - übernommen werden sollte.

Zu Beginn der Behandlung verstärkt sich der Klient - ähnlich wie bei den Anonymen Alkoholikern - vor allem für sein abstinentes Verhalten, und zwar in der Regel täglich abends, wenn notwendig sogar öfter. Hinzukommen können auch materielle Verstärkungen wie beispielsweise eine CD für eine bestimmte, vorher festgelegte Anzahl abstinenter Tage.

Management interner alkoholbezogener Auslöser. Wenn eine Person mit dem Alkoholtrinken aufhört, ist es ganz normal, wenn sie Gedanken an Alkohol hat. In der Therapie ist es notwendig, diese Normalität anzusprechen und zu betonen, um den Klienten von seinen Schuld- und Schamgefühlen infolge dieser Gedanken zu entlasten. Dem Klienten und seinem Umfeld wird vermittelt, daß diese Gedanken keineswegs automatisch zum Rückfall führen und so lange kein Problem darstellen, wie daraus keine Handlungen entstehen. Alkoholgedanken treten dabei oft in folgenden Situationen auf:
- Nostalgische Gefühle, da man im Alkohol einen "guten Freund" verloren hat;
- Gedanken daran, nach einiger Zeit seine Kontrolle zu testen, z. B. sagt sich der Klient, daß er doch 2, 3 Bier wie jeder andere trinken kann.
- In krisenhaften, streßbesetzten Situationen denkt der Abhängige oft: "Jetzt ein schönes Glas Bier, dann ginge es mir direkt besser."
- Die Situation ist ohne Alkohol genau so schlecht, wenn nicht sogar schlechter als mit Alkohol: "Jetzt trinke ich schon nichts, und mir geht es doch nicht besser, dann kann ich auch trinken."
- Gedanken, die durch externe Stimuli wie Alkoholreklame, Person, die Alkohol trinkt etc. ausgelöst werden und sich im Kopf festsetzen und ausbreiten.
- Langeweile, Ängste, Ärger und Frustrationen.

Die Klienten haben anfangs oft keinen oder nur einen schweren Zugang zu diesen nicht direkt beobachtbaren, "verdeckten" Reaktionen wie Vorstellungen, Gedanken, Gefühlen, Erwartungen und Selbstinstruktionen. Zugang zu diesen internen Stimuli findet der Klient durch die Verhaltensanalyse und Imaginationsübungen. Zu berücksichtigen in der Therapie ist in diesem Zusammenhang der Aspekt der Verleugnung der persönlichen (Mit-)Verantwortung des Klienten beim Ausrutscher, der sich in Aussagen wie "Und dann war es nicht mehr aufzuhalten", "Es ist irgendwie über mich gekommen", "Das Verlangen war einfach zu groß" widerspiegelt.

In der Therapie werden dem Klienten zwei schnell erlern- und umsetzbare Methoden zum Management der Alkoholgedanken vermittelt: die Gedankenstop-Technik und die Methode des Coverant Control.

Die Methode des Gedankenstops (Wolpe, 1958; Taylor, 1963) ist ein sehr einfaches und effektives Verfahren, das es dem Klienten ermöglicht, die intensiven, häufig wiederkehrenden Alkoholgedanken zu unterbrechen und schließlich zu reduzieren (vgl. Abbildung 14). Er kann zwar nicht verhindern, daß ihm der Alkoholgedanke in den Kopf "schießt", es liegt jedoch in seiner Verantwortung, ob er den Gedanken ausbaut und die Vorstellung intensiviert oder ob er ihn mit der Gedankenstop-Technik unterbricht.

Der Klient unterbricht seine Gedanken und Vorstellungen, indem er ein abruptes Stopsignal setzt. Wenn er alleine ist, kann er sich beispielsweise fest auf den Oberschenkel schlagen und "Stop" rufen; in Gegenwart anderer Menschen hat sich gut bewährt, daß er sich durch die Hosentasche fest in den Oberschenkel zwickt, beides tut weh und unterbricht in der Regel den Gedankenablauf. Nach der Unterbrechung des Gedankenablaufs durch die Stop-Technik schließt die Person symptomkonkurrierende bzw. unvereinbare Gedanken und Vorstellungen an bzw. lenkt sich mit anderen Aktivitäten ab.

```
                    ┌─────────────┐
                    │  Ereignis   │
                    └─────────────┘
                           ⬇
                    ┌─────────────┐
                    │Alkoholgedanken│
                    └─────────────┘
                     ⬇           ⬇
```

Stop! Unterbrechung der Gedanken	Unangenehme Gefühle
⬇	⬇
Realistische, angemessene Gedanken mit Hilfe der Pro- und Contra-Karte	"Ausbau" der Alkoholgedanken
⬇	⬇
Situationsangemessene Gefühle	Verstärkte unangenehme Gefühle
⬇	⬇
Erhöhung der Selbstwirksamkeitserwartungen	Alkoholverlangen (Effekterwartung) wird stärker.
⬇	⬇
Rückfallwahrscheinlichkeit sinkt. Abstinenz wird gestärkt.	Rückfallwahrscheinlichkeit erhöht sich.

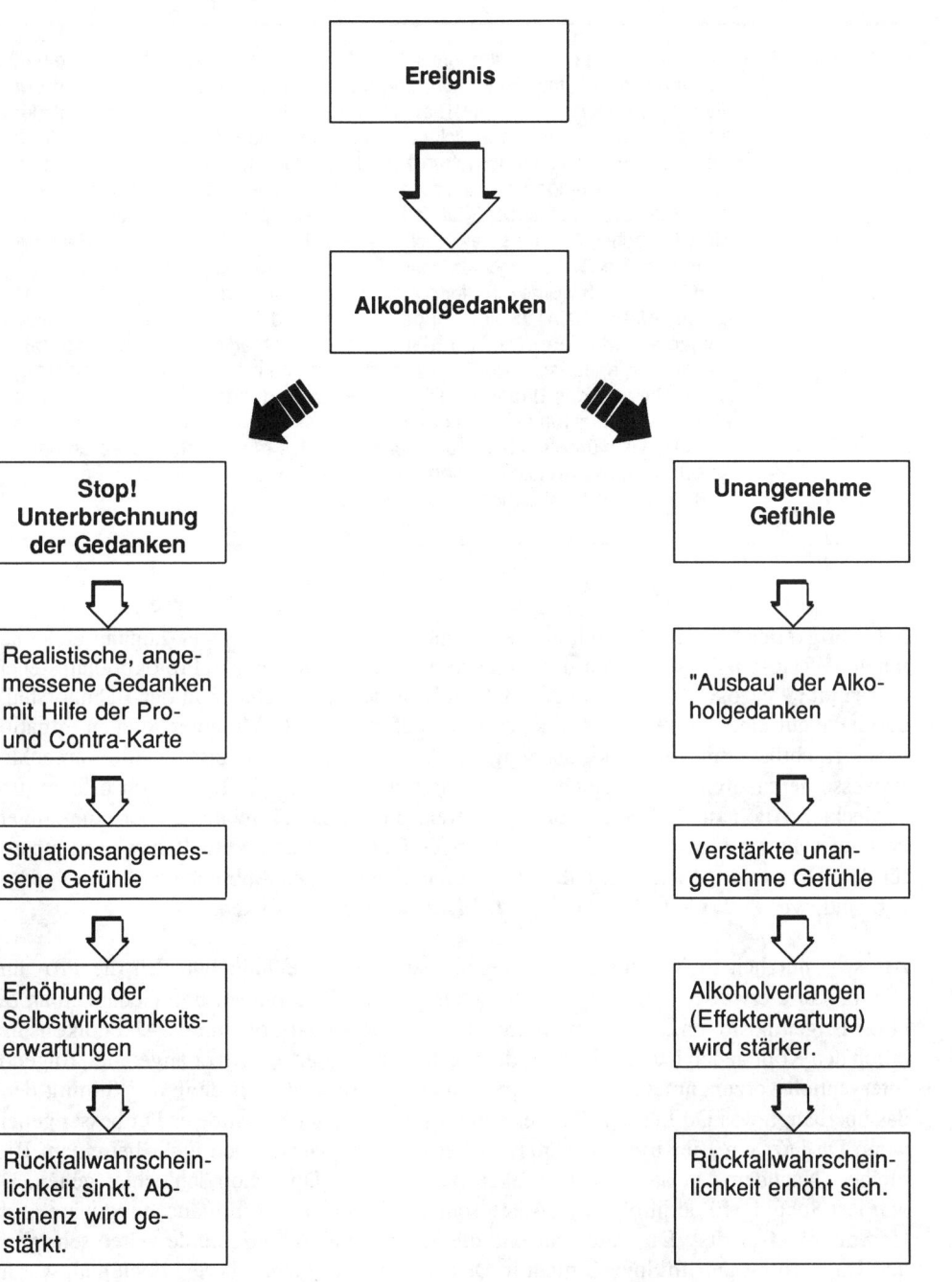

Abbildung 14: Wirkmechanismus der Gedankenstop-Technik

> **Beispiel:** Der Klient steht in der Bahnhofshalle und wartet auf seinen Zug. Er hat einen schweren Arbeitstag hinter sich, und früher hat er in dieser Situation in der Bahnhofswirtschaft öfter ein Bier getrunken. Er sieht das Transparent der Kneipe, und in dem Augenblick kommt ihm folgender Gedanke in den Kopf: "Jetzt ein Bier, das würde guttun." Der Klient merkt, wie er unruhig wird und sein Alkoholverlangen wächst, sogar schon Speichel in seinem Mund zusammenläuft. Läßt er in dieser Situation seinen Gedanken freien Lauf, erhöht sich die Wahrscheinlichkeit eines Rückfalls. Mit Hilfe der Gedankenstop-Technik kann er seine Gedanken wirkungsvoll unterbrechen: "Stop, was sagst Du Dir jetzt? Sicherlich würde ein Bier guttun, aber Du weißt doch genau, daß es mit großer Wahrscheinlichkeit nicht dabei bleibt und Du in der Bahnhofskneipe versackst. Morgen hast Du dann einen fürchterlichen Kater und bist wahnsinnig enttäuscht von Dir. Du hast sicherlich einen schweren Arbeitstag hinter Dir, und das Bedürfnis, Dir was Gutes zu gönnen, ist berechtigt. Was könntest Du jetzt tun? Hm, da drüben am Kiosk könntest Du Dir ein feines Eis kaufen, das würde jetzt gut schmecken. Ja, das mache ich und werde dann sofort auf den Bahnsteig gehen und in aller Ruhe mein Eis genießen. Gut, daß Du klaren Kopf behalten hast, Junge."

Schwierigkeiten können dadurch entstehen, daß der Klient nur schwer Zugang zu seinen inneren Auslösern findet und nur undifferenzierte Angaben auf seinem Protokollblatt stehen. Er schreibt - bezogen auf obiges Beispiel - folgende Notiz: "Ich saß in der Bahnhofshalle und hatte auf einmal einen unheimlichen Bock auf ein Ur-Pils." In einer solchen Situation ist es fruchtbar, mit Imaginationsübungen den Klienten schrittweise an die verdeckten Prozesse heranzuführen. Hilfreich ist es weiterhin, mit ihm eine Reihe von offenen und verdeckten Alternativreaktionen zu explorieren, die die Unterbrechung über eine längere Zeit aufrechterhalten können. Diese alternativen Gedanken und Verhaltensweisen müssen für den Klienten angenehm sein, damit sie verstärkend für den Abbruch der Alkoholgedanken sind, wie z. B. Gedanken an Strand, Meer, schöne Aktivitäten.

Als sehr nützlich in Verbindung mit der Gedankenstop-Technik hat sich die Pro- und Contra-Karte erwiesen. Da dem Klienten meistens die Erwartungen und Gedanken an die kurzfristigen positiven, angenehmen und streßreduzierenden Folgen des Alkoholkonsums durch den Kopf gehen ("Jetzt ein Bier, dann geht's Dir besser"), wird er angeleitet, folgende Intervention vorzunehmen: "Stop, Moment mal, was sagst du Dir denn da? Stimmt denn das überhaupt, was Du Dir sagst? Ja, es stimmt schon, vielleicht würde es Dir besser gehen, wenn Du jetzt ein Bier trinken würdest. Aber dann, es würde doch nicht bei einem Bier bleiben. Nachdem Du das Bier getrunken hast, wird es Dir schon schlechter gehen, Du würdest Schuldgefühle infolge des Ausrutschers bekommen, die Enttäuschung wäre groß. Und morgen früh erst: Dir wäre schlecht, die Scham- und Schuldgefühle wären sehr groß, und Du könntest Dir im Spiegel nicht in Dein Gesicht schauen. Überleg doch mal, warum Du Dich eigentlich zur Abstinenz verpflichtet hast, geh doch in Gedanken Deine Pro- und Contra-Karte noch mal durch. Hat sich da etwas Entscheidendes verändert, so daß Du Deinen Entschluß rückgängig machen mußt?" Der Klient geht seine Karte durch und kommt beispielsweise zu folgendem Schluß: "Nein, natürlich hat sich nichts verändert. Ich werde jetzt sofort nach Hause gehen, mir eine feine Tasse Kaffee machen, mich gemütlich in den Sessel setzen und eine CD hören."

Die auf Homme (1965) zurückgehende **Technik der verdeckten Kontrolle** leitet den Klienten an, die Auftrittswahrscheinlichkeit seines Problemverhaltens zu reduzieren, indem die Auftrittshäufigkeit verdeckter, mit den Symptomreaktionen unvereinbarer Verhaltensweisen erhöht wird.

Diese Technik läßt sich gut in Verbindung mit der vom Klienten erstellten Pro- und Contra-Karte anwenden. Der Klient sammelt Argumente, die gegen den weiteren Alkoholkonsum (anti-coverants; negative Konsequenzen) und für die Beibehaltung der Abstinenz (pro noncoverants; positive Folgen der Abstinenz) sprechen. Dabei sind die zu Beginn der Behandlung noch selten auftretenden Gedanken und Vorstellungen zur Abstinenz die Verhaltensweisen, die aufgebaut werden sollen.

In der Praxis werden die in der Pro- und Contra-Liste zusammengestellten Argumente entsprechend ihrer Bedeutung vom Klienten in eine Rangreihe gebracht. Danach werden mit dem Klienten Verhaltensweisen exploriert, die häufig auftreten, wie z. B. Kaffee trinken, auf Toilette gehen, telefonieren, rauchen, fernsehen, Geld bezahlen. Anschließend wird festgelegt, welches Argumentepaar der Pro- und Contra-Liste mit welcher Tätigkeit gekoppelt wird, wobei davon ausgegangen wird, daß nach dem "Premack-Prinzip" die selten auftretende Verhaltensweise in ihrer Auftretenshäufigkeit gesteigert werden kann, wenn man sie mit einem häufig auftretenden Verhalten verbindet (Premack, 1965). Der Klient erhält die Instruktion, daß er sich das Argumentenpaar vor dem Ausführen der häufig auftretenden Verhaltensweise laut oder durch inneres Sprechen vorsagen muß.

Beispiel: Der Klient hat fünf Argumentenpaare gebildet.

Contra Argumente	Pro Argumente
Welche Gründe sprechen gegen meinen Alkoholkonsum?	Welche Gründe sprechen für meine Abstinenz?
1. Verschlechterung der Leberwerte und meines körperlichen Zustandes	1. Verbesserung meines körperlichen Befindens
2. Verlust meiner Arbeitsstelle	2. Behalte meine Arbeit und meine finanzielle Grundlage
3. Beendigung meiner Beziehung	3. Aufrechterhaltung und Verbesserung der Beziehung
4. Der Schuldenberg wächst weiter	4. Allmähliche Regelung meiner finanziellen Probleme
5. Verlust der Freunde und Bekannten; es bleiben nur noch "Saufkumpane"	5. Kann mit wiedergewonnenen "alten" Freunden meine Freizeit verbringen

In einer weiteren Liste werden die häufig auftretenden Verhaltensweisen und Tätigkeiten aufgeführt:
- auf die Toilette gehen
- Telefonieren
- Rauchen
- Fernsehen
- Geld bezahlen

Im nächsten Schritt wird überlegt, mit welchen Tätigkeiten/Verhaltensweisen welches Argumentenpaar gekoppelt wird und wo das Argumentenpaar deponiert wird. Beispielsweise wird das wichtigste Argumentenpaar "Verschlechterung der Leberwerte und meines körperlichen Befindens sowie Verbesserung meines körperlichen Befindens" mit dem häufig vorkommenden Verhalten "Fernsehen" gekoppelt. Der Klient soll sich vor dem Fernsehen oder beim Umschalten die beiden Argumente, die auf der Fernbedienung aufgeklebt sind, laut vorsprechen oder vergegenwärtigen. In ähnlicher Weise werden alle Argumentenpaare mit den aufgeführten Tätigkeiten und Verhaltensweisen gekoppelt, z. B. in die Schutzhülle der Zigarettenschachtel gesteckt, auf die Geldbörse, den Telefonapparat geklebt. Ziel ist es, daß die wichtigsten Argumentationspaare vom Klienten mehrmals am Tag realisiert und somit allmählich internalisiert werden.

Die Technik der verdeckten Kontrolle stärkt die Motivation und die Verpflichtung des Klienten zur Verhaltensänderung und implementiert auf eine sehr einfache Art und Weise die wichtigsten Pro- und Contra-Argumente in den Tagesablauf. Somit erfolgt allmählich eine kognitive Umstrukturierung, und zwar weg von den symptombezogenen Gedanken und Erwartungen an das magische Elixier und hin zu realitätsangemessenen Einschätzungen und konstruktiven Alternativgedanken und -verhaltensweisen. Weiterhin wird dadurch das Selbstkonzept "Abstinenzler" gestärkt, das m. E. für die Ablehnung von Alkoholangeboten sehr wichtig ist.

7.2.4.5 Das Ablehnungstraining

Viele Klienten äußern auf Befragen des Therapeuten, daß es ihnen keine Schwierigkeiten bereiten würde, ein Alkoholangebot abzulehnen und dem sozialen Druck zu widerstehen. Sie leiten ihre "kognitive Sicherheit" aus dem Sachverhalt "Nichts mehr trinken wollen" ab und verbinden damit - meist unbewußt - die Annahme, daß dadurch automatisch das dazu notwendige Ablehnungsverhalten vorhanden ist. Ein kleines Rollenspiel, in dem Ablehnungsverhalten des Klienten notwendig ist, offenbart jedoch oft erhebliche Defizite sowohl im verbalen als auch im nonverbalen Verhalten und weckt bei dem Klienten die Einsicht, daß er dieses ganz spezifische "Nein-Sagen" üben muß, um in der relativ häufig vorkommenden Risikosituation "Alkoholangebot ablehnen" schnell und effektiv handeln zu können.

Für das Training werden die individuellen Ablehnungssituationen des Klienten exploriert und entsprechend der Schwierigkeitseinschätzung in eine Hierarchie gebracht. Die Ausgestaltung des ablehnenden Verhaltens auf das Trinkangebot ist abhängig von der Person, die den "Drink" anbietet, wie sie ihn anbietet, wie die Person auf die Ablehnung reagiert und den Kompetenzen des Ablehnenden (vgl. Beckenbach, 1980). So ist beispielsweise manchmal ein einfaches "Nein, danke" ausreichend, und manchmal ist es nützlich und hilfreich, von seiner Alkoholabhängigkeit zu sprechen, um damit an die Hilfe und Unterstützung des Gegenüber zu appellieren.

Die generelle therapeutische Anweisung an den Klienten, sich gegenüber allen Personen und in allen Situationen mit dem Satz "Ich bin Alkoholiker" zu offenbaren, ist m. E. nicht sinnvoll und nützlich. Die meisten Klienten wollen dies auch nicht und äußern sich beispielsweise dahingehend, daß dies relativ fremde Personen doch gar nichts angehen würde und man diesen Personen gegenüber lieber mit einem einfachen "Nein" das Alkoholangebot abschlagen möchte. Wenn ein Klient hingegen Problem- und Versuchungssituationen besser bewältigen und seine eigenen Impulse und sein Verlangen besser kontrollieren kann, indem er sich in sozialen Situationen laut und deutlich als Alkoholiker bezeichnet, so soll er dies tun. Dogmen helfen hier nicht weiter, sondern flexibles, personenzentriertes Vorgehen ist indiziert.

Auf folgende Aspekte sollte der Therapeut beim Training "Ablehung von Alkoholangeboten" achten:
- Das Wort "Nein" soll sofort und bestimmt auf ein Alkoholangebot folgen.
- "Nein" bedeutet für den Klienten, eine Alternative vorschlagen, z. B. ein anderes Getränk, eine andere Aktivität etc.
- Übt die andere Person sozialen Druck aus, soll der Klient ihm fest und sicher sagen können, daß er dies nicht wieder tun soll; ansonsten würde man den Kontakt abbrechen.
- Nachdem der Klient "Nein" gesagt hat, soll er in der Lage sein, schnell das Thema wechseln zu können, um eine möglicherweise aufkommende Diskussion über das Thema "Alkohol" zu vermeiden. Beispiel: "Möchtest Du ein Glas Wein?" "Nein, danke, ich trinke einen Sprudel. Übrigens, hast Du gestern abend im Fernsehen ..."
- Der Klient soll Entschuldigungen vermeiden - wie beispielsweise: "Ich nehme Medikamente", "Ich habe das Auto dabei" -, weil er dadurch in die Defensive geraten könnte. Weiterhin soll er keine zweideutigen Antworten wie beispielsweise "Im Moment nicht" geben, weil dies einen späteren Konsum von Alkohol prinzipiell noch offen läßt.
Hingegen hat es sich in manchen Fällen als sinnvoll und nützlich erwiesen, daß der Klient sich eine "Legende" für seine Alkoholabstinenz gebastelt hat. Beispielsweise offenbart ein Klient zwar die Folgen des Alkoholkonsums, nicht aber die dahinterstehende Alkoholabhängigkeit, wenn er seine Abstinenz damit begründet, daß er aufgrund erhöhten Alkoholkonsums schon zweimal den Führerschein verloren hat und in der Abstinenz den sichersten Weg sieht, seinen Führerschein zu behalten.
- Neben den verbalen Übungsteilen ist darauf zu achten, daß die Stimme ruhig und sicher ist und der Klient Augenkontakt zum Gegenüber aufnimmt.
- Ein Leitsatz, der für den Klienten erleichternd sein kann, besagt: "Genau wie Ihr Gegenüber seinen Alkoholkonsum nicht zu rechtfertigen braucht, müssen Sie auch nicht begründen, warum Sie keinen Alkohol trinken."
- Antizipatorisches Coping in der realen Versuchungssituation führt der Klient durch, indem er sich beispielsweise bei sozialen Anlässen im Familien- und Freundeskreis gleich sein Getränk selbst macht, auf Partys sofort die Getränkebar ansteuert und somit "sein Glas" relativ schnell in der Hand hat. Der Klient verhindert damit ein Trinkangebot und kann sich dadurch die oft schwierige Ablehnung ersparen.

Im Rollenspiel, in dem der Therapeut zuerst als Modell dient, werden die vom Klienten zusammengestellten Situationen mit aufsteigender Schwierigkeit geübt und anschließend in die Realität transferiert. Wichtig ist es auch, daß der Therapeut auf die irrationalen Gedanken eingeht wie beispielsweise: "Der andere ist bestimmt verletzt, wenn ich sein

Trinkangebot zurückweise", "Das ist komisch, da 'Nein zu sagen', das habe ich noch nie gemacht."

Beispiel: Der Klient geht mit einem Bekannten in ein Lokal. Er muß gleich auf die Toilette, und in dieser Zeit bestellt der Bekannte zwei Bier. Der Klient kommt zurück und findet ein Bier vor sich. Lernziel dieser Übung ist es, daß der Klient in dieser Situation höflich und bestimmt das Bier zurückgibt und seinen Sprudel bestellt.

Bekannter: Ich habe schon, während Du auf der Toilette warst, zwei Bier bestellt.

Klient: Vielen Dank, das ist sehr nett von Dir, aber ich trinke keinen Alkohol. Ich werde dem Wirt das Bier zurückgeben und mir einen Sprudel bestellen.

Klient: Herr Wirt, mein Bekannter hat mir irrtümlicherweise ein Bier mitbestellt; ich möchte jedoch einen Sprudel haben. Ich hoffe, es macht Ihnen nicht so viele Umstände.

Wie der Wirt darauf reagiert, ist nicht vorherzusehen. Durch die Besprechung der Übung ist dem Klienten jedoch bewußt, daß das Schlimmste, was passieren kann, ist, daß der Wirt das Bier nicht zurücknimmt und auf der Bezahlung besteht. Für den Klienten gibt es daher keinen Grund, das Bier zu trinken.

7.2.4.6 Kontrolliertes Üben von Verhalten in Risikosituationen ("Graduierte Exposition")

Durch ein gezieltes Üben von Selbstkontroll- und Bewältigungsverhalten in vorher vom Klienten festgelegten und ausgewählten Problem- und Versuchungssituationen wird versucht, die Einschränkungen in der Lebensgestaltung, die sich durch die Strategie "Vermeidung" ergeben haben, langsam abzubauen. Hinter dieser Behandlungskomponente steht die Annahme, daß infolge der individuellen Lerngeschichte des Klienten bestimmte Stimuli (z. B. Substanz-Cues) oder komplexe Situationen aufgrund von Konditionierungsprozessen starke Auslösequalitäten erworben haben. Dies kann dazu führen, daß der Klient in diesen Situationen seine gelernten Fertigkeiten gar nicht einsetzen kann und ein Gefühl der Hilflosigkeit und des Ausgeliefertseins erlebt (Niaura et al., 1988). Eine Hilfe für den Klienten ist die "graduierte Exposition" ("Exposure"), um dadurch dem disruptiven Effekt einer überwältigenden Versuchung, der möglicherweise die Anwendung gelernter Fertigkeiten verhindert, entgegenzuwirken. Dadurch kann der Klient ein positives Selbstbild und Selbstwirksamkeitserwartungen aufbauen sowie ein Stück persönlicher Autonomie gewinnen, wichtige Komponenten zur Aufrechterhaltung der Abstinenz und zur Entwicklung von Wohlbefinden.

An einem Beispiel soll das Vorgehen verdeutlicht werden: Viele junge männliche Klienten sehen in dem Komplex "Wirtschaft" eine bedeutsame Versuchungssituation, in der sie oft den Verlust von Kontrolle erfahren haben. Ihr Therapieziel ist es, wie jede andere Person auch allein oder mit Bekannten ein Lokal aufsuchen zu können. Aus der Exploration dieser Versuchungssituation mit einem Klienten ergibt sich, daß das jeweilige Lokal sowie die

Tageszeit Dimensionen sind, auf denen Schwierigkeitsgrade abgebildet werden können. Es ergibt sich folgende Übungsmatrix:

Zeitpunkt des Besuchs	WIRTSCHAFT		
	nie bzw. selten aufgesuchte Lokale	häufig besuchte Lokale	sehr häufig besuchte Lokale und "Stammkneipe"
morgens bis nachmittags (leicht)			
abends ab 17 Uhr (mittel)			
spät abends ab 22 Uhr (schwer)			

Abbildung 15: Übungsmatrix zum Graduierten-Exposure für die Situation "Wirtschaft"

Die Übung beinhaltet 6 Komponenten:

- Analyse der Versuchungssituation
- Auseinandersetzung mit der Situation in der Imagination
- Entwicklung von Bewältigungsverhalten
- Einübung des Verhaltens im Rollenspiel
- Transfer in die Realität
- Nachbesprechung der gemachten Erfahrungen in der nächsten Therapiesitzung (Feedback, Verstärkung) und eventuell Einübung von Modifikationen

Begonnen wird mit der Übung: "Nie bzw. selten aufgesuchtes Lokal bis zum Nachmittag aufsuchen." Geübt wird zuerst in der Vorstellung im Therapieraum: Lokal, Tageszeit, bestelltes Getränk, Aufenthaltsdauer (anfangs in der Regel höchstens 10 Minuten), mögliche Schwierigkeiten (z. B. aufkommendes Alkoholverlangen initiiert durch Sehen und Riechen von frisch gezapftem Bier, Person hat goldene Serie und gibt eine Lokalrunde, etc.) und deren Bewältigung. Entsprechend des schon besprochenen dynamischen, interaktionellen Modells wird der Klient angeleitet, vor und nach jeder Übung eine Einschätzung auf den Variablen Person (P), Situation (S) und Bewältigungsfähigkeit (B) vorzunehmen. Zusätzlich wird durch die Einübung eines adäquaten inneren Sprechens Selbstkontrolle und Bewältigungskompetenz aufgebaut. Für diese erste Übung lautet die Selbstinstruktion beispielsweise wie folgt: "Ich werde jetzt in die Adlerstube gehen und mich ganz ruhig ans Büffet stellen. Wenn der Wirt oder die Wirtin kommt, werde ich sagen: 'Einen Natursprudel bitte.' Wenn der Natursprudel gebracht wird, werde ich gleich bezahlen - das ist wichtig, damit ich jederzeit gehen kann -und in aller Ruhe meinen Sprudel trinken. Nach 10 Minuten werde ich aufstehen, Auf Wiedersehen sagen und aus dem Lokal gehen. Vor dem Lokal werde ich mir innerlich auf die Schulter klopfen und mir sagen: 'Das hast Du gut gemacht, mach weiter so.'" Der Klient hat für diese Situation folgende Einschätzungen vorgenommen:

		Person	Situation	Bewältigungsfähigkeit
Einschätzung	vorher	7	6	6
	nachher	9	4	8

Der Klient trägt seine Einschätzungen in seine Übungsmatrix ein, wobei in der Regel dreimaliges erfolgreiches Üben ausreichend Sicherheit vermittelt und genügend Selbstwirksamkeitserwartungen aufbaut, damit er die nächstschwierigere Übung angehen kann.

Die Übungen zentrieren sich anfangs auf externe Auslöser, "triggers", wie z. B. Wirtschaft, Geschäft, Tankstellenshop, Geburtstags- und Familienfeier etc., und der Klient kann durch das graduierte Exposure Selbstwirksamkeitserwartungen und Bewältigungsverhalten aufbauen und entwickelt Sicherheit im Umgang mit dem Alkohol. Die allmähliche Entwicklung von der Vermeidung hin zur Bewältigung und zum Widerstand gegenüber der Versuchung ist ein ganz wichtiger Bestandteil dieses ambulanten Behandlungskonzeptes, und Hand (1993) spricht in diesem Zusammenhang auch von einem Expositions-Reaktions-Management (ERM).

In dieser Interventionsphase lernt der Klient auch, vorausschauend zu planen, indem er anstehende Problem- und Versuchungssituationen in der Therapie anspricht.

Beispiel:	Bevorstehende Weihnachtsfeier im Betrieb. Aufgrund der Erfahrungen der früheren Jahre macht sich der Klient einen Plan, dessen Durchführung ihm bewältigbar erscheint. Er überlegt, zu wem er sich setzt (von Kollege X ist nicht zu erwarten, daß er aufdringlich Alkohol anbietet), wie lange er bleibt (bis zu zwei Stunden nach dem Essen war es eigentlich immer recht gemütlich) und was er tut, wenn er merkt, daß seine Gedanken um Alkohol kreisen und Verlangen aufkommt (verlasse augenblicklich die Feier und fahre sofort zu meinem Freund, der darüber informiert ist, daß ich an diesem Abend plötzlich auftauchen kann). Ein anderer Klient erlebt hingegen auf Grund verschiedener Aspekte den Besuch einer Weihnachtsfeier als noch zu schwierig und besucht sie nicht.

Dieses vorausschauende, planerische Verhalten aufzubauen bzw. zu reaktivieren ist ein wichtiger Baustein in der Behandlung und demonstriert die Verantwortungsübernahme des Klienten für seine Problematik. Dies soll normaler Bestandteil seines Alltags werden, wobei die interaktionelle Sichtweise zwischen den Variablen "Person", "Situation" und "Bewältigungsfähigkeit" ihn für mögliche "Gefahren" sensibilisiert und die nötige kognitive Vigilanz aufrechterhält, die den Abhängigen nach Litman et al. (1983) vor dem Rückfall bewahrt.

7.2.4.7 Bewältigung des Alkoholverlangens ("Craving")

In der Anfangsphase der Abstinenz ist das Verlangen und die Gier auf Alkohol bei vielen Klienten ein großes Problem und eine oft angegebene Ursache für einen Ausrutscher und Rückfall. Mehr oder weniger starkes Alkoholverlangen kann jedoch mehr oder weniger häufig über den gesamten Behandlungsprozeß hinweg auftreten, und es gibt Schilderungen von Alkoholabhängigen, die nach Jahren der Abstinenz einen "trockenen Entzug" mit starkem Alkoholverlangen erlebt haben.

Der Prozeß des Verlangens nach Alkohol kann vielfache Ursachen haben:

- Infolge klassischer Konditionierungsvorgänge ruft die Konfrontation mit Substanzstimuli oder anderen konditionierten Stimuli eine konditionierte Reaktion hervor, die von Abhängigen als Verlangen beschrieben wird.
- Die Person wird mit einer hochriskanten Situation konfrontiert, für die sie nur geringe Selbstwirksamkeitserwartungen hat.
- das (protrahierte) Entzugssyndrom;
- kulturelle und persönliche Überzeugungen und Erwartungshaltungen (Alkohol als "magisches Elixier").

Demgegenüber haben Klienten in bezug auf das Alkoholverlangen häufig ganz andere Vorstellungen und Überlegungen:

- Ich habe immer noch Verlangen nach Alkohol und bin deshalb wohl nicht genügend motiviert; ich will Alkohol trinken und will nicht mehr abstinent leben.
- Die Therapie ist nicht erfolgreich, da ich immer noch Alkoholverlangen verspüre.
- Ich schaffe es nicht, das Verlangen hört niemals auf, es ist den ganzen Tag da.
- Es sitzt in mir drin und ich habe keine Gewalt darüber.

In der Therapie ist neben der Beobachtung und Protokollierung (Häufigkeit, Intensität) des Verlangens und der Situationen, in denen es auftritt, die Vermittlung eines neuen Rahmens notwendig, der dem Klienten eine Restrukturierung über seine Annahmen in bezug auf das Phänomen "Verlangen" ermöglicht.

Die wichtigste Botschaft an den Klienten und sein soziales Umfeld ist, daß Gedanken an und Verlangen nach Alkohol ganz normale, zu bewältigende Faktoren auf dem Weg zu einer stabilen Abstinenz sind. Im Gegensatz zu vielen Behandlungsansätzen in stationären und ambulanten Einrichtungen, in denen die Klienten ihre Alkoholgedanken, ihr Alkoholverlangen und ihre Rückfallphantasien in einer Art "stillem Übereinkommen" mit den Therapeuten geheim halten, werden die Klienten in diesem Behandlungsansatz ermutigt, dies auszusprechen, und angeleitet, es differenziert zu beobachten und zu protokollieren.

Die Besprechung dieser protokollierten Alltagserlebnisse in der Therapiesitzung führt zu den spezifischen Erwartungshaltungen des Klienten, d. h. welche Annahmen hat er über die Auswirkungen des Alkoholkonsums auf sein Verhalten, seine Gefühle und seine Gedanken. Bei der Besprechung dieser Situationen wird dem Klienten meist sehr plastisch die Macht seiner eigenen Erwartungshaltung sichtbar, die oft den zentralen Faktor im Rückfallgeschehen darstellt. So schildern beispielsweise Klienten Entspannungseffekte unmittelbar nach dem ersten Schluck Alkohol, obwohl diese aufgrund der physiologischen Prozesse überhaupt noch nicht vorhanden sein können.

Der Klient lernt weiterhin, daß sein Verlangen nach dem Suchtmittel und den damit verbundenen Effekterwartungen nicht nur eine Folge der Entzugssyndromatik und den damit verbundenen physiologischen Vorgängen ist, sondern auch infolge von Konditionierungsprozessen auftritt und - ganz wichtig - ein Hinweiszeichen für fehlendes Bewältigungsverhalten in einer streßbesetzten Situation sein kann. Er lernt die bisher durchgeführte Gleichsetzung von "Verlangen = Ich will trinken" aufzugeben und sich nicht mehr als Person mit dem Verlangensprozeß zu identifizieren. Der Klient sagt beispielsweise nicht mehr: "Ich brauche jetzt gleich ein Bier", sondern sagt: "Ich merke bei mir ein Verlangen, einen Drang nach Alkohol." Die Aufgabe dieser Identifikation erleichtert es ihm, die Kontrolle über die Versuchungssituation zu gewinnen, und dieses innere Sprechen gewinnt Auslösefunktion für Bewältigungsverhalten (Vermeidung, Flucht, Gedankenstop, Ablenkung, Gespräch darüber etc.).

Neben der aktiven Bewältigung kann der Klient durch eine eher passive Strategie des Durchstehens und Aushaltens dem Gefühl des "Ausgeliefertseins" begegnen. In dem von Marlatt vorgeschlagenen "Verlangensurfing" stellt er sich sein Verlangen wie eine Meereswelle vor, die immer höher wird und einen zu verschlingen droht, aber schließlich doch, nachdem sie ihren Gipfel erreicht hat, wieder in sich zusammenbricht. Seine Aufgabe besteht nun darin zu lernen, wie ein Surfer auf dieser Welle zu reiten, bis sie in sich zusammenfällt.

Das sexuelle Verlangen, das ebenfalls durch externe und interne Stimuli sowie Konditionierungsprozesse ausgelöst wird, repräsentiert ein gutes Modell, an dem der Therapeut mit Hilfe der Erfahrungen des Klienten illustrieren kann, daß er sehr wohl in der Lage ist, plötzlich aufkommende sexuelle Impulse und starkes Verlangen zu kontrollieren, wenn ein unmittelbares "Ausleben" nicht möglich ist. Aus diesen Erfahrungen ergeben sich viele Hinweise auf kognitives und behaviorales Bewältigungsverhalten des Klienten - wie z. B. Ablenkung, Vermeidung der Situation etc. -, die auf die Bewältigung des Alkoholverlangens übertragen werden können. Noch wichtiger ist jedoch die Erfahrung, die jeder schon gemacht hat, daß nämlich das sexuelle Verlangen "so, wie es gekommen ist, auch wieder weggeht", und dieser Sachverhalt ist prinzipiell auf das Alkoholverlangen übertragbar.

Die kognitive Restrukturierung, verbunden mit aktivem Bewältigungsverhalten und Ermutigung zum "Aushalten", führt sehr rasch zu Erfolgserlebnissen in bezug auf die Kontrolle des Alkoholverlangens. Die Beobachtung und Protokollierung zeigt darüber hinaus meist deutliche Reduktionen im Hinblick auf die Frequenz und Intensität des Verlangens. Beide Erfahrungen stärken die Selbstwirksamkeitserwartungen des Klienten und reduzieren die Wahrscheinlichkeit eines Ausrutschers und Rückfalls.

7.2.4.8 Die Bewältigung von Ausrutscher (lapse) und Rückfall (relapse)

In dem Lernprozeß des Erwerbs selbstregulativer Kompetenzen kann es zu einem Rückschlag kommen, wenn der Klient sich beispielsweise mit einer Situation konfrontiert sieht, die er momentan noch nicht adäquat bewältigen kann. Für diesen Fall ist es wichtig, daß der Klient bei sich - entsprechend dem Sozial-Kognitiven Rückfallmodell - eine Restrukturierung derart vorgenommen hat, daß ein Ausrutscher zwar schlimm, aber keine Katastrophe ist. Durch eine genaue Analyse erkennt er die Funktionalität des Ausrutschers und kann sich zukünftig durch entsprechendes behaviorales und kognitives Coping wappnen. Ein Ausrutscher signalisiert somit einerseits Gefahr, andererseits bietet er aber die Möglichkeit zu Wachstum und zur Entwicklung von noch nicht vorhandenen Bewältigungsfertigkeiten.

Der Fokus in der Therapie ist dabei auf die Restrukturierung der Kognitionen in bezug auf den Ausrutscher gerichtet, da die kognitiv-affektiven Reaktionen des Klienten auf den Ausrutscher, der "Abstinenzverletzungseffekt", eine große Rolle für den weiteren Verlauf nach einem Ausrutscher spielen.

Zu Beginn der Therapie ist es meist so, daß der Klient zwischen Ausrutscher und Rückfall nicht unterscheidet, obwohl er selbst schon beide Situationen erlebt haben kann. Bei der Abgrenzung des Ausrutschers vom Rückfall erlaubt der Forschungs- und Erfahrungsstand momentan noch keine genaue Grenzziehung, und jede vorgenommene Festlegung kann somit nur eine Übereinkunft zwischen Therapeut und Klient darstellen. Meine Rückfalldefinition basiert auf der klinischen Erfahrung, daß mit einer Wiederherstellung der körperlichen Abhängigkeit dem Klienten nur noch sehr eingeschränkte Bewältigungsfähigkeiten verbleiben. Da das Wiedereinsetzen des "körperlichen Abhängigkeitskreislaufs" nach den Schilderungen von Klienten ein solch qualitativer Sprung im Rückfallprozeß darstellt, erscheint es mir sinnvoll - in Übereinkunft mit dem Klienten -, dann von einem Rückfall zu sprechen, wenn beim Klienten neben der psychischen auch die körperliche Abhängigkeit wieder besteht und er dadurch ein hohes Ausmaß an Verlust von Kontrolle und Bewältigungskompetenz erlebt. Im Verhalten drückt sich dies meist so aus, daß der "alte", abhängige Lebensstil wieder aufgenommen worden ist.

Während der Rückfall ein biopsychosoziales Konstrukt darstellt, ist der Ausrutscher ein singuläres Ereignis, bei dem der Klient seine selbst auferlegte Abstinenzregel verletzt. Hier ist es von zentraler Bedeutung für den weiteren Therapieverlauf, daß der Klient bei der Frage nach dem "Warum" des Ausrutschers die Zentrierung auf den Alkoholkonsum aufgibt, was beispielsweise in Aussagen wie "Ich mußte einfach ein Bier trinken", "Ich hatte so ein Verlangen nach Alkohol", "Es zog mich wie ein Magnet in die Wirtschaft" zum Ausdruck kommt. Zu betrachten ist vor allem die Sequenz vor dem Ausrutscher bis hin zu den von Marlatt & Gordon (1985) beschriebenen "scheinbar irrelevanten Entscheidungen" sowie dem unausgewogenen Lebensstil.

Beispiel zur Verdeutlichung der Sequenz:

Der Klient ist nach einem anstrengenden Arbeitstag nach Hause gekommen, hat sich sein Abendessen zubereitet, gegessen und sitzt nun im Sessel. Er hat das Bedürfnis abzuschalten, versucht zu lesen, fernzusehen, Musik zu hören und stellt fest, daß er keine Ablenkung und Entspannung findet. Er entschließt sich, einen Spaziergang zu machen. Vor der Haustür überlegt er, in welche Richtung - Stadt oder Wald - er gehen soll und entscheidet sich für die Stadt, weil es ihm im Wald zu dunkel und zu einsam ist. Bisher hat er keinen Gedanken an Alkohol gehabt. In der Stadt kommt ihm auf einmal der Gedanke, in ein Lokal zu gehen in der Hoffnung, einen Bekannten zu treffen. Gedanken an Alkohol sind immer noch keine da, und er wird ohne Frage wie immer einen Sprudel bestellen.

Der Klient geht in die Wirtschaft, schaut sich um, sieht keinen Bekannten und stellt sich ans Büffet. Er merkt, wie die Atmosphäre - Gespräch, Lachen, trinkende, fröhliche Leute, Alkoholgeruch, Tabakqualm - auf ihn einwirkt. Assoziationen an frühere Zeiten tauchen auf, wo er oft zum "Feierabendbier" in seine Stammkneipe gegangen ist. Er bestellt sich einen Sprudel, kann jedoch jetzt die Gedanken an ein Bier und die damit verbundenen Erwartungen nicht mehr verdrängen. Er denkt an früher und sieht, wie locker und entspannt er nach einigen Bier immer war, wie er die Sorgen und Belastungen des Alltags abschütteln konnte, die er jetzt nicht los wird.

Der Gedanke: "Ein Bier kann doch nichts schaden" kommt hoch und setzt sich in seinem Kopf fest. Gleichzeitig verspürt er eine ambivalente Gefühlshaltung, ein Schwanken zwischen positiven Erwartungen in Richtung Entspannung und Gefühlen wie Furcht und Angst. Äußerlich zeigt sich diese innere Spannung durch ein unruhiges Hin- und Herrutschen auf dem Hocker.

Anmerkung: Spätestens zu diesem Zeitpunkt müßte der Klient kognitives und/oder behaviorales Bewältigungsverhalten ausführen. Da er zum Zeitpunkt der Exploration des Ausrutschers jedoch weder über das Rational des Sozial-Kognitiven Rückfallmodells Kenntnis hat noch über adäquates Bewältigungsverhalten verfügt, läuft die Sequenz weiter.

Die Gedanken an ein Glas Bier werden immer stärker und bedrängender. Der Klient bringt für diesen Vorgang das Bild eines Luftballons, der in ihm immer größer wird, bis er schließlich alle anderen Gedanken, insbesondere die an die Abstinenz, verdrängt hat. In bezug auf die Unsicherheit und Angst läuft eine kognitive Dissonanzreduktion mit beruhigenden Versicherungen ab wie: "Was soll schon passieren, ein Bier ist doch nicht schlimm, ein Bier kann mir nicht schaden." Bei diesem Gedanken läuft dem Klienten das Wasser im Mund zusammen, und er schaut auf andere Personen am Tresen, die ganz genüßlich ihr Bier trinken. Das Verlangen nach Alkohol ergreift schließlich vollkommen den Körper und die Sinne. Der Klient ruft nach dem Wirt und bestellt sich ein großes Pils. Er kann es kaum noch erwarten, bis es vor ihm steht, und als es endlich da ist, nimmt er es hastig und trinkt das Glas mit gierigen Schlucken leer.

Dieses Beispiel verdeutlicht die Entwicklung eines Ausrutschers, die von dem Klienten anfangs recht einfach dargestellt wurde: "Ich konnte zu Hause nicht abschalten und ging noch etwas spazieren. Auf einmal war ich in der Wirtschaft und hatte plötzlich eine wahnsinnige Gier nach Alkohol. Dagegen kann man nichts machen, das weiß ich auch von anderen."

Eine Aufgabe in der Therapie besteht darin, daß der Klient eine Sensibilisierung für die ersten Teile der Verhaltenssequenz entwickelt, um somit die Wahrscheinlichkeit einer erfolgreichen Bewältigung der Risikosituation zu erhöhen. In unserem Beispiel hätte den Klienten das Wissen um seinen unausgewogenen Lebensstil sowie den engen Zusammenhang zwischen Arbeitsbelastung und Entspannung durch Alkohol für die Gefahren eines Spaziergangs in die Stadt sensibilisiert. Er hätte die Alternative Wald gewählt bzw. kein Geld mitgenommen. Weitere Alternativen zu jedem weiteren Schritt in der Sequenz werden mit dem Klienten erarbeitet bis zu dem Punkt, daß er in der sicherlich schwierigsten Situation, nämlich das volle Bierglas in der Hand zu halten, es immer noch hätte fallenlassen können, um somit Zeit zu gewinnen.

Der Klient wird angeleitet, in der Therapie eine kognitive Restrukturierung vorzunehmen, wobei sich folgende Aspekte als wichtig herausgestellt haben, um einem Rückfall vorzubeugen:
- Der Ausrutscher wird als ein Fehler in einem Lernprozeß gesehen; der Klient lernt in der Therapie, abstinent zu leben, und es ist ganz natürlich, daß dabei auch Fehler passieren können. Wenn er schon jede Situation bewältigen könnte, wäre eine Therapie fast nicht mehr notwendig. Aus dem Ausrutscher kann er lernen, und erst die Wiederholung des gleichen Fehlers, d. h. ein Ausrutscher in der gleichen Situation, gibt Anlaß zu einer kritischen Hinterfragung bezüglich der Ernsthaftigkeit der Abstinenzverpflichtung.
- Der Ausrutscher wird als ein singuläres Ereignis betrachtet und so behandelt. Der Klient konzentriert sich auf den Ausrutscher und betreibt keinen Rückblick und keine Vorausschau. Eine Übergeneralisierung - der erste Schluck ist der Anfang vom Ende - wird vermieden. Marlatt & Gordon (1985) gebrauchen in diesem Zusammenhang das schöne Bild von *einer* Schwalbe, die noch keinen Sommer macht.
- Durch eine sorgfältige Analyse des Ausrutschers sind möglicherweise Faktoren erkennbar, die verändert werden können. Neues, modifiziertes Copingverhalten kann gelernt, Streß kann reduziert und der Lebensstil kann verändert werden.
- Konkrete Arbeit an den kognitiven Verzerrungen wie Übergeneralisierung, Katastrophendenken, Dichotomes Denken (abstinent = weiß, ein Schluck Alkohol = schwarz), absolute Willenskraft versus absoluter Kontrollverlust ("Kontrollparadoxon"), die "magische Macht" eines Tropfens Alkohol im Körper.

Zusätzlich werden dem Klienten einige Verhaltensregeln für den Fall des "Ausrutschers" an die Hand gegeben:
Stoppen Sie den Prozeß: Gehen Sie an einen ruhigen Platz (z. B. Toilette), an dem Sie durch die unmittelbare Versuchung nicht abgelenkt sind, und gehen Sie die Instruktionen durch, die wir in der Therapie besprochen und eingeübt haben.
Bleiben Sie ruhig, auch wenn Sie Scham- und Schuldgefühle verspüren: Dies ist nur eine normale Reaktion auf die Verletzung Ihrer eigenen Abstinenzverpflichtung. Machen sie es jedoch nicht schlimmer, als es ist, machen Sie daraus keine Katastrophe, sondern bleiben Sie ruhig. Sagen Sie sich, daß dieser Ausrutscher Ihnen lediglich zeigt, daß noch Arbeit vor Ihnen liegt und Sie sich weiterhin anstrengen müssen.
Erneuern Sie anhand Ihrer Pro- und Contra-Karte Ihre Verpflichtung zur Abstinenz: Denken Sie an das, was Sie gefährden, wenn Sie jetzt weitertrinken, und ob die kurzfristigen positiven Effekte, die Ihnen der Alkohol bringen wird, die zu erwartenden Verluste aufwiegen (Bild der Balkenwaage!). Schauen Sie zurück auf das, was Sie schon alles erreicht haben und machen Sie sich Mut, diesen eingeschlagenen Weg weiterzugehen. Dieser Ausrutscher wird das Erreichte keineswegs gefährden und Gefahr droht nur, wenn Sie weitertrinken und in das alte abhängige Verhalten zurückfallen. Ihr Verhalten und Ihre Handlungen sind unter Ihrer Kontrolle, und es gibt nichts in Ihnen drin, was Sie zum Weitertrinken veranlassen könnte, es sei denn, Sie entscheiden sich dafür.

Analysieren Sie die Situation, die zum Ausrutscher geführt hat: Konzentrieren Sie sich dabei nicht auf sich als Person, auf Ihr Versagen, denn das würde Ihre Schuldgefühle nur noch erhöhen und ein Weitertrinken zur Dämpfung dieses negativen Gefühlszustandes nur wahrscheinlicher machen. Lenken Sie Ihre Aufmerksamkeit stattdessen auf den Ausrutscher selbst. Was hat dazu geführt, gab es Warnzeichen, wie war die Versuchungssituation beschaffen (Zeitpunkt, Personen, Gefühlszustand, Aktivität)? Haben Sie Versuche unternommen, die Situation zu bewältigen, bevor es zu dem Ausrutscher kam? Wenn Nein, warum nicht? Wie können Sie sich das nächste Mal in der gleichen Situation verhalten, um der Versuchung zu widerstehen?

Stellen Sie sich die ganze Situation nochmals vor, wie Sie sie ohne Alkohol bewältigt haben und wie danach ein gutes Gefühl der Stärke und Selbstsicherheit durch Ihren Körper strömt. Stemmen Sie sich mit aller Macht gegen Gedanken und Gefühle, die Ihnen suggerieren wollen: "Jetzt ist sowieso alles egal, dann kannst Du auch ruhig weitertrinken." Wenn Sie dem nachgeben, geben Sie Ihre Kontrolle über Ihr Verhalten auf - Sie verlieren nicht die Kontrolle -, und die Rückkehr zu erneuter Abstinenz wird schwieriger.

Nach der Entscheidung sofort handeln: Ihre erneute Verpflichtung zur Abstinenz nach einem Ausrutscher müssen Sie sofort in aktives Handeln umsetzen. Sie müssen beispielsweise sofort den noch vorhandenen Alkohol ausschütten oder sich aus der Risikosituation entfernen. Wenn Sie sich nicht entfernen können, versuchen Sie, innerlich Abstand zu bekommen. Gehen Sie beispielsweise auf die Toilette und versuchen Sie, sich zu entspannen und sich innerlich gegen die Versuchung zu wappnen. Suchen Sie sich Alternativen zur Regulation Ihrer Gefühlszustände, lassen Sie z. B. Ihren Ärger und ihre Wut aus Ihrem Körper raus, indem Sie in den Wald gehen und laut brüllen, mit dem Stock gegen Baumstämme schlagen oder indem sie intensiv körperlich aktiv werden. Vermeiden Sie es auf jeden Fall, sich für den Ausrutscher "fertigzumachen", und sehen Sie ihn als isoliertes, kleines Ereignis mit geringen Folgen, wenn Sie sofort handeln. Ein Glas Bier ist nicht das Ende Ihres neuen Weges zur stabilen Abstinenz, und Sie haben immer noch die Wahl, wie es mit Ihnen weitergeht.

Suchen Sie sich Hilfe: Machen Sie es sich selbst leichter, indem Sie mit jemandem über den Ausrutscher reden oder mit jemandem zusammen etwas unternehmen. Ihre Freunde, Ihr Therapeut, die Telefonseelsorge sind Ihre Anlaufstellen, und Sie sollten sich nicht scheuen, sie in Anspruch zu nehmen. Für den Zeitraum der Behandlung besteht zwischen Therapeut und Klient die Vereinbarung, daß er unverzüglich den Ausrutscher meldet (persönlich, telefonisch, auf Anrufbeantworter), um Schamgefühle, die zu Vermeidungsverhalten führen können, erst gar nicht aufkommen zu lassen. Kommt der Klient nach dem Ausrutscher in die nächste Therapiesitzung, kann dann sachlich und konstruktiv daran gearbeitet werden. Er kommt erst gar nicht in die Versuchung, es zu verheimlichen bzw. können sich die Verdrängungsprozesse erst gar nicht entfalten.

Nicht immer gelingt es jedoch, dem Klienten mit Hilfe des Therapeuten und/oder Personen seines Umfeldes nach einem oder mehreren Ausrutschern zu einer dauerhaften Abstinenz zurückzufinden. Diese Situation, die Marlatt als Zustand des "full-blown-relapse" bezeichnet hat, kann zu unterschiedlichen Konsequenzen führen:
- Der Klient bricht die Behandlung ab, da er in seinen Augen "versagt" hat und so massiv von sich enttäuscht ist, daß er seine Gefühle im Alkohol "ertränkt". Er möchte sich momentan mit seinem Handeln nicht mehr auseinandersetzen. In diesem Fall bleibt dem Therapeuten lediglich die Möglichkeit, dem Klienten sein Hilfsangebot für die Zukunft anzubieten.

- Der Klient hält den Kontakt aufrecht und der Therapeut macht, da das Ziel der Zusammenarbeit nicht mehr die Aufrechterhaltung der Abstinenz ist, "Suchtbegleitung". Die Frage, ob Suchtbegleitung eine sinnvolle und nützliche therapeutische Arbeit darstellt, wird momentan noch sehr kontrovers diskutiert. Diese Tätigkeit ist m. E. sinnvoll, da sie - wenn auch mit anderer Zielsetzung - die Fortsetzung des Arbeitsbündnisses ermöglicht. Der Therapeut hat dadurch die Gelegenheit, möglicherweise wieder aufkeimende zarte "Abstinenzpflänzchen" zu erkennen und zu pflegen. Weiterhin ermöglicht diese Arbeit in Absprache mit dem Klienten eine Schadensminimierung, was m. E. bei der chronischen Krankheit Alkoholabhängigkeit ein eigenständiges und wertvolles Therapieziel darstellt.
- Der Klient kommt relativ schnell von der Trinkphase wieder in die von Prochaska & Di Clemente (1986) so benannte Kontemplationsphase. Aussagen des Klienten wie "So weiterzumachen hat doch auch keinen Sinn", "Das bringt doch nichts", "Ich bin wieder ganz am Boden und möchte wieder auf die Füße kommen" sind typisch für diese Entwicklung. Der Therapeut kann dann in Ruhe mit dem Klienten eine Analyse des Rückfalls vornehmen und den Abstinenzverletzungseffekt aufarbeiten, auch mit dem Ziel, daß der Klient Verantwortung für seine Trinkentscheidung übernimmt. Die therapeutische Haltung sollte dabei nicht überschattet werden von eigenen emotionalen Reaktionen, sondern getragen sein von einer akzeptierenden, konstruktiven Einstellung, die eine Analyse des Rückfalls in einer angstfreien Atmosphäre ermöglicht.

Ist die Aufarbeitung des Rückfalls geleistet, erfolgen entsprechend dem beschriebenen Ablauf folgende Schritte: Alte Pro- und Contra-Karte überprüfen und gegebenenfalls revidieren, Verpflichtungserklärung zur Abstinenz, Auffrischung des Bewältigungsverhaltens sowie Realitätsübungen.

7.2.4.9 Zusammenfassung

Es kann festgehalten werden, daß die Vermittlung von Grundfertigkeiten wie Selbstbeobachtung, Verhaltensanalyse, Selbstverstärkung etc. den Klienten zum Management der eigenen Probleme hinführt und dadurch eine aktive, eigenverantwortliche Ausrichtung auf die Prophylaxe des Rückfalls und die Aufrechterhaltung der Abstinenz erfolgt. Er wird sensibilisiert, seine Risikosituationen zu erkennen, zu analysieren und Veränderungen in die erwünschte Richtung vorzunehmen. In der nachfolgenden Tabelle werden die einzelnen Behandlungskomponenten im Überblick nochmals dargestellt.

Tabelle 5: Zusammenstellung der Komponenten der Interventionsphase I

- Protokollierung und Analyse der Risikosituationen

- Das interaktionelle Modell der Selbstkontrolle

- Das Management alkoholbezogener Stimuli und des Alkoholverlangens
  o Vermeidung schwieriger Situationen
  o Fremdverstärkung und Selbstverstärkung
  o Management interner alkoholbezogener Auslöser (Gedankenstop, verdeckte Kontrolle)

- Ablehnungstraining

- Kontrolliertes Üben von Verhalten in Risikosituationen ("Graduiertes Exposure")

- Bewältigung des Alkoholverlangens ("Craving")

- Bewältigung von Ausrutscher (lapse) und Rückfall (relapse)

Langsam lernt der Klient in Lösungen statt wie bisher in Problemen zu denken sowie Verhaltensalternativen und Bewältigungsverhalten für die bisherige universale Alkoholkompetenz zu entwickeln.

Gerade in der Anfangsphase der Abstinenz spielt meiner Erfahrung nach durch Substanzcues ausgelöstes Alkoholverlangen eine größere Rolle im Rückfallgeschehen, als Marlatt aufgrund seiner Untersuchungen zum Rückfall noch angenommen hat. Durch die Konfrontation mit den relevanten Risikosituationen im Therapieraum und in der Realsituation lernt der Klient, Kontrolle über sein Trinkverhalten wiederzugewinnen und Bewältigungsverhalten zu entwickeln. Dies führt wiederum zu einem Anstieg seiner Selbstwirksamkeitserwartungen, und es entwickelt sich eine positive Feedbackschleife, da diese gestiegenen Selbstwirksamkeitserwartungen wiederum Mut machen, schwierigere, bisher gemiedene Situationen anzugehen und zu bewältigen, was wiederum zu einem Anstieg der Selbstwirksamkeitserwartungen führt, was wiederum ...

Während in dieser ersten Interventionsphase primär das Management der Versuchung im Vordergrund steht, bestimmen im zweiten Behandlungsabschnitt vor allem Maßnahmen zur Kompetenzerweiterung den Therapieinhalt. Zusätzlich erfolgen in dieser Phase mit dem Klienten Gespräche über seinen Lebensstil sowie Planungen über Veränderungen in den Bereichen Arbeit und Beruf, Sozialkontakte und Freizeit. Ziel ist es dabei, daß der Klient einen ausgewogenen Lebensstil zwischen den Polen Anforderung, Streß und Belastung sowie Entspannung, Genuß, Freude und Spaß findet.

7.2.5 Die Interventionsphase II:
Auf- und Ausbau von intra- und interpersonellen Fertigkeiten ("Leben lernen")

7.2.5.1 Einleitung

Der Behandlungsansatz geht - wie im Theorieteil ausführlich dargestellt - davon aus, daß die Person in ihrem bisherigen Leben zu wenig adäquate Fertigkeiten und Kompetenzen entwickeln konnte, um den Anforderungen des Lebens gut gerüstet entgegentreten und die Verstärkungen erzielen zu können, die zu einer persönlichen Lebensqualität und Lebenszufriedenheit beitragen. Vielmehr hat bisher der Alkohol dazu gedient, die Anforderungen scheinbar zu bewältigen und sich ein Stück Lebenszufriedenheit "einzukaufen". In der Phase der körperlichen Abhängigkeit werden jedoch die Folgen des Alkoholkonsums ein zusätzlicher Stressor von erheblicher Stärke und Intensität, den der Abhängige wiederum mit weiterem Alkoholkonsum zu bewältigen sucht. In ihrem Ansatz der "Adaptive Orientation" sehen Alexander & Hadaway (1982) folgerichtig in der Abhängigkeit nichts anderes als den Versuch einer Person, ihren Streß - wenn auch mit langfristig untauglichen Mitteln - zu bewältigen.

In einem Kompetenz- und Coping Skills-Modell, wie es beispielsweise von De Nelsky & Boat (1986) und Masterpasqua (1989) formuliert worden ist, hat der Wegfall des Alkohols die Erfassung und Aufarbeitung der Defizite des Klienten im kognitiven, behavioralen und emotionalen Bereich zur Folge mit dem Ziel, daß er sowohl seine interpersonellen als auch intrapersonellen Problemsituationen besser bewältigen kann und sich dadurch sein Rückfallrisiko reduziert.

Aus der Erfahrung kann man sagen, daß bei jüngeren Alkoholabhängigen meist erhebliche Defizite in allen Bereichen vorliegen, weshalb es notwendig ist, den Erwerb dieser Fertigkeiten in ein umfassendes ambulantes Behandlungsprogramm zu integrieren.

Wie im theoretischen Teil schon ausgeführt, spielen intrapersonelle Faktoren sowohl in der Entstehung und Aufrechterhaltung einer Alkoholabhängigkeit als auch im Rückfallprozeß eine große Rolle. Insbesondere dient Alkoholkonsum zur Regulation und Bewältigung negativer Affekte bzw. haben die meisten Abhängigen zumindest die unumstößliche Erwartung, daß Alkohol Spannung, Streß und Angst reduzieren kann. Das Erlernen alternativer Fertigkeiten wie beispielsweise durch das Entspannungstraining und Methoden der kognitiven Restrukturierung ist deshalb ein wichtiger Behandlungsbaustein, der die Rückfallwahrscheinlichkeit reduziert.

Ebenso wurde aufgezeigt, daß eingeschränkte interpersonelle Fähigkeiten die Handlungsmöglichkeiten einer Person sehr stark einschränken, ihre Kontrollmöglichkeiten in sozialen Situationen erheblich reduzieren sowie den Zugang zu sozialen Verstärkerquellen erschweren, was insgesamt in einem engen Zusammenhang mit einem erhöhten Rückfallrisiko steht. Wie schon erwähnt, fand beispielsweise Rosenberg (1983), daß nicht-rückfällige Alkoholabhängige auf Problemsituationen selbstsicherer reagierten und effektiver Trinkangebote ablehnten als Rückfällige. Weiterhin führen Defizite im interpersonellen Bereich wiederum zu Auswirkungen im intrapersonellen Bereich, indem z. B. mangelnde Kommunikationsfertigkeiten zu einem höheren Angstniveau in einer Gesprächssituation führen. Dieses erhöhte Angstniveau kann wiederum Vermeidungsverhalten auslösen, was einen Verlust der potentiellen Verstärkerquelle "Kontakt und Beziehung" bedeutet. Dieses Beispiel verdeutlicht, wie eng verzahnt diese beiden Bereiche sind, und bei den Alkoholabhängigen findet man meistens eine negative Spirale. Ein Skills Training in der Therapie kann oft eine positive Entwicklung in Gang bringen und damit der Behandlung zusätzliche "Schubkraft" verleihen.

7.2.5.2 Das Entspannungstraining (ET)

7.2.5.2.1 Einleitung

In den letzten drei Jahrzehnten wurde eine Vielzahl von Techniken unter dem Label "Entspannungstraining" zur Behandlung einer großen Bandbreite von Störungen eingesetzt (Laux, 1983a; Lehrer & Woolfolk, 1985; Miltner et al., 1986). Hinter dieser Vorgehensweise steht die Annahme, daß diese schon oft chronifizierten Probleme und Krankheiten teilweise durch das Fehlen von Kompetenzen zur Bewältigung von Streß, Spannung und Angst verursacht worden sind und aufrechterhalten werden.

Wie bereits im Theorieteil dargestellt, besteht bei vielen Alkoholmißbrauchern und -abhängigen ein relativ enger Zusammenhang zwischen diesen Bewältigungsdefiziten und Alkoholkonsum als Kompensationsmöglichkeit. Das Behandlungsprogramm trägt diesem Zusammenhang dadurch Rechnung, indem der Klient durch das Erlernen eines Entspannungstrainings ein adäquates Bewältigungsverhalten zur Regulation affektiv-physiologischer Erregungszustände erwirbt und sich bei ihm dadurch mit der Zeit ein Erleben von Selbstwirksamkeit und Kontrolle in einer streßbesetzten Situation einstellt. Mit dem Entspannungstraining besitzt der Alkoholabhängige, der oft den Eindruck schildert, daß Stimmungen und Spannungszustände auftauchen, ohne daß er Einfluß darauf nehmen kann, eine Möglichkeit der Selbstregulation und kann dadurch aktiv die streßbesetzte Situation verändern.

Es soll jedoch hier dem Eindruck vorgebeugt werden, daß das Entspannungstraining (ET) ein Allheilmittel ist. Es ist vielmehr in diesem Ansatz zur Behandlung junger Alkoholabhängiger nur eine - wenn auch wertvolle - Komponente, die vor allem bei Klienten mit einem hohen Spannungs- und Angstniveau sehr wirksam sein kann und nach Tausch (1993) wesentlich zur Aufrechterhaltung einer körperlich-seelischen Gesunderhaltung beiträgt. Das bedeutet nicht, daß nicht auch Personen mit unproblematischem Spannungsniveau ein Entspannungstraining lernen können, nur sollten sie es nicht in der Therapie machen. Der geringe "Effekt" würde den Klienten wenig beeindrucken und eher negative Auswirkungen auf dessen Motivation und Compliance haben.

Die Verwendung der Entspannung als Mittel zur Bewältigung von Streß kann auf mehreren Wegen geschehen:
- Reduktion des allgemeinen Streßniveaus durch den Einbau des ET in den Lebensstil einer Person;
- Reduktion von Spannung und Streß in einer spezifischen Situation durch ein ET im Sinne eines aktiven Coping Skill (Goldfried & Trier, 1974);
- Entspannung als Ausgangszustand für eine angemessene, rationale Problemlösungsstrategie.

Die in der Therapie angewandte Methode der "Progressiven Muskelentspannung" geht zurück auf Jacobson (1938) und wurde vor allem von Wolpe (1958) so modifiziert, daß sie im Rahmen einer Behandlung äußerst effizient eingesetzt werden kann. Die Praktikabilität und Wirksamkeit der Methode ist hinreichend belegt, und der interessierte Leser sei auf die entsprechende Literatur verwiesen (Bernstein & Borkovec, 1978; King, 1980; Lichstein, 1988; Jacobson, 1991). Im Rahmen dieser Arbeit wird nur kurz der Ablauf des Aufbaus der Entspannungsfertigkeit skizziert. Einen umfassenden Überblick über diese Methode erhält der Leser im Handbuch der Progressiven Muskelentspannung von Bernstein & Borkovec (1978) sowie im Handbuch der Entspannungsverfahren von Vaitl & Petermann (1993).

7.2.5.2.2 Einführung des Klienten in die Methode der Progressiven Muskelentspannung

Der Therapeut führt den Klienten mit folgenden Informationen in die Behandlungsmethode ein:
Die Verhaltensanalyse hat uns gezeigt, inwieweit Streß, Anspannung, Unsicherheit und Angst mit Ihrem problematischen Alkoholkonsum zusammenhängen. Unsere gemeinsamen Erfahrungen im bisherigen Therapieverlauf haben auch aufgezeigt, daß es in manchen Situationen sehr hilfreich gewesen wäre, wenn Sie schon die Entspannungsmethode beherrscht hätten.

An dieser Stelle möchte ich Ihnen noch einige Informationen über die Wechselwirkungen von Körper und Psyche geben, damit Sie die Wirkweise des ET besser verstehen können. (Anmerkung: Bennett & Millard (1985) haben aufgezeigt, wie wichtig gerade Informationen für die Compliance des Klienten sind.) Wie Sie sicher aus eigener Erfahrung wissen, beeinflussen Körper und Psyche gegeneinander, und es ist in diesem Zusammenhang wichtig, sich das Nervensystem anzuschauen. Wir unterscheiden zwischen Zentralem und Autonomem Nervensystem (ZNS und ANS). Während wir viele Körperprozesse mit unserem Willen beeinflussen können, werden andere wie z. B. Herzschlag, Blutdruck etc. durch das Autonome Nervensystem kontrolliert. Es ist uns zwar nicht möglich, willentlich das ANS zu verändern, aber es gibt indirekte Wege, diese Prozesse zu beeinflussen, und einer dieser Wege ist das Entspannungstraining.

Wie wir wissen, bildet das ANS zwei Untersysteme, das sympathische und das parasympathische Nervensystem. Das sympathische Nervensystem steuert Aktivierung, Anspannung, Alarmbereitschaft, also Streßreaktionen, d. h. das Herz schlägt schneller, es kommt zu vermehrter Schweißsekretion und Magensäure etc. Das parasympathische Nervensystem steuert Entspannung und Wohlbefinden, d. h. es kommt zur Beruhigung der Atmung, des Herzschlags, zu Gefäßerweiterungen und zur Abnahme der Muskelspannung. Eine Aktivierung des einen Systems führt zur Hemmung des anderen, d. h. Entspannung und Streß vertragen sich nicht.

Hier setzt nun auch, wie Sie sich sicher schon gedacht haben, das ET an, d. h. es aktiviert den Parasympathikus und führt damit zu einer Abnahme der Erregung und anderer Streßsymptome. Mit dieser körperlichen Entspannung ist in der Regel auch eine geistige Entspanntheit und Ausgeglichenheit verbunden.

Haben Sie momentan zu diesen Informationen eine Frage? Wenn nicht, würde ich Sie dann über die Methode der Progressiven Muskelentspannung informieren. Bei diesem Verfahren lernen Sie die wichtigsten, willentlich zu beeinflussenden Muskeln des Körpers in einer bestimmten Reihenfolge anzuspannen und zu lockern sowie gleichzeitig die Empfindungen, die bei der Anspannung und Entspannung auftreten, wahrzunehmen. Sich entspannen lernen ist wie das Erlernen anderer Fertigkeiten wie beispielsweise Autofahren, Schwimmen, Schreibmaschine schreiben etc., mit Übung und Training verbunden. Das Verfahren ist nichts Geheimnisvolles, und ich werde auch nichts mit Ihnen tun, sondern werde Sie lediglich in die Methode einweisen und zum Üben ermuntern. Es gilt auch hier der vielzitierte Satz, den Sie sicherlich auch kennen: "Übung macht den Meister." Bei regelmäßigem Üben - täglich 2 x 15 - 20 Minuten - ist aller Erfahrung nach ein rasches Erlernen dieser Methode möglich.

Sie werden sich sicherlich auch gefragt haben, wieso das Training mit einer Anspannung beginnt, wenn doch Entspannung erzielt werden soll. Der Grund dafür ist, daß jeder Mensch im Wachzustand ein bestimmtes Ausmaß an Anspannung hat, denn wäre dies nicht der Fall, würden wir alle in uns "zusammensacken". Diese Alltagsspannung ist für jede Person unterschiedlich, und die Entspannungsmethode soll es Ihnen ermöglichen, unter Ihr persönliches Anspannungsniveau zu kommen, wenn Sie es möchten. Um das zu erreichen, spannt man erst eine Muskelgruppe an, d. h. die Spannung steigt weit über das übliche Anspannungsniveau, und die darauffolgende Entspannung ermöglicht es den Muskeln, in einen Entspannungszustand zu kommen, der erheblich unter dem normalen Anspannungsniveau liegt.

"Die Muskeln vor der Entspannung anzuspannen ist, als ob wir uns einen "fliegenden Start" in die tiefe Entspannung mit Hilfe der Spannungslockerung verschaffen" (Bernstein & Borkovec, 1978, S. 58).

Weitere Vorteile dieses Verfahrens, erst Spannung zu produzieren und dann zu entspannen, bestehen darin, daß Sie dadurch Verkrampfungen eher bemerken und den Kontrast zwischen Anspannung und Entspannung stärker spüren, als wenn Sie von dem "normalen" Anspannungsniveau ausgehen würden.

Mit Hilfe des ET streben Sie folgende Ziele an:
- angemessene Bewältigung von Angst- und Streßreaktionen;
- Gewinnung von Kraft und Energie, um real existierende Belastungsfaktoren verändern zu können;
- Entspannung als "antizipatorische Bewältigung", d. h. Sie bereiten sich ruhig und gelassen auf eine bevorstehende Belastungssituation vor.

Haben Sie momentan Fragen dazu? Wenn nicht, würden wir zur praktischen Durchführung weitergehen. Sollten bei Ihnen später noch Fragen, Unklarheiten auftauchen, können Sie diese auch selbstverständlich noch in der nächsten Therapiesitzung vorbringen.

7.2.5.2.3 Die Durchführung des ET

Vorab einige Merksätze für das ET:
- Sie können Entspannung nicht erzwingen.
- Lassen Sie sich Zeit und Ruhe bei den Übungen.
- Haben Sie Geduld mit sich selbst, das ET soll ja kein zusätzlicher Streßfaktor werden.

Einige Voraussetzungen, auf die Sie vor Beginn des Trainings achten sollten:
- Der Übungsplatz muß möglichst ruhig und sollte etwas abgedunkelt sein;
- Störungen müssen für die Zeit des Übens ausgeschlossen sein;
- die Sitzgelegenheit (bequemer Sessel, Entspannungsstuhl etc.) sollte bequem sein und den Körper voll stützen, damit keine Muskeln für die Körperhaltung eingesetzt werden müssen; dies könnte die Konzentration vom Anspannungs-Entspannungsvorgang ablenken;
- bequeme, locker sitzende Kleidung, Schuhe ausziehen.

Insgesamt sollten Sie Ihr Verhalten nach folgender Regel ausrichten: Tun Sie alles, um Ihre Konzentration auf den Prozeß der Anspannung - Entspannung zu erhöhen.

Die körperliche Entspannung wird zweimal täglich geübt, jedoch nicht vor dem Einschlafen. Zur Unterstützung des Übungseffektes erhalten Sie eine Tonbandkassette von Echelmeyer & Zimmer (1980), auf der eine Frau die Übungsinstruktionen vorgibt. Sollte die Kassette Ihr Training eher negativ beeinflussen (z. B. sagt Ihnen die Stimme nicht zu, der Ablauf ist Ihnen zu schnell etc.), lassen Sie einfach die Kassette weg. Tragen Sie bitte die Einschätzung Ihrer Anspannung/Entspannung vor und nach der ET-Übung sowie besondere Beobachtungen und auftretende Schwierigkeiten beim Üben in den Protokollbogen "Entspannungstraining" ein (siehe Anlage 8).

Haben Sie dazu momentan noch Fragen? Gut, dann gehen wir zu den praktischen Übungen weiter.

Modeling durch den Therapeuten:

Ich demonstriere Ihnen jetzt den ersten Trainingsabschnitt des ET (Übungsdauer 8 - 10 Minuten), wobei ich die Selbstinstruktionen laut ausspreche.

Ich setze mich entspannt in meinen Sessel. Meine Arme liegen locker auf den Lehnen und alle störenden Gedanken verschwinden langsam aus meinem Kopf. Ich atme tief ein ... und aus (10 Sekunden). Jetzt, in diesem entspannten Zustand, schließe ich die rechte Hand zu einer Faust, drücke sie fester und fester zusammen und achte auf das Gefühl der Spannung in meiner rechten Faust ..., in der Hand ..., im Unterarm (5 Sekunden).

So, nun lasse ich die Finger meiner rechten Hand ganz locker werden ..., ich achte nun auf das ganz andere Gefühl der Entspannung. Ich lasse mich so richtig hängen ... und versuche, noch entspannter zu werden (5 Sekunden). Ich schließe nochmal die rechte Hand fest zur Faust ... und achte erneut auf die Spannung (10 Sekunden). Nun lasse ich die Finger wieder locker und achte wieder auf das Gefühl der Entspannung, das sich wohlig ausbreitet (10 Sekunden). Jetzt wiederhole ich das Ganze mit der linken Hand, während der übrige Körper sich entspannt. Ich schließe die linke Hand zur Faust ...

Danach mit der gleichen Vorgehensweise: beide Hände, beide Arme beugen und den Bizeps anspannen und lockern, Arme strecken und auf die Spannung entlang der Unterseite der Oberarme achten. Nach der letzten Übung lasse ich mir etwas Zeit und genieße die Ruhe und Entspannung. Vor dem Aufstehen zähle ich langsam rückwärts: 5 ..., 4 ..., 3 ..., 2 ...,1. Ich öffne die Augen, spanne mich kurz an und fühle mich wohl und erfrischt, hellwach und ruhig.

Verhaltensübung:

Im nächsten Schritt leitet der Therapeut den Klienten an, die erste Anspannungs-Entspannungs-Übung zu machen. Er achtet darauf, daß sich der Klient in der Anspannungsphase ein moderates Maß an Anspannung vornimmt und nicht verkrampft sowie eine Sensibilisierung für seine Anspannungs-Entspannungsrelation erzielt. Wichtig ist es auch, dem Klienten Sicherheit für dieses für ihn ungewohnte Verhalten zu vermitteln, ihn zu verstärken und zu "coachen".

Im Hinblick auf die Motivation ist es von Bedeutung, den Klienten nochmals darauf hinzuweisen, daß das ET ein Verfahren ohne Mystik und leicht durch Übung erlernbar ist. Die in der Übungssituation erlebten Gefühle der Anspannung und Entspannung des Klienten sind herauszuarbeiten, damit er die Theorie erlebensmäßig "untermauern" kann, was in der Regel die Compliance erhöht.

Das Grundtraining umfaßt verschiedene Körperbereiche und hat folgenden Aufbau:
1. Tag: Arme (Übungsdauer 8 - 10 Minuten)
2. Tag: Gesicht, Nacken, Schultern, obere Rückenpartie (Übungsdauer 8 - 10 Minuten)
3. Tag: Wiederholung der Übungen vom 1. und 2. Tag (Übungsdauer 16 - 20 Minuten)
4. Tag: Brust, Bauch, untere Rückenpartie (Übungsdauer 8 - 10 Minuten)
5. Tag: Wiederholung der Übungen vom 1., 2. und 4. Tag (Übungsdauer 25 - 30 Minuten)
6. Tag: Hüften, Oberschenkel, Waden und Füße (Übungsdauer 8 - 10 Minuten)
7. Tag: Wiederholung der Übungen vom 1., 2., 4. und 6. Tag (Übungsdauer 30 - 40 Minuten)

In der zweiten und dritten Woche übt der Klient jeweils 15 - 20 Minuten, wobei die Tonbandinstruktion, wenn eingesetzt, ausgeschlichen wird, damit die Entspannungsübungen dem Klienten "in Fleisch und Blut" übergehen. Als hilfreich hat sich erwiesen, mit dem Klienten die Trainingszeiten in seinen normalen Tagesablauf fest einzupassen.

Die Therapiesitzungen zwischen den Übungsphasen dienen dazu, die Entwicklung beim Klienten anhand seiner Schilderungen, Protokollbögen und Verhaltensübungen zu beobachten sowie notwendige Korrekturen vorzunehmen und eventuell auftretende Schwierigkeiten zu besprechen. Die wichtigste Aufgabe in dieser Phase ist es jedoch, den Klienten zum regelmäßigen Üben anzuhalten und dafür zu verstärken.

Der Therapeut kann zum nächsten Schritt übergehen, wenn der Klient das Entspannungsverfahren gut beherrscht und eine für sich zufriedenstellende Entspannung erreicht. In der Weiterentwicklung geht es darum, daß er die Entspannungsfertigkeit gut in die Alltagssituationen integriert, was sowohl durch eine Kurz-Entspannung als auch durch die "konditionierte" Entspannung möglich ist.

Bei der Kurz-Entspannung lernt der Klient folgende Vorgehensweise:
- Verschränken Sie die Hände hinter dem Kopf und drücken Sie die Ellbogen, so weit es geht, nach hinten.
- Pressen Sie die Zähne und Lippen fest aufeinander.
- Strecken Sie die Beine vor und drücken Sie die Fußspitzen nach unten. Spannen Sie dabei alle Muskeln an.
- Atmen Sie ein, halten Sie die Luft an, straffen und pressen Sie dabei Ihre Bauchmuskeln. Atmen Sie langsam wieder aus. Lassen Sie Ihre Glieder dabei entspannt fallen und lockern Sie sich am ganzen Körper.
- Bleiben Sie einige Minuten in diesem Zustand völliger Entspannung.
- Vor dem Aufstehen zählen Sie langsam rückwärts 5, 4, 3, 2, 1. Sie öffnen die Augen, spannen sich kurz an und fühlen sich wohl und erfrischt, hellwach und ruhig.

Die zweite Alternative besteht in der Kopplung des Zustands der vollkommenen Entspannung am Ende des großen Entspannungstrainings mit einer angenehmen Vorstellung, einer Entspannungsphrase oder einem Entspannungswort. Diese "konditionierte Entspannung" oder "Cue-controlled relaxation" wurde erstmals von Paul (1966) beschrieben. Der Klient konzentriert im Zustand der Entspannung seine Aufmerksamkeit auf seine Atmung und sagt sich bei jedem Ausatmen sein gewähltes Signalwort - z. B. "R-U-H-I-G" -, wobei er nach jedem durchgeführten ET die Paarung zwanzigmal vornehmen soll. In einem Zeitraum von

3 - 4 Wochen erhält das Signalwort Auslösefunktion für den Entspannungszustand. Anstatt des Signalwortes kann der Klient auch eine angenehme Vorstellung - wie z. B. "am Strand liegen", "auf einer ruhigen Insel leben" etc. - mit dem entspannten Zustand koppeln.

Der Therapeut kann beispielsweise folgende Strandimaginationsübung mit dem Klienten durchführen:

> Versuchen Sie sich vorzustellen, wie Sie an einem wunderschönen, warmen Sommertag an einem einsamen Strand liegen. Der Sand, auf dem Sie liegen, ist warm und weich. Sie spüren, wie die Sonne Ihren Körper wärmt und wie gleichzeitig eine leichte Brise über Ihr Gesicht streicht. Vielleicht können Sie auch die salzige Meeresluft riechen oder schmecken. Sie hören ein leichtes Plätschern der Wellen. Sie schauen nach oben und betrachten den klaren, blauen Himmel, an dem vereinzelt kleine weiße Wolken langsam vor sich hin treiben. Sie fühlen sich r-u-h-i-g, angenehm entspannt und völlig ausgeglichen. Ihr Körper und Ihr Geist sind völlig entspannt ... entspannt und r-u-h-i-g. Sie liegen da im warmen und weichen Sand und genießen diese Situation der Ruhe und Zufriedenheit.

Ziel ist es, daß der Klient vor, in oder nach einer streßbesetzten Situation tief ein- und austatmet und sich dabei sein Signal-Wort sagt bzw. sich eine angenehme Vorstellung suggeriert und somit veränderte Erlebens- und Verhaltensweisen hervorruft, die jenseits kognitiver Kontrollprozesse liegen (Laux, 1992). Die dadurch hervorgerufene konditionierte Entspannung bewirkt bei den meisten Klienten eine Reduktion der allgemeinen Anspannung. Der Klient fühlt sich weniger hilflos und hat größere Selbstwirksamkeitserwartungen, indem er die Entspannung als wirksame Kontrollmöglichkeit für aufkommende Anspannung und Streß erlebt.

7.2.5.2.4 Entspannung in individuellen Streßsituationen

Beherrscht der Klient die Entspannung und ist die konditionierte Entspannung etabliert, kann im Rahmen des Selbstmanagement-Ansatzes die Anwendung der Entspannung als aktiver Coping Skill in Belastungssituationen eingeübt werden. Der Klient lernt Streßanzeichen sensibel bei sich wahrzunehmen und sich seine Entspannungsreaktion so schnell wie möglich zu induzieren.

In der Übungssituation imaginiert der Klient eine streßbesetzte Situation, die er schon erlebt hat bzw. ihm bevorstehen wird, und entspannt sich. Dabei achtet er darauf, ob aufgrund des Entspannungszustands die Belastungssituation den gewohnten oder einen reduzierten Streßeffekt (Angst, Wut, Ärger, Anspannung etc.) hervorruft. Erlebt der Klient eine deutliche Reduktion, dann wirkt die Entspannung, und er kann in weiteren Übungen den Realitätstransfer vornehmen und die dabei gemachten Erfahrungen mit dem Therapeuten besprechen. Stellt er hingegen keine spürbare Reduktion fest, so ist die Entspannung zu vertiefen und die Übung zu wiederholen.

Wichtig ist es m. E., daß der Klient im Rahmen des Selbstmanagement-Ansatzes die Entspannung als eine Fertigkeit sieht, die ihm eine aktive Beeinflussung seiner psychophysiologischen Prozesse erlaubt und damit für ihn eine Kontrollmöglichkeit für streßbesetzte Situationen darstellt.

Man kann festhalten, daß das ET eine wichtige Komponente in der Gesamtbehandlung darstellt und auch gut mit anderen Komponenten zusammenwirkt. Beispielsweise ist die Disputation irrationaler Gedanken in einem Zustand der Ruhe und Gelassenheit besser durchzuführen und eine kognitive Restrukturierung leichter zu erreichen, als wenn der Klient innerlich vollkommen angespannt und aufgewühlt ist. Benson (1975) hat diese passive "letting it happen attitude of mind" als einen wichtigen Faktor der Entspannung beschrieben.

Anzumerken wäre noch, daß es sicherlich vorteilhafter wäre, wenn der Klient das ET schon sehr früh in der Therapie lernen würde, um es so mit dem größtmöglichen Nutzen in den zahlreichen Streßsituationen zu Beginn einer Therapie einsetzen zu können. Im ambulanten Setting haben die Erfahrungen mit Klienten jedoch gezeigt, daß diese anfangs zu stark in das "Management der Abstinenz" involviert sind, um sich auf ein kontinuierliches Üben einstellen zu können. Nach einer gewissen Zeitspanne läßt der "Aktionismus", die Unruhe und Getriebenheit, nach, der Klient ist gefestigter und ruhiger und kann sich besser auf ein ET einlassen.

7.2.5.3 Das Problemlösetraining (PT)

7.2.5.3.1 Einleitung

Eine der Grundannahmen des Problemlösetrainings besagt, daß gesundes psychisches Funktionieren zum großen Teil von der Fähigkeit abhängt, die Anforderungen einer problematischen Lebenssituation effektiv zu bewältigen. Unter Problem versteht man dabei jede Lebenssituation, in der die Person keine oder mehr als eine Lösungsalternative hat, und Problemlösung wird definiert als Prozeß der Suche und der Auswahl einer angemessenen Lösung. Effektives Problemlösen ist demnach eine Fertigkeit, die man durch ein entsprechendes Training lernen kann.

Das von D'Zurilla & Goldfried (1971) konzipierte PT ist ein hilfreicher Baustein in der Behandlung von Abhängigen, die im allgemeinen nur geringe Problemlösefähigkeiten haben (Larson & Heppner, 1989). Das PT kann als ein allgemeiner, grundlegender Ansatz im Sinne einer übergeordneten Coping-Strategie in der Therapie vermittelt werden; es eignet sich jedoch auch gut als Methode zur Bearbeitung der konkreten, alltäglichen Lebensschwierigkeiten des Klienten wie z. B. in den Bereichen Arbeit, Wohnung, Freizeit. Der Einsatz des PT in diesen "konkreten" Problemfeldern bestärkt den Klienten darin, "Manager" seines eigenen Problemverhaltens zu werden.

7.2.5.3.2 Die Durchführung des PT

Das PT besteht aus 5 Schritten, wobei diese dargestellte Sequenz eher einen idealtypischen Ablauf darstellt.

1. Die Grundeinstellung:
Der Klient lernt, daß problematische Situationen ein Teil des alltäglichen Lebens sind. Mit Hilfe von Beispielen exploriert der Therapeut den bisherigen Problemlöseansatz des Klienten. Weiterhin erfährt der Klient, daß in Problemsituationen die Reaktionen nicht automatisch, spontan oder impulsiv sein sollten, sondern er aktiv versuchen kann, die problematische Situation zu analysieren und die "beste" Verhaltensalternative zur Bewältigung einzusetzen.

2. Das Problem erkennen und definieren:
Meist ist es so, daß sich Klienten über eine Situation aufregen und entsetzt sind, die verschiedenen Aspekte der Problemsituation jedoch nicht genau analysieren bzw. schnell geneigt sind, die ganze Situation zu verdrängen. Es ist in dieser Situation notwendig, daß der Klient lernt, das Ereignis umfassend mit allen externen und internen Anteilen und in relativ konkreten Begriffen zu beschreiben. Er lernt, irrelevante Informationen wegzulassen und sich auf die Informationsbereiche zu konzentrieren, die ihn eventuell zu Lösungen hinführen könnten.

3. Das Finden von Alternativen: Was kann ich tun?
Mit Hilfe der Technik des "Brainstorming" (Produktion einer Vielzahl von Lösungsmöglichkeiten, wobei zuerst keine Bewertung über die Güte der Lösung stattfindet) erzeugt der Klient mögliche Lösungen, die aufgelistet werden. Weitere Möglichkeiten sind "Den Standpunkt wechseln", d. h. sich zu fragen, was der Freund, die Freundin in dieser Situation tun würde, sowie die Modifikation einer alten und bewährten Lösungsstrategie entsprechend der neuen Problemlage.

4. Die Entscheidungsfindung:
Der Klient schätzt ab, welche Alternative sich am besten zur Problemlösung eignet, wobei die angenommenen persönlichen und sozialen Konsequenzen sowie die kurz- und langfristigen Auswirkungen der Lösungsalternativen Anhaltspunkte für die Entscheidungsfindung liefern können.

5. Die Überprüfung:
Der Klient überprüft die Güte seiner Problemlösung, indem er abschätzt, inwieweit die gewählte Vorgehensweise seine Problemsituation verbessert hat. Ist er zufrieden, dann ist der Problemlöseprozeß beendet; ist hingegen sein Problem nicht gelöst, wählt er eine neue Alternative und bewertet erneut nach der Ausführung des Verhaltens.

Zusammenfassend kann man sagen, daß der Klient durch das PT lernt, flexibler als bisher mit seinen alten und neuen Problemsituationen umzugehen und die erworbenen diskreten Fertigkeiten in ein übergeordnetes persönliches Problemlösemuster einzubetten. Gesehen werden müssen jedoch die Grenzen dieses Ansatzes in der Therapie, wenn es um sehr komplexe und fest verwurzelte Problemmuster geht. So gelangt Laux (1985) nach einer detaillierten Analyse der kognitiven Psychologie von Bruner zu der Schlußfolgerung, daß es immer noch eine Frage ist, "wie sich Menschen bei Alltagsproblemen verhalten, die u. U. auch wesentlich komplexere Lösungsstrategien erfordern" (S. 18).

7.2.5.4 Methoden der kognitiven Restrukturierung

7.2.5.4.1 Einleitung

Unter Methoden der kognitiven Restrukturierung versteht man Verfahren, die sich auf die Veränderung von kognitiven Faktoren wie Erwartungen, Überzeugungen, Einstellungen etc. richten, um dadurch die erwünschte Verhaltensänderung zu erreichen.

Es lassen sich drei größere Gruppen von Therapieverfahren unterscheiden:
- die kognitive Therapie von Beck (1979)
- die Rational-Emotive-Therapie, RET, von Ellis (1977)
- das Selbstinstruktionstraining von Meichenbaum (1979, 1994).

Dieser Behandlungsbaustein basiert zum großen Teil auf diesen Methoden, wobei ein besonderes Gewicht auf suchtspezifische Einstellungs- und Erwartungsmuster gelegt wird.
  Bei Alkoholabhängigen beobachtet man auch die gleichen unangepaßten kognitiven Prozesse wie willkürliche Schlußfolgerungen, selektive Verallgemeinerung, Übergeneralisation, Personalisierung, Dichotomisierung, Maximierung und Minimierung, die Beck (1979) bei Depressiven exploriert hat. Ebenso begegnet man Klienten, die von ihren Emotionen gesteuert werden, aber meist nicht in der Lage sind, ihre Affekte zu differenzieren und die Ursache zu benennen. Sie nehmen die Einschätzung und Bewertung einer Situation oft aufgrund eines einzigen Kriteriums vor; sie sehen keine Relation zwischen den verschiedenen Aspekten einer Situation und fokussieren oft nur auf einen Teil einer Situation oder Person. Klienten, die dieses "Primitive Denken" (Beck et al., 1992) zeigen, sind unfähig, Alternativen zu entwickeln und zu betrachten sowie ihre Perspektive zu verändern.

Diese unangepaßten Denkprozesse führen bei Abhängigen zu unterschiedlichen, beobachtbaren Phänomenen wie Hilflosigkeit, extreme negative oder positive Selbstbilder, interne oder externe Kontrollüberzeugungen, extrem hohes oder niedriges Anspruchsniveau etc. Mit einem Beispiel aus der Rückfallanalyse eines Klienten soll die Bedeutung unangepaßter Denkmuster im Rückfallgeschehen verdeutlicht werden (siehe nächste Seite).

In der Therapie gilt das Interesse der Disputation dieser unangepaßten und irrationalen Gedanken. Ziel ist es dabei, angemessene, realitätsgerechte Kognitionen aufzubauen, den Klienten zu einem "reifen Denken" (Beck et al., 1992) hinzuführen.

Beispiel: Der Klient, der sich noch im Krankenhaus in der Entgiftung befindet, kommt in die Therapiesitzung mit folgenden Worten: "Ich weiß nicht, wie es passiert ist, ich stand auf einmal am Kiosk und trank mit den anderen ein paar Flaschen Bier." Er schildert das Ereignis wie ein passiver Teilnehmer, der von übermächtigen Kräften gesteuert worden ist.
Bei der Rekonstruktion des Ablaufs vor dem ersten Schluck Alkohol stellt sich heraus, daß er eine Menge Ärger mit seiner Freundin gehabt und sie ihn ohne eine Klärung im Besucherzimmer zurückgelassen hat. Danach kommt bei ihm das Verlangen auf, sich wie früher zu besaufen, um sich Erleichterung zu verschaffen. Dieser Wunsch ruft jedoch sofort Schuldgefühle in ihm wach und muß deshalb verleugnet werden. Einen Kompromiß zwischen seinem Wunsch und seinen Schuldgefühlen findet er in der Vorstellung: "Ich trinke nur eine Flasche Bier." Diese selektive Fokussierung ermöglicht ihm einerseits, seinem Verlangen nach Alkohol nachzugeben und andererseits, den Wunsch nach Besäufnis und die damit verbundenen Schuldgefühle zu verdrängen. Nur eine Flasche Bier ist für ihn akzeptabel, und ausgeblendet werden in diesem Moment von ihm seine realen Erfahrungen, die die Wahrscheinlichkeit, daß es bei einer Flasche bleibt, als sehr gering erscheinen lassen. Die zweite Flasche Bier wird vom Klienten folgerichtig als "nur noch eine" kodiert, die nächste Flasche ebenso, bis der Punkt erreicht ist, an dem der Satz "Jetzt ist sowieso alles egal" alle "Dämme" brechen läßt und das insgeheim gewünschte Besäufnis stattfinden kann. Die selektive Fokussierung auf den Gedanken "nur eine Flasche" ermöglicht es dem Klienten, seine Absichten, Handlungen und seine Verantwortung von dem Resultat seines Verhaltens abzuspalten sowie seine aktive Beteiligung zu minimieren, was dann schließlich in der Aussage "Ich weiß nicht, wie es passiert ist" gut zum Ausdruck kommt.

7.2.5.4.2 Das A-B-C-Modell des Denkens und Fühlens

Die Rational-Emotive Therapie, RET, von Ellis (1977), deren Wurzeln laut Hoellen & Laux (1988) im Stoizismus zu finden sind, liefert ein anschauliches Modell, um dem Klienten die Zusammenhänge zwischen Auslöser, Kognition, Emotion und Verhalten zu verdeutlichen. In Anlehnung an die Worte Epiktets postuliert die RET, daß nicht die objektiven Sachverhalte und Ereignisse (A) zu emotionalen Reaktionen führen, sondern daß die mit diesen Ereignissen einhergehenden individuellen Wahrnehmungen, Ansichten, Einstellungen und Bewertungen (B) den wichtigsten Bestimmungsfaktor der Emotionen darstellen (siehe Abbildung 16).

A ⇨ **B** ⇨ **C**

Aktivierendes Ereignis   Belief System   Emotionale Konsequenz

Abbildung 16: ABC-Schema der RET

Ähnlich wie Beck postuliert Ellis, daß psychische Probleme als ein Ergebnis fehlangepaßter Gedankenabläufe, der sog. irrationalen Gedanken oder Beliefs, zu sehen sind. Die Aufgabe des Therapeuten besteht nun darin, mit dem Klienten zusammen dessen fehlangepaßte Gedanken - die oft automatisch und vorbewußt ablaufen - zu explorieren und ihn anzuleiten, sie durch adäquate zu ersetzen. Dazu wird das ABC-Schema durch die therapiebezogenen Punkte D und E ergänzt (siehe Abbildung 17).

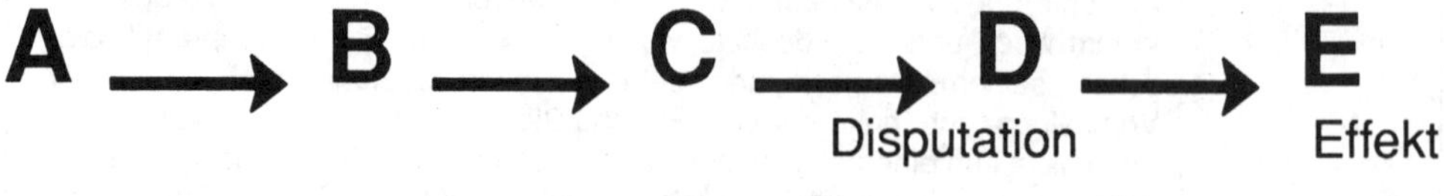

$$A \longrightarrow B \longrightarrow C \longrightarrow \underset{\text{Disputation}}{D} \longrightarrow \underset{\text{Effekt}}{E}$$

Abbildung 17: Therapiemodell der RET

Am Punkt D (für Disput im Sinne des Sokratischen Dialogs) wird der Klient angeleitet, seine unangemessenen und unnützen Gedankengänge in einer logischen, empirischen und wissenschaftlichen Art in Frage zu stellen und durch realitätsorientierte Annahmen zu ersetzen.

Die Veränderung der zentralen irrationalen Beliefs eines Klienten ist ein komplexer Prozeß, der nach Di Giuseppe (1986) drei Teilschritte umfaßt:
- Erzeugung einer starken kognitiven Dissonanz beim Klienten durch Exploration überzeugender empirischer Belege, die dem irrationalen Belief widersprechen;
- aufzeigen, daß der irrationale Belief nicht die Probleme des Klienten löst, sondern in der Tat dysfunktional ist;
- der Therapeut hilft dem Klienten, rationale Beliefs zu entwickeln, die für den Klienten hilfreicher und nützlicher sind.

Das rationale Denken basiert auf Fakten, schützt die Person vor unnötigem Schaden und hilft dabei, kurz- und langfristige Ziele zu erreichen, Konflikte mit anderen zu verhindern und positive Gefühle zu erleben. Zur Erreichung dieser Ziele wurden von Freeman (1987) mehrere Techniken zur Disputation geschildert wie beispielsweise Infragestellen der Evidenz für den irrationalen Belief (iB), Dekatastrophisieren, Vor- und Nachteile des iB, Reattribution, Exploration von Optionen und Alternativen, Übersteigerung des iB, Übungen rationaler Beliefs etc. Das Ergebnis dieser inneren Auseinandersetzung zeigt sich in E (Effekt), da neue Einstellungen auch meist zu veränderten Verhaltensweisen führen. Therapeutisches Ziel ist es, daß der Klient die Verantwortung für die Identifikation und Veränderung seiner irrationalen Beliefs übernimmt.

In dem oben geschilderten Beispiel sieht die therapeutische Arbeit so aus, daß der Klient lernt, sich im inneren Selbstgespräch auf die Aussage: "Ich trinke nur eine Flasche Bier" direkt die Frage nach den empirischen Belegen für diese Aussage zu stellen. Das kann dann folgendermaßen aussehen:

Klient:	"Stimmt das, was ich mir da sage; kenne ich aus der letzten Zeit Situationen, in denen ich nur *eine* Flasche Bier getrunken habe? Nein, eigentlich nicht, mir fallen eher Situationen ein, in denen ich mir vorgenommen hatte, nur 1 - 2 Flaschen Bier zu trinken und ich diesen Vorsatz nicht einhalten konnte. Also, die Wahrscheinlichkeit, daß es gerade jetzt gelingt, ist sehr gering."
Therapeut:	"Wie gering würden Sie denn selbst diese Wahrscheinlichkeit einschätzen?"
Klient:	"Ich würde sagen, so 10 %."
Therapeut:	"Das Risiko abzusacken ist also ziemlich hoch, zumal Sie auch auf den Streit mit der Freundin als ersten Impuls das Bedürfnis hatten, den Ärger runterzuspülen."
Klient:	"Mmh, ja."
Therapeut:	"Wenn Sie sich jetzt weiter fragen, ob Sie durch ein Besäufnis schon jemals einen Konflikt mit der Freundin geklärt haben, was ist dann Ihre Antwort?"
Klient:	"Nein, eigentlich nicht, es ist meist dadurch viel schlimmer geworden. Es bringt also nichts, wenn ich mich jetzt besaufe, und ich lüge mir in die eigene Tasche, wenn ich mir sage, daß ich am Kiosk nur die eine Flasche Bier trinke. Außerdem, was würde mir die eine Flasche bringen? Was habe ich jetzt in dieser Situation für andere Möglichkeiten, um diesen Ärger loszuwerden? Ja, eine gute Möglichkeit wäre, ins Stadtbad schwimmen zu gehen, mich so richtig auszupowern und mir die Wut aus dem Leib zu schwimmen. Okay, das werde ich tun, ich gehe jetzt gleich zur Stationsschwester und melde mich zum Schwimmen ab."

Wie man aus diesem Beispiel aus dem klinischen Alltag sieht, entwickelt der Klient durch seine interne Diskussion eine neue Alternative zur Bewältigung der bestehenden Schwierigkeiten, wobei in dieser Therapie das zusätzliche mittelfristige Ziel bestand, daß er und seine Freundin lernen, produktiv und konstruktiv zu streiten.

7.2.5.4.3 Dysfunktionale Beliefs bei Alkoholabhängigen

Genauso wie der Alkoholabhängige ein dysfunktionales Trinkverhalten entwickelt hat, bildet sich bei ihm auch eine Vielzahl dysfunktionaler Beliefs über Alkohol aus. Es sind meist automatische, vorbewußt ablaufende kognitive Prozesse auf emotionale und/oder situative Trinkauslöser, die man folgendermaßen charakterisieren kann:
- rigide und unflexibel;
- dichotom, Alles-oder-Nichts-Qualität;
- übergeneralisiert und unlogisch;
- absolutistisch und empirisch nicht belegbar.

Häufig vorkommende Themen und Inhalte dieser irrationalen Gedanken sind:
- Alkohol ist *der* Problemlöser.
- Alkohol ist *kein* Problem.

- Eine Veränderung ist nur sehr schwer zu erreichen, darum ist man oft hoffnungslos, hilflos und wertlos.
- Wegen der Alkoholabhängigkeit ist man voller Schuld- und Schamgefühle und macht sich Selbstvorwürfe.
- Mythen wie "mit Alkohol ist man soziabler, sozial erfolgreicher, wird eher akzeptiert, ist man sexuell potenter und kann besser entspannen.

Ein immer wieder geschilderter Rückfallgrund, die zu geringe Frustrationstoleranz der Klienten, ist meist mit folgenden irrationalen Beliefs gekoppelt:
- Ich kann nicht ohne Alkohol leben.
- Es geht nicht mehr, ich muß jetzt ein Bier trinken, dann geht es besser.
- Ich halte es nicht mehr aus.
- Ich kann nicht abstinent leben, ich schaffe es einfach nicht.
- Ich bin nicht stark genug, der Alkohol ist stärker als ich.
- Scheiß drauf, es hat sowieso keinen Wert.
- Warum ausgerechnet ich, warum kann ich nicht wie jeder andere auch ein Glas Bier trinken.
- Heute war so ein schwerer Tag, ich glaube, ich werde mir ein Bier genehmigen.
- Wenn ich jetzt ein Bier trinke, geht es mir gleich besser.
- Ein Bier jetzt, das würde mir guttun.

Diese irrationalen Beliefs führen zu und sind verbunden mit einem komplexen kognitiv-emotiv-behavioralen Zustand, den Ellis (1978, 1979) mit "discomfort anxiety" bezeichnet hat. Er meint damit vor allem die Angst, die der Abhängige verspürt, wenn er Schmerzen, Unbehagen und Unannehmlichkeiten antizipiert. Diese Angst entwickelt sich auf dem Hintergrund eines übergeordneten Beliefs bei Abhängigen, daß nämlich Schmerzen, Unbehagen etc. unerträglich sind und nicht ausgehalten werden können. Beispielsweise ist die Angst vor dem Entzug bei manchen Klienten so irrational überhöht, daß sie stattdessen besser ihre aktuelle schwierige biopsychosoziale Situation als Abhängiger ertragen können.

Diese unangemessenen Denkmuster, verbunden mit den überhöhten Erwartungen an die Wirkungspotenz von Alkohol, sind in der Therapie herauszuarbeiten und empirisch zu hinterfragen und zu diskutieren. Diese Anleitung zur Diskussion der irrationalen Beliefs und die angestrebte kognitive Restrukturierung zielen darauf ab, daß der Klient es lernt zu akzeptieren, daß das Aushalten eines bestimmten Ausmaßes an Angst, Anspannung, Unbehagen, Frustration etc. zum normalen menschlichen Leben dazugehört. Da es weder eine kognitive noch eine behaviorale Copingstrategie gibt, die so schnell und so effektiv arbeitet wie Drogen, wird er einige Zeit dieses mehr oder weniger starke Unbehagen spüren und aushalten müssen, um einen Ausrutscher zu verhindern.

Wie stark dieses Bedürfnis nach sofortiger, unmittelbarer Zustandsveränderung oft ist, zeigen immer wieder die Schilderungen von Klienten, die bei der Analyse des Ausrutschers berichten, daß sie starke Gefühle der Erleichterung, Entspannung, des Behagens bereits mit oder kurz nach dem ersten Schluck Alkohol verspürt haben, zu einem Zeitpunkt also, in dem auf keinen Fall die physiologische Wirkung des Alkohols schon eingetreten sein kann. Die Macht der Erwartungshaltung ist die einzig mögliche Erklärung für dieses Phänomen, und diese geschilderte Erfahrung eignet sich gut, um den gesamten Komplex "erwartete und realistisch erlebte Folgen des Alkoholkonsums" in der Therapie aufzurollen. Der zentrale Restrukturierungsaspekt ist dabei die Entwicklung angemessener Kognitionen in bezug auf die Konsequenzen des Alkoholkonsums bzw. der Abstinenz in jeder Problemsituation mit starkem Verlangen nach Alkohol.

Bei jungen Menschen ist ein häufig angegebener Rückfallgrund die Langeweile, der Mangel an Stimulation ("Es ist nichts los"). Verbunden damit ist meist der irrationale Belief, daß es nichts Schlimmeres als Langeweile gibt und manche Klienten sogar von "tödlicher Langeweile" sprechen sowie die Erwartungshaltung haben, daß mit Alkoholkonsum "was los ist", "man ein Faß aufmacht". Zu hinterfragen ist in der Therapie die Vorstellung des Klienten, daß das Leben ständig voller Aufregung und Abenteuer zu sein hat, mit dem Ziel, daß er sich derart restrukturiert, daß er auch den gewöhnlichen Alltag mit seiner Routine und Normalität tolerieren kann. Mit Hilfe der Erfahrungen des Klienten kann der Therapeut ihm aufzeigen, daß er in seiner Phase der Abhängigkeit eher weniger Stimulation und Highlights als im "normalen" Alltag erlebt hat. Der Alkohol hat ihm eher ein "dumpfes Vor-sich-hin-Leben" ermöglicht und ist demnach nicht nur verbunden mit den "schönen Zeiten".

Ein weiterer, immer wieder auftauchender, irrationaler Gedanke ist die Annahme, daß ein Ausrutscher unweigerlich in die Katastrophe führen muß. Dahinter steht die dichotome Denkweise des Abhängigen - die meist durch den klassischen Behandlungsansatz noch verstärkt wird -, daß er nur Abhängiger oder Abstinenzler sein kann und es nichts dazwischen gibt. Ein Schluck Alkohol führt dann zu Gedanken wie "Ich habe versagt", "Die Therapie hat nichts gebracht", "Es war alles umsonst".

In der Therapie ist es notwendig, diese Alles-oder-Nichts-Sichtweise von Selbstkontrolle zu diskutieren, und zwar in die Richtung, daß es nämlich keine absolute Kontrolle über sich selbst und über andere geben kann. Menschen sind von Natur aus fehlbar, und der Versuch hundertprozentiger Kontrolle ist zu hinterfragen. Ein "Reframing" des Klienten von einem absoluten zu einem relativierten Standpunkt bezüglich der eigenen Selbstkontrolle ("Ich will mein Bestes geben") ist für ihn nützlich und hilfreich.

Weiterhin lernt der Klient jeden Ausrutscher als einzelnes Ereignis zu betrachten und entsprechend dem Person-Situation-Bewältigungskompetenz-Modell (PSB) zu analysieren und zu bewerten (siehe Abschnitt 7.2.4.3). Ein Ausrutscher bedeutet nicht, daß alles verloren ist und daß er beim nächsten problematischen Ereignis wieder ausrutscht. Die Umstrukturierung erfolgt in folgende Richtung: "Accept and cope rather than condemn and mope" (Greenwood, 1985). Weg von der Selbstverurteilung hin zur Selbstakzeptanz mit allen Fehlern. Anstatt: "Ich bin wertlos, ein nichtsnutziger Alki und Säufer" eine Selbstbeschreibung wie: "Ich bin etwas wert, ich habe jedoch viele Fehler gemacht und viele meiner Mitmenschen schwer enttäuscht."

In der Arbeit mit dem Alkoholabhängigen muß der Therapeut darauf achten, daß beim Klienten nicht eine Art "Überhöhung des Abstinenzlers", eine "Art besserer Mensch" in der Rekonstruktion entsteht nur, weil er nicht mehr trinkt. Tatsache ist, daß der abstinente Alkoholabhängige seinen u. U. lebensbedrohenden Fehler zwar abgelegt hat, aber nach wie vor ein mit Fehlern behafteter Mensch ist, der sich jedoch mittlerweile so akzeptieren und wertschätzen kann, wie er ist. Diese realitätsbezogene Akzeptanz seiner selbst ist es m. E., die es dem abstinenten Abhängigen ermöglicht, zukünftig besser mit seinen Alltagsproblemen und Schwierigkeiten zurechtzukommen und langfristig eine zufriedene Abstinenz zu leben.

Insgesamt kann man sagen, daß die Methoden der kognitiven Restrukturierung und insbesondere die Rational-Emotive-Therapie von Ellis eine gezielte Aufarbeitung des Belief-Systems des Alkoholabhängigen ermöglichen und der Klient sich gezielt Möglichkeiten zum Selbst-Management der oft tief verwurzelten Gedanken und Einstellungen erarbeiten und erwerben kann. Was im ersten Therapieabschnitt, in dem es um das "trockene Überleben" des Klienten geht, oft in den verschiedenen Therapiesitzungen nur angerissen werden kann, wird hier vertieft behandelt und kann oft schon mit den eigenen "trockenen" Erfahrungen des Klienten bearbeitet werden.

7.2.5.5 Das Selbstsicherheitstraining (ST) zum Aufbau interpersoneller Fertigkeiten

7.2.5.5.1 Einleitung

Im theoretischen Teil erfolgte bereits eine Darstellung der Grundlagen des Selbstsicherheitstrainings sowie eine Dokumentation von dessen Effektivität in der Behandlung von Abhängigen. Interpersonelle Situationen, die selbstsicheres Verhalten erfordern, führen bei Klienten mit Defiziten in diesem Bereich zu erhöhtem Streß und somit zu erhöhter Rückfallgefahr. Weiterhin machen mangelnde Fertigkeiten im Kontaktbereich diese wichtige Quelle sozialer Verstärker für den Klienten unzugänglich, und spärlicher sozialer Kontakt bedingt meist geringe soziale Unterstützung aus dem sozialen Umfeld. Abbildung 18 verdeutlicht den oft beobachteten Zusammenhang zwischen Selbstsicherheit/Unsicherheit und Rückfallrisiko in streßbesetzten sozialen Situationen.

Aus dem weiten Spektrum der inhaltlichen Ausgestaltung von Selbstsicherheitstrainings (vgl. z. B. Ullrich de Muynck & Ullrich, 1976; Feldhege & Krauthan, 1979; Monti et al., 1989) wurden für das ST im Rahmen dieses Behandlungsprogramms Komponenten zusammengestellt, die es ermöglichen, die spezifischen Defizite junger Abhängiger aufzuarbeiten. Diese Klienten, die aufgrund ihres frühen Einstiegs in die Abhängigkeitskarriere meist geringe positive Lernerfahrungen und wenig adäquate Bewältigungskompetenz für ihre Entwicklungsaufgaben in der Adoleszenz und Post-Adoleszenz haben, sind voller Hemmungen, haben ein geringes Selbstvertrauen, können kaum die eigene Meinung vertreten und für ihre Rechte einstehen, können selten Gefühle zeigen, erleben sich vielfach ohnmächtig und ausgeliefert, haben eine stark erhöhte Anspannung beim Nein-Sagen, können kaum Belastungen aushalten und zeigen oft passives oder aggressives statt selbstsicheres Verhalten.

Das für diese Behandlung zusammengestellte Trainingsprogramm baut auf den oben aufgeführten Trainingsmanualen auf und ist halbstrukturiert, d. h. die Gliederung des Gesamtprogramms und die Strukturierung der einzelnen Sitzungen liegen weitgehendst fest und der Klient "füllt" die Übungen inhaltlich mit "seinem Material". Das ST wird ebenfalls in Einzeltherapie durchgeführt, wodurch die Vorteile einer Gruppentherapie, wie sie beispielsweise von Feldhege & Krauthan (1979) beschrieben wurden, zwar entfallen, andererseits die Übungen sowohl vom Inhalt als auch von der Zeit ganz individuell dem Klienten angepaßt werden können. Ein weiterer pragmatischer Grund liegt darin, daß im ambulanten Setting zu lange Wartezeiten für einzelne Klienten entstehen, bis eine Gruppe von 6 - 8 Teilnehmern mit der gleichen Indikationsstellung gebildet werden kann.

```
┌─────────────────────┐
│ Auseinandersetzung  │
│ mit dem Vorgesetzten│
│   am Arbeitsplatz   │
└─────────────────────┘
           ⇩
      ┌─────────┐
      │  Ärger  │
      │Frustration│
      └─────────┘
         ↙   ↘
```

| selbstsicheres Verhalten (z. B. Ärger ausdrücken, seine berechtigte Forderung äußern) | Selbstunsicherheit (Person unterdrückt ihren Ärger, "schluckt" alles) |

⇩ ⇩

| gesteigerte Selbstwirksamkeitserwartungen | gesunkene Selbstwirksamkeitserwartungen und gleichzeitig positive Effekterwartungen in bezug auf Alkoholkonsum |

⇩ ⇩

| geringe Rückfallwahrscheinlichkeit | Alkoholkonsum |

⇩

Abstinenzverletzungseffekt
verdeckte Phantasien von Stärke, Macht und aggressivem Verhalten

⇩

noch stärker gesunkene Selbstwirksamkeitserwartungen und erhöhte Wahrscheinlichkeit für ein Weitertrinken

Abbildung 18: Zusammenhang zwischen Selbstsicherheit und Rückfallwahrscheinlichkeit

Das ST umfaßt die drei Verhaltensbereiche Kontakt, Kommunikation und Selbstbehauptung mit mehreren Übungen, wobei die einzelnen Schritte systematisch aufeinander aufbauen.

Kontakt	Kommunikation	Selbstbehauptung
Übung 1: Gespräch beginnen	Übung 5: "Persönliche Rechte" sowie die Unterscheidung zwischen selbstunsicherem, aggresivem und selbstsicherem Verhalten	Übung 8: Berechtigte Ansprüche und Forderungen stellen
Übung 2: Nonverbale Kommunikation		Übung 9: Ansprüche und Forderungen ablehnen und zurückweisen
Übung 3: Komplimente geben und annehmen	Übung 6: Positive und negative Gefühle erkennen, akzeptieren und ausdrücken	
Übung 4: Gespräch führen und aufrechterhalten	Übung 7: Kritik äußern und akzeptieren können	

Abbildung 19: Die drei Verhaltensbereiche des Selbstsicherheitstrainings mit den entsprechenden Übungen

Die einzelnen Übungen haben folgenden Aufbau:

- theoretisches Basiswissen für die zu erlernende Fertigkeit und ihr Bezug zur Alkoholproblematik;

- Hinweise und Ratschläge zum Erlernen dieser Fertigkeit;

- praktische Übungen: Modellernen, Rollenspielübungen im Therapiesetting, Transfer der Übungen in die Realität, Besprechung und Auswertung der Realitätsübung in der nächsten Therapiesitzung.

Die Verhaltensübung hat folgenden Ablauf:

```
┌─────────────────────────────────────────────────────────┐
│   Beschreibung und Strukturierung der Übungssituation   │
└─────────────────────────────────────────────────────────┘
                            ⇩
┌─────────────────────────────────────────────────────────┐
│                      Modellvorgabe                       │
│   Laute Selbstverbalisationen; kognitive Strukturie-     │
│   rung, indem das Modell das Wesentliche am              │
│   Verhalten benennt.                                     │
└─────────────────────────────────────────────────────────┘
                            ⇩
            ┌─────────────────────────────────┐
            │   Verhaltensübungen (Rollenspiel) │
            └─────────────────────────────────┘
                            ⇩
┌─────────────────────────────────────────────────────────┐
│   Feedback: Rückmeldung über die positiven Aspekte       │
│   (Verstärkung) und Verbesserungsvorschläge              │
└─────────────────────────────────────────────────────────┘
                            ⇩
            ┌─────────────────────────────────┐
            │    Verhaltensübung (Rollenspiel)  │
            └─────────────────────────────────┘
```

7.2.5.5.2 Der Kontaktbereich

In diesem Trainingsabschnitt geht es darum zu lernen, wie man Kontakt zu fremden Personen aufnehmen und aufrechterhalten kann. Ängste und Unsicherheiten vor der Kontaktaufnahme, die sich bei den Klienten in abwehrenden Äußerungen widerspiegeln wie: "Mir geht es alleine ganz gut", "Ich brauche niemanden", werden bearbeitet und durch praktische Übungen bewältigt. Die meisten Personen machen dabei die Erfahrung, daß es viel leichter geht, als sie es vorher vermutet haben, weil auch andere Menschen ein "natürliches" Kontaktbedürfnis haben und oft froh sind, wenn sie angesprochen werden. Kontakt macht Freude und ist eine Quelle sozialer Verstärker, ein ganz wichtiger Faktor in der Aufrechterhaltung der Abstinenz. Ein weiteres Ziel dieses Trainingsteils ist es, dem Klienten Grundfertigkeiten zu vermitteln, damit er sich einen Bekannten- und Freundeskreis aufbauen kann. Diese Kontakte außerhalb der "Alkoholszene" sind bei jungen Alkoholabhängigen meist gar nicht oder nur sehr spärlich vorhanden.

Übung 1:   Das Gespräch beginnen

Theoretisches Basiswissen mit Bezug zur Alkoholproblematik

- Ein Gespräch beginnen zu können, ist der erste, wichtige Schritt zum Aufbau einer Beziehung. Manchen Personen fällt dies leicht, anderen schwer. Es ist jedoch keineswegs eine "geerbte" Fertigkeit, sondern man lernt sie und kann sie auch wieder verlernen, wenn man längere Zeit zurückgezogen lebt (z. B. längere Inhaftierung).
- Kein Gespräch beginnen zu können führt oft zu negativen Gefühlen wie geringe Selbstwerteinschätzung, Frustration, Angst, Einsamkeit und Isoliertheit. Die Kommunikation mit einer Person hingegen kann interessant sein und zur Selbstbestätigung führen.
- Zwischen Kontaktaufnahme und Problemtrinken besteht oftmals gerade bei jüngeren Alkoholabhängigen eine enge Beziehung. Bei der Kontaktaufnahme zum anderen Geschlecht besteht nämlich in unserer Gesellschaft immer noch die unausgesprochene Norm, daß junge Männer sich aktiv und junge Frauen sich passiv zu verhalten haben. Deshalb ist das Phänomen, sich vor der Kontaktaufnahme "Mut anzutrinken", weit verbreitet, und Kontaktaufnahmen zu jungen Frauen finden - wenn überhaupt - bei jungen Alkoholabhängigen in der Regel unter Alkoholeinfluß statt.
- Ein weiterer Zusammenhang liegt darin, daß der junge Mann infolge seiner Schwierigkeiten im Kontaktbereich zunehmend mehr Vermeidungsstrategien entwickelt, sich deshalb einsam und isoliert fühlt, was wiederum mit Alkohol versucht wird zu bewältigen. Der Teufelskreis entsteht!

Anmerkung: Oft meinen alkoholabhängige Personen, daß sie gute Fertigkeiten in der Kontaktaufnahme haben. Hier muß der Therapeut mit dem Klienten sorgfältig die Unterschiede im Verhalten mit und ohne Alkoholkonsum herausarbeiten und den Klienten im Rollenspiel "Probeverhalten" ausführen lassen.

Hinweise und Ratschläge zum Erlernen dieser Fertigkeit

- Besprechung mit dem Klienten, wo, mit wem und wie er Kontakt aufnehmen will. Hier hat sich in der Therapie das Bild vom "Töpfchen und Deckelchen" gut bewährt. Wenn der junge Mann in der Kontaktaufnahme zum anderen Geschlecht das "Deckelchen" symbolisiert, ist es im ersten Schritt unbedingt notwendig, irgendwo hinzugehen, wo viele Töpfchen ohne Deckelchen verkehren. Übersetzt heißt das: "Raus aus der Isolation und rein in die Kontakttreffs junger Leute", um Verhaltenssicherheit zu gewinnen und die Situation "abzuchecken". Danach kann eine gezielte Kontaktaufnahme erfolgen.
- Abklärung der Erwartungen in bezug auf die Kontaktaufnahme. Wichtig ist es, daß der Klient seine oft zu hohen Erwartungen auf ein realistisches Maß zurückschraubt. Die Erfahrung in der Arbeit mit jungen Alkoholabhängigen ohne "Kontaktsozialisation" zu Mädchen und jungen Frauen hat gezeigt, daß die Erwartungen vor der Kontaktaufnahme zu irgendeiner Frau oft in die Richtung gehen, daß dies *die* Beziehung, *die* Frau ist. Die Folge dieser übersteigerten Erwartungen ist in der Regel eine totale Verkrampfung in der Kontaktsituation mit einer hohen Wahrscheinlichkeit für Mißerfolg, was wiederum zum erneuten Rückzug führt. In der Therapie sollte eine Erweiterung des Kontaktbereichs erfolgen, indem der Klient lernt, Kontakt zu unterschiedlichen Zwecken wie Information, Geselligkeit, Austausch etc. aufzunehmen.
- Bei einer Vielzahl von Klienten bestehen falsche Vorstellungen über den Kontakt wie z. B.: man unterhält sich nur über wichtige und bedeutsame Themen; man ist für den Verlauf des Gesprächs verantwortlich. In Ordnung bei einer Kontaktaufnahme ist jedoch auch "Small talk" über das Wetter, die gerade gehörte Musik, das feine Eis im Eiscafé etc. Ebenso ist das Gespräch keine Einbahnstraße, das einer aufnimmt und führt, sondern eine Interaktion, dessen Verlauf deshalb auch von dem Interesse und den Kommunikationsfähigkeiten der angesprochenen Person abhängt.
- Einige Tips, "wie" man den Kontakt aufnehmen kann:
  o Beobachten und Zuhören, um Hinweise und mögliche "Themen" für die Kontaktaufnahme zu erhalten.
  o Die Person ansprechen, nicht warten, bis man möglicherweise selbst angesprochen wird.
  o Offene Fragen stellen, um einer Person den Gesprächseinstieg zu erleichtern.
  o Beobachtung der Reaktionen der angesprochenen Person. Ist die Reaktion kurz oder geht sie auf das Gespräch ein, nimmt sie Blickkontakt auf etc.
  o Das Gespräch nicht abrupt beenden, sondern beispielsweise mit einer netten Rückmeldung oder der Aussage, daß sie sich noch mit Herrn X unterhalten wollen, oder daß sie noch etwas vorhaben, etc.

Wichtig: Konversation ist keine Prüfungssituation, bei der Ihre Person auf dem Prüfstand steht, sondern sollte Ihnen Spaß machen, zu den gewünschten Informationen verhelfen etc.

Praktische Übungen

- Modellernen: Der Therapeut demonstriert in einem Coping-Ansatz die Kontaktaufnahme zu dem Klienten. Danach eine Besprechung: Welche Fertigkeiten wurden gezeigt, wie haben sich beide Übungsteilnehmer gefühlt, was war gut und was ist noch verbesserungswürdig? Wiederholung der Szene.

- Rollenspielübung: Der Klient nimmt Kontakt zu dem Therapeuten auf, wobei die Standardübungssituation ein Fest ist, auf dem beide eingeladen sind. Weitere Rollenspiele mit persönlichen Inhalten des Klienten werden entwickelt und geübt.
- Transfer in die Realität: Die Kontaktaufnahme wird mit unterschiedlichen Inhalten geübt, beispielsweise jemanden nach der Uhrzeit, nach dem Straßennamen fragen bis hin zur Kontaktaufnahme mit dem Ziel, die Person näher kennenzulernen, wobei auch die angesprochenen Personen variieren können (ältere und junge Menschen, Frauen und Männer). Beispielsweise vermeiden oft junge Alkoholabhängige jeglichen Kontakt zu jungen Frauen, haben jedoch keine Probleme, eine ältere Frau nach der Uhrzeit zu fragen. Hier wäre das Kernstück der Übung speziell Annäherungsverhalten an junge Frauen mit dem Ziel einer kurzen Kontaktaufnahme.

Übung 2: Nonverbale Kommunikation

Theoretisches Basiswissen mit Bezug zur Alkoholproblematik

- In einer Interaktion sendet jede Person - teils absichtlich, teils unabsichtlich - die verschiedensten sichtbaren, nichtverbalen Signale. Manche Forscher bezeichnen dies als "Körpersprache".
- Dieses nichtsprachliche Verhalten kann für das Gespräch hilfreich oder hinderlich sein. Beispielsweise kann ein sehr nervös und hastig ausgestoßenes "Ich bin doch ganz ruhig" den Gesprächspartner verwirren, und eine mit einem leisen, zögernden Stimmchen vorgebrachte Forderung wird den Angesprochenen wenig beeindrucken.
- Bei jungen Alkoholabhängigen sind oft zweideutige Kommunikationen (verbale und nichtverbale Botschaft stimmen nicht überein) zu beobachten, die eher hinderlich und problematisch für Kontakte sind, und sie wissen oft auch nichts oder nur sehr wenig über ihr nichtverbales Verhalten.

Hinweise und Ratschläge zum Erlernen dieser Fertigkeit

- Körperhaltung: Die Haltung spiegelt den Gefühlszustand einer Person wider, und bei Beurteilern besteht beträchtliche Übereinstimmung hinsichtlich der Frage, welche Emotion durch welche Haltung ausgedrückt wird. So symbolisiert beispielsweise ein weit zurückgelehnter Oberkörper Desinteresse und Ablehnung, während ein nach vorne geneigter Oberkörper Interesse ausdrückt.
Therapeutisches Ziel ist, eine entspannte, selbstsichere Körperhaltung im Stehen und Sitzen einzuüben.
- Räumliche Nähe: In Übungen wird von Klient und Therapeut ausgelotet, was eine "gute" Distanz (um 1,50 m) für ein Gespräch ist, wobei dies wiederum auch abhängig vom Kontext sein kann. Beispielsweise steht man normalerweise auf Stehpartys enger zusammen als auf der Straße.
- Blickkontakt: Der Augenkontakt ist sowohl für die Initiierung als auch für die Aufrechterhaltung eines Gesprächs sehr wichtig. Die Interaktion beginnt meist mit einem längeren Blickkontakt, der Interesse signalisiert. Während des Gesprächs schauen sich beide

intermittierend in die Gegend der Augen. Der Blickkontakt gibt Rückmeldung über Interesse und Desinteresse des Gesprächspartners. Anstarren sollte man vermeiden, da es den Gegenüber nervös und unruhig machen kann. Das Anschauen dient auch dazu, eine bestimmte Art von Beziehung herzustellen, z. B. drohend, freundlich, sexualisiert etc.
- Kopfnicken: Schnelle und zuverlässige Rückmeldung, daß der Gesprächspartner dem Gespräch folgt sowie Zustimmung und Verstehen signalisiert.
- Mimik und Gestik: Wichtig ist, daß der Gesichtsausdruck mit dem Gesagten übereinstimmt. Ein freundlicher Gesichtsausdruck erleichtert die Kontaktaufnahme und fördert die Konversation. Bestimmte, teilweise habituelle Gesten und Bewegungen wie "mit dem Knie wackeln", "mit den Füßen scharren", "mit irgendeinem kleinen Objekt spielen", "mit den Fingern trommeln" etc. signalisieren Anspannung und Ablenkung.
Handbewegungen dienen der Illustration und begleiten und bereichern Äußerungen; zu viele Handbewegungen, das "Fuchteln mit den Händen", kann jedoch auch eine Ablenkung des Zuhörers von dem Gesprochenen hervorrufen.
- Der emotionale Tonfall von Äußerungen, z. B. schwach, zögernd, laut, warm, kalt etc., kann die Interpretation des verbalen Inhalts der Botschaft stark beeinflussen ("Der Ton macht die Musik"). Für die Kontaktaufnahme förderlich ist ein sicherer, warmer und entspannter Tonfall, verbunden mit einem klaren sprachlichen Ausdruck.

Anmerkung: Ein wichtiger Aspekt des nichtverbalen Verhaltens ist das "Timing", das jedoch schwer zu trainieren ist.

Praktische Übungen

- Modellernen: Der Therapeut modelliert die gleiche Gesprächssituation in drei unterschiedlichen nichtverbalen Stilen:
  o unsichere, gebückte Haltung, zögerliche, leise Stimme, wenig Blickkontakt, ängstlicher Gesichtsausdruck, verschränkte Arme, eingezogener Kopf, ständig an seiner Kleidung nestelnd;
  o finsterer, abweisender Blick, laute, fast feindselige Stimme, Hände in die Hüften gestemmt, manchmal den Finger nach vorne stoßend, Hand zur Faust geballt, mit der Hand abwinkend etc;
  o ruhiger, sicherer Tonfall, aufrechte und lockere Haltung, freundlicher Gesichtsausdruck, guter Blickkontakt, weite, ruhige Armbewegungen etc.
- Rollenspielübungen: Mit dem "Material" des Klienten wird eine Übung erstellt, wobei der Klient sein Augenmerk auf die nichtverbalen Aspekte legt.
- Transfer in die Realität: Klient beobachtet nichtverbales Verhalten bei Gesprächen anderer, um seinen Blick dafür zu schärfen. Er spricht einen Bekannten an und versucht auf das nichtverbale Verhalten zu achten und analysiert und bewertet anschließend diese Übung. Was fand er gut, was ist noch verbesserungsfähig?

Anmerkung: Diese Übung befaßt sich mit einer Basisfertigkeit, die in allen nachfolgenden Übungen mitberücksichtigt und weiter trainiert wird.

Übung 3: Komplimente geben und annehmen können

Theoretisches Basiswissen mit Bezug zur Alkoholproblematik

- Zufriedenheit in einer Beziehung ist zum großen Teil davon abhängig, daß man zusammen Positives erlebt. Deshalb ist es wichtig, positive Dinge sagen und annehmen zu können.
- Trotz der Bedeutung, die Komplimente für eine Beziehung haben, werden sie oft nur spärlich gegeben. Meist ist das Positive "normal" und bedarf keiner besonderen Erwähnung, und nur das Negative wird angesprochen.
- Der Alkoholabhängige hat in der Regel in den letzten Jahren kaum noch ein Kompliment, aber eine Vielzahl von Vorwürfen und Anklagen gehört und in der Folge ein negatives Selbstbild entwickelt und/oder aufrechterhalten. Deshalb ist es für ihn sehr ungewohnt, ein Kompliment zu geben und annehmen zu können, wie er sich auch nicht selbst loben kann. In der Abstinenzphase ist es jedoch wichtig, Komplimente annehmen zu können, um dadurch ein positives Selbstwertgefühl entwickeln zu können, eine wichtige Grundlage für die Stabilisierung der Abstinenz.

Hinweise und Ratschläge zum Erlernen dieser Fertigkeit

- Keine Absolutheiten oder Fakten, sondern die eigene Meinung, Einstellung, das eigene Gefühl im Kompliment ausdrücken (nicht: "Das ist eine tolle Tasche", sondern: "Ich finde diese Tasche toll").
- Für das Kompliment ganz spezifische Verhaltensweisen und Aspekte herausgreifen und weniger allgemeine Komplimente geben.
Beispielsweise ist es besser, seinem Arbeitskollegen zu sagen: "Was ich an Dir so schätze, ist Deine Zuverlässigkeit" anstatt: "Ich finde, Du bist ein prima Kollege." Dies erhöht die Wahrscheinlichkeit, daß der Kollege dieses geschätzte Verhalten auch in Zukunft zeigen wird.
- Das Kompliment offen und ehrlich annehmen und es auf keinen Fall "abwerten", da man damit indirekt die Person herabsetzt. Beispiele dafür sind Ableugnung ("Aber ich bitte Sie, die Tasche ist doch nichts Besonderes, die war reduziert, ganz billig"), Zurückweisung ("Sie finden die Tasche schön? Die habe ich doch schon drei Jahre und sie war spottbillig") und Ablenkung ("Sie haben aber auch eine schöne Tasche dabei, wo haben Sie die denn gekauft?").
- Ein Kompliment direkt annehmen oder ihm zustimmen zu können hat nichts mit Arroganz und Einbildung zu tun. Gesunder Stolz ist okay ("Dankeschön, es freut mich, daß Ihnen diese Tasche auch gefällt, ich bin sehr zufrieden mit dem Kauf"), Einbildung und Selbstgefallen ist etwas anderes ("Danke schön, aber haben Sie bei meinem Geschmack etwas anderes von mir erwartet?").

Praktische Übungen

- Modellernen: Der Therapeut demonstriert dem Klienten "Kompliment geben und annehmen".
- Rollenspielübungen: Der Klient übt Situationen aus seinem Umfeld.
- Transfer in die Realität: Anschauen anderer Personen; Üben dieser Fertigkeit mit Personen seines sozialen Umfeldes.

Übung 4: Das Gespräch aufrechterhalten und führen

Theoretisches Basiswissen mit Bezug zur Alkoholproblematik

Die Aspekte von Übung 1 können hier analog verwandt werden.

Hinweise und Ratschläge zum Erlernen dieser Fertigkeit

- Beim Führen von Gesprächen sollten fünf Punkte beachtet werden:
  o offene Fragen stellen, da sie die Wahrscheinlichkeit erhöhen, daß der Gesprächspartner mehr erzählt;
  o sich auf die angebotene Information des Gesprächspartners äußern, die Meinung dazu sagen, weitere Informationen liefern, die er aufgreifen kann;
  o paraphrasieren, wenn man keine eigenen Beiträge zu dem Gesagten bringen kann. Diese Wiederholung des Gesagten mit eigenen Worten signalisiert Interesse, Verständnis und den Wunsch, mehr zu hören;
  o zuhören können, was mehr ist, als sich ruhig und passiv zu verhalten. Es ist eine aktive Haltung, bei der man versucht, den anderen zu verstehen. Man wartet nicht nur ab, bis man selbst wieder am Sprechen ist. Ein guter Zuhörer signalisiert nichtverbal Interesse und beobachtet das nichtverbale Verhalten des Sprechers, fragt nach, äußert eigene Meinungen und Gefühle zu dem Gesagten;
  o für das Gespräch verantwortlich ist nicht nur eine Person, ob letztendlich ein Gespräch "gut" läuft, ist von allen Beteiligten abhängig. Der einzelne kann lediglich seine Fertigkeiten verbessern.

Praktische Übungen

- Modellernen: Der Therapeut realisiert die Faktoren in einer Therapiesituation, z. B. bei einer Exploration der Lebensgeschichte der Klienten.
- Rollenspielübungen: Der Klient übt zuerst die einzelnen Punkte. Anschließend findet ein längeres Gespräch (10 - 15 Minuten) statt, in dem der Klient versucht, die Faktoren zu realisieren.
- Transfer in die Realität: Klient übt mit einem Bekannten die besprochenen Elemente, anschließend Übung mit einer relativ fremden Person (z. B. Kollege in der Frühstückspause).

Anmerkung: In der Praxis gestaltet sich diese Übung meist sehr schwierig und verläuft anfangs sehr holprig, da viele Fertigkeiten im richtigen "Timing" zusammenkommen müssen, um ein zufriedenstellendes Gespräch zu führen. Zu berücksichtigen ist weiterhin, daß der Abhängige in dieser Art schon lange kein Gespräch mehr geführt hat, sondern Gespräche meist nur im stark angetrunkenen oder betrunkenen Zustand stattgefunden haben ("Labern").

7.2.5.5.3 Der Kommunikationsbereich

In diesem Trainingsabschnitt geht es um das Erlernen von Fähigkeiten, mit deren Hilfe man mittel- und langfristig Beziehungen zu Bekannten, Freunden, Partnern zufriedenstellend gestalten kann. Der Klient lernt, Ursachen für Konflikte und Streitigkeiten zu erkennen sowie Verständigungs- und Bewältigungskompetenzen zu erwerben. Eindeutige, sachliche Informationen geben, Gefühle sprachlich und nonverbal mitteilen können, seine persönlichen Rechte kennen und dafür einstehen können, sind Lernziele in diesem Übungsabschnitt.

Übung 5:	"Persönliche Rechte" sowie die Unterscheidung zwischen selbstunsicherem, aggressivem und selbstsicherem Verhalten

Theoretisches Basiswissen mit Bezug zur Alkoholproblematik

- Die selbstunsichere, passive Person verzichtet in der Konfliktsituation auf ihre Rechte. Gefühlsmäßig ist sie unehrlich und verschlossen, verhält sich indirekt, taktierend und gehemmt. Sie fühlt sich in der Situation oft ängstlich und verletzt und hinterher verärgert. Menschen, die mit einer unsicheren Person zu tun haben, machen meist, was sie wollen, weil sie selten erfahren, was der Gegenüber möchte bzw. davon ausgehen, daß ihr Verhalten okay ist, weil keine Reaktion kommt.
- Die aggressive Person versucht auf alle Fälle, auch auf Kosten anderer Menschen, ihre Rechte durchzusetzen. Kurzfristig kann sie zwar damit zufrieden sein, langfristig jedoch ist dieses Verhalten negativ besetzt. Die Gefühle anderer werden oft verletzt, sie fühlen sich erniedrigt und gedemütigt und ziehen sich zurück.
- Die selbstsichere Person entscheidet, was sie möchte, und handelt danach. Ihr Verhalten ist offen und direkt, selbstverwirklichend und ausdrucksvoll. Sie äußert ihre Meinung, drückt ihre Gefühle aus, stellt ihre Forderungen, vermeidet jedoch Drohungen und negative Äußerungen gegenüber anderen Personen. Selbstsichere Personen sind mit ihrem Verhalten zufrieden und geachtet, weil sie andere Personen - bei oft aller Verschiedenheit der Ansichten und Meinungen - achten und wertschätzen. Selbstsicheres Verhalten verhindert den Aufbau von Ärger und Streß und führt zu einem Gefühl der Kontrolle über sein Leben. Es bedeutet jedoch nicht, daß man seine Ziele in jeder Situation erreichen kann, und von großer Bedeutung ist die Achtung folgender Grundrechte:
  o Wir haben das Recht auf eine eigene Meinung und das Recht, diese anderen Personen gegenüber offen äußern zu können.
  o Wir haben das Recht auf Gefühle und darauf, diese so auszudrücken, daß sie andere nicht verletzen.
  o Wir haben das Recht auf eigene Bedürfnisse und das Recht, andere zu bitten, unsere Bedürfnisse zu befriedigen, sowie das Recht zu entscheiden, ob wir den Bedürfnissen anderer nachkommen.
  o Wir haben das Recht, das, was andere zu uns sagen, zu akzeptieren oder zurückzuweisen sowie Forderungen anderer abzulehnen.

- Der Bezug von unsicherem und aggressivem Verhalten zur Alkoholproblematik wird im theoretischen Teil dieser Arbeit ausführlich dargestellt, und der Wert selbstsicheren Verhaltens für die Aufrechterhaltung der Abstinenz ist unbestritten und mehrfach dokumentiert.

Hinweise und Ratschläge zum Erlernen selbstsicheren Verhaltens

- Überlegen Sie zuerst und entscheiden Sie dann, was Sie sagen wollen.
- Seien Sie direkt und deutlich in dem, was Sie sagen; gebrauchen Sie keine Entschuldigungen und Rechtfertigungen. Blamieren Sie jedoch nicht Ihren Gegenüber und treiben Sie ihn nicht in die Defensive, da dadurch die Wahrscheinlichkeit sinkt, daß er Ihnen zuhört. Die "Klappen gehen runter", und es erfolgt meist je nach Person ein Rückzug oder ein aggressives Zurückschlagen. Beides ist unfruchtbar für den weiteren Verlauf der Kommunikation und der Beziehung.
- Achten Sie auf Ihre nonverbale Kommunikation und versuchen Sie, Übereinstimmung zwischen verbaler und nonverbaler Botschaft zu erzielen.
- Hören Sie sich ruhig und gelassen an, was der Gegenüber zu sagen hat. Seien Sie kompromißbereit!
- Haben Sie den Eindruck, daß Ihnen nicht zugehört wird, wiederholen Sie ruhig und selbstsicher Ihre Mitteilung.

Praktische Übungen

- Modellernen: Der Therapeut demonstriert mit dem gleichen Beispiel passives, aggressives und selbstsicheres Verhalten.
- Rollenspielübungen: Der Klient wiederholt die Übung, um sich praktisch in das theoretisch besprochene Verhaltenskontinuum hineinzufinden. Zusätzlich weitere spezielle Übungen.
- Transfer in die Realität: Der Klient beobachtet soziale Situationen in seinem Umfeld und versucht, sie zu beschreiben sowie grob in die oben beschriebenen drei Kategorien einzuordnen. Treten eigene Situationen auf, versucht der Klient das Gelernte umzusetzen.

Übung 6: Positive und negative Gefühle erkennen, akzeptieren und ausdrücken

---

Theoretisches Basiswissen mit Bezug zur Alkoholproblematik

- Zu Beginn der Therapie kann der Klient auf die Frage des Therapeuten nach dem Gefühlszustand oft nur ein undifferenziertes "gut" oder "schlecht" äußern, manche sagen auch "so mittel" und nehmen damit eine quantitative Einschätzung vor. Mit Hilfe des Emotionalitätsinventars von Ullrich de Muynck & Ullrich (1976) kann sich der Klient einen weiten, differenzierten Gefühlskatalog anschauen und zu Übungszwecken mit nach Hause nehmen.
- Das differenzierte Ausdrücken positiver und negativer Emotionen kann gelernt werden und bietet verschiedene Vorteile:

- o Leute, die keine Gefühle zeigen können, gelten oft fälschlicherweise als "cool" und arrogant. Die Interaktionspartner muten dieser Person oft mehr zu, als sie innerlich verkraften kann. Negative Gefühle können sich aufstauen und in Aggressionen entladen, die wiederum den Interaktionspartner verletzen. Das Resultat ist meist eine schwierige Kommunikation und Beziehung.
- o Gefühle zeigen verbessert hingegen die Beziehungen und vertieft die Kommunikation.
- o Gefühle zeigen bedeutet auch oft das Finden von Unterstützung und Zuspruch beim Interaktionspartner.
- Zwischen dieser Fertigkeit und Problemtrinken bestehen enge Zusammenhänge:
  - o Viele Alkoholabhängige haben Alkohol gebraucht, um negative Gefühle zu bewältigen und zu betäuben. Die Abstinenz bringt diese Gefühle wieder ins "Bewußtsein" zurück, und das Gespräch mit anderen darüber kann helfen, damit besser zurechtzukommen.
  - o Die Mehrzahl der Abhängigen konnte ohne Alkohol keine positiven Gefühle zeigen. Die Fertigkeit, dies ohne Alkohol tun zu können, stärkt ganz entschieden die Abstinenz.

Hinweise und Ratschläge zum Erlernen dieser Fertigkeit

- Gefühle haben wir alle, und es ist in Ordnung, darüber zu reden.
- Für Beziehungen ist es sogar wichtig, seine positiven und negativen Gefühle mitzuteilen. Dadurch kann die andere Person Sie besser kennenlernen und verstehen.
- Ziel ist es jedoch nicht, jeder Person zu jeder Zeit seine gesamte Gefühlswelt zu offenbaren, sondern vielmehr eine der Person und Situation angepaßte Kommunikation, wobei das Vertrauensverhältnis eine große Rolle spielt.
- Wichtig ist, daß der Klient sich Zeit lassen kann, insbesondere dann, wenn er in der Vergangenheit negative Erfahrungen gemacht hat und sein Vertrauen mißbraucht worden ist. Der Klient wird ermutigt und schon für kleine Fortschritte verstärkt, wobei der therapeutische Prozeß Modellernfunktion hat, indem der Therapeut selbst Gefühle zeigt und die Äußerungen des Klienten verstärkt.

Praktische Übungen

- Modellernen: Neben dem schon angesprochenen therapeutischen Prozeß demonstriert der Therapeut die Kommunikation von Gefühlen in unterschiedlichen Beziehungsstrukturen (Arbeitskollege, Bekannter, Partnerin).
- Rollenspielübungen: Der Klient übt, seine Gefühle auszudrücken. Wichtig ist es, daß er lernt, seine Scheu zu überwinden, wobei es insbesondere für Männer aus der Unterschicht ein vollkommen ungewohntes Verhalten ist.

Anmerkung: Äußerungen wie "Was bringt das", "Was für ein Blödsinn" und sichtliches Unbehagen können trotz der einleitenden Informationen kommen und müssen ernst genommen werden. Es sind meist keine Anzeichen von Widerstand, sondern eher die Folge der erfahrenen Sozialisation. "Jungen weinen doch nicht", "Der Indianer kennt keinen Schmerz" etc. sind oft prägende Kindheitserinnerungen, die in der Übersetzung heißen, daß man keine Gefühle zu zeigen hat. Zusätzlich gab es in der Regel in der Familie kein männliches Modell, das Gefühle gezeigt hat, und Jungen, die es taten, wurden verachtet: "Schau mal, dieser Weichling, dieses Mama-Söhnchen!" Diese Übung kann somit nur einen Einstieg in einen langfristigen Veränderungsprozeß bewirken.

- Transfer in die Realität: Der Klient beobachtet, ob und wie Personen in seinem sozialen Umfeld Gefühle ausdrücken. Er versucht, jeweils einer Person ein positives und ein negatives Gefühl mitzuteilen.

Übung 7: Kritik äußern und akzeptieren können

A: Kritik äußern

Theoretisches Basiswissen mit Bezug zur Alkoholproblematik

- Eine wichtige Kommunikationsfähigkeit ist es, im Kontakt zu anderen Personen Kritik zu äußern, etwas Unangenehmes zu sagen, ohne die Person zu verletzen. Durch diese Rückmeldung erhält die Person auch die Chance, ihr Verhalten zu ändern, und die Beziehung wird insgesamt streßfreier und zufriedenstellender.
- Der Abhängige hat in seiner Lebensgeschichte in unzähligen Situationen aus Frustration heraus getrunken, weil er u. a. seine berechtigte Kritik nicht vorbringen konnte. Oft hat er dies dann unangemessen und großsprecherisch unter Alkoholeinfluß am Tresen nachgeholt oder sich zu Hause "abreagiert". Die Fähigkeit zu konstruktiver Kritik reduziert demnach erheblich die Rückfallwahrscheinlichkeit eines Alkoholabhängigen.

Hinweise und Ratschläge zum Erlernen dieser Fertigkeit

- Bevor Sie Kritik üben, atmen Sie tief durch, beruhigen Sie sich und bleiben Sie ruhig und entspannt. Manchmal ist es gut, auch etwas zu warten, vielleicht sogar eine Nacht darüber zu schlafen.
- Formulieren Sie die Kritik mit Ihren Gedanken und Gefühlen und nicht mit absoluten Aussagen.
- Beginnen Sie die Aussage mit sich selbst, z. B.: "Ich habe mich über Deine Verspätung geärgert", und nicht mit einem Angriff wie z. B.: "Daß Du auch immer zu spät kommen mußt."
- Äußern Sie Ihre Kritik klar, ruhig und sicher und nicht in einem emotionalen Ausbruch, in Sarkasmus oder in Beleidigungen.
- Kritisieren Sie nur das konkrete Verhalten der Person und greifen Sie die Person nicht insgesamt an. "Ich ärgere mich, daß Du zu spät kommst" ist konstruktiver als: "Du bist die Unpünktlichkeit in Person." Ein Angriff führt oft zu Rechtfertigungen und unfruchtbaren Gegenangriffen und verwickelt die Kommunikation.
- Nach der Äußerung der Kritik die Forderung nach der gewünschten Veränderung des Verhaltens formulieren, z. B: "... und ich wünsche mir zukünftig, daß Du zu unseren Verabredungen pünktlich kommst."
- Zeigen Sie Bereitschaft zum Kompromiß, z. B. die Verabredung so treffen, daß die andere Person sie gut einhalten kann: "Wir können uns auch gerne eine halbe Stunde später treffen, wenn Du das zeitlich besser schaffst."

Praktische Übungen

- Modellernen: Therapeut modelliert zuerst destruktive Kritik, ein "Fertigmachen" mit lautstarkem, aggressivem Verhalten sowie Drohungen. Danach konstruktives Kritikverhalten mit ruhigem, klarem Ansprechen des unerwünschten Verhaltens, mit Zuhörenkönnen, was der Kritisierte zu sagen hat sowie mit der Äußerung des Wunsches nach konkreter Änderung.
- Rollenspielübungen: Klient trainiert das Äußern konstruktiver Kritik mit dem Therapeuten.
- Transfer in die Realität: Der Therapeut wählt mit dem Klienten eine Situation von leichter bis mittlerer Schwierigkeit aus, übt sie in der Therapiesituation, und der Klient setzt sie in die Realsituation um.

B: Kritik annehmen können

Theoretisches Basiswissen mit Bezug zur Alkoholproblematik

- Noch schwieriger als Kritik äußern zu können ist meist, sich ruhig und sachlich die Kritik anderer anhören zu können. Konstruktive Kritik gibt die Möglichkeit, etwas über sich zu erfahren und u. U. verändern zu können und trägt zu einer Beziehungsverbesserung bei.
- Alkoholabhängige können oft interpersonelle Konflikte nicht ertragen sowie Kritik nicht annehmen und "ertränken" die dann aufkommenden Gefühle im Alkohol. Zusätzlich ruft die Alkoholproblematik viel Kritik hervor, die der Abhängige ebenfalls nicht hören will. Angemessen Kritik ertragen zu können - nicht die "Büßerkutte" anziehen! - stellt somit eine Fertigkeit dar, mit der ein Abhängiger seine Rückfallwahrscheinlichkeit reduzieren kann.

Hinweise und Ratschläge zum Erlernen dieser Fertigkeit

- Vermeiden Sie eine defensive Haltung und Gegenattacken nach dem Motto "Visier runter und zurückschlagen". Diese Haltung zerstört jede Möglichkeit einer konstruktiven Wende und führt zu einer Eskalation bis hin zu psychischer und physischer Gewalt.
- Bleiben Sie ruhig und fragen Sie auch nach, um die Kritik besser verstehen zu können.
- Schauen Sie sich an, was an der Kritik zutreffend ist und stehen Sie dazu. Dies entspannt die Situation und baut viel von der feindseligen und aggressiven Stimmung ab.
- Fragen Sie die Person nach ihren konkreten Forderungen und beteiligen Sie sich aktiv an der Erarbeitung von (Kompromiß-)Lösungen.
- Weisen Sie ungerechtfertigte Kritik höflich, aber bestimmt zurück, ohne jedoch die andere Person zu verunglimpfen.

Praktische Übungen

- Analog zu "Kritik äußern".

  Anmerkung: Ein besonderer Aspekt ist die alkoholbezogene Kritik wie z. B.: "Du kommst zu spät, warst Du wieder trinken?", deren Bewältigung besondere Fertigkeiten erfordert. Ruhe und Besonnenheit sind hier besonders notwendig, um eine Eskalation zu vermeiden, die wiederum eine Risikosituation für einen Rückfall sein kann.

7.2.5.5.4 Der Bereich der Selbstbehauptung

Jeder Mensch hat Interessen, Bedürfnisse und Forderungen, deren Erfüllung von der Zusage anderer abhängig ist. Der Erfolg unserer Forderungen hängt vor allem davon ab, ob sie berechtigt sind und wie wir sie vorbringen. Die Einschätzung der Berechtigung ist oft schwierig, und Orientierungsmöglichkeiten bieten die Gesetze sowie die in Übung 5 beschriebenen Grundrechte.

Übung 8: Berechtigte Ansprüche und Forderungen stellen

Theoretisches Basiswissen mit Bezug zur Alkoholproblematik

- Forderungen zu stellen ist etwas ganz Normales und Alltägliches, man braucht sich dafür nicht zu entschuldigen.
- Klar formulierte Forderungen erleichtern die Beziehung und sind keineswegs belastend. Sie sollten auch direkt gestellt und nicht über Dritte kommuniziert werden.
- In der Lerngeschichte von Abhängigen findet man oft, daß sie keine klaren Forderungen formulieren konnten und die dadurch hervorgerufenen Gefühle der inneren Anspannung und des Ärgers mit Alkohol reguliert haben. Der abstinente Abhängige soll nicht "froh und zufrieden sein", daß ihm verziehen wird (Moralisches Modell!), sondern sich als Person begreifen, die eigene Ansprüche hat und sich traut, diese zu äußern und einzufordern.

Hinweise und Ratschläge zum Erlernen dieser Fertigkeit

- Bevor Sie Ihre Forderung stellen, holen Sie tief Luft und beruhigen Sie sich, denn es besteht kein Anlaß, aufgeregt zu sein.
- Drücken Sie Ihre Forderung klar und prägnant aus und achten Sie auf die nonverbalen Aspekte (lautes und deutliches Sprechen, Ich-Form, guter Blickkontakt, sichere Körperhaltung, die Forderung unterstreichende Mimik und Gestik).
- Wiederholen Sie ruhig und sicher Ihre Forderung, wenn die angesprochene Person nicht reagiert.
- Gehen Sie bei einer berechtigten Forderung nicht auf die Argumente des Gegenübers ein, sondern wiederholen Sie ruhig und selbstsicher Ihre Forderung (Technik des "Broken record").

- Selbstsicheres Verhalten erreicht dort seine Grenze, wo die andere Person auf Ihre mehrfach geäußerten selbstsicheren Forderungen nicht eingeht bzw. diese offensichtlich abblockt. In diesem Fall müssen Sie sich in aller Ruhe überlegen, auf welchem Weg Sie doch noch Ihr Ziel erreichen können.

Praktische Übungen

- Modellernen: Therapeut demonstriert unsicheres, aggressives und selbstsicheres Stellen einer Forderung.
- Rollenspielübungen: Klient trainiert, selbstsicher seine Forderung zu stellen.
- Transfer in die Realität: Klient sucht sich eine Situation, in der er offen und direkt eine kleine Forderung an eine Person, bei der er sich das zutraut, stellen will.

Anmerkung: Bei dieser Übung ist besonders darauf zu achten, daß der Klient nicht infolge seiner Angstüberwindung schroff und aggressiv seine Forderung stellt.

Übung 9: Ansprüche und Forderungen zurückweisen

Theoretisches Basiswissen mit Bezug zur Alkoholproblematik

- Sie entscheiden, ob Sie die an Sie gerichteten Forderungen oder Bitten erfüllen. So wie es vollkommen in Ordnung ist, Forderungen zu stellen, ist es auch "okay", diese zurückzuweisen.
- Sie haben das Recht, "Nein zu sagen", ohne sich egoistisch, schuldig oder schlecht fühlen zu müssen, was jedoch nicht heißt, daß sich doch unangenehme Gefühle einstellen können, insbesondere dann, wenn Sie bisher ein "Ja-Sager" gewesen sind. Es ist jedoch richtig, es trotzdem zu probieren, denn die langfristigen Auswirkungen sind bei Beherrschung dieser Fertigkeit positiv.
- "Nicht-nein-Sagen-können" heißt, schrittweise die Kontrolle über sein Leben aufzugeben; Sie können nicht Ihre Prioritäten setzen, weil dies andere für Sie tun. Sie werden bei ausgeprägtem Nicht-nein-Sagen regelrecht ausgebeutet, und da hilft es auch nicht mehr, daß Sie sich einreden, Sie wären hilfsbereit, zuvorkommend, freundlich und nett. Gefühle wie Wut, Ärger und Groll "kochen" nämlich oft in Ihnen drin, und Sie können sie nur mühsam unterdrücken.
- Das Bindeglied zum Problemtrinken bzw. zu einer Risikosituation mit erhöhter Rückfallgefahr bilden diese negativen Gefühle und die geringe Selbstachtung. Der selbstsichere Umgang mit Forderungen ist deshalb ein wichtiges Element zur Rückfallvorbeugung.

Hinweise und Ratschläge zum Erlernen dieser Fertigkeit

- Ein Anliegen und eine Forderung können aus vielen Gründen abgelehnt werden (schlechte körperliche und psychische Verfassung, wenig Zeit, kein Interesse, sich von dem Fordernden "überfordert" fühlen, etc.), wobei die Ablehnung eher akzeptiert wird, wenn man Verständnis und Interesse für die Forderung zeigt, ernsthaft zuhört und nicht gleich nach dem ersten Satz schon "abwiegelt".

- Manchmal ist es sogar wichtig, klar und deutlich "Nein" zu sagen und keine weiteren Erklärungen abzugeben. Manchmal hingegen ist es sinnvoll, seine Gründe für die Ablehnung darzulegen (z. B. wenn der Chef Überstunden am Wochenende fordert) und einen Kompromiß anzubieten (z. B. "Okay, Chef, ich komme wegen der Familie nicht jeden Samstag, sondern alle 14 Tage").
- Die Körpersprache ist zu beachten und sollte die Ablehnung unterstützen.
- Bei einer Eskalation ruhig bleiben und sachlich und bestimmt die Ablehnung wiederholen. Beruhigt sich der Gesprächspartner nicht, kann man vom Inhalt auf den Prozeß übergehen ("Content process shift") und dem Gesprächspartner Rückmeldungen geben, z. B. ihn fragen, warum er sich so erregt, so wütend ist, so schreit etc.

Praktische Übungen

- Modellernen: Der Therapeut demonstriert unsicheres, aggressives und selbstsicheres Ablehnen einer Forderung.
- Rollenspielübungen: Der Klient verschafft sich Klarheit über seine Prioritäten, z. B. wie und mit wem er seine Zeit verbringen will, was er in nächster Zeit tun möchte, welche Aktivitäten er als wichtig erachtet etc. und trainiert das selbstsichere Ablehnen einer Forderung an einem konkreten Beispiel aus der Vergangenheit bzw. Zukunft.
- Transfer in die Realität: Klient sucht sich in der Realität eine kleine Situation, in der er selbstsicher eine kleine Forderung ablehnt.

Anmerkung: Bei dieser Übung ist vom Therapeuten insbesondere auf irrationale Gedanken zu achten wie z. B.: "Wenn ich jemandem eine Bitte abschlage, mag der mich nicht mehr."

In Übung 8 und 9 geht es ähnlich wie in Übung 6 und 7 um einen ersten Einstieg zum Erwerb dieser Fertigkeit.

Zusammenfassend kann man sagen, daß das Selbstsicherheitstraining dem Klienten einen ersten Einstieg in die Vermittlung alternativer Verhaltenskompetenzen liefert. Erste gezielte Trainingsschritte zeigen ihm Wege zur Bewältigung interpersoneller Problemsituationen, die er vorher oft nur mit Alkohol bewältigen konnte. Er kann sich durch den Erwerb dieser Fertigkeiten in schwierigen Situationen zunehmend angemessener verhalten und reduziert somit seine Rückfallwahrscheinlichkeit. Notwendig ist es jedoch, daß er über den Rahmen der Therapie hinaus an den verschiedenen Aspekten der Selbstsicherheit regelmäßig weiterarbeitet und seine Kompetenzen dadurch verbessert.

7.2.5.6 Lebensstilveränderungen

7.2.5.6.1 Einleitung

Der Lebensstil und der damit verbundene "Alltagsstreß" ist - wie Marlatt am Beispiel des Klienten Mr. B. schön aufgezeigt hat (vgl. Marlatt & Gordon, 1985, S. 281 ff.) - ein bedeutsamer Faktor im Rückfallgeschehen. Schmieder (1988) sieht in einem aktiven Lebensstil einen der Königswege zu einer dauerhaften Abstinenz. "Es geht unseres Erachtens gerade darum, daß der suchtkranke Mensch lernt, suchtfördernde Zusammenhänge aus seinem Leben auszuschalten. Er muß seine *Lebensnormalität* suchen (Schmieder, 1988, S. 10).

Marlatt mißt dabei der Verteilung zwischen den Dingen, die man tun muß, den "Shoulds", und den Aktivitäten, die einem Freude machen, Zufriedenheit und Erfüllung geben, den "Wants", große Bedeutung zu. In diesem Zusammenhang ist anzumerken, daß die Bewertung und Einordnung entsprechend dem Streßmodell nur eine rein subjektive sein kann. Eine Hypothese von Marlatt besagt nun, daß eine Häufung von "Shoulds" den Wunsch und das Verlangen nach Alkohol wachsen läßt, um sich was zu "holen", zu gönnen und das Gefühl der Deprivation zu beseitigen. Dieses Ungleichgewicht repräsentiert eine von drei Streßquellen, die der Klient mittelfristig angehen muß, um seine Rückfallwahrscheinlichkeit zu reduzieren. Mittelfristiges Ziel der Lebensstilveränderungen sollte sein, ein Gleichgewicht zwischen den nachfolgenden Streßquellen und den Coping-Ressourcen herzustellen.

Streßquellen	Coping-Ressourcen
- Ungleichgewicht zwischen "Shoulds" und "Wants"	- globale Coping-Strategien (Persönlichkeitsentwicklung, Selbstvertrauen, positives Selbstkonzept)
- Lebensereignisse ("life events")	
- tägliche kleine Stressoren ("daily hassles")	- spezifische Coping-Strategien (Skill-Training)

Abbildung 20:   Streßquellen und Coping-Ressourcen

Die Übermittlung des Lebensstilkonzepts und dessen Bedeutung für das eigene Wohlbefinden und das Rückfallrisiko setzt in der Therapie schon sehr früh ein und wird in der Phase des zweiten Interventionsabschnitts verstärkt bearbeitet.

7.2.5.6.2 Die Arbeit mit dem Klienten zur Veränderung seines (alkoholbezogenen) Lebensstils ("Lebensstilberatung")

Die Arbeitsgrundlage für diese Tätigkeit bildet die Erkenntnis von Therapeut und Klient, daß es auf Dauer nicht ausreicht und sich nur ein geringes Wohlbefinden einstellt, wenn der Klient lediglich den Alkohol wegläßt. Verschiedene Selbsthilfeorganisationen sprechen in diesem Zusammenhang auch von Abstinenz und zufriedener Abstinenz.

Wichtig ist es m. E., daß man als Therapeut zu Beginn der Lebensstilberatung unmißverständlich klarstellt, daß man für diese Arbeit kein Rezept in der Tasche hat, allenfalls auf eigene und therapeutische Erfahrungen zurückgreifen kann. Hilfreich in diesem Zusammenhang ist das Bild einer "Lebensstilreise", auf die sich Klient und Therapeut begeben, bei der man neue Wege auskundschaften und ausprobieren und sich Zeit nehmen kann zu entscheiden, was man in seinen Alltag integrieren möchte. Ein therapeutischer Kunstfehler wäre es, am Anfang dieser Arbeit an den Klienten zu schnell und zu viele Anforderungen zu stellen. Er muß Zeit für seine Suche haben, und der Therapeut sollte vor allem die Neugier und den Mut des Klienten auf eigene Bedürfnisse fördern.

Bei vielen Klienten, bei denen sich Alkoholkonsum wie ein "roter Faden" durch den Tagesablauf gezogen und schon fast eine "tagesstrukturierende" Funktion übernommen hat, entsteht nach dem Wegfall des Alkohols ein großes Vakuum, das sie kaum in kurzer Zeit füllen können. Die Protokolle des Klienten von Tagesabläufen und Wochenenden zeigen seine "Löcher" und Ungleichgewichte zwischen den "Shoulds" und "Wants". Anhaltspunkte für "Wants" findet man manchmal in früheren Interessen, Aktivitäten, Hobbies etc. des Klienten. Bei jungen Alkoholabhängigen hat der frühe Alkoholkonsum die Sozialisation jedoch auch in diesem Bereich meist sehr früh unterbrochen, und man kann oft auf nichts zurückgreifen.

In der Anfangsphase der Therapie stehen Langeweile, Ruhelosigkeit, körperliches Unbehagen etc. im Vordergrund, Befindlichkeiten also, die in hohem Maße mit einem erhöhten Rückfallrisiko verbunden sind. Zusätzlich trifft der Therapeut in dieser Phase der Therapie oft auf die Schwierigkeit, daß der Klient "verharrt" und nicht "dankbar" auf die Vorschläge des Therapeuten für Aktivitäten reagiert.

Beispiel: Auf den Vorschlag, "schwimmen zu gehen", erwidert der Klient, daß dies doch keinen Spaß mache. Auf die Frage, wann er denn zum letzten Mal schwimmen war, antwortet der Klient, daß dies schon sehr lange her ist und er sich überhaupt nicht mehr daran erinnern kann. Er "weiß" jedoch, daß es keinen Spaß macht. An dieser Stelle könnte man noch viele weitere Beispiele bringen, die alle das gleiche "Strickmuster" haben.

In dieser Phase ist es sinnvoll und hilfreich, daß der Therapeut mit dem Klienten vereinbart, nur über dessen Erleben und Erfahrungen zu reden und nicht über Vermutungen zu diskutieren. Beim Alkoholabhängigen ist eine ständige Ermutigung und die Verstärkung kleinster Aktivitäten notwendig, damit er Mut und Selbstvertrauen entfaltet, um neue Dinge anzupacken und aufrechtzuerhalten. Von "zu Hause aus" hat der Klient ja eben gerade nicht die Stärke und das Durchhaltevermögen, die beim Aufbau vieler Aktivitäten notwendig sind, um später die "Früchte ernten zu können" ("delayed gratification pattern"). Charakteristisch für die Abhängigkeit ist ja gerade die auf kurzfristige Befriedigung ausgerichtete Aktivität (Drogenkonsum).

Der Therapeut sollte sich jedoch keineswegs ausschließlich von seinen Wert- und Zielvorstellungen leiten lassen, sondern darauf vertrauen, auch wenn das manchmal schwerfällt, daß der Klient seinen eigenen Lebensstil findet und genügend Potential zu persönlichem Wachstum in ihm steckt (Laux, 1991). In der ambulanten Therapie wird er sich anfangs meist nicht - im Gegensatz zu der Langzeittherapie, wo aktiv-kreative Freizeitgestaltung auf dem "Plan" steht - in Aktivitäten stürzen, sondern eher auf bekannte und bisher gebrauchte Hilfsmittel wie Fernsehen, Radio und Video zurückgreifen. Die Akzeptanz dieser Verhaltensweisen durch den Therapeuten ist wichtig für die Entwicklung eines eigenen Lebensstils durch den Klienten. Ein Klient hat diesen Sachverhalt einmal schön formuliert: "Für mich war es wohltuend, daß Sie mir nicht vorgeschrieben haben, wie ich zu leben habe." Die Maxime für das Handeln des Therapeuten in der Lebensstilberatung sollte sein: "Soviel Hilfestellung wie nötig und Förderung der Eigeninitiative soviel wie möglich."

Das Problemlösetraining hat sich bei der Lebensstilentwicklung der Klienten sehr gut bewährt, da dies ein aktiver Prozeß ist, bei dem in vielen Situationen ein problemlöseorientiertes Vorgehen hilfreich ist. Beispielsweise haben die Klienten vielfach die Vorstellung, daß Freizeit immer schön sein muß und die Freizeitgestaltung quasi automatisch erfolgt. Immer wenn man Freizeit hat, fällt einem auch gleichzeitig eine tolle Idee für eine Aktivität ein, die auf jeden Fall Spaß macht. Dieser Vorstellung steht oft diametral die Realität des Klienten gegenüber, der mit seiner Freizeit nichts anzufangen weiß und sich beklagt, daß "nichts los ist".

In einem problemlöseorientierten Vorgehen erfolgen beispielsweise folgende Schritte:
- Brainstorming zu Freizeitaktivitäten;
- Auswahl von Aktivitäten, die der Klient ausführen möchte;
- Bewertung und Etablierung im Alltag bzw. Einstellung der Aktivität und erneute Auswahl.

Der Therapeut kann insofern behilflich sein, als er dem Klienten sein Know-How zur Verfügung stellt, z. B.:
- Welche Aktivitäten sind im Umfeld möglich?
- Wo kann sich der Klient Informationen einholen?
- Pin-Wand aufstellen, auf der Ankündigungen für Veranstaltungen, Kinoprogramme etc. gesammelt werden können;
- Anlegen einer "Ideenliste" für Aktivitäten.

Wichtig ist, daß der Klient für sich akzeptiert, daß die Lebensstilentwicklung ein aktiver Prozeß ist, der die Fertigkeit impliziert, seine Bedürfnisse zu erkennen und diese in seinem Umfeld zu realisieren bzw. an deren Realisierung zu arbeiten. Vier Bereiche sind dabei m. E. von Bedeutung:
- Lebensplanung in den Bereichen Schule, Arbeit und Beruf, wobei gerade die Arbeitsgestaltung einen wesentlichen Einfluß auf die psychosoziale Gesundheit hat (Ullich, 1991).
- Aufbau und Aufrechterhaltung von zufriedenstellenden Kontakten und Beziehungen;
- Körperarbeit, d. h. die Einführung des Konzeptes "Body-time", in den Alltag des Klienten, bei dem dieser sich verpflichtet, regelmäßig eine körperliche Aktivität (Sportart, Sauna, Yoga, Tanzen etc.) durchzuführen und sich dadurch - was ganz wichtig ist - Zeit für sich selbst nimmt. Es ist darauf zu achten, daß die "Body-time" ein "Want" bleibt und nicht zum "Should" wird und dadurch entscheidend zu einem gesunden Lebensstil beitragen kann (Keir & Lauzon, 1980).
- Suchtersatz, wo der Klient sich eine Aktivität sucht, die ihm gefällt und die er genießen kann (z. B. Kochen, Instrument spielen, Garten, etwas Sammeln, Lesen, kreative Beschäftigung, Karten spielen etc.) oder die mit Nervenkitzel verbunden ist (z. B. Klettern, Drachenfliegen, Motocross etc.). Glasser (1976) beschreibt in diesem Zusammenhang das Konzept der "positiven Sucht", womit er eine geistige, spirituelle oder körperliche Aktivität meint, die der Klient täglich bis ca. eine Stunde ausführt. Die Ausübung bringt ihm einen großen Nutzen, und er fühlt sich unwohl, wenn er sie nicht machen kann.

In welchem Bereich der Klient Schwerpunkte setzt und aus welchem er Zufriedenheit und Lebensqualität schöpft, ist der Erfahrung nach recht unterschiedlich. Die therapeutische Aufgabe liegt vor allem darin, anregend und stützend diesen Prozeß der Lebensstilentwicklung des Klienten zu initiieren und aufrechtzuerhalten.

Eng verbunden mit dem Konzept des Lebensstils und der Lebensstilentwicklung ist die "Sinnfrage". Kern (1986) hat versucht, den Lebenssinn durch acht Wertgebiete mit jeweils einer Anzahl dazugehöriger Eigenschaften zu operationalisieren: Anerkennung und Lob, Zuneigung und Hilfe, Macht und Einfluß, Aktivitäten und Unternehmungen, Ruhe und Entspannung, zu meinen Prinzipien und Idealen stehen, Kontakt und Geselligkeit, hohes Einkommen und Besitz. Wird vom Klienten diese Frage in der Therapie angesprochen, ist es m. E. wichtig, es nicht auf einer eher abstrakten Ebene abzuhandeln, sondern den Klienten den Versuch einer Konkretisierung vornehmen zu lassen, wobei die von Kern angegebenen Wertgebiete Anhaltspunkte sein können. In einem weiteren Schritt kann dann von dem Klienten eine konkrete Zielplanung und Umsetzung in seinen Alltag erfolgen.

7.2.5.7 Zusammenfassung

Es kann festgehalten werden, daß der Erwerb sozialer Fertigkeiten im kognitiven, emotionalen und behavioralen Bereich dem Klienten in Risikosituationen ein erweitertes Verhaltensspektrum zur Verfügung stellt und somit prinzipiell die Rückfallwahrscheinlichkeit reduziert. Ob es dann zu einem Ausrutscher kommt oder nicht, ist jedoch nicht nur von dem Ausmaß der vorhandenen Bewältigungsfertigkeiten abhängig, sondern auch von dem Grad der Verpflichtung zur Abstinenz, der aktuellen Pro- und Contra-Alkoholkonsum-Gewichtung, der Zufriedenheit in bezug auf den Lebensstil, der Should-Want-Balance, der Verarbeitung gravierender Lebensereignisse etc.

Der Klient kann jedoch mit Hilfe dieser Fertigkeiten, die in der nachfolgenden Tabelle nochmals dargestellt werden, seine Risikosituationen erheblich besser managen und sich mittelfristig mit Hilfe eines veränderten Lebensstils Verstärkerquellen erschließen, die zu einem subjektiven Empfinden von Lebenszufriedenheit und Wohlbefinden führen (Diener, 1984; Vaitl, 1991; Abele & Becker, 1991).

Tabelle 6: Zusammenstellung der Komponenten der Interventionsphase II

- das Entspannungstraining (ET)
- das Problemlösetraining (PT)
- Methoden der kognitiven Restrukturierung
- das Selbstsicherheitstrainiing (ST)
  o Kontakt
  o Kommunikation
  o Selbstbehauptung
- Lebensstilberatung

In der Therapie können jedoch nur die Grundlagen gelegt werden, und der Klient ist aufgefordert, im Rahmen seiner Selbstverantwortung für seine Lebensgestaltung an sich weiterzuarbeiten, um somit eine Weiterentwicklung zu ermöglichen ("Hilfe zur Selbsthilfe").

7.2.6 Therapiebeendigung und Katamnese

Erreicht der Klient in den verschiedenen Problembereichen seine gesteckten Therapieziele, wird die Therapie planmäßig beendet. Dabei erfolgt meist schon im letzten Therapieabschnitt ein "Ausschleichprozeß", d. h. die Zeitspannen zwischen den einzelnen Sitzungen werden absprachegemäß verlängert. In dieser Phase sollte der Therapeut auch das Thema Therapieende und Ablösung mit dem Klienten besprechen. Nach Abschluß der Therapie können mögliche Therapieeffekte mit den in Kapitel 7.1, Tabelle 3 beschriebenen Fragebögen erhoben werden. Im Sinne der von Petermann (1982) geforderten "kontrollierten Praxis" ist es m. E. sinnvoll und notwendig, die ganze Breite möglicher Veränderungen im körperlichen, psychischen und sozialen Bereich zu erfassen.

Als vorteilhaft haben sich nach dem Therapieende Katamnesesitzungen im Abstand von drei Monaten erwiesen, wobei ein Jahr nach Therapieende die angewandten Fragebögen und Erhebungsinstrumente wieder vorgegeben werden können, um den weiteren Verlauf zu dokumentieren und mit dem Klienten aufarbeiten zu können.

In den Katamnesegesprächen können folgende Themen behandelt werden:
- Abstinenz und Bewältigung von Problem- und Versuchungssituationen;
- Besprechung und Aufarbeitung von möglichen Ausrutschern/Rückfällen.

Zu diesem Zweck führt der Klient eine Karte, in die er täglich verschiedene Eintragungen vornimmt.

TAG	MONAT AUGUST
1	
2	
3	
4	
5	
. . .	

Eintragungen: A = Abstinenz
R = Rückfall (mit Angabe der Alkoholmenge)
V = Versuchungssituation mit Einschätzung des Alkoholverlangens von 1 - 10

Abbildung 21:   Abstinenzkarte für den Katamnesezeitraum

Auf einem Beiblatt soll der Klient die jeweilige Analyse der Person-Situation-Bewältigungsfähigkeit-Interaktion für schwierige Versuchungssituationen sowie die wichtigsten Daten seiner Rückfallanalyse festhalten.

Die Abstinenzkarte stärkt die Wachsamkeit des Klienten - nachlassende kognitive Vigilanz ist nach Litman (1986) ein bedeutsamer Rückfallfaktor - und leitet ihn dazu an, abends, wenn er seine Karte ausfüllt, den Tag zu reflektieren. Er kann sich für seine erbrachte Leistung verstärken nach dem Motto: "Zufriedenheit und Wohlbefinden zu erleben machen es notwendig, jeden Tag trocken bleiben."

Weitere, in der Katamnesesitzung behandelte Themen können sein:

- Stabilisierung und Weiterentwicklung des Lebensstils;
- Schwierigkeiten und neu aufgetauchte Probleme;
- Rückschläge.

8. Fallbeispiele

8.1 Einleitung

Die folgenden Falldarstellungen werden in ihrer Gesamtheit mit allen wichtigen Informationen über den Klienten, seine Problematik und die Veränderungen dargestellt, wobei sie nach folgendem Muster beschrieben werden:

1. Symptomatik, Zuweisungsmodus, biopsychosoziale Problemkonstellation (Eingangsinterview)
2. Soziodemographische Angaben zur Person, familiärer und sozialer Hintergrund
3. Lebensgeschichte der Person (ohne Symptomentwicklung)
4. Entwicklung der Symptomatik und bisher erfolgte Behandlungsvesuche
5. Diagnostik
6. Therapieverlauf
7. Therapieergebnisse
8. Zusammenfassung

8.2 Fallbeispiel A

8.2.1 Symptomatik, Zuweisungsmodus, biopsychosoziale Problemlage (Eingangsinterview)

Der Klient befindet sich bei der Kontaktaufnahme in der Beratungsstelle stationär zur Alkoholentgiftung im Krankenhaus. In den letzten Wochen ist es bei dem Klienten vermehrt zur Unruhezuständen, Schweißausbrüchen und starkem Zittern der Hände gekommen. Er hat deswegen seinen Hausarzt aufgesucht, worauf dieser ihn in das Krankenhaus eingewiesen hat. Im Krankenhaus wurde eine medikamentös gestützte Entgiftung durchgeführt, und der Arzt hat dem Klienten eine ambulante Psychotherapie empfohlen und ihn auf unsere Einrichtung verwiesen.

In diesem ersten Gespräch - 5 Tage nach der Kontaktaufnahme - erlebe ich den Klienten immer noch sehr unruhig und fahrig, teilweise unsicher, ängstlich und in abwartender Haltung ("Mal sehen, was da auf mich zukommt").

Auf meine Bitte, seine Problematik zu schildern, beginnt der Klient eher beschämt von seiner Alkoholproblematik zu erzählen und bezeichnet sie als eine "unangenehme Geschichte". *"Ja, mit dem Alkohol, das ist eine unangenehme Geschichte, und ich habe mich lange gesträubt dagegen, habe lange gedacht, das ist nicht so schlimm, das bekommst Du wieder in den Griff. Ich bin auch nicht gleich ins Krankenhaus, habe erst mal 2 Tage gewartet und bin dann erst mittags hin. Habe an dem Morgen auch nichts getrunken."* Der Klient hat sich bei der Aufnahme im Krankenhaus von Scham- und Schuldgefühlen überschwemmt erlebt, und auch Angst, was auf ihn jetzt zukommt, ist dabeigewesen. Diese Gefühle schwingen auch im Erstgespräch ganz stark mit und führen dazu, daß er nur äußerst knappe

Schilderungen macht und die Dinge auch nicht so genau beim Namen nennen möchte. So entsteht ein Bild, daß der Klient nonverbal sehr unruhig, ängstlich, hilflos wirkt und sich verbal eher Distanz verschafft, die "Sache" rational und nüchtern angehen möchte und von mir Vorschläge erwartet. Neben der Alkoholproblematik erlebt der Klient bei sich starke Kompetenzdefizite in sozialen Situationen, Unsicherheiten und Ängste vor Belastungssituationen sowie Arbeits- und Konzentrationsprobleme. *"Ich habe immer mehr gelernt, Situationen mit Alkohol anzugehen, die Flasche ist immer wichtiger geworden."* Insbesondere sieht er in der Fortführung und Beendigung seines Studiums - in den letzten beiden Semestern hat er sich aufgrund seiner Alkoholabhängigkeit praktisch nur noch eingeschrieben - ein Riesenproblem, das starke Insuffizienzgefühle bei ihm auslöst. *"Ich habe oft das Gefühl, ich schaffe das Studium nicht, was soll dann werden?"*

Der Klient hat bisher wegen der Alkoholproblematik keinen Kontakt zu irgendeiner Institution gehabt, und die Aussprache mit seinem Hausarzt, die zur Einweisung ins Krankenhaus geführt hat, war für ihn überhaupt das erste ernsthafte Gespräch über seine Alkoholproblematik. Die Erwartungen des Klienten sind dahingehend, daß *"ich nicht mehr zur Flasche greifen muß und daß die Therapie dabei helfen kann."* Auch wenn er vom Arzt auf die Stelle aufmerksam gemacht worden ist, sieht er sich vor allem aus eigenem Antrieb hier, *"denn so kann es auf gar keinen Fall weitergehen"*.

8.2.2 Soziodemographische Angaben zur Person, familiärer und sozialer Hintergrund

Der Klient, Herr A, ist 27 Jahre alt und hat nach dem Abitur und seinem Dienst bei der Bundeswehr ein Studium für das Lehramt am Gymnasium aufgenommen. Er wohnt in einer eigenen Etage im Haus der Eltern und finanziert seinen Lebensunterhalt durch Bafög, Ferienarbeit und materielle Unterstützung seiner Eltern.

Der Vater von Herrn A ist von Beruf Schlosser und arbeitet bei einem kommunalen Versorgungsunternehmen, die Mutter, die von Beruf Näherin ist, arbeitet seit der Geburt des Klienten als Hausfrau. Sie versorgt zusätzlich ihre gehbehinderte Mutter, die in der Nähe in einer eigenen Wohnung lebt.

8.2.3 Lebensgeschichte

Kindergartenzeit

Die Erinnerungen des Klienten reichen bis in die Kindergartenzeit zurück. Er hat sich im Kindergarten immer wohl gefühlt und kann sich an keine Probleme oder Ängste erinnern. Kurz vor der Einschulung sind seine Eltern umgezogen, was ihn anfangs traurig gemacht hat, da er seine Spielkameraden aus dem Kindergarten und der "Straße" verlassen mußte. Andererseits ist er auch froh gewesen, da er in dem neuen Haus ein eigenes Zimmer bekommen und ein schöner Garten zum Haus gehört hat.

Schulzeit

Die Grundschulzeit hat Herr A als sehr schönen Lebensabschnitt in Erinnerung. Er hat in dieser Phase jedoch erstmals bemerkt, daß es ihm schwer fällt, auf andere zuzugehen und "aus sich herauszugehen". In der Erinnerung sieht er sich in den Pausen auf dem Schulhof alleine stehen und sich mittags in seinem Zimmer verkriechen. Herr A charakterisiert sich als einen ruhigen und braven Schüler, der sich nicht daran erinnern kann, jemals in der Grundschule etwas angestellt zu haben.

Der Wechsel zum Gymnasium erfolgt auf Empfehlung des Grundschullehrers, da seine Eltern eher an einen Wechsel zur Realschule gedacht haben. Die Anfangszeit im Gymnasium ist für den Klienten sehr problematisch, und er kann sich daran erinnern, daß er oft schlecht geschlafen hat, Bauchweh vor der Schule gehabt hat und auch manchmal ins Bett eingenäßt hat. Die Schulleistungen sind auch schlechter geworden, und insbesondere hat sein Vater Druck ausgeübt und mit einem Schulwechsel gedroht. Zuspruch und Mut hat er in dieser schwierigen Phase von seinem Grundschullehrer erfahren, der auch mit seinen Eltern gesprochen und den Vater wieder beruhigt hat. Nach einem Dreiviertel Jahr sind diese Eingewöhnungsschwierigkeiten überwunden gewesen, und die Schulleistungen haben sich gebessert. Mit Ausnahme dieser Phase erlebt der Klient seine Schulzeit als unproblematisch, er hat keine Lern- und Leistungsprobleme gehabt und ist ein guter Schüler gewesen. *"Ich war überall gut, aber auch in keinem Fach Spitze."*

Die Entwicklung bis zum Abitur hat der Klient als "ganz normal" erlebt, und er kann sich an nichts erinnern, was er als "etwas Besonderes" einschätzen würde. *"Eigentlich war da so nichts, vielleicht die Abiturfeier, da haben wir eine große Fete gefeiert."*

In der Schulzeit liest Herr A gern in seiner Freizeit Kriminalromane und Science Fiction, ist ein eifriger Kinogänger und geht auch öfter ins Theater; er ist im Kegelverein und geht gern schwimmen. *"So richtige Langeweile habe ich in meiner Schulzeit kaum gekannt."*

Bundeswehr und Studium

Als großen Einschnitt in sein Leben erlebt der Klient die Einberufung zur Bundeswehr. *"Das war alles so anders. Mit 6 Leuten, die man nicht kennt, auf einem Zimmer liegen, Dinge tun zu müssen, die man gedanklich als Blödsinn einstuft, aber das Schlimmste war, von zu Hause weg zu sein und sich fremd zu erleben, wenn man ein- bis zweimal im Monat am Wochenende zu Hause ist."* Herr A versucht zu Beginn der Bundeswehrzeit in der Freizeit sein gewohntes Leben aufrechtzuerhalten, liest viel, geht öfter ins Kino etc., mit der Zeit wurden seine Aktivitäten jedoch immer weniger, und er hat sich *"immer stärker an den Trott angepaßt"*. Der Klient kommt auch nur sehr schwer mit der derben, rohen und teilweise ordinären Art von zwei Zimmergenossen zurecht, die ihn einmal nachts im besoffenen Zustand mit einem Eimer kaltem Wasser geweckt haben. Herr A, der bisher in einer relativ beschützten Umgebung aufgewachsen ist, wird bei der Bundeswehr mit einer eher harten, autoritären Realität konfrontiert. Diese Lebensphase mit ihren vielfältigen Belastungen steht in einem engen Zusammenhang mit der Entwicklung der Trinkproblematik, auf die im nächsten Abschnitt näher eingegangen wird.

Von seinen Schwierigkeiten und Problemen bei der Bundeswehr redet der Klient mit keiner Person. *"Warum hätte ich meine Eltern beunruhigen sollen, die hätten mir ja doch nicht helfen können."* Herr A sagt sich während dieser Zeit immer, daß dies vorbeigeht und viele Personen vor ihm das auch durchgestanden haben. In der Erinnerung sieht er diesen Lebensabschnitt als *"die bis dahin schlimmste Zeit in meinem Leben"*.

Bis zur Aufnahme des Studiums verdient sich Herr A mit verschiedenen Jobs Geld. Sein Studium beginnt er in einer sehr ambivalenten Gefühlslage. Einerseits ist er froh, daß es jetzt endlich losgeht und er geistig wieder etwas leisten kann, andererseits hat er aber auch Ängste und Befürchtungen vor den auf ihn zukommenden Anforderungen. Im Studium faßt er nur schwer Fuß und fühlt sich insgesamt nicht wohl auf dem Campus. Die Kontakte zu studierenden ehemaligen Mitschülern bleiben eher oberflächlich, und neue Kontakte zu knüpfen fällt ihm sehr schwer. Seine Phantasie, an der Uni eine Freundin zu finden, realisiert sich ebenfalls nicht. Obwohl er mit guten Vorsätzen in das Studium gestartet ist, schleichen sich allmählich seine alten Trinkgewohnheiten wieder ein. Als Folge davon werden die Studienleistungen von Herrn A immer schlechter und seine Ängste vor dem Studium immer größer, bis er schließlich vor dem Abbruch des Studiums steht.

Kontakte und Beziehungen

Der Klient schildert sich als kontaktarm, wobei diese Kontaktarmut seiner Erinnerung nach bereits in der Kindheit angefangen hat. Die Kontakte zu Mädchen sind noch spärlicher als die zu Jungen. *"In der Schule bin ich nicht so hin zu den Treffs (Haltestellen, Schülerkneipe etc.), wo man Mädchen treffen konnte, auch wenn ich so ab 15 angefangen habe, nach Mädchen zu schauen. Wenn ich mit Mitschülern mal Mädchen getroffen habe, wußte ich nie, was ich da so machen sollte."*

Den ersten "richtigen" Kontakt zu Mädchen erlebt der Klient mit 16 Jahren in der Tanzstunde. Mit seiner Tanzstundenpartnerin beginnt er eine Beziehung, die er bis zur Bundeswehrzeit aufrechterhält. Der Klient schildert diese Freundschaft nicht als "heiße Liebe", sondern als eine Beziehung mit viel Verständnis füreinander und gemeinsamen Interessen. So ruhig, wie die Beziehung begonnen hat und verlaufen ist, wurde sie auch beendet. In der Zeit seiner Bundeswehrangehörigkeit haben sie sich kaum noch gesehen, sind sich immer fremder geworden, und sie hat schließlich die Beziehung beendet. *"Wir hatten beide sicherlich schon länger gespürt, daß es zwischen uns aus ist, es mußte nur einer den Mut aufbringen und es aussprechen."*

Familie

Die Beziehung zu seinem Vater schildert Herr A als kühl und distanziert. Er erlebt seinen Vater als Autoritätsperson, der sich um seine Erziehung nicht viel gekümmert hat. Die Mutter, die eher überbehütend und fürsorglich ist, hat sich gegenüber ihrem Mann nie durchsetzen können und sich ihrem Mann angepaßt. Der Klient meint auch, daß sich seine Mutter nie von ihrer Mutter abgenabelt hat und die Großmutter eine wichtige Rolle im Hause hat. Die Mutter schildert der Klient als eine Person, *"die halt immer zu Hause gewesen ist und für ihn und seinen Vater da war"*. "Familienbilder", an die sich der Klient erinnern kann, sind Spaziergänge und Spazierfahrten, die sie gemacht haben, als er noch klein gewesen ist. Urlaub haben sie nur einmal zusammen gemacht, da durch den Hauskauf das Geld gefehlt hat und der Vater am liebsten in seinem Garten, mit Teich und Gartenhäuschen, gewesen ist. Ein weiteres Familienbild ist "zusammen Fernsehen am Samstagabend" sowie das gemeinsame Abendbrot.

Der Klient schildert das Familienleben als ruhig und harmonisch, ohne größere Konflikte und Auseinandersetzungen. Da bei ihm bis zur Bundeswehrzeit auch alles "normal" verlaufen ist, hat es zwischen ihm und seinen Eltern keine Anlässe für größere Streitereien gegeben.

Das wahre Ausmaß der Alkoholproblematik hat der Klient bis zur Entgiftung im Krankenhaus vor seinen Eltern verschleiern können, auch wenn es in der Zeit davor häufig zu Auseinandersetzungen und Vorwürfen der Eltern wegen seines Alkoholkonsums gekommen ist. Andererseits sieht er aber auch, daß seine Eltern das Problem nicht so richtig wahrhaben wollten, und diese Verleugnungstendenz auf beiden Seiten hat letztendlich die Abhängigkeitsdauer des Klienten verlängert. Das Gespräch hat nicht stattgefunden, es sind, wenn das Problem überhaupt thematisiert worden ist, nur Vorwürfe gekommen wie "Trink doch nicht so viel", "Wie soll denn das nur noch enden?", "Du wirst mit Deiner Trinkerei Dein Studium nicht beenden". Der Klient sieht es im Rückblick so, daß durch die Tatsache, daß er früher nie ernsthafte Probleme gehabt hat, sie es als Familie auch nicht gelernt haben, Probleme gemeinsam anzugehen und zu bewältigen.

8.2.4 Entwicklung der Symptomatik und Therapieversuche

Entwicklung des Trinkverhaltens

Den ersten Kontakt mit Alkohol hat der Klient anläßlich seiner Kommunion, als der Pate mit ihm mit einem Bier angestoßen hat. Im Alter von 14/15 Jahren hat er vom Vater zum Abendessen am Wochenende manchmal ein Glas Bier bekommen. Zu Hause ist Alkoholkonsum weitestgehendst an das Abendessen und familiäre Feiern gebunden. Der Vater trinkt abends regelmäßig eine Flasche Bier zum Essen, die Mutter trinkt selten Wein. Mit 16/17 Jahren trinkt der Klient beim Ausgang mit den Eltern (Besuch, Feier etc.) ein Glas Bier oder ein Glas Wein. Mit 17 Jahren hat Herr A seinen ersten und bisher einzigen Vollrausch mit Schnaps auf der Party eines Kameraden erlebt. Er hat einen Filmriß, *"mir hat eine Menge Zeit gefehlt, und ich habe mir vorgenommen, nie mehr dieses Zeug zu trinken"*.

Bis zum Abitur erlebt der Klient sein Trinkverhalten als vollkommen unproblematisch. *"Ich habe in dieser Zeit immer ein ganz normales, gesundes Verhältnis zum Alkohol gehabt, und mein Trinkverhalten hat sich in meiner Schulzeit nicht von dem meiner Schulkameraden unterschieden."* Lediglich die zahlreichen Abiturfeiern fallen nach Einschätzung des Klienten aus dem normalen Rahmen. Er hat jedoch darauf geachtet, daß er nicht nochmal einen Filmriß erlebt.

Den normalen Rahmen beschreibt der Klient wie folgt: 1 - 2 mal Alkohol pro Woche, typische Trinkanlässe sind Familienfeiern, Feste, Samstagabend zu Hause, Kneipenbesuch nach Kino oder Theater. Die Alkoholmenge beträgt in der Regel 1 - 2 Gläser Bier oder 1 - 2 kleine Gläser Wein.

Herr A kennt Phasen, wo er wochenlang nichts getrunken hat, wobei er jedoch nicht bewußt einen Vorsatz zur Abstinenz gefaßt hat. *"Das war gar nicht notwendig, daran habe ich auch überhaupt nicht gedacht."*

Man kann festhalten, daß bis zum Abitur für Herrn A Alkohol kein Thema gewesen ist. Er erlebt sein Trinkverhalten als vollkommen normal und erhält auch keine Rückmeldungen aus seiner Umwelt zu diesem Verhalten.

Entwicklung des Problemtrinkens

Während der Bundeswehrzeit verändert sich allmählich sein Trinkverhalten. Er beginnt regelmäßig abends in der Kantine oder auf der Stube zu trinken. Die Gründe und Motive für sein Trinken sieht Herr A vielschichtig: Langeweile, Streßabbau (ungewohnte Situation, ungewohntes Umfeld, "Gehorsam steht vor Denken"), Erleichterungstrinken ("konnte den ganzen Mist lockerer sehen), Nicht nein sagen können, dazugehören wollen, Beseitigung von Mißstimmungen, Flucht vor der Einsamkeit, Überwindung des Verlustes der Beziehung, Entspannung, bessere Bewältigung von Konflikten und Schwierigkeiten, mehr Sicherheit und Selbständigkeit, Wohlbehagen und innere Ruhe. Modellernen und operante Konditionierung haben somit zur Ausbildung des Problemtrinkens beigetragen. Die Veränderung des Trinkverhaltens ist ein schleichender Prozeß, wobei der Klient nach einem Jahr Bundeswehrzeit jeden Abend trinkt, in der Regel 2 - 2,5 l Bier, und 1 - 2 mal die Woche auch mehr (4 - 5 l Bier). Rückblickend schätzt Herr A die Situation so ein: *"Das war der erste Schritt zu einer psychischen Abhängigkeit."* Gegen Ende der Bundeswehrzeit ist es ihm schon sehr schwer gefallen, das befohlene Alkoholverbot während der einwöchigen Bereitschaftszeit einzuhalten.

In dieser Zeit hat der Klient auch angefangen, am Wochenende von Kneipe zu Kneipe zu ziehen, wobei ein wichtiger Grund für dieses Verhalten neben der Langeweile auch die Verheimlichung seines Alkoholkonsums gewesen ist. Wäre er den ganzen Abend in einer Kneipe gewesen, wäre sein Alkoholkonsum durch den "Kranz" auf dem Bierdeckel für jeden sichtbar gewesen. Bei seinen verschiedenen Ferienjobs hat er sich meist dem Trinkverhalten auf der Arbeitsstelle angepaßt und dort, wo es üblich war, auch morgens zum Frühstück schon eine Flasche Bier getrunken.

Entwicklung der Abhängigkeit

Zu Beginn seines Studiums macht der Klient den ersten ernsthaften Versuch zur Veränderung seines Trinkverhaltens. Er trinkt generell tagsüber keinen Alkohol mehr, wobei ihm die selbstauferlegte Regel: "Kein Autofahren unter Alkoholeinfluß" anfangs eine Stütze ist. Abends trinkt er regelmäßig 0,5 l Bier zum Abendbrot und 0,5 l Bier zum "Einschlafen". Dazwischen trinkt er noch 0,5 - 1 l Bier zu Hause oder 0,9 - 1,2 l Bier, wenn er zu Fuß weggeht.

Der Klient konnte seiner Einschätzung nach dieses Trinksystem 1 bis 1,5 Jahre aufrechterhalten, dann ist der Alkoholkonsum insbesondere abends einschleichend mehr geworden. Zwei Jahre nach Beginn des Studiums hat er jeden Abend 4 - 5 l Bier in seinem Zimmer oder in der Wirtschaft getrunken sowie jeweils 0,5 l beim Abendessen und zum Einschlafen. In dieser Zeit hat er angefangen, in seiner Arbeitstasche volle und leere Bierflaschen in und aus seinem Zimmer zu transportieren.

Im dritten und vierten Jahr nach Studienbeginn erfolgt aufgrund der Dosissteigerung ein allmählicher Umstieg auf Weinkonsum. Er verspürt einen rapiden Abfall seiner Konzentrations- und Leistungsfähigkeit. Der Klient ist oft zu Hause und kann kaum noch für das Studium arbeiten. Der Tagesablauf sieht so aus, daß er morgens gegen 10,00 Uhr aufsteht und beim Frühstück kaum noch Appetit verspürt. Danach liest er in seinem Zimmer die Zeitung und trinkt 1 - 2 Gläser Wein dabei. Nach dem Mittagessen trinkt er nochmals 1 - 2 Gläser Wein und macht einen Mittagsschlaf. *"Danach habe ich die Arbeitsunterlagen hin- und hergeschoben, was Produktives kam einfach nicht mehr aufs Papier."* Bis zum Abendessen trinkt Herr A in der Regel zwei Flaschen (0,7 l) Wein und zum Abendessen die Flasche Bier; danach in seinem Zimmer nochmals zwei Flaschen Wein und die Flasche Bier zum Einschlafen.

In dieser Zeit ist auch die Angst vor einer Wirkungsreduktion aufgekommen, und er hat eine Art "Sicherheitsdenken" entwickelt. Herr A hat Verstecke eingerichtet, in denen er Wein- und Bierflaschen für den Notfall lagert. Die wenigen Tage an der Universität stellen für den Klienten ein Problem dar, was die Versorgung mit Alkohol angeht. Er hat

Angst vor dem Entzug und davor, daß seine Kommilitonen merken, was mit ihm los ist, und schließlich meidet er die Situation vollkommen.

Vor den Eltern hat er versucht, diese Entwicklung geheimzuhalten, was auch teilweise gelungen ist, da er nie volltrunken gewesen ist und sich nicht verhaltensauffällig benommen hat. Die Mutter hat zwar seinen Alkoholkonsum mehrmals angesprochen, der Klient kann sie jedoch immer wieder beruhigen und einem ernsthaften Gespräch ausweichen. In dieser Phase macht der Klient letzte verzweifelte Versuche, den Alkoholkonsum in den Griff zu bekommen. Er nimmt sich beispielsweise vor, einen Tag keinen Alkohol zu trinken, was ihm wahnsinnig schwerfällt und er froh ist, wenn der "Trockentag" vorbei ist. Oft hat er jedoch auch diesen einen Tag nicht durchhalten können und abends noch 1 - 2 Flaschen Bier getrunken.

Die Phase in den letzten beiden Jahren vor Therapiebeginn ist gekennzeichnet durch verstärkte Ängste vor dem Nachlassen der Wirkung, durch die Angst vor der Aufdeckung, durch Probleme der Alkoholversorgung und Finanzierung sowie durch das Problem: "Wie bekomme ich den Tag herum?". Herr A besucht fast kaum noch die Universität und kapselt sich vollkommen von seinem sozialen Umfeld ab. *"Selbst die Immatrikulation war in dieser Zeit ein Riesenproblem, und ich habe mich oft erst am letzten Tag immatrikuliert, immer in der Angst, daß ich einem Bekannten begegnen könnte."*

Eineinhalb Jahre vor Therapieaufnahme erlebt der Klient erstmals morgens Entzugserscheinungen wie Zittern, Übelkeit, Magenschmerzen und Erbrechen sowie starke Schweißausbrüche in der Nacht. Seine Dosis hat sich weiter erhöht und liegt bei 6 Flaschen Wein (0,7 l) und 2 Flaschen Bier (0,5 l). Er schildert rückblickend seine Situation wie folgt: *"Ich hatte die Kontrolle über den Alkohol vollkommen verloren und konnte mir einen Tag ohne Alkohol gar nicht mehr vorstellen. Dieser Gedanke machte mir große Angst."* Im letzten halben Jahr vor Therapieaufnahme stellt Herr A einen Verlust seiner Alkoholverträglichkeit fest, und die Tagesdosis reduziert sich dadurch auf 4 Flaschen Wein und 2 Flaschen Bier.

Die letzten beiden Jahre erlebt sich der Klient sehr depressiv, verzweifelt und voller Ängste. Aus Scham- und Schuldgefühlen heraus hat er jedoch nicht den Mut, sich seinen Eltern zu offenbaren. Gesprächsversuche der Mutter hat er abgewiegelt, Warnungen und Vorwürfe verdrängt, Kontakte abgebrochen und sich isoliert. Er hat bei sich folgende Veränderungen festgestellt: erhöhte Reizbarkeit und Aggressivität; Selbstvorwürfe; nach dem Trinken ausgerichteter Lebensstil; keine Interessen und Hobbys; heimliches Trinken; Vorratshaltung an Alkohol; Lügen, um an Alkohol zu kommen; kein Appetit und kein sexuelles Verlangen mehr; Entzugserscheinungen; Schlafstörungen; zwanghaftes Trinken.

Als er das Gefühl hat, am Ende eines Tunnels vor einer großen Wand zu stehen, entschließt er sich, mit seinem Hausarzt offen über seine Problematik zu sprechen. Am Tag danach redet er offen mit seinen Eltern über sein Problem, die nach dem ersten Schock sich positiv verhalten haben. Er ist froh darüber, obwohl er nicht weiß, wie sie ihm helfen können.

In der Nachbetrachtung sieht der Klient seine Problementwicklung wie folgt: *"Alkohol hat sich ganz allmählich und undramatisch in mein Leben eingeschlichen und immer mehr Besitz davon genommen."*

8.2.5 Diagnostik

Mit Hilfe verschiedener Verfahren (vgl. Abschnitt 7.1) wurde sowohl die Alkoholproblematik als auch die biopsychosoziale Problemkonstellation des Klienten erhoben. Zu Behandlungsbeginn ergab sich folgende Statusdiagnostik:

Münchner Alkoholismustest (MALT)

Im MALT hat der Klient folgende Testwerte:

- MALT-Fremdbeurteilung: 12 Punkte (Frage 1, 4, 5 zutreffend)
- MALT-Selbstbeurteilung: 18 Punkte (Frage 1-3, 5, 7, 9, 11-16, 18, 20-24 zutreffend)
- MALT-Gesamtwert: 26 Punkte.

Daraus ergibt sich die Diagnose einer Alkoholabhängigkeit, die ebenfalls nach den Kriterien des DSM-III vorliegt (303.9).

Trierer Alkoholismusinventar (TAI)

Im Trierer Alkoholismusinventar ergaben sich auf den einzelnen Skalen folgende Stanine-Werte:

- Skala 1: "Schweregrad": Stanine = 3
- Skala 2: "Soziales Trinken": Stanine = 3
- Skala 3: "Süchtiges Trinken": Stanine = 8
- Skala 4: "Motive": Stanine = 4
- Skala 5: "Schädigung": Stanine = 3

Differentialdiagnostisch kann man feststellen, daß Herr A ein zwanghaftes, andauerndes Trinkverhalten zeigt, das dem des Delta-Alkoholikers von Jellinek vergleichbar ist. Im Vordergrund des Trinkverhaltens in der Endphase vor der Behandlungsaufnahme stehen die Vermeidung von Entzugserscheinungen sowie das verteilte Trinken über den Tag. Positive Trinkmotive wie Entspannung, Enthemmung, Abbau von Ängsten und Unsicherheit sind eher in der früheren Entwicklungsphase bedeutsam. In der Endphase ist der Klient ein einsamer Trinker, der jedoch noch wenig psychoperzeptuelle Konsequenzen erlebt und keine medikamentöse Eigentherapie der Folgen der Abhängigkeit betreibt. Die Skalen 6 und 7 des TAI entfallen, da bei Herrn A keine Partnerschaft besteht.

Labordiagnostik

Die Erhebung der Leberenzymwerte bei Herrn A bei Aufnahme und Entlassung aus dem Krankenhaus ergibt folgendes:

Tabelle 1A: Leberenzymwerte des Klienten zu Beginn der Behandlung

	Aufnahme Krankenhaus	Entlassung Krankenhaus	Normwerte für Männer
Gamma-GT	1034 U/l	253 U/l	6-28 U/l
GOT	102 U/l	12 U/l	2-18 U/l
GPT	73 U/l	14 U/l	5-22 U/l

Bei Aufnahme im Krankenhaus sind alle Parameter deutlich über der Norm, bei Entlassung aus dem Krankenhaus ist lediglich noch der Gamma-GT-Wert erhöht.

Kieler Änderungssensitive Symptomliste (KASSL)

Zu Beginn der Behandlung hat Herr A auf den einzelnen Skalen im Mittel folgende Ausprägungen:

- Soziale Kontaktstörungen: 3,46
- Verstimmungsstörungen: 3,00
- Berufsschwierigkeiten 2,92
- Konzentrations- und Leistungsstörungen: 4,13
- Symptombelastung: 3,29

(Symptomausprägungen: 0 = gar nicht, 1 = gering, 2 = etwas, 3 = stark, 4 = sehr stark, 5 = äußerst stark)

Der Klient zeigt eine starke Symptombelastung mit sehr starken Symptomausprägungen auf der Skala der Konzentrations- und Leistungsstörungen sowie starken Ausprägungen auf den übrigen Skalen.

Unsicherheitsfragebogen (U-Bogen)

Für die einzelnen Subskalen des U-Bogens ergeben sich folgende Rohwerte:

- Fehlschlag- und Kritikangst: 63
- Kontaktangst: 57
- Fordern-können: 22
- Nicht-nein-sagen-können: 40
- Schuldgefühle: 3
- Anständigkeit: 16

Die Daten spiegeln ein hohes Ausmaß an sozialer Angst und Unsicherheit wider. Mit Ausnahme der Skala U5 liegen alle Subskalen deutlich im Bereich der "Sozialphobiker"-Werte.

Fehlschlagangst-Fragebogen (FAF)

In der Aufsummierung der Rohwerte über die 20 Items erreicht der Klient 69 Punkte und ist damit der Gruppe der sozial ängstlichen Personen zuzuordnen.

Inventar zur Selbstkommunikation für Erwachsene (ISE)

	Selbstkommunikation	2.68	
Positive Selbstkommunikation	2.05	Negative Selbstkommunikation	3.39
Selbstzufriedenheit	2.00	Selbstunzufriedenheit	3.00
Selbstermutigung	2.33	Selbstentmutigung	3.75
Positives psychisches Befinden	1.86	Negatives psychisches Befinden	3.67

Bei dem Klienten zeigt sich eine überwiegend negative Selbstkommunikation mit einem ausgeprägten negativen psychischen Befinden, hoher Selbstunzufriedenheit und Selbstentmutigung.

Fragebogen zum Rückfall

Der Fragebogen zum Rückfall (vgl. Anlage 2) besteht aus 20 Items, wobei jeweils 10 Items dem "Klassischen" und dem Sozial-Kognitiven Rückfallmodell zugeordnet sind. Gemessen wird der Grad der Zustimmung zu den jeweiligen Aussagen des Modells auf einer Skala von 0 (stimmt gar nicht) bis 10 (stimmt vollkommen).

Der Klient teilt vor Beginn der Therapie in hohem Maße ($\bar{x} = 8{,}8$) die Aussagen des Klassischen Rückfallmodells (KRM), und es besteht nur eine sehr geringe Übereinstimmung mit den Aussagen des Sozial-Kognitiven Rückfallmodells (SKRM).

Erfassung der sozialen Situation

Mit 5 Fragebögen (vgl. Anlagen 3a-e) wird die Arbeits-, Wohn-, Freizeit- und finanzielle Situation sowie der Bereich der Kontakte und Beziehungen erhoben. Die soziale Situation stellt sich vor Beginn der Behandlung wie folgt dar:

Ausbildungssituation:
- Klient hat Schwierigkeiten am Studienplatz bzw. sucht die Universität schon längere Zeit gar nicht mehr auf.
- Er ist mit seiner jetzigen Tätigkeit (Untätigkeit) und mit der Situation am Ausbildungsplatz überhaupt nicht zufrieden.
- Er bewältigt die Probleme am Ausbildungsplatz sehr schlecht und vermeidet die Situation vollkommen.

| Antezedenten → | Alkoholkonsum → | Konsequenzen |

Soziale Faktoren	Soziale Konsequenzen
- Gruppendruck, Nicht-nein-sagen-können - Akzeptiert werden - Einsamkeit - Interpersonelle Konflikte und Streß - Unsicherheit, Unselbständigkeit	- Kurzfristig: "Verbesserung" der sozialen Fertigkeiten und Erweiterung des Verhaltensrepertoires; Erleben von Akzeptanz und Selbstsicherheit - Mittelfristig: Isolation, Einsamkeit, Kontaktarmut

Situative Faktoren	Emotionale Konsequenzen
- Eigene Wohnung - Abendbrot - Wirtschaft - Werbung	- Kurzfristig: Angenehme, euphorische Wirkung; Wegnahme aller negativen Gefühlszustände ("Erleichterungstrinken") - Mittelfristig: Verstärkung der negativen Befindlichkeit; Anstieg der inneren Spannung, der Angst und Depression; Tendenz zu feindseligen, aggressiven Emotionen

Emotionale Faktoren	
- Mißstimmungen - Anspannung /Streß /Angst - Niedergeschlagenheit - Scham- und Schuldgefühle	

Kognitive Faktoren	Kognitive Konsequenzen
- Negative, selbstabwertende Gedanken - Schuldzuschreibungen - "Wenn ich etwas trinke, geht es mir besser" (Alkoholeffekterwartung)	- Kurzfristig: Anstieg positiver und Wegfall negativer Gedanken - Mittelfristig: Negative Gedanken, insbesondere Gedanken an Schuld nehmen zu; Konzentrationsschwäche, Gedächtnislücken, Leistungsabbau

Physiologische Faktoren	Physiologische Konsequenzen
- Entzugserscheinungen; körperliches Unbehagen, Einschlafprobleme	- Kurzfristig: Verhinderung bzw. Beseitigung von körperlichem Unbehagen und Entzugserscheinungen; besseres Einschlafen - Mittelfristig: Die Wahrscheinlichkeit des Auftretens von Entzugserscheinungen erhöht sich; körperliche Beschwerden wie Leberschäden, Magenschleimhautentzündung und chronische Gastritis; chronische Schlafstörungen

Abbildung 1A: Bedingungsanalyse der Entwicklung und Aufrechterhaltung des Trinkverhaltens

Wohnsituation:
- Der Klient wohnt bei seinen Eltern, hat eine eigene Etage.
- Ist mit seiner Wohnsituation sehr unzufrieden.
- Hat die Probleme in bezug auf seine Wohnsituation mittelmäßig bewältigt.

Finanzielle Situation:
- Finanziert seinen Lebensunterhalt aus Bafög, Unterstützung durch Eltern, Jobs.
- Er hat zwar keine Schulden, ist jedoch mit seiner finanziellen Situation eher unzufrieden und hat finanzielle Angelegenheiten die letzten Monate nur sehr schlecht bewältigt.

Freizeitsituation:
- In den letzten Monaten nur noch Fernsehen geschaut, einfach nur so dagesessen oder auf der Couch gelegen und getrunken.
- Ist mit seiner Freizeitsituation sehr unzufrieden und kommt mit seiner Freizeit schlecht zurecht.

Soziale Beziehungen:
- Der Klient hat keine Freunde und Bekannte; er hat sich als Folge des Trinkens vollkommen isoliert, wobei die Isolation vor allem durch Vernachlässigung und Kontaktvermeidung geschehen ist.
- Er ist mit seiner Beziehungssituation sehr unzufrieden und kommt in sozialen Beziehungen sehr schlecht zurecht.

Funktionale Analyse der Abhängigkeit

Die Exploration des Symptomverhaltens erbringt folgende Zusammenhänge zwischen Problemverhalten sowie den auslösenden und nachfolgenden Stimulusbedingungen (siehe Abbildung 1A).

Die funktionale Analyse des Symptomverhaltens zeigt deutlich, daß infolge der Entgiftungsbehandlung die antizipierten und realen Entzugserscheinungen ihre starke Auslösequalität verlieren und somit die sozialen sowie emotionalen Auslöser und Konsequenzen für die Behandlung eine große Bedeutung erlangen.

8.2.6 Therapieverlauf

Erster Behandlungsabschnitt

Der Klient nimmt nach der Entgiftung im Krankenhaus die Behandlung sehr motiviert auf. Für ihn steht fest, daß es *"so nicht weitergehen kann"* und er lernen muß, *"ohne Alkohol klarzukommen"*. Seine Veränderungsmotivation wird gestärkt durch die nach der Entgiftung eingetretenen Verbesserungen im körperlichen Bereich wie Wegfall der Magenschmerzen, Reduktion der inneren Unruhe und den wiedergewonnenen Appetit.

Nach einer zögernden und abwartenden Haltung zu Beginn des Behandlungsprozesses nimmt der Klient relativ rasch eine konstruktive Arbeitshaltung ein, was er zum großen Teil auf eine Akzeptanz des Behandlungsansatzes zurückführt.

Zu Beginn der Behandlung gibt er seine Verpflichtung zur Abstinenz auf einer Skala von 0 - 100 mit 100 an.

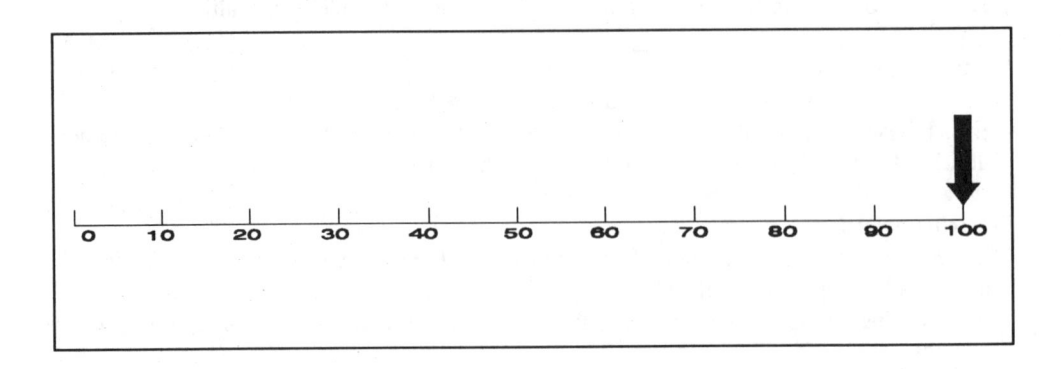

```
  |----|----|----|----|----|----|----|----|----|----↓
  0   10   20   30   40   50   60   70   80   90  100
```

Abbildung 2A: Verpflichtung zur Abstinenz von Klient A bei Behandlungsbeginn

Auf seiner Pro- und Contra-Karte stellt der Klient folgende Argumente zusammen, wobei für Herrn A die Gewichtung deutlich in Richtung Contra-Alkoholkonsum ausfällt.

Tabelle 2A: Pro- und Contra-Argumente in bezug auf Alkoholkonsum zu Behandlungsbeginn

Pro Alkoholkonsum	Contra Alkoholkonsum
- Wärme und Geborgenheit - Innere Ruhe - Sicherheit - Momentane Bewältigung der Probleme - Probleme verdecken und unterdrücken können - Locker, entspannt sein - Befriedigung des Alkoholverlangens	- Abbruch des Studiums, kein Beruf und keine Arbeit - Finanzielle Schwierigkeiten - Gesundheitliche Probleme - Sozialer Abstieg - Soziale Isolation - Probleme im zwischenmenschlichen Bereich - Psychische Probleme wie Ängste, Depressionen - Konzentrations- und Leistungsstörungen

In der Anfangsphase stehen die Vermeidung und Bewältigung von alkoholbezogenen Situationen sowie die Bewältigung von Alkoholgedanken im Vordergrund der Therapie. Dieser Teil der therapeutischen Arbeit soll durch zwei Beispiele illustriert werden.

Ein potenter Auslöser für Alkoholgedanken und Alkoholverlangen ist die komplexe Situation "Wohnung des Klienten zu Hause", mit der Aspekte wie starkes Habit, Langeweile, Unruhe, Erwartungen an positive Effekte etc. verbunden sind. Der Klient lernt in der Therapie, sich mit dieser Situation, die er nicht vermeiden kann, auseinanderzusetzen. Er entwickelt sowohl Ablenkungsstrategien wie Lesen, Fernsehen, zu den Eltern runtergehen als auch Strategien der Auseinandersetzung, indem er sich mit Hilfe seiner Pro- und Contra-Karte aktiv mit seinen positiven Alkoholeffekterwartungen beschäftigt. Eine zusätzliche Hilfe zur Bewältigung dieser Situation liegt für den Klienten darin, daß die Zugriffsmöglichkeit für Alkohol im Haus stark eingeschränkt ist. In seinem Bereich befindet sich kein Alkohol mehr, und die Eltern haben ihre Vorräte auf seinen Wunsch hin eingesperrt. Der Klient macht in bezug auf die Auseinandersetzung mit der Auslösesituation "Wohnung" die wichtige Erfahrung, daß das Auftreten der Alkoholgedanken nicht steuerbar ist, aber der weitere Verlauf seiner Kontrolle unterliegt, und daß das Alkoholverlangen kommt und auch wieder weggeht, wenn er keine Handlungen in Richtung Alkoholeinnahme vornimmt.

Das zweite Beispiel ist eine Geburtstagsfeier in der Familie, für den Klienten die erste soziale Trinksituation nach der Entgiftung. Er traut sich zwar zu, daß er die Situation meistert, hat aber Befürchtungen, daß man ihn auf sein Abstinenzverhalten anspricht (*"Ich war früher am Geburtstag meines Onkels mit Alkohol immer gut dabei"*), er nervös und zittrig ist, etwas umwirft, keinen Kaffee trinken kann etc. Neben der Bearbeitung dieser Befürchtungen und irrationalen Gedanken lernt der Klient speziell für diese Situation Ablehnungsverhalten gegenüber Alkoholangeboten. Er entscheidet sich dafür, auf dem Geburtstag als Grund für sein Abstinenzverhalten nicht seine Alkoholabhängigkeit, sondern seine Magenbeschwerden anzugeben. Entsprechend der Behandlungskonzeption nimmt er von Person, Situation und Bewältigungsfertigkeit folgende Einschätzungen vor:

	Vorher	Nachher
Befindlichkeit der Person	P = 6	P = 9
Schwierigkeit der Situation	S = 9	S = 7
Bewältigungsfertigkeit	B = 7	B = 8

Der Klient schätzt die Situation vorher weitaus schwieriger ein, als sie in Wirklichkeit für ihn ist und ist vor allem bedingt durch den guten Verlauf nach der Geburtstagsfeier "gut drauf". Er gewinnt durch seine Erfahrungen mehr Zutrauen in seine Bewältigungskompetenz.

Zu Beginn des Festes ist der Klient sehr nervös und unsicher, ein Fest ohne Alkoholkonsum liegt für ihn auch schon viele Jahre zurück. Im Verlauf des Abends wird er immer sicherer, zumal die Ablehnung des Alkoholangebotes viel einfacher als erwartet gewesen ist. Es kommt kein Nachfragen, "auf die Schippe nehmen", Drängen etc., sondern er erhält Genesungswünsche für die Magenprobleme. Beim Klienten treten viermal konkrete Alkoholgedanken auf, die er jedoch durch ablenkende Gespräche und Aktivitäten gut meistern kann. Dieser Abend weckt bei ihm erstmals wieder Gefühle der Selbstakzeptanz: *"Nach diesem Abend war ich seit langer Zeit mal wieder so richtig stolz auf mich."*

In ähnlicher Weise bewältigt er in den nächsten Wochen noch mehrere Problemsituationen, was seine Selbstwirksamkeitserwartungen und sein Kompetenzerleben in alkoholbezogenen Situationen erheblich stärkt. Hinzu kommt, daß der Herr A beginnt, sich vorausschauend auf Problemsituationen vorzubereiten und einzustellen ("antizipatorisches Coping").

In der achten Therapiesitzung berichtet er von folgenden Veränderungen:
- Reduktion der Alkoholgedanken von täglich 6 - 10 auf 3 - 5.
- stark verbesserte körperliche Befindlichkeit (Energie, Appetit, verbesserter Schlaf)
- Wiedergewinnung der Leistungs- und Konzentrationsfähigkeit *("Die Tätigkeit nimmt mich wieder gefangen.")*
- Regeneration der Leber
- Lust auf Aktivitäten

Ein wichtiger Markstein in der Behandlung ist die Wiederaufnahme des Studiums. Der Klient beschäftigt sich ab der siebten Therapiesitzung mit dieser Problematik und faßt den Entschluß, mit "seinem" Professor offen über seine Problematik zu sprechen. Das ihm entgegengebrachte Verständnis beflügelt ihn geradezu, wirkt auf ihn wie eine "emotionale Befreiung" und mündet in eine konkrete Arbeitsplanung. Dabei macht er erstmals seit langer Zeit die Erfahrung, daß es für ihn bei diszipliniertem Arbeitsverhalten möglich ist, am Wochenende zu faulenzen, und er kann mit ruhigem Gewissen seine freie Zeit genießen. Gegenüber seinen früheren Kommilitonen plant er - je nach Intensität des früheren Kontakts - ein abgestuftes Erklärungssystem für seine lange Abwesenheit. Die Realität zeigt, daß die Situation nicht so schwierig ist, wie er sie vorher eingeschätzt hat (S = 4, vorher S = 10) und er sie gut bewältigen kann. Dies trägt erheblich zur Weiterentwicklung des Selbstvertrauens und der Selbstwirksamkeitserwartungen bei Herrn A bei.

Ein weiteres wichtiges Ziel des Klienten ist die Aufgabe seiner selbstgewählten Isolation, wobei er als wichtigen Ort des Sozialkontakts die Wirtschaft sieht. Er formuliert sein Anliegen folgendermaßen: *"Ich möchte in ein Lokal gehen können, wenn ich durstig bin, wenn ich unter Leuten sein möchte, wenn ich jemand treffen will."* Nach einer Analyse der Situation Wirtschaft bildet der Klient jeweils drei Schwierigkeitsstufen in bezug auf die Kategorien Wirtschaft und Zeit. Dies ergibt folgende 3 x 3 Feldertafel:

Schwierigkeitsgrad Tageszeit	Schwierigkeitsgrad Wirtschaft		
	A: Leicht	B: Mittel	C: Schwer
1: Leicht Nachmittag/Früher Abend: 17-20 Uhr			
2: Mittel Nachts ab 23 Uhr			
3: Schwer Abends 20-23 Uhr			

Die Felder werden von Herrn A inhaltlich mit Übungen ausgefüllt und entsprechend der Person-Situation-Bewältigung-Interaktion eingestuft. Der Klient steigert den Schwierigkeitsgrad Wirtschaft entlang der Tageszeiten, und es ergibt sich somit eine Hierarchie der Übungen von A1 bis A3, B1 bis B3 und C1 bis C3.

Vor Beginn der Realitätsübungen werden mit dem Klienten sowohl seine bisherigen Erfahrungen in bezug auf die Ablehnung von Alkoholangeboten durchgesprochen als auch für jede spezifische Trainingssituation in der Therapiesituation entsprechende Ablehnungsstrategien entwickelt und trainiert. Beispiele illustrieren die Vorgehensweise und verdeutlichen das Ziel dieser Übungen: Auf- und Ausbau der Selbstwirksamkeitserwartungen und Kompetenzgefühle in alkoholbezogenen Situationen.

Beispiel für Kategorie A1: Der Klient geht in einem fremden Ort in eine fremde Wirtschaft. Ziel ist es, in eine Wirtschaft gehen zu können, wenn er durstig ist. Die Realitätsübung wird in der Therapiestunde vorgesprochen und mit Hilfe von Imaginationsübungen und Rollenspielen trainiert. Ein Kernstück dieser Übungen sind coping statements wie: "Es wird mir im Lokal nichts passieren. Ich werde jetzt ruhig reingehen, meinen Sprudel bestellen, und wenn er gebracht wird, sofort bezahlen. Meinen Sprudel werde ich langsam und genußvoll trinken und dann das Lokal verlassen." Die Aufenthaltsdauer im Lokal soll maximal 15 Minuten betragen, da man in dieser Zeit sein Ziel, den Durst zu löschen, erreichen kann.

Der Klient nimmt folgende Einschätzung der Realsituation vor:

	Befinden der Person	Schwierigkeit der Situation	Bewältigung
Vor der Ausführung:	7	4	8
Nach der Ausführung:	9	2	10

In der Therapiesitzung schildert der Klient, daß in der Realitätsübung keine intensiven Alkoholgedanken aufgetreten sind und die Anspannung bei ihm auch nachgelassen hat, als er seinen Sprudel bestellt hat. Mit Aussagen wie: "Das schaffst Du", "Das wird klappen" hat Herr A sich selbst bestärkt, und er schätzt die Bewältigung dieser Situation als sehr bedeutsam ein: *"Zum ersten Mal kam es ganz allein auf mich an, keiner hat mich gekannt, und keiner hätte sich etwas gedacht, wenn ich mir ein Bier bestellt hätte. Bei den Festen im Familienkreis hätten es meine Eltern mitbekommen, da war so etwas wie Fremdkontrolle."*

Beispiel für Kategorie C3: Der Klient geht zur schwierigsten Zeit in sein Stammlokal. Diese Situation hat in der Vorbereitungsphase noch starke Auslöserqualität für Alkoholgedanken und Alkoholverlangen. Er erinnert sich an die schönen Stunden als sozialer Trinker: *"Das war doch ganz schön, so in gemütlicher Runde dazusitzen."* In diesem Zusammenhang erfolgt erstmals die Bearbeitung der Trauer des Klienten über seinen Verlust, und es ist für ihn sehr wichtig, daß er traurig sein darf, nicht gleich Schuldgefühle zu haben braucht. *"Oh Gott, ich war richtig erschrocken darüber und habe direkt gedacht, was denkt bloß der Therapeut von mir."* Das Auftauchen und die Bewältigung dieser Gefühle in der Realsituation sowie das Ablehnen von Alkoholangeboten von früheren "Freunden" bilden den Mittelpunkt der Vorbereitungen.

Der Klient nimmt von dieser Situation folgende Einschätzungen vor:

	Befinden der Person	Schwierigkeit der Situation	Bewältigung
Vor der Ausführung:	8	8	7
Nach der Ausführung:	10	6	9

In der nachfolgenden Therapiesitzung schildert der Klient als sehr hilfreich, daß er sich in der Vorbereitung auf diese Übung nicht auf externe Dinge (wenn triffst Du, was werden die sagen, fragen, etc.), sondern auf sich selbst konzentriert hat. Kurz vor Betreten des Lokals hat er sich folgendes Coping-Statement gesagt: "Egal, was kommt, Du wirst ruhig bleiben und auf gar keinen Fall Alkohol trinken. Wenn es für Dich zu belastend wird, mußt Du nach Hause gehen. Wenn sie Dich fragen, warum Du keinen Alkohol mehr trinkst, wirst Du sagen: es bekommt mir so besser."

Auch diese schwierige Situation kann der Klient besser bewältigen als vorher angenommen, insbesondere erlebt er bei sich eine klare und feste Sprache sowie eine große innere Ruhe bei der Ablehnung eines Alkoholangebotes. Der Anblick von Betrunkenen löst bei Herrn A sowohl Schamgefühle ("So warst Du früher auch einmal") als auch Gefühle der Überlegenheit, Sicherheit und Entschlossenheit aus ("Da wirst Du alles dransetzen, daß Dir das nicht mehr passiert").

Neben diesen geplanten Übungen zum Aufbau von Selbstkontrolle, Selbstwirksamkeitserwartungen und Bewältigungskompetenz werden mit dem Klienten die "Alltagssituationen" wie Geburtstagsfeier, Dorffest, Grillparty, Examensfeier etc. besprochen und vorbereitet. Weiterhin bewältigt er auch unvorhergesehene Situationen sehr gut und erledigt die "normalen" Begebenheiten fast routinemäßig, so daß nur noch schwierige und ungewohnte bevorstehende Ereignisse wie z. B. Weihnachten, Sylvester, Examensfeier etc. besprochen werden.

Ein Beispiel kann diese Entwicklung des Klienten in bezug auf Sicherheit und Kompetenz in alkoholbezogenen Situationen gut verdeutlichen. Sieben Monate nach Therapieaufnahme besucht der Klient eine Geburtstagsfeier, bei der die gleiche Gesellschaft versammelt ist wie zu der Geburtstagsfeier zu Therapiebeginn. Im Vergleich dieser beiden Ereignisse stellt der Klient fest, daß er sich in der Vorphase nicht mit dem Geburtstag beschäftigt und sich erst kurz vor der Hinfahrt positiv bewältigend darauf einstellt. Eine schwierige Situation, als nämlich ein Verwandter über den Tisch ruft, ob er krank sei, weil er keinen Alkohol trinke, kann er ruhig und locker bewältigen. Lachend sagt er: *"Du meinst, weil ich kein Bier trinke. Nein, es geht mir so gut wie schon lange nicht mehr."* Auch macht er die Erfahrung, daß es auf Feiern dieser Art ab einer bestimmten Zeit für ihn nicht mehr schön ist. *"Heute gehe ich dann, während ich früher zu denen gehört habe, die geblieben sind, um weiter zu trinken."*

Die schwierigste Situation in der ersten Behandlungsphase trifft den Klienten unerwartet, und er erlebt in der Realität die theoretisch besprochene Problematik der Stärke und Stabilität von Konditionierungsprozessen. Der Klient räumt nach einer Feier - die Eltern sind bereits im Bett - noch auf. Plötzlich empfindet er, ausgelöst durch den Geruch des Alkohols, ein starkes Verlangen. Positive Erwartungen steigen auf, Bilder an früher kommen hoch, als er oft nach Ende der Feier gemütlich noch weitergetrunken hat. Er läßt sofort alles stehen und flüchtet in seine Wohnung, wo er sich folgendes sagt: "Du wirst auf keinen Fall mehr dieses Zimmer verlassen, Dein Verlangen wird nachlassen und Du wirst die Situation schaffen." Zusätzlich geht Herr A seine Pro- und Contra-Karte durch und versucht sich mit Hilfe von Musik abzulenken. In dieser Situation setzt der Klient das um, was wir theoretisch besprochen haben: "Nicht lange nachdenken, sondern sofort handeln."

In dem ersten Behandlungsabschnitt sind für Herrn A die Selbstbeobachtung, die konkrete Auseinandersetzung mit der Realität sowie der Wiedereinstieg in das Studium die wichtigsten Komponenten. *"Wichtig war es, daß ich gelernt habe, mich selbst zu beobachten und das anfänglich Diffuse hinter dem Alkohol zu erkennen. Die konkrete Beschäftigung mit der Situation hat mich weitergebracht."* Weiterhin ist es für den Klienten bedeutsam, die Prozesse des Alkoholverlangens rechtzeitig erkennen und aufdecken zu können sowie Möglichkeiten der Bewältigung zu haben. Das präparatorische Coping sowie die Selbstverstärkung sind für Herrn A weitere Hilfen zur Bewältigung. Abweichend von der Therapieplanung lernt Herr A in der Phase des gezielten Trainings der Übungssituationen das Entspannungstraining nach Jacobson. Er spricht auf Anhieb gut darauf an und macht rasch Fortschritte, was es ihm ermöglicht, seine Entspannungskompetenz im Sinne einer spezifischen Coping-Technik in streßbesetzten Situationen (z. B. Stehempfang, Überbrückung längerer Wartezeiten etc.) anzuwenden. Auch findet er die "konditionierte" Entspannung ("Ruhig" verbunden mit einer Strandimagination) in alkoholbezogenen Situationen sowie in Situationen mit diffuser Anspannung und innerer Unruhe als sehr effektiv. Die gewohnheitsmäßigen täglichen Übungen erlebt er vor allem als Möglichkeit, sich Zeit für sich selbst zu nehmen und auf körperliche Zustände und Prozesse bei sich aufmerksam zu werden.

Zweiter Behandlungsabschnitt

Mit Hilfe des Problemlösetrainings versucht der Klient, insbesondere seine Probleme im Arbeits- und Freizeitbereich anzugehen. Was seine Kognitionen angeht, schälen sich im Verlauf der Behandlung Perfektionismus, 100 %-Denken, Angst vor Fehlern, Angst, abgelehnt zu werden als zentrale "irrational beliefs" heraus. Dies macht sich insbesondere in der Studiensituation bemerkbar. So erlebt er beispielsweise mehrmals den Studienabschluß ehemaliger Studienkollegen, was einerseits Freude bei ihm auslöst, andererseits infolge negativer Gedanken wie: "Ich könnte auch fertig sein, ich könnte eine gute Stelle haben" aber auch Mißstimmung, Niedergeschlagenheit, innere Unruhe etc. hervorruft. Diese Gedanken wühlen ihn emotional sehr stark auf, führen auch stellenweise zu Selbstvorwürfen und rauben ihm Energie für die tägliche Arbeit. Mit Gedanken wie: "Ich muß jetzt schnell fertig werden, ich muß ein tolles Examen machen, damit die lange Studienzeit plausibel erscheint" setzt er sich zusätzlich unter Druck und lähmt sich mehr, als daß er sich motiviert.

Mit Coping-Statements versucht der Klient bei sich eine kognitive Umstrukturierung zu erreichen:
- Die Vergangenheit kann ich nicht mehr verändern, und ich will jetzt mein Bestes geben.
- Ich mache mich nicht verrückt, und ich werde mein Studium schon schaffen.
- Das werde ich hinkriegen, Schritt für Schritt.
- Wenn ich mal einen Fehler mache, ist das nicht schlimm, aus meinen Fehlern kann ich lernen.

Flankierend zu dieser kognitiven Restrukturierung entwirft der Klient einen realistischen Plan für den weiteren Ablauf des Studiums mit Lernzielen und Prüfungsterminen. Wichtig in diesem Zusammenhang ist auch, daß er lernt, sich für das Erreichte zu belohnen und auch mit weniger als 100 % zufrieden zu sein. Als sehr entlastend erlebt der Klient ein Gespräch mit den Eltern bezüglich des Zeitschemas bis zum Abschluß des Studiums. Von den Eltern kommen keine Vorwürfe und die Zusicherung, daß sie ihn bis zum Abschluß finanziell unterstützen werden.

Im Selbstsicherheitstraining können viele Defizite des Klienten in diesem Bereich systematisch aufgearbeitet werden. Ein zentrales inhaltliches Thema sind die Schwierigkeiten in der Kontaktaufnahme zu Frauen. Der Klient hat es nicht gelernt, zu Frauen Kontakt aufzunehmen, es sei denn, er ist - wie zweimal in der Bundeswehrzeit - unter Alkoholeinfluß. *"Ich war in dieser Beziehung nie sehr aktiv, aus heiterem Himmel jemanden anzusprechen, das habe ich erst einmal gemacht."*

Während vor der Behandlungsaufnahme das Bedürfnis nach Kontakt und Nähe zu Frauen sehr stark gewesen ist und der Klient sich oft einsam gefühlt hat, drängt er in der Therapie aufkommende Gedanken und Gefühle weg mit Aussagen wie: *"Abstinenz ist das wichtigste Ziel"*, *"Ich habe keine Zeit für so etwas, ich muß erst mein Studium durchziehen"*.

So erfolgt in einem ersten therapeutischen Schritt die Problematisierung dieser Vorgehensweise und das Aufzeigen einer Rückfallgefahr durch die Unterdrückung seiner Bedürfnisse. Der Klient läßt sich anfangs nur zögerlich auf das Thema ein, und deutlich werden die dahinterstehenden massiven Beziehungsängste. Im Verlauf der Beschäftigung mit dieser Problematik wird dem Klienten seine gefühlsmäßige Ambivalenz deutlich: einerseits die Sehnsucht nach einer Bindung und andererseits die Angst vor Nähe und Geborgenheit. Kognitiv versucht er durch Rationalisierungen aufsteigende Empfindungen zu bewältigen: *"Wenn ich auf dem Campus ein verliebtes Pärchen sehe, stelle ich das Negative und Problematische an einer Beziehung stark in den Vordergrund und sage mir, daß ich jetzt keine Beziehung gebrauchen kann, weil ich schon genügend Zeit verloren habe."* In seinem Verhalten hat dies dazu geführt, daß er sich im Kontakt zu Frauen, der sich an der Universität manchmal unbeabsichtigt ergibt, sehr vorsichtig und distanziert verhält und so infolge dieser defensiven Haltung eine Vertiefung eines Kontaktes sehr unwahrscheinlich wird. So begrenzt er beispielsweise die Bekanntschaft mit einer Kommilitonin bewußt auf den Campus (Mensa, Café etc.), übergeht eindeutige Signale ihrerseits (heute abend will ich allein ins Kino gehen) und ist richtig erleichtert, als er von ihr erfährt, daß sie über die Semesterferien nach Hause fährt, da er befürchtet hat, sie könnte ihn in dieser Zeit einladen. Während es ihm bei Männern leichter fällt, Zwischenstufen zwischen lockerem und engerem Kontakt zu bilden, hat er bei Frauen die Phantasie, die Kontrolle über die weitere Entwicklung zu verlieren, wenn er sein sicheres Podest verläßt. *"Ich befürchte von meinen Gefühlen überrollt zu werden, Liebe macht blind, ich bin nicht mehr ich"* sind Gedanken, die bei Herrn A in diesem Zusammenhang auftauchen. Die Furcht davor, die Selbstkontrolle zu verlieren, ist bei dem Klienten auf dem Fehlschlagangst-Fragebogen nach der Therapie immer noch stark ausgeprägt und verdeutlicht die Schwierigkeiten im Konfliktfeld Autonomie - Abhängigkeit.

In seinen sicheren Grenzen macht er im Kontaktbereich sowohl bei Frauen als auch bei Männern gute Fortschritte. *"Wenn ich mir meinen Kalender anschaue, bin ich mit meinen privaten Terminen zufrieden."* Andere Selbstunsicherheitssituationen wie z. B. später irgendwo dazukommen, Forderungen stellen, Neinsagen etc. kann der Klient sehr rasch bewältigen, da auch oft ein Transfer des in der ersten Behandlungsphase Gelernten erfolgen kann.

Bei der Besprechung des Themas Rückfall am Ende der Behandlungsphase sieht der Klient in seiner jetzigen Situation keine größeren Gefahren. Er meint, daß nach Beendigung des Studiums die Situation am Arbeitsplatz in der näheren Zukunft von ihm eine spezifische Einstellung und besondere Vorbereitung erfordert.

Behandlungsende und Katamnesezeitraum

Nach einer sechzehnmonatigen intensiven Behandlungsphase mit - abgesehen von Urlaubs- und Krankheitszeiten - wöchentlichen Kontakten folgt eine viermonatige "Ausschleichphase" mit ein bis zwei Kontakten im Monat sowie ein Katamnesezeitraum von einem Jahr mit einem Kontakt pro Quartal.

In der Ausschleichphase kristallisiert sich heraus, daß für den Klienten das neue, abstinente Verhalten immer gewohnter wird und die früheren Auslöser erheblich an Kraft verloren haben. Er erlebt zunehmend öfter die Möglichkeiten, die ihm der abstinente Lebensstil bietet, auch wenn manchmal Wehmut und Trauer infolge des Abschieds vom Alkohol noch mitschwingen und in einer Sitzung nochmals ausführlich thematisiert werden. Der Klient stellt fest, daß seine "Vorbereitungszeit" auf eine anstehende "Versuchungssituation" immer kürzer wird und er sich bedeutend weniger in die Alkoholthematik involviert fühlt.

Dem Klienten gelingt es, einige "alte" Kontakte wieder aufzunehmen, auch wenn er anfangs oft Distanz und Mißtrauen spürt und er aktiver sein muß. Gegenüber neuen Bekanntschaften fühlt er sich offener und freier, da auch das "Alkoholversorgungsproblem" und die Angst vor dem Entdecktwerden nicht mehr vorhanden sind. Seine Freizeit erlebt er als ausgefüllt, und er hat viele Aktivitäten aufgenommen. Das Verhältnis zu seinen Eltern hat sich nach Einschätzung von Herrn A wieder verbessert, wobei es ihm leichter fällt, offener und direkter über störende Vorkommnisse zu reden. Mit dem Studium kommt er zügig voran, und mit den erzielten Prüfungsergebnissen ist er zufrieden.

Im Katamnesezeitraum verläuft die weitere Entwicklung von Herrn A äußerst positiv. Er hat weder einen Ausrutscher noch einen Rückfall, und in den Therapiesitzungen sind die Aufrechterhaltung der gelernten Kompetenzen sowie des neuen Lebensstils, die Selbstverstärkung und die Wachsamkeit vor und in Rückfallsituationen Gesprächsthemen zwischen Klient und Therapeut. Die Follow-up-Karte erlebt er als große Unterstützung, denn sie erinnert ihn jeden Abend daran, daß er einen weiteren Tag abstinent gelebt hat.

Eine Situation hat er als sehr schwierig erlebt, und sie illustriert sehr schön die Umsetzung der Lernerfahrungen in die Realsituation. Nach einem gut verlaufenen Arbeitstag an der Universität trifft sich der Klient abends mit zwei Bekannten in einem Studentenlokal. Er bestellt wie immer seine Cola, die beiden Bekannten bestellen sich ein Bier. Als das Bier gebracht wird, schön gezapft, etwas Schaum läuft am Glas herunter, spürt er unvermittelt einen starken Drang auf ein Glas Bier. *"Ich weiß nicht, wie mir geschah, auf einmal hatte ich eine unheimliche Lust auf ein Glas Bier."* Er versucht, die Situation sehr schnell wieder unter Kontrolle zu bringen, indem er sich ein schales, abgestandenes Bier in einem Glas vorstellt, an dem der Schaum schon getrocknet ist. Dies erinnert ihn an die Situation, die er oft morgens unter Entzugserscheinungen erlebt hat. In seinem Zimmer hat meist noch das Glas mit abgestandenem Bier und das klebrige Weinglas vom Vortag gestanden. Dieses Bild löst in ihm Ekelgefühle und Abscheu aus, und augenblicklich nimmt sein Verlangen ab. Durch zusätzliche Selbstverbalisationen kann er sich weiter beruhigen und erlangt wieder Kontrolle über die Situation. Dieses Erlebnis zeigt dem Klienten, daß er zwar gegen das Auftauchen des Verlangens nicht gefeit ist, jedoch sehr wohl etwas dagegen tun kann.

8.2.7 Therapieergebnisse

Veränderungen des Klienten können vom Therapeuten in der Therapiesituation direkt beobachtet sowie aus Berichten und Informationen des Klienten erschlossen werden. Unerläßlich sind jedoch auch systematische und standardisierte Erhebungsverfahren (vgl. Kapitel 7.1), wobei im Abhängigkeitsbereich ein breites Spektrum verwandt werden sollte, um mögliche Veränderungen im körperlichen, psychischen und sozialen Bereich zu erfassen (Sobell & Sobell, 1989).

Veränderungen im Trinkverhalten

Die zentrale Zielsetzung des Behandlungsprogramms ist eine Stabilisierung der Abstinenz über die Therapiephase und den Katamnesezeitraum hinweg. Eine Analyse der Veränderung des Trinkverhaltens (vgl. Abbildung 3A und 4A) zeigt deutlich, daß der Klient über den gesamten Beobachtungszeitraum weder einen Ausrutscher noch einen Rückfall gehabt hat und eine stabile Abstinenz aufrechterhalten konnte.

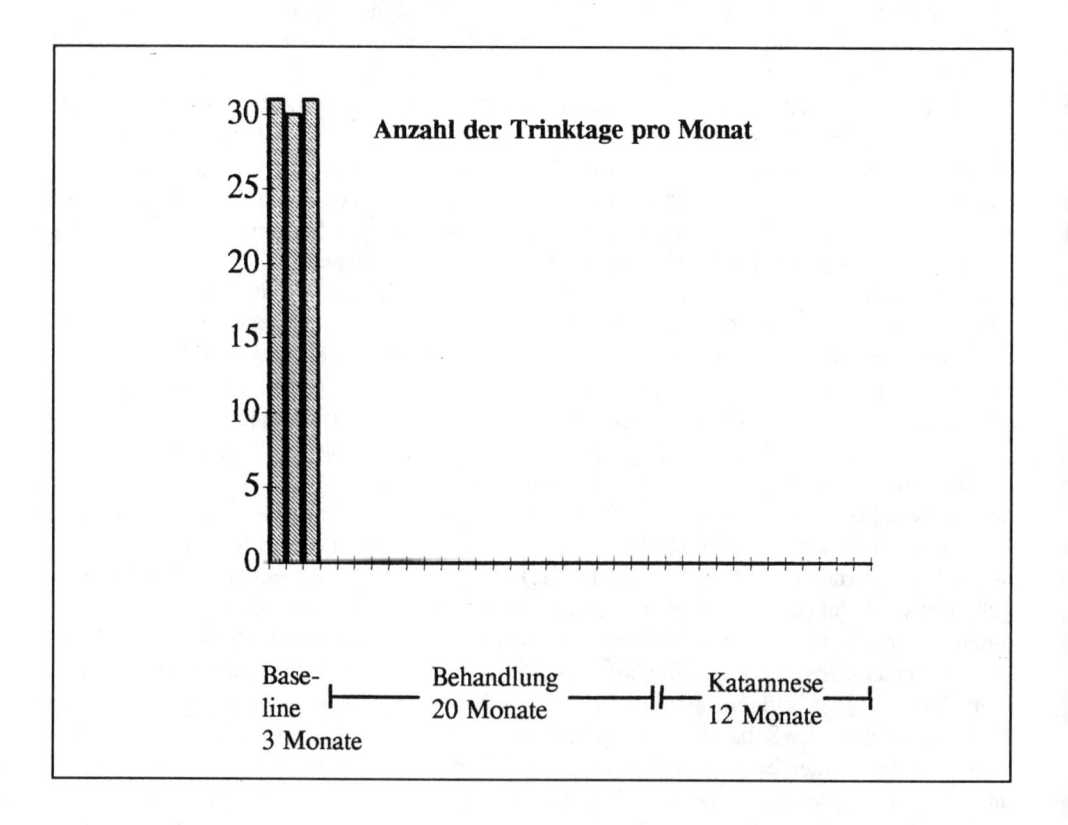

Abbildung 3A: Trinktage pro Monat in der Baseline-, Behandlungs- und Katamnesephase

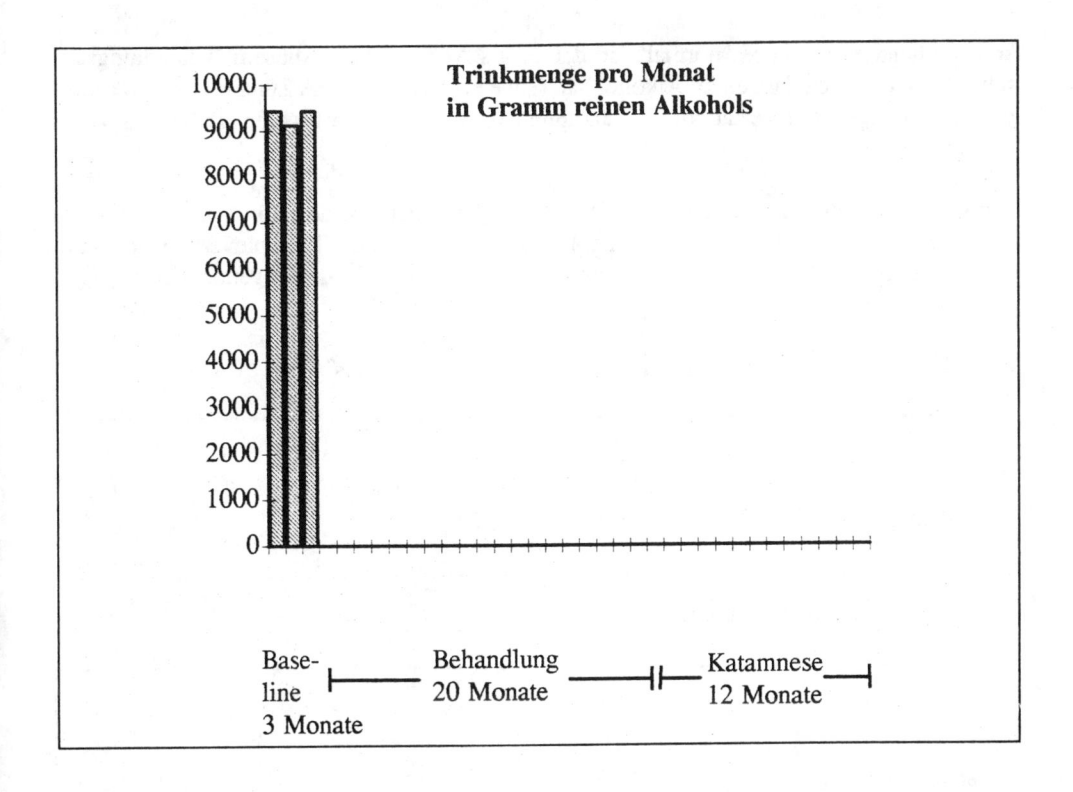

```
                Trinkmenge pro Monat
10000           in Gramm reinen Alkohols
 9000
 8000
 7000
 6000
 5000
 4000
 3000
 2000
 1000
    0

        Base-      Behandlung        Katamnese
        line       20 Monate         12 Monate
        3 Monate
```

Abbildung 4A: Trinkmenge pro Monat in Baseline-, Behandlungs- und Katamnese-Phase

Der Trinkverlauf sieht wie folgt aus:

Baseline:
1. Monat: 31 Trinktage, 93 l Wein, 31 l Bier; entspricht 11780 ml oder 9424 g Alkohol.
2. Monat: 30 Trinktage, 90 l Wein, 30 l Bier; entspricht 11400 ml oder 9120 g Alkohol.
3. Monat: 31 Trinktage, 93 l Wein, 31 l Bier; entspricht 11780 ml oder 9424 g Alkohol.

Behandlung: kein Alkoholkonsum
Katamnese: kein Alkoholkonsum

Veränderung der Anzahl der Alkoholgedanken

In den ersten beiden Behandlungswochen hat der Klient täglich massive Alkoholgedanken (mehr als 10), insbesondere ausgelöst durch die Situation "Wohnung". Durch Adaptation und bessere Bewältigung der Versuchungssituationen nehmen die Alkoholgedanken ab und der Klient beginnt sich neu zu orientieren. Ab der 8. Behandlungswoche sinkt die Anzahl der täglichen Alkoholgedanken auf ein Maß (weniger als 5), das eine gedankliche Ablösung aus der Abhängigkeit indiziert und für den Klienten eine positive Rückmeldung darstellt. Mit der Stabilisierung auf niedrigem Niveau stellt der Klient die Selbstbeobachtung der Alkoholgedanken ein, da es "normal" ist, daß er als Abhängiger in diesem Behandlungsabschnitt ab und zu Gedanken an Alkohol hat. (Eine erneute deutliche Zunahme der Alkoholgedanken im späteren Verlauf der Behandlung kann ein Indikator für eine erhöhte Rückfallgefahr sein.)

Mit dem wöchentlich vorgegebenen Therapiebegleitbogen werden durch zwei Items die "Gedanken und Gespräche über Alkohol" über den gesamten Therapieverlauf von dem Klienten eingeschätzt. Der Klient hat für die drei Meßzeitintervalle folgende Einstufungen vorgenommen:

Gedanken an Alkohol sind bei mir

	ET/KT							BT		
0	1	2	3	4	5	6	7	8	9	10
überhaupt nicht vorhanden										ständig da

Gespräche über Alkohol führe ich

ET/KT				BT						
0	1	2	3	4	5	6	7	8	9	10
überhaupt nicht										ständig

Für die Einstufung "Beginn und Ende der Therapie" (BT, ET) werden die Angaben der vier ersten und vier letzten Behandlungswochen gemittelt; für den Katamnesewert (KT) hat der Klient retrospektiv eine gemittelte Einschätzung über die letzten 4 Wochen bis zum Katamnesezeitpunkt vorgenommen.

Anmerkung: Neben diesem rein quantitativen Aspekt ist sicherlich auch der qualitative Aspekt zu berücksichtigen, da bereits ein Alkoholgedanke, der sich festsetzt und die Person immer stärker gefangennimmt, für einen Ausrutscher ausreichen kann.

Veränderungen im biopsychosozialen Bereich

Veränderungen im körperlichen Bereich

Die **Leberenzymwerte** sind, wie Tabelle 3A zeigt, nach dem zweiten Behandlungsmonat bis zum Katamnesezeitpunkt alle im Normbereich. Die gleichbleibend niedrigen Gamma-GT-Werte stützen im Sinne einer "convergent validity" die Angaben des Klienten in bezug auf seine Abstinenz. Weiterhin zeigen die Werte, daß sich die Leber des Klienten regeneriert hat, was für ihn bedeutsam für die Stabilisierung der Abstinenz gewesen ist.

Tabelle 3A: Leberenzymwerte (U/l) Gamma-GT, GOT, GPT über den Verlauf der Behandlung

	Normwerte für Männer	Vor Entgift.	Nach Entgift.	Nach Behandlungsmonaten:							Katamnese Zeitpunkt
				2.	4.	6.	9.	12.	14.	20.	
γ-GT	6 - 28	1034	253	26	21	19	19	20	17	17	18
GOT	2 - 18	102	12	12	10	13	9	8	10	11	10
GPT	5 - 22	73	14	13	15	14	15	15	14	14	15

Im **Therapiebegleitbogen** nimmt der Klient für die drei Meßzeitintervalle bei den entsprechenden Items folgende Einstufungen vor:

Ich schätze meine körperliche Verfassung als

	BT								ET/KT		
0	1	2	3	4	5	6	7	8	9		10
sehr schlecht											sehr gut ein

Ich erlebe mich körperlich

	BT							ET	KT	
0	1	2	3	4	5	6	7	8	9	10
überhaupt nicht belastbar										sehr stark belastbar

Veränderungen im psychischen Bereich

Im psychischen Bereich werden Veränderungen durch den Veränderungsfragebogen des Erlebens und Verhaltens (VEV) von Zielke & Kopf-Mehnert (1978) sowie die Kieler Änderungssensitive Symptomliste (KASSL) von Zielke (1979) erfaßt. Darüber hinaus wird die psychische Belastbarkeit mit einem Item des Therapiebegleitbogens abgefragt.

Im **VEV** ergeben sich für die Vergleichszeiträume "Vor Therapie - Nach Therapie" und "Vor Therapie - Katamnesezeitpunkt" hochsignifikante positive Veränderungen.

In der **Kieler Änderungssensitiven Symptomliste (KASSL)** zeigt sich bei dem Klienten eine klinisch signifikante Veränderung der Symptomausprägung über die Therapie auf allen Skalen. Diese Entwicklung bleibt im Katamnesezeitraum über ein Jahr stabil und verläuft weiter in Richtung Symptomreduktion. Die durchschnittliche Stärke der Beeinträchtigung fällt in allen Skalen von dem klinisch relevanten Bereich "stark beeinträchtigt bis sehr stark beeinträchtigt" in die Einstufung "gering bis etwas beeinträchtigt".

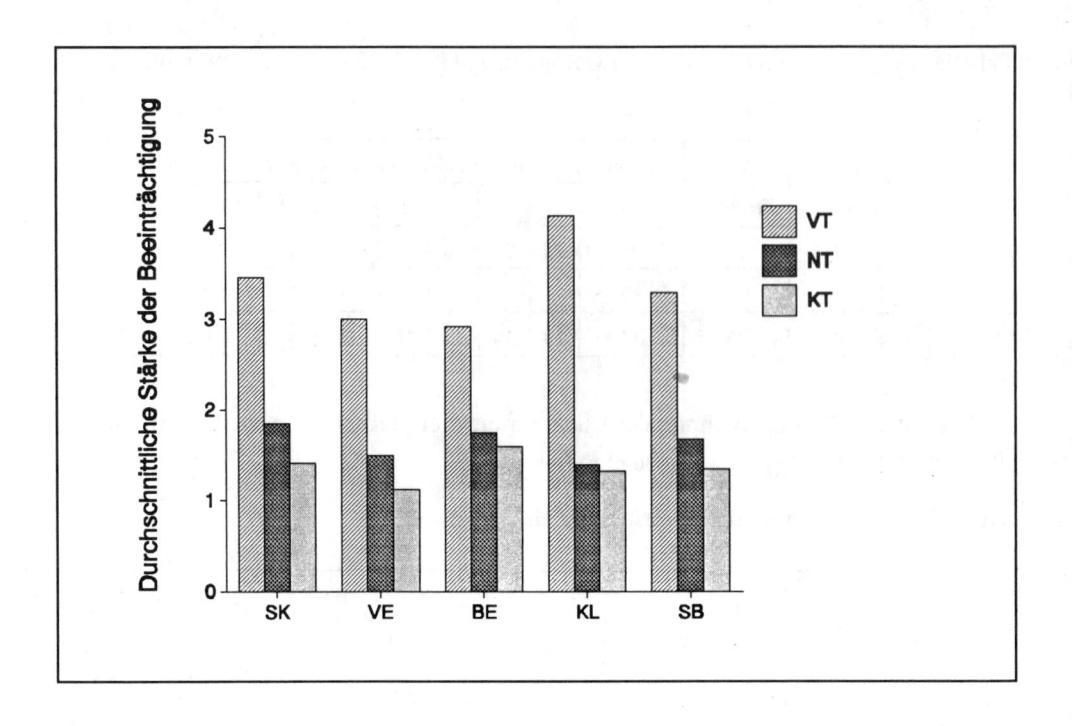

Abbildung 5A: Durchschnittliche Stärke der Beeinträchtigung über alle Symptome der Skala vor und nach der Therapie und in der 1-Jahres-Katamnese

Skalenbezeichnungen: SK = Soziale Kontaktstörungen; VE = Verstimmungsstörungen; BE = Berufsschwierigkeiten; KL = Konzentrations- und Leistungsstörungen; SB = Symptombelastung
Symptomausprägung: 0 = gar nicht; 1 = gering; 2 = etwas; 3 = stark; 4 = sehr stark; 5 = äußerst stark
Abkürzungen: VT = Vor Therapie; NT = Nach Therapie; KT = Katamnese

Auf dem wöchentlichen **Therapiebegleitbogen** nimmt der Klient bezüglich der psychischen Belastungsfähigkeit zu den drei Meßzeitintervallen Beginn (BT), Ende (ET) der Therapie sowie zum Katamnesezeitpunkt (KT) folgende Einschätzung vor:

Ich erlebe mich psychisch

		BT								KT	ET
0		1	2	3	4	5	6	7	8	9	10
überhaupt nicht belastbar											sehr stark belastbar

Veränderungen im sozialen Bereich

Veränderungen der sozialen Situation des Klienten werden mittels fünf **Fragebögen in den Bereichen Arbeit, Wohnen, Finanzen, Freizeit sowie Kontakte und Beziehungen** ermittelt.

Arbeits- und Ausbildungssituation
Der Klient, der zu Beginn der Therapie vor dem Abbruch des Studiums steht, hat zu Ende der Therapie sein Studium in vollem Umfang wieder aufgenommen und steht zum Katamnesezeitpunkt in den Abschlußprüfungen. Zu den drei Meßzeitpunkten "Vor Therapie" (VT), "Nach Therapie" (NT) und "Katamnese" (KT) nimmt der Klient auf den einzelnen Items folgende Einstufungen vor:

Ich bin mit der derzeitigen Tätigkeit

VT								NT	KT	
0	1	2	3	4	5	6	7	8	9	10
überhaupt nicht										sehr zufrieden

Ich bin mit der Situation am Arbeits-/Ausbildungsplatz

VT									NT/KT	
0	1	2	3	4	5	6	7	8	9	10
überhaupt nicht										sehr zufrieden

Ich glaube, daß ich die Probleme am Arbeits-/Ausbildungsplatz

VT								NT	KT	
0	1	2	3	4	5	6	7	8	9	10
sehr schlecht bewältige										sehr gut bewältige

Wohnsituation
Der Klient wohnt während der gesamten Behandlung bei seinen Eltern in der eigenen Wohnung und denkt daran, nach Beendigung des Studiums in Verbindung mit einer Aufnahme der beruflichen Tätigkeit auszuziehen.

Die Zufriedenheit mit der Wohnsituation und die Bewältigung der Probleme des Zusammenlebens mit den Eltern haben sich im Verlauf der Therapie durch eine verbesserte Kommunikation positiv verändert.

Ich bin mit meiner Wohnsituation

				VT				NT/KT		
0	1	2	3	4	5	6	7	8	9	10
sehr unzufrieden										sehr zufrieden

In den letzten beiden Monaten habe ich Probleme, die meine Wohnsituation betreffen,

					VT				NT/KT	
0	1	2	3	4	5	6	7	8	9	10
sehr schlecht bewältigt										sehr gut bewältigt

Finanzielle Situation
Der Klient, der seinen Lebensunterhalt aus Bafög, Unterstützung durch Eltern und Jobs finanziert, hat zu Beginn der Therapie keine Schulden und bleibt auch im Verlauf der Behandlung schuldenfrei. Bedingt durch die stabile Abstinenz verbessert sich jedoch seine finanzielle Situation sehr deutlich.

Ich bin mit meiner finanziellen Situation

				VT			NT	KT		
0	1	2	3	4	5	6	7	8	9	10
sehr unzufrieden										sehr zufrieden

Finanzielle Angelegenheiten habe ich in den letzten beiden Monaten

		VT							NT/KT	
0	1	2	3	4	5	6	7	8	9	10
sehr schlecht bewältigt										sehr gut bewältigt

Freizeitsituation
Der Klient, der in den letzten Monaten vor Therapiebeginn nur noch Fernsehen geschaut und seine Zeit mit Alkoholtrinken verbracht hat, nimmt im Verlauf der Therapie mehrere Freizeitaktivitäten wie Schwimmen (zweimal pro Woche), Jogging, Fahrradfahren (als Alternative zum Auto), Museums-, Theater- und Kinobesuche auf, und er hält dies über den Katamnesezeitraum aufrecht.

Im Verlauf der Behandlung verändern sich die Bewertungen des Klienten wie folgt:

Ich bin mit meiner Freizeitsituation

VT									NT/KT	
0	1	2	3	4	5	6	7	8	9	10
sehr unzufrieden									sehr zufrieden	

Ich komme mit meiner Freizeit

VT										NT/KT
0	1	2	3	4	5	6	7	8	9	10
sehr schlecht zurecht										sehr gut zurecht

Soziale Beziehungen

Der Klient, der zu Beginn der Therapie aus Angst vor dem "Entdecktwerden" vollkommen isoliert lebt, aktiviert im Verlauf der Behandlung seine alten Kontakte und gewinnt neue dazu. Zum Therapieende hat er vier Freunde/Freundinnen mit regelmäßigem, intensivem Kontakt und acht bis zehn Bekannte. Die wesentlichste Veränderung im Kontaktbereich zum Katamnesezeitpunkt ist das Bestehen einer Partnerschaft seit vier Monaten. Der Klient nimmt zu den drei Meßzeitpunkten folgende Einstufungen vor:

Ich bin mit meiner Beziehungssituation

VT							NT			KT
0	1	2	3	4	5	6	7	8	9	10
sehr unzufrieden										sehr zufrieden

In sozialen Beziehungen komme ich

	VT		3			NT	KT			
0	1	2	3	4	5	6	7	8	9	10
sehr schlecht zurecht										sehr gut zurecht

Spezifische Veränderungen im Erleben und Verhalten des Klienten

Eine Kernannahme des Sozial-Kognitiven Rückfallmodells besagt, daß eine Verbesserung der Kompetenzen im intra- und interindividuellen Bereich wesentlich zu einer Abnahme des Rückfallrisikos beiträgt, indem der Klient alternative Möglichkeiten zur Bewältigung der Streßsituationen hat. Ein Aufbau von Kompetenzen wird deshalb durch entsprechende therapeutische Maßnahmen angestrebt.

Aufbau kognitiver Fertigkeiten und Verbesserung der Selbstkommunikation

Im **Inventar zur Selbstkommunikation für Erwachsene (ISE)** von Tönnies (1982) kommt es - wie Tabelle 4A und Abbildung 6A zeigen - zu einer klinisch bedeutsamen Zunahme der positiven und Abnahme der negativen Selbstkommunikation im Verlauf der Therapie, die sich im Katamnesezeitraum stabilisieren. Dabei scheint es so zu sein, daß vor allem das Ausmaß der negativen Selbstverbalisationen das Rückfallrisiko beeinflußt (Riedesel, 1993). Die Veränderungen sind nicht nur im Vergleich Vor Therapie (VT) - Nach Therapie (NT) klinisch signifikant, sondern die Mittelwerte der positiven bzw. negativen Selbstkommunikation des Klienten liegen auch zu den Meßzeitpunkten NT und KT deutlich - mehr als eine Standardabweichung - über bzw. unter den Mittelwerten der Bezugsgruppe für Psychisch Gesunde. Das gesamte Ausmaß der Selbstkommunikation, das vor der Therapie durch einen hohen Anteil negativer Selbstkommunikation im Vergleich zur Referenzgruppe signifikant erhöht war, reduziert sich über den Verlauf der Therapie und hat sich zum Katamnesezeitpunkt dem Ausmaß der Referenzgruppe angeglichen.

Tabelle 4A: Mittelwerte des Klienten auf den ISE-Skalen zu den drei Meßzeitpunkten sowie die Mittelwerte für die Referenzgruppe der "Psychisch Gesunden" (PG)

Art der Kommunikation		PG	VT	NT	KT
Selbstkommunikation insg.	T	2.28	2.68	2.47	2.26
Positive Selbstkommunikation insg.	P	2.50	2.05	3.35	3.10
Selbstzufriedenheit	ISE 1	2.44	2.00	3.29	3.00
Selbstermutigung	ISE 3	2.75	2.33	3.67	3.33
Positives psychisches Befinden	ISE 5	2.35	1.86	3.14	3.00
Negative Selbstkommunikation insg.	N	2.03	3.39	1.50	1.33
Selbstunzufriedenheit	ISE 2	2.01	3.00	1.37	1.37
Selbstentmutigung	ISE 4	1.90	3.75	1.50	1.25
Negatives psychisches Befinden	ISE 6	2.13	3.67	1.67	1.33

Eine Übertragung der Mittelwerte des Klienten auf den einzelnen Skalen in ein Schaubild führt für die drei Meßzeitpunkte zu den Verläufen in Abbildung 6A.

Art der Kommunikation	Häufigkeitsangabe

Nie — Selten — Öfter — Häufig
1 — 2 — 3 — 4

Selbstkommunikation insgesamt (T)

Positive Selbstkommunikation insgesamt (P)

Selbstzufriedenheit (ISE 1)

Selbstermutigung (ISE 3)

Positives psychisches Befinden (ISE 5)

Negative Selbstkommunikation insgesamt (N)

Selbstunzufriedenheit (ISE 2)

Selbstentmutigung (ISE 4)

Negatives psychisches Befinden (ISE 6)

↑ Psychisch gesunde Person

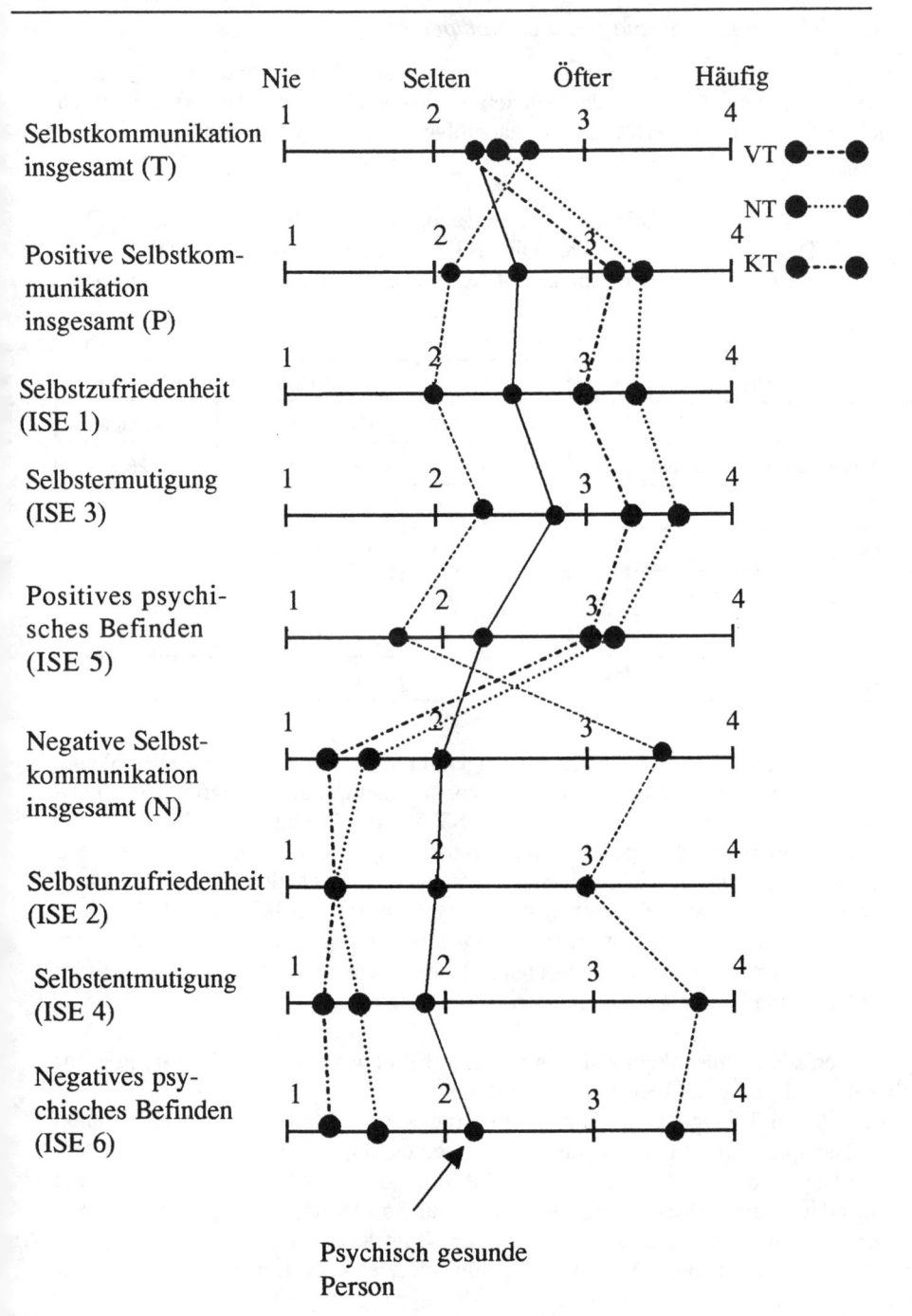

VT ●---●
NT ●·····●
KT ●-·-●

Abbildung 6A: Verlauf der Selbstkommunikation des Klienten zu den drei Meßzeitpunkten sowie der Struktur für die Bezugsgruppe "Psychisch Gesunde" ($\bar{x}$ PG: Mittelwert für Gruppe der psychisch Gesunden)

Aufbau von Selbstsicherheit und sozialer Kompetenz

Veränderungen der interpersonellen Fertigkeiten durch die Therapie und das spezifische Selbstsicherheitstraining werden mit dem **Unsicherheitsfragebogen (U-Bogen)** von Ullrich de Muynck & Ullrich (1977) erfaßt und in nachfolgender Tabelle dargestellt.

Tabelle 5A: Rohwerte der Subskalen des U-Fragebogens zu den drei Meßzeitpunkten Vor Therapie (VT), Nach Therapie (NT) und 1-Jahres-Katamnese (KT) sowie die Mittelwerte der "Sozialphobiker"- und der Nichtpatienten-Stichprobe

Subskala			Rohwerte				
			VT	NT	KT	x Phob.	x Nichtpat.
U 1:	Fehlschlag- u. Kritikangst	FE	63	21	9	50	28
U 2:	Kontaktangst	KO	57	23	21	41	25
U 3:	Fordern können	FO	22	49	58	26	39
U 4:	Nicht-nein-sagen-können	NN	40	20	13	28	19
U 5:	Schuldgefühle	S	3	1	-	11	6
U 6:	Anständigkeit	A	16	7	4	15	10

Es ergeben sich klinisch bedeutsame Veränderungen im VT-NT-Vergleich auf allen Skalen außer der Skala Schuldgefühle, wo bereits schon vor der Therapie ein geringfügiger "unproblematischer" Rohwert vorgelegen hat. Im NT-KT-Vergleich zeigt sich nicht nur eine Stabilisierung, sondern eine weitere deutliche Verbesserung auf den Skalen Fehlschlag- und Kritikangst, Fordern können, Nicht-nein-sagen-können und Anständigkeit.

Die Werte auf der Subskala Kontaktangst bestätigen die auf der Skala Soziale Kontaktstörungen der KASSL gefundenen Veränderungen und belegen die Schilderungen des Klienten, der im Verlauf der Therapie zusehends besser seine emotionale Befangenheit im Kontakt ablegen und soziale Fertigkeiten erwerben konnte.

Durch den speziellen **Fehlschlagangst-Fragebogen (FAF)** werden die Verbesserungen auf der Subskala Fehlschlag- und Kritikangst bestätigt.

Der Wert vor der Therapie liegt bei 69 Rohwertpunkten und fällt für den Meßzeitpunkt "Nach der Therapie" auf 31 bzw. für die Katamnesemessung auf 20. Inhaltlich betrachtet fürchtet der Klient nach der Therapie von den 20 Situationen des FAF nur noch 3: Er hat starke Angst davor, die Selbstkontrolle zu verlieren, und mittelmäßige Angst davor, dumm auszusehen bzw. die Gefühle anderer zu verletzen. Zum Katamnesezeitpunkt nimmt der Klient bei den 20 Situationen des FAF keine klinisch relevanten Einstufungen mehr vor (3 bis 5).

Aufbau von Kompetenzen zur Entspannung und Regulation psychophysiologischer Prozesse

Im **Veränderungsfragebogen des Erlebens und Verhaltens, VEV,** von Zielke & Kopf-Mehnert (1978) zeigt sich eine klinisch bedeutsame Veränderung in Richtung Entspannung, Ruhe und Gelassenheit (vgl. Psychische Veränderungen, S. 205).

Im **Therapiebegleitbogen** nimmt der Klient zu den drei Meßzeitintervallen Beginn und Ende der Therapie (BT, ET) sowie zum Katamnesezeitpunkt (KT) auf den Items 11 und 15 folgende Einstufungen vor:

Ich erlebe mich, was Anspannung und Entspannung betrifft,

	BT							KT	ET	
0	1	2	3	4	5	6	7	8	9	10
innerlich unruhig, aufgeregt, gereizt, angespannt, unter Druck										ruhig, entspannt, ausgeglichen, gelassen, locker

Meine Angst kann ich

	BT							ET	KT	
0	1	2	3	4	5	6	7	8	9	10
gar nicht bewältigen										sehr gut bewältigen

Insgesamt kann man sagen, daß der Klient innere Ruhe und Gelassenheit entwickelt und Kompetenzen zu einer besseren Angstbewältigung aufgebaut hat.

Aufbau von Selbstkontrolle und Bewältigungskompetenz

Ein Anstieg der Selbstkontrollkompetenz spiegelt sich in der Einschätzung des Klienten auf Item 14 des **Therapiebegleitbogens** wider.

Ich erlebe, daß ich meine Gedanken, Gefühle und mein Verhalten

	BT								ET/KT	
0	1	2	3	4	5	6	7	8	9	10
sehr schlecht kontrollieren kann										sehr gut kontrollieren kann

Im Hinblick auf die Bewältigung von Belastungs- und Streßsituationen - wodurch sich die Wahrscheinlichkeit eines Rückfalls in das alte Bewältigungsmuster Alkoholkonsum reduziert - nimmt der Klient auf Item 5, 6 und 7 des **Therapiebegleitbogens** folgende Einstufungen vor:

Die letzte Woche habe ich Belastungen

			BT					ET		KT
0	1	2	3	4	5	6	7	8	9	10
sehr schlecht bewältigt										sehr gut bewältigt

Mit meinem Verhalten in Belastungssituationen bin ich

			BT					ET	KT	
0	1	2	3	4	5	6	7	8	9	10
gar nicht zufrieden										sehr zufrieden

Auf Belastungen, von denen ich weiß, daß sie auf mich zukommen, bereite ich mich vor:

			BT						KT	ET
0	1	2	3	4	5	6	7	8	9	10
gar nicht										immer

Einstellungsänderungen gegenüber dem Rückfall

Im **Fragebogen zum Rückfall** zeigt sich, daß vor der Therapie beim Klienten ein hohes Ausmaß an Zustimmung gegenüber den Aussagen des Klassischen Rückfallmodells vorliegt und nur eine geringe Übereinstimmung mit den Inhalten des Sozial-Kognitiven Rückfallmodells besteht. Nach der Therapie hat sich diese Einstellung vollkommen verändert, und der Klient stimmt fast hundertprozentig den Aussagen des Sozial-Kognitiven Rückfallmodells zu, während zu den Inhalten des Klassischen Rückfallmodells so gut wie gar keine Zustimmung mehr besteht, eine Einstellung, die sich auch über den Katamnesezeitraum stabilisiert hat (vgl. Abbildung 7A).

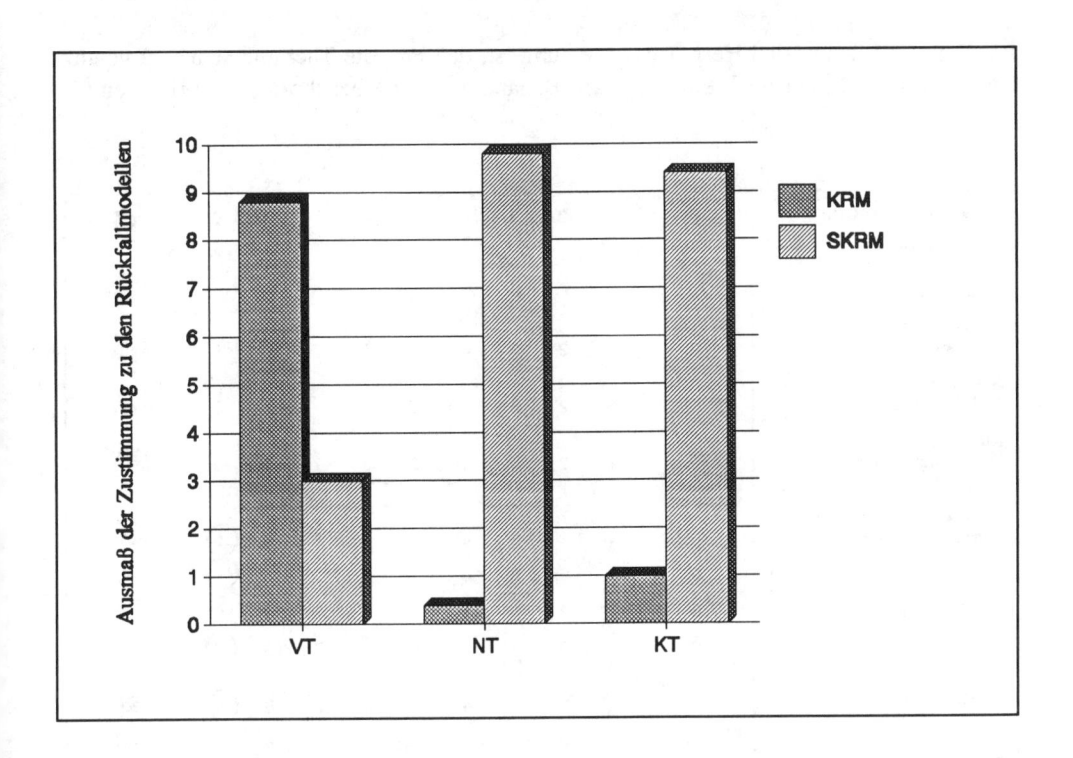

Abbildung 7A: Ausmaß der Zustimmung zu dem Klassischen Rückfallmodell (KRM) und dem Sozial-Kognitiven Rückfallmodell (SKRM) zu den drei Meßzeitpunkten

8.2.8 Zusammenfassung

Insgesamt lassen sich bei dem Klienten klinisch bedeutsame positive Veränderungen feststellen. Es zeigen sich sowohl eine Stabilisierung der Abstinenz über den gesamten Beobachtungszeitraum als auch positive Veränderungen im biopsychosozialen Bereich. Diese Veränderungen sowie der Aufbau von Kompetenzen zur Regulation kognitiver, behavioraler und emotionaler Prozesse, verbunden mit einer Einstellungsveränderung zum Rückfall, belegen den Therapieerfolg über eine bloße Symptomreduktion hinaus und bieten eine hohe Gewähr für eine positive Weiterentwicklung.

Nach Beendigung der Therapie und bei der 1-Jahres-Katamnese wird der Klient gebeten, auf einem **Therapiebewertungsbogen** eine Einschätzung vorzunehmen. Er nimmt auf einer Skala von 0 - 10 eine Bewertung vor, in welchem Ausmaß die Therapie bei den angestrebten Veränderungen in den verschiedenen Bereichen genützt hat. Darüber hinaus kann der Klient eine Gesamtbewertung hinsichtlich der Aspekte Therapie, Lebensstil und Selbsthilfe vornehmen.

Abbildung 8A zeigt, daß Herr A der Meinung ist, daß ihm die Therapie sehr viel genützt hat, ein Eindruck, der auch ein Jahr nach Behandlungsende bei ihm noch vorhanden ist.

Abbildung 8A zeigt, daß Herr A der Meinung ist, daß ihm die Therapie sehr viel genützt hat, ein Eindruck, der auch ein Jahr nach Behandlungsende bei ihm noch vorhanden ist.

Trinkverhalten (Abstinenz)	0	1	2	3	4	5	6	7	8	9	10 (x, O)
Selbstkontrolle	0	1	2	3	4	5	6	7	8	9	10 (x, O)
Entspannung, Ausgeglichenheit	0	1	2	3	4	5	6	7	8	9	10 (x, O)
Selbstsicherheit, Selbstvertrauen	0	1	2	3	4	5	6	7	8	9	10 (x, O)
Aufbau von Fähigkeiten, Dinge anzupacken u. zu bewältigen	0	1	2	3	4	5	6	7	8	9	10 (x, O)
Kontakte aufzubauen u. aufrechtzuerhalten	0	1	2	3	4	5	6	7	8	9 (O)	10 (x)
Freizeitbereich	0	1	2	3	4	5	6	7	8	9 (O)	10 (x)
Arbeitsbereich	0	1	2	3	4	5	6	7	8	9	10 (x, O)
Finanzielle Angelegenheiten	0	1	2	3	4	5	6	7	8	9 (O)	10 (x)
Wohnsituation	0	1	2	3	4	5	6	7	8	9 (O)	10 (x)
Beziehung zu wichtigen Personen	0	1	2	3	4	5	6	7	8	9	10 (x, O)
	überhaupt nichts genützt										sehr viel genützt
Gesamtbewertung											
Insgesamt hat mir die Therapie	0	1	2	3	4	5	6	7	8	9	10 (x, O)
	überhaupt nichts genützt										sehr viel genützt
Die Therapie hat meinen Lebensstil	0	1	2	3	4	5	6	7	8	9	10 (x, O)
	überhaupt nicht verändert										sehr stark verändert
Durch die Therapie habe ich gelernt, in Zukunft meine Schwierigkeiten selbst anzugehen und zu bewältigen	0	1	2	3	4	5	6	7	8	9	10 (x, O)
	stimmt gar nicht										stimmt vollkommen

Abbildung 8A: Therapiebewertungsbogen von Herrn A nach Behandlungsende (x) und zum Katamnesezeitpunkt (O)

8.3 Fallbeispiel B

8.3.1 Symptomatik, Zuweisungsmodus, biopsychosoziale Problemlage (Eingangsinterview)

Der Klient kommt aus eigenem Antrieb in die Beratungsstelle. Er hat bereits 3 Jahre zuvor vier Beratungsgespräche wahrgenommen und damals die Beratung von sich aus beendet, da er gemeint hat, seine Alkoholproblematik aus eigener Kraft bewältigen zu können.

Im Erstgespräch schildert der Klient, daß er nach der Beendigung des Beratungskontaktes vor 3 Jahren die ersten 3-4 Monate seinen Alkoholkonsum gut kontrollieren konnte, dann aber sehr schnell wieder in das alte "Fahrwasser" geraten sei. Neben dem problematischen Alkoholkonsum - den Begriff Alkoholabhängigkeit gebrauchte Herr B im Erstgespräch nicht - sieht er noch erhebliche Probleme im beruflichen Bereich, im Kontaktbereich und in der Beziehung zu seinen Eltern.

Er meint, daß er etwas tun muß, um sein Alkoholproblem in den Griff zu bekommen, und sieht Zusammenhänge mit seinen sozialen Ängsten und seiner Abhängigkeit von den Eltern. *"Ich erlebe deutlich, wie abhängig ich von ihnen bin, wie sie sich in alles einmischen und es mir verwehren, meine eigenen Erfahrungen zu sammeln."*

Der Klient ist in dem Erstgespräch sehr angespannt, nervös, und er formuliert manchmal keine Sätze, sondern preßt nur Bruchstücke heraus. Insbesondere als er von seiner Situation mit den Eltern berichtet, ist er hochgradig aufgeregt, steht enorm unter Druck, kann seinen Ärger und seine Wut jedoch nicht herauslassen. *"Meine Eltern, ich kann Ihnen sagen, was die machen, die lassen mir keine Ruhe, mischen sich in alles ein."*

Im Verlauf des Gesprächs kristallisiert sich deutlich heraus, daß Herr B in seinen Schwierigkeiten mit den Eltern die Hauptproblematik sieht, und er hofft, daß durch eine Beseitigung dieser Probleme sich sein Streß so weit abbaut, daß er seinen Alkoholkonsum wieder unter Kontrolle hat. Offenkundig wird eine depressive Grundstimmung, wobei sich Herr B vor allem nutzlos, deprimiert, unattraktiv und einsam erlebt. Er hat von sich den Eindruck, bisher im Leben nichts richtig gemacht zu haben, voller Minderwertigkeitsgefühle zu stecken und unfähig zu sein, irgendeine kleine Entscheidung zu treffen. *"Alles kommt mir vor wie ein Riesenberg, den ich nicht schaffen kann. Bin es eigentlich gewöhnt, daß ich nur Sachen mache im Grunde genommen, die man von mir irgendwie verlangt, so freiwillig ist eigentlich seit längerer Zeit nichts gekommen, wo ich also irgendwie was von mir aus gemacht habe."*

Im Kontakt mit anderen fühlt er sich ängstlich und verkrampft, wobei diese Spannungsgefühle manchmal so stark sein können, daß er starkes Herzklopfen, Schweißausbrüche und Panikgefühle erlebt.

Bisher hat Herr B seit der Kontaktaufnahme vor drei Jahren keinen weiteren ernsthaften Behandlungsversuch gemacht, und er erwartet sich von der Therapie eine Verbesserung der Trinkproblematik sowie Hilfen beim Aufbau von Selbständigkeit und Kontaktfähigkeit. Der Klient erlebt sich durch seine Problematik stark belastet und schätzt seine Motivation zur Mitarbeit als ziemlich hoch ein. *"So kann es auf keinen Fall weitergehen, im letzten Jahr ist mir schon klar geworden, daß ich etwas tun muß, und darum bin ich auch jetzt wieder zu Ihnen gekommen."*

8.3.2 Soziodemographische Angaben zur Person, familiärer und sozialer Hintergrund

Der Klient, Herr B, ist zu Behandlungsbeginn 27 Jahre alt, hat die Realschule und die Fachoberschule besucht und danach eine kaufmännische Ausbildung abgeschlossen. Anschließend hat er eineinhalb Jahre eine Vertretertätigkeit ausgeübt. Bei Behandlungsaufnahme ist der Klient seit vier Jahren arbeitslos, wobei er in diesem Zeitraum an verschiedenen Maßnahmen des Arbeitsamtes teilgenommen hat.

Der Klient wohnt im eigenen Zimmer im Haus der Eltern und finanziert seinen Lebensunterhalt durch Arbeitslosenhilfe sowie durch materielle Unterstützung seiner Eltern (kann gegen ein kleines Entgelt zu Hause wohnen und essen).

Der Vater von Herrn B ist Facharbeiter, die Mutter, die eine Ausbildung als Einzelhandelskauffrau hat, ist seit der Geburt des Klienten überwiegend zu Hause, arbeitet als Hausfrau und in "Stundenjobs".

8.3.3 Lebensgeschichte

Kindergartenzeit

Der Klient erinnert sich, daß er bereits im Kindergarten sehr scheu und zurückhaltend gewesen ist und sich bei Konflikten eher zurückgezogen hat, als sie auszutragen. Eine relativ lange Zeit ist er mit großen Ängsten in den Kindergarten gegangen, da ihn ein größerer Junge ständig gepiesackt hat, wenn die Erzieherin nicht aufpaßte. Zu Hause hat er vorwiegend allein in seinem Zimmer gespielt, und in der Familie ist er immer "der brave Junge" gewesen.

Schulzeit

An die Grundschulzeit hat Herr B weder positive noch negative Erinnerungen. Er ist vor allem ein Einzelgänger und ein braver Schüler. *"Manchmal habe ich die Faust in der Tasche geballt, aber getraut habe ich mich nichts."*

Durch den Wechsel zur Realschule ändert sich an seiner Situation nichts Grundlegendes. Er bleibt sozial isoliert und einsam und ist ein mittelmäßiger Schüler. *"Ich habe geschaut, immer unauffällig im Strom mitzuschwimmen."*

Erst gegen Ende der Realschulzeit bekommt er über Alkoholtrinken auf Schulausflügen und nach dem Schulunterricht Kontakt zu einigen Mitschülern. Akzeptiert- und Anerkanntwerden (*"Der kann aber ganz schön was vertragen"*) ist für Herrn B ein wichtiges Motiv in der Entwicklung der Trinkproblematik.

Nach dem Realschulabschluß wechselt der Klient auf Drängen der Eltern - er wollte eine Lehre machen - zur Fachoberschule. Er hat immer weniger Lust an der Schule, muß die 12. Klasse wiederholen und schafft mit einem sehr schlechten Notendurchschnitt den Abschluß. Diese Schulphase ist geprägt durch viele Auseinandersetzungen mit den Eltern, da der Klient mehrmals aufhören wollte und die Eltern ihn unter Druck gesetzt haben. Nach dem Abschluß der Fachoberschule sieht Herr B für sich keine Perspektive. *"Das einzige, was ich wußte, war: Keine Schule mehr."*

Berufsausbildung und Arbeit

Mehr aus Verlegenheit und auf Drängen seiner Eltern denn aus eigenem Interesse und eigener Zukunftsplanung macht der Klient die Lehre als Industriekaufmann. *"Ich wußte absolut nicht, was ich tun soll, da habe ich halt die Lehre gemacht, die meine Eltern für mich klargemacht hatten."*

Leistungsmäßig hat Herr B keine Schwierigkeiten in der Berufsschule, was ihm jedoch immer stärker auffällt, sind seine Schwierigkeiten in sozialen Beziehungen sowohl auf dem Arbeitsplatz als auch in der Schule. Er verspürt eine permanente Verhaltensunsicherheit bei sich, was zu großen inneren Spannungen bei ihm führt. Insbesondere erlebt er große Spannungen, wenn er bei der Arbeit beobachtet wird, und er hat Angst davor, einen Fehler zu machen oder sich dumm dranzustellen. Diesen erlebten Streß versucht er über Alkoholkonsum abzubauen ("Erleichterungstrinken") und durch Krankenscheine zu reduzieren oder zu vermeiden. Weiterhin verhält er sich sehr distanziert und nimmt kaum an kollegialen Aktivitäten teil, was ihm sogar teilweise als Arroganz ausgelegt worden ist. *"Die haben oft gesagt, der B will mit uns ja nichts zu tun haben. Wenn die gewußt hätten, wie es in mir drin ausgesehen hat, daß ich innerlich so total verkrampft war, daß ich mich gar nicht an einem Gespräch beteiligen konnte, auch wenn ich es gern gemacht hätte."*

Herr B hält die Lehre durch, weil er großen Ärger mit seinen Eltern befürchtet und für sich auch nicht weiß, wie es dann weitergehen würde. *"Ich wußte, daß, wenn ich zu Hause bleibe, ich diese Anspannung und Angst nicht mehr hätte, aber was dann, davor hatte ich auch Angst. So habe ich versucht, irgendwie über die Runden zu kommen, und oft habe ich einen getrunken, damit die Angst vor dem nächsten Tag nicht zu groß wurde."*

Nach Beendigung der Lehre ist der Klient froh, daß er aus betrieblichen Gründen nicht übernommen werden kann. Er verspürt bei sich eine große Befreiung von dieser andauernden Anspannung und ist aus diesem Grund auch darüber erfreut, daß das Arbeitsamt keine Stellenangebote für ihn hat. Danach nimmt er eine Außendiensttätigkeit bei einer Versicherungsagentur auf, die ihm anfangs mehr zusagt, da er wenig Kontakt mit Kollegen hat. Er übt diese Tätigkeit jedoch nur eineinhalb Jahre aus, da er zunehmend größere Schwierigkeiten im Umgang mit den Kunden erlebt und es aufgrund seines Alkoholkonsums auch zu Unregelmäßigkeiten bei der Arbeit kommt. Ab diesem Zeitpunkt bis zur Therapieaufnahme ist der Klient arbeitslos, wobei er in diesem Zeitraum an den vom Arbeitsamt vorgeschlagenen Maßnahmen teilnimmt.

Kontakte und Beziehungen

Der Klient sieht bei sich Kontaktschwierigkeiten von frühester Kindheit an. Von der Kindheit sieht er vor allem Bilder, wie er allein in seinem Zimmer, in ihrem Garten spielt. In der Nachbarschaft wohnten ein Junge und ein Mädchen in seinem Alter, doch die Familien waren der Mutter *"nicht gut genug"*, und sie hat es nicht gern gesehen, wenn sie zusammen gespielt haben. In der Realschule orientierte sich Herr B vor allem an älteren Schülern, die ihn jedoch unterdrückten und hänselten, so daß er manchmal Angst vor der Schule hatte. *"Ich wollte irgendwie dazugehören, schaffte es jedoch nur teilweise."* Mädchen sind für den Klienten im Alter von 14/15 ein großes Thema, es tut sich jedoch wenig in der Realität und mehr in seiner Phantasie, da er zu große Hemmungen hat. *"Ich spürte regelrecht die innere Verkrampfung, wenn ich in der Nähe eines Mädchens war."* Bisher hat es lediglich für Herrn B kurze Bekanntschaften zu Frauen gegeben, und die letzten Jahre hat er den Kontakt zu Frauen eher vermieden. Während des Besuchs der Fachoberschule hat der Klient guten Kontakt zu einigen Klassenkameraden, die auch mit ihm "blau machen" und in die

Kneipe gehen. In dieser Runde fühlt er sich wohl und akzeptiert und kann seine Spannungen abbauen. Insgesamt betrachtet fühlt sich Herr B jedoch sehr einsam und sieht in seiner mangelnden Kontaktfähigkeit und seiner Unsicherheit ein großes Problem. *"Äußerlich wirke ich ja oft sehr ruhig, aber innerlich bin ich zerrissen, unsicher und aufgewühlt."*

Familie

Den Vater beschreibt Herr B als korrekt, ordentlich und erfolgreich in seinem Beruf. In der Kindheit hat er den Kontakt zum Vater als gut erlebt, später gab es oft Streit wegen seinem beruflichen Versagen. Dem Vater ist dabei vor allem das Bild nach außen wichtig und er sieht das berufliche Versagen seines Sohnes als Blamage, und er kann gar nicht akzeptieren, daß ein "gesunder Mensch" nicht arbeitet. Die Mutter schildert der Klient als *"kühle Frau"*, die ihn in der Kindheit oft durch Liebesentzug bestraft hat. Er hat sich mit seinen Sorgen und Problemen oft alleingelassen gefühlt und von seiner Mutter meist nur Vorwürfe gehört. Ihre Beziehung beschreibt er als kühl-distanziert von beiden Seiten; er konnte sich nicht daran erinnern, daß er mit seiner Mutter jemals über seine wirklichen Probleme und Empfindungen gesprochen hat. *"Sie sind der erste Mensch, mit dem ich offen und ehrlich über bestimmte Dinge spreche."* Die Eltern haben sich nach der Erinnerung und Einschätzung des Klienten oft gestritten, insbesondere was ihre Beziehung betrifft. Bezüglich seiner Probleme haben keine ernsthaften Gespräche mit den Eltern stattgefunden, sie haben ihm lediglich Vorwürfe gemacht und versucht, ihn zu kontrollieren. Die Eltern haben sich auch ausschließlich mit der beruflichen Problematik beschäftigt und die Alkoholproblematik nicht wahrgenommen oder nicht richtig eingeschätzt. *"Wenn ich nachts betrunken nach Hause kam und da rumrumort habe, hat die Mutter am nächsten Tag geschimpft, ich solle nicht solchen Lärm machen."*

Der Klient sieht später in der Therapie die Familiensituation so, daß keiner von ihnen den Alkoholkonsum als Problem gesehen hat. Für die leistungsorientierten Eltern waren sein Mißerfolg im Beruf und die Blamage das Problem, und er hat bereitwillig die familiäre "Übereinkunft" übernommen, daß alles besser wird, wenn er eine "anständige" Arbeit gefunden hat.

8.3.4 Entwicklung der Symptomatik und Therapieversuche

Entwicklung des Trinkverhaltens

Erste flüchtige Kontakte mit Alkohol - *"mal am Glas genippt"* - hat der Klient ab 8 Jahren, und mit 13 Jahren hat er angefangen, "richtig" Alkohol zu trinken. In der Freistunde in der Schule geht er regelmäßig in die Kneipe und trinkt dort Bier oder "Gespritzte" (Bier mit Cola). In dieser Zeit beginnt er auch im Sportverein, *"wo Trinken geradezu ein Sport war"*, mit dem Alkoholtrinken. Die Wirkung von Alkohol schildert Herr B als angenehm, anregend, und er fühlt sich "dazugehörig", in den Kreis der älteren Jugendlichen und Erwachsenen aufgenommen. Anfangs beschränkt sich der Alkoholkonsum auf offizielle Anlässe im Sportverein, später (mit 15 Jahren) geht er oft hin, um Alkohol zu trinken, und fängt an, am Wochenende abends in die Kneipe zu gehen. In dieser Zeit durfte er auf einem Fest seiner Eltern zum erstenmal offiziell zu Hause rauchen und Alkohol trinken und hat sich *"ordentlich die Birne zugeknallt"*, so daß es zu einem Krach mit seinen Eltern gekommen ist. Er hat daraufhin in der Folgezeit keinen Schnaps mehr getrunken, mit Bier hat er sich jedoch seiner Erinnerung nach nicht zurückgehalten.

In dieser Zeit, meint der Klient, hat er ein viel zu "braves Image" gehabt, und er hat angefangen, regelmäßig zu trinken, um sich und den anderen etwas zu beweisen; der Alkohol hat ihn größer, stärker und mutiger gemacht, er konnte "mitreden" und gehörte dazu. Andererseits kann er, wenn er getrunken hat, gut nachdenken und träumen. *"Viele Dinge, die ich mir vorgenommen habe, glaubte ich am nächsten Tag verwirklichen zu können. Am nächsten Tag ging natürlich der Trott weiter und die Pläne waren erst mal aufgeschoben."*

Entwicklung des Problemtrinkens

Nach der Beendigung der Realschule entsteht ein "Loch" von drei Monaten, das der Klient vor allem mit Alkohol füllt. Er weiß nichts mit sich anzufangen, geht morgens schon in die Kneipe, früh zum Sportverein und trinkt über den Tag verteilt drei bis vier Liter Bier. Samstags ist er häufig bis 3,00 Uhr morgens weggegangen und hat sich oft zum Trinken gezwungen, um mit den anderen, die meist älter gewesen sind, mitzuhalten. *"Als mir manchmal schlecht wurde, übergab ich mich auf der Toilette und trank anschließend weiter, wie wenn nichts geschehen wäre."*

Der Beginn der Fachoberschule ändert kaum etwas an seinem Trinkverhalten. Er sucht sich die richtigen Bekannten, trinkt fast täglich, und sie machen in den Partykellern die für diese Entwicklungsphase typischen Feten. Mit 18 kann er sich seine Entschuldigungen für die Schule selbst schreiben, was zur Folge hat, daß er morgens öfter "blau macht" und in die Kneipe geht. Er trinkt jedoch nicht nur in der Clique, sondern geht auch in Kneipen, die abseits liegen und in denen er alleine ist. Was die Situation mit seinen Eltern betrifft, meint der Klient: *"Ich kann mir bis heute nicht erklären, daß meine Eltern mich nie darauf angesprochen haben, ich kann mir echt nicht vorstellen, daß sie nichts gemerkt haben."*

Während in der Schulzeit vor allem Motive wie Dazugehören, Akzeptiertwerden, sich in der Clique Wohlfühlen hinter dem Alkoholkonsum des Klienten gestanden haben, setzt er während der Lehrzeit, die sich an die Fachoberschule anschließt, Alkohol stärker zur Streßregulation ein. Er "entdeckt" die erleichternde Wirkung von Alkohol und benutzt diesen immer öfter, um Anspannungen und Konflikte, die sich vor allem am Arbeitsplatz ergeben, zu regulieren. Es kommt in dieser Zeit auch öfter vor, daß er heimlich während der Arbeitszeit Alkohol trinkt, um sich abzureagieren. Er trinkt täglich mindestens drei Liter Bier, wobei es am Wochenende mit fünf bis sechs Litern Bier erheblich mehr ist.

Nach Beendigung der Lehrzeit trinkt er anfangs weniger Alkohol, da der Druck nachgelassen hat. Er startet auch den berühmten Versuch "eine Woche ohne Alkohol", der ihm jedoch mißlingt, was ihn sehr erschrocken gemacht hat. *"Ich habe jedoch gleich versucht, dieses Erlebnis zu verdrängen."* Mit Aufnahme der Tätigkeit als Versicherungsagent erlebt er sich in der alten Streßsituation und kommt sehr schnell zu dem alten, alkoholbezogenen Lebensstil zurück. Hinzu kommt noch, daß er keine festen Arbeitszeiten und keine externe Kontrolle mehr hat, was dazu führt, daß er - auch infolge des Trinkens - immer unregelmäßiger arbeitet und schließlich die Arbeit aufgibt.

Entwicklung der Abhängigkeit

Die Arbeitslosigkeit findet der Klient anfangs sehr angenehm, vor allem weil die tägliche Anspannung und Angst infolge der mit der Arbeit verbundenen sozialen Situationen weg ist. *"Damals war ich wie befreit, heute weiß ich, daß es meinen Weg tiefer in die Alkoholproblematik mitverursacht hat."* Herr B weiß eigentlich den ganzen Tag nichts mit sich anzufangen, die Eltern machen Druck wegen der Arbeitslosigkeit, und er tut bis heute immer noch so, als ob er verzweifelt Arbeit suchen würde. Der Klient ist in einem Dilemma: In der Arbeitssituation steigt infolge von Defiziten im Sozialverhalten der Streß und die Anspannung, und er trinkt Alkohol zur Regulation dieser Befindlichkeiten; in der Situation "Arbeitslosigkeit" ist er einerseits diese Belastung los, andererseits bringen jedoch die Langeweile, der Druck der Eltern, die Versagensgefühle, die Minderwertigkeitsgedanken anderen Druck und Streß, den er mittelfristig auch nur mit Akohol angehen kann. *"In dieser Phase habe ich mehrmals darüber nachgedacht, daß ich den Alkohol brauche, um mit meinem Alltag klarzukommen. Zuerst war ich sehr niedergeschlagen darüber und habe eher noch mehr getrunken, nachher habe ich mich dann entschlossen, etwas dagegen zu tun, und habe die Beratungsstelle aufgesucht."*

Durch die wenigen Beratungsstunden vor drei Jahren wird der Klient in seinem Entschluß bestärkt, weniger zu trinken und es aus eigener Kraft zu probieren, ein damals noch realistisches Ziel, weil keine körperliche Abhängigkeit vorgelegen hatte. Wie bereits erwähnt, kann er dieses Ziel drei bis vier Monate aufrechterhalten, wobei er zwei- bis dreimal die Woche jeweils nicht mehr als zwei Liter Bier pro Situation trinkt. Die Alkoholproblematik verschärft sich jedoch, und eineinhalb Jahre vor Behandlungsbeginn stellt der Klient neben der schon länger bestehenden psychischen Abhängigkeit auch eine körperliche Abhängigkeit fest. Er macht daraufhin einen Eigenversuch zur Abstinenz, der jedoch schon am dritten Tag scheitert. Danach erlebt sich Herr B sehr depressiv und verzweifelt, denkt in dieser Phase auch manchmal daran, die Beratungsstelle aufzusuchen, schafft es jedoch letztlich - auch aus Angst- und Schamgefühlen heraus - nicht, einen Termin auszumachen.

Die Konflikte mit den Eltern nehmen zu, wobei jedoch nicht die Alkoholproblematik im Vordergrund steht - diese wird vielmehr totgeschwiegen -, sondern die Arbeitsprobleme der primäre Streitpunkt sind. Herr B isoliert sich immer mehr, hält sich fast nur noch in seinem Zimmer auf und erscheint immer seltener zu den Mahlzeiten. Er lebt ständig in der Angst, daß seine Eltern ihn auf seine Alkoholprobleme ansprechen. Manchmal hat er das Bedürfnis, es ihnen zu sagen, er verwirft diesen Gedanken jedoch aus Angst schnell wieder. Er erlebt bei sich eine starke innere Unruhe, *"manchmal fühlte ich mich richtig getrieben und gehetzt, ich wußte nur nie, in welche Richtung."* Massive Selbstvorwürfe, Schlaflosigkeit, starke Ängste, Interessenlosigkeit sowie erhöhte Reizbarkeit kennzeichnen die biopsychosoziale Situation des Klienten vor Behandlungsbeginn.

Herr B trinkt täglich, wobei die Tagesdosis recht unterschiedlich ist, von zwei bis drei Litern Bier bis sieben, acht Liter Bier. In der Regel beginnt er am frühen Nachmittag zu trinken, bleibt auch meist bis spät in die Nacht auf und schaut Fernsehen oder Video.

In einer Maßnahme des Arbeitsamtes verspürt er zusehends mehr Anspannung und Streß infolge der sozialen Kontakte, und er versucht, mit Alkohol gegenzuregulieren. Dies führt dazu, daß er öfter "abstürzt" und auch mehrere Fehltage hat. Diese Erfahrungen lassen bei ihm den Entschluß reifen, etwas gegen sein Alkoholproblem und seine Ängste tun zu müssen. Zusätzliche Motivation kam sicherlich auch durch die Forderungen und Drohungen der Eltern, die mitbekommen haben, daß er öfter morgens nicht aufgestanden ist. Herr B hat ihnen das Fernbleiben damit begründet, daß das sowieso nichts bringt, er keine Lust dazu habe etc. *"Mit der Aussage, eine Beratungsstelle aufzusuchen und über meine 'Arbeitsprobleme' zu sprechen, konnte ich meine Eltern auch beruhigen."* Im nachhinein sieht der Klient die Entwicklung seiner Alkoholproblematik wie folgt: *"Ich wußte schon sehr früh, daß ich gefährdet bin, weil der Alkohol so gut für meine Ängste, Anspannungen und Hemmungen war. Ich habe diese Gefährdung jedoch immer versucht zu verdrängen, auch als ich das erste Mal in der Beratungsstelle war, da habe ich immer noch gedacht: Das kriegst Du schon wieder locker in den Griff."*

8.3.5 Diagnostik

Mit Hilfe verschiedener Verfahren (vgl. Abschnitt 7.1) wurde sowohl die Alkoholproblematik als auch die biopsychosoziale Problemkonstellation des Klienten erhoben. Zu Behandlungsbeginn ergab sich folgende Statusdiagnostik:

Münchner Alkoholismustest (MALT)

Im MALT hat der Klient folgende Testwerte:

- MALT-Fremdbeurteilung: 8 Punkte (Frage 2, 5 zutreffend)
- MALT-Selbstbeurteilung: 15 Punkte (Frage 2, 6, 7, 10-17, 19, 20, 22, 24 zutreffend)
- MALT-Gesamtwert: 23 Punkte

Dies begründet die Diagnosestellung Alkoholabhängigkeit, die nach den Kriterien des DSM-III ebenfalls vorliegt (303.9).

Trierer Alkoholismusinventar (TAI)

Im Trierer Alkoholismusinventar ergaben sich auf den einzelnen Skalen folgende Stanine-Werte:

- Skala 1: "Schweregrad": Stanine = 7
- Skala 2: "Soziales Trinken": Stanine = 6
- Skala 3: "Süchtiges Trinken": Stanine = 4
- Skala 4: "Motive": Stanine = 5
- Skala 5: "Schädigung": Stanine = 6

Differentialdiagnostisch läßt sich feststellen, daß Herr B sich in einem fortgeschrittenen Stadium der Abhängigkeitskarriere befindet und Symptome und Verhaltensweisen zeigt, die denen des von Jellinek beschriebenen Gamma-Alkoholikers vergleichbar sind. Der Klient erfährt auch schon deutlich die Folgen seines exzessiven Konsums im körperlichen, psychischen und sozialen Bereich. Die sozialen Aspekte des Trinkens spielen zwar auch noch eine Rolle, oft ist es jedoch schon so, daß Herr B zurückgezogen und einsam trinkt. Was den Trinkstil angeht, zeigt der Klient süchtiges Verhalten, da er beispielsweise nur selten nach ein oder zwei Gläsern Bier mit dem Trinken aufhören kann und seine Gedanken oft um Alkohol und Trinken kreisen. Er trinkt auch manchmal tagsüber, zeigt jedoch nicht die charakteristischen Merkmale des "Delta-Trinkers". In bezug auf die Wirkung des Alkohols ist Herr B ein eindeutiger Wirkungstrinker in verschiedenen Bereichen. Er trinkt, um sich zu enthemmen, seine Stimmung zu verändern, besser Bekanntschaften zu knüpfen, glücklicher zu sein, sich zu entspannen, sich abzureagieren, seine Schüchternheit zu überwinden, mit Personen des anderen Geschlechts in Kontakt zu kommen, lockerer mit anderen Leuten umzugehen und seine Minderwertigkeitsgefühle zu unterdrücken. Negative physiologische Konsequenzen hat der Klient bis zum Zeitpunkt der Behandlungsaufnahme nicht erfahren, manchmal setzt er Beruhigungsmittel zur Entspannung ein.

Labordiagnostik

Die Erhebung der Leberenzymwerte bei Herrn B bei Aufnahme der Behandlung ergibt folgendes:

Tabelle 1B: Leberenzymwerte des Klienten zu Beginn der Behandlung

	Behandlungsaufnahme	Normwerte für Männer
Gamma-GT	41 U/l	6-28 U/l
GOT	19 U/l	2-18 U/l
GPT	23 U/l	5-22 U/l

Bei Behandlungsbeginn ist lediglich der Gamma-GT leicht erhöht, die beiden anderen Parameter GOT und GPT liegen leicht über der oberen Intervallgrenze.

Kieler Änderungssensitive Symptomliste (KASSL)

Zu Behandlungsbeginn hat Herr B. auf den einzelnen Skalen im Mittel folgende Werte:

- Soziale Kontaktstörungen: 3,2
- Verstimmungsstörungen: 3,4
- Berufsschwierigkeiten: 3,2
- Konzentrations- und Leistungsstörungen: 2,9
- Symptombelastung: 3,2

(Symptomausprägungen: 0 = gar nicht, 1 = gering, 2 = etwas, 3 = stark, 4 = sehr stark, 5 = äußerst stark)

Der Klient zeigt zu Beginn der Behandlung eine starke Symptombelastung mit starken Symptomausprägungen auf allen vier Skalen.

Unsicherheitsfragebogen (U-Bogen)

Für die einzelnen Subskalen des U-Bogens ergeben sich folgende Rohwerte:

- Fehlschlag- und Kritikangst: 53
- Kontaktangst: 48
- Fordern-können: 30
- Nicht-nein-sagen-können: 26
- Schuldgefühle: 5
- Anständigkeit: 16

Die Daten spiegeln ein beträchtliches Ausmaß an sozialer Angst und Unsicherheit wider. Mit Ausnahme der Skala U5 liegen die Werte aller Subskalen im Bereich der "Sozialphobiker"-Werte.

Fehlschlagangst-Fragebogen (FAF)

In der Aufsummierung der Rohwerte über die 20 Items erreicht der Klient 63 Punkte und ist damit der Gruppe der sozial ängstlichen Personen zuzuordnen.

Inventar zur Selbstkommunikation für Erwachsene (ISE)

	Selbstkommunikation	2.40	
Positive Selbstkommunikation 2.10		Negative Selbstkommunikation	2.60
Selbstzufriedenheit 2.43		Selbstunzufriedenheit	1.87
Selbstermutigung 2.83		Selbstentmutigung	2.75
Positives psychisches Befinden 1.43		Negatives psychisches Befinden	3.50

Bei dem Klienten zeigt sich eine erhöhte negative Selbstkommunikation, die vor allem durch ein ausgeprägtes, negatives psychisches Befinden und eine starke Selbstentmutigung gekennzeichnet ist. Bei der positiven Selbstkommunikation ist das sehr geringe, positive psychische Befinden auffallend, und dies trägt primär zu der insgesamt reduzierten positiven Selbstkommunikation des Klienten im Vergleich zur Gruppe der psychisch gesunden Personen bei.

Fragebogen zum Rückfall

Der Fragebogen zum Rückfall (vgl. Anlage 2) besteht aus 20 Items, wobei jeweils 10 Items dem "Klassischen" und dem Sozial-Kognitiven Rückfallmodell zugeordnet sind. Gemessen wird der Grad der Zustimmung zu den jeweiligen Aussagen des Modells auf einer Skala von 0 (stimmt gar nicht) bis 10 (stimmt vollkommen).

Bei Herrn B besteht bereits zu Beginn der Behandlung eine geringe Übereinstimmung ($\bar{x}$ = 2,7) mit den Annahmen des Klassischen Rückfallmodells (KRM) und eine gute Übereinkunft ($\bar{x}$ = 6,7) mit den Aussagen des Sozial-Kognitiven Rückfallmodells (SKRM). Dies macht eine kognitive Restrukturierung in diesem Bereich weitgehendst entbehrlich und liefert eine gute Basis für das Therapierational.

```
┌─────────────┐     ┌──────────────┐     ┌──────────────┐
│ Antezedenten│  →  │ Alkoholkonsum│  →  │ Konsequenzen │
└─────────────┘     └──────────────┘     └──────────────┘
```

Soziale Faktoren

- Akzeptiert werden
- Streß
- Unsicherheit
- Einsamkeit

Situative Faktoren

- Wirtschaft

Emotionale Faktoren

- Anspannung
- Ängste
- Mißstimmungen

Kognitive Faktoren

- Negative Gedanken ("Ich bin nichts")
- Vorwürfe und Schuldzuschreibungen ("Es liegt allein an mir")
- Positive Effekterwartungen ("Wenn ich etwas trinke, geht es mir besser")

Physiologische Faktoren

- Entzugserscheinungen; körperliches Unbehagen
- Einschlafprobleme

Soziale Konsequenzen

- Kurzfristig: Erleben von Akzeptanz und Selbstsicherheit; "Verbesserung" der sozialen Fertigkeiten
- Mittelfristig: Noch größere Unsicherheit, Kontaktarmut

Emotionale Konsequenzen

- Kurzfristig: Angenehme euphorische Wirkung, locker, entspannt ("Erleichterungstrinken")
- Mittelfristig: Anstieg der inneren Spannung, der sozialen Ängste, der Unsicherheit

Kognitive Konsequenzen

- Kurzfristig: Wegfall negativer Gedanken
- Mittelfristig: Negative Gedanken verstärken sich, hinzu kommen noch Konzentrationsschwäche und der Gedanke, "nichts mehr zu bringen"

Physiologische Konsequenzen

- Kurzfristig: Verhinderung bzw. Beseitigung der Entzugserscheinungen; verbessertes körperliches Befinden; besseres Einschlafen
- Mittelfristig: körperliches Unbehagen wird stärker; Schlafstörungen werden chronisch; körperliche Abhängigkeit wird stärker; Gewichtszunahme; Beeinträchtigung des körperlichen Wohlbefindens und der Ausdauer

Abbildung 1B: Bedingungsanalyse der Entwicklung und Aufrechterhaltung des Trinkverhaltens

Erfassung der sozialen Situation

Mit 5 Fragebögen (vgl. Anlage 3a-e) wird die Arbeits-, Wohn-, Freizeit- und finanzielle Situation sowie der Bereich der Kontakte und Beziehungen erhoben. Zu Behandlungsbeginn stellt sich die soziale Situation von Herrn B wie folgt dar:

Arbeits- und Ausbildungssituation:
- Klient ist schon seit über 4 Jahren arbeitslos und bezieht Arbeitslosenhilfe. Er hat in dieser Zeit mehrere, vom Arbeitsamt veranlaßte Motivations- und Qualifizierungsmaßnahmen gemacht.
- Mit seiner Situation in bezug auf Arbeit ist er eher unzufrieden (Einschätzung mit 2) und meint, daß er als Arbeitsloser in den letzten beiden Monaten nicht so gut klargekommen ist (Einschätzung mit 4).

Wohnsituation:
- Der Klient wohnt bei seinen Eltern in einem eigenen Zimmer.
- Er ist mit der Wohnsituation eher unzufrieden und meint, daß er die Probleme in bezug auf seine Wohnsituation nur mittelmäßig bewältigt.

Finanzielle Situation:
- Der Klient finanziert seinen Lebensunterhalt durch die Arbeitslosenhilfe.
- Er hat zwar keine Schulden, ist jedoch mit seiner finanziellen Situation äußerst unzufrieden.
- Er meint, daß er trotz des geringen Einkommens die finanziellen Angelegenheiten in den letzten beiden Monaten gut bewältigt hat.

Freizeitsituation:
- Der Klient hat in den letzten Monaten vorwiegend Fernsehen geschaut (40 Stunden die Woche) und Radio gehört (20 Stunden die Woche). Als aktive Freizeitbeschäftigung nennt er Spaziergang mit 12 Stunden die Woche.
- Er ist mit seiner Freizeitsituation sehr unzufrieden und kommt mit der Freizeitsituation auch eher schlecht zurecht.

Soziale Beziehungen:
- Herr B hat keine Freunde und nur wenige Bekannte (6 Personen).
- Er ist mit seiner Beziehungssituation unzufrieden und kommt in sozialen Beziehungen sehr schlecht zurecht.

Funktionale Analyse der Abhängigkeit

Die Exploration des Symptomverhaltens erbringt folgende Zusammenhänge zwischen Problemverhalten sowie den auslösenden und nachfolgenden Stimulusbedingungen (siehe Abbildung 1B).
 Die funktionale Analyse des Symptomverhaltens zeigt deutlich, daß nach einer Phase der Initiierung und Aufrechterhaltung abstinenten Verhaltens der Aufbau intra- und interindividueller Fertigkeiten notwendig ist, damit der Klient seinen Lebensalltag angemessener bewältigen und sich einen zufriedenstellenden Lebensstil aufbauen kann.

8.3.6 Therapieverlauf

Erster Behandlungsabschnitt

Zu Beginn der Therapie sieht der Klient seine Schwierigkeiten mit den Eltern im Vordergrund. Er erlebt eine deutliche Abhängigkeit von den Eltern, die sich in alles einmischen und ihm die Entwicklung zu Selbständigkeit und Autonomie verwehren. Er verspürt mittlerweile oft starke Aggressionen in sich, hat jedoch keine adäquaten Möglichkeiten, sie loszuwerden. Es fällt ihm immer schwerer, mit der Situation zu Hause umzugehen, und er zieht sich immer öfter in sein Zimmer zurück bzw. reguliert die innere Anspannung mit Alkohol. Nach einem "Gespräch" mit den Eltern ist sein Erregungsniveau manchmal so hoch, daß er danach eine bis zwei Stunden Ruhe in seinem Zimmer braucht, um sich wieder "normal" zu fühlen.

Eine Auflistung und Bewertung der Vor- und Nachteile, die mit dem Leben zu Hause bei den Eltern verbunden sind, ergibt, daß die Vorteile im wesentlichen in einer Versorgung liegen und er keine Pflichten hat, während die Nachteile primär damit zusammenhängen, daß seine Eltern ihn wie ein Kind sehen und sich dementsprechend verhalten. Eine Gewichtung dieser Vor- und Nachteile durch den Klienten führt zu einer 1:2-Verteilung und zu dem Entschluß, sich ernsthaft mit dem Auszug zu beschäftigen ("Was brauche ich für den Auszug?", "Was kostet eine Wohnung?", "Wieviel Wohngeld kann ich bekommen?", "Wie sieht die Finanzierung aus?"). Aufgrund dieser Überlegungen wird deutlich, daß er sich wegen seines geringen Arbeitslosenhilfegeldes keine eigene Wohnung leisten will, da ihm der finanzielle Spielraum durch diese Fixkosten zu eng werden würde. Da in absehbarer Zeit seiner Einschätzung nach auch keine Arbeit in Sicht ist, stellt sich deshalb die Frage, wie er zu Hause die Situation besser bewältigen und ein Stück selbständiger werden kann. Mit Hilfe des Problemlösetrainings findet er zwei Bereiche, die er für sich regeln will:
- Zustellung seiner Post über Postfach;
- Regelung seiner finanziellen Angelegenheiten über ein eigenes Postgirokonto und Postsparbuch.

Der Klient erfährt durch diese Regelungen sowie seinen Rückzug zu Hause jedoch kaum Entspannung und Ruhe; er hat sich auch stark in die Sichtweise verrannt, daß seine Eltern sich verändern müßten, wobei er jedoch eine Beteiligung der Eltern am Therapieprozeß kategorisch ablehnt und dies nach seiner Meinung nichts Hilfreiches, sondern lediglich eine weitere Einmischung in seine Angelegenheiten sein würde. Er entschließt sich schließlich, mit seinen Eltern über einen finanziellen Zuschuß zu reden, wobei er gegenüber den Eltern auch damit argumentiert, daß der Therapeut auch die Notwendigkeit einer Ablösung vom Elternhaus als vorteilhaft für die weitere Entwicklung ansieht. *"Ich habe es allerdings nur im besoffenen Kopp geschafft, und der Vater hat sich sehr einsichtig gezeigt und mir diesen Betrag zugesagt."* Dem Klienten bietet sich dann sehr schnell die Möglichkeit, eine kleine Wohnung anzumieten, und er greift kurzentschlossen zu.

Die Protokollierung des Alkoholkonsums während dieser Zeit zeigt, daß er vier bis fünf Tage in der Woche fünf bis sechs Liter Bier trinkt, wobei sein Trinkrhythmus so aussieht, daß er zwei bis drei Tage trinkt, dann einen bis zwei Tage Pause macht und wieder zwei bis drei Tage trinkt. Er merkt die negativen Auswirkungen des Trinkens auf sein körperliches und psychisches Wohlbefinden - *"wenn ich so zwei, drei Tage getrunken habe, bin ich körperlich richtig kaputt und kann mich zu nichts mehr aufraffen"* -, wobei bei ihm mit diesem alkoholbezogenen Lebensstil auch problematisches Eßverhalten (zu viel Wurst, Fleisch und Süßigkeiten) und geringe körperliche Aktivitäten verbunden sind.

Er entscheidet sich jedoch zuerst nur für eine Reduktion des Trinkverhaltens, wobei in einem therapeutischen Vertrag festgelegt wird, daß er höchstens dreimal in der Woche maximal zwei Liter Bier trinkt und keine zwei Trinktage aufeinander folgen dürfen. Bereits fünf Tage nach Vertragsbeginn überschreitet er sein sich selbst auferlegtes Limit und stellt nach einer "Laufzeit" von fünf Wochen, in denen er keine Woche den Vertrag einhalten konnte, fest, *"daß es keinen anderen Weg für mich wie die Abstinenz gibt"*. Durch die Einschränkungen des Vertrags wird für ihn erfahrbar, wie stark seine psychische Abhängigkeit ist, und durch die auferlegten Trinkpausen verspürt er Entzugssymptome wie verstärkte Schweißsekretion in der Nacht, trockener Mund, morgens Brechreiz, motorische Unruhe, Getriebenheit, Angstzustände. Er erlebt bei sich große Angst und Unsicherheit: *"Ich habe große Angst vor dem, was ist, aber auch vor dem, was kommt."*

Es fällt Herrn B sehr schwer, Abschied vom Alkohol zu nehmen, er denkt oft darüber nach, daß er ihm fehlen wird. Andererseits sieht er jedoch für sich die Notwendigkeit, abstinent zu leben, um sein gestecktes Ziel eines besseren körperlichen und psychischen Wohlbefindens zu erreichen. Diese anfängliche innere Ambivalenz drückt sich auch in seiner Verpflichtung zur Abstinenz aus, die er auf einer Skala von 0 - 100 einschätzt (siehe Abbildung 2B).

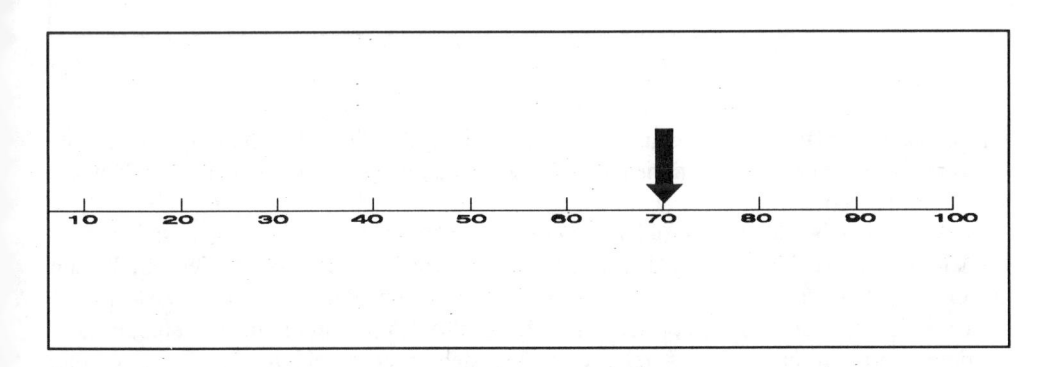

Abbildung 2B: Verpflichtung zur Abstinenz von Klient B zu Beginn der Abhängigkeitsbehandlung

Im Verlauf der nächsten zwei Wochen festigt er sich jedoch weiter in bezug auf sein Therapieziel Abstinenz, *"das muß ich mal durchziehen"*, was seine Verpflichtung zur Abstinenz auf 90 erhöht. Dies führt dazu, daß er offener und selbstkritischer über seine Abhängigkeit reden kann (Aufarbeitung der Inhalte von MALT und TAI), ein Thema, das er bisher eher vermieden hat bzw. schnell darüber weggegangen ist.

Auf seiner Pro- und Contra-Karte stellt Herr B folgende Argumente zusammen:

Tabelle 2B: Pro- und Contra-Argumente in bezug auf Alkoholkonsum zu Behandlungsbeginn

Pro Alkoholkonsum	Contra Alkoholkonsum
- Fördert Entspannung und reduziert Streß - Bessere Bewältigung unangenehmer Situationen - Vermittelt Sicherheit in sozialen Situationen - Macht das Leben leichter und nährt die Vorstellung, es "morgen" zu packen - Fördert die Kontaktfähigkeit und den Mut zum Gespräch ("Geselligkeit")	- Beeinträchtigung der Leistungsfähigkeit - Einschränkung der Ausdauer - Finanzielle Schwierigkeiten - Gewichtszunahme - Gesundheitliche Probleme - Niedergeschlagenheit (Vorwürfe und Schuldgefühle) - Kaum noch Chancen, wieder ins Arbeitsleben zu kommen

Entsprechend der Behandlungskonzeption stehen zu Beginn dieses Behandlungsabschnittes die Vermeidung von Trinksituationen und die Bewältigung der Alkoholgedanken im Vordergrund der Therapie.

In den ersten bewältigten Problem- und Versuchungssituationen spiegelt sich immer wieder das Thema "Trauer über den Verlust des Alkohols" wider, wobei diese Gedanken und Gefühle durch unterschiedliche Stimuli ausgelöst werden können. Er steht beispielsweise in der Wohnung, schaut zum Fenster raus und sieht das Transparent einer Kneipe; er geht spazieren und kommt an einer Kneipe vorbei; er sieht Alkoholreklame im Fernsehen etc. Er denkt in diesen Situationen an vergangene Trinkzeiten, fühlt sich traurig, weil er sich "ausgeschlossen" sieht, bedauert das Fehlen der "schönen" Stunden. In der Aufarbeitung in der Therapie werden Herrn B einerseits diese Gedanken und Gefühle zugestanden und nicht wegrationalisiert, andererseits aber auch deren Gefährlichkeit besprochen, da sie - wie er auch konkret erfahren hat - sein Verlangen und die Erwartungen an die positiven Effekte des Alkohols steigern können. In dieser Situation hat Herr B das Bild der Balkenwaage mit ihren Pro- und Contra-Anteilen sowie den jeweiligen Gewichtungen weitergeholfen. Ein kognitives Coping berücksichtigt in der Risikositation beide Anteile, ein Nachlassen in der Bewältigung sieht nur die positiven Anteile und erhöht somit die Wahrscheinlichkeit des Ausrutschers.

In der Folgezeit bewältigt er die wenigen (aufgrund seiner sozialen Situation und der bewußten Vermeidung) Risikosituationen sehr gut und setzt auch die besprochene Präventivstrategie um. So trifft er beispielsweise in der Stadt einen früheren Trinkbekannten: *"Dies führte dazu, daß es mir zuerst etwas flau im Magen wurde, und Erinnerungen an früher tauchten in mir auf. Ich dachte jedoch auch sehr schnell an das Bild der Balkenwaage und sah die Nachteile. Weiterhin sagte ich noch zu mir: 'Du willst doch trocken bleiben.' Das ging alles sehr schnell und ich sagte dann zu ihm, bevor er mit seinem Vorschlag, 'Einen trinken zu gehen', kommt: 'Mir geht es gut, und ich bin zur Zeit eifrig am Sparen, um mir ein Motorrad kaufen zu können.' Wir wechselten noch einige Sätze, und mit einem 'Na, dann spar mal schön' ging er weiter."* Danach ist der Klient wie befreit und stolz auf sich, hat aber auch ein *"Melancholiegefühl, weil diese Zeit vorbei ist"*.

In weiteren Situationen wie Ablehnung eines Trinkangebots, präventives Verhalten zur Vermeidung von Risikosituationen manifestiert sich seine in dieser Anfangsphase doch recht starke Verpflichtung zur Abstinenz.

Diese gewonnene Sicherheit, dieses Vertrauen in sich, Risikosituationen bewältigen zu können, führen dazu, daß er öfter seine Wohnung verläßt und spazieren geht. Bisher hat er versucht, seine "Leere" mit Fernseh- und Radiokonsum zu füllen, und er hat sehr selten seine Wohnung verlassen (notwendige Einkäufe und Behördengänge, Besuch der Eltern). Auf einem dieser Spaziergänge geht er auch in eine Wirtschaft, um etwas zu essen. *"Ich stand davor und habe es mir zugetraut, da reinzugehen, etwas zu essen und meinen Sprudel zu trinken. Nachher hatte ich ein richtiges Erfolgsgefühl und bin ganz stolz auf mich gewesen."*

Dieses durch die Bewältigung kleiner, konkreter Alltagssituationen aufgebaute Selbstvertrauen wird im weiteren Verlauf der Therapie durch systematische Realitätsübungen weiter gestärkt und vermehrt. Wichtig erscheint es dem Klienten, seine selbstgewählte Isolation wieder etwas aufgeben zu können, und er hat zum Ziel, *"wie früher in die Kneipe zu gehen und ins Gespräch zu kommen"*. Dabei sieht er in bezug auf die Wirtschaft drei Schwierigkeitsgrade (Stammkneipe, Gelegenheitskneipe, fremde Kneipe) und in bezug auf die Zeit ebenfalls drei Schwierigkeitsgrade:

- Von 23,00 bis 1,00 Uhr ist die leichteste Zeit, da Herr B in dieser Zeit relativ selten in der Wirtschaft war. Er meint, daß er beim Üben diese Zeit auch vernachlässigen kann.

- Von 19,00 bis 23,00 Uhr: in der Kneipe, wenn er "länger geblieben ist" und weitertrinken wollte. Schätzt diese Zeit als mittelschwer ein.

- Von 9,00 bis 13,00 Uhr: war früher zu dieser Zeit oft in der Wirtschaft (als Schüler, Arbeitsloser) und verbindet viele "schöne Erinnerungen" mit diesen Stunden.

- Von 16,00 bis 19,00 Uhr: für Herrn B die schwerste Zeit; er hat sich in dieser Zeit, in der die Kneipen nicht so stark frequentiert sind, am wohlsten gefühlt, man kommt ins Gespräch, in der Kneipe ist gute Stimmung, "Feierabendatmosphäre".

Daraus ergibt sich für Herrn B folgende 3 x 3 Felder-Tafel, die er mit Übungssituationen füllt:

Schwierigkeitsgrad Tageszeit	Schwierigkeitsgrad Wirtschaft		
	A: Leicht	B: Mittel	C: Schwer
1: Mittel 19,00 - 23,00 Uhr			
2: Schwer 9,00 - 13,00 Uhr			
3: Extrem schwer 16,00 - 19,00 Uhr			

Von Herrn B werden die einzelnen Felder inhaltlich mit Übungen ausgefüllt und entsprechend der Person-Situation-Bewältigung-Interaktion bewertet.

    Die Übungssituationen beginnt Herr B zäh und zögerlich. Dahinter steht seine Unsicherheit ("Was kommt da auf mich zu?"), und seine altbewährte "Bewältigungsstrategie" des Vermeidens setzt ein. So bewältigt er die Übungssituation A1 in bezug auf Alkohol sehr gut, ist jedoch innerlich sehr angespannt und mit sich beschäftigt. Er verspürt, wie unsicher er sich in dieser Situation ohne Alkohol erlebt, macht sich Gedanken darüber, was er reden soll, was er machen soll, wenn ihn jemand anspricht. Deutlich werden Defizite im Kommunikationsbereich und Selbstsicherheitsbereich sowie in der Bearbeitung unangemessener Gedanken. Die Aufarbeitung in der Therapie und die erfolgreiche Wiederholung in der Realität machen ihn sicherer und geben ihm die Motivation, mit den Übungen weiterzumachen, und er entschließt sich, auch in der Urlaubszeit des Therapeuten zu üben. Es wurde die Vereinbarung getroffen, daß er die sehr schweren Situationen noch wegläßt ("extrem schwere Zeit" sowie "schwere Wirtschaft") und nur übt, wenn er sich in einer guten Verfassung befindet (Personeinschätzung von 8 und mehr). Herr B bewältigt in der Urlaubszeit alle Übungssituationen sowie die im Alltag angefallenen Versuchungssituationen sehr gut, wobei auffallend ist, daß er sich vorher in seiner Bewältigungsfähigkeit eher unterschätzt, die Situationen demnach besser bewältigt, als er vorher gedacht hat. Er ist in der Therapiesitzung nach dem Urlaub sehr stolz auf sich, versteckt dies manchmal jedoch hinter Ironie: *"Es scheint ja doch zu klappen mit meiner Abstinenz."* Zügig übt Herr B die weiteren, noch verbliebenen schwierigen Situationen, und er erfährt - zu seiner Überraschung - nur geringe Schwierigkeiten. Er verspürt nun für sich die Sicherheit, daß er in eine Wirtschaft gehen kann, wenn er in guter Verfassung ist, und hat gemerkt, daß die Wirtschaft gar nicht mehr so attraktiv für ihn ist (*"Was soll ich da so lang?"*). Den "Verlust" des Alkohols erlebt er auch nicht mehr so schmerzhaft, weil er an der sozialen Situation "Wirtschaft" teilhaben kann. Die in den Übungssituationen gewonnene Sicherheit kann er auf andere Situationen übertragen, so kann er beispielsweise verschiedene Feste gut bewältigen, und manche Veranstaltungen haben ihm sogar gut gefallen. *"Ich konnte mich ohne Alkohol amüsieren, was mich anfangs doch erstaunt hat."* Schwierigkeiten hat er noch in Situationen, die überraschend auf ihn zukommen. So war er beispielsweise beim Italiener und erhält nach dem Essen als Gastgeschenk einen Amaretto angeboten. Er verspürt in dieser Situation kein

Verlangen nach Alkohol, ist aber unsicher, weil er die Person nicht kränken will, und redet sich schließlich mit Autofahren heraus.

Dieser Übungsabschnitt ist für den Klienten sowie den weiteren Verlauf der Behandlung wichtig, weil er sich erstmals auf die konkrete Verhaltensebene einläßt, während er bisher die Schwierigkeiten ausschließlich durch Nachdenken und Analysieren zu lösen versucht und eine ausgefeilte Vermeidungsstrategie internalisiert hat. Durch das Üben der Risikosituationen erlebt er, daß er sich darin kompetent verhalten und Kontrolle über die Situation ausüben kann. *"Das Üben der Situationen hat mir gezeigt, daß ich es schaffen kann, wenn ich fest zur Abstinenz stehe."* Das Verhaltenstraining deckt aber auch auf, wie unsicher, befangen und verspannt Herr B sich in der sozialen Situation Wirtschaft erlebt, was ihm früher im alkoholisierten Zustand gar nicht bewußt aufgefallen ist. Eine Risikosituation hat ihm gezeigt, wie wichtig die eigene Verpflichtung bei der Bewältigung ist. Er war bei einer Bekannten zu Besuch, und ihm wurde ein Bier angeboten. Innerlich sagte er daraufhin zu sich: *"Man könnte ja vielleicht ein Glas trinken, es würde bestimmt nichts schaden ..."* Es kam nicht zu der jetzt notwendigen Disputation, da sein Bekannter, der mit ihm gekommen war, gerade dankend das Bier ablehnte und er sich einfach "drangehängt" hat (*"Nein danke, für mich auch nicht"*). Er ist durch dieses Erlebnis verunsichert, eine Unsicherheit, die er nicht mehr erwartet hätte. Wir besprechen in diesem Zusammenhang den Aspekt der Verpflichtung und der Schwächung der Bewältigungsfertigkeiten, wenn man heimlich bei sich selbst diese Verpflichtung aufhebt. Die Bearbeitung der Motivationskarte mit den Pros und Cons sowie den Gewichtungen ist in dieser Situation ebenfalls hilfreich zur Bestärkung der Verpflichtung.

Parallel zu diesem Aufbau von Selbstwirksamkeitserwartungen und effektivem Handeln in Risikosituationen läuft der Aufbau von Aktivitäten als Alternative und Ergänzung zu Fernsehen und Musikhören, was Herr B bisher ausschließlich gemacht hat. Kino, Kreuzworträtsel, Lesen (wird Mitglied in Bücherei), Body-Time (Spaziergang, Schwimmen, Gymnastik) kommen als regelmäßige Aktivitäten hinzu, und er legt sich eine Pinwand an, auf die er Kinoprogramm, VHS-Programm, Ausstellungen, Feste etc. anbringt.

Schwierige Problemsituationen stellen für den Klienten Familienfeste dar, weil er immer direkt oder indirekt auf seine Beziehungs- und Arbeitssituation angesprochen wird und sich ausweichend verhalten muß. Auch weiß er nie so recht, was er reden soll und wann er etwas reden soll. *"Manchmal stehe ich regelrecht neben mir und beobachte mich, dann werde ich noch verkrampfter, sage mir dann auch als: 'Du mußt doch jetzt langsam etwas sagen, Du kannst doch nicht nur nicken. Aber was sage ich, wenn ich etwas sage?'"* In diesem Zusammenhang lernt der Klient höflich, aber bestimmt, Alkoholangebote abzulehnen, wobei er in dieser Situation ruhig als Begründung sein Ziel, "Gesund zu leben", angeben kann. Mit Hilfe der kognitiven Restrukturierung (*"Den Druck mache ich mir nur selbst, bleib ruhig und gelassen"* etc.) versucht er, die Situationen etwas weniger angespannt zu bewältigen und nimmt sich - als weitere Strategie auf der Verhaltensebene - eine Auszeit (geht spazieren, geht etwas länger auf die Toilette etc.), oder verläßt das Fest etwas früher, um seine Anspannung zu regulieren. Als oberste Handlungsmaxime verinnerlicht sich Herr B, daß jedes Verhalten erlaubt ist - egal, was Herr X oder Frau Y darüber denken -, wenn er sich dadurch seine Abstinenz erhalten kann. In diesem Zusammenhang wird dem Klienten auch bewußt, daß seine versuchte Kontrolle des Sozialverhaltens zu Anspannungen und Verkrampfungen führt, was wiederum seine Kontrolle verstärkt ... In der Therapiesituation, in der er sich mittlerweile nicht mehr so stark kontrolliert, ist er lockerer und entspannter geworden, manchmal verhält er sich sogar recht spontan. Das Fazit dieser Erkenntnisse und Erfahrungen ist, daß es für den Klienten notwendig ist, öfter soziale Situationen aufzusuchen und zu versuchen, sich nicht zu kontrollieren (wird später im Selbstsicherheitstraining wieder aufgenommen).

Für Herrn B ist es in diesem Behandlungsabschnitt wichtig gewesen, die konkreten Problemsituationen zu trainieren. *"Endlich habe ich mich mal auf etwas eingelassen und nicht nur geredet."* Die kognitiven Techniken zur Bewältigung der Alkoholgedanken hat er als "Kopfarbeiter" gut einsetzen können. Den Prozeß des Alkoholverlangens kann er besser einordnen und sich entsprechend besser verhalten, wobei er die Verhaltensgleichung von Kanfer in diesem Zusammenhang als sehr hilfreich erlebt.

Zweiter Behandlungsabschnitt

Beim Einüben des Entspannungstrainings treten anfangs kleinere Schwierigkeiten auf, z. B. daß der Klient ein leichtes Zittern beim Entspannen verspürt und sich, wenn er spät abends die Übung macht, nachher angespannter als vorher fühlt. Das regelmäßige Üben fällt Herrn B zu Beginn des Trainings auch etwas schwer, durch eine Festlegung auf bestimmte Zeiten und Selbstverstärkungsmaßnahmen kommt er zu einer Kontinuität. Zusätzlich bespricht er sich seine eigene Kassette mit den Übungen und unterlegt sie mit entsprechender Musik.

Unerwartet erhält er in dieser Phase vom Arbeitsamt Bescheid, an einer Motivationsmaßnahme teilzunehmen, um seine berufliche Kompetenz aufzufrischen und zu erweitern. Nach einer anfänglichen Streß- und Angstreaktion (*"Oh Gott, was wird das werden, das schaffe ich bestimmt nicht"*) arbeitet Herr B die Situation mittels kognitiver Restrukturierung in der Therapie auf und setzt sich folgende Ziele:

- Verbesserung der beruflichen Kompetenz und damit Erhöhung der Chancen auf dem Arbeitsmarkt
- Aufbau einer Tagesstrukturierung durch die regelmäßige Beschäftigung
- Training sozialer Fertigkeiten in einer realistischen Situation (Kontaktaufnahme, sich weniger unter Druck setzen; soziale Situationen bewältigen lernen anstatt zu vermeiden).

Vom Therapeuten wurde diese Veränderung in der Lebenssituation des Klienten unter zwei Gesichtspunkten gesehen:

- Die Alltagswelt des Klienten bietet nun genügend Möglichkeiten, die Probleme mit seiner Selbstunsicherheit und sozialen Angst in einem realen Kontext aufzuarbeiten und zu trainieren.
- Die Situation ist für den Klienten so streßbesetzt, daß seine momentanen Fertigkeiten dafür noch nicht ausreichen und ein Rückfall in die alte Bewältigungsstrategie "Alkohol zur Spannungsregulation" sehr wahrscheinlich wird.

Anfangs kann der Klient mit der Arbeitsplatzsituation besser umgehen, als er selbst erwartet hat. Er isoliert sich nicht, geht jedoch überschaubare Kontakte mit 1 - 3 Personen ein und verschafft sich Freiräume, indem er mal zwischendurch 5 - 10 Minuten in den Pausenraum geht, in der Mittagspause spazieren geht, sich mal auf die Toilette zurückzieht. Risikosituationen am Arbeitsplatz kann er gut bewältigen, so lehnt er Alkoholangebote recht locker ab, einmal mit der Aussage: *"Nein danke, sonst bekomme ich nachher nichts mehr auf die Reihe"*, und einmal mit: *"Das klebrige Zeug (Sekt) habe ich noch nie gern getrunken"*. Beide

Reihe", und einmal mit: *"Das klebrige Zeug (Sekt) habe ich noch nie gern getrunken".* Beide Male hat er sich gut gefühlt und keinerlei Anspannung oder Unsicherheit verspürt. Beim Geburtstag eines Kollegen, als eine große Anzahl von Personen am Nachmittag Alkohol getrunken hat, kommt ihm auch der Gedanke an Alkohol: *"Es wäre doch schön, in dieser ungezwungenen Atmosphäre einen mitzutrinken, Einmal ist Keinmal."* Gleichzeitig kommt ihm jedoch: *"Das kann ich jedesmal sagen, ich bin jetzt schon so lang trocken und bleibe es auch heute. Außerdem geht es mir ohne Alkohol bedeutend besser und ich fühle mich wohler."* Hinzu kommt noch, daß er sich über den angetrunkenen Kollegen innerlich amüsiert und Überlegenheitsgefühle verspürt hat. *"Der hat nur noch rumgelabert, und ich habe mir gesagt: Schau, so warst Du auch mal, bringt es das?"* (Schätzt die Schwierigkeit der Situation mit S = 6, seine Bewältigungsfähigkeit mit B = 8 und die Personvariable mit P = 8 ein). Er bewältigt es auch ohne weitere Schwierigkeiten (S = 5, B = 8, P = 7), mit zwei Kollegen nach Arbeitsschluß in eine Kneipe zu gehen und einen Sprudel zu trinken.

Nach sechs Wochen berichtet Herr B erstmals von größeren, länger andauernden Spannungszuständen auf der Arbeit. Typische Situationen sind: Meister schaut ihm bei der Arbeit zu; in den Pausenraum kommen und rausgehen; kritische Rückmeldung durch den Meister; vor den Kollegen etwas sagen. Diese Streßsituation führt dazu, daß er während des dreiwöchigen Urlaubs des Therapeuten vier Ausrutscher hat (jeweils auf einen Tag begrenztes Trinkverhalten mit 2,0 l, 2,5, 2,0 und 3,5 l Bier), wobei es jedoch infolge seiner Einstellung zum Ausrutscher nicht zum "Absturz" kommt. Er sieht auch klar die Funktionalität des Alkoholkonsums und meint: *"Meine Erwartungen an die Wirkung haben sich jedoch nicht erfüllt, im Gegenteil, es ging mir sogar schlechter."*

Die Aufarbeitung dieser Ausrutscher, die jeweils einige Tage auseinanderliegen, ergibt, daß die Erwartungen an die positiven Entspannungseffekte des Alkohols jeweils das Verlangen gestärkt haben. Psychisch konnte er seiner Einschätzung nach den Ausrutscher gut bewältigen, körperlich ist es ihm - trotz der geringen Menge - nicht gut gegangen (Übelkeit, Gefühl des Zerschlagenseins, *"wie wenn ich durchgezecht hätte"*). Da er sich über die "Funktionalität" der Ausrutscher bewußt ist, fürchtet er nicht, daß er wieder in eine massive Abhängigkeit abrutschen könnte. In der Risikosituation ist er anfangs schwankend: einerseits die lange Abstinenzzeit mit den damit verbundenen positiven Erfahrungen, andererseits die Erwartungen an die Entspannung und die Erleichterung durch den Alkohol, wobei letztere schließlich so stark werden, daß er Alkohol trinkt. Nach dem Trinken hat er jedoch keineswegs das Gefühl, daß jetzt alles verloren sei und es mit ihm unweigerlich wieder bergab geht. Enttäuscht ist er schon, daß er die Abstinenz gebrochen hat, *"das war irgendwie ein komisches Gefühl, man hat's getan, aber keineswegs ein Grund zum Weitertrinken".*

Überlegungen, wie es bezüglich der Arbeitsamtsmaßnahme weitergehen soll, führen beim Klienten dazu, daß er sich 14 Tage krank schreiben läßt, um sich zu stabilisieren und die Anspannung abbauen zu können. Vor Ablauf des Krankenscheins hat er nochmals einen Ausrutscher (3,5 l Bier), weil die Angst vor dem Arbeitsbeginn so groß geworden ist, daß sowohl das Entspannungstraining als auch weitere Ablenkungsstrategien nicht dauerhaft gewirkt haben. Die Anfangssituation ist jedoch wider Erwarten für Herrn B nicht so belastend. Hinzu kommt, daß ein Gespräch mit der Arbeitsberaterin ergeben hat, daß ein Abbruch der Maßnahme ohne entsprechenden Grund zu einer Geldsperre von drei Monaten führen wird. Da Herr B auf dem Arbeitsamt seine Problematik jedoch nicht darlegen will, entschließt er sich, mit Hilfe des Therapeuten die Situation durchzustehen und zu bewältigen. Seine klassische Strategie, die Vermeidung, klappt in dieser Situation deswegen nicht, weil er die Konsequenzen dieses Verhaltens - kein Geld - für sich noch negativer einschätzt. In der nächsten Therapiesitzung hat er jedoch bereits ein "Hintertürchen" gefunden, indem er dem Therapeuten mitteilt, daß er in dieser Belastungssituation zur Erleichterung wieder mäßig Alkohol trinken möchte. Wir besprechen diese Überlegung, analysieren die Vor- und Nachteile, die Veränderungen der Gewichtungen auf der Motivationskarte und die Auswirkungen auf seine Verpflichtung und Therapieziele. Der Klient sieht in dieser Situation jedoch vorwiegend die kurzfristigen Erleichterungseffekte des Alkohols mit der Perspektive, sofort aufzuhören, wenn er die Maßnahme durchgestanden hat. In dieser Lage hat es der Therapeut als sinnvoll erachtet, zumal keine Lebensbedrohung durch erneuten Alkoholkonsum vorliegt, dem Klienten die Wahl- und Entscheidungsfreiheit zu belassen, auch wenn er klar Position für das Abstinenzziel und das "Durchhalten" bezieht. Es wurde vereinbart, daß Herr B den Alkoholkonsum protokolliert und wir mit den Selbstsicherheitsübungen weitermachen. Bereits sechs Wochen später - der Klient hat in dieser Zeit 18 Trinktage, wobei er 45 l Bier mit einer Tagesdosis von 1 bis 4 l getrunken hat - problematisiert er von sich aus seinen Alkoholkonsum: *"Das bringt ja auch nichts."*

Herr B fühlt sich körperlich miserabel, ist antriebsarm und schlapp. Er erneuert seine Verpflichtung zur Abstinenz und ist sich sicher, daß er die Arbeitsmaßnahme durchstehen wird. Zusätzlich intensiviert er seine Aktivitäten und macht jeden Tag "Body-time" (Schwimmen, Spazieren, Fahrrad) und Entspannungstraining. Die Trinksituationen am Arbeitsplatz erlebt er als wenig problematisch, da *"ich mich klar entschieden habe und Verlangen sich bei mir zuerst im Kopf abspielt"*. Zur Sicherheit und zur Stärkung des Selbstvertrauens führt der Klient einige "Wirtschaftsübungen" durch, die er mit Kommunikationsübungen (Gespräch beginnen) verbindet. So bewältigt er auch gut einen "langweiligen" Sonntag, als innere Unruhe und Nervosität sowie Alkoholgedanken aufkommen. Herr B unternimmt gleich etwas dagegen, zieht sich an und macht einen ausgedehnten Waldspaziergang. Als er nach drei Stunden nach Hause kommt, fühlt er sich gut erholt und innerlich ruhig. Schließlich ist die Maßnahme beendet, und Herr B hat somit eine wesentliche Streßquelle weniger, wobei er rückblickend froh und stolz auf sich ist, diese schwierige Situation durchgestanden zu haben. Er beschäftigt sich in der Folgezeit intensiver mit dem Thema Beruf und Arbeit, wobei wie schon beim Aktivitätenaufbau das Problemlösetraining zur Anwendung kommt. Der Klient entscheidet sich aufgrund seiner Erfahrungen in der Maßnahme (*"Da ist Teamarbeit und Kommunikation gefragt"*), nicht mehr in seinem Beruf zu arbeiten, sondern eine Umschulung anzustreben, und zwar in einem Bereich, in dem nicht so sehr die kommunikative und soziale Kompetenz im Vordergrund steht. Ein Arbeitsplatz im Garten- und Landschaftsbau oder im Holzbereich erfüllt seines Erachtens diese Bedingung und würde ihn interessieren. Er kümmert sich mit Einverständnis des Arbeitsamtes um einen Praktikumsplatz in einer Schreinerei und stellt für sich fest, daß er dies von den Anforderungen her - zum Teil schwere körperliche Arbeit - nicht schaffen wird. Dies führt erstmals zu einem Stillstand der Überlegungen, da auch vom Arbeitsamt keine weiteren Initiativen erfolgen.

Was das Selbstsicherheitstraining betrifft, ist der Kontaktbereich weiterhin die "Schwachstelle", wobei es Klient und Therapeut so sehen, daß dies ein Bereich ist, an dem es noch längere Zeit zu arbeiten gilt. Sicherer fühlt er sich bei den Bereichen "Nein-Sagen" und "Forderungen Stellen", und was sein Verhalten in sozialen Situationen angeht, hat er durch die Besprechungen in der Therapie sowie konkrete Rückmeldungen des Therapeuten einen Rahmen für sich gefunden. *"Ich denke nicht mehr ständig daran, ob ich etwas falsch mache."* Durch das Training ist es für ihn gewohnter, jemanden im Geschäft etwas zu fragen, den Verkäufer zu bitten, ihm Hosen, Hemden etc. in seiner Größe zu zeigen, ohne Streß einkaufen zu gehen, höflich, aber bestimmt und fordernd eine Beschwerde vorzubringen.

Im Rahmen der kognitiven Restrukturierung hat er gelernt, selbstabwertende Gedanken zu hinterfragen und auf ihre empirische Grundlage hin zu prüfen, wobei in diesem Bereich der Therapeut oft einen Orientierungsrahmen liefern muß. Es wird deutlich, daß die Eltern diese Aufgabe aufgrund fehlender Kommunikation in der Familie nicht wahrgenommen haben und der Klient auch keinen guten Freund oder Freundin hat, mit denen er sich austauschen kann, um sich dadurch Orientierung zu verschaffen.

Was die Aktivitäten angeht, übt Herr B Schwimmen, Fahrradfahren und Wandern regelmäßig aus, wobei er bei seinen Spaziergängen und Wanderungen auch gern fotografiert.

Behandlungsende und Katamnesezeitraum

Nach vier Monaten Behandlungszeit für die Bearbeitung der Elternproblematik sowie neunzehn Monaten Therapiezeit für das Behandlungsprogramm mit wöchentlichen Sitzungen (abgesehen von Urlaubs- und Krankheitszeiten) vereinbaren Therapeut und Klient das Behandlungsende, weil die wesentlichen Therapieziele erreicht worden sind. Herr B erlebt bei sich ausreichend Kompetenzen, um Risikosituationen zu erkennen, zu bewältigen bzw. schon vorbeugend anzugehen. Das noch bestehende Defizit im Kontaktbereich wird vom Klienten als Ziel angesehen, an dem er noch mittelfristig zu arbeiten hat; ebenso sieht er es als notwendig an, in absehbarer Zeit in geordnete Arbeitsverhältnisse zu kommen, wobei sich zu Behandlungsende keine realistische Perspektive aufzeigt.

Umso überraschender ist es, daß der Klient in der ersten Katamnesesitzung mitteilt, daß eine Umschulung im EDV-Bereich geplant ist und er diese trotz seiner früheren Bedenken wahrscheinlich auch machen wird. Wie Herr B später berichtet, kapselt er sich in dieser Umschulung nicht mehr so wie früher ab, geht mit den Mitschülern mal weg und hat zwei schon näher kennengelernt. Im Gegensatz zu früher fühlt er sich weniger verkrampft, offener und freier im Gespräch: *"Ich kann schon mal einen Witz machen, und, was ganz wichtig ist, ich beobachte mich in diesen Situationen kaum noch."*
  Herr B beginnt im Katamnesezeitraum mit dem Besuch einer Gesprächsgruppe bei der Volkshochschule mit dem Ziel, *"nicht so sehr meine Probleme auszubreiten, sondern mich weiter im Gespräch zu trainieren und meine Ängste abzubauen"*. Weiterhin plant er den Kontakt zu einem Fotoclub, um sich in seinem Hobby weiterzuentwickeln und auszutauschen.
  Was den Alkohol angeht, hat Herr B im Katamnesezeitraum einige schwierige Situationen - vor allem in Verbindung mit seiner Umschulung - gut bewältigt und ist auch stolz darauf. Er hat einen Ausrutscher im Zusammenhang mit der streßbesetzten Familiensituation, Geburtstagsfeier des Opas. Der Geburtstag wird mit der Großfamilie im Lokal gefeiert, und der Klient erlebt die Situation als sehr anspannend, obwohl er sich vorher versucht hat, darauf einzustellen. Insbesondere findet er Gespräche belastend, in denen ihn Verwandte fragen, was er beruflich und familiär so macht, obwohl sie genau wissen, daß *"ich beruflich bisher wenig auf die Beine gebracht habe und in bezug auf Frauen auch nichts läuft"*.

Der Klient hat versucht, sich dieser Daueranspannung zu entziehen, indem er zwischendurch das Fest (hat mit Sektempfang morgens um 11,00 Uhr angefangen) verläßt und spazieren geht. Er ist bei diesem Spaziergang auch in eine Kneipe und hat zwei Bier getrunken und dies an dem Tag noch zweimal wiederholt, während er auf dem Fest nur Sprudel getrunken hat. Herr B meint dazu: *"Ich weiß, dies war blöd, aber ich hatte so ein großes Bedürfnis nach Entspannung und sah in dieser Situation keinen anderen Weg. Zukünftig muß ich mir überlegen, ob ich nicht da wegbleibe, auch wenn ich dadurch einen großen Krach mit meinen Alten riskiere."*

Was die Aktivitäten angeht, zeigt Herr B über den Katamnesezeitraum wenig Stabilität. Er läßt es schon mal "schleifen", insbesondere, als sich die Lebenssituation durch den Beginn der Umschulung geändert hat. Er fängt jedoch immer wieder von vorne an und versucht, einen aktiven Lebensstil aufrechtzuerhalten, wobei insbesondere Wandern und Fahrradfahren sowie die Fotografie die Aktivposten sind.

Die Situation mit seinen Eltern schätzt der Klient zu Ende der Therapie besser, aber noch nicht zufriedenstellend ein. *"Sie kriegen zwar jetzt nicht mehr alles mit und können nicht mehr in alles hineinquatschen, aber unabhängig von ihnen fühle ich mich noch nicht."* Insbesondere hat er bei Konflikten nach wie vor Probleme mit der autoritären Art des Vaters sowie der "kühlen" Art der Mutter. Er sieht es jedoch so, daß er sich schon mal ein bißchen freischwimmen konnte, wobei er sich jedoch noch nicht sicher ist, ob er noch an der "langen Leine" hängt oder sich schon "abgenabelt" hat.

Insgesamt kann man sagen, daß die Weiterentwicklung von Herrn B im Katamnesezeitraum positiv verlaufen ist, wobei m. E. die Entwicklung von zwei Bereichen - Arbeit und Kontakt/Beziehung - zukünftig wesentlichen Einfluß auf den Lebensstil des Klienten und damit auch auf die stabile Abstinenz haben wird. Vom Therapeuten erfolgt das Angebot an den Klienten, daß er jederzeit die Gespräche wieder aufnehmen kann, und zwar am besten dann, wenn er noch in der "Nachdenkphase" ist, d. h. sich erst überlegt, ob er seine Schwierigkeiten mit erneutem Alkoholkonsum bewältigen will.

8.3.7 Therapieergebnisse

Veränderungen im Trinkverhalten

Die zentrale Zielsetzung des Behandlungsprogramms ist eine Stabilisierung der Abstinenz über die Therapiephase und den Katamnesezeitraum hinweg. Eine Analyse der Veränderung des Trinkverhaltens (vgl. Abbildungen 3B und 4B) führt zu der Schlußfolgerung, daß sich das Trinkverhalten erheblich - sowohl in bezug auf die Trinktage als auch die Trinkmenge - verbessert hat. Betrachtet man den Katamnesezeitraum, so kann man sagen, daß sich eine stabile Abstinenz herausgebildet hat und von Herrn B auch schwierige Situationen ohne Alkohol bewältigt worden sind.

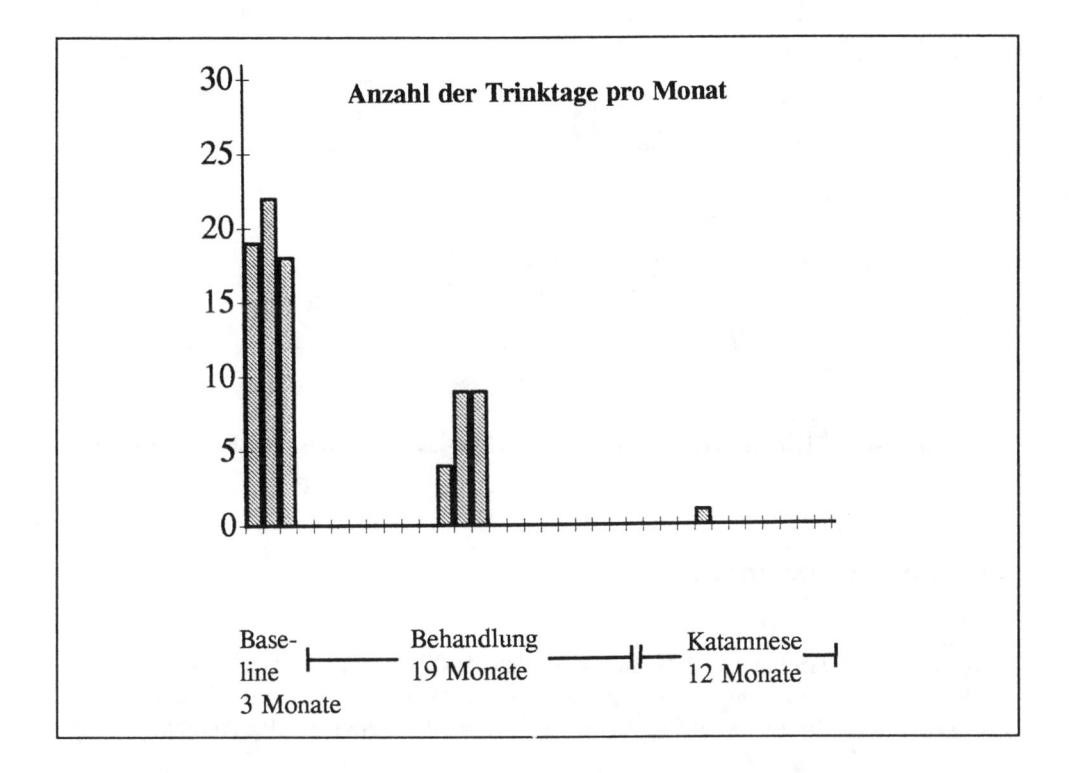

Abbildung 3B: Trinktage pro Monat in der Baseline-, Behandlungs- und Katamnesephase (in diesem Fall konnte die Baseline prospektiv während der Bearbeitung der Elternproblematik erhoben werden)

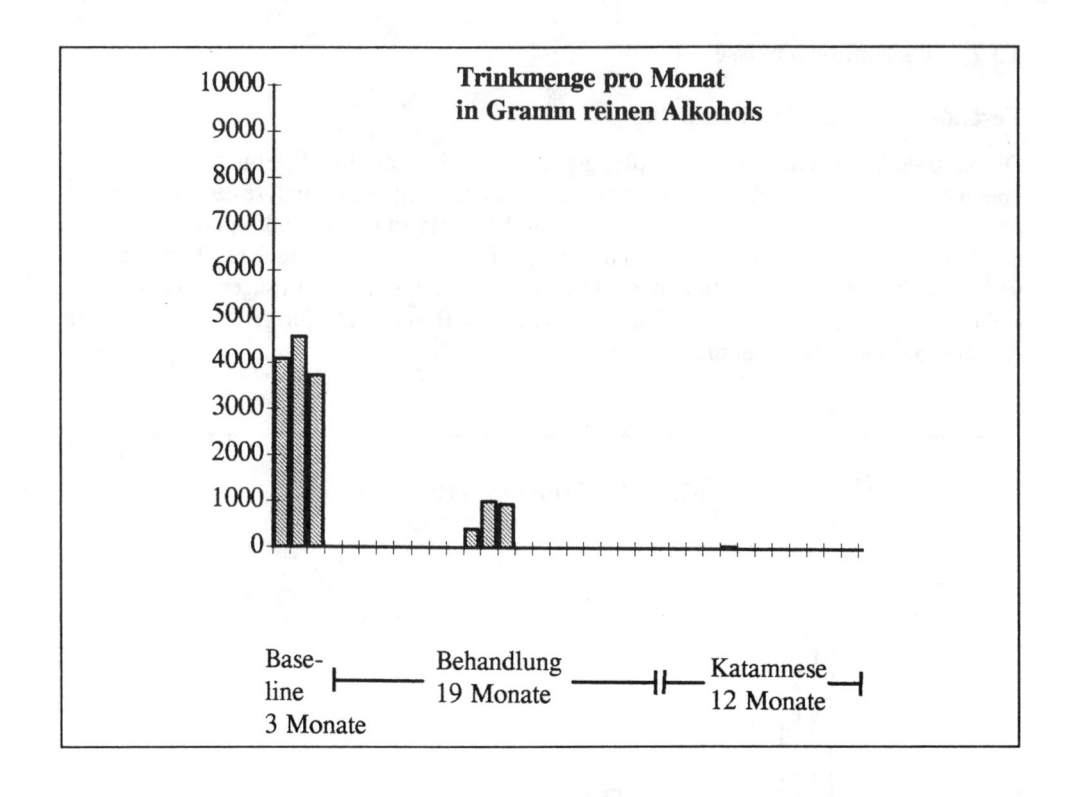

Abbildung 4B: Trinkmenge pro Monat in Baseline-, Behandlungs- und Katamnese-Phase

Der Trinkverlauf sieht wie folgt aus:

Baseline:
1. Monat: 19 Trinktage, 102 l Bier; entspricht 5100 ml oder 4080 g Alkohol.
2. Monat: 21 Trinktage, 114 l Bier; entspricht 5700 ml oder 4560 g Alkohol.
3. Monat: 18 Trinktage, 93 l Bier; entspricht 4650 ml oder 3720 g Alkohol.

Behandlung:
 9. Monat: 4 Ausrutscher, 10 l Bier; entspricht 500 ml oder 400 g Alkohol.
10. Monat: 1 Ausrutscher + 8 Trinktage, 25 l Bier; entspricht 1250 ml oder 1000 g Alkohol.
11. Monat: 9 Trinktage, 24 l Bier; entspricht 1200 ml oder 960 g Alkohol.

Katamnese:
 5. Monat: 1 Ausrutscher, 2,4 l Bier; entspricht 120 ml oder 96 g Alkohol.

Veränderung der Anzahl der Alkoholgedanken

In den ersten sechs Wochen hat der Klient täglich viele Alkoholgedanken, wobei er keine spezifische Situation ausmachen kann. Es sind mal externe Cues wie Anblick der Wirtschaft, Werbung im Fernsehen, jemanden ein Glas Bier trinken sehen; mal innere Auslöser wie Verspannung, Unbehagen, Angst, die in ihm den Gedanken aufkommen lassen, ein Bier zu trinken. Ab der 10. Woche tritt jedoch eine deutliche Verbesserung ein, und dies signalisiert eine gedankliche Ablösung von der Abhängigkeit. Der Klient erfährt mit Hilfe der Protokollierung der Alkoholgedanken, daß sie einerseits mit der Zeit nachlassen und andererseits ein erneuter Anstieg das Vorliegen einer Risikosituation signalisiert, in der ein Abwarten im Sinne des "Craving-Surfing" oder ein aktives Copingverhalten (z. B. aus der Risikosituation herausgehen) erforderlich sind. So erfolgt beispielsweise bei Herrn B in der kritischen Phase im 10. und 11. Behandlungsmonat wieder ein deutlicher Anstieg der Alkoholgedanken, und dies demonstriert die gedankliche Involviertheit in die Problematik. *"Mit dem Entschluß, wieder abstinent zu leben, läßt die gedankliche Beschäftigung auch wieder nach und das Verlangen wird kleiner."*

Mit dem wöchentlich vorgegebenen Therapiebegleitbogen werden durch zwei Items die "Gedanken und Gespräche über Alkohol" während des Therapieprozesses vom Klienten eingeschätzt, wobei sich für die drei Meßzeitintervalle folgende Einstufungen ergeben:

Gedanken an Alkohol sind bei mir

	ET/KT						BT			
0	1	2	3	4	5	6	7	8	9	10
überhaupt nicht vorhanden										ständig da

Gespräche über Alkohol führe ich

ET/KT		BT*								
0	1	2	3	4	5	6	7	8	9	10
überhaupt nicht										ständig

* Hier ist zu berücksichtigen, daß der Klient wenig Interaktionspartner hat.

Für die Einstufung "Beginn und Ende der Therapie" (BT, ET) werden die Angaben der vier ersten und vier letzten Behandlungswochen gemittelt; für den Katamnesewert (KT) hat der Klient retrospektiv eine gemittelte Einschätzung über die letzten 4 Wochen vor dem Katamnesezeitpunkt vorgenommen.

Veränderungen im biopsychosozialen Bereich

Veränderungen im körperlichen Bereich

Die **Leberenzymwerte** sind, wie Tabelle 3B zeigt, ab dem dritten Behandlungsmonat - abgesehen von der Messung im 12. Behandlungsmonat infolge des Rückfalls im 10. und 11. Behandlungsmonat - alle im Normbereich. Der Verlauf der Gamma-GT-Werte stützt im Sinne einer "convergent validity" die Angaben des Klienten in bezug auf sein abstinentes Verhalten. Weiterhin zeigen die Werte, daß die Leber nicht stark angegriffen war und sich vollkommen regeneriert hat, was für den Klienten eine wichtige gesundheitsrelevante Information gewesen ist.

Tabelle 3B: Leberenzymwerte (U/l) Gamma-GT, GOT, GPT über den Verlauf der Behandlung

	Normwerte für Männer	Zu Behandlungsbeginn	Nach Behandlungsmonaten:						Katamnese Zeitpunkt
			3	6	9	12	15	19	
γ-GT	6 - 28	41	24	22	19	38	20	18	19
GOT	2 - 18	19	16	14	8	17	13	12	8
GPT	5 - 22	23	19	17	11	21	19	17	11

Im **Therapiebegleitbogen** nimmt Herr B für die drei Meßzeitintervalle bei den entsprechenden Items folgende Einstufungen vor:

Ich schätze meine körperliche Verfassung als

			BT				ET	KT		
0	1	2	3	4	5	6	7	8	9	10
sehr schlecht										sehr gut ein

Ich erlebe mich körperlich

```
                    BT           ET  KT
   0      1    2    3    4    5   6   7    8    9    10
überhaupt nicht                                    sehr stark
belastbar                                          belastbar
```

Veränderungen im psychischen Bereich

Im psychischen Bereich werden Veränderungen durch den Veränderungsfragebogen des Erlebens und Verhaltens (VEV) von Zielke & Kopf-Mehnert (1978) sowie durch die Kieler Änderungssensitive Symptomliste (KASSL) von Zielke (1979) erfaßt. Darüber hinaus wird die psychische Belastbarkeit mit einem Item des Therapiebegleitbogens abgefragt.

Im **VEV** ergeben sich für die Vergleichszeiträume "Vor Therapie - Nach Therapie" und "Vor Therapie - Katamnesezeitpunkt" hochsignifikante positive Veränderungen.

In der **Kieler Änderungssensitiven Symptomliste (KASSL)** zeigt sich bei Herrn B eine klinisch bedeutsame Veränderung in bezug auf die Symptombelastung insgesamt sowie auf die Skalen VE, BE und KL. Diese Entwicklung verläuft im Katamnesezeitraum weiterhin positiv in Richtung Symptomreduktion, wobei man festhalten kann, daß Einstufungen von 1 und 2 (gering und etwas) klinisch nicht mehr relevant sind und keine behandlungsbedürftige Problematik darstellen. Bei der Skala "Soziale Kontaktstörungen" sind nur geringfügige Veränderungen festzustellen, und dies spiegelt das wider, was der Klient in den Therapie- und Katamnesesitzungen auch deutlich angesprochen hat: Die sozialen Kontaktstörungen sind ein Problem, das tief verwurzelt ist und an dem er noch eine längere Zeit zu arbeiten hat.

Auf dem wöchentlichen **Therapiebegleitbogen** nimmt der Klient bezüglich der psychischen Belastungsfähigkeit zu den drei Meßzeitintervallen Beginn (BT), Ende (ET) der Therapie sowie zum Katamnesezeitpunkt (KT) folgende Einschätzung vor:

Ich erlebe mich psychisch

```
                    BT                 KT  ET
   0      1    2    3    4    5   6    7   8    9    10
überhaupt nicht                                    sehr stark
belastbar                                          belastbar
```

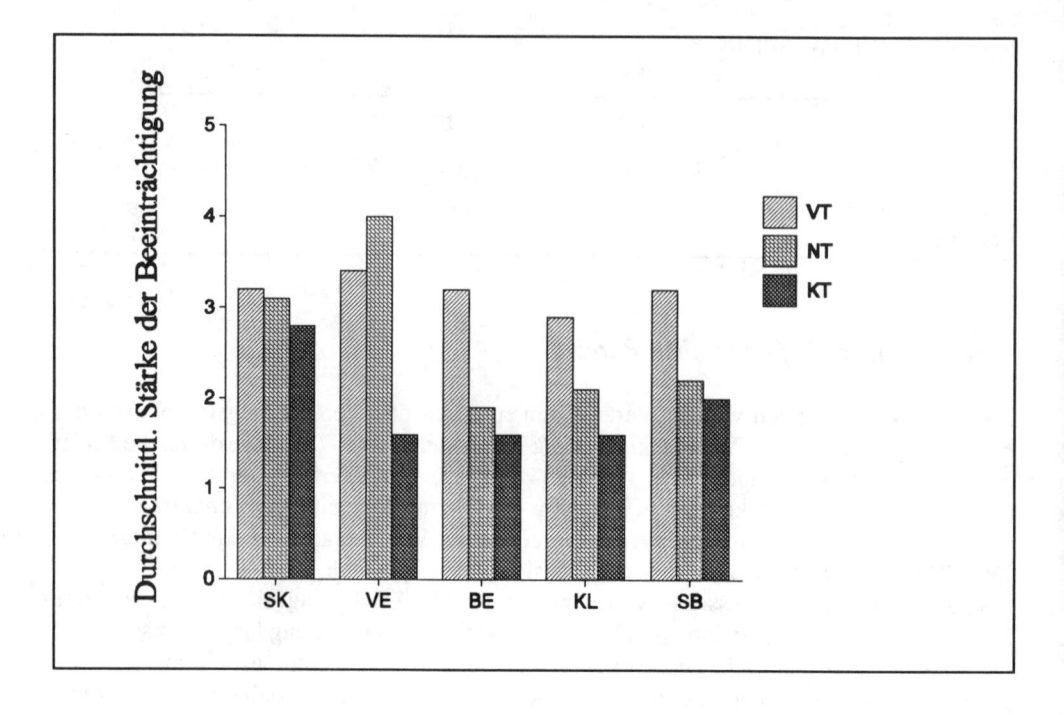

Abbildung 5B: Durchschnittliche Stärke der Beeinträchtigung über alle Symptome der Skala vor und nach der Therapie und in der 1-Jahres-Katamnese

Skalenbezeichnungen: SK = Soziale Kontaktstörungen; VE = Verstimmungsstörungen; BE = Berufsschwierigkeiten; KL = Konzentrations- und Leistungsstörungen; SB = Symptombelastung
Symptomausprägung: 0 = gar nicht; 1 = gering; 2 = etwas; 3 = stark; 4 = sehr stark; 5 = äußerst stark
Abkürzungen: VT = Vor Therapie; NT = Nach Therapie; KT = Katamnese

Veränderungen im sozialen Bereich

Die Veränderungen der sozialen Situation des Klienten werden mittels fünf **Fragebögen in den Bereichen Arbeit, Wohnen, Finanzen, Freizeit sowie Kontakte und Beziehungen** ermittelt.

Arbeits- und Ausbildungssituation
Der Klient ist zu Beginn der Behandlung längerfristig arbeitslos und hat nur noch wenig Hoffnung, eine Anstellung zu bekommen. Dies drückt sich auch darin aus, daß er keine Eigenaktivitäten entwickelt, um diese Situation zu verändern. Während der Therapie entwickelt er Aktivitäten, was sich zu Ende der Therapie auf dem Erhebungsbogen auch dokumentiert. Er hat in den zwei Monaten vor Therapieende drei Termine beim Arbeitsamt wahrgenommen, die Stellenanzeigen in der Zeitung und im Computer des Arbeitsamtes durchgeschaut sowie eine schriftliche Bewerbung verschickt. Zum Katamnesezeitpunkt befindet sich der Klient in einer Umschulungsmaßnahme.

Zu den drei Meßzeitpunkten "Vor Therapie" (VT), "Nach Therapie" (NT) und "Katamnese" (KT) nimmt der Klient auf den einzelnen Items folgende Einstufungen vor:

Ich bin mit meiner derzeitigen Tätigkeit in bezug auf Arbeit

		VT	NT			KT				
0	1	2	3	4	5	6	7	8	9	10
sehr unzufrieden										sehr zufrieden

Ich glaube, daß ich mit meiner Situation als Arbeitsloser in den letzten zwei Monaten

				VT			NT			
0	1	2	3	4	5	6	7	8	9	10
sehr schlecht										sehr gut fertig geworden bin

Entfällt für Katamnesezeitpunkt, da sich der Klient in einer Umschulungsmaßnahme befindet.

Wohnsituation
Der Klient zieht in der vorgeschalteten Therapiephase (Bearbeitung der Elternproblematik) von zu Hause aus.
Die Zufriedenheit mit der Wohnsituation und die Bewältigung der Schwierigkeiten, die mit der Wohnsituation zusammenhängen, verbessern sich im Verlauf der Behandlung und bleiben stabil über den Katamnesezeitraum.

Ich bin mit meiner Wohnsituation

				VT				NT/KT		
0	1	2	3	4	5	6	7	8	9	10
sehr unzufrieden										sehr zufrieden

In den letzten beiden Monaten habe ich Probleme, die meine Wohnsituation betreffen,

					VT		KT	NT		
0	1	2	3	4	5	6	7	8	9	10
sehr schlecht bewältigt										sehr gut bewältigt

Finanzielle Situation
Der Klient finanziert seinen Lebensunterhalt aus Arbeitslosenhilfe und Unterstützung durch die Eltern. Er hat zu Beginn der Behandlung keine Schulden und bleibt auch schuldenfrei. Zu Behandlungsbeginn ist er mit seiner finanziellen Situation äußerst unzufrieden, eine Einschätzung, die sich im Verlauf der Behandlung ändert. Weiterhin meint Herr B, daß er seine finanziellen Angelegenheiten gut bewältigt.

Ich bin mit meiner finanziellen Situation

		VT					NT	KT			
0	1	2	3	4	5	6	7	8	9	10
sehr unzufrieden										sehr zufrieden

Finanzielle Angelegenheiten habe ich in den letzten beiden Monaten

								VT		NT/KT
0	1	2	3	4	5	6	7	8	9	10
sehr schlecht bewältigt										sehr gut bewältigt

Freizeitsituation
Während der Klient zu Beginn der Therapie ausschließlich passiven Freizeitkonsum (Fernsehen, Musik hören) betreibt, nimmt er im Verlauf der Therapie mehrere Freizeitaktivitäten wie Schwimmen, Wandern, Radfahren auf und entdeckt die Fotografie als Hobby.

Die Einschätzungen in bezug auf die Freizeit verändern sich bei Herrn B wie folgt:

Ich bin mit meiner Freizeitsituation

		VT			NT	KT				
0	1	2	3	4	5	6	7	8	9	10
sehr unzufrieden										sehr zufrieden

Ich komme mit meiner Freizeit

			VT		NT/KT					
0	1	2	3	4	5	6	7	8	9	10
sehr schlecht zurecht										sehr gut zurecht

Soziale Beziehungen

Zu Beginn der Therapie hat Herr B nur wenige Bekannte und ist mit seiner Beziehungssituation äußerst unzufrieden. Im Verlauf der Behandlung ändert sich diese Situation aufgrund der Kontaktschwierigkeiten des Klienten nur allmählich. Wichtig für Herrn B ist jedoch, daß er eine Person wiedergetroffen hat (ehemaliger Schulkamerad), mit der er auch über wichtige persönliche Dinge sprechen kann.

Zu den drei Meßzeitpunkten nimmt der Klient folgende Einschätzungen vor:

Ich bin mit meiner Beziehungssituation

```
            VT       NT  KT
  0    1   2    3    4   5   6   7   8   9   10
sehr unzufrieden                         sehr zufrie-
                                              den
```

In sozialen Beziehungen komme ich

```
            VT       NT  KT
  0    1   2    3    4   5   6   7   8   9   10
sehr schlecht                              sehr gut
zurecht                                    zurecht
```

Spezifische Veränderungen im Erleben und Verhalten des Klienten

Eine zentrale Hypothese des Sozial-Kognitiven Rückfallmodells besagt, daß eine Verbesserung der Kompetenzen der Person im intra- und interindividuellen Bereich wesentlich zu einer Abnahme des Rückfallrisikos beiträgt, weil der Klient alternative Möglichkeiten zur Bewältigung von Streßsituationen hat. Der Aufbau von Kompetenzen durch therapeutische Maßnahmen ist deshalb ein wichtiges Ziel der Behandlung.

Aufbau kognitiver Fertigkeiten und Verbesserung der Selbstkommunikation

Im **Inventar zur Selbstkommunikation für Erwachsene (ISE)** von Tönnies (1982) kommt es, wie Tabelle 4B und Abbildung 6B zeigen, zu einer klinisch bedeutsamen Zunahme der positiven und Abnahme der negativen Selbstkommunikation im Verlauf der Therapie, und diese Veränderungen stabilisieren sich im Katamnesezeitraum. Bei der Analyse der einzelnen Skalen zeigt sich, daß sich nach Therapieende insbesondere das positive psychische Befinden verbessert hat und die negative psychische Befindlichkeit weniger stark ausgeprägt ist. In der Selbstkommunikation insgesamt sowie in der Struktur der Kommunikation gibt es nach der Therapie und zum Katamnesezeitpunkt keine bedeutsamen Abweichungen im Vergleich zur Referenzgruppe der "Psychisch Gesunden".

Tabelle 4B: Mittelwerte des Klienten auf den ISE-Skalen zu den drei Meßzeitpunkten sowie die Mittelwerte für die Referenzgruppe der "Psychisch Gesunden" (PG)

Art der Kommunikation		PG	VT	NT	KT
Selbstkommunikation insg.	T	2.28	2.40	2.34	2.29
Positive Selbstkommunikation insg.	P	2.50	2.10	2.80	2.60
Selbstzufriedenheit	ISE 1	2.44	2.43	2.57	2.43
Selbstermutigung	ISE 3	2.75	2.83	3.33	3.00
Positives psychisches Befinden	ISE 5	2.35	1.43	2.57	2.42
Negative Selbstkommunikation insg.	N	2.03	2.60	1.83	1.93
Selbstunzufriedenheit	ISE 2	2.01	1.87	1.63	1.75
Selbstentmutigung	ISE 4	1.90	2.75	2.00	2.00
Negatives psychisches Befinden	ISE 6	2.13	3.50	2.00	2.17

Eine Übertragung der Mittelwerte von Herrn B auf den einzelnen Skalen in ein Schaubild führt für die drei Meßzeitpunkte zu den Verläufen in Abbildung 6B.

Aufbau von Selbstsicherheit und sozialer Kompetenz

Veränderungen der interpersonellen Fertigkeiten durch die Therapie und das spezifische Selbstsicherheitstraining werden mit dem **Unsicherheitsfragebogen (U-Bogen)** von Ullrich de Muynck & Ullrich (1977) erfaßt und in Tabelle 5B dargestellt.

Es ergeben sich klinisch bedeutsame Veränderungen durch die Therapie auf den Skalen FE, FO und NN. Bei den Skalen A und KO sind mäßige Veränderungen erfolgt, während sich die Ausprägung auf der Skala S schon vor der Therapie im unproblematischen Bereich befunden hat.

Art der Kommuni- kation	Häufigkeitsangabe

```
                          Nie     Selten    Öfter    Häufig
                           1        2         3        4
Selbstkommunikation        ├────────┼─────────┼────────┤
insgesamt (T)
                                                              VT ●----●
                           1        2         3        4
Positive Selbstkom-        ├────────┼─────────┼────────┤      NT ●·····●
munikation
insgesamt (P)                                                 KT ●-·-·●

                           1        2         3        4
Selbstzufriedenheit        ├────────┼─────────┼────────┤
(ISE 1)

                           1        2         3        4
Selbstermutigung           ├────────┼─────────┼────────┤
(ISE 3)

                           1        2         3        4
Positives psychi-          ├────────┼─────────┼────────┤
sches Befinden
(ISE 5)

                           1        2         3        4
Negative Selbst-           ├────────┼─────────┼────────┤
kommunikation
insgesamt (N)

                           1        2         3        4
Selbstunzufriedenheit      ├────────┼─────────┼────────┤
(ISE 2)

                           1        2         3        4
Selbstentmutigung          ├────────┼─────────┼────────┤
(ISE 4)

                           1        2         3        4
Negatives psy-             ├────────┼─────────┼────────┤
chisches Befinden
(ISE 6)
                                    ↑
                              Psychisch gesunde
                              Person
```

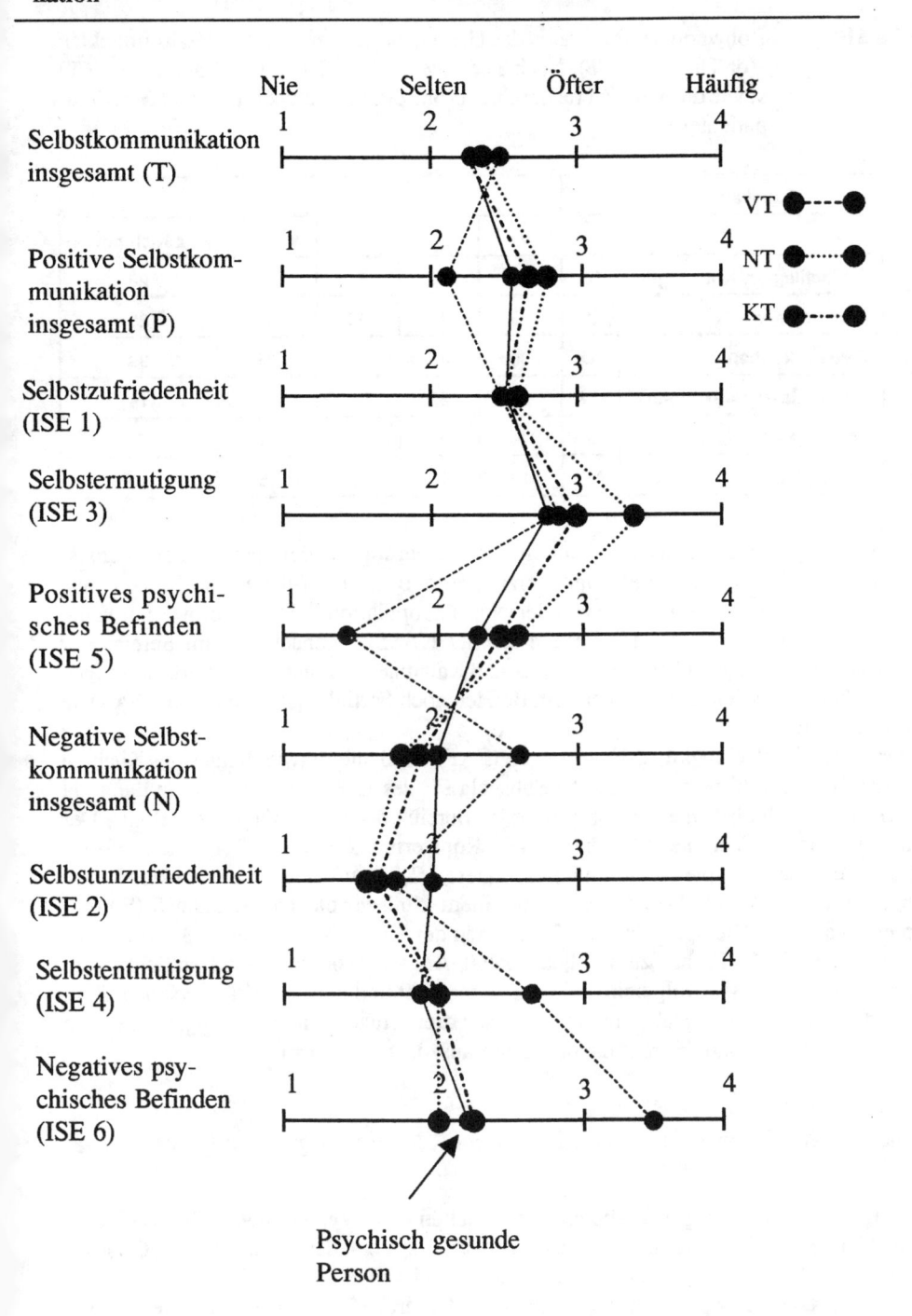

Abbildung 6B: Verlauf der Selbstkommunikation des Klienten zu den drei Meßzeitpunkten sowie der Struktur für die Bezugsgruppe "Psychisch Gesunde" (x̄ PG: Mittelwert für Gruppe der psychisch Gesunden)

Tabelle 5B: Rohwerte der Subskalen des U-Fragebogens zu den drei Meßzeitpunkten Vor Therapie (VT), Nach Therapie (NT) und 1-Jahres-Katamnese (KT) sowie die Mittelwerte der Stichprobe der "Sozialphobiker" und der Nichtpatienten

Subskala			Rohwerte				
			VT	NT	KT	x Phob.	x Nichtpat.
U 1:	Fehlschlag- u. Kritikangst	FE	53	38	34	50	28
U 2:	Kontaktangst	KO	48	40	33	41	25
U 3:	Fordern können	FO	30	45	48	26	39
U 4:	Nicht-nein-sagen-können	NN	26	22	19	28	19
U 5:	Schuldgefühle	S	5	4	4	11	6
U 6:	Anständigkeit	A	16	12	12	15	10

Im NT-KT-Vergleich zeigt sich nicht nur eine Stabilisierung, sondern eine weitere Verbesserung auf den vier ersten Skalen. Dabei erzielt Herr B auch auf der Skala Kontaktangst einen Wert, mit dem er in das Intervall der Normalpopulation eingeordnet werden kann. Dieses Resultat bestätigt auch den Befund aus der KASSL, wonach sich im Bereich der sozialen Kontaktstörungen über den Therapie- und Katamnesezeitraum zwar Verbesserungen ergeben haben, der Klient jedoch in diesem Bereich noch Fertigkeiten erwerben und Ängste bewältigen muß.

Der spezielle **Fehlschlagangst-Fragebogen (FAF)** erfaßt die Entwicklungen des Klienten in diesem Bereich differenzierter als die Subskala FE des U-Bogens. Die Behandlung hat zu einer klinisch signifikanten Verbesserung im Bereich der Fehlschlagangst geführt. Der Punktwert "Vor der Therapie" (VT) liegt bei 69 Rohwertpunkten und fällt für die Meßzeitpunkte "Nach der Therapie" (NT) und "Katamnese" (KT) auf 42 bzw. 35 Punkte.

Inhaltlich betrachtet fürchtet der Klient in einem klinisch relevanten Ausmaß (Stufe 3 und mehr) nach der Therapie nur noch 5 und nach der Katamnese nur noch 3 von den 20 Situationen des FAF: Er hat zum KT-Zeitpunkt Angst davor, in der Öffentlichkeit zu sprechen, Angst vor Mißerfolg beim anderen Geschlecht und vor Autoritätspersonen. Zum Zeitpunkt "Nach der Therapie" kommen zu diesen drei Situationen noch "Angst vor einem Mißerfolg im Beruf" und "Furcht davor, dumm auszusehen", hinzu.

Aufbau von Kompetenzen zur Entspannung und Regulation psychophysiologischer Prozesse

Die Items des **Veränderungsfragebogens des Erlebens und Verhaltens, VEV,** von Zielke & Kopf-Mehnert (1978) belegen eine klinisch bedeutsame Veränderung in Richtung Entspannung, Ruhe und Gelassenheit (vgl. Psychische Veränderungen, S. 243).

Im **Therapiebegleitbogen** nimmt der Klient zu den drei Meßzeitintervallen Beginn und Ende der Therapie (BT, ET) sowie zum Katamnesezeitpunkt (KT) auf den Items 11 und 15 folgende Einstufungen vor:

Ich erlebe mich, was Anspannung und Entspannung betrifft,

					BT		ET	KT		
0	1	2	3	4	5	6	7	8	9	10
innerlich unruhig, aufgeregt, gereizt, angespannt, unter Druck										ruhig, entspannt, ausgeglichen, gelassen, locker

Meine Angst kann ich

			BT			ET		KT		
0	1	2	3	4	5	6	7	8	9	10
gar nicht bewältigen										sehr gut bewältigen

Insgesamt kann man sagen, daß der Klient mit Hilfe seiner Entspannungskompetenz ruhiger und gelassener geworden ist und seine Angst besser bewältigen kann.

Aufbau von Selbstkontrolle und Bewältigungskompetenz

Ein Anstieg der Selbstkontrollkompetenz wird durch die Einstufung des Klienten auf Item 14 des **Therapiebegleitbogens** belegt.

Ich erlebe, daß ich meine Gedanken, Gefühle und mein Verhalten

			BT				ET/KT			
0	1	2	3	4	5	6	7	8	9	10
sehr schlecht kontrollieren kann										sehr gut kontrollieren kann

Im Hinblick auf die Bewältigung von Belastungs- und Streßsituationen - wodurch sich die Wahrscheinlichkeit eines Rückfalls in das alte Bewältigungsmuster Alkoholkonsum reduziert - nimmt der Klient auf tem 5, 6 und 7 des **Therapiebegleitbogens** folgende Einstufungen vor:

Die letzte Woche habe ich Belastungen

			BT				ET/KT			
0	1	2	3	4	5	6	7	8	9	10
sehr schlecht bewältigt										sehr gut bewältigt

Mit meinem Verhalten in Belastungssituationen bin ich

			BT				ET/KT			
0	1	2	3	4	5	6	7	8	9	10
gar nicht zufrieden										sehr zufrieden

Auf Belastungen, von denen ich weiß, daß sie auf mich zukommen, bereite ich mich vor:

			BT			ET	KT			
0	1	2	3	4	5	6	7	8	9	10
gar nicht										immer

Einstellungsänderungen gegenüber dem Rückfall

Im **Fragebogen zum Rückfall** zeigt sich, daß schon vor der Therapie ein relativ hohes Ausmaß an Zustimmung für das Sozial-Kognitive Rückfallmodell (SKRM) und nur eine geringe Übereinstimmung mit den Aussagen des Klassischen Rückfallmodells (KRM) vorgelegen hat. Die Therapie und die Vermittlung des Sozial-Kognitiven Lern- und Rückfallmodells führen zu einer fast 100 %igen Übereinstimmung des Klienten mit den Aussagen des SKRM und einer fast 100 %igen Ablehnung mit den zentralen Annahmen des KRM. Diese Einstellung bleibt, wie Abbildung 7B zeigt, über den Katamnesezeitraum bei Herrn B stabil.

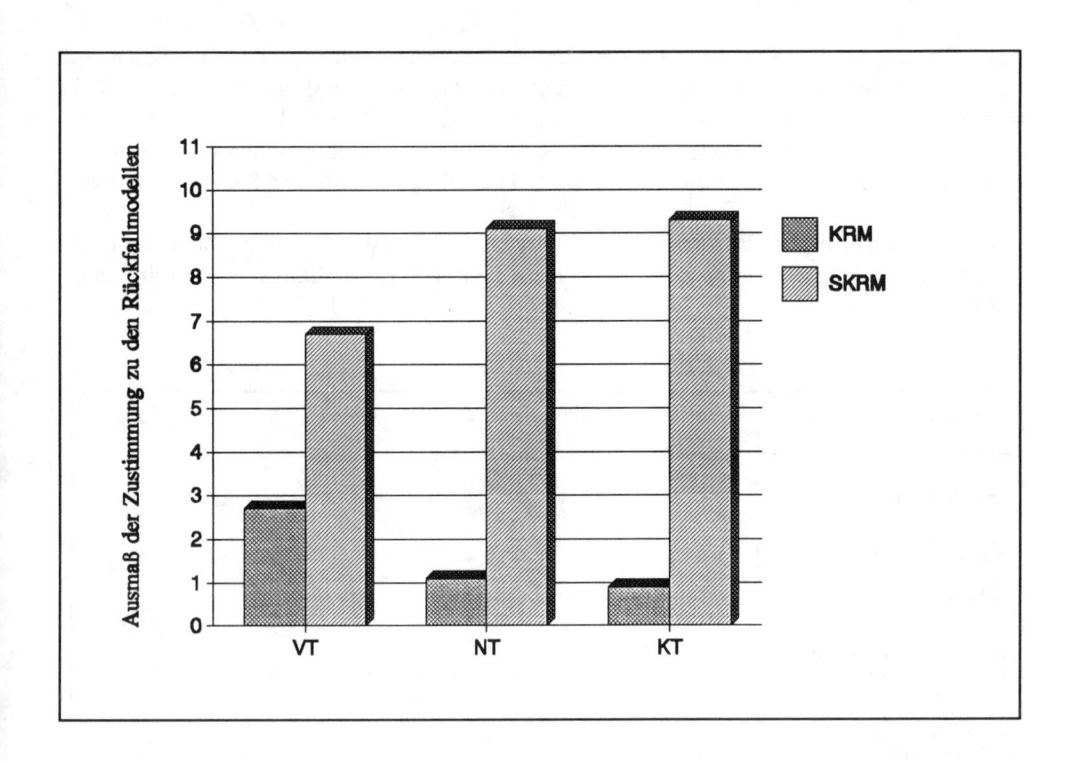

Abbildung 7B: Ausmaß der Zustimmung zu dem Klassischen Rückfallmodell (KRM) und dem Sozial-Kognitiven Rückfallmodell (SKRM) zu den drei Meßzeitpunkten

8.3.8 Zusammenfassung

Insgesamt gesehen lassen sich bei Herrn B klinisch und statistisch bedeutsame positive Veränderungen feststellen. Diese Veränderungen korrespondieren mit dem klinischen Eindruck, den sich der Therapeut über den Therapieverlauf verschaffen konnte. Es zeigt sich sowohl eine Stabilisierung der Abstinenz als auch eine positive Veränderung im biopsychosozialen Bereich. Diese Veränderungen sowie der Aufbau von Kompetenzen zur Regulation kognitiver, behavioraler und emotionaler Prozesse belegen den Therapieerfolg, ein Erfolg, der weit über eine bloße Symptomreduktion hinausgeht. Dieser Therapieerfolg sowie die Übernahme des Sozial-Kognitiven Lern- und Rückfallmodells durch den Klienten geben Anlaß zu der Annahme für eine positive Weiterentwicklung. Einschränkend muß im Fall des Herrn B gesagt werden, daß infolge der tiefen Verwurzelung der Kontaktproblematik der Klient im Behandlungs- und Katamnesezeitraum nur erste Fortschritte in diesem Bereich erzielen konnte und eine kontinuierliche Weiterarbeit von Herrn B als notwendig angesehen wird. Der Klient sieht zum Katamnesezeitpunkt keine unmittelbare Abstinenzgefährdung von diesem Problembereich ausgehen, meint jedoch, daß eine bessere Kontaktfähigkeit und vor allem eine Beziehung seine Lebensqualität wesentlich verbessern würden.

Nach Beendigung der Therapie und zur 1-Jahres-Katamnese wird der Klient gebeten, auf dem **Therapiebewertungsbogen** eine Einschätzung vorzunehmen. Er nimmt auf einer Skala von 0 - 10 eine Bewertung vor, in welchem Ausmaß die Therapie bei den angestrebten Veränderungen in den verschiedenen Bereichen genützt hat. Darüber hinaus kann der Klient eine Gesamtbewertung hinsichtlich der Aspekte Therapie, Lebensstil und Selbsthilfe vornehmen.

Abbildung 8B zeigt, daß Herr B der Meinung ist, daß ihm die Therapie viel bis sehr viel genützt hat, und diese Einschätzung ist auch ein Jahr nach Behandlungsende bei ihm noch vorhanden.

Trinkverhalten (Abstinenz)	0	1	2	3	4	5	6	7	8	9	(⊗)
Selbstkontrolle	0	1	2	3	4	5	6	7	8	(⊗)	10
Entspannung, Ausgeglichenheit	0	1	2	3	4	5	6	7	⊗	(9)	10
Selbstsicherheit, Selbstvertrauen	0	1	2	3	4	5	6	7	8	9	(⊗)
Aufbau von Fähigkeiten, Dinge anzupacken u. zu bewältigen	0	1	2	3	4	5	6	7	8	⊗	(10)
Kontakte aufzubauen u. aufrechtzuerhalten	0	1	2	3	4	5	6	⊗	8	(9)	10
Freizeitbereich	0	1	2	3	4	5	6	7	(⊗)	9	10
Arbeitsbereich	0	1	2	3	4	5	6	(⊗)	8	9	10
Finanzielle Angelegenheiten	0	1	2	3	4	(⊗)	6	7	8	9	10
Wohnsituation	0	1	2	3	4	5	6	7	8	9	(⊗)
Beziehung zu wichtigen Personen	0	1	2	3	4	5	6	7	⊗	(9)	10
	überhaupt nichts genützt								sehr viel genützt		
Gesamtbewertung											
Insgesamt hat mir die Therapie	0	1	2	3	4	5	6	7	8	(⊗)	10
	überhaupt nichts genützt								sehr viel genützt		
Die Therapie hat meinen Lebensstil	0	1	2	3	4	5	6	7	(⊗)	9	10
	überhaupt nicht verändert								sehr stark verändert		
Durch die Therapie habe ich gelernt, in Zukunft meine Schwierigkeiten selbst anzugehen und zu bewältigen	0	1	2	3	4	5	6	7	8	9	(⊗)
	stimmt gar nicht								stimmt vollkommen		

Abbildung 8B: Therapiebewertungsbogen von Herrn B nach der Therapie (x) und zum Katamnesezeitpunkt (O)

9. Zusammenfassung und Ausblick

Der erste, theoretische Teil der Arbeit gibt einen umfassenden Überblick über den aktuellen Stand der wissenschaftlichen Diskussion zur Ätiologie, Diagnostik und Therapie der Alkoholabhängigkeit. Ausgehend von einem biopsychosozialen Verständnis von Abhängigkeit werden unter Betonung psychologischer und - hier besonders - lerntheoretischer Ansätze auch biologische und soziologische Modelle ausführlich dargestellt und kritisch diskutiert. Neben dem traditionellen Behandlungsansatz werden vor allem verhaltenstherapeutisch orientierte Verfahren beschrieben, und die bisher vorliegenden Therapieresultate werden vor dem Hintergrund methodischer Aspekte betrachtet.

Im zweiten, praxisorientierten Teil wird ein ambulantes Therapieprogramm zur Behandlung Alkoholabhängiger ausführlich dargestellt, das auf der Basis der Sozial-Kognitiven Lerntheorie, des kognitiv-behavioralen Rückfallmodells, des Kompetenzmodells sowie der langjährigen klinischen Erfahrungen des Autors mit substanzgefährdeten und -abhängigen Klienten entwickelt worden ist. Dabei wurde der Versuch unternommen, ein Behandlungskonzept zu entwickeln, das einerseits auf die Bewältigung der Abhängigkeitsproblematik ausgerichtet ist und andererseits aber auch die zugrundeliegenden "ursächlichen" Problembereiche und Defizitstrukturen des Klienten angeht. Es wird dabei angenommen, daß die Aufrechterhaltung der Abstinenz sowohl durch die Vermittlung spezifischer "Temptation Coping Skills" als auch durch eine Verbesserung der Kompetenzen im intra- und interpersonellen Bereich gefördert wird.

Während der Trend in der verhaltenstherapeutischen Behandlung von Abhängigkeiten dahin geht, fast ausschließlich allgemeine Fertigkeiten und Kompetenzen in entsprechenden Coping Skills Trainings zu vermitteln (vgl. z. B. Monti et al., 1989), ist m. E. die Vermittlung von "symptomspezifischen" Maßnahmen, wie sie im Behandlungsabschnitt "Der Versuchung widerstehen" beschrieben worden sind, zur Bewältigung der Alkoholgedanken und des Alkoholverlangens ebenso wichtig und notwendig (vgl. z. B. Wells et al., 1989; Marlatt, 1990; Der Spiegel, 1994). Diese auch aus meiner langjährigen therapeutischen Praxis mit Abhängigen gewonnene Auffassung deckt sich mit den neueren Erkenntnissen aus der Therapieforschung zur Angstbehandlung, die nämlich eindeutig aufgezeigt hat, daß "problemspezifische Maßnahmen und Verfahren, die auf Bewältigung ausgerichtet sind, durch nichts Besseres ersetzt werden können" (Grawe, 1992b). Daraus ist jedoch keineswegs die Schlußfolgerung zu ziehen, daß man sich ausschließlich auf störungsspezifische Interventionen beschränken sollte, denn notwendig ist ebenso die Bearbeitung der individuellen "Grundproblematik", wobei die Ansatzpunkte der Veränderung in dem Aufbau angemessener kognitiver, emotionaler und behavioraler Verhaltensmuster liegen, damit der Klient seine Alltagsschwierigkeiten ("daily hassles") und seine Lebensprobleme ("life events") adäquat bewältigen und einen Lebensstil entwickeln kann, der ihm Zufriedenheit und Wohlbefinden vermittelt.

Wie schon erwähnt, werden in dem in dieser Arbeit dargestellten Therapieprogramm beide Bereiche berücksichtigt, wobei sich das "Cue Exposure" als wichtige Komponente in dem ersten Abschnitt - "Der Versuchung widerstehen" - des Therapieprogramms herausgestellt hat. Treten bei Alkoholabhängigen - wie in den Falldarstellungen geschildert - in der ersten Abstinenzphase verstärkt konditionierte Craving-Prozesse auf, dann schwächt die ständige Konfrontation mit den Auslösestimuli die kognitiven, physiologischen und emotionalen Reaktionen in ihrer Intensität, und die Klienten haben ihr Verlangen als geringer und nicht mehr so bedrohlich und abstinenzgefährdend erlebt. Während man sich lerntheoretisch diesen Effekt durch Dekonditionierungsvorgänge und operante Prozesse erklärt, wobei insbesondere durch die wiederholte Konfrontation mit den alkoholbezogenen Cues diese ihren "Signalwert" verlieren, erscheint mir die Tatsache wichtiger, daß durch das Cue Exposure der Alkoholabhängige in vorbereiteten Situationen seine neu erworbenen Bewältigungsfertigkeiten wie Gedankenstop von Alkoholgedanken, Ablehnungsverhalten, innere Disputation der Pro- und Contra-Karte etc. ausprobieren kann. Es hat sich in der klinischen Praxis gezeigt, daß dieses regelmäßige Üben der Klienten in alkoholbezogenen Situationen sowie die Verstärkung der Ausführung der neuen Bewältigungsfertigkeiten dazu geführt haben, daß alkoholbezogene Stimuli und einsetzendes Alkoholverlangen mit der Zeit für den Klienten zum Signal für den Einsatz ihrer neuen Bewältigungsfertigkeiten geworden sind. Weiterhin haben kognitive Veränderungen ganz wesentlich zu dem Effekt beigetragen, denn die Klienten haben nach erfolgreichen Übungen immer wieder berichtet, daß sie sich jetzt mehr zutrauen, sie demnach mehr "Selbstwirksamkeitserwartungen" im Sinne von Bandura (1977) haben. Dies hat auch wesentlich dazu beigetragen, daß die Klienten in anderen Risikosituationen Bewältigungsverhalten gezeigt haben und somit abstinent geblieben sind. In Verbindung mit der Pro- und Contra-Karte hat die Methode des Cue Exposure sowohl in Imaginationsübungen ("Imaginal Cue Exposure") als auch in realen Risikosituationen bewirkt, daß die Klienten mit der Zeit ihre positiven Alkoholeffekterwartungen abgelegt und durch negative ersetzt haben. Insgesamt gesehen kann man festhalten, daß das Cue Exposure im Therapieprogramm einen äußerst wichtigen Stellenwert in der ersten Phase hat und es dadurch bei den Klienten zu einer Implementierung einer Vielzahl behavioraler und kognitiver Fertigkeiten zur Bewältigung von Risikosituationen gekommen ist, was wiederum eine positive Spirale der Selbstwirksamkeitserwartungen in Gang gesetzt hat. In der Ambulanz erhalten dabei Klient und Therapeut fortlaufend Rückmeldungen über die Wirksamkeit der Vorgehensweise, und das Selbstkontroll- und Bewältigungsverhalten des Klienten in den jeweiligen Risikosituationen kann selbst- und fremdverstärkt werden.

Diese therapeutische Vorgehensweise, daß sich Klienten gezielt alkoholbezogenen Stimuli und Situationen aussetzen, um sie zu bewältigen, stellt in der Abhängigkeitsbehandlung eine große Neuerung dar und wurde bisher auch nur in einigen Forschungseinrichtungen durchgeführt (vgl. Abschnitt 6.2.3). In Deutschland hat meines Wissens 1994 eine stationäre Einrichtung mit Expositionsbehandlungen bei Alkoholabhängigen begonnen (Lindenmeyer et al., 1994). Bisher bestand ein Teil der Behandlungsphilosophie nämlich gerade darin, daß die Klienten alkoholbezogene Stimuli und Situationen vermeiden, um sich somit vor den Craving-Prozessen und den damit verbundenen Rückfallgefahren zu schützen. Dies ist auch nach wie vor die effektivste Bewältigungsstrategie für die sehr schwierige Anfangsphase der Abstinenz, in der die Klienten starkes Alkoholverlangen oft infolge des protrahierten Entzugssyndroms und fehlender Bewältigungsfertigkeiten erleben. Mit fortdauernder Abstinenz ist es m. E. jedoch notwendig, daß sich die Klienten neben dieser eher defensiven Vermeidungsstrategie aktives Bewältigungsverhalten aneignen. So habe ich aus Rückfallberichten von Klienten immer wieder erfahren, daß sie nach ihrer erfolgreich abgeschlossenen Therapie in einem geschützten Setting von dem Ausmaß und der Intensität ihres Alkoholverlangens überwältigt worden sind und in großer Unkenntnis diesem Prozeß ziemlich hilflos gegenübergestanden haben. Die Abstinenz über eine längere Zeit in einem geschützten

Rahmen bietet m. E. auch wegen der fehlenden Fertigkeiten zur Bewältigung des Alkoholverlangens eben keine Gewähr für einen abstinenten Verlauf nach der Entlassung. Aus verhaltenstherapeutischer Sicht ergibt sich bei den Behandlungskonzepten stationärer Einrichtungen für das problematische Annäherungsverhalten Alkoholabhängigkeit zudem das Problem, daß man ein Nicht-Auftreten des Trinkverhaltens schlecht verstärken kann und der Klient sein abstinentes Verhalten in dem geschützten Rahmen der Klinik eben oft nicht als seine Leistung und seinen Erfolg erlebt. Ein Klient hat diesen Aspekt einmal schön formuliert: *"Dort war man halt trocken, und später im Wochenendurlaub hat man eben auch nichts getrunken, weil man wußte, daß die es merken und einen dann entlassen würden."* Hingegen formuliert der in dieser Arbeit vorgestellte Therapieansatz explizit die Aufrechterhaltung der Abstinenz sowie die Prävention von Ausrutschern und Rückfällen als Behandlungsziele und vermittelt dem Klienten Fertigkeiten und Kompetenzen, wie er dies im Rahmen eines Selbstmanagement-Ansatzes für sich leisten kann. Die tägliche Bewährung steht im Vordergrund der ersten Therapiephase, wobei die Umdeutung von Ausrutscher und Rückfall von "verwerflichem" Verhalten, das sanktioniert werden muß, zu einem Verhalten, das dem Therapeuten und dem Klienten wichtige Erkenntnisse für die weitere Therapieplanung liefern kann, sich äußerst fruchtbar auf den gesamten Therapieprozeß ausgewirkt hat. So sagte mir einer der Klienten: *"Ich war äußerst erleichtert, als ich erfuhr, daß ein Rückfall nicht automatisch zum Therapieabbruch führt, weil trotz aller guten Absicht ich meine Hand nicht dafür ins Feuer hätte legen können."*

Als ein weiterer wichtiger Baustein im ersten Therapieabschnitt hat sich die Verbindung der Methode des Cue Exposure mit dem interaktionellen Selbstkontrollansatz herausgestellt. Hier lernt der Klient, subjektive Einschätzungen seines Befindens, der Schwierigkeit der Situation sowie seiner momentanen Bewältigungsfähigkeiten vorzunehmen und sich damit von seinem meist statischen Konzept der "Willensstärke" zu lösen. Die Klienten sehen ihre Selbstkontrollfähigkeiten stärker in einer dynamischeren und flexibleren Perspektive und können sich somit in ihrem Bewältigungsverhalten besser darauf einstellen, daß die gleiche Situation mehr oder weniger riskant sein kann (Tucker et al., 1990-91). Dieser interaktionelle Ansatz widerspricht der gemeinhin in der Alkoholismusbehandlung vermittelten Philosophie der Stärke, die sich in Aussagen wie: "Da müssen Sie durch", "Man muß nur stark genug sein", "Man muß der Versuchung die Stirn bieten", "Wenn Sie das nicht schaffen, sind Sie noch nicht motiviert genug" ausdrückt. Der Denkansatz, der in diesem Therapieprogramm den Klienten angeboten wird, beinhaltet, daß jedes Verhalten - auch Vermeidung und Flucht - wertvoll ist, wenn es dazu dient, die Abstinenz aufrechtzuerhalten, wobei die Erfahrung gezeigt hat, daß die Gefahr für einen Ausrutscher sich erheblich reduziert, wenn der Klient in dem interaktionellen System zu denken und zu handeln beginnt. Die aktive Vermeidung einer Situation, aber auch die Flucht, erlebt er nicht mehr als "Niederlage", die wiederum Auswirkungen auf sein Selbstwertgefühl hat, sondern als das für diese Situation angemessene und nützliche Bewältigungsverhalten, das ihm dabei hilft, abstinent zu bleiben. Wie in den Falldarstellungen geschildert, kann der Klient mit Hilfe des interaktionellen Systems in vielen Situationen sogar ein antizipatorisches Coping durchführen.

Das Training von Bewältigungsverhalten in alkoholbezogenen Situationen wirft natürlich die Frage nach dem Zeitpunkt der Einführung dieser Methode in die Therapie auf. Dies erfordert von Therapeut und Klient eine sorgfältige Analyse in bezug auf Faktoren wie bereits vorhandene Bewältigungsfertigkeiten, Energiepotential des Klienten, möglicherweise noch vorhandene Entzugssymptome, schon bewältigte Risikosituationen, Zutrauen und Zuversicht des Klienten, unterstützende Ressourcen im sozialen Umfeld für das Training etc. Letztendlich bleibt es jedoch meiner Erfahrung nach in der Ambulanz immer eine Gratwanderung zwischen der Möglichkeit, ob der Klient durch das schrittweise Üben von Risikosituationen allmählich Widerstandskraft, Selbstwirksamkeitserwartungen und Bewältigungsverhalten aufbaut oder ob er die Situation nicht bewältigt und einen Ausrutscher produziert, der schlimmstenfalls zu einem ausgewachsenen Rückfall führen kann. Aus der Erfahrung kann man sagen, daß die Gefahr bei einem Klienten mit wenig Bewältigungsfertigkeiten und gering ausgeprägter Motivation und Verpflichtung zur Abstinenz groß ist, daß eine Realitätsübung einen Rückfall einleitet oder sogar als "Entschuldigung" für das Alkoholtrinken verwandt wird. Als ein wichtiges Hilfsmittel zur Risikoabschätzung haben sich Imaginationsübungen in den Therapiesitzungen bewährt, bei denen der Klient die geplante Realitätsübung vorstrukturieren und trainieren kann. Eine entscheidende Variable ist dabei, ob der Klient von der Wirksamkeit seiner Handlungen überzeugt ist und sich die feste Verpflichtung gegeben hat, abstinent zu bleiben ("Komme, was da wolle, ich bleibe trocken"). So haben beispielsweise Fäh et al. (1991) in ihrer Untersuchung ebenfalls gefunden, daß die subjektive Überzeugung der Klienten, dem Alkoholtrinken widerstehen zu können, mit dem Trinkstatus 6 Monate nach Ende der stationären Therapie in einem positiven Zusammenhang steht. Gossop et al. (1990) berichteten, daß bei Heroinabhängigen neben der Anzahl der Schutzfaktoren das Vertrauen der Person, drogenfrei zu bleiben, ein wichtiger prädiktiver Faktor für die spätere "Cleanheit" gewesen ist. Dennoch bleibt im ambulanten Setting die Gefahr groß, ein "falsches Timing" zu wählen, zumal der Therapeut mit der Expositionsbehandlung nicht warten kann, bis alle Kompetenzdefizite in ausreichendem Maße abgebaut sind. Der normale Alltag des Klienten enthält zahlreiche Risikosituationen, die sich auf Dauer nicht alle vom Klienten aktiv vermeiden lassen; so mußte sich beispielsweise ein Klient bereits zu Beginn der Behandlung der Risikosituation "Arbeitsplatz" stellen. Aufgrund meiner Erfahrungen ist es notwendig, mit dem Klienten auszuhandeln, daß er nicht ohne Absprachen zusätzliche Risikosituationen aufsucht, wobei es gerade in der anfänglichen "Euphorie" nach der Entgiftung zu Überschätzungen der Widerstandskraft und des Potentials an Bewältigungsverhalten kommen kann (Personvariable dominiert im interaktionellen Ansatz und "verfärbt" die Einschätzung der Variable "Situation" und "Bewältigungskompetenz"). In dieser Phase ist die Rolle des Therapeuten die eines sensiblen "Coachs", der den Klienten ermutigt und fördert, aber auch Warnsignale sendet und nötigenfalls Stop-Schilder aufstellt.

Man kann festhalten, daß sich das interaktionelle PSB-Modell der Selbstkontrolle, bei dem der Klient eine Einschätzung der persönlichen Befindlichkeit (P), der Schwierigkeit der Situation (S) und seiner momentanen Bewältigungsfähigkeiten (B) vornimmt, bestens bewährt hat. Die Internalisierung der drei W's - Wie geht es mir? Wie schwierig ist die Situation? Wie gut werde ich es schaffen? - führte bei den Klienten zu realistischen Einschätzungen des Grades der Bedrohung ihrer Selbstkontrolle. Dies wiederum veranlaßte die Klienten, Entscheidungen zu treffen und Verhalten zu zeigen, die das Ziel der Aufrechterhaltung der Abstinenz nicht gefährdeten und mit denen sie sich auch nicht überforderten. Die Klienten lernten, mit dem interaktionellen PSB-Modell in dynamischen Zusammenhängen zu denken, denn in einem statischen Ansatz bleibt m. E. die neue "Zauberwaffe" Coping ohne große Wirkung. Sie führt den Klienten unter Umständen sogar in den Ausrutscher, weil er beispielsweise ganz im Vertrauen auf sein neu gelerntes Verhalten, "Nein zu sagen", ein Alkoholangebot ablehnen zu können, sein Befinden (P) und die Schwierigkeit der Situation (S) unberücksichtigt läßt. Der Erwerb von "Temptation Coping Skills" ist meiner Erfahrung nach eine notwendige, aber keine hinreichende Bedingung für die Aufrechterhaltung der Abstinenz. Der Aufbau dieser spezifischen Bewältigungsfertigkeiten muß eingebettet sein in ein Therapiekonzept, das die komplexe Vernetztheit zwischen Entscheidung und Verpflichtung zur Abstinenz sowie Veränderungs- und Aufrechterhaltungsphase berücksichtigt sowie dem Klienten ein Modell vermittelt, das es ihm ermöglicht, die erworbenen Coping Skills in einer dynamischen Interaktion mit seinem Befinden und der Schwierigkeit der Risikosituation zu betrachten. Vor diesem Hintergrund trifft der Klient eine Entscheidung über sein angemessenes und nützliches Verhalten in dieser Situation.

Ein Aspekt, der im Zusammenhang mit dem Therapieprogramm noch angesprochen werden soll, ist die immer wieder diskutierte Frage, inwieweit ein standardisiertes Programm der Individualität des einzelnen Klienten mit seiner ganz spezifischen Hintergrundproblematik gerecht werden kann. So lautet beispielsweise ein Hauptvorwurf von Köhlke (1992) in der momentan geführten Debatte zu dem Stellenwert verhaltenstherapeutischer Standardtherapien bei der Angstbehandlung (vgl. Schulte et al., 1991; Margraf & Schneider, 1992; Grawe, 1992b; Köhlke, 1993), daß die Konzentrierung der Forschung auf verhaltenstherapeutische Standardprogramme vor allem deshalb erfolgt, weil diese Programme gut beforschbar, gut in den medizinischen Klinikbetrieb integrierbar, gut in offiziell anerkannten Ausbildungsgängen vermittelbar und gut in Therapieanträgen darstellbar sind. Er fordert die Praktiker auf, ihre einzelfallspezifische Sicht- und Arbeitsweise zu publizieren, um so ein inhaltliches qualitatives Gegengewicht zu den Standardtherapien zu schaffen. Diesen Vorwürfen hält beispielsweise Fiegenbaum (1992) entgegen, daß Therapiemanuale keineswegs Schema-F-Therapien hervorbringen, "sondern eine sinnvolle Strukturierungshilfe, nicht zuletzt auch für die Patienten, bieten" (S. 263).

In dieser Diskussion steckt aber auch die alte Debatte zum Stellenwert der Beschwerden und Probleme, mit denen die Klienten eine Behandlung aufsuchen. Stellt beispielsweise das Abhängigkeitssyndrom das "wirkliche" Problem dar oder liegt nicht dahinter das "eigentliche", das "wahre" Problem (vgl. Keup, 1978; Marlatt, 1979; Caddy & Block, 1983; Rost, 1987). Diese Diskussion ist vor allem zwischen Vertretern der Verhaltenstherapie und den Anhängern tiefenpsychologischer Ansätze geführt worden (vgl. z. B. Weitzman, 1967; Eysenck, 1970; Wolpe, 1974; Sloane et al., 1975; Franks & Wilson, 1980), wobei die Verhaltenstherapie stets die Position vertreten hat, daß die Beschwerden und Symptome des Klienten ernst genommen werden müssen und in der Therapie bei ihnen anzusetzen ist.

In der verhaltenstherapeutischen Behandlung von Abhängigkeiten hat jedoch immer mehr eine Verlagerung von der Symptombehandlung, wie sie klassischerweise in der Aversionstherapie vorgenommen worden ist, zu einer Therapie stattgefunden, die fast nur noch die Probleme und Defizite bearbeitet, die "hinter" der Symptomatik stehen. So konzentriert sich beispielsweise das Behandlungsprogramm von Monti et al. (1989) fast ausschließlich auf den Aufbau von sozialen Fertigkeiten und Kompetenzen. Notwendig ist jedoch meiner Erfahrung nach auch die Vermittlung von "symptomorientierten" Maßnahmen und Verfahren, wie sie im Behandlungsabschnitt "Der Versuchung widerstehen" dargestellt worden sind und diese Erkenntnis hat, wie schon erwähnt, ihre Parallele in den Ergebnissen der Therapieerfolgsforschung auf dem Gebiet der Angstbehandlung (Grawe, 1992b).

Das in dieser Arbeit dargestellte und überprüfte Therapieprogramm enthält sowohl störungsspezifische ("Der Versuchung widerstehen") als auch allgemeine ("Leben lernen") Behandlungsmaßnahmen. Es repräsentiert auch gleichsam einen "Prototyp", der im Einzelfall individuell ausgestaltet werden kann, und zwar sowohl, was die Problembereiche und Inhalte, als auch, was die Therapiedauer betrifft. Es war nicht beabsichtigt, ein standardisiertes Therapiemanual zu entwickeln und zu überprüfen, wie es etwa Margraf & Schneider

(1990) für Klienten mit Angstanfällen getan haben, sondern die Zielsetzung war vielmehr, eine Behandlungskonzeption für Alkoholabhängige in der Ambulanz zu entwickeln, die dem Therapeuten den Raum läßt, um der Individualität des Klienten gerecht werden zu können. So werden beispielsweise die Realitätsübungen zum Aufbau von Bewältigungsverhalten in alkoholbezogenen Risikosituationen bei Person X primär im Arbeitsbereich, bei Person Y vor allem im Freizeitbereich durchgeführt, und die Anwendung der im Problemlösetraining gelernten Strategien und Verhaltensweisen kann bei Klient X im Freizeitbereich und bei Klient Y im Arbeitsbereich erfolgen.

Die Behandlungsdauer richtet sich, wie die Dokumentation der Einzelfälle zeigt, ebenfalls nach dem individuell erstellten Therapieplan und der Zeit, die zur Erreichung der Therapieziele benötigt wird. Ordnet man das Therapieprogramm auf einem Kontinuum mit den beiden Polen "Standardisiert" versus "Individualisiert" ein, so kann man von einer "Teilstandardisierung" sprechen, weil die symptomspezifischen und allgemeinen Maßnahmen vorgegeben sind und die Inhalte, die Reihenfolge der Maßnahmen und die Behandlungszeiten variieren können. Mit dem Therapieprogramm versuchte der Autor gleichsam eine Synthese zu erreichen, die einerseits seinem Bedürfnis nach Systematik und Struktur in der Behandlung gerecht wird und andererseits die Einzigartigkeit des Klienten berücksichtigt. Die Festlegung des Therapeuten erfolgt lediglich auf einer obersten Abstraktionsebene: Bei Vorliegen einer Alkoholabhängigkeit wird dieses Therapieprogramm durchgeführt, wenn der Klient eine Verpflichtung zur Abstinenz eingeht und für sich das Therapierational akzeptiert. Über die inhaltliche Ausgestaltung wird dagegen keine Aussage gemacht, und auch für die Durchführung der Methoden sind keine festen Vorgaben vorhanden, da hier bereits die Anpassung an den Einzelfall erforderlich ist.

Die Durchführung dieses Therapieprogramms bei Klienten in der Ambulanz bedeutet demnach keinen Verzicht auf Flexibilität, bietet jedoch dem Therapeuten und dem Klienten den großen Vorteil, Struktur und Handlungsanleitungen für die Zielerreichung zu besitzen, wobei durch die konsequente Einbettung der Behandlungsmaßnahmen in einen Selbstmanagement-Ansatz versucht wird, dem vielzitierten Anspruch "Hilfe zur Selbsthilfe" gerecht zu werden.

Die Falldarstellungen im Schlußteil dieser Arbeit zeigen, daß dieser Therapieansatz bei den Klienten zu klinisch bedeutsamen, positiven Veränderungen im körperlichen, psychischen und sozialen Bereich geführt und sich das Trinkverhalten entscheidend verändert hat.

Die graphische Analyse des Trinkverhaltens zeigt bei den Klienten eindeutige Verbesserungen sowohl in bezug auf die Alkoholmenge (gemessen in g Alkohol) als auch in bezug auf die Trinktage während des Behandlungs- und Katamnesezeitraums im Vergleich zur Baseline-Phase. Während Klient A über den gesamten Beobachtungszeitraum eine stabile Abstinenz aufrechterhalten konnte und schwierige Risikosituationen bewältigt hat, kam es bei Klient B für einen kurzen Zeitraum in der Behandlungsphase aufgrund einer noch nicht bewältigbaren Streßsituation am Arbeitsplatz zu einem Rückfall. Der Klient konnte diesen Rückfall jedoch dank des Rückfallmodells von Marlatt gut aufarbeiten und bewältigen so daß Herr B im Katamnesezeitraum auch eine stabile Abstinenz aufrechterhalten konnte.

Im körperlichen, psychischen und sozialen Bereich kam es bei beiden Klienten zu klinisch sehr bedeutsamen Veränderungen, die zusammen mit den eingeleiteten Lebensstilveränderungen eine weitere positive Entwicklung wahrscheinlich machen. Insgesamt zeigen die vorliegenden Ergebnisse sehr deutlich, daß der neu entwickelte Ansatz zur Behandlung Alkoholabhängiger in dem ambulanten Setting mit diesem Therapeuten sowohl zu einer dauerhaften Verbesserung des Trinkverhaltens als auch der biopsychosozialen Problematik geführt hat. Da vergleichbare Studien in Deutschland fehlen, ist es schwierig, die Ergebnisse einzuordnen und zu bewerten. Ich meine jedoch, daß die Resultate der Einjahres-Katamnese einen überzeugenden Beleg dafür liefern, daß alkoholabhängige Klienten, die sich zur Abstinenz verpflichten, es mit Hilfe dieses Therapieprogramms in der Ambulanz schaffen können, ihre Abstinenz aufrechtzuerhalten sowie ihre biopsychosoziale Problemlage zu verbessern und ihren Lebensstil zu verändern. Einschränkend muß jedoch gesagt werden, daß sich die bisherigen Erfahrungen jedoch nur auf Klienten beziehen, die sich zur Abstinenz verpflichtet und das Therapieprogramm akzeptiert und absolviert haben. Während in stationären Therapieeinrichtungen auch weniger motivierte und behandlungswillige Klienten das Behandlungsprogramm in dem geschützten Rahmen durchstehen können und sich das Problem der Aufrechterhaltung der möglicherweise unter der "Käseglocke" erzielten Veränderungen auf die Phase nach der Entlassung aus der Therapie verlagert, ist dies der Erfahrung nach im ambulanten Setting eher unwahrscheinlich. In der Ambulanz bricht der Klient viel häufiger den Kontakt in einer frühen Phase ab; so dauert etwa ein Drittel der Betreuungen in den Beratungs- und Behandlungsstellen für Suchtkranke in Deutschland weniger als zwei Monate, während die Behandlungen, die länger als ein Jahr dauern, mit 14 % relativ selten sind (vgl. Simon et al., 1993). Die Frage der Motivation und die Förderung der Bereitschaft bei dem Alkoholabhängigen und Alkoholgefährdeten, eine Behandlung zu beginnen, ist sicherlich neben der in dieser Arbeit behandelten Problemstellung der Aufrechterhaltung der Abstinenz das zweite große Aufgabenfeld im Abhängigkeitsbereich. In der Frage des Motivationsaufbaus gibt es mittlerweile interessante Ansätze (vgl. z. B. Miller, 1985; Pfeiffer et al., 1991), und man könnte m. E. bei einer sachlichen Diskussion in Deutschland über die Therapieziele auch mehr Personen mit Substanzproblemen zu einer Behandlung motivieren (vgl. Arend, 1991a; Vogt, 1991).

Inwieweit sich die mit dem Behandlungsprogramm erzielten Ergebnisse als längerfristig stabil erweisen, wäre durch weitere Katamnesen nach 3 und 5 Jahren zu überprüfen. Dies wäre jedoch eher eine Beschreibung und Analyse des "natürlichen Verlaufs" der lebensgeschichtlichen Weiterentwicklung des einzelnen Klienten nach einer Behandlung als eine Therapiewirksamkeitsstudie im engeren Sinne (vgl. z. B. Vaillant, 1983). Ein interessanter Aspekt wäre es in diesem Zusammenhang sicherlich, nach einem längeren Zeitraum zu schauen, welchen Einfluß die in einem Selbstmanagement-Ansatz vermittelten "übergeordneten" Kompetenzen und Copingstrategien wie kognitive Restrukturierung, Problemlösetraining und Selbstsicherheitstraining in der "natürlichen" Weiterentwicklung haben. In diesem Zusammenhang ist die Frage der Aufrechterhaltung der vermittelten Fertigkeiten und Strategien von Interesse, wobei Kirschenbaum (1987) sowie Gintner & Poret (1988) Faktoren beschrieben haben, die eine Aufrechterhaltung begünstigen.

In der Weiterführung dieser Arbeit wären weitere Therapiestudien notwendig, um eine wissenschaftliche Evaluation vornehmen zu können und Hinweise auf die differentielle Wirksamkeit zu erhalten. Aufgrund meiner langjährigen therapeutischen Erfahrung mit substanzabhängigen Menschen in einer Ambulanz erscheinen mir folgende Faktoren für eine differentielle Indikationsstellung bei einem ambulanten Therapieprogramm relevant:

- kurze Abhängigkeitsdauer (bis 5 Jahre vom Zeitpunkt der Erstmanifestation);
- keine Psychiatrieaufenthalte;
- keine Inhaftierung;

- keine oder nur geringfügige Vorerfahrungen mit dem "klassischen Behandlungssystem" und dem dahinterstehenden Krankheitsmodell;
- keine lange "Geschichte des Versagens";
- vorhandene Ressourcen und Potentiale im körperlichen, psychischen und sozialen Bereich.

Was die Therapeutenvariable betrifft, halte ich neben einer fundierten Therapieausbildung und einer ausreichenden Erfahrung mit Substanzgefährdeten und -abhängigen das Vorliegen einer "therapeutischen Identität" für sehr wichtig, worunter eine sichtbare Übereinstimmung des Therapeuten mit "seiner Therapietheorie" verstanden wird. Die therapeutische Identität impliziert jedoch nicht nur ein bestimmtes Vorgehen und die Anwendung bestimmter Methoden, sondern bedeutet auch eine für den Klienten erfahrbare, emotionale Qualität in der Beziehung, wie sie beispielsweise Rogers durch die Variablen "Wärme", "Empathie" und "Echtheit" beschrieben hat. Verschiedene Studien haben gezeigt, daß die Theorie des Therapeuten ein Wirkfaktor ist, der den Therapieeffekt qualitativ beeinflußt (vgl. Lang, 1990; Eckert, 1991). Deshalb haben eine umfassende und detaillierte Information der Klienten über das Therapierational und die Annahme der Klienten, daß sie sich auf dieser Grundlage und mit dieser Vorgehensweise positive Veränderungen vorstellen können, ganz wesentlich zum "Einstieg" in das Therapieprogramm beigetragen. Für die Klienten war es wichtig, daß sie die Entwicklung ihrer Alkoholproblematik verstehen und nachvollziehen und darüber hinaus eine Verknüpfung ihrer Alkoholproblematik mit ihrer biopsychosozialen Problemkonstellation herstellen konnten.

Bedeutsam scheint weiterhin die Ansprechbarkeit des Klienten für das therapeutische Beziehungsangebot zu sein, das man in dem in dieser Arbeit dargestellten Ansatz als "Arbeitsbündnis" charakterisieren kann. So fanden beispielsweise Keithly et al. (1980) sowie Moras & Strupp (1982), daß negative oder stark ambivalente Klient-Therapeut-Beziehungen in der Anfangsphase der Therapie zu negativen Therapieergebnissen führen. In diesem Zusammenhang ist m. E. eine Revision der in der Psychotherapieforschung lange Zeit vertretenen Auffassung, daß die Therapeutenvariablen wie Engagement, Wärme, akzeptierende Haltung, Ausstrahlung etc. den "unspezifischen Faktoren" zuzurechnen sind, notwendig. Der Therapeut und die von ihm praktizierten Methoden bilden, wie schon erwähnt, die "therapeutische Identität", und die jahrzehntelange Suche auf der Grundlage eines pharmakologischen Forschungsparadigmas nach den aktiven Ingredienzien, nach dem "psychotherapeutic antibiotic", hat sich als eine Sackgasse erwiesen (Butler & Strupp, 1986). In dem hier dargestellten therapeutischen Ansatz wurde demnach versucht, die Therapievariablen zu realisieren, die jüngst Grawe (1993) auf der Basis einer Analyse von 3500 kontrollierten Therapiestudien als bedeutsame Wirkfaktoren herausgestellt hat: motivationale Klärung, therapeutische Beziehung und aktive Unterstützung zur Problembewältigung.

In einer Konzeptualisierung von Therapie als Arbeitsbündnis und Problemlöseprozeß ergibt sich für den Klienten die klare Zuschreibung einer aktiven Rolle im Therapieprozeß, die die Ausführung bestimmter Aktivitäten und "Hausaufgaben" zwischen den Therapiesitzungen impliziert. Dabei war es wichtig, daß die durchgeführten Methoden und Techniken von den Klienten in einem verständlichen Zusammenhang zu ihrer Alkoholproblematik gesehen wurden. So kommen Bozok & Bühler (1988) in einer Überblicksarbeit über Wirkfaktoren in der Psychotherapie zu dem Schluß, daß die Wirksamkeit einer therapeutischen Technik wie beispielsweise der systematischen Desensibilisierung auch davon abhängt, wie "plausibel" sie für den Klienten aufgrund seiner Problemsicht erscheint.

So stellt sich die Frage, ob nicht gerade die Abhängigen, die ihre Autonomietendenzen überbetonen - und von Blane (1968) als der "gegenabhängige Typ" bezeichnet wurden, weil sie gegen ihre Abhängigkeitswünsche ankämpfen und in Richtung Unabhängigkeit überkompensieren -, sich von dem verhaltenstherapeutischen Behandlungsansatz eher angesprochen fühlen, der ihnen eine aktive, autonome Rolle im Therapieprozeß zuschreibt und ihnen den Erwerb von Kompetenzen offeriert, die sie zur Realisierung ihrer Unabhängigkeitswünsche brauchen. So leben die in dieser Arbeit beschriebenen Klienten noch in relativ großer Abhängigkeit zu Hause bei den Eltern und haben ernsthafte Absichten, sich von zu Hause zu lösen und autonomer zu werden. Von Klient B wird beispielsweise zu Beginn der Behandlung dieser Wunsch nach Autonomie gegenüber den Eltern sogar noch bedeutsamer eingeschätzt als die Unabhängigkeit gegenüber dem Suchtmittel. Wichtig ist jedoch auch, daß die Klienten neben der Stärkung ihrer Kompetenzen in der Therapie auch ihre Bedürfnisse nach Geborgenheit und Wohlbefinden sowie ihre Trauer über den Verlust des Suchtmittels zulassen und ausleben konnten und teilweise sogar Freude wiedergelernt haben, wobei letzteres, wie Zackon (1989) in seiner Arbeit zeigen konnte, ein wichtiger Aspekt in der Aufrechterhaltung der Abstinenz ist. Der "abhängige Typ", der nach Blane (1968) zu seinen Abhängigkeitswünschen steht und dadurch charakterisiert ist, daß seine Bedürfnisse nach Selbständigkeit und Unabhängigkeit wenig ausgeprägt sind, fühlt sich hingegen vielleicht stärker von Therapietheorien und Therapieangeboten angesprochen, bei denen zu Therapiebeginn weniger Anforderungen und autonomes Verhalten gefordert sind. Der hier dargestellte Selbstmanagement-Ansatz verlangt hingegen von den Klienten ein hohes Maß an Mitbeteiligung und Eigenständigkeit.

Zusammenfassend kann man festhalten, daß das entwickelte Therapieprogramm auf der Basis der Sozial-Kognitiven Lerntheorie und des kognitiv-behavioralen Rückfallmodells gut in die klinische Alltagspraxis einer Ambulanz implementiert und seine Wirksamkeit durch kontrollierte Einzelfallstudien aufgezeigt werden konnte. Es liegt ein Therapieprogramm vor, das bei Alkoholabhängigen im ambulanten Setting der Beratungsstelle X mit dem Therapeuten Y zu klinisch bedeutsamen Veränderungen im Trinkverhalten sowie in den biopsychosozialen Problembereichen geführt hat. Notwendig sind weitere kontrollierte Einzelfallstudien durch in der klinischen Praxis und Versorgung tätige Psychotherapeuten, um die Frage der Generalisierbarkeit dieser Ergebnisse weiter abklären zu können und um schrittweise zu Indikationskriterien zu gelangen, die ein optimales "Matching" erlauben. Diese Vorgehensweise weicht sicherlich erheblich von der bisher üblichen Praxis der Psychotherapieforschung ab, wo in der Regel in Forschungszentren Behandlungsprogramme durch "clinical trials" überprüft werden. Diese werden jedoch häufig - wie Margraf (1992) am Beispiel der Methode der Reizüberflutung bei der Angstbehandlung dokumentiert hat -in der Praxis aus vielen Gründen, auf die hier nicht näher eingegangen werden kann (vgl. z. B. Schulte, 1992; Fiegenbaum et al., 1992) nicht angewendet. Kazdin et al. (1986) äußerten auch dahingehend Bedenken, daß der Nachweis von Effekten unter den idealen Bedingungen eines "clinical trial" keineswegs die Effektivität des Behandlungsprogramms im "alltäglichen" klinischen Setting mit "Alltagsklienten" gewährleistet. Sie fordern deshalb als zukünftige Forschungsstrategie klinische Replikationen mit "typischen" Klienten und Therapeuten, "who attempt to implement and evaluate a specific form of treatment under the pressures of daily clinical practice" (S. 396). In klinischen Replikationen sehen die Autoren die faszinierende Möglichkeit, die Praktiker an der klinischen Forschungsarbeit zu beteiligen, um damit deren großen Fundus an therapeutischer Erfahrung und Kompetenz anzapfen und für die Weiterentwicklung der Therapie nutzbar machen zu können. Dabei liegt der Hauptzweck einer systematischen Evaluation der klinischen Praxis für Kazdin (1993) darin, "to enhance client care and to improve the basis for drawing inferences about treatment and therapeutic change" (S. 11). Butler & Strupp (1986) kommen in ihrer Diskussion über den Zustand der Psychotherapieforschung ebenfalls zu dem Schluß, daß es notwendig ist, neue Wege zu gehen und meinen in methodischer Hinsicht, daß "the multiple-case-study approach seem a viable research alternative to the unsatisfactory traditional studies" (S. 38).

Diese Arbeit repräsentiert einen Schritt auf diesem vorgeschlagenen neuen Weg, und mit ihr verbindet sich der Wunsch, daß noch viele klinische Praktiker ebenfalls einen Schritt machen und entweder das in dieser Studie dargestellte Therapieprogramm in ihrer klinischen Tätigkeit einsetzen oder ihren eigenen therapeutischen Ansatz dokumentieren und mit kontrollierten Einzelfallstudien überprüfen, um somit die empirische Basis in der ambulanten Behandlung der Alkoholabhängigkeit zu verbreitern.

Weiterhin ist zu hoffen, daß die Sozial-Kognitive Lerntheorie und das kognitiv-behaviorale Rückfallmodell in Zukunft in der Behandlung des Substanzmißbrauchs und der Substanzabhängigkeit einen größeren Stellenwert erhalten, weil dadurch m. E. die Möglichkeit besteht, zukünftig die Aufgaben in der Prävention und Therapie angemessener bewältigen zu können als dies bisher mit dem dominierenden medizinischen Modell geschieht. An die Adresse der Traditionalisten sei jedoch gesagt, daß es nicht darum geht, Bewährtes über "Bord zu werfen", andererseits sind die Therapieerfolgsquoten in der Abhängigkeitsbehandlung aber auch nicht so hoch, daß wir es uns erlauben können, neue, innovative Konzepte und Modelle nicht auf ihre Wirksamkeit zu überprüfen. Notwendig ist es, in einer ausgewogenen Weise die beiden Seiten zu betrachten und auf das Erreichte und das Unbewältigte zu schauen, wobei man dann feststellen muß, daß gerade im ambulanten Bereich empirisch überprüfte und wirksame Behandlungskonzepte Mangelware sind. Hier ist Abhilfe dringend nötig, wenn der ambulante Sektor in der therapeutischen Versorgung substanzgefährdeter und -abhängiger Menschen den Stellenwert einnehmen will, den er sich momentan des öfteren schon zuschreibt. Gerade jetzt, wo sich die Suchtkrankenhilfe in einer Übergangsphase befindet, ist m. E. die Dokumentation einer kontrollierten klinischen Praxis im Sinne von Petermann (1982) wichtig, um den Prozeß der Erkenntnisgewinnung im Bereich der ambulanten Therapie voranzutreiben. Dadurch wäre eine effizientere ambulante klinische Versorgung möglich, und für die ambulante Therapieform würden Wirksamkeitsnachweise auf einer breiten Basis vorliegen, die es ermöglichten, gegen das noch immer bestehende Vorurteil anzugehen, daß dem Abhängigen in der Regel nur eine stationäre Therapie helfen kann. Ein weiteres Problemfeld der klinischen Forschung ist der Erarbeitung von Indikationskriterien, die im Einzelfall eine Zuweisung zu der geeigneten Therapieform (ambulant, teilstationär, stationär) erlauben. Dabei ist in bezug auf den wichtigen therapeutischen Prozeß der Aufrechterhaltung der Abstinenz ("Rückfallprophylaxe") eine viel stärkere "Verzahnung" von stationärer und ambulanter Therapie sowie Selbsthilfe notwendig, um die "Bewährung" des Klienten in seinem Alltag zu stützen und zu fördern. Akademische Diskussionen bringen hier nur geringen Fortschritt, und das bloße Festhalten am Bewährten sowie das Beharren auf den alten Dogmen ist angesichts der Größe der Problematik unzureichend und oft sogar verfehlt.

Literaturverzeichnis

Abele, A. & Becker, P. (Hrsg.) (1991). *Wohlbefinden: Theorie, Empirie, Diagnostik*. Weinheim: Juventa.
Abrams, D. B., Binkoff, J. A., Zwick, W. R., Liepman, M. R., Nirenberg, T. D., Munroe, S. M. & Monti, P. M. (1991). Alcohol abusers' and social drinkers' responses to alcohol-relevant and general situations. *Journal of Studies on Alcohol, 52*, 409-414.
Abrams, D. B. & Niaura, R. S. (1987). Social learning theory. In H. T. Blane & K. E. Leonard (Eds.), *Psychological theories of drinking and alcoholism*. New York: Guilford Press, 1987, pp. 131-178.
Adams, M., u. a. (1989). *Drogenpolitik. Meinungen und Vorschläge von Experten*. Freiburg i. Br.: Lambertus.
Agarwal, D. P. & Goedde, H. W. (1987³). Genetik des Alkoholismus. In K. P. Kisker, H. Lauter, J.-E. Meyer, C. Müller & E. Strömgren (Hrsg.), *Psychiatrie der Gegenwart. Bd. 3: Abhängigkeit und Sucht*. Berlin: Springer, S. 129-142.
Agarwal, D. P. & Goedde, H. W. (1989a). Enzymology of alcohol degradation. In H. W. Goedde & D. P. Agarwal (Eds.), *Alcoholism. Biomedical and genetic aspects*. New York: Pergamon Press, pp. 3-20.
Agarwal, D. & Goedde, H. W. (1989b), Human aldehyde dehydrogenases: Their role in alcoholism. *Alcohol, 6*, 517-523.
Agarwal, D. P., Harada, S. & Goedde, H. W. (1981). Racial differences in biological sensitivity to ethanol: The role of alcohol dehydrogenase and aldehyde dehydrogenase isoenzymes. *Alcoholism: Clinical and Experimental Research, 5*, 12-16.
Alexander, B. K. (1990). The empirical and theoretical bases for an adaptive model of addiction. *Journal of Drug Issues, 20*, 37-65.
Alexander, B. K. & Hadaway, P. F. (1982). Opiate addiction: The case for an adaptive orientation. *Psychological Bulletin, 92*, 367-381.
Alterman, A. J., Bridges, K. R. & Tarter, R. E. (1985). The influence of both drinking and familial risk statuses on cognitive functioning of social drinkers. *Alcoholism: Clinical and Experimental Research, 10*, 448-451.
Amann, G., Baumann, U. & Lexel-Gartner, S. (1988). Soziales Netzwerk und soziale Unterstützung bei männlichen Alkoholikern. *Suchtgefahren, 34*, 369-378.
Anastasi, A. (1972). Vererbung, Umwelt und die Frage nach dem Wie. In O. M. Ewert (Hrsg.), *Entwicklungspsychologie. Band I*. Köln: Kiepenheuer & Witsch, S. 19-30.
Andrews, K. H. & Kandel, D. B. (1979). Attitude and behavior: A specification of the contingent consistency hypothesis. *American Sociological Review, 44*, 298-310.
Annis, H. M. (1974). Patterns of intra-familial drug use. *British Journal of Addiction, 69*, 359-367.
Annis, H. M. (1986). A relapse prevention model for treatment of alcoholics. In W. R. Miller & N. Heather (Eds.), *Treating addictive behaviors: Processes of change*. New York: Plenum Press, pp. 407-433.
Annis, H. M. (1990). Relapse to substance abuse: Empirical findings within a cognitive-social learning approach. *Journal of Psychoactive Drugs, 22*, 117-124.
Annis, H. M. & Davis, C. S. (1988). Self-efficacy and the prevention of alcoholic relapse: Initial findings from a treatment trial. In T. B. Baker & D. S. Cannon (Eds.), *Assessement and treatment of addictive disorders*. New York: Praeger, pp. 88-112.
Anonyme Alkoholiker (Hrsg.) (1980). *Zwölf Schritte und zwölf Traditionen*. o. O.
Antons, K. & Schulz, W. (Hrsg.) (1976). *Normales Trinken und Suchtentwicklung. Band 1*. Göttingen: Hogrefe.
Antons, K. & Schulz, W. (Hrsg.) (1977). *Normales Trinken und Suchtentwicklung. Band 2*. Göttingen: Hogrefe.
Antons-Volmerg, K. (1989). Was sollte und könnte an der Therapie des Alkoholismus geändert werden? In F. Buchholtz (Hrsg.), *Suchtarbeit: Utopien und Experimente*. Freiburg: Lambertus, S. 13-23.
Apfeldorf, M. & Hunley, P. J. (1981). The McAndrew Scale: A measure of the diagnosis of alcoholism. *Journal of Studies on Alcohol, 42*, 80-86.
Arend, H. (1984). Ausgewählte Fragestellungen zur ambulanten Behandlung Rauschmittelabhängiger. In G. Spies (Hrsg.), *Materialien aus den Modelleinrichtungen des Psychosozialen Anschlußprogrammes: Ambulante Behandlung, sekundärpräventive Maßnahmen und Konzeptionen. Forschungsberichte Band 46*. München: Max-Planck-Institut für Psychiatrie, Projektgruppe Rauschmittelabhängigkeit, S. 4, 24-25, 41, 88-89, 159-160.

Arend, H. (1988). Diagnostische Probleme und therapeutische Ansatzpunkte bei Spielsucht. In Informationen der Landesarbeitsgemeinschaft für Erziehungs- und Familienberatung Rheinland-Pfalz e. V. (Hrsg.). Ludwigshafen, S. 29-35.

Arend, H. (1991a). Kontrolliertes Trinken: Ein alternatives Therapiekonzept für die Behandlung von Problemtrinkern. *Praxis der klinischen Verhaltensmedizin und Rehabilitation, 4*, 305-317.

Arend, H. (1991b). Suchtmittelverhalten bei Jugendlichen und jungen Erwachsenen. In H.-D. Feind (Hrsg.), *Tagungsbericht zur 10. Fachtagung für Diplompsychologen/Innen in Berufsbildungswerken*. Homburg: Jugenddorf Homburg/Berufsbildungswerk, S. 59-85.

Arend, H. (1992). Klinisch-psychologische Diagnostik in der ambulanten Drogenhilfe. In A. Fett (Hrsg.), *Diagnostik in der ambulanten Suchtkrankenhilfe*. Freiburg: Lambertus, S. 105-121.

Arend, H. (1993). *Alkoholabhängigkeit bei jungen Erwachsenen. Stand der Forschung, ambulantes Therapieprogramm zur Rückfallprophylaxe sowie kontrollierte Fallstudien aus der klinischen Praxis*. Kaiserslautern: Universität, unveröffentlichte Dissertation.

Arend, H. & Hopp, H. (1986). Selbsthilfegruppe für jugendliche Abhängige - Elternkreise. In Deutscher Guttemplerorden & Saarländische Landesstelle gegen die Suchtgefahren (Hrsg.), *Nachsorge, Therapie und Selbsthilfegruppe*. Saarbrücken: Guttempler, S. 56-58.

Arend, H., Laux, J. & Hoellen, B. (1992). Die Drogenproblematik im Saarland. Bestandsaufnahme und Vorschläge für eine Neuorientierung. *Praxis der Klinischen Verhaltensmedizin und Rehabilitation, 5*, 149-158.

Argyle, M. (1972). *Soziale Interaktion*. Köln: Kiepenheuer & Witsch.

Argyle, M. (1984). Some new developments in social skills training. *Bulletin of the British Psychological Society, 37*, 405-410.

Armor, D. J., Polich, J. M. & Stambul, H. D. (1978). *Alcoholism and treatment*. New York: Wiley.

Auerbach, P. & Melchertsen, K. (1981). Zur Häufigkeit des Alkoholismus stationär behandelter Patienten. *Schleswig-Holsteinisches Ärzteblatt, 5*, 223-227.

Azrin, N. H., Sisson, R. W., Meyers, R. & Goodley, M. (1982). Alcoholism treatment by Disulfiram and community reinforcement therapy. *Journal of Behavior Therapy and Experimental Psychiatry, 13*, 105-112.

Babor, T. F. & Lauerman, R. J. (1986). Classification and forms of inebriety. Historical antecedents of alcoholic typologies. In M. Galanter (Ed.), *Recent developments in alcoholism, Vol. 4*. New York: Plenum Press, pp. 113-144.

Babor, T. F., Stephens, R. S. & Marlatt, G. A. (1987). Verbal report methods in clinical research on alcoholism: Response bias and its minimization. *Journal of Studies on Alcohol, 48*, 410-424.

Bacon, S. D. (1943). Sociology and the problems of alcohol; foundations for a sociological study of drinking behavior. *Quarterly Journal of Studies on Alcohol, 4*, 402-445.

Baekeland, F. & Lundwall, L. (1975). Dropping out of treatment: A critical review. *Psychological Bulletin, 82*, 738-783.

Baekeland, F., Lundwall, L. & Kissin, B. (1975). Methods for the treatment of chronic alcoholism: A critical appraisal. In R. J. Gibbins, Y. Isreael, H. Kalant, R. E. Popham, W. Schmidt & R. G. Smart (Eds.), *Research advances in alcohol and drug problems. Vol. 2*. New York: Wiley, pp. 247-327.

Bärsch, W. (1975). Gefährdung Jugendlicher durch den Alkohol. *Das Öffentliche Gesundheitswesen, 37*, 169-173.

Baker, L. H., Cooney, N. L. & Pomerleau, O. F. (1987). Craving for alcohol: Theoretical processes and treatment procedures. In M. W. Cox (Ed.), *Treatment and prevention of alcohol problems: A resource manual*. New York: Academic Press, pp. 183-202.

Bales, R. F. (1946). Cultural differences in rates of alcoholism. *Quarterly Journal of Studies on Alcohol, 6*, 480-499.

Bandura, A. (1969). *Principles of behavior modification*. New York: Holt, Rinehart & Winston.

Bandura, A. (1977). Self-efficacy: Toward a unifying theory of behavioral change. *Psychological Review, 84*, 191-215.

Bandura, A. (1978). The self-system in reciprocal determinism. *American Psychologist, 33*, 344-358.

Bandura, A. (1979). *Sozial-kognitive Lerntheorie*. Stuttgart: Klett-Cotta. (Übersetzung von *Social Learning theory*. Englewood Cliffs: Prentice Hall, 1977.)

Barlow, D. H. & Hersen, M. (1984). *Single case experimental designs*. New York: Pergamon Press.

Barlow, D. H., Hayes, S. C. & Nelson, R. O. (1984). *The scientist practitioner. Research and accountability in clinical and educational settings*. New York: Pergamon Press.

Barnes, G. E. (1979). The alcoholic personality: A reanalysis of the literature. *Journal of Studies on Alcohol, 40*, 571-634.
Barnes, G. M. (1977). The development of adolescent drinking behavior: An evaluative review of the impact of the socialization process within the family. *Adolescence, 12*, 571-591.
Barnes, G. M. (Ed.) (1982).*Alcohol and youth. A comprehensive bibliography.* Westport, CT: Greenwood Press.
Barnes, G. M. & Welte, J. W. (1990). Prediction of adults' drinking patterns from the drinking of their parents. *Journal of Studies on Alcohol, 51*, 523-527.
Bates, M. E. & Pandina, R. J. (1992). Familial alcoholism and premorbid cognitive deficit: A failure to replicate subtype differences. *Journal of Studies on Alcohol, 53*, 320-327.
Beck, A. T. (1979). *Wahrnehmung der Wirklichkeit und Neurose.* München: Pfeiffer.
Beck, A. T., Rush, A. J., Shaw, B. F. & Emery, G. (1992). *Kognitive Therapie der Depression.* Weinheim: Psychologische Verlags Union.
Beckenbach, W. (1980). Rückfallprophylaxe bei Alkoholkranken durch Rollenspiele. *Suchtgefahren, 26*, 68-74.
Begleiter, H. & Porjesz, B. (1990). Neuroelectric processes in individuals at risk for alcoholism. *Alcohol & Alcoholism, 25*, 251-256.
Begleiter, H., Porjesz, B., Bihari, B. & Kissin, B. (1984). Event-related brain potentials in boys at risk for alcoholism. *Science, 227*, 1493-1496.
Belasco, J. (1971). The criterion question revisited. *British Journal of Addiction, 66*, 39-44.
Belitz-Weihmann, E. & Metzler, P. (1993). Ein Rasch-skalierter Fragebogen zum funktionalen Trinken (FFT). *Sucht, 39*, 384-398.
Bellack, A. S. & Hersen, M. (Eds.). (1979). *Research and practice in social skills training.* New York: Plenum Press.
Bennett, G. & Millard, M. (1985). Compliance with relaxation training: The effect of providing information. *Behavioural Psychotherapy, 13*, 110-119.
Benson, H. (1975). *The relaxation response.* New York: Morrow.
Berger, H. (1985). Soziologische Aspekte süchtigen Verhaltens. In Deutsche Hauptstelle gegen die Suchtgefahren (Hrsg.), *Süchtiges Verhalten.* Hamm: Hoheneck, S. 66-73.
Berger, H. & Legnaro, A. (1980). Die Karriere von Jugendlichen zum Alkoholiker. In H. Berger, A. Legnaro & K. H. Reuband (Hrsg.), *Jugend und Alkohol. Trinkmuster, Suchtentwicklung und Therapie.* Stuttgart: Kohlhammer, S. 115-137.
Berger, H., Legnaro, A. & Reuband, K.-H. (Hrsg.) (1980). *Jugend und Alkohol. Trinkmuster, Suchtentwicklung und Therapie.* Stuttgart: Kohlhammer.
Berger, H., Legnaro, A. & Reuband, K.-H. (1980). Alkoholkonsum als soziales Problem: Zur soziologischen Analyse gesellschaftlicher Zuschreibungsprozesse. In H. Berger, A. Legnaro & K. H. Reuband (Hrsg.)., *Alkoholkonsum und Alkoholabhängigkeit.* Stuttgart: Kohlhammer, S. 9-14.
Berger, H., Legnaro, A. & Reuband, K.-H. (Hrsg.) (1983). *Frauenalkoholismus. Entstehung - Abhängigkeit - Therapie.* Stuttgart: Kohlhammer.
Bergin, A. E. & Strupp, H. H. (1972). *Changing frontiers in the science of psychotherapy.* New York: Aldine.
BerkowitzPåA. & Perkins, W. (1988). Personality characteristics of children of alcoholics. *Journal of Consulting and Clinical Psychology, 56*, 206-209.
Bernstein, D. A. & Borkovec, T. D. (1978²). *Entspannungs-Training. Handbuch der progressiven Muskelentspannung nach Jacobson.* München: Pfeiffer.
Beutler, C. E., Engle, D., Mohr, D., Daldrup, R. J., Bergan, J., Meredith, K. & Merry, W. (1991). Predictors of differential response to psychotherapeutic procedures. *Journal of Consulting and Clinical Psychology, 59*, 333-351.
Beyer, H. (1991). Die Empfehlungsvereinbarung über die Leistungen zur ambulanten Rehabilitation Alkohol-, Medikamenten- und Drogenabhängiger vom 7. Januar 1991. *LVA Rheinprovinz Mitteilungen*, 94-105.
Bien, T. H., Miller, W. R. & Tonigan, J. S. (1993). Brief interventions for alcohol problems: A review. *Addiction, 88*, 315-335.
Billings, A. G. & Moos, R. H. (1983). Psychosocial processes of recovery among alcoholics and their families: Implications for clinicians and program evaluators. *Addictive Behaviors, 8*, 205-218.
Blakey, R. & Baker, R. (1980). An exposure approach to alcohol abuse. *Behaviour Research & Therapy, 18*, 319-325.
Blane, H. T. (1968). *The personality of the alcoholic. Guises of dependency.* New York: Harper.
Blane, H. T. & Chafetz, M. E. (Eds.) (1979). *Youth, alcohol and social policy.* New York: Plenum.

Blane, H. T. & Leonard, K. E. (1987). *Psychological theories of drinking and alcoholism*. New York: Guilford.
Blasius, J. (1991). Alkoholismus und Therapieteilnahme. *Sucht, 37*, 215-228.
Blechman, E. A. (1982). Conventional wisdom about familial contributions to substance abuse. *American Journal of Drug and Alcohol Abuse, 9*, 35-53.
Blum, K. & Trachtenberg, M. C. (1988). Alcoholism: Scientific basis of a neuropsychogenetic disease. *The International Journal of the Addictions, 23*, 781-796.
Blum, T. C., Roman, P. M. & Bennett, N. (1989). Public images of alcoholism: Data from a Georgia Survey. *Journal of Studies on Alcohol, 50*, 5-14.
Böcher, W. (1965). Erfahrungen mit einer amerikanischen Fragebogenmethode bei deutschen Alkoholikern. *Zentralblatt für die gesamte Neurologie und Psychiatrie, 183*, 240-241.
Bohman, M. (1978). Some genetic aspects of alcoholism and criminality. *Archives of General Psychiatry, 35*, 269-276.
Bohman, M., Sigvardsson, S. & Cloninger, C. R. (1981). Maternal inheritance of alcohol abuse. Cross-fostering analysis of adopted women. *Archives of General Psychiatry, 38*, 965-969.
Bond, L. A. (1984). From prevention to promotion: Optimizing infant development. In J. M. Joffe, G. W. Albee & L. D. Kelly (Eds.), *Readings in primary prevention of psychopathology: Basic concepts*. Hanover: University Press of New England, pp. 286-307.
Bowman, K. M. & Jellinek, E. M. (1941). Alcohol addiction and its treatment. *Quarterly Journal of Studies on Alcohol, 2*, 98-176.
Bozok, B. & Bühler, K.-E. (1988). Wirkfaktoren in der Psychotherapie - spezifische und unspezifische Einflüsse. *Fortschritte der Neurologie, Psychiatrie und ihrer Grenzgebiete, 56*, 119-132.
Bradley, B. P., Gossop, M., Brewin, C. P. & Phillips, G. (1992). Attributions and relapse in opiate addicts. *Journal of Consulting and Clinical Psychology, 60*, 470-472.
Bradley, B. P. & Moorey, S. (1988). Extinction of craving during exposure to drug-related cues: Three single case reports. *Behavioural Psychotherapy, 16*, 45-56.
Brakhoff, J. (Hrsg.) (1987). *Kinder von Suchtkranken. Situation, Prävention, Beratung und Therapie*. Freiburg: Lambertus.
Brand-Jacobi, J. (1983). Die Außenreizabhängigkeit des Alkoholikers: Ein Ansatz zur spezifischen Suchtprävention. *Suchtgefahren, 29*, 153-159.
Braukmann, W. & Filipp, S.-H. (1984). Strategien und Techniken der Lebensbewältigung. In U. Baumann, H. Berbalk & G. Seidenstücker (Hrsg.), *Klinische Psychologie. Trends in Forschung und Praxis. Bd. 6*. Bern: Huber, S. 52-87.
Brenk-Schulte, E. & Feuerlein, W. (1980). Evaluationsprobleme der Alkoholismus-Behandlung. *Drogenalkohol, 4*, 34-45.
Brickman, P., Rabinowitz, V. C., Karuza, J., Coates, D., Cohn, E. K& Kidder, L. (1982). Models of helping and coping. *American Psychologist, 37*, 368-384.
Briddle, B. J., Bank, B. J. & Marlin, M. M. (1980). Social determinants of adolescent drinking: What they think, what they do and what I think and do. *Journal of Studies on Alcohol, 41*, 215-241.
Brown, E. M. (1985). "What shall we do with the inebriate?": Asylum treatment and the disease concept of alcoholism in the late nineteenth century. *Journal of the History of the Behavioral Sciences, 21*, 48-59.
Brown, S. A., Christiansen, B. A. K& Goldman, M. S. (1987). The alcohol expectancy questionnaire: An instrument for the assessment of adolescent and adult alcohol expectancies. *Journal of Studies on Alcohol, 48*, 483-491.
Brownell, K. D., Marlatt, G. A., Lichtenstein, E. & Wilson, G. T. (1986). Understanding and preventing relapse. *American Psychologist, 41*, 765-782.
Brühl-Cramer, C. von (1819). *Über die Trunksucht und eine rationelle Heilmethode derselben*. Berlin: Nicolaische Buchhandlung.
Bry, B. H., McKeon, P. & Pandina, R. J. (1982). Extent of drug use as a function of number of risk factors. *Journal of Abnormal Psychology, 91*, 273-279.
Bühringer, G. (1991). Forderungen an die Suchtkrankenhilfe aus der Sicht der Wissenschaft. *Sucht, 37*, 323-328.
Bühringer, G. & Simon, R. (1992). Die gefährlichste psychoaktive Substanz. Epidemiologie zum Konsum und Mißbrauch von Alkohol. *Psycho, 18*, 156-162.
Bühringer, G., Herbst, K. & Lehmann, W. (1992). Forschung zum Substanzmißbrauch in Deutschland. *Sucht, 38*, 219-225.

Bundesminister für Jugend, Familie und Gesundheit (Hrsg.) (1983). *Konsum und Mißbrauch von Alkohol, illegalen Drogen, Medikamenten und Tabakwaren durch junge Menschen.* Bonn: Reha-Verlag.
Bundesministerium für Gesundheit (Hrsg.) (1992). *Repräsentativerhebung 1990 zum Konsum und Mißbrauch von illegalen Drogen, alkoholischen Getränken, Medikamenten und Tabakwaren.* Bonn: Referat Öffentlichkeitsarbeit.
Bundesregierung (Hrsg.) (1990). *Nationaler Rauschgiftbekämpfungsplan.* Bonn.
Burnside, M. A., Baer, P. E., McLaughlin, R. J. & Pokorny, A. D. (1986). Alcohol use bei adolescents in disrupted families. *Alcoholism: Clinical and Experimental Research, 10,* 274-278.
Burt, C. (1966). The genetic determination of differences in intelligence: A study of monozygotic twins reared together and apart. *British Journal of Psychology, 57,* 137-153.
Butler, S. F. & Strupp, H. H. (1986). Specific and nonspecific factors in psychotherapy: A problematic paradigm for psychotherapy research. *Psychotherapy, 23,* 30-40.
Bynum, W. F. (1984). Alcoholism and degeneration in 19th century European medicine and psychiatry. *British Journal of Addiction, 79,* 59-70.
Caddy, G. R. (1978). Toward a multivariate analysis of alcohol abuse. In P. E. Nathan, G. A. Marlatt & T. Loberg (Eds.), *Alcoholism: New directions in behavioral research and treatment.* New York: Plenum Press, pp. 71-117.
Caddy, G. R. (1980). A review of problems in conducting alcohol treatment outcome studies. In L. C. Sobell, M. B. Sobell & E. Ward (Eds.), *Evaluating alcohol and drug abuse treatment effectiveness. Recent advances.* New York: Pergamon Press, pp. 151-176.
Caddy, G. R. (1982). Evaluation of behavioral methods in the study of alcoholism. In E. M. Pattison & E. Kaufman (Eds.), *Encyclopedic handbook of alcoholism.* New York: Gardner Press, pp. 1170-1196.
Caddy, G. R. & Block, T. (1983). Behavioral treatment methods for alcoholism. In M. Galanter (Ed.), *Recent developments in alcoholism. Vol. 1.* New York: Plenum Press, pp. 139-165.
Caddy, G. R. & Gottheil, E. (1983). Contributions to behavioral treatment from studies on programmed access to alcohol. In M. Galanter (Ed.), *Recent developments in alcoholism. Vol. 1.* New York: Plenum Press, pp. 195-232.
Cadoret, R. J. & Gath, A. (1978). Inheritance of alcoholism in adoptees. *British Journal of Psychiatry, 132,* 252-258.
Caetano, R. (1987). Public opinions about alcoholism and its treatment. *Journal of Studies on Alcohol, 48,* 153-160.
Caetano, R. (1990). The factor structure of the DSM-III-R and ICD-10 concepts of alcohol dependence. *Alcohol & Alcoholism, 25,* 303-318.
Cahalan, D. (1970). *Problem drinkers: A national survey.* San Francisco: Jossey-Bass.
Cahalan, D. (1987). Studying drinking problems rather than alcoholism. In M. Galanter (Ed.), *Recent developments in alcoholism. Vol. 5.* New York: Plenum Press, pp. 363-372.
Cahalan, D. & Room, R. (1974). *Problem drinking among American men (Monograph No. 7).* New Brunswick: Rutgers Center of Alcohol Studies.
Cahalan, D., Cisin, I. & Crossley, H. (1969). *American drinking practices: A national study of drinking behavior and attitudes (Monograph No. 6).* New Brunswick: Rutgers Center of Alcohol Studies.
Campbell, D. T. & Stanley, J. C. (1966). *Experimental and quasi-experimental design for research.* Chicago: Rand McNally.
Cantwell, D. (1972). Psychiatric illness in the families of hyperactive children. *Archives of General Psychiatry, 27,* 414-417.
Cappell, H. (1987). Alcohol and tension reduction: What's new? In E. Gottheil, K. A. Druley, S. Pashko & S. P. Weinstein (Eds.), *Stress and addiciton.* New York: Brunner/Mazel, pp. 237-247.
Cappell, H. & Greeley, J. (1987). Alcohol and tension reduction: An update on research and theory. In H. T. Blane & K. E. Leonard (Eds.), *Psychological theories of drinking and alcoholism.* New York: Guilford Press, pp. 15-54.
Cappell, H. & Herman, C. P. (1972). Alcohol and tension reduction. A review. *Quarterly Journal of Studies on Alcohol, 33,* 33-64.
Carey, K. B. & Maisto, S. A. (1985). A review of the use of self-control techniques in the treatment of alcohol abuse. *Cognitive Therapy & Research, 9,* 235-251.
Caudill, B. D. & Marlatt, G. A. (1975). Modeling influences in social drinking: An experimental analogue. *Journal of Consulting and Clinical Psychology, 43,* 405-415.

Cautela, J. R. (1970). The treatment of alcoholism by covert sensitization. *Psychotherapy: Theory, Research and Practice, 8*, 86-90.

Chaney, E. F. (1989). Social skills training. In R. K. Hester & W. R. Miller (Eds.), *Handbook of alcoholism treatment approaches*. New York: Pergamon Press, pp. 206-221.

Chase, J. L., Salzberg, H. C. & Palotai, A. M. (1984). Controlled drinking revisited: A review. In M. Hersen, R. M. Eisler & P. M. Miller (Eds.), *Progress in behavior modification. Vol. 18*. New York: Academic Press, pp. 43-84.

Chassin, L., Barrera, M., Bech, K. & Kossak-Fuller, J. (1992). Recruiting a community sample of adolescent children of alcoholics: A comparison of three subject sources. *Journal of Studies on Alcohol, 53*, 316-319.

Chipperfield, B. & Vogel, Sprott, M. (1988). Family history of problem drinking among young male social drinkers: Modeling effects on alcohol consumption. *Journal of Abnormal Psychology, 97*, 423-428.

Christiansen, B. A., Goldman, M. S. & Brown, S. A. (1985). The differential development of adolescent alcohol expectancies may predict adult alcoholism. *Addictive Behaviors, 10*, 299-306.

Christiansen, B. A., Goldman, M. S. & Inn, A. (1982). Development of alcohol-related expectancies in adolescents: Separating pharmacological from social-learning influences. *Journal of Consulting and Clinical Psychology, 50*, 336-344.

Christiansen, B., Smith, G. T., Roehling, P. V. & Goldman, M. S. (1989). Using alcohol expectancies to predict adolescent drinking behavior after one year. *Journal of Consulting and Clinical Psychology, 57*, 93-99.

Chritchlow, B. (1986). The powers of John Barley corn. Beliefs about the effects of alcohol on social behavior. *American Psychologist, 41*, 751-764.

Clark, W. B. & Cahalan, D. (1976). Changes in problem drinking over a four-year span. *Addictive Behaviors, 1*, 251-259.

Cloninger, C. R. (1987). Recent advances in family studies of alcoholism. *Progress in Clinical and Biological Research, 241*, 47-60.

Cloninger, C. R., Bohman, M. & Sigvardsson, S. (1981). Inheritance of alcohol abuse. Cross-fostering analysis of adopted men. *Archives of General Psychiatry, 38*, 861-868.

Cloninger, C. R., Sigvardsson, S. & Bohman, M. (1988a). Childhood personality predicts alcohol abuse in young adults. *Alcoholism: Clinical & Experimental Research, 12*, 494-505.

Cloninger, R. C., Sigvardsson, S., Knorring, A.-L. von & Bohman, M. (1988b). The swedish studies of the adopted children of alcoholics: A reply to Littrell. *Journal of Studies on Alcohol, 49*, 500-509.

Cobb, S. (1976). Social support as a moderator of life stress. *Psychosomatic Medicine, 38*, 300-314.

Cohen, S. & Wills, T. A. (1985). Stress, social support, and the buffering hypothesis. *Psychological Bulletin, 98*, 310-357.

Colletti, G. & Brownell, K. D. (1982). The physical and emotional benefits of social support: Application to obesity, smoking, and alcoholism. In M. Hersen, R. M. Eisler & P. M. Miller (Eds.), *Progress in behavior modification, Vol. 13*. New York: Academic Press, pp.109-178.

Collins, M. A. (1988). Acetaldehyde and its condensation products as markers in alcoholism. In M. Galanter (Ed.), *Recent developments in alcoholism, Vol. 6*. New York: Plenum Press, pp. 387-401.

Collins, R. L. & Lapp, W. M. (1991). Restraint and attributions: Evidence of the abstinence violation effect in alcoholism consumption. *Cognitive Therapy & Research, 15*, 69-84.

Collins, R. L. & Marlatt, G. A. (1981). Social modeling as a determinant of drinking behavior: Implications for prevention and treatment. *Addictive Behaviors, 6*, 233-239.

Collins, R. L., Parks, G. & Marlatt, G. A. (1985). Social determinants of alcohol consumption: The effects of social interaction and model status on the self-administration of alcohol. *Journal of Consulting and Clinical Psychology, 53*, 189-200.

Colombo, J. P. (1981). Aspekte der Leberdiagnostik mit Gamma-Glutamyltranspeptidase (Gamma-GT). *Laboratoriumsblätter, 31*, 61-74.

Compas, B. E. (1987). Coping with stress during childhood and adolescence. *Psychological Bulletin, 101*, 393-403.

Conger, J. J. (1956). Alcoholism: Theory, problem and challenge. II. Reinforcement theory and the dynamics of alcoholism. *Quarterly Journal of Studies on Alcohol, 13*, 296-305.

Connors, G. J. & Maisto, S. A. (1983). Methodological issues in alcohol and stress research with human participants. In L. A. Pohorecky & J. Brick (Eds.), *Stress and alcohol use*. New York: Elsevier, pp. 105-118.

Connors, G. J., O'Farrell, T. J., Cutter, H. S. G. & Thompson, D. L. (1987). Dose-related effects of alcohol among male alcoholics, problem drinkers, and nonproblem drinkers. *Journal of Studies on Alcohol, 48*, 461-466.
Cooney, N. L., Gillespie, R. A., Baker, L. H. & Kaplan, R. F. (1987). Cognitive changes after alcohol cue exposure. *Journal of Consulting and Clinical Psychology, 55*, 150-155.
Cooper, A. M., Waterhouse, G. J. & Sobell, M. B. (1979). Influence of gender on drinking in a modeling situation. *Journal of Studies on Alcohol, 40*, 562-570.
Corty, E., O'Brien, C. P. & Mann, S. (1988). Reactivity to alcohol stimuli in alcoholics: Is there a role for temptation? *Drug & Alcohol Dependence, 21*, 29-36.
Costello, R. M., Biever, P. & Baillargeon, J. G. (1977). Alcoholism treatment programming. *Alcoholism, 1*, 311-318.
Cotton, N. S. (1979). The familial incidence of alcoholism. *Journal of Studies on Alcohol, 40*, 89-116.
Cox, W. M. (Ed.) (1983). *Identifying and measuring alcoholic personality characteristics*. San Francisco: Jossey-Bass.
Cox, W. M. (1987). Personality theory and research. In H. T. Blane & K. E. Leonard (Eds.), *Psychological theories of drinking and alcoholism*. New York: Guilford Press, pp. 55-89.
Cox, W. M. (Ed.) (1990). *Why people drink. Parameters of alcohol as a reinforcer*. New York: Gardner Press.
Cox, W. M. & Klinger, E. (1990). Incentive motivation, affective change, and alcohol abuse: A model. In W. M. Cox (Ed.), *Why people drink. Parameters of alcohol as a reinforcer*. New York: Gardner Press, pp. 291-314.
Crawford, A., Plant, M. A., Kreitman, N. & Latcham, R. W. (1987). Unemployment and drinking behaviour: Some data from a general population survey of alcohol abuse. *British Journal of Addiction, 82*, 1007-1016.
Crawford, J. J. & Chalupsky, A. B. (1977). The reported evaluation of alcoholism treatments, 1968-1971: A methodological review. *Addictive Behaviors, 2*, 63-74.
Criteria Committee, National Council on Alcoholism (1972). Criteria for the diagnosis of alcoholism. *American Journal of Psychiatry, 129*, 127-135.
Cummings, C., Gordon, J. R. & Marlatt, G. A. (1980). Relapse: Prevention and prediction. In W. R. Miller (Ed.), *The addictive behaviors: Treatment of alcoholism, drug abuse, smoking and obesity*. New York: Pergamon Press, pp. 291-321.
Curran, J. P. (1985). Social skills therapy: A model and treatment. In R. M. Turner & L. M. Ascher (Eds.), *Evaluating behavior therapy outcome*. New York: Springer, pp. 122-145.
Cushman, P., Jacobson, G., Barboriak, J. J. & Anderson, A. J. (1984). Biochemical markers for alcoholism sensitivity problems. *Alcoholism: Clinical & Experimental Research, 8*, 253-257.
Davis, V. E. & Walsh, M. D. (1970). Alcohol, amines, and alkaloids: A possible basis for alcohol addiction. *Science, 167*, 1005-1007.
Degkwitz, R., Helmchen, H., Kockott, G. & Mombour, W. (1980). *Diagnosenschlüssel und Glossar psychiatrischer Krankheiten*. Berlin: Springer.
De Jong-Meyer, R. & Heyden, T. (Hrsg.) (1993). *Rückfälle bei Alkoholabhängigen*. München: Gerhard Röttger Verlag.
De Jong-Meyer, R., Heyden, T., Schiereck, H. & Skaletz, R. (1988). Vergleich rückfälliger und nichtrückfälliger Alkoholabhängiger. *Suchtgefahren, 34*, 81-89.
Deitrich, R. A. (1990). The future of biochemistry in alcohol research. *Journal of Studies on Alcohol, 51*, 5.
Der Spiegel (1994). Entzug mit Minibar. *Der Spiegel, 5*, 108-112.
De Nelsky, G. Y. & Boat, B. W. (1986). A coping skills model of psychological diagnosis and treatment. *Professional Psychology: Research and Practice, 17*, 322-330.
Deutsche Hauptstelle gegen die Suchtgefahren (DHS) (Hrsg.) (1981). *Frau und Sucht*. Hamm: Hoheneck.
Deutsche Hauptstelle gegen die Suchtgefahren (DHS) (Hrsg.) (1985). *Süchtiges Verhalten*. Hamm: Hoheneck.
Deutsche Hauptstelle gegen die Suchtgefahren (DHS) (Hrsg.) (1990). *Abhängigkeiten bei Frauen und Männern*. Hamm: Hoheneck.
Deutsche Hauptstelle gegen die Suchtgefahren (DHS). (Hrsg.) (1992a). *Informationen zur Suchtkrankenhilfe 2/1992*. Hamm: Achenbachdruck.
Deutsche Hauptstelle gegen die Suchtgefahren (DHS) (1992b). Sucht und Familie. *drogen-report, 13*, 37-39.
Deutscher Caritasverband, Landesverband Bayern (Hrsg.) (1991). *Wissenschaftliches Rahmenkonzept für die ambulante psychosoziale Behandlung*. München.

Deutscher Caritasverband (Hrsg.) (1993). Drogenpolitik - Positionen und Vorschläge des Deutschen Caritasverbandes (Unser Standpunkt Nr. 25). *Beihefte der Zeitschrift Caritas, 2.*
Diagnostisches und Statistisches Manual Psychischer Störungen: DSM-III-R; Deutsche Bearbeitung und Einführung: H. U. Wittchen, H. Saß, M. Zaudig und K. Koehler. Weinheim: Beltz.
Diener, E. (1984). Subjective well-being. *Psychological Bulletin, 95,* 542-575.
De Saint Exupéry, A. (1980). *Der kleine Prinz.* Düsseldorf: Rauch.
Di Clemente, Carlo C. (1986). Self-efficacy and the addictive behaviors. *Journal of Social & Clinical Psychology, 4,* 302-315.
Di Giuseppe, R. (1986). The implications of the philosophy of science for rational-emotive theory and therapy. *Psychotherapy, 23,* 634-639.
Die Bibel, Einheitsübersetzung. Stuttgart: Katholisches Bildungswerk.
Dilling, H., Mombour, W. & Schmidt, M. H. (Hrsg.) (1991). *Internationale Klassifikation psychischer Störungen. ICD-10, Kapitel V (F).* Bern: Huber.
Dittmar, F., Feuerlein, W. & Voit, D. (1978). Entwicklung von Selbstkontrolle als ambulante verhaltenstherapeutische Behandlung bei Alkoholkranken: Programm und erste Ergebnisse. *Zeitschrift für Klinische Psychologie, 7,* 90-109.
Dobson, K. S. (1988). *Handbook of cognitive-behavioral therapies.* New York: Guilford.
Doctor, R., Naitoh, P. & Smith, J. (1966). Electro-encephalographic change and vigilance behavior during experimentally induced intoxication with alcoholic subjects. *Psychosomatic Medicine, 28,* 605-615.
Donovan, J. M. (1986). An etiologic model of alcoholism. *American Journal of Psychiatry, 143,* 1-11.
Drejer, K., Theilgaard, A., Teasdale, T. W., Schulsinger, F. & Goodwin, D. W. (1985). A prospective study of young men at high risk for alcoholism: Neuropsychological assessment. *Alcoholism: Clinical & Experimental Research, 9,* 498-502.
Duckitt, A., Brown, D., Edwards, G., Oppenheimer, E., Sheehan, M. & Taylor, C. (1985). Alcoholism and the nature of outcome. *British Journal of Addiction, 80,* 153-162.
Dudley, D. L. & Mules, J. E. (1977). Life changes, its perception and alcohol addiction. *Journal of Studies on Alcohol, 38,* 487-493.
Dunn, G. E., Thomas, A. H. & Engdahl, B. E. (1992). Teaching job interview skills to alcoholics: Implications for future employment rates. *Journal of Employment Counseling, 29,* 14-21.
D'Zurilla, T. J. & Goldfried, M. R. (1971). Problem solving and behavior modification. *Journal of Abnormal Psychology, 78,* 107-126.
Echelmeyer, I. & Zimmer, D. (1980). *Entspannungstraining auf der Basis der progressiven Muskelentspannung* (Tonbandcassette). München: Pfeiffer.
Eckert, J. (1991). Über die Bedeutung der Therapietheorien für die Wirksamkeit psychotherapeutischer Behandlungen. *Verhaltenstherapie und psychosoziale Praxis, 23,* 145-155.
Edwards, G. (1977). The alcohol dependence syndrome: Usefulness of an idea. In G. Edwards & M. Grant (Eds.), *Alcoholism. New knowledge and new responses.* London: Croom Helm, pp. 136-156.
Edwards, G. (1986). *Arbeit mit Alkoholkranken.* Weinheim: Beltz.
Elkins, R. L. (1975). Aversion therapy for alcoholism: Chemical, electrical, or verbal imaginary? *The International Journal of the Addictions, 10,* 157-209.
Elkins, R. L. (1991a). An appraisal of chemical aversion (emetic therapy) approaches to alcoholism treatment. *Behaviour Research and Therapy, 29,* 387-413.
Elkins, R. L. (1991b). Chemical aversion (emetic therapy) treatment of alcoholism: Further comments. *Behaviour Research and Therapy, 29,* 421-428.
Ellis, A. (1977). *Die rational-emotive Therapie. Das innere Selbstgespräch bei seelischen Problemen und seine Veränderung.* München: Pfeiffer.
Ellis, A. (1978). Discomfort anxiety: A new cognitive behavioral construct. Part I. *Rational Living, 14,* 3-8.
Ellis, A. (1979). Discomfort anxiety: A new cognitive behavioral construct. Part II. *Rational Living, 15,* 25-30.
Ellis, A. (1991). Kognitive Elemente in nichtkognitiven Psychotherapien. In B. Hoellen (Hrsg.), *Aspekte der Klinischen Psychologie.* Pfaffenweiler: Centaurus, S. 23-36.
Ellis, A., McInerney, J. F., Di Giuseppe, R. & Yeager, R. J. (1988). *Rational-emotive therapy with alcoholics and substance abusers.* Oxford: Pergamon Press.
Emmelkamp, P. M. G. & Heeres, H. (1988). Drug addiction and parental rearing style: A controlled study. *The International Journal of the Addictions, 23,* 207-216.

Emrick, C. D. (1974). A review of psychologically oriented treatment of alcoholism. I. The use and interrelationships of outcome criteria and drinking behavior following treatment. *Quarterly Journal of Studies on Alcohol, 35*, 523-549.

Emrick, C. D. (1975). A review of psychologically oriented treatment of alcoholism. II. The relative effectiveness of different treatment approaches and the effectiveness of treatment versus no treatment. *Journal of Studies on Alcohol, 36*, 88-108.

Emrick, C. D. (1982). Evaluation of alcoholism psychotherapy methods. In E. M. Pattison & E. Kaufman (Eds.), *Encyclopedic handbook of alcoholism*. New York: Gardner Press, pp. 1152-1169.

Emrick, C. D. & Hansen, J. (1983). Assertions regarding the effectiveness of treatment for alcoholism: Fact or fantasy? *American Psychologist, 38*, 1078-1088.

Endler, N. S. & Magnusson, D. (Eds.) (1976). *Interactional psychology and personality*. Washington: Hemisphere Press.

Eskay, R. & Linnoila, M. (1991). Potential biochemical markers for the predisposition toward alc, 1078-1088.

Ewing, J. A., Rouse, B. A. & Pellizari, E. D. (1974). Alcohol sensitivity and ethnic background. *American Journal of Psychiatry, 131*, 206-210.

Eysenck, H. J. (1952). *The scientific study of personality*. London: Routledge, Kegan Paul.

Eysenck, H. J. (1970). Behavior therapy and its critics. *Journal of Behavior Therapy and Experimental Psychiatry, 1*, 5-15.

Faber, F. R. (1991). Verhaltenstherapie in der gesetzlichen Krankenversicherung der BRD. Eine kritische Bilanz der ersten 10 Jahre (1980-1990). *Verhaltenstherapie, 1*, 15-25.

Fäh, M., Sieber, M. & Uchtenhagen, A. (1991). Der Glaube ans Widerstehen-Können. Eine prospektive Längsschnittstudie zur Vorhersage von Abstinenz bei stationär behandelten Alkoholikern. *Sucht, 37*, 26-36.

Fahrenberg, J., Selg, H. & Hampel, R. (1973²). *Der Freiburger Persönlichkeitsinventar FPI*. Göttingen: Hogrefe.

Fahrenkrug, H. (1980). Soziologische Aspekte sozial integrierten Alkoholkonsums im Jugendalter. In H. Berger, A. Legnaro & K. H. Reuband (Hrsg.), *Jugend und Alkohol. Trinkmuster, Suchtentwicklung und Therapie*. Stuttgart: Kohlhammer, S. 11-21.

Fahrenkrug, H. (1986). Zum Stand der sozialwissenschaftlichen Alkoholforschung in der Bundesrepublik Deutschland. *Drogalkohol, 10*, 53-56.

Fahrner, E.-M. & Jung, M. (1988). *Expertise zur Situation der Nachsorge in den therapeutischen Einrichtungen des Verbands ambulanter Beratungsstellen für Suchtkranke e. V.* München: IFT, Institut für Therapieforschung, Band 46.

Fawzy, F. I., Coombs, R. H. & Gerber, B. (1983). Generational continuity in the use of substances: The impact of parental substance use on adolescent use. *Addictive Behaviors, 8*, 109-114.

Feldhege, F.-J. (1980). *Selbstkontrolle bei rauschmittelabhängigen Klienten*. Berlin: Springer.

Feldhege, F.-J. & Krauthan, G. (1979). *Ein Verhaltenstrainingsprogramm zum Aufbau sozialer Kompetenz (VTP)*. Berlin: Springer.

Fenichel, O. (1975).. *Psychoanalytische Neurosenlehre, Band II*. Freiburg: Walter.

Feser, H. (1978). Eltern als Vorbild - Elterliches Erziehungsverhalten und kindlicher Suchtstoffmißbrauch. In W. Keup (Hrsg.), *Sucht als Symptom*. Stuttgart: Thieme, S. 135-139.

Feuerlein, W. (Hrsg.) (1981). *Sozialisationsstörungen und Sucht. Entstehungsbedingungen, Folgen, therapeutische Konsequenzen*. Wiesbaden: Akademische Verlagsgesellschaft.

Feuerlein, W. (1984³). *Alkoholismus - Mißbrauch und Abhängigkeit. Entstehung - Folgen - Therapie*. Stuttgart: Thieme.

Feuerlein, W. (Hrsg.) (1986). *Theorie der Sucht*. Berlin: Springer.

Feuerlein, W. (1987³). Definition und Diagnose der Suchtkrankheiten. In K. P. Kisker, H. Lauter, J. E. Meyer, C. Müller & E. Strömgren (Hrsg.), *Psychiatrie der Gegenwart. Band 3: Abhängigkeit und Sucht*. Berlin: Springer, S. 3-18.

Feuerlein, W. (1988). Die Behandlung von Alkoholikern in Deutschland von den Anfängen bis heute. *Suchtgefahren, 34*, 389-395.

Feuerlein, W. (1990). Langzeitverläufe des Alkoholismus. In D. R. Schwoon & M. Krausz (Hrsg.), *Suchtkranke. Die ungeliebten Kinder der Psychiatrie*. Stuttgart: Enke, pp. 69-80.

Feuerlein, W. (1991). Perspektiven künftiger Forschung auf dem Gebiet des Alkoholismus. In Forschung im Dienste der Gesundheit, FDG (Hrsg.), *Suchtforschung. Bestandsaufnahme und Analyse des Forschungsbedarfs. Materialien zur Gesundheitsforschung. Band 19*. Bonn: Wirtschaftsverlag NW, S. 76-90.

Feuerlein, W., Küfner, H., Ringer, C. & Antons, K. (1976). Kurzfragebogen für Alkoholgefährdete (KFA). Eine empirische Analyse. *Archiv für Psychiatrie und Nervenkrankheiten, 222*, 139-152.
Feuerlein, W., Küfner, H., Ringer, C. & Antons, K. (1979). *Münchner Alkoholismustest (MALT)*. Weinheim: Beltz Test.
Feuerlein, W., Ringer, C., Küfner, H. & Antons, K. (1977). Diagnose des Alkoholismus. *Münchener medizinische Wochenschrift, 119*, 1275-1282.
Feuerlein, W., Küfner, H., Haf, C.-M., Ringer, C. & Antons, K. (1989). *Der Kurzfragebogen für Alkoholgefährdete (KFA)*. Weinheim: Beltz Test.
Fiedler, P. (Hrsg.) (1981). *Psychotherapieziel Selbstbehandlung*. Weinheim: edition psychologie.
Fiedler, P. (1987). Paradigmawechsel in der Psychotherapieforschung. *Universitas, 42*, 1055-1064.
Fiedler, P. (1991). Wirkfaktoren und Änderungskonzepte in der Verhaltenstherapie. *Verhaltenstherapie und psychosoziale Praxis, 23*, 131-143.
Fiegenbaum, W. (1992). Kommentar zum Beitrag Köhlke: Aktuelle verhaltenstherapeutische Standardprogramme: Moderner Rückschritt in die Symptomtherapie. *Verhaltenstherapie, 2*, 263-264.
Fiegenbaum, W. Freitag, M. & Frank, B. (1992). Konfrontative Behandlung: Erfolg ohne Akzeptanz in der Praxis. *Verhaltenstherapie, 2*, 339-340.
Fillmore, K. M. (1975). Relationships between specific drinking problems in early adulthood and middle age: An exploratory 20-year follow-up study. *Journal of Studies on Alcohol, 36*, 887-907.
Fillmore, K. M. (1987). Prevalence, incidence and chronicity of drinking patterns and problems among men as a function of age: A longitudinal and cohort analysis. *British Journal of Addiction, 82*, 77-83.
Fillmore, K. M. (1988). The 1980's dominant theory of alcohol problems - genetic predisposition to alcoholism: Where is it leading us? *Drugs & Society, 2*, 69-87.
Fillmore, K. M. & Sigvardsson, S. (1988). "A meeting of the minds": A challenge to biomedical and psychosocial scientists on the ethical implications and social consequences of scientific finding in the alcohol field. *British Journal of Addiction, 83*, 609-611.
Finney, J. W. & Moos, R. H. (1979). Treatment and outcome for empirical subtypes of alcoholic patients. *Journal of Consulting and Clinical Psychology, 47*, 25-38.
Finney, J. W. & Moos, R. H. (1991). The long-term course of treated alcoholism: I Mortality, relapse and remission rates and comparisons with community controls. *Journal of Studies on Alcohol, 52*, 44-54.
Finney, J. W. & Moos, R. H. (1992). The long-term course of treated alcoholism: II Predictors and correlates of 10-year functioning and mortality. *Journal of Studies on Alcohol, 53*, 142-153.
Fisher, G. L., Jenkins, S. J., Harrison, T. C. & Jesch, K. (1992). Characteristics of adult children of alcoholics. *Journal of Substance Abuse, 4*, 27-34.
Fitzgerald, K. W. (1988). *Alcoholism: The genetic inheritance*. New York: Doubleday.
Forschung im Dienste der Gesundheit, FDG (Hrsg.) (1991). *Suchtforschung. Bestandsaufnahme und Analyse des Forschungsbedarfs. Materialien zur Gesundheitsforschung. Band 19*. Bonn: Wirtschaftsverlag NW.
Foy, D. W., Miller, P. M., Eisler, R. M. & O'Toole, D. H. (1976). Social skills training to teach alcoholics to refuse drinks effectively. *Journal of Studies on Alcohol, 37*, 1340-1345.
Foy, D. W., Massey, F. H., Duer, J. D., Ross, J. M. & Wooten, L. S. (1979). Social skills training to improve alcoholics' vocational interpersonal competency. *Journal of Counseling Psychology, 26*, 128-132.
Fränkel, W. (1931). Fürsorge für Trinker und sonstige Süchtige. In O. Bunke, G. Kolb, H. Roemer & E. Kahn (Hrsg.), *Handwörterbuch der psychischen Hygiene und der psychiatrischen Fürsorge*. Berlin: De Gruyter, S. 149-154.
Franks, C. M. & Wilson, G. T. (1980). *Annual Review of Behavior Therapy - Theory and Practice - 1979*. New York: Brunner/Mazel.
Franzkowiak, P. (1986). *Risikoverhalten und Gesundheitsbewußtsein bei Jugendlichen. Der Stellenwert von Rauchen und Alkoholkonsum im Alltag von 15- bis 20jährigen*. Berlin: Springer.
Frawley, P. J. (1987). Neurobehavioral model of addiction. *Journal of Drug Issues, 17*, 29-46.
Freeman, A. (1987). Cognitive therapy: An overview. In A. Freeman & V. Greenwood (Eds.), *Cognitive therapy: Application in psychiatric and medical settings*. New York: Human Sciences Press, pp. 19-35.
Freud, S. (1905). *Drei Abhandlungen zur Sexualtheorie*. Wien: Verlag Franz Deuticke. Neuauflage: Frankfurt: Fischer TB, 1972.
Fries, G. (1986). Freizeit und private Arbeit - Optimierungsmöglichkeiten in der Suchtkrankentherapie. *Suchtgefahren, 32*, 423-425.

Funderburk, F. & Allen, R. (1977). Alcoholics disposition to drink. *Quarterly Journal of Studies on Alcohol, 38,* 410-425.
Funke, W. (1987). Differentielle Diagnostik bei Alkoholauffälligen. *Suchtgefahren, 33,* 321-329.
Funke, W. (1990). Aspekte der Alkoholabhängigkeit: Differentielle Diagnosestrategien. In D. R. Schwoon & M. Krausz (Hrsg.), *Suchtkranke. Die ungeliebten Kinder der Psychiatrie.* Stuttgart: Enke, S. 53-66.
Funke, W., Funke, J., Klein, M. & Scheller, R. (1987). *Trierer Alkoholismusinventar.* Göttingen: Hogrefe.
Gabrielli, W. F. & Mednick, S. A. (1983). Intellectual performance in children of alcoholics. *Journal of Nervous and Mental Disease, 171,* 444-447.
Gabrielli, W. F., Mednick, S. A., Volavka, J., Pollock, V. E., Schulsinger, F. & Itil, T. M. (1982). Electroencephalograms in children of alcoholic fathers. *Psychophisiology, 19,* 404-407.
Galanter, M. (Ed.) (1983-1991), *Recent developments in alcoholism. Vol. 1-9.* New York: Plenum Press.
Galanter, M. (Ed.) (1991). *Recent developments in alcoholism. Vol. 9: Children of alcoholics.* New York: Plenum Press.
Galassi, J. P., Galassi, M. D. & Vedder, M. J. (1981). Perspectives on assertion as a social skills model. In J. D. Wine & M. D. Smye (Eds.), *Social competence.* New York: Guilford Press, pp. 287-345.
Galizio, M. & Maisto, S. A. (1985). Toward a biopsychosocial theory of substance abuse. In M. Galizio & S. A. Maisto (Eds.), *Determinants of substance abuse. Biological, psychological and environmental factors.* New York: Plenum Press, pp. 425-429.
Gambino, B. & Shaffer, H. (1979). The concept of paradigm and the treatment of addiction. *Professional Psychology, 10,* 207-223.
Garfield, S. L. (1982). *Psychotherapie. Ein eklektischer Ansatz.* Weinheim: Beltz.
Garmezy, N., Masten, A., Nordstrom, L. & Ferrarese, M. (1980). The nature of competence in normal and deviant children. In M. Kent & J. Rolf (Eds.), *The primary prevention of psychopathology: Promoting social competence and coping in children. Vol. 3.* Hanover: University Press of New England, pp. 17-39.
George, W. H. & Marlatt, G. A. (1983). Alcoholism. The evolution of a behavioral perspective. In M. Galanter (Ed.), *Recent developments in alcoholism. Vol. 1.* New York: Plenum Press, pp. 105-138.
Ghaffari, K. (1987). Psychoanalytic theories on drug dependence: A critical review. *Psychoanalytic Psychotherapy, 3,* 39-51.
Ghise-Beer, E. & Grafe, G. (1986). Alkoholismus-Screening mit γ-GT (GGTP) und GLDH. *Medizinische Welt, 37,* 771-773.
Ghodsian, M. & Power, C. (1987). Alcohol consumption between the ages of 16 and 23 in Britain: A longitudinal study. *British Journal of Addiction, 82,* 175-180.
Gibbs, L. & Flanagan, J. (1977). Prognostic indicators of alcoholism treatment outcome. *The International Journal of the Addictions, 12,* 1097-1141.
Gintner, G. G. & Poret, M. K. (1988). Factors associated with maintenance and relapse following self-management-training. *The Journal of Psychology, 122,* 79-87.
Gjerde, H., Amundsen, A., Skog, O. J., Mörland, J. & Aasland, O. G. (1987). Serum gamma-glutamyltransferase: An epidemiological indicator of alcohol consumption: *British Journal of Addiction, 82,* 1027-1031.
Glaser, F. B. (1980). Anybody got a match? Treatment research and the matching hypothesis. In G. Edwards & M. Grant (Eds.), *Alcoholism treatment in transition.* Baltimore: University Park Press, pp. 178-196.
Glasser, W. (1976). *Positive addiction.* New York: Harper & Row.
Glatt, M. M. (1967). The question of moderate drinking despite loss of control. *British Journal of Addiction, 62,* 267-274.
Glatt, M. M. (1974). *A guide to addiction and its treatment - Drugs, society and man.* Lancaster: Medical & Technical Publications.
Glatt, M. M. (1976). Alcoholism disease concept and loss of control revisited. *British Journal of Addiction, 71,* 134-144.
Glynn, T. & Haenlein, M. (1988). Family theory and research on adolescent drug use: A review. *Journal of Chemical Dependency Treatment, 1,* 39-56.
Goedde, H. W. & Agarwal, D. P. (Eds.) (1989). *Alcoholism. Biomedical and genetic aspects.* New York: Pergamon Press.
Goldberger, L. & Breznitz, S. (Eds.) (1982). *Handbook of stress.* New York: Free Press.
Goldman, M. S., Brown, S. A. & Christiansen, B. A. (1987). Expectancy theory: Thinking about drinking. In H. T. Blane & K. E. Leonard (Eds.), *Psychological theories of drinking and alcoholism.* New York: Guilford Press, pp. 181-226.

Goldstein, A. (Ed.) (1989). *Molecular and cellular aspects of the drug addictions.* New York: Springer.
Goldstein, A. P. (1975). Relationship-enhancement methods. In F. H. Kanfer & A. P. Goldstein (Eds.), *Helping people change.* New York: Pergamon Press, pp. 15-49.
Goldstein, A. P., Reagles, K. W. & Amann, L. L. (1990). *Refusal skills. Preventing drug use in adolescents.* Champaign: Research Press.
Goldstein, M. S., Surber, M. & Wilner, D. M. (1984). Outcome evaluations in substance abuse: A comparison of alcoholism, drug abuse, and other mental health intervention. *The International Journal of the Addictions, 19*, 479-502.
Gomberg, E. S. (1976). Alcoholism in women. In B. Kissin & H. Begleiter (Eds.), *The biology of alcoholism. Vol. 4: Social aspects of alcoholism.* New York: Plenum Press, pp. 117-166.
Goodwin, D. W. (1976). *Is alcoholism hereditary?* New York: Oxford University Press.
Goodwin, D. W. (1981). Family studies of alcoholism. *Journal of Studies on Alcohol, 42*, 156-162.
Goodwin, D. W. (1984). Studies of familial alcoholism: A growth industry. In D. W. Goodwin, K. T. Van Dusen & S. A. Mednick (Eds.), *Longitudinal research in alcoholism.* Dordrecht: Kluwer-Nijhoff, pp. 97-106.
Goodwin, D. W., Schulsinger, F., Hermansen, L., Guze, S. B. & Winokur, G. (1973). Alcohol problems in adoptees raised apart from biological parents. *Archives of General Psychiatry, 28*, 238-243.
Goodwin, D. W., Schulsinger, F., Hermansen, L., Guze, S. B. & Winokur, G. (1975). Alcoholism and the hyperactive child syndrome. *Journal of Nervous and Mental Disease, 160*, 349-353.
Goodwin, D. W., Schulsinger, F., Moller, N., Mednick, S. & Guze, S. (1977). Psychopathology in adopted and nonadopted daughters of alcoholics. *Archives of General Psychiatry, 34*, 1005-1009.
Goodwin, D. W., Schulsinger, F., Moller, N., Hermansen, L., Winokur, G. & Guze, S. B. (1974). Drinking problems in adopted and non-adopted sons of alcoholics. *Archives of General Psychiatry, 31*, 164-169.
Gossop, M. (Ed.) (1989). *Relapse and addictive behaviour.* London: Routledge.
Gossop, M., Green, L., Phillips, G. & Bradley, B. (1990). Factors predicting outcome among opiate addicts after treatment. *British Journal of Clinical Psychology, 29*, 209-216.
Gottheil, E. (1984). Aging and alcoholism. In M. Galanter (Ed.), *Recent developments in alcoholism. Vol. 2.* New York: Plenum Press, pp. 195-299.
Gottheil, E., Druley, K. A., Pashko, S. & Weinstein, S. P. (Eds.) (1987). *Stress and addiction.* New York: Brunner/Mazel.
Grande, T. P., Wolf, A. W., Schubert, D. S. P., Patterson, M. B. & Brocco, K. (1984). Associations among alcoholism, drug abuse, and antisocial personality: A review of literature. *Psychological Reports, 55*, 455-474.
Grant, B. F. (1989). DSM-III-R and ICD 10 classifications of alcohol use disorders and associated disabilities: A structural analysis. *International Review of Psychiatry, 1*, 21-39.
Grawe, K. (1987). Die Effekte der Psychotherapie. In M. Amelang (Ed.), *Bericht über den 35. Kongreß der Deutschen Gesellschaft für Psychologie in Heidelberg 1986. Band 2.* Göttingen: Hogrefe, S. 515-534.
Grawe, K. (1988). Zurück zur psychotherapeutischen Einzelfallforschung. *Zeitschrift für Klinische Psychologie, 17*, 1-7.
Grawe, K. (1992a). Psychotherapieforschung zu Beginn der neunziger Jahre. *Psychologische Rundschau, 43*, 132-162.
Grawe, K. (1992b). *Zielorientierte Individualisierung durch Schemaanalysen.* Vortrag gehalten auf der 11. Herbsttagung des Fachverbandes Klinische Verhaltenstherapie ("Beziehung und Technik in der Verhaltenstherapie") am 28.11.1992 in Bad Dürkheim.
Grawe, K. (1993). *Psychospiele oder professionelle Veränderungsstrategien - Was halten die Versprechungen der Psychotherapieschulen?* Vortrag gehalten am 4.5.1993 in der Klinik Berus im Rahmen der Fortbildungsreihe "Neue Entwicklungen in der Psychosomatik und Verhaltensmedizin".
Grawe, K., Caspar, F. & Ambühl, H. (1990). Die Berner Therapievergleichsstudie. *Zeitschrift für Klinische Psychologie, 19*, 294-376.
Greenwald, M. A., Kloss, J. D., Kovaleski, M. E., Greenwald, D. P., Twentyman, C. T. & Zibung-Huffman, P. (1980). Drink refusal and social skills training with hospitalized alcoholics. *Addictive Behaviors, 5*, 227-228.
Greenwood, V. (1985). RET and substance abuse. In A. Ellis & M. Bernard (Eds.), *Clinical applications of RET.* New York: Plenum Press, pp. 209-235.

Grieswelle, D. (1974). *Allgemeine Soziologie. Gegenstand, Grundbegriffe und Methode der Soziologie.* Stuttgart: Kohlhammer.
Gruner, W. (1977). Zum Problem des Jugendalkoholismus. *Fortschritte der Neurologie, Psychiatrie und ihrer Grenzgebiete, 45,* 77-97.
Gurling, H. M., Clifford, C. A. & Murray, R. M. (1981). Genetic contributions to alcohol dependence and its effect on brain function. In L. Gedda, P. Parisi & W. A. Nance (Eds.), *Twin research. Vol. 3: Epidemiological and clinical studies.* New York: Alan R. Riss, pp. 77-87.
Guze, S. B., Tuason, V. B., Steward, M. A. & Pickens, B. (1963). The drinking history: A comparison of reports by subjects and their relatives. *Quarterly Journal of Studies on Alcohol, 24,* 249-260.
Haegele, P.-A. (1985). Über die Images des Trinkers und des Abstinenzlers. *Suchtgefahren, 31,* 369-381.
Haffner, H. T., Becker, I. S. & Mann, K. (1989). Zur Sensitivität klinisch-chemischer Marker des Alkoholismus nach kurzfristiger anlaßbezogener Alkoholkarenz. *Blutalkohol, 26,* 114-122.
Hall, S., Havassy, B. E. & Wasserman, D. A. (1990). Commitment to abstinence and acute stress in relapse to alcohol, opiates, and nicotine. *Journal of Consulting and Clinical Psychology, 58,* 175-181.
Hamilton, F. & Maisto, S. A. (1979). Assertive behavior and perceived discomfort of alcoholics in assertion-required situations. *Journal of Consulting and Clinical Psychology, 47,* 196-197.
Hand, I. (1989). Verhaltenstherapie und kognitive Therapie in der Psychiatrie. In I. Hand & H.-U. Wittchen (Hrsg.), *Verhaltenstherapie in der Medizin.* Berlin: Springer, S. 17-41.
Hand, I. (1993). Expositions-Reaktions-Management (ERM) in der strategisch-systemischen Verhaltenstherapie. *Verhaltenstherapie, 3,* 61-65.
Hand, I. & Kaunisto, E. (1984). Multimodale Verhaltenstherapie bei problematischem Verhalten in Glückspielsituationen ("Spielsucht"). *Suchtgefahren, 30,* 1-11.
Happel, H.-V. (1990). Ich hab' versucht, dem allen aus dem Weg zu gehen." Wie Jugendliche suchtkranke Eltern erleben. *Verhaltenstherapie und psychosoziale Praxis, 22,* 79-89.
Harada, S., Agarwal, D. P. & Goedde, H. W. (1989). Biochemical and hematological markers of alcoholism. In H. W. Goedde & D. P. Agarwal (Eds.), *Alcoholism. Biomedical and genetic aspects.* New York: Plenum Press, pp. 238-255.
Harbauer, H. (1977). Pathogene Elternhaltungen. *Deutsches Ärzteblatt, 43,* 2583-2586.
Harsch, H. (1977[2]). *Hilfe für Alkoholiker und andere Drogenabhängige.* Mainz: Matthias-Grünewald-Verlag.
Havassy, B. E., Hall, S. M. & Wasserman, D. A. (1991). Social support and relapse: Commonalities among alcoholics, opiate users, and cigarette smokers. *Addictive Behaviors, 16,* 235-246.
Havemann-Reinecke, M. (1992). Biologische Mechanismen der Sucht unter Berücksichtigung genetischer Aspekte. *Sucht, 38,* 82-84.
Havighurst, R. J. (1972). *Developmental tasks and education.* New York: Davis McKay.
Heath, D. B. (1982). In other cultures, they also drink. In E. S. Gomberg, H. R. White & J. A. Carpenter (Eds.), *Alcohol, science and society revisited.* Ann Arbor: University of Michigan Press, pp. 63-79.
Heath, D. B. (1990). Anthropological and sociocultural perspectives on alcohol as a reinforcer. In W. M. Cox (Ed.), *Why people drink.* New York: Gardner Press, pp. 263-290.
Heather, N. & Robertson, I. (1983[2]). *Controlled drinking.* London: Methuen (revised edition).
Heather, N. & Robertson, I. (1985). *Problem drinking. The new approach.* Harmondsworth: Penguin Books.
Heather, N. & Stallard, A. (1989). Does the Marlatt model underestimate the importance of conditioned craving in the relapse process? In M. Gossop (Ed.), *Relapse and addictive behaviour.* London: Routledge, pp. 180-208.
Heather, N., Laybourn, P. & MacPherson, B. (1987). A prospective study of the effects of unemployment on drinking behaviour. *Social Psychiatry, 22,* 226-233.
Heather, N., Rollnick, S. & Winton, M. (1983). A comparison of objective and subjective measures of alcohol dependence as predictors of relapse following treatment. *British Journal of Clinical Psychology, 22,* 11-17.
Hedberg, A. G. & Campbell, L. A. (1974). A comparison of four behavioral treatments of alcoholism. *Journal of Behavior Therapy and Experimental Psychiatry, 5,* 251-256.
Heider, F. (1977). *Psychologie der interpersonalen Beziehungen.* Stuttgart: Klett.
Heilbrun, A. B., Cassidy, J. C., Diehl, M. & Haas, M. (1986). Psychological vulnerability to alcoholism: Studies in internal scanning deficit. *British Journal of Medical Psychology, 59,* 237-244.
Hell, D. & Ryffel, E. (1986). Vatermangel - ein Aspekt bei chronischen Alkoholikern. *Drogenalkohol, 10,* 101-120.

Hellhammer, D., Florin, I. & Weiner, H. (Eds.) (1988). *Neurobiological approaches to human disease.* Bern: Huber.

Henkel, D. (1992). *Arbeitslosigkeit und Alkoholismus. Epidemiologische, ätiologische und diagnostische Zusammenhänge.* Weinheim: Deutscher Studienverlag.

Hersen, M. & Barlow, D. H. (1976). *Single case experimental designs.* New York: Pergamon.

Hersen, M. & Bellack, A. S. (Eds.) (1981[2]). *Behavioral assessment: A practical handbook.* New York: Pergamon.

Hesselbrock, M. N. (1986). Alcoholic typologies. A review of empirical evaluations of common classification schemes. In M. Galanter (Ed.), *Recent developments in alcoholism. Vol. 4.* New York: Plenum Press, pp. 191-206.

Hesselbrock, V. M., Stabenau, J. R. & Hesselbrock, M. N. (1985). Minimal brain dysfunction and neuropsychological test performance in offspring of alcoholics. In M. Galanter (Ed.), *Recent developments in alcoholism. Vol. 3.* New York: Plenum Press, pp. 65-82.

Hesselbrock, V. M., Bauer, L. O., Hesselbrock, M. N. & Gillen, R. (1991). Neuropsychological factors in individuals at high risk for alcoholism. In M. Galanter (Ed.), *Recent developments in alcoholism. Vol. 9.* New York: Plenum Press, pp. 21-40.

Hester, R. K. & Miller, W. R. (1989). Self-control training. In R. K. Hester & W. R. Miller (Eds.), *Handbook of alcoholism treatment approaches.* New York: Pergamon Press, pp. 141-149.

Hester, R. K., Nirenberg, T. D. & Begin, A. M. (1990). Behavioral treatment of alcohol and drug abuse. What do we know and where shall we go? In M. Galanter (Ed.), *Recent developments in alcoholism. Vol. 8.* New York: Plenum Press, pp. 305-327.

Higgins, R. L. (1976). Experimental investigations of tension reduction models of alcoholism. In G. Goldstein & C. Neuringer (Eds.), *Empirical studies of alcoholism.* Cambridge: Ballinger, pp. 37-74.

Higgins, R. L. & Marlatt, G. A. (1975). Fear of interpersonal evaluation as a determinant of alcohol consumption in male social drinkers. *Journal of Abnormal Psychology, 84,* 644-651.

Higuchi, S., Muramatsu, T., Shigemori, K., Masayoshi, S., Hiroaki, K., Dufour, M. & Harford, T. C. (1992). The relationship between low Km aldehyde dehydrogenase phenotype and drinking behavior in Japanese. *Journal of Studies on Alcohol, 53,* 170-175.

Hill, M. J. & Blane, H. T. (1967). Evaluation of psychotherapy with alcoholics: A critical review. *Quarterly Journal of Studies on Alcohol, 28,* 76-104.

Hill, S. Y., Steinhauer, S. R. & Zubin, J. (1987). Biological markers for alcoholism: A vulnerability model conceptualization. In P. C. Rivers (Ed.), *Alcohol and addictive behavior.* Lincoln: University of Nebraska Press, pp. 207-256.

Hodgson, R. J. & Rankin, H. J. (1976). Modification of excessive drinking by cue exposure. *Behaviour Research & Therapy, 14,* 305-307.

Hodgson, R., Rankin, H. & Stockwell, T. (1978). Craving and loss of control. In P. E. Nathan, G. A. Marlatt & T. Loberg (Eds.), *Alcoholism: New directions in behavioral research and treatment.* New York: Plenum Press, pp. 341-349.

Hoellen, B. & Laux, J. (1988). Antike Seelenführung und kognitive Verhaltenstherapie im Vergleich. *Zeitschrift für Klinische Psychologie, Psychopathologie und Psychotherapie, 36,* 255-267.

Hofstaetter, P. R. (1984). *Psychologie zwischen Kenntnis und Kult.* München: R. Oldenbourg.

Homme, L. E. (1965). Perspectives in psychology: XXIV: Control of coverants, the operants of the mind. *The Psychological Record, 15,* 501-511.

Hore, B. D. (1974). Craving for alcohol. *British Journal of Addiction, 69,* 137-140.

Horton, D. (1943). The functions of alcohol in primitive societies: A cross cultural study. *Quarterly Journal of Studies on Alcohol, 4,* 199-320.

Horton, D. (1945). The functions of alcohol in primitive societies. In Yale Studies of Alcohol (Ed.), *Alcohol, science and society.* Westport: Greenwood Press, pp. 153-178.

Hrubec, Z. & Omenn, G. S. (1981). Evidence of genetic predisposition to alcoholic cirrhosis and psychosis: Twin concordance for alcoholism and its biological endpoints by zygosity among male veterans. *Alcoholism: Clinical and Experimental Research, 5,* 207-215.

Huba, G. J. & Bentler, P. M. (1984). Causal models of personality, peer culture characteristics, drug use and crucial behavior over a five-year span. In D. W. Goodwin, K. T. Van Dusen & S. A. Mednick (Eds.), *Longitudinal research in alcoholism.* Boston: Kluwer-Nijhoff, pp. 73-95.

Huber, H. P. (1983). Strategien zur Evaluation therapeutischer Prozesse. In W.-R. Minsel & R. Scheller (Eds.), *Brennpunkte der Klinischen Psychologie, Band 6: Forschungskonzepte der Klinischen Psychologie*. München: Kösel, S. 87-102.
Hüllemann, M. (1983). 50 Jahre "Gesetz zur Verhütung erbkranken Nachwuchses". *Suchtgefahren, 29*, 387-389.
Hull, C. L. (1952). *A behavior system*. New Haven: Yale University Press.
Hull, J. G. & Bond, C. F. (1986). Social and behavioral consequences of alcohol consumption: A meta-analysis. *Psychological Bulletin, 99*, 347-360.
Hunt, G. M. & Azrin, N. H. (1973). A community-reinforcement approach to alcoholism. *Behaviour Research & Therapy, 11*, 91-104.
Hunt, W. A. (1983). Ethanol and the central nervous system. In B. Tabakoff, P. B. Sutker & C. L. Randall (Eds.), *Medical and social aspects of alcohol abuse*. New York: Plenum Press, pp. 133-163.
Hunt, W. A. (1990a). Brain mechanisms that underlie the reinforcing effects of ethanol. In W. M. Cox (Ed.), *Why people drink*. New York: Gardner Press, pp. 71-91.
Hunt, W. A. (1990b). Biochemical bases for the reinforcing effects of ethanol. In W. M. Cox (Ed.), *Why people drink*. New York: Gardner Press, pp. 51-70.
Hunt, W. A., Barnett, L. W. & Branch, L. G. (1971). Relapse rates in addiction programs. *Journal of Clinical Psychology, 27*, 455-456.
Hurley, D. L. (1991). Women, alcohol and incest: A analytical review. *Journal of Studies on Alcohol, 52*, 253-268.
Hurrelmann, K. & Hesse, S. (1991). Drogenkonsum als problematische Form der Lebensbewältigung im Jugendalter. *Sucht, 37*, 240-252.
Huss, M. (1849). *Alcoholismus chronicus*. Stockholm: C. E. Fritze. Dt. Übersetzung: Chronische Alkoholskrankheiten oder Alcoholismus chronicus. Stockholm, Leipzig: C. E. Fritze, 1852.
Institut für Demoskopie Allensbach (Hrsg.) (1981). *Die Gefahr des Alkoholismus*. Allensbach.
Iso-Ahola, S. E. & Crowley, E. (1991). Adolescent substance abuse and leisure boredom. *Journal of Leisure Research, 23*, 260-271.
Jacob, T. (1987). Alcoholism: A family interaction perspective. In P. C. Rivers (Ed.), *Alcohol and addictive behavior*. Lincoln: University of Nebraska Press, pp. 159-206.
Jacobi, C. (1987). Mythen im Alkoholismuskonzept. *Ernährungsumschau, 34*, 262-266.
Jacobi, C., Brand-Jacobi, J. & Marquardt, F. (1987). Die Göttinger Abhängigkeitsskala (GABS): Ein Verfahren zur differentiellen Erfassung der Schwere der Alkoholabhängigkeit. *Suchtgefahren, 33*, 23-36.
Jacobson, E. (1938). *Progressive Relaxation*. Chicago: University Press.
Jacobson, E. (1991). *Entspannung als Therapie. Progressive Relaxation in Theorie und Praxis*. München: Pfeiffer.
Jacobson, G., Stallmann, M. & Skiba, E.-G. (1987). *Jugend und Alkohol. Ergebnisse einer Befragung Jugendlicher zum Alkoholkonsum*. Berlin: Hofgarten Verlag.
Jahrreiss, R. (1989). Zu der Kontroverse um den Suchtbegriff bei pathologischem Glücksspiel. *Praxis der Klinischen Verhaltensmedizin und Rehabilitation, 5*, 5-9.
Janis, I. & Mann, L. (1977). *Decision making: A psychological analysis of conflict, choice and commitment*. New York: Free Press.
Janker, P. & Merklinger, W. (1988). *Alkoholismus und soziale Kompetenz. Eine empirische Untersuchung an sechs Fachkliniken zur sozialen Kompetenz Alkoholabhängiger im Vergleich zu "Normal(alkohol)trinkenden"*. Frankfurt/M.: Lang.
Janssen, H.-J. (1991). *Suchtprävention im Wandel*. Hamm: Hoheneck.
Jellinek, E. M. (1945). The problem of alcohol. In Yale Studies of Alcohol (Ed.), *Alcohol, science and society*. Westport: Greenwood Press, pp. 13-30.
Jellinek, E. M. (1946). Phases in the drinking history of alcoholics. *Quarterly Journal of Studies on Alcohol, 7*, 1-88.
Jellinek, E. M. (1952). Phases of alcohol addiction. *Quarterly Journal of Studies on Alcohol, 13*, 673-684.
Jellinek, E. M. (1960). *The disease concept of alcoholism*. New Haven: Hillhouse Press.
Jellinek, E. M. & Jolliffee, N. (1940). Effect of alcohol on the individual. *Quarterly Journal of Studies on Alcohol, 1*, 110-181.
Jessor, R. (1987). Problem behavior theory, psychosocial development, and adolescent problem drinking. *British Journal of Addiction, 82*, 331-342.

Jessor, R. (1993). Successful adolescent development among youth in high-risk settings. *American Psychologist, 48*, 117-126.

Jessor, R. & Jessor, S. L. (1975). Adolescent development and the onset of drinking. A longitudinal study. *Journal of Studies on Alcohol, 36*, 27-51.

Jessor, R. & Jessor, S. L. (1977). *Problem behavior and psychosocial development: A longitudinal study.* New York: Academic Press.

John, U. (1982). Bessern auch unbehandelte Alkoholiker ihr Trinkverhalten? Ein Problem der Studien über Therapieerfolgskontrollen. *Suchtgefahren, 28*, 273-283.

John, U. (1984). Erfolgskriterien bei Alkoholabhängigen nach einer Therapie: Aspekte sozialer Integration und Abstinenz. *Suchtgefahren, 30*, 168-177.

John, U. (1985). *Rehabilitation Alkoholabhängiger. Ansätze und Grenzen sozialwissenschaftlicher Untersuchungen.* Freiburg: Lambertus.

John, U. (1992). Methods to investigate attitudes about alcohol dependence. *Journal of Alcohol & Drug Education, 37*, 62-65.

John, U. (1993a). Suchtforschung in der Bundesrepublik Deutschland. In Deutsche Hauptstelle gegen die Suchtgefahren (DHS) (Hrsg.), *Jahrbuch Sucht 94.* Geesthacht: Neuland.

John, U. (1993b). Ansätze zur Diagnostik der Alkoholabhängigkeit. *Zeitschrift für Klinische Psychologie, Psychopathologie und Psychotherapie, 41*, 1-17.

John, U., Veltrup, C., Schnofl, A., Bunge, S., Wetterling, T. & Dilling, H. (1992). Entwicklung eines Verfahrens zur Erfassung von Ausprägungen der Alkoholabhängigkeit aufgrund von Selbstaussagen: Die Lübecker Alkoholabhängigkeitsskala (LAS). *Sucht, 38*, 291-303.

Jones, B. M. (1973). Memory impairment on the ascending and descending limbs of the blood alcohol curve. *Journal of Abnormal Psychology, 82*, 24-32.

Jones, D. C. & Houts, R. (1992). Parental drinking, parent-child communication, and social skills in young adults. *Journal of Studies on Alcohol, 53*, 48-56.

Jones, M. C. (1968). Personality antecedents and correlates of drinking patterns in adult males. *Journal of Consulting and Clinical Psychology, 32*, 2-12.

Jones, S. L., Kanfer, R. & Lanyon, R. I. (1982). Skill training with alcoholics: A clinical extension. *Addictive Behaviors, 7*, 285-290.

Kaij, L. (1960). *Alcoholism in twins. Studies on the etiology and sequels of abuse of alcohol.* Stockholm: Almqvist & Winkell.

Kandel, D. B. (Ed.) (1978). *Longitudinal research on drug use.* New York: Wiley.

Kandel, D. B. & Maloff, D. R. (1983). Commonalities in drug use: A sociological perspective. In P. K. Levison, D. R. Gerstein & D. R. Maloff (Eds.), *Commonalities in substance abuse and habitual behavior.* Lexington: Lexington Books, pp. 3-27.

Kanfer, F. H. (1977). The many faces of self-control, or behavior modification changes its focus. In R. B. Stuart (Ed.), *Behavioral self-management strategies, techniques and outcomes.* New York: Brunner/Mazel, pp. 1-48.

Kanfer, F. H. (1989). Basiskonzepte in der Verhaltenstherapie: Veränderungen während der letzten 30 Jahre. In J. Hand & H.-U. Wittchen Hrsg.), *Verhaltenstherapie in der Medizin.* Berlin: Springer, S. 1-13.

Kanfer, F. H. & Grimm, L. G. (1980). Managing clinical change: A process model of therapy. *Behavior Modification, 4*, 419-444.

Kanfer, F. H. & Phillips, J. S. (1975). *Lerntheoretische Grundlagen der Verhaltenstherapie.* München: Kindler.

Kanfer, F. H., Reinecker, H. & Schmelzer, D. (1990). *Selbstmanagement-Therapie.* Berlin: Springer.

Karoly, P. & Kanfer, F. H. (Eds.) (1982). *Self-management and behavior change.* New York: Pergamon Press.

Kasl, V. S., Ostfeld, A. M., Berkman, L. F. & Jacobs, S. C. (1987). Stress and alcohol consumption: The role of selected social and environmental factors. In E. Gottheil, K. A. Druley, S. Pashko & S. P. Weinstein (Eds.), *Stress and addiction.* New York: Brunner/Mazel, pp. 40-60.

Kaufmann, E. & Kaufmann, P. (Hrsg.) (1983). *Familientherapie bei Alkohol- und Drogenabhängigkeit.* Freiburg: Lambertus.

Kazdin, A. E. (1993). Evaluation in clinical practice: Clinically sensitive and systematic methods of treatment delivery. *Behavior Therapy, 24*, 11-45.

Kazdin, A. E., Kratochwill, T. R. & Vandenbos, G. R. (1986). Beyond clinical trials: Generalizing from research to practice. *Professional Psychology: Research and Practice, 17*, 391-398.

Keir, S. & Lauzon, R. (1980). Physical activity in a healthy lifestyle. In P. O. Davidson & S. M. Davidson (Eds.), *Behavioral medicine: Changing health lifestyles*. New York: Brunner/Mazel, pp. 334-350.
Keithly, L., Samples, S. & Strupp, H. H. (1980). Patient motivation as a predictor of process and outcome in psychotherapy. *Psychotherapy and Psychosomatics, 33*, 87-97.
Keller, M. (1972a). The oddities of alcoholics. *Quarterly Journal of Studies on Alcohol, 33*, 1147-1148.
Keller, M. (1972b). On the loss-of-control phenomen in alcoholism. *British Journal of Addiction, 67*, 153-166.
Keller, M. (1979). A historical overview of alcohol and alcoholism. *Cancer Research, 39*, 2822-2829.
Keller, M. (1982). On defining alcoholism. In E. S. Gomberg, H. R. White & J. A. Carpenter (Eds.), *Alcohol, science and society revisited*. Ann Arbor: University of Michigan Press, pp. 119-133.
Kelly, G. A. (1955). *The psychology of personal constructs*. New York: Norton.
Kendall, P. C. (Ed.) (1982-1986). *Advances in cognitive-behavioral research and therapy. Vol. 1-5*. New York: Academic Press.
Kepner, E. (1964). Application of learning theory to the etiology and treatment of alcoholism. *Quarterly Journal of Studies on Alcohol, 25*, 279-291.
Kern, E. & Jahrreiss, R. (1990). Klientel und katamnestische Ergebnisse einer Kurzzeitentwöhnungstherapie. *Suchtgefahren, 36*, 167-177.
Kern, P. (1986). "Meinem Leben einen Sinn geben." *Suchtgefahren, 32*, 254-268.
Kernberg, O. F. (1981). *Objektbeziehungen und Praxis der Psychoanalyse*. Stuttgart: Klett-Cotta.
Keßler, B. H. (1978). Behaviorale Diagnostik. In L. R. Schmidt (Hrsg.), *Lehrbuch der Klinischen Psychologie*. Stuttgart: Enke, S. 164-189.
Keup, W. (Hrsg.) (1978). *Sucht als Symptom*. Stuttgart: Thieme.
Kielholz, P. & Ladewig, D. (1973). *Die Abhängigkeit von Drogen*. München: dtv.
Kielhorn, F.-W. (1987). Die Gamma-Glutamyltransferase (GGT) bei chronischem Alkoholmißbrauch. *Suchtgefahren, 33*, 267-271.
Kiesler, D. J. (1966). Some myths of psychotherapy research and the search for a paradigma. *Psychological Bulletin, 65*, 110-136.
Kilpatrick, D. G., Sutker, P. B. & Smith, A. D. (1976). Deviant drug and alcohol use: The role of anxiety, sensation seeking, and other personality variables. In M. Zuckerman & C. D. Spielberger (Eds.), *Emotions and anxiety: New concepts, methods, and applications*. New York: Halsted Press, pp. 247-278.
King, N. J. (1980). The therapeutic utility of abbreviated progressive relaxation: A critical review with implications for clinical practice. In M. Hersen, R. M. Eisler & P. M. Miller (Eds.), *Progress in behavior modification. Vol. 10*. New York: Academic Press, pp. 147-182.
Kingham, R. J. (1958). Alcoholism and reinforcement theory of learning. *Quarterly Journal of Studies on Alcohol, 19*, 320-330.
Kirschenbaum, D. S. (1987). Self-regulatory failure: A review with clinical implication. *Clinical Psychology Review, 7*, 77-104.
Kisker, K. P., Lauter, H., Meyer, J.-E., Müller, C. & Strömgren, E. (Hrsg.) (1987[3]). *Psychiatrie der Gegenwart. Band 3: Abhängigkeit und Sucht*. Berlin: Springer.
Klajner, F., Hartman, L. M. & Sobell, M. B. (1984). Treatment of substance abuse by relaxation training: A review of its rationale, efficacy and mechanisms. *Addictive Behaviors, 9*, 41-55.
Klein, H. (1984). *Kontrollverlust bei Alkoholkranken*. Wuppertal: Blaukreuz-Verlag.
Klein, M. (1972). *Das Seelenleben des Kleinkindes und andere Beiträge zur Psychoanalyse*. Reinbek: Rowohlt.
Klepsch, R. (1989). Paradigmawechsel in der Behandlung von Alkoholabhängigkeit - ein Interview mit Prof. Dr. Mark Sobell und Prof. Dr. Linda Sobell. *Suchtgefahren, 35*, 394-396.
Knop, J., Goodwin, D., Teasdale, T. W., Mikkelsen, M. & Schulsinger, F. (1984). A danish prospective study of young males at high risk for alcoholism. In D. W. Goodwin, K. T. Van Dusen & S. A. Mednick (Eds.), *Longitudinal research in alcoholism*. Dordrecht: Kluwer-Nijhoff, pp. 107-124.
Köhlke, H.-M. (1992). Aktuelle verhaltenstherapeutische Standardprogramme: Moderner Rückschritt in die Symptomtherapie?! *Verhaltenstherapie, 2*, 256-262.
Köhlke, H.-M. (1993). Symptomzentrierte Standardtherapie oder eine am Verstehen orientierte Verhaltenstherapie? Erwiderung auf kritische Stellungnahmen. *Verhaltenstherapie, 3*, 45-49.
Köhnken, G., Seidenstücker, G. & Baumann, U. (1979). Zur Systematisierung von Methodenkriterien für Therapiestudien. In U. Baumann, H. Berbalk & G. Seidenstücker (Hrsg.), *Klinische Psychologie. Trends in Forschung Praxis. Band 2*. Bern: Huber, S. 72-128.
Körkel, J. (Hrsg.) (1988). *Der Rückfall des Suchtkranken*. Berlin: Springer.

Körkel, J. (1991). Der Rückfall von Alkoholabhängigen. Auf dem Wege zu einem neuen Verständnis des Rückfalls. *Verhaltenstherapie und psychosoziale Praxis, 23*, 321-337.
Körkel, J. (1992). *Paradigmenwechsel in der Rehabilitation von Alkohol- und Medikamentenabhängigen.* Vortrag gehalten auf dem 5. Kongreß des Fachverbandes Sucht e. V. am 21.5.1992 in Heidelberg.
Körkel, J. & Lauer, G. (1988). Der Rückfall des Alkoholabhängigen. Einführung in die Thematik und Überblick über den Forschungsstand. In J. Körkel (Hrsg.), *Der Rückfall des Suchtkranken.* Berlin: Springer, S. 3-122.
Kopun, M. & Propping, P. (1977). The kinetics of ethanol absorption and elimination in twins and supplementary repetitive experiments in singleton subjects. *European Journal of Clinical Pharmacology, 11*, 337-344.
Kozlowski, L. T. & Wilkinson, D. A. (1987). Use and misuse of the concept of craving by alcohol, tobacco, and drug researchers. *British Journal of Addiction, 82*, 31-36.
Krause, W. & Oehme, P. (1992). Möglichkeiten und Grenzen biomedizinischer Suchtforschung. *Sucht, 38*, 107-108.
Küfner, H. (1981). Systemwissenschaftlich orientierte Überlegungen zu einer integrativen Alkoholismustheorie. *Wiener Zeitschrift für Suchtforschung, 4*, 3-16.
Küfner, H. & Feuerlein, W. (1983). Fragebogendiagnostik des Alkoholismus: Überblick über verschiedene Ansätze und Verfahren. *Wiener Zeitschrift für Suchtforschung, 6*, 3-15.
Küfner, H., Feuerlein, W. & Flohrschütz, T. (1986). Die stationäre Behandlung von Alkoholabhängigen: Merkmale von Patienten und Behandlungseinrichtungen, katamnestische Ergebnisse.Ergebnisse". *Suchtgefahren, 32*, 1-85.
Küfner, H., Feuerlein, W. & Huber, M. (1988). Die stationäre Behandlung von Alkoholabhängigen: Ergebnisse der 4-Jahreskatamnesen, mögliche Konsequenzen für Indikationsstellung und Behandlung. *Suchtgefahren, 34*, 157-270.
Kuhn, T. S. (1970). *The structure of scientific revolutions (revised edition).* Chicago: University of Chicago Press.
Laberg, J. (1990). What is presented, and what prevented, in cue exposure and response prevention with alcohol dependent subjects? *Addictive Behaviors, 15*, 367-386.
Ladewig, D. Graw, P., Miest, P.-C., Hobi, V. & Schwarz, E. (1976). Basler Drogen- und Alkoholfragebogen (BDA). *Pharmakopsychiatrie, 9*, 305-312.
Ladewig, D., Graw, P. & Löwenheck, M. (1984). Selbstsicherheit als Therapieziel bei Alkoholikern. *Drogalkohol, 8*, 20-29.
Landis, C. (1945). Theories of the alcohol personality. In Yale Studies of Alcohol (Ed.), *Alcohol, science and society.* Westport: Greenwood Press, pp. 129-142.
Lang, A. R. (1983). Addictive personality: A viable construct? In P. K. Levison, D. R. Gerstein & D. R. Maloff (Eds.), *Commonalities in substance abuse and habitual behavior.* Lexington: Lexington Books, pp. 157-235.
Lang, A. R. & Michalec, E. M. (1990). Expectancy effects in reinforcement from alcohol. In W. M. Cox (Ed.), *Why people drink.* New York: Gardner Press, pp. 193-232.
Lang, H. (Hrsg.) (1990). *Wirkfaktoren der Psychotherapie.* Berlin: Springer.
Langenbucher, J. W. & Nathan, P. E. (1990). The tension-reduction hypothesis: A reanalysis of some crucial early data. In W. M. Cox (Ed.), *Why people drink.* New York: Gardner Press, pp. 131-168.
Larson, L. M. & Heppner, P. P. (1989). Problem-solving appraisal in an alcoholic population. *Journal of Counseling Psychology, 36*, 73-78.
Laux, J. (1983a). Entspannungstechniken. In K. Daumenlang & K. Andre (Hrsg.), *Taschenbuch der Schul- und Erziehungsberatung.* Baltmannsweiler: Burgbücherei Schneider, S. 67-69.
Laux, J. (1983b). Hypnosetherapie. In K. Daumenlang & K. Andre (Hrsg.), *Taschenbuch der Schul- und Erziehungsberatung.* Baltmannsweiler: Burgbücherei Schneider, S. 125-126.
Laux, J. (1985). Kognitive Psychologie nach Jerome S. Bruner. *Der Mathematikunterricht, 31*, 10-20.
Laux, J. (1988). Stand der Forschung in der Hypnosetherapie. In J. Laux & H.-J. Schubert (Hrsg.), *Klinische Hypnose: Theorien, Forschungsergebnisse, Anwendungen.* Pfaffenweiler: Centaurus, S. 20-35.
Laux, J. (1991). "Personal growth" durch betriebliche Bildung? In R. Arnold (Hrsg.), *Taschenbuch der betrieblichen Bildungsarbeit.* Hohengehren: Schneider, S. 63-73.
Laux, J. (1992). Suggestion und Gesellschaft. In C. Siara & T. Miethig (Hrsg.), *Gesellschaft und Bildung.* Pfaffenweiler: Centaurus, S. 97-115.

Laux, J. & Schubert, H.-J. (Eds.) (1988). *Klinische Hypnose: Theorien, Forschungsergebnisse, Anwendungen.* Pfaffenweiler: Centaurus.
Lazarus, A. A. (1971). *Verhaltenstherapie im Übergang.* München: E. Reinhardt.
Lazarus, R. S. (1966). *Psychological stress and the coping process.* New York: McGraw-Hill.
Lazarus, R. S. (1981). Streß und Streßbewältigung - ein Paradigma. In S.-H. Filipp (Hrsg.), *Kritische Lebensereignisse.* München: Urban & Schwarzenberg, S. 198-232.
Lazarus, R. S. & Folkman, S. (1984). *Stress, appraisal, and coping.* New York: Springer.
Lehmann, K. (1991). Forderungen der Verbände an die Forschung im Bereich Suchtkrankenhilfe. *Sucht, 37,* 328-335.
Lehrer, P. M. & Woolfolk, R. L. (1985). The relaxation therapies. In R. M. Turner & L. M. Ascher (Eds.), *Evaluating behavior therapy outcome.* New York: Springer, pp. 95-121.
Lemere, F. & Voegtlin, W. L. (1950). An evaluation of the aversion treatment of alcoholism. *Quarterly Journal of Studies on Alcohol, 11,* 199-204.
Lender, M. E. (1987). Alcohol, stress, and society: The 19th-century origins of the tension reduction hypothesis. In E. Gottheil, K. A. Druley, S. Pashko & S. P. Weinstein (Eds.), *Stress and addiction.* New York: Brunner/Mazel, pp. 13-23.
Lesch, O. M., Bonte, W., Walter, H., Musalek, M. & Sprung, R. (1990). Verlaufsorientierte Alkoholismusdiagnostik. In D. R. Schwoon & M. Krausz (Hrsg.), *Suchtkranke. Die ungeliebten Kinder der Psychiatrie.* Stuttgart: Enke, S. 81-91.
Leonard, K. E. & Blane, H. T. (1987). Conclusion. In H. T. Blane & K. E. Leonard (Eds.), *Psychological theories of drinking and alcoholism.* New York: Guilford Press, pp. 388-395.
Lester, D. (1989). The heritability of alcoholism: Science and social policy. *Drugs & Society, 3,* 29-68.
Lettieri, D. J. & Welz, R. (Hrsg.) (1983). *Drogenabhängigkeit - Ursachen und Verlaufsformen. Ein Handbuch.* Weinheim: Beltz.
Levenson, R. W. (1987). Alcohol, affect, and physiology: Positive effects in the early stages of drinking. In E. Gottheil, K. A. Druley, S. Pashko & S. P. Weinstein (Eds.), *Stress and addiction.* New York: Brunner/Mazel, pp. 173-196.
Levenson, R. W., Oyama, O. N. & Meek, P. S. (1987). Greater reinforcement from alcohol for those at risk: Parental risk, personality risk, and sex. *Journal of Abnormal Psychology, 96,* 242-253.
Levin, J. D. (1990). *Alcoholism: A bio-psycho-social approach.* New York: Hemisphere.
Levine, H. G. (1978). The discovery of addiction: Changing conceptions of habitual drunkeness in America. *Journal of Studies on Alcohol, 39,* 143-174.
Levison, P. K., Gerstein, D. R. & Maloff, D. R. (Eds.) (1983). *Commonalities in substance abuse and habitual behavior.* Lexington: Lexington Books.
Lichstein, K. L. (1988). *Clinical relaxation strategies.* New York: Wiley & Sons.
Lied, E. R. & Marlatt, G. A. (1979). Modeling as a determinant of alcohol consumption: Effect of subject sex and prior drinking history. *Addictive Behaviors, 4,* 47-54.
Lindenmeyer, J., Bents, H., Fiegenbaum, W. & Ströhm, W. (1994). "In der Realität ist alles anders ..." - *Exposition in-vivo - bei der Rückfallbehandlung von Alkohol- und Medikamentenabhängigen.* Vortrag gehalten auf dem 10. Kongreß für klinische Psychologie und Psychotherapie: Ausgrenzen - Eingrenzen - Entgrenzen. Berlin, 20.25. Februar 1994.
Lisansky, E. S. (1960). The etiology of alcoholism; the role of psychological predisposition. *Quarterly Journal of Studies on Alcohol, 21,* 314-343.
Liskow, B., Powell, B. J., Nickel, E. & Penick, E. (1991). Antisocial alcoholics: Are there clinically significant diagnostic subtypes? *Journal of Studies on Alcohol, 52,* 62-69.
Litman, G. K. (1980). Relapse in alcoholism: Traditional and current approaches. In G. Edwards & M. Grant (Eds.), *Alcoholism treatment in transition.* Baltimore: University Park Press, pp. 294-303.
Litman, G. K. (1986). Alcoholism survival. The prevention of relapse. In W. R. Miller & N. Heather (Eds.), *Treating addictive behaviors: Processes of change.* New York: Plenum Press, pp. 391-405.
Litman, G. K. & Topham, A. (1983). Outcome studies on techniques in alcoholism treatment. In M. Galanter (Ed.), *Recent developments in alcoholism. Vol. 1.* New York: Plenum Press, pp. 167-194.
Litman, G. K., Eiser, J. R., Rawson, N. S. B. & Oppenheim, A. N. (1977). Towards a typology of relapse: A preliminary report. *Drug & Alcohol Dependence, 2,* 157-162.

Litman, G. K., Stapleton, J., Oppenheim, A. N. & Peleg, M. (1983). An instrument for measuring coping behaviours in hospitalized alcoholics: Implications for relapse prevention treatment. *British Journal of Addiction, 78,* 269-276.

Litman, G. K., Stapelton, J., Oppenheim, A. N., Peleg, M. & Jackson, P. (1984). The relationship between coping behaviours, their effectiveness and alcoholism relapse and survival. *British Journal of Addiction, 79,* 283-291.

Little, L. M. & Curran, J. P. (1978). Covert sensitization: A clinical procedure in need of some explanations. *Psychological Bulletin, 85,* 513-531.

Littrell, J. (1988). The Swedish studies of the adopted children of alcoholics. *Journal of Studies on Alcohol, 49,* 491-499.

Ludwig, A. M. (1986). Pavlov's "bells" and alcohol craving. *Addictive Behaviors, 11,* 87-91.

Ludwig, A. M. (1988). *Understanding the alcoholic's mind. The nature of craving and how to control it.* New York: Oxford University Press.

Ludwig, A. M. & Stark, L. H. (1974). Alcohol craving; subjective and situational aspects. *Quarterly Journal of Studies on Alcohol, 35,* 899-905.

Ludwig, A. M. & Wikler, A. (1974). "Craving" and relapse to drink. *Quarterly Journal of Studies on Alcohol, 35,* 108-130.

Lürssen, E. (1974). Psychoanalytische Theorien über die Suchtstrukturen. *Suchtgefahren, 20,* 145-151.

Lunkenheimer, H.-U. (1981). Kurz- oder Langzeittherapie bei Alkoholkranken: Therapieerfahrung ausländischer und deutscher Autoren. *Suchtgefahren, 27,* 58-62.

MacAndrew, C. (1981). What the MAC scale tells us about men alcoholics: An interpretive review. *Journal of Studies on Alcohol, 42,* 604-625.

MacAndrew, C. & Edgerton, R. B. (1969). *Drunken comportment.* Chicago: Aldine.

MacRae, J. R., Scoles, M. T. & Siegel, S. (1987). The contribution of Pavlovian conditioning to drug tolerance and dependence. *British Journal of Addiction, 82,* 371-380.

Mahoney, M. J. (1977). *Kognitive Verhaltenstherapie.* München: Pfeiffer.

Mahoney, M. J. (1978). Experimental methods and outcome evaluation. *Journal of Consulting and Clinical Psychology, 46,* 660-672.

Mahoney, M. J. (1988). The cognitive sciences and psychotherapy: Patterns in a developing relationship. In K. S. Dobson (Ed.), *Handbook of cognitive-behavioral therapies.* New York: Guilford, pp. 357-386.

Mahoney, M. J. (1991). *Human change processes: The scientific foundations of psychotherapy.* New York: Basic Books.

Maisto, S. A. & McCollam, J. B. (1980). The use of multiple measures of life health to assess alcohol treatment outcome: A review and critique. In L. C. Sobell, M. B. Sobell & E. Ward (Eds.), *Evaluating alcohol and drug abuse treatment effectiveness. Recent advances.* New York: Pergamon Press, pp. 15-76.

Maisto, S. A. & O'Farrell, T. J. (1985). Comment on the validity of Watson et al.'s "Do alcoholics give valid self-reports". *Journal of Studies on Alcohol, 46,* 447-450.

Maisto, S. A. & Schefft, B. K. (1977). The constructs of craving for alcohol and loss of control drinking: Help or hindrance to research. *Addictive Behaviors, 2,* 207-217.

Majewski, F. (Hrsg.) (1987). *Die Alkoholembryopathie.* Frankfurt/M.: Umwelt & Medizin Verlagsgesellschaft.

Mandall, W., Eaton, W. W., Anthony, J. C. & Garrison, R. (1992). Alcoholism and occupations: A review and analysis of 104 occupations. *Alcoholism: Clinical & Experimental Research, 16,* 734-746.

Mann, L. M., Chassin, L. & Sher, K. J. (1987). Alcohol expectancies and the risk for alcoholism. *Journal of Consulting and Clinical Psychology, 55,* 411-417.

Manson, M. P. (1949a). *The Alcadd Test.* Beverly Hills: Western Psychological Service.

Manson, M. P. (1949b). A psychometric determination of alcohol addiction. *American Journal of Psychiatry, 106,* 199-205.

Mantek, M. (1979). *Frauen-Alkoholismus.* München: E. Reinhardt.

Mardones, R. J. (1951). On the relationship between deficiency of B vitamins and alcohol intake in rats. *Quarterly Journal of Studies on Alcohol, 12,* 563-575.

Margraf, J. (1992). Reizüberflutung: In der Forschung gut belegt, in der Praxis nicht angewandt? Teil I. *Verhaltenstherapie, 2,* 334.

Margraf, J. & Brengelmann, J. C. (Hrsg.) (1992). *Die Therapeut-Patient-Beziehung in der Verhaltenstherapie.* München: Röttger.

Margraf, J. & Schneider, S. (1990^2). *Panik. Angstanfälle und ihre Behandlung.* Berlin: Springer.

Margraf, J. & Schneider, S. (1992). Kommentar zum Beitrag von Köhlke: Aktuelle verhaltenstherapeutische Standardprogramme: Moderner Rückschritt in die Symptomtherapie. Erfahrung, Wissenschaft und Praxis: Mißverständnisse über empirisch fundierte Psychotherapie. *Verhaltenstherapie, 2*, 265-266.

Margulies, R., Kessler, R. C. & Kandel, D. (1977). A longitudinal study of onset of drinking among high school students. *Quarterly Journal of Studies on Alcohol, 38*, 897-912.

Marks, M. (1993). Gegenwärtiger Stand von Reizkonfrontation ("Exposure") und Reizüberflutung ("Flooding"). *Verhaltenstherapie, 3*, 53-55.

Marlatt, G. A. (1976). Alcohol, stress, and cognitive control. In I. G. Sarason & C. D. Spielberger (Eds.), *Stress and anxiety, Vol. 3*. Washington: Hemisphere Publications, pp. 271-296.

Marlatt, G. A. (1978). Craving for alcohol, loss of control, and relapse: A cognitive behavioral analysis. In P. E. Nathan, G. A. Marlatt & T. Løberg (Eds.), *Alcoholism: New directions in behavioral research and treatment*. New York: Plenum Press, pp. 271-314.

Marlatt, G. A. (1979). Alcohol use and problem drinking: A cognitive-behavioral analysis. In P. C. Kendall & S. D. Hollon (Eds.), *Cognitive-behavioral interventions. Theory, research, and procedures*. New York: Academic Press, pp. 319-355.

Marlatt, G. A. (1983). The controlled drinking controversy: A commentary. *American Psychologist, 38*, 1097-1110.

Marlatt, G. A. (1985). Cognitive factors in the relapse process. In G. A. Marlatt & J. Gordon (Eds.), *Relapse prevention*. New York: Guilford Press, pp. 128-200.

Marlatt, G. A. (1987). Alcohol, the magic elixir: Stress, expectancy, and the transformation of emotional states. In E. Gottheil, K. A. Druley, S. Pashko & S. P. Weinstein (Eds.), *Stress and addiction*. New York: Brunner/Mazel, pp. 302-322.

Marlatt, G. A. (1989). Rückfallprävention: Modell, Ziele und Stadien der Verhaltensänderung. In H. Watzl & R. Cohen (Hrsg.), *Rückfall und Rückfallprophylaxe*. Berlin: Springer, S. 16-28.

Marlatt, G. A. (1990). Cue exposure and relapse prevention in the treatment of addictive behaviors. *Addictive Behaviors, 15*, 395-399.

Marlatt, G. A. & George, W. H. (1984). Relapse prevention: Introduction and overview of the model. *British Journal of Addiction, 79*, 261-273.

Marlatt, G. A. & Gordon, J. R. (1985). *Relapse prevention. Maintenance strategies in the treatment of addictive behaviors*. New York: Guilford Press.

Marlatt, G. A. & Nathan, P. E. (Eds.) (1978). *Behavioral approaches to alcoholism*. New Brunswick: Rutgers Center of Alcohol Studies.

Marlatt, G. A. & Rohsenow, D. (1980). Cognitive processes in alcohol use: Expectancy and the balanced placebo design. In N. K. Mello (Ed.), *Advances in substance abuse: Behavioral and biological research. Vol. 1*. Greenwich: JAI Press, pp. 159-199.

Marlatt, G. A., Demming, B. & Reid, J. B. (1973). Loss of control drinking in alcoholics: An experimental analogue. *Journal of Abnormal Psychology, 81*, 233-241.

Marlatt, G. A., Baer, J. S., Donovan, D. M. & Kivlahan, D. R. (1988). Addictive behaviors: Etiology and treatment. *Annual Review of Psychology, 39*, 223-252.

Marshall, E. J. & Murray, R. M. (1989). The contribution of twin studies to alcoholism research. In H. W. Goedde & D. P. Agarwal (Eds.), *Alcoholism. Biomedical and genetic aspects*. New York: Pergamon Press, pp. 277-289.

Martin, M. J. & Pritchard, M. E. (1991). Factors associated with alcohol use in later adolescence. *Journal of Studies on Alcohol, 52*, 5-9.

Masserman, J. H. & Yum, K. S. (1946). The influence of alcohol on experimental neuroses in cats. *Psychosomatic Medicine, 8*, 36-52.

Masterpasqua, F. (1989). A competence paradigm for psychological practice. *American Psychologist, 44*, 1366-1371.

Matakas, F., Berger, B. & Legnaro, A. (1981). Sozialisationsstörungen bei chronischem Alkoholismus. In W. Feuerlein (Hrsg.), *Sozialisationsstörungen und Sucht. Entstehungsbedingungen, Folgen, therapeutische Konsequenzen*. Wiesbaden: Akademische Verlagsgesellschaft, S. 113-119.

Mathew, R. J., Claghorn, J. L. & Largen, J. (1979). Craving for alcohol in sober alcoholics. *American Journal of Psychiatry, 136*, 603-606.

Mayring, P. (1985). Zur subjektiven Bewältigung von Arbeitslosigkeit. *Zeitschrift für Pädagogik, 19*, 516-520.

McCarty, D., Morrison, S. & Mills, K. L. (1983). Attitudes, beliefs and alcohol use. *Journal of Studies on Alcohol, 44*, 328-340.

McCourt, W. & Glantz, M. (1980). Cognitive behavior therapy in groups for alcoholics; a preliminary report. *Journal of Studies on Alcohol, 41*, 338-346.

McCrady, B. S. (1989). Outcomes of family-involved alcoholism treatment. In M. Galanter (Ed.), *Recent developments in alcoholism. Vol. 7.* New York: Plenum Press, pp. 165-182.

McCrady, B. S., Stout, R., Noel, N. & Abrams, D. (1991). Effectiveness of three types of spouse-involved behavioral alcoholism treatment. *British Journal of Addiction, 86*, 1415-1424.

McCusker, C. G. & Brown, K. (1990). Alcohol-predictive cues enhance tolerance to and precipitate "craving" for alcohol in social drinkers. *Journal of Studies on Alcohol, 51*, 494-499.

McCusker, C. G. & Brown, K. (1991). The cue-responsitivity phenomen in dependent drinkers: "Personality" vulnerability and anxiety as intervening variables. *British Journal of Addiction, 86*, 905-912.

McGue, M., Pickens, R. W. & Svikis, D. S. (1992). Sex and age effects on the inheritance of alcohol problems: A twin study. *Journal of Abnormal Psychology, 101*, 3-17.

McNamee, H. B., Mello, N. K. & Mendelson, J. H. (1968). Experimental analysis of drinking patterns of alcoholics: Concurrent psychiatric observations. *American Journal of Psychiatry, 124*, 1063-1069.

Meichenbaum, D. W. (1979). *Kognitive Verhaltensmodifikation.* München: Urban & Schwarzenberg.

Meichenbaum, D. W. (1994). *Kognitive Verhaltensmodifikation.* Reprint der Ausgabe von 1979. Weinheim: Psychologie Verlags Union.

Meichenbaum, D. & Turk, D. C. (1987). *Facilitating treatment adherence: A practitioner's guidebook.* New York: Plenum Press.

Mello, N. K. (1972). Behavioral studies of alcoholism. In B. Kissin & H. Begleiter (Eds.), *The biology of alcoholism. Vol. 2.* New York: Plenum Press, pp. 219-291.

Mello, N. K. (1983). A behavioral analysis of the reinforcing properties of alcohol and other drugs in man. In B. Kissin & H. Begleiter (Eds.), *The biology of alcoholism. Vol. 7.* New York: Plenum Press, pp. 133-198.

Mello, N. K. & Mendelsson, J. H. (1978). Alcohol and human behavior. In L. L. Iversen, S. D. Iversen & S. H. Snyder (Eds.), *Handbook of psychopharmacology, drugs of abuse. Vol. 12.* New York: Plenum Press, pp. 235-317.

Menninger, K. (1938). *Man against himself.* New York: Harcourt, Brace & Co. (Deutsche Übersetzung: Selbstzerstörung. Frankfurt: Suhrkamp, 1974).

Merry, J. (1966). The "loss of control" myth. *Lancet, 1*, 1257-1258.

Meyer, R. E., Babor, T. F. & Mirkin, P. M. (1983). Typologies in alcoholism: An overview. *The International Journal of the Addictions, 18*, 235-249.

Midanik, L. T. (1982). The validity of self-reported alcohol consumption and alcohol problems: A literature review. *British Journal of Addiction, 77*, 357-382.

Midanik, L. T. (1988). Validity of self-reported alcohol use: A literature review and assessment. *British Journal of Addiction, 83*, 1019-1030.

Miller, N. E. & Dollard, J. (1941). *Social learning and imitation.* New Haven: Yale University Press.

Miller, P. M. (1978). Alternative skills training in alcoholism treatment. In P. E. Nathan, G. A. Marlatt & T. Løberg (Eds.), *Alcoholism: New directions in behavioral research and treatment.* New York: Plenum Press, pp. 119-142.

Miller, P. M. & Eisler, R. M. (1977). Assertive behavior of alcoholics; a descriptive analysis. *Behavior Therapy, 8*, 146-149.

Miller, P. M. & Mastria, M. A. (1977). *Alternatives to alcohol abuse. A social learning model.* Champaign: Research Press.

Miller, P. M., Smith, G. T. & Goldman, M. S. (1990). Emergence of alcohol expectancies in childhood. A possible critical period. *Journal of Studies on Alcohol, 51*, 343-349.

Miller, P. M., Hersen, M., Eisler, R. M. & Hilsman, G. (1974). Effects of social stress on operant drinking of alcoholics and social drinkers. *Behaviour Research & Therapy, 12*, 67-72.

Miller, W. A. (1991). Using hypnotherapy in communicating with the recovering addicted patient. *Alcoholism Treatment Quarterly, 8*, 1-18.

Miller, W. R. (1976). Alcoholism scales and objective assessment methods: A review. *Psychological Bulletin, 83*, 649-674.

Miller, W. R. (Ed.) (1980). *The addictive behaviors. Treatment of alcoholism, drug abuse, smoking and obesity.* Oxford: Pergamon Press.

Miller, W. R. (1983). Controlled drinking. A history and a critical review. *Journal of Studies on Alcohol, 44*, 68-83.

Miller, W. R. (1985). Motivation for treatment: A review with special emphasis on alcoholism. *Psychological Bulletin, 98*, 84-107.

Miller, W. R. (1987a). Techniques to modify hazardous drinking patterns. In M. Galanter (Ed.), *Recent developments in alcoholism. Vol. 5.* New York: Plenum Press, pp. 425-438.

Miller, W. R. (1987b). Behavioral alcohol treatment research advances: Barriers to utilization. *Advances in Behaviour Research and Therapy, 9*, 145-164.

Miller, W. R. & Dougher, M. J. (1989). Covert sensitization: Alternative treatment procedures for alcoholism. *Behavioural Psychotherapy, 17*, 203-220.

Miller, W. R. & Hester, R. K. (1980). Treating the problem drinker: Modern approaches. In W. R. Miller (Ed.), *The addictive behaviors: Treatment of alcoholism, drug abuse, smoking and obesity.* New York: Pergamon Press, pp. 11-141.

Miller, W. R. & Hester, R. K. (1986a). The effectiveness of alcoholism treatment. What research reveals. In W. R. Miller & N. Heather (Eds.), *Treating addictive behaviors: Processes of change.* New York: Plenum Press, pp. 121-174.

Miller, W. R. & Hester, R. K. (1986b). Matching problem drinkers with optimal treatments. In W. R. Miller & N. Heather (Eds.), *Treating addictive behaviors: Processes of change.* New York: Plenum Press, pp. 175-203.

Miller, W. R. & Hester, R. K. (1986c). Inpatient alcoholism treatment: Who benefits: *American Psychologist, 41*, 794-805.

Miller, W. R., Benefield, R. G. & Tonigan, J. S. (1993). Enhancing motivation for change in problem drinking: A controlled comparison of two therapist styles. *Journal of Consulting & Clinical Psychology, 61*, 455-461.

Miller, W. R., Leckman, A. L., Delaney, H. D. & Tinkcom, M. (1992). Long-term follow-up of behavioral self-control training. *Journal of Studies on Alcohol, 53*, 249-261.

Miller-Tutzauer, C., Leonard, K. E. & Windle, M. (1991). Marriage and alcohol use: A longitudinal study of "Maturing out". *Journal of Studies on Alcohol, 52*, 434-440.

Miltner, W., Birbaumer, N. & Gerber, W. D. (1986). *Verhaltensmedizin.* Heidelberg: Springer.

Ministerium für Frauen, Arbeit, Gesundheit und Soziales (Hrsg.) (1992). *Das saarländische Suchthilfeprogramm.* Saarbrücken: Saarbrücker Druckerei und Verlag.

Mischel, W. (1973). Toward a cognitive learning reconceptualization of personality. *Psychological Review, 80*, 252-283.

Mischel, W. (1977). On the future of personality assessment. *American Psychologist, 32*, 246-254.

Missel, P. & Zemlin, U. (1986). Individualisierung in der stationären Therapie Abhängigkeitskranker: Zur Implementierung eines innovativen Behandlungskonzepts. *Suchtgefahren, 32*, 234-242.

Missel, P., Zemlin, U., Lysloff, G. & Braukmann, W. (1987). Individualisierung in der stationären Therapie Abhängigkeitskranker: Erste Ergebnisse einer Halbjahreskatamnese. *Suchtgefahren, 33*, 272-279.

Monti, P. M., Abrams, D. B., Binkoff, J. A. & Zwick, W. R. (1986). Social skills training and substance abuse. In C. R. Hollin & P. Trower (Eds.), *Handbook of social skills training.* Oxford: Pergamon Press, pp. 111-142.

Monti, P. M., Abrams, D. B., Kadden, R. M. & Cooney, N. L. (1989). *Treating alcohol dependence. A coping skills training guide.* London: Cassell.

Monti, P. M., Abrams, D. B., Binkoff, J. A., Zwick, W. R., Liepman, M. R., Nirenberg, T. D. & Rohsenow, D. J. (1990). Communication skills training, communication skills training with family and cognitive behavioral mood management training for alcoholics. *Journal of Studies on Alcohol, 51*, 263-270.

Monti, P. M., Binkoff, J. A., Abrams, D. B., Zwick, W. R., Nirenberg, T. D. & Liepman, M. R. (1987). Reactivity of alcoholics and nonalcoholics to drinking cues. *Journal of Abnormal Psychology, 96*, 122-126.

Moos, R. H. & Finney, J. W. (1983). The expanding scope of alcoholism treatment evaluation. *American Psychologist, 38*, 1036-1044.

Moos, R. H., Cronkite, R. C. & Finney, J. W. (1982). A conceptual framework for alcoholism treatment evaluation. In E. M. Pattison & E. Kaufman (Eds.), *Encyclopedic handbook of alcoholism.* New York: Gardner Press, pp. 1120-1139.

Moras, K. & Strupp, H. H. (1982). Pre-therapy relations, a patient's alliance, and outcome in brief therapy. *Archives of General Psychiatry, 39*, 405-409.

Morey, L. C. & Blashfield, R. K. (1981). Empirical classifications of alcoholism: A review. *Journal of Studies on Alcohol, 42*, 925-937.

Morris, R. J. (1975). Fear reduction methods. In F. H. Kanfer & A. P. Goldstein (Eds.), *Helping people change*. New York: Pergamon Press, pp. 229-271.

Morrison, J. & Stewart, M. (1973). The psychiatric status of the legal families of adopted hyperactive children. *Archives of General Psychiatry, 28*, 888-891.

Müller, R. (1980). Entwicklung jugendlichen Trinkverhaltens in unterschiedlichen Trinkkulturen: Alkoholkonsum in der Schweiz. In H. Berger, A. Legnaro & K. H. Reuband (Hrsg.), *Jugend und Alkohol. Trinkmuster, Suchtentwicklung und Therapie*. Stuttgart: Kohlhammer, S. 42-60.

Murray, R. M., Clifford, C. A. & Gurling, H. M. (1983). Twin and adoption studies: How good is the evidence for a genetic role? In M. Galanter (Ed.), *Recent developments in alcolholism. Vol. 1*. New York: Plenum Press, pp. 25-48.

Myers, R. D. (1980). Pharmacological effects of amine-aldehyde condensation products. In H. Rigter & J. Crabbe (Eds.), *Alcohol tolerance and dependence*. Amsterdam: Elsevier, pp. 339-370.

Nakawatase, T. V., Yamamoto, J. & Sasao, T. (1993). The association between fast-flushing response and alcohol use among Japanese Americans. *Journal of Studies on Alcohol, 54*, 48-53.

Nathan, P. E. (1987). What do behavioral know - and what can they do - about alcoholism. In P. C. Rivers (Ed.), *Alcohol and addictive behavior*. Lincoln: University of Nebraska Press, pp. 1-25.

Nathan, P. E. (1988). The addictive personality is the behavior of the addict. *Journal of Consulting and Clinical Psychology, 56*, 183-188.

Nathan, P. E. & Lansky, D. (1978). Common methodological problems in research on the addictions. *Journal of Consulting and Clinical Psychology, 46*, 713-726.

Nathan, P. E. & O'Brien, J. S. (1971). An experimental analysis of the behavior of alcoholics and nonalcoholics during prolonged experimental drinking. *Behavior Therapy, 2*, 455-476.

Nathan, P. E. & Skinstad, A.-H. (1987). Outcomes of treatment for alcohol problems: Current methods, problems, and results. *Journal of Consulting and Clinical Psychology, 55*, 332-340.

Nathan, P. E., Marlatt, G. A. & Løberg, T. (Eds.) (1978). *Alcoholism: New directions in behavioral research and treatment*. New York: Plenum Press.

National Institute on Alcohol Abuse and Alcoholism (NIAAA) (1985). *Alcoholism: An inherited diesease*. DHHS Publication No. ADM 85-1426.

Neidigh, L. W., Gesten, E. L. & Shiffman, S. (1988). Coping with the temptation to drink. *Addictive Behaviors, 13*, 1-9.

Niaura, R. S., Rohsenow, D. J., Binkoff, J. A., Monti, P. M., Pedraza, M. & Abrams, D. B. (1988). Relevance of cue reactivity to understanding alcohol and smoking relapse. *Journal of Abnormal Psychology, 97*, 133-152.

Nitsch, J. R. (Hrsg.) (1981). *Stress. Theorien, Untersuchungen, Maßnahmen*. Bern: Huber.

Nordlohne, E., Reißig, M. & Hurrelmann, K. (1993). Drogengebrauch in Ost und West: Zur Situation des Drogenmißbrauchs bei Jugendlichen in den alten und neuen Ländern der Bundesrepublik. *Sucht, 39*, 10-34.

Obe, G., Brodmann, R., Fleischer, R., Engeln, H., Göbel, D. & Herha, J. (1985). Mutagene und karzinogene Wirkungen von Suchtstoffen. In W. Keup (Hrsg.), *Biologie der Sucht*. Berlin: Springer, S. 31-43.

O'Connell, D. F. (1991). The use of transcendental meditation in relapse prevention counseling. *Alcoholism Treatment Quarterly, 8*, 53-68.

O'Donnell, P. J. (1984). The abstinence violation effect and circumstances surrounding relapse as predictors of outcome status in male alcoholic outpatients. *The Journal of Psychology, 117*, 257-262.

Oei, T. P. S. & Jackson, P. R. (1982). Social skills and cognitive behavioral approaches to the treatment of problem drinking. *Journal of Studies on Alcohol, 43*, 532-547.

Oei, T. P. S. & Jones, R. (1986). Alcohol-related expectancies: Have they a role in the understanding and treatment of problem drinking? *Advances in Alcohol & Substance Abuse, 6*, 89-105.

Öjesjö, L. (1981). Long-term outcome in alcohol abuse and alcoholism among males in the Lundby general population, Sweden. *British Journal of Addiction, 76*, 391-400.

O'Farrell, T. J. & Cowles, K. S. (1989). Marital and family therapy. In R. K. Hester & W. R. Miller (Eds.), *Handbook of alcoholism treatment approaches*. New York: Pergamon Press, pp. 183-205.

O'Farrell, T. J. & Maisto, S. A. (1987). The utility of self-report and biological measures of alcohol consumption in alcoholism treatment outcome studies. *Advances in Behaviour Research and Therapy, 9*, 91-125.

O'Leary, D. E., O'Leary, M. R. & Donovan, D. M. (1976). Social skill acquisition and psychosocial development of alcoholics: A review. *Addictive Behaviors, 1*, 111-120.

Olenick, N. L. & Chalmers, D. K. (1991). Gender-specific drinking styles in alcoholics and nonalcoholics. *Journal of Studies on Alcohol, 52*, 325-330.

O'Malley, S. S. & Maisto, S. A. (1985). The effects of family drinking history on responses to alcohol: Expectancies and reactions to intoxication. *Journal of Studies on Alcohol, 46*, 289-297.

Orford, J. (1985). *Excessive appetites: A psychological view of addictions.* New York: Wiley.

Orford, J. & Hawker, A. (1974). Investigation of an alcoholism rehabilitation halfway house. 2. Complex question of client motivation. *British Journal of Addiction, 69*, 315-323.

Orlik, P., Arend, H. & Schneider-Düker, M. (1982). Das Selbstkonzept-Gitter als therapiebegleitendes Diagnostikum. In M. Zielke (Hrsg.), *Diagnostik in der Psychotherapie.* Stuttgart: Kohlhammer, S. 203-231.

Ott, E. (1990). *Katamnese 1989.* Münchwies: Psychosomatische Fachklinik Münchwies.

Pandina, R. J. & Johnson, V. (1989). Familial drinking history as a predictor of alcohol and drug consumption among adolescent children. *Journal of Studies on Alcohol, 50*, 245-253.

Pandina, R. J. & Johnson, V. (1990). Serious alcohol and drug problems among adolescents with a family history of alcoholism. *Journal of Studies on Alcohol, 51*, 278-282.

Paredes, A., Hood, W. R., Seymour, H. & Gollob, M. (1973). Loss of control in alcoholism; an investigation of the hypothesis, with experimental findings. *Quarterly Journal of Studies on Alcohol, 34*, 1146-1161.

Park, P. (1973). Developmental ordering of experiences in alcoholism. *Quarterly Journal of Studies on Alcohol, 34*, 473-488.

Parker, D. A. & Harford, T. C. (1988). Alcohol-related problems, marital disruption and depressive symptoms among adult children of alcohol abusers in the United States. *Journal of Studies on Alcohol, 49*, 306-313.

Pattison, E. M. (1976). Nonabstinent drinking goals in the treatment of alcoholism. *Archives of General Psychiatry, 33*, 923-930.

Pattison, E. M. & Kaufman, E. (1982). The alcoholism syndrome: Definitions and models. In E. M. Pattison & E. Kaufman (Eds.), *Encyclopedic handbook of alcoholism.* New York: Gardner Press, pp. 3-30.

Pattison, E. M., Sobell, M. B. & Sobell, L. C. (Eds.) (1977). *Emerging concepts of alcohol dependence.* New York: Springer.

Paul, G. L. (1966). *Insight vs. desensitization in psychotherapy.* Stanford: Stanford University Press.

Paul, K., Kulick, B. & Buschmann-Steinhage, R. (1991). Zur Förderung der ambulanten Suchtnachsorge. Ergebnisse einer regionalen Befragung von Suchtberatungsstellen und Trägern zwei Jahre nach dem Inkrafttreten der Empfehlungsvereinbarung Nachsorge. *Sucht, 37*, 253-262.

Payne, T. J., Rychtarik, R. G., Rappaport, N. B. & Smith, P. O. (1992). Reactivity to alcohol-relevant beverage and imaginal cues in alcoholics. *Addictive Behaviors, 17*, 209-217.

Peele, S. (1981). Reductionism in the psychology of the eighties: Can biochemistry eliminate addiction, mental illness, and pain? *American Psychologist, 36*, 807-818.

Peele, S. (Ed.) (1985). *The meaning of addiction.* Lexington: Lexington Books.

Peele, S. (1986). The implications and limitations of genetic models of alcoholism and other addictions. *Journal of Studies on Alcohol, 47*, 63-73.

Peele, S. (Ed.) (1988). *Visions of addiction.* Lexington: Lexington Books.

Peele, S. & Alexander, B. K. (1985). Theories of addiction. In S. Peele (Ed.), *The meaning of addiction.* Lexington: Lexington Books, pp. 47-72.

Penn, R. & Worthington, L. J. (1983). Is serum gamma-glutamyltransferase a misleading test? *British Medical Journal, 286*, 531-535.

Penick, E. C., Nickel, E. J., Powell, B. J., Bingham, S. F. & Liskow, B. I. (1990). A comparison of familial and nonfamilial male alcoholic patients without a coexisting psychiatric disorder. *Journal of Studies on Alcohol, 51*, 443-447.

Pentz, M. A. (1985). Social competence and self-efficacy as determinants of substance use in adolescence. In S. Shiffman & T. A. Wills (Eds.), *Coping and substance use.* New York: Academic Press, pp. 117-142.

Perkins, H. W. (1992). Gender patterns in consequences of collegiate alcohol abuse: A 10-year study of trends in an undergraduate population. *Journal of Studies on Alcohol, 53*, 458-462.

Perri, M. G., Shapiro, R. M., Ludwig, W. W., Twentyman, C. T. & McAdoo, W. G. (1984). Maintenance strategies for the treatment of obesity: An evaluation of relapse prevention training and posttreatment contact by mail and telephone. *Journal of Consulting and Clinical Psychology, 52*, 404-413.
Petermann, F. (1982). *Einzelfalldiagnose und klinische Praxis.* Stuttgart: Kohlhammer.
Petersen, A. C. & Spiga, R. (1982). Adolcescence and stress. In L. Goldberger & S. Breznitz (Eds.), *Handbook of stress.* New York: Free press, pp. 515-528.
Peterson, J. B., Finn, P. R. & Pihl, R. O. (1992). Cognitive dysfunction and the inherited predisposition to alcoholism. *Journal of Studies on Alcohol, 53*, 154-160.
Petry, J. (1987). Integrative psychologische Aspekte der Alkoholismusbehandlung. *Ernährungsumschau, 34*, 332-338.
Pfeiffer, W., Fahrner, E.-M. & Feuerlein, W. (1988). Soziale Anpassung und Rückfallanalyse bei ambulant behandelten Alkoholabhängigen. *Suchtgefahren, 34*, 357-368.
Pfeiffer, W., Feuerlein, W. & Brenk-Schulte, E. (1991). The motivatiion of alcohol dependents to undergo treatment. *Drug & Alcohol Dependence, 29*, 87-95.
Pfost, K. S., Stevens, M. J., Parker, J. C. & McGowan, J. F. (1992). The influence of assertion training on three aspects of assertiveness in alcoholics. *Journal of Clinical Psychology, 48*, 262-268.
Pfrang, H. (1984). *Alkoholismus als sozialer Prozeß.* Würzburg: Universität, Inaugural-Dissertation.
Pickens, R. W. & Johanson, C.-E. (1992). Craving: Consensus of status and agenda for future research. *Drug & Alcohol Dependence, 30*, 127-131.
Pihl, R. O. & Ross, D. (1987). Research on alcohol related aggression: A review and implications for understanding aggression. *Drugs & Society, 1*, 105-126.
Pittman, D. J. & White, H. R. (Eds.) (1991). *Society, culture, and drinking patterns reexamined.* Piscataway, N. J.: Rutgers Center of Alcohol Studies.
Pohorecky, L. A. (1991). Stress and alcohol interaction: An update of human research. *Alcoholism: Clinical & Experimental Research, 15*, 438-459.
Pohorecky, L. A. & Brick, J. (1983). *Stress and alcohol use.* New York: Elsevier.
Pokorny, A. D. & Miller, B. A. (1972). The brief MAST: A shortened version of the Michigan Alcoholism Screening Test. *American Journal of Psychiatry, 129*, 342-345.
Polich, J. M., Armor, D. J. & Braiker, H. B. (1981). *The course of alcoholism: Four years after treatment.* New York: Wiley.
Polich, J. M., Burns, T. & Bloom, F. E. (1988). P300 and the risk for alcoholism: Family history, difficulty, and gender. *Alcoholism: Clinical & Experimental Research, 12*, 248-254.
Pollock, V. E., Teasdale, T. W., Gabrielli, W. F. & Knop, J. (1986). Subjective and objective measures of response to alcohol among young men at risk for alcoholism. *Journal of Studies on Alcohol, 47*, 297-304.
Pollock, V. E., Volavka, J. & Goodwin, D. W. (1983). The EEG after alcohol administration in men at risk for alcoholism. *Archives of General Psychiatry, 40*, 857-861.
Pomerleau, O. F. & Pomerleau, C. S. (1988). A biobehavioral view of substance abuse and addiction. In S. Peele (Ed.), *Visions of addiction.* Lexington: Lexington Books, pp. 117-139.
Pomerleau, O. F., Pertschuk, M. & D'Agnili, E. (1978). Treatment for middle income problem drinkers. In P. E. Nathan, G. A. Marlatt & T. Løberg (Eds.), *Alcoholism: New directions in behavioral research and treatment.* New York: Plenum Press, pp. 143-160.
Pommerleau, O. F., Fertig, J., Baker, L. & Cooney, N. (1983). Reactivity to alcohol cues in alcoholics and non-alcoholics: Implications for a stimulus control analysis of drinking. *Addictive Behaviors, 8*, 1-10.
Porjesz, B. & Begleiter, H. (1983). Brain dysfunction and alcohol. In B. Kissin & H. Begleiter (Eds.), *The biology of alcoholism. Vol. 6.* New York: Plenum Press, pp. 415-483.
Potter, A. E. & Williams, D. E. (1991). Development of a measure examining children's roles in alcoholic families. *Journal of Studies on Alcohol, 52*, 70-77.
Poulos, C. X., Hinson, R. E. & Siegel, S. (1981). The role of Pavlovian processes in drug tolerance and dependence: Implications for treatment. *Addictive Behaviors, 6*, 205-211.
Powell, J., Gray, J. A. & Bradley, B. P. (1993). Subjective craving for opiates: Evaluation of a cue exposure protocol for use with detoxified opiate addicts. *British Journal of Clinical Psychology, 32*, 39-53.
Powell, J., Gray, J. A., Bradley, B. P. & Kasuikis, Y. (1990). The effects of exposure to drug related cues in detoxified opiate addicts: A theoretical review and some new data. *Addictive Behaviors, 15*, 339-354.
Powers, R. J. & Kutash, I. L. (1985). Stress and alcohol. *The International Journal of the Addictions, 20*, 461-482.

Premack, D. (1965). Reinforcement theory. In D. Levin (Ed.), *Nebraska Symposium on Motivation*. Lincoln: University of Nebraska Press, pp. 123-180.
Prochaska, J.. O. & Di Clemente, C. C. (1982). Transtheoretical therapy: Toward a more integrative model of change. *Psychotherapy: Theory, Research, and Practice, 19*, 276-288.
Prochaska, J. O. & Di Clemente, C. (1986). Toward a comprehensive model of change. In W. R. Miller & N. Heather (Eds.), *Treating addictive behaviors: Processes of change*. New York: Plenum Press, pp. 3-27.
Propping, P. (1984). Genetische Einflüsse bei der Wirkung von Alkohol auf das Gehirn, besonders das EEG, beim Menschen. In K. D. Zang (Hrsg.), *Klinische Genetik des Alkoholismus*. Stuttgart: Kohlhammer, S. 47-64.
Rado, S. (1934). Psychoanalyse der Pharmakothymie. *Internationale Zeitschrift für Psychoanalyse, 20*, 16-32.
Rachman, S. & Hodgson, R. (1980). *Obsessions and compulsions*. Englewood Cliffs: Prentice-Hall.
Rankin, H., Hodgson, R. & Stockwell, T. (1983). Cue exposure and response prevention with alcoholics: A controlled trial. *Behaviour Research & Therapy, 21*, 435-446.
Rankin, H., Stockwell, T. & Hodgson, R. (1982). Cues for drinking and degrees of alcohol dependence. *British Journal of Addiction, 77*, 287-296.
Reed, T. E. (1985). Ethnic differences in alcohol use, abuse, and sensitivity: A review with genetic interpretation. *Social Biology, 32*, 195-209.
Reid, J. B. (1978). Study of drinking in natural settings. In G. A. Marlatt & P. E. Nathan (Eds.), *Behavioral approaches to alcoholism*. New Brunswick: Rutgers Center of Alcohol Studies, pp. 58-74.
Reimer, C. (1991). Schwierige Patienten und ihre Therapeuten. *Praxis der Psychotherapie und Psychosomatik, 36*, 173-181.
Reinecker, H. & Zauner, H. (1983). Kritische Lebensereignisse als Risikofaktoren des Alkoholismus. *Archiv für Psychiatrie und Nervenkrankheiten, 233*, 333-346.
Reitzle, M. (1987). *Alkoholkonsum und Selbstbewertung Jugendlicher*. Berlin: Technische Universität, Dissertation.
Renn, H. (1989). Arbeitssituation und Suchtmittelmißbrauch. Stand der empirischen Forschung. *Prävention, 12*, 16-19.
Reuband, K.-H. (1993). Forschungsdefizite im Bereich des Drogengebrauchs. *Sucht, 39*, 48-57.
Rhodes, J. E. & Jason, L. A. (1990). A social stress model of substance abuse. *Journal of Consulting and Clinical Psychology, 58*, 395-401.
Riedesel, D. (1993). Selbstkommunikation und Trinkmotive bei rückfälligen und nicht-rückfälligen Alkoholabhängigen. In R. De Jong-Meyer & T. Heyden (Hrsg.), *Rückfälle bei Alkoholabhängigen*. München: Gerhard Röttger-Verlag, S. 95-108.
Rigter, H. & Crabbe, J. (Eds.) (1980). *Alcohol tolerance and dependence*. Amsterdam: Elsevier.
Riley, D. M., Sobell, L. C., Leo, G., Sobell, M. B. & Klajner, F. (1987). Behavioral treatment of alcohol problems: A review and a comparison of behavioral and nonbehavioral studies. In W. M. Cox (Ed.), *Treatment and prevention of alcohol problems: A resource manual*. New York: Academic Press, pp. 73-115.
Rimmele, C. T., Miller, W. R. & Dougher, M. J. (1989). Aversion therapies. In R. K. Hester & W. R. Miller (Eds.), *Handbook of alcoholism treatment approaches*. New York: Pergamon Press, pp. 128-140.
Ringer, C., Küfner, H., Antons, K. & Feuerlein, W. (1978). "The N.C.A. criteria for the diagnosis of alcoholism": A response. *Journal of Studies on Alcohol, 33*, 560-563.
Rist, F. & Watzl, H. (1983). Self assessment of relapse risk and assertiveness in relation to treatment outcome of female alcoholics. *Addictive Behaviors, 8*, 121-127.
Roebuck, J. & Kessler, R. (1972). *The etiology of alcoholism*. Springfield: Charles C. Thomas.
Rogers, C. R. (1973). *Die klientenzentrierte Gesprächspsychotherapie*. München: Kindler.
Rohsenow, D. J., Monti, P. M., Binkoff, J. A., Liepman, M. P., Nirenberg, T. D. & Abrams, D. B. (1991). Patient-treatment matching for alcoholic men in communication skills versus cognitive-behavioral mood management training. *Addictive Behaviors, 16*, 63-69.
Rollnick, S. & Heather, N. (1982). The application of Bandura's self-efficacy theory to abstinence-oriented alcoholism treatment. *Addictive Behaviors, 7*, 243-250.
Roman, P. M. (Eds.) (1991). *Alcohol: The development of sociological perspectives on use and abuse*. Piscataway, N. J.: Rutgers Center of Alcohol Studies.
Rommelspacher, H. (1992). Das mesolimbische dopaminerge System als Schaltstelle der Entwicklung und Aufrechterhaltung süchtigen Verhaltens. *Sucht, 38*, 91-92.

Rommelspacher, H., Wanke, K., Caspari, D. & Topel, H. (1989). Alkoholismusforschung im internationalen Vergleich. *Deutsches Ärtzeblatt, 86,* 3186-3191.
Roosa, M. W., Michaels, M., Groppenbacher, N. & Gersten, J. (1993). Validity of children's reports of parental alcohol abuse. *Journal of Studies on Alcohol, 54,* 71-79.
Rosenberg, H. (1983). Relapsed versus non-relapsed alcohol abusers: Coping skills, life events, and social support. *Addictive Behaviors, 8,* 183-186.
Rosenberg, H. (1993). Prediction of controlled drinking by alcoholics and problem drinkers. *Psychological Bulletin, 113,* 129-139.
Roskies, E. & Lazarus, R. S. (1980). Coping theory and the teaching of coping skills. In P. O. Davidson & S. M. Davidson (Eds.), *Behavioral Medicine: Changing health life styles.* New York: Brunner/Mazel, pp. 38-69.
Rost, W. D. (1987). *Psychoanalyse des Alkoholismus. Theorie, Diagnostik, Behandlung.* Stuttgart: Klett-Cotta.
Rotter, J. B. (1954). *Social learning and clinical psychology.* Englewood Cliffs: Prentice-Hall.
Rounsaville, B. J., Bryant, K., Babor, T., Kranzler, H. et al. (1993). Cross system agreement for substance use disorders: DSM-III-R, DSM-IV and ICD-10. *Addiction, 88,* 337-348.
Rubio-Stipec, M., Bird, H., Canino, G., Bravo, M. & Alegria, M. (1991). Children of alcoholic parents in the community. *Journal of Studies on Alcohol, 52,* 78-88.
Rush, B. (1790). *An inquiry into the effects of ardent spirits upon the human body and mind with an account of the means of preventing and of the remedies for curing them.* Boston: Thomas & Andrews. Reprint: *Quarterly Journal of Studies on Alcohol,* 1943, 4, 321-341.
Rychtarik, R. G., Foy, D. W., Scott, T. & Lokey, L. (1987). Five-six year follow-up of broad-spectrum behavioral treatment for alcoholism. Effects of training controlled drinking skills. *Journal of Consulting and Clinical Psychology, 55,* 106-108.
Saarbrücker Zeitung vom 08.12.1987. *Alkoholmißbrauch und Alkoholabhängigkeit: Das Suchtproblem Nr. 1.*
Sadava, S. W. (1978). Etiology, personality and alcoholism. *Canadian Psychological Review, 19,* 198-214.
Sanchez-Craig, M. & Walker, K. (1982). Teaching coping skills to chronic alcoholics in a coeducational halfway-house: I Assessment of programme effects. *British Journal of Addiction, 77,* 35-50.
Sander, T., Rolfs, A., Rommelspacher, H. & Schmidt, L. G. (1992). Neuere Ergebnisse zur Genetik des Alkoholismus - eine Übersicht. *Sucht, 38,* 270-274.
Saunders, W. M., Phil, M. & Kershaw, P. W. (1979). Spontaneous remission from alcoholism - a community study. *British Journal of Addiction, 74,* 251-265.
Schachter, S. & Singer, J. E. (1962). Cognitive, social, and physiological determinants of emotional state. *Psychological Review, 69,* 379-399.
Scheller, R. & Balkenhol, P. (1986). Einflüsse des Elternhauses als Determinanten der Alkoholabhängigkeit bei Frauen. *Zeitschrift für Klinische Psychologie, 15,* 34-46.
Schlüter-Dupont, L. (1990). *Alkoholismustherapie. Pathogenetische, psychodynamische, klinische und therapeutische Grundlagen.* Stuttgart: Schattauer.
Schmidt, C., Klee, L. & Ames, G. (1990). Review and analysis of literature on indicators of women's drinking problems. *British Journal of Addiction, 85,* 179-192.
Schmidt, H. G. (Hrsg.) (1983). *Jahrbuch zur Frage der Suchtgefahren 1983.* Hamburg: Neuland.
Schmidt, L. (1986). *Alkoholkrankheit und Alkoholmißbrauch. Definition - Ursachen - Folgen - Behandlung.* Stuttgart: Kohlhammer.
Schmieder, A. (1988). Alkoholismus und Rückfall. *Weggefährte, Nr. 6,* 9-11.
Schneider, R. (1982). *Stationäre Behandlung von Alkoholabhängigen.* München: G. Röttger.
Scholz, H. (1986). *Die Rehabilitation bei chronischem Alkoholismus auf der Grundlage eines verlaufsorientierten Therapiekonzepts.* Stuttgart: Enke.
Schorr, A. (1984). *Die Verhaltenstherapie. Ihre Geschichte von den Anfängen bis zur Gegenwart.* Weinheim: Beltz.
Schubert, D. S. P., Wolf, A. W., Patterson, M. B., Grande, T. P. & Pendleton, L. (1988). A statistical evaluation of the literature regarding the associations among alcoholism, drug abuse, and antisocial personality disorder. *The International Journal of the Addictions, 23,* 797-808.
Schuckit, M. A. (1985). Ethanol-induced body sway in men at high alcoholism risk. *Archives of General Psychiatry, 42,* 375-379.
Schuckit, M. A. (1987). Studies of populations at high risk for the future development of alcoholism. *Progress in Clinical and Biological Research, 241,* 83-96.

Schuckit, M. A. (1988). A search for biological markers in alcoholism: Application to psychiatric research. In R. M. Rose & J. E. Barrett (Eds.), *Alcoholism: Origins and outcome.* New York: Raven Press, pp. 143-156.

Schuckit, M. A. (1989). Biomedical and genetic markers of alcoholism. In H. W. Goedde & D. P. Agarwal (Eds.), *Alcoholism. Biomedical and genetic aspects.* New York: Pergamon Press, pp. 290-302.

Schuckit, M. A. & Rayses, V. (1979). Ethanol ingestion: Differences in blood acetaldehyde concentration in relatives of alcoholics and controls. *Science, 203,* 54-55.

Schuckit, M. A., Li, T.-K., Cloninger, C. R. & Deitrich, R. A. (1985). University of California Davis-conference: Genetics of alcoholism. *Alcoholism: Clinical & Experimental Research, 9,* 475-492.

Schulte, D. (1976^2). *Diagnostik in der Verhaltenstherapie.* München: Urban & Schwarzenberg.

Schulte, D. (1992). Reizkonfrontation: Standardtherapie nur für Standardpatienten? *Verhaltenstherapie, 2,* 335-338.

Schulte, D., Künzel, R., Pepping, G. & Schulte-Bahrenberg, T. (1991). Maßgeschneiderte Psychotherapie versus Standardtherapie bei der Behandlung von Phobikern. In D. Schulte (Hrsg.), *Therapeutische Entscheidungen.* Göttingen: Hogrefe, S. 15-42.

Schulz, W., Dörmann, K. & Schneider, W. (1992). Empirische Überprüfung der Jellinek-Typologie. *Sucht, 38,* 27-38.

Scott, E. M. (1989). The other side of the street: Non-alcoholic adults from alcoholic homes. *Alcoholism Treatment Quarterly, 6,* 63-74.

Searles, J. S. (1988). The role of genetics in the pathogenesis of alcoholism. *Journal of Abnormal Psychology, 97,* 153-167.

Seehofer, H. (1992). Grußwort anläßlich der Fachkonferenz der Deutschen Hauptstelle gegen die Suchtgefahren (DHS) zum Thema "Sucht und Familie" am 9.11.1992. *drogen-report, 13,* 36-37.

Selzer, M. L. (1971). The Michigan Alcoholism Screening Test (MAST): The quest for a new diagnostic instrument. *American Journal of Psychiatry, 127,* 1653-1658.

Shaffer, H. J. (1986). Conceptual crises and the addictions: A philosophy of science perspective. *Journal of Substance Abuse Treatment, 3,* 285-296.

Shaw, S. (1979). A critique of the concept of the alcohol dependence syndrome. *British Journal of Addiction, 74,* 339-348.

Shedler, J. & Block, J. (1990). Adolescent drug use and psychological health. *American Psychologist, 45,* 612-630.

Sher, K. J. & Levenson, R. W. (1982). Risk for alcoholism and individual differences in the stress-response-dampening effect of alcohol. *Journal of Abnormal Psychology, 91,* 350-367.

Sher, K. J., Walitzer, K. S., Wood, P. K. & Brent, E. E. (1991). Characteristics of children of alcoholics: Putative risk factors, substance use and abuse, and psychopathology. *Journal of Abnormal Psychology, 100,* 427-448.

Shields, J. (1962). *Monozygotic twins.* London: Oxford University Press.

Shiffman, S. (1985). Coping with temptations to smoke. In S. Shiffman & T. A. Wills (Eds.), *Coping and substance use.* New York: Academic Press, pp. 223-242.

Shiffman, S. (1987). Maintenance and relapse: Coping with temptation. In T. D. Nirenberg & S. A. Maisto (Eds.), *Developments in the assessment and treatment of addictive behaviors.* Norwood: Ablex Publ. Corp., pp. 353-385.

Shiffman, S. & Wills, T. A. (Eds.), *Coping and substance use.* Academic Press.

Sieber, M. (1988). *Zwölf Jahre Drogen. Verlaufsuntersuchungen des Alkohol-, Tabak- und Haschischkonsums.* Bern: Huber.

Sieber, M. & Angst, J. (1981). *Drogen-, Alkohol- und Tabakkonsum.* Bern: Huber.

Siegel, S. (1983). Classical conditioning, drug tolerance, and drug dependence. In Y. Israel, F. B. Glaser, H. Kalant, R. E. Popham, W. Schmidt & R. G. Smart (Eds.), *Research advances in alcohol and drug problems. Vol. 7.* New York: Plenum Press, pp. 207-246.

Siegel, S., Krank, M. D. & Hinson, R. E. (1988). Anticipation of pharmacological and nonpharmacological events: Classical conditioning and addictive behavior. In S. Peele (Ed.), *Visions of addiction.* Lexington: Lexington Books, pp. 85-116.

Siegler, M., Osmond, H. & Newell, S. (1968). Models of alcoholism. *Quarterly Journal of Studies on Alcohol, 29,* 571-591.

Silkworth, W. D. (1937). Alcoholism as manifestation of allergy. *Medical Records, 145,* 249-251.

Simon, R., Strobl, M., Bühringer, G., Helas, I., Schmidtobreick, B. & Hüllinghorst, R. (1993). *Jahresstatistik 1992 der ambulanten Beratungsstellen für Suchtkranke in der Bundesrepublik Deutschland.* Freiburg, Hamm, Kassel, München: EBIS-Berichte, Band 18.

Sisson, R. W. & Azrin, N. H. (1989). The community reinforcement approach. In R. K. Hester & W. R. Miller (Eds.), *Handbook of alcoholism treatment approaches.* New York: Pergamon Press, pp. 242-253.

Skinner, B. F. (1953). *Science and human behavior.* New York: Macmillan.

Skinner, H. A. (1982). Statistical approaches to the classification of alcohol and drug addiction. *British Journal of Addiction, 77,* 259-273.

Skinner, H. A. & Allen, B. A. (1982). Alcohol dependence syndrome: Measurement and validation. *Journal of Abnormal Psychology, 91,* 199-209.

Sloane, R. B., Staples, F. R., Cristol, A. H., Yorkston, N. J. & Whipple, K. (1975). *Psychotherapy versus behavior therapy.* Cambridge: Harvard University Press.

Smart, R. G. (1976). Spontaneous recovery in alcoholics: A review and analysis of the available research. *Drug & Alcohol Dependence, 1,* 277-285.

Smart, R. G. (1978). Do some alcoholics do better in some types of treatment than others? *Drug & Alcohol Dependence, 3,* 67-75.

Smart, R. G. & Gray, G. (1978). Minimal, moderate, and long-term treatment for alcoholism. *British Journal of Addiction, 73,* 35-38.

Sobell, L. C. (1987). Introduction. *Advances in Behaviour Research and Therapy, 9,* 53-58.

Sobell, L. C. & Sobell, M. B. (1980). Convergent validity: An approach to increasing confidence in treatment outcome conclusions with alcohol and drug abusers. In L. C. Sobell, M. B. Sobell & E. Ward (Eds.), *Evaluating alcohol and drug abuse treatment effectiveness. Recent advances.* New York: Pergamon Press, pp. 177-183.

Sobell, L. C. & Sobell, M. B. (1986). Can we do without alcohol abusers' self reports. *The Behavior Therapist, 9,* 141-146.

Sobell, L. C. & Sobell, M. B. (1989). Treatment outcome evaluation methodology with alcohol abusers: Strengths and key issues. *Advances in Behaviour Research and Therapy, 11,* 151-160.

Sobell, L. C. & Sobell, M. B. (1990). Self-report issues in alcohol abuse: State of the art and future directions. *Behavioral Assessment, 12,* 77-90.

Sobell, L. C., Sobell, M. B. & Christelman, W. C. (1972). The myth of "one drink". *Behaviour Research & Therapy, 10,* 119-123.

Sobell, L. C., Sobell, M. B. & Ward, E. (Eds.) (1980). *Evaluating alcohol and drug abuse treatment effectiveness. Recent advances.* New York: Pergamon Press.

Sobell, L. C., Sobell, M. B., Toneatto, T. & Leo, G. I. (1993). Severely dependent alcohol abusers may be vulnerable to alcohol cues in television programs. *Journal of Studies on Alcohol, 54,* 85-91.

Sobell, L. C., Sobell, M. B., Riley, D. M., Schuller, R., Pavan, S. D., Cancilla, A., Klajner, F. & Leo, G. I. (1988). The reliability of alcohol abusers' self-reports of drinking and life events that occurred in the distant past. *Journal of Studies on Alcohol, 49,* 225-232.

Sobell, M. B. & Sobell, L. C. (1978). *Behavioral treatment of alcohol problems.* New York: Plenum Press.

Sobell, M. B., Schaefer, H. H. & Mills, K. C. (1972). Differences in baseline drinking behavior between alcoholics and normal drinkers. *Behaviour Research & Therapy, 10,* 257-267.

Sobell, M. B., Sobell, L. C. & Sheahan, D. B. (1976). Functional analysis of drinking problems as an aid in developing individual treatment strategies. *Addictive Behaviors, 1,* 127-132.

Sobell, M. B., Brochu, S., Sobell, L. C., Roy, J. & Stevens, J. A. (1987). Alcohol treatment outcome evaluation methodology: State of the art 1980-1984. *Addictive Behaviors, 12,* 113-128.

Solms, H. (1975^2). Die Ausbreitung des Alkoholkonsums und des Alkoholismus. Soziokulturelle, wirtschaftliche und geographische Verschiedenheiten. In W. Steinbrecher & H. Solms (Hrsg.), *Sucht und Mißbrauch.* Stuttgart: Thieme, III/3-41.

Solomon, R. L. & Corbit, J. D. (1974). An opponent-process theory of motivation: I Temporal dynamics of affect. *Psychological Review, 81,* 119-145.

Spiegler, D. L. & Harford, T. C. (1987). Addictive behaviors among youth. In T. D. Nirenberg & S. A. Maisto (Eds.), *Developments in the assessment and treatment of addictive behaviors.* Norwood: Ablex Publ. Corp., pp. 305-318.

Spivack, G., Platt, J. J. & Shure, M. B. (1976). *The problem solving approach to adjustment.* San Francisco: Jossey-Bass.

Spreen, O. (1963). *MMPI - Saarbrücken*. Bern: Huber.
Stabenau, J. R. (1990). Additive independent factors that predict risk for alcoholism. *Journal of Studies on Alcohol, 51*, 164-174.
Staiger, P. K. & White, J. M. (1991). Cue reactivity in alcohol abusers: Stimulus specifity and extinction of the responses. *Addictive Behaviors, 16*, 211-221.
Stamm, D., Hansert, E. & Feuerlein, W. (1984). Detection and exclusion of alcoholism in men on the basis of clinical laboratory findings. *Journal of Clinical Chemistry & Clinical Biochemistry, 22*, 79-96.
Stein, O. (1985). *Trinkgewohnheiten. Eine empirische Untersuchung über Trinkverhalten und Alkoholismus in Saarbrücken.* Stuttgart: Enke.
Steward, S. H., Finn, P. R. & Pihl, R. O. (1992). The effects of alcohol on the cardiovascular stress response in men at high risk for alcoholism. A dose response study. *Journal of Studies on Alcohol, 53*, 499-506.
Stimmer, F. (1980). Ein Drei-Phasen-Modell zur Soziogenese der Alkoholabhängigkeit männlicher Jugendlicher. Ein Beitrag zur psychiatrischen Familiensoziologie. In H. Berger, A. Legnaro & K. H. Reuband (Eds.), *Jugend und Alkohol. Trinkmuster, Suchtentwicklung und Therapie*. Stuttgart: Kohlhammer, S. 94-114.
Stoil, M. J. (1989). Problems in the evaluation of hypnosis in the treatment of alcoholism. *Journal of Substance Abuse Treatment, 6*, 31-35.
Stosberg, K. (1981). Sozialisatiion und Sozialisationsstörungen - ein soziologischer Ansatz. In W. Feuerlein (Hrsg.), *Sozialisationsstörungen und Sucht. Entstehungsbedingungen, Folgen, therapeutische Konsequenzen*. Wiesbaden: Akademische Verlagsgesellschaft, S. 5-15.
Sturgis, E. T., Calhoun, K. S. & Best, C. L. (1979). Correlates of assertive behavior in alcoholics. *Addictive Behaviors, 4*, 193-197.
Sturm, J. & Zielke, M. (1988). Chronisches Krankheitsverhalten: Die klinische Entwicklung eines neuen Krankheitsparadigmas. *Praxis der Klinischen Verhaltensmedizin und Rehabilitation, 1*, 17-27.
Süß, H.-M. (1988). *Evaluation von Alkoholismustherapie*. Bern: Huber.
Süß, H.-M. & Waldow, M. (1986). Modelle zur indikationsgeleiteten Variation der Behandlungsdauern in der stationären Therapie von Alkoholabhängigen. *Zeitschrift für Klinische Psychologie, Psychopathologie und Psychotherapie, 34*, 325-334.
Sulzer, E. S. (1965). Behavior modification in adult psychiatric patients. In L. R. Ullmann & L. Krasner (Eds.), *Case studies in behavior modification*. New York: Holt, Rinehart & Winston, pp. 196-200.
Sussman, S., Horn, J. L. & Gilewski, M. J. (1990). Cue-exposure interventions for alcohol relapse prevention: Need for a memory modification component. *The International Journal of the Addictions, 25*, 921-929.
Sutker, P. B. & Allain, A. N. (1988). Issues in personality conceptualizations of addictive behaviors. *Journal of Consulting and Clinical Psychology, 56*, 172-182.
Sweet, A. A. (1984). The therapeutic relationship in behavior therapy. *Clinical Psychology Review, 4*, 253-272.
Swinson, R. P. (1983). Genetic markers and alcoholism. In M. Galanter (Ed.), *Recent developments in alcoholism. Vol. 1*. New York: Plenum Press, pp. 9-24.
Syme, L. (1957). Personality characteristics and the alcoholic; a critique of current studies. *Quarterly Journal of Studies on Alcohol, 18*, 288-302.
Tabakoff, B., Sutker, C. & Randall, L. (1983). *Medical and social aspects of alcohol abuse*. New York: Plenum Press.
Tamerin, J. S., Weiner, S. & Mendelson, J. H. (1970). Alcoholics' expectancies and recall of experiences during intoxication. *American Journal of Psychiatry, 126*, 1697-1704.
Tarter, R. E. (1988). Are there inherited behavioral traits that predispose to substance abuse? *Journal of Consulting and Clinical Psychology, 56*, 189-196.
Tarter, R. E. (1991). Developmental behavior-genetic perspective of alcoholism etiology. In M. Galanter (Ed.), *Recent developments in alcoholism. Vol. 9*. New York: Plenum Press, pp. 69-85.
Tarter, R. E. & Edwards, K. L. (1987). Vulnerability to alcohol and drug abuse: A behavior-genetic view. *Journal of Drug Issues, 17*, 67-81.
Tarter, R. E., Arria, A. M. & Van Thiel, D. H. (1989). Neurobehavioral disorders associated with chronic alcohol abuse. In H. W. Goedde & D. P. Agarwal (Eds.), *Alcoholism. Biomedical and genetic aspects*. New York: Pergamon Press, pp. 113-129.
Tarter, R. E., Hegedus, A. M. & Gavaler, J. S. (1985). Hyperactivity in sons of alcoholics. *Journal of Studies on Alcohol, 46*, 259-261.

Tarter, R. E., McBride, H., Buonpane, N. & Schneider, D. U. (1977). Differentiation of alcoholics. *Archives of General Psychiatry, 34*, 761-768.
Tarter, R. E., Hegedus, A. M., Goldstein, G., Shelly, C. & Alterman, A. I. (1984). Adolescent sons of alcoholics: Neuropsychological and personality characteristics. *Alcoholism: Clinical and Experimental Research, 8*, 216-222.
Tausch, R. (1993). *Seelisch-körperliche Gesunderhaltung und Prävention - empirische Befunde und Selbsthilfemöglichkeiten.* Vortrag gehalten am 2.2.1993 in der offenen Vortragsreihe zur Klinischen Psychologie des Fachgebietes Psychologie. Kaiserslautern: Universität Kaiserslautern.
Taylor, C., Brown, D., Duckitt, A., Edwards, G., Oppenheimer, E. & Sheehan, M. (1985). Patterns of outcome: Drinking histories over ten years among a group of alcoholics. *British Journal of Addiction, 80*, 45-50.
Taylor, J. G. (1963). A behavioral interpretation of obsessive-compulse neurosis. *Behaviour Research & Therapy, 1*, 237-244.
Teschke, R. (1987). Alkoholmetabolismus. In F. Majewski (Hrsg.), *Die Alkoholembryopathie.* Frankfurt/M.: Umwelt & Medizin Verlagsgesellschaft, S. 40-49.
Thomasius, R. (1991). Drogenkonsum und Abhängigkeit bei Kindern und Jugendlichen. Ein Überblick zum Forschungsstand. *Sucht, 37*, 4-19.
Tisdelle, D. A. & St Lawrence, J. S. (1986). Interpersonal problem-solving competency: Review and critique of the literature. *Clinical Psychology Review, 6*, 337-356.
Tönnies, S. (1982). *Inventar zur Selbstkommunikation für Erwachsene (ISE).* Weinheim: Beltz Test.
Topel, H. (1985). Biologische Aspekte der Alkoholkrankheit. *Wiener Zeitschrift für Suchtforschung, 8*, 33-40.
Topel, H. (1989). Opioid-Genetik in der Suchtforschung. *Suchtgefahren, 35*, 73-83.
Topel, H. (1990). Perspektiven der Alkoholismus-Forschung der 90er Jahre. *Suchtgefahren, 36*, 91-96.
Torgersen, S. (1987). Sampling problems in twin research. *Journal of Psychiatric Research, 21*, 385-390.
Trachtenberg, M. C. & Blum, K. (1987). Alcoholism and opioid peptides: Neuropharmacological rationale for physical craving of alcohol. *American Journal of Drug and Alcohol Abuse, 13*, 365-372.
Trotter, T. (1804). *An essay, medical, philosophical and chemical, on drunkenness and its effects on the human body.* London. Partly Reprint: *Quarterly Journal of Studies on Alcohol*, 1941, *2*, 584-585.
Tuchfeld, B. S. (1981). Spontaneous remission in alcoholics: Empirical observations and theoretical implications. *Journal of Studies on Alcohol, 42*, 626-641.
Tucker, J. A., Vuchinich, R. E. & Gladsjo, J. (1990-91). Environmental influences on relapse in substance use disorders. *The International Journal of the Addictions, 25 (7A-8A)*, 1017-1050.
Tweed, S. H. & Ryff, C. D. (1991). Adult children of alcoholics: Profiles of wellness amidst distress. *Journal of Studies on Alcohol, 52*, 133-141.
Twentyman, C. T. & Zimering, R. T. (1979). Behavioral training of social skills: A critical review. In M. Hersen, R. M. Eisler & P. M. Miller (Eds.), *Progress in behavior modification. Vol. 7.* New York: Academic Press, pp. 319-400.
Twentyman, C. T., Greenwald, D. P., Greenwald, M. A., Kloss, J. D., Kovaleski, M. E. & Zibung-Hoffman, P. (1983). An assessment of social skill deficits in alcoholics. *Behavioral Assessment, 4*, 317-326.
Uhl, A. & Springer, A. (1979). Probleme bei der Untersuchung von Spontanremission und therapeutischer Effizienz bei suchtkranken Patienten; ein theoretischer Beitrag zur Problematik der Veränderungsmessung in der klinischen Forschung. *Wiener Zeitschrift für Suchtforschung, 2*, 3-14.
Ullich, E. (1991). *Arbeitspsychologie.* Stuttgart: C. E. Poeschel.
Ullrich, R. & Ullrich de Muynck, R. (1976). Der Fehlschlagangst-Fragebogen FAF. Beilage zu dem Werk: Ullrich de Muynck, R. & Ullrich, R. (1976). *Das Assertiveness-Training-Programm ATP: Einübung von Selbstvertrauen und sozialer Kompetenz, Teil II.* München: Pfeiffer.
Ullrich de Muynck, R. & Ullrich, R. (1976). *Das Assertiveness-Trainings-Programm ATP: Einübung von Selbstvertrauen und sozialer Kompetenz. Teil 1 + 2.* München: Pfeiffer.
Ullrich de Muynck, R. & Ullrich, R. (1977). *Der Unsicherheitsfragebogen. Testmanual.* München: Pfeiffer.
Urwyler, S. (1985). Gibt es biochemische Verknüpfungen zwischen den Wirkungen von Alkohol und Opiaten? Tetrahydroisochinoline und alternative Möglichkeiten. In W. Keup (Hrsg.), *Biologie der Sucht.* Berlin: Springer, S. 151-167.
Vaillant, G. E. (1983). *The natural history of alcoholism.* London: Harvard University Press.
Vaillant, G. E. (1989). Was können wir aus Langzeitstudien über Rückfall und Rückfallprophylaxe bei Drogen- und Alkoholabhängigen lernen? In H. Watzl & R. Cohen (Hrsg.), *Rückfall und Rückfallprophylaxe.* Berlin: Springer, S. 29-52.

Vaillant, G. E. & Milofsky, E. S. (1982). The etiology of alcoholism: A prospective viewpoint. *American Psychologist, 37,* 494-503.

Vaitl, D. (1991). Lebensqualität: Ein neues Forschungsfeld in der Inneren Medizin und Verhaltensmedizin. *Praxis der Klinischen Verhaltensmedizin und Rehabilitation, 4,* 245-249.

Vaitl, D. & Petermann, F. (Hrsg.) (1993). *Handbuch der Entspannungsverfahren. Band 1: Grundlagen und Methoden.* Weinheim: Psychologie Verlags Union.

Van Thiel, D. H., Gavaler, J. S. & Lehotay, D. (1985). Biochemical mechanisms responsible for alcohol-associated myocardiopathy. In M. Galanter (Ed.), *Recent developments in alcoholism. Vol. 3.* New York: Plenum Press, pp. 189-200.

Velleman, R. & Oxford, J. (1990). Young adult offspring of parents with drinking problems: Recollections of parents' drinking and its immediate effects. *British Journal of Clinical Psychology, 29,* 297-317.

Voegtlin, W. L. & Lemere, F. (1942). The treatment of alcohol addiction: A review of the literature. *Quarterly Journal of Studies on Alcohol, 2,* 717-803.

Völger, G. & von Welck, K. (Hrsg.) (1982). *Rausch und Realität. Drogen im Kulturvergleich. Bd. 1, 2, 3.* Reinbek: Rowohlt.

Vogel-Sprott, M. (1972). Alcoholism and learning. In B. Kissin & H. Begleiter (Eds.), *The biology of alcoholism, Vol. 2.* New York: Plenum Press, pp. 485-507.

Vogler, R. E., Compton, J. V. & Weissbach, T. A. (1975). Integrated behavior change techniques for alcoholics. *Journal of Consulting and Clinical Psychology, 43,* 233-243.

Vogt, I. (1986). *Alkoholikerinnen. Eine qualitative Interviewstudie.* Freiburg: Lambertus.

Vogt, I. (1991). Die Suchtkrankenhilfe im Spannungsfeld zwischen traditionellen Positionen und neuen Anforderungen. *Verhaltenstherapie und psychosoziale Praxis, 23,* 339-347.

Vollmer, H. C. & Kraemer, S. (Hrsg.) (1982). *Ambulante Behandlung junger Alkoholabhängiger. Beschreibung und Ergebnisse eines verhaltenstherapeutischen Programms.* München: Röttger.

Vollmer, H. C., Ferstl, R. & Leitner, A. (1989). Der Rückfallprozeß bei Drogenabhängigen aus lerntheoretischer Sicht. In H. Watzl & R. Cohen (Hrsg.), *Rückfall und Rückfallprophylaxe.* Berlin: Springer, S. 53-69.

Vom Scheidt, J. (1989). Sigmund Freud und das Kokain. *Psyche, 27,* 385-430.

von Aster, M. (1990). Behavior therapy in practice: Evaluation of 633 case reports. *The German Journal of Psychology, 14,* 1-12.

von Soer, J. (1980). *Jugendalkoholismus. Empirische Bestandsaufnahme, Erklärungsansätze, Therapie.* Weinheim: Beltz.

von Wartburg, J. P. (1981). Polymorphism of human alcohol and aldehyde dehydrogenase. In B. Stimmel (Ed.), *Advances in alcohol and substance abuse.* New York: The Haworth Press, pp. 7-23.

von Wartburg, J. P. (1987³). Biochemie des Alkoholismus. In K. P. Kisker, H. Lauter, J.-E. Meyer, C. Müller & E. Strömgren (Hrsg.), *Psychiatrie der Gegenwart. Bd. 3: Abhängigkeit und Sucht.* Berlin: Springer, S. 181-204.

von Wartburg, J.P. & Ris, M. M. (1975). Biochemische Aspekte des Alkoholismus. In R. Battegay & M. Wieser (Hrsg.), *Prophylaxe des Alkoholismus.* Bern: Huber, S. 71-93.

Walch-Heiden, E. (1984). Die Familie als Ort der sozialen Entwicklung und Suchtentstehung. In Deutsche Hauptstelle gegen die Suchtgefahren (Hrsg.), *Sucht und Gesellschaft.* Hamm: Hoheneck, S. 170-176.

Walker, K., Sanchez-Craig, M. & Bornet, A. (1982). Teaching coping skills to chronic alcoholics in a coeducational halfway house: II Assessment of outcome and identification of outcome predictors. *British Journal of Addiction, 77,* 185-196.

Wallace, J. (1989). A biopsychosocial model of alcoholism. *Social Casework, 70,* 325-332.

Wanberg, K. W., Horn, J. L. & Foster, F. M. (1977). A differential assessment model for alcoholism. The scales of the Alcohol Use Inventory. *Journal of Studies on Alcohol, 38,* 512-543.

Wanke, K. (1970). Alkoholismus bei Frauen - Analyse klinischer Erfahrungen. In Deutsche Hauptstelle gegen die Suchtgefahren (DHS) (Hrsg.), *Alkoholismus bei Frauen.* Hamm: Hoheneck, S. 68-80.

Wanke, K. (1971). *Neue Aspekte zum Suchtproblem. Multifaktorielle Analysen klinischer Erfahrungen mit jungen Drogenkonsumenten.* Frankfurt/M.: Medizinische Fakultät der Universität, Habilitationsschrift.

Wanke, K. (1978). Selbstaggressivität und verändertes Lustempfinden im Rahmen süchtigen Verhaltens. In W. Keup (Hrsg.), *Sucht als Symptom.* Stuttgart: Thieme, S. 44-49.

Wanke, K. (1981a). Sucht als Streßfolge? *Therapiewoche, 31,* 50-54.

Wanke, K. (1981b). Unterschiedliches Suchtverhalten bei Frau und Mann. In Deutsche Hauptstelle gegen die Suchtgefahren (DHS) (Hrsg.), *Frau und Sucht.* Hamm: Hoheneck, S. 11-27.

Wanke, K. (1985). Normal - abhängig - süchtig: Zur Klärung des Suchtbegriffs. In Deutsche Hauptstelle gegen die Suchtgefahren (DHS) (Hrsg.), *Süchtiges Verhalten. Grenzen und Grauzonen im Alltag.* Hamm: Hoheneck, S. 11-22.
Wanke, K. (1986). Definition und Nomenklatur. In W. Feuerlein (Hrsg.), *Theorie der Sucht.* Berlin: Springer, S. 180-192.
Wanke, K. (1987[3]). Zur Psychologie der Sucht. In K. P. Kisker, H. Lauter, J.-E. Meyer, C. Müller & E. Strömgren (Hrsg.), *Psychiatrie der Gegenwart. Bd. 3: Abhängigkeit und Sucht.* Berlin: Springer, S. 19-52.
Wanke, K. (1989). Drogen und Alkohol. Ihre Bedeutung für die psychische Entwicklung bei Jugendlichen. *Zeitschrift für Allgemeinmedizin, 65,* 93-97.
Wanke, K. & Bühringer, G. (Hrsg.) (1991). *Grundstörungen der Sucht.* Berlin: Springer.
Wanke, K., Süllwold, L. & Ziegler, B. (1970). Jugend und Rauschmittel-Prävention, Therapie und Rehabilitation. *Rehabilitation, 23,* 1-5.
Ward, D. A. (1985). Conceptions of the nature and treatment of alcoholism. *Journal of Drug Issues, 15,* 3-16.
Watson, C. G., Tilleskjor, C., Hoodecheck-Schow, E. A., Pucel, J. & Jacobs, L. (1984). Does alcoholics give valid self reports? *Journal of Studies on Alcohol, 45,* 344-348.
Watson, P. J. & Workman, E. A. (1981). The non-concurrent multiple baseline across-individuals design: An extension of the traditional multiple baseline design. *Journal of Behavior Therapy and Experimental Psychiatry, 12,* 257-259.
Watzl, H. (1986). *Die Vorhersage des Behandlungserfolges bei alkoholkranken Frauen.* München: Röttger.
Watzl, H. (1991). Überlegungen zur Verhaltenstherapie der Alkoholabhängigkeit - Vorurteile, Probleme, Lösungsversuche. *Verhaltenstherapie, 1,* 301-306.
Watzl, H. & Cohen, R. (Hrsg.) (1989). *Rückfall und Rückfallprophylaxe.* Berlin: Springer.
Watzl, H. & Dobel, C. (1991). Zum Stand der psychiatrischen Suchtforschung: Publikationshäufigkeiten 1980-1989. *Sucht, 37,* 52-53.
Watzl, H. & Gutbrod, K. "Verlangen nach Alkohol" - Begriffsbestimmung, empirische Befunde und Erklärungsansätze. *Suchtgefahren, 29,* 19-27.
Weber, M. (1972[5]). *Wirtschaft und Gesellschaft.* Tübingen: Mohr, J. C. B.
Weitzman, B. (1967). Behavior therapy and psychotherapy. *Psychological Review, 74,* 300-317.
Wells, E., Catalano, R. F., Plotnick, R. & Hawkins, J. D. (1989). General versus drug-specific coping skills and posttreatment drug use among adults. *Psychology of Addictive Behaviors, 3,* 8-21.
Werner, L. J. & Broida, J. P. (1991). Adult self-esteem and locus of control as a function of familial alcoholism and dysfunction. *Journal of Studies on Alcohol, 52,* 249-252.
West, J. A. & Sutker, P. B. (1990). Alcohol consumption, tension reduction and mood enhancement. In W. M. Cox (Ed.), *Why people drink.* New York: Gardner Press, pp. 93-129.
West, M. (1987). Parental alcoholism and childhood psychopathology. *Psychological Bulletin, 102,* 204-218.
Westermeyer, J. (1989). Cross-cultural studies on alcoholism. In H. W. Goedde & D. P. Agarwal (Eds.), *Alcoholism. Biomedical and genetic aspects.* New York: Pergamon Press, pp. 305-311.
Westmeyer, H. (1979). Wissenschaftstheoretische Grundlagen der Einzelfallanalyse. In F. Petermann & F.-J. Hehl (Hrsg.), *Einzelfallanalyse.* München: Urban & Schwarzenberg, S. 17-34.
Whaley, A. L. (1986). Cognitive processes in adolecent drug use: The role of positivity bias and implications for prevention policy. *The International Journal of the Addictions, 21,* 393-398.
White, H. R. (1982). Sociological theories of the etiology of alcoholism. In E. S. Gomberg, H. R. White & J. A. Carpenter (Eds.), *Alcohol, science and society revisited.* Ann Arbor: University of Michigan Press, pp. 205-232.
Whitehead, P. C. & Simpkins, J. (1983). Occupational factors in alcoholism. In B. Kissin & H. Begleiter (Eds.), *The biology of alcoholism. Vol. 6.* New York: Plenum Press, pp. 405-493.
Wieser, S. (1973). *Das Trinkverhalten der Deutschen. Eine medizinisch-soziologische Untersuchung.* Herford: Nicolaische Verlagsbuchhandlung.
Wikler, A. & Rasor, W. (1953). Psychiatric aspects of drug addiction. *American Journal of Medicine, 14,* 566-570.
Williams, C. N. & Klerman, L. V. (1984). Femal alcohol abuse: Its effects on the family. In S. C. Wilsnack & L. J. Beckman (Eds.), *Alcohol problems in women. Antecedents, consequences, and intervention.* New York: Guilford, pp. 280-312.
Williams, R. J. (1948). Alcoholics and metabolism. *Scientific American, 179,* 50-53.
Williams, R. J. (1959). *Alcoholism. The nutritional approach.* Austin: University of Texas Press.

Wills, T. A. & Shiffman, S. (1985). Coping and substance use: A conceptual framework. In S. Shiffman & T. A. Wills (Eds.), *Coping and substance use*. New York: Academic Press, pp. 3-24.
Wills, T. A. & Vaughan, R. (1989). Social support and substance use in early adolescence. *Journal of Behavioral Medicine, 12*, 321-339.
Wilsnack, S. C. (1984). Drinking, sexuality, and sexual dysfunction in women. In S. C. Wilsnack & L. J. Beckman (Eds.), *Alcohol problems in women. Antecedents, consequences, and intervention*. New York: Guilford, pp. 189-227.
Wilson, G. T. (1978a). Booze, beliefs, and behavior: Cognitive processes in alcohol use and abuse. In P. E. Nathan, G. A. Marlatt & T. Løberg (Eds.), *Alcoholism: New directions in behavioral research and treatment*. New York: Plenum Press, pp. 315-339.
Wilson, G. T. (1978b). Alcoholism and aversion therapy: Issues, ethics and evidence. In G. A. Marlatt & P. E. Nathan (Eds.), *Behavioral approaches to alcoholism*. New Brunswick: Rutgers Center of Alcohol Studies, pp. 90-113.
Wilson, G. T. (1981). Expectations and substance abuse: Does basic research benefit clinical assessment and therapy. *Addictive Behaviors, 6*, 221-231.
Wilson, G. T. (1987). Cognitive processes in addiction. *British Journal of Addiction, 82*, 343-353.
Wilson, G. T. (1988). Alcohol and anxiety. *Behaviour Research & Therapy, 26*, 369-381.
Wilson, G. T. (1991). Chemical aversion conditioning in the treatment of alcoholism: Further comments. *Behaviour Research & Therapy, 29*, 415-419.
Wilson, G. T., Lipscomb, T. R., Nathan, P. E. & Abrams, D. B. (1980). Effects of tolerance on the anxiety reducing function of ethanol. *Archives of General Psychiatry, 37*, 577-582.
Windle, M. & Searles, J. S. (1990). *Children of alcoholics: Critical perspectives*. New York: Guilford Press.
Wine, J. D. (1981). From defect to competence models. In J. D. Wine & M. D. Smye (Eds.), *Social competence*. New York: Guilford Press, pp. 3-35.
Winefield, A. H., Tiggermann, M. & Winefield, H. R. (1991). The psychological impact of unemployment and unsatisfactory employment in young men and women: Longitudinal and cross-sectional data. *British Journal of Psychology, 82*, 473-486.
Winick, C. (1962). Maturing out of narcotic addiction. *Bulletin on Narcotics, 14*, 1-7.
Wittchen, H.-U., Saß, H., Zaudig, U. & Koehler, K. (1989). Von DSM-III zu DSM-III-R - Erfahrungen und Perspektiven. In *Diagnostisches und Statistisches Manual Psychischer Störungen: DSM-III-R*. Weinheim: Beltz, S. IX-XXI.
Wittchen, H.-U. & Unland, H. (1991). Neue Ansätze zur Symptomerfassung und Diagnosestellung nach ICD-10 und DSM-III-R. Strukturierte und standardisierte Interviews. *Zeitschrift für Klinische Psychologie, 20*, 321-342.
Wössner, J. (1970). *Einführung in die Soziologie*. Wien: Böhlaus.
Wolpe, J. (1958). *Psychotherapy by reciprocal inhibition*. Palo Alto: Stanford University Press.
Wolpe, J. (1974^2). *Praxis der Verhaltenstherapie*. Bern: Huber.
Workman-Daniels, K. L. & Hesselbrock, V. M. (1987). Childhood problem behavior and neuropsychological functioning in persons at risk for alcoholism. *Journal of Studies on Alcohol, 48*, 187-193.
Wrubel, J., Benner, P. & Lazarus, R. S. (1981). Social competence from the perspective of stress and coping. In J. D. Wine & M. D. Smye (Eds.), *Social competence*. New York: Guilford Press, pp. 61-99.
Young, J. A. & Pihl, R. P. (1980). Self-control of the effects of alcohol intoxication. *Journal of Studies on Alcohol, 41*, 567-571.
Young, R. M., Oei, T. P. & Knight, R. O. (1990). The tension reduction hypothesis revisited: An alcohol expectancy perspective. *British Journal of Addiction, 85*, 31-40.
Zackon, F. N. (1989). Relapse and "re-joyment": Observations and reflections. *Journal of Chemical Dependency Treatment, 2*, 67-78.
Zang, K. (Hrsg.) (1984). *Klinische Genetik des Alkoholismus*. Stuttgart: Kohlhammer.
Zeier, H. (1976). *Wörterbuch der Lerntheorien und der Verhaltenstherapie*. München: Kindler.
Zeiler, J. (1992). Schizophrene Bewältigungsstile und Substanzmißbrauch. In D. R. Schwoon & M. Krausz (Hrsg.), *Psychose und Sucht. Krankheitsmodelle, Verbreitung, therapeutische Ansätze*. Freiburg i. Br.: Lambertus, S. 49-58.
Ziegler, H. (1984). Sucht und Gesellschaft - Zur Situation in der Bundesrepublik Deutschland. In Deutsche Hauptstelle gegen die Suchtgefahren (DHS) (Hrsg.), *Sucht und Gesellschaft*. Hamm: Hoheneck, S. 11-18.

Ziegler, H. (1989). Alkoholkonsum 1987. In Deutsche Hauptstelle gegen die Suchtgefahren (DHS) (Hrsg.), *Jahrbuch zur Frage der Suchtgefahren 89*. Hamburg: Neuland, S. 139-147.
Ziegler, H. (1990). Ohne Übertreibung: Eine Volksseuche. Die Suchtkrankheit zeigt epidemische Ausmaße. *Das Parlament, 40*, Nr. 12-13, Themenausgabe Sucht, S. 1.
Zielke, M. (1979). *Kieler änderungssensitive Symptomliste (KASSL)*. Weinheim: Beltz Test.
Zielke, M. (1981). *Modifikation der Kieler änderungssensitiven Symptomliste und Auswertungshinweise zur KASSL*. Bad Dürkheim: Psychosomatische Fachklinik.
Zielke, M. (1992). Diagnostik: Von der Beziehung zur Klassifikation - oder umgekehrt. In A. Fett (Hrsg.), *Diagnostik in der ambulanten Suchtkrankenhilfe*. Freiburg i. Br.: Lambertus, S. 10-27.
Zielke, M. & Kopf-Mehnert, A. (1978). *Der Veränderungsfragebogen des Erlebens und Verhaltens (VEV)*. Weinheim: Beltz.
Zielke, M. & Mark, N. (Hrsg.) (1990). *Fortschritte der angewandten Verhaltensmedizin*. Berlin: Springer.
Zimmer, D. (Hrsg.) (1983). *Die therapeutische Beziehung*. Weinheim: edition psychologie.
Zimmer, D. (1992). *Empirische Befunde zur Therapeut-Patient-Beziehung in der Verhaltenstherapie: Ein Forschungsüberblick*. Vortrag gehalten auf der 11. Herbsttagung des Fachverbandes Klinische Verhaltenstherapie ("Beziehung und Technik in der Verhaltenstherapie") am 27.11.1992 in Bad Dürkheim.
Zucker, R. A. (1979). Developmental aspects of drinking through the young adult years. In H. T. Blane & M. E. Chafetz (Eds.), *Youth, alcohol, and social policy*. New York: Plenum Press, pp. 91-146.
Zucker, R. A. (1987). The four alcoholisms: A developmental account of the etiologic process. In P. C. Rivers (Ed.), *Alcohol and addictive behavior*. Lincoln: University of Nebraska Press, pp. 27-83.
Zucker, R. A. (1989). Is risk for alcoholism predictable? A probabilistic approach to a developmental problem. *Drugs & Society, 3*, 69-93.
Zucker, R. A. & Gomberg, E. S. (1986). Etiology of alcoholism reconsidered: The case for a biopsychosocial process. *American Psychologist, 41*, 783-793.
Zuckerman, M. (1987). Is sensation seeking a predisposing trait for alcoholism? In E. Gottheil, K. A. Druley, S. Pashko & S. P. Weinstein (Eds.), *Stress and addiction*. New York: Brunner/Mazel, pp. 283-301.
Zung, B. J. (1982). Evaluation of the Michigan Alcoholism Screening Test (MAST) in assessing lifetime and recent problems. *Journal of Clinical Psychology, 38*, 425-438.

ANHANG

Anlage 1: Demographischer Bogen

Anlage 2: Fragebogen zum Rückfall

Anlage 3: Erfassung der sozialen Situation
(Arbeit, Wohnen, Finanzen,
Freizeit, Kontakte und Beziehungen)

Anlage 4: Therapiebewertung

Anlage 5: Trinkprotokoll

Anlage 6: Erfassung von Problem- und
Versuchungssituationen

Anlage 7: Fragebogen zu wichtigen Erlebens-
und Verhaltensweisen

Anlage 8: Protokollbogen Entspannungstraining

Anlage 1

Demographischer Bogen

Name: .... Vorname: ....

Straße: .... Wohnort: ....

Telefon: .... Geb.-Datum ....

Familienstand: ....

Familie

Name des Vaters: .... Alter: ....

Falls verstorben: 19 ..

Anschrift: ....

Beruf: .... Jetzige Tätigkeit: ....

Name der Mutter: .... Alter: ....

Falls verstorben: 19 ..

Anschrift: ....
(falls getrennt lebend)

Beruf: .... Jetzige Tätigkeit: ....

Eltern: ☐ leben zusammen
       ☐ getrennt seit ....
       ☐ geschieden seit ....
       ☐ Vater wieder verheiratet seit ....
       ☐ Mutter wieder verheiratet seit ....

Name der Geschwister	Alter	Schule/Berufsausbildung	Wohnsituation (im Haus, außerhalb)

Gibt oder gab es in der Familie (Eltern, Geschwister, Großeltern) Mitglieder mit Suchtproblemen?

☐ ja ☐ nein

Wenn ja, mit welcher Problematik: ....
....

War oder ist diese Person in Behandlung?

☐ ja ☐ nein

Wenn ja, ☐ ambulant ☐ stationär

Schulbildung

☐ Sonderschule   ☐ abgeschlossen   ☐ abgebrochen Klasse ...
☐ Hauptschule   ☐ abgeschlossen   ☐ abgebrochen Klasse ...
☐ Realschule   ☐ abgeschlossen   ☐ abgebrochen Klasse ...
☐ Fachoberschule   ☐ abgeschlossen   ☐ abgebrochen Klasse ...
☐ Gymnasium   ☐ abgeschlossen   ☐ abgebrochen Klasse ...

Berufsausbildung

Lehre als ....
☐ abgeschlossen
☐ abgebrochen
☐ im ... Lehrjahr

Studium an

☐ Fachhochschule zum ....
☐ abgeschlossen
☐ abgebrochen
☐ Hochschule zum ....
☐ im ... Semester

Ich habe wegen meiner Alkoholproblematik schon folgende Behandlung/en gehabt:

	wann	wo	bei wem	ambulant	stationär	abge-schlossen	abge-brochen
Entgiftung 1							
Entgiftung 2							
Entgiftung 3							
Entwöhnung 1							
Entwöhnung 2							

Hausarzt:

....
Name, Anschrift, Telefon-Nr.

Strafverfahren

☐ Frühere Strafverfahren, Jahr, Straftat

....
....
....

☐ Laufendes Strafverfahren wegen

....

☐ Inhaftierung/en von .... bis ....
.... bis ....

☐ Bewährung: ☐ ja, bis .... ☐ nein

Bewährungshelfer:

Führerschein

Ich habe einen Führerschein ☐ ja ☐ nein

Ich habe keinen Führerschein mehr, weil
....
....

Therapieauflage

☐ ja, Grund: .... ☐ nein

Frühere Behandlungen

Ich war wegen schwerwiegender körperlicher Beschwerden in Behandlung:

☐ ja ☐ nein

Falls ja:

Wegen was?	wann	ambulant	stationär

Ich war wegen psychischer Probleme in Behandlung:

☐ ja ☐ nein

Falls ja:

Wegen was?	wann	ambulant	stationär	wo und bei wem	abge-schlossen	abge-brochen

Arbeitssituation und Arbeitsverhalten

Bisheriger Verlauf:

☐ Ausbildungsverhältnis/se

von Monat/Jahr	bis Monat/Jahr	als	bei

☐ Arbeitsverhältnisse

von Monat/Jahr	bis Monat/Jahr	als	bei

Jetzige Situation:

☐ in Ausbildung (Lehre, Schule)

☐ in Umschulung

☐ regelmäßige Beschäftigung als ....

☐ unregelmäßige Beschäftigung als ....

☐ keine Beschäftigung

Anlage 2

Fragebogen zum Rückfall

Nachfolgend finden Sie Aussagen, die sich auf den Rückfall beziehen. Sie sollen Ihre jetzige Einstellung und Meinung jeweils auf einer Skala, die von 0 = stimmt gar nicht bis 10 = stimmt vollkommen geht, einstufen.

Lassen Sie bitte keine Zeile aus.

Wenn ich einen Schluck Alkohol trinke, muß ich weitertrinken.

0	1	2	3	4	5	6	7	8	9	10
stimmt gar nicht										stimmt vollkommen

Es kann durch Situationen, denen ich noch nicht gewachsen bin, zu einem Rückfall kommen.

0	1	2	3	4	5	6	7	8	9	10
stimmt gar nicht										stimmt vollkommen

Gegen einen Rückfall bin ich machtlos.

0	1	2	3	4	5	6	7	8	9	10
stimmt gar nicht										stimmt vollkommen

Bei einem Rückfall weiß ich, was ich zu tun habe.

0	1	2	3	4	5	6	7	8	9	10
stimmt gar nicht										stimmt vollkommen

Einem Rückfall kann ich aktiv entgegenarbeiten.

0	1	2	3	4	5	6	7	8	9	10
stimmt gar nicht										stimmt vollkommen

Einen Rückfall darf es nie geben.

0	1	2	3	4	5	6	7	8	9	10
stimmt gar nicht										stimmt vollkommen

Ich habe große Angst vor einem Rückfall.

0	1	2	3	4	5	6	7	8	9	10
stimmt gar nicht										stimmt vollkommen

Für einen Rückfall bin ich allein verantwortlich.

0	1	2	3	4	5	6	7	8	9	10
stimmt gar nicht										stimmt vollkommen

Durch einen Rückfall wird alles bisher Erreichte wieder zunichtegemacht.

0	1	2	3	4	5	6	7	8	9	10
stimmt gar nicht										stimmt vollkommen

Es hindert mich nichts und niemand daran, nach dem ersten Schluck oder Glas Alkohol mit dem Trinken aufzuhören.

0	1	2	3	4	5	6	7	8	9	10
stimmt gar nicht										stimmt vollkommen

Nach einem Rückfall bin ich vollkommen hilflos.

0	1	2	3	4	5	6	7	8	9	10
stimmt gar nicht										stimmt vollkommen

Nach einem Rückfall ist es wichtig, sich nicht "hängen zu lassen" und eine Analyse vorzunehmen.

0	1	2	3	4	5	6	7	8	9	10
stimmt gar nicht										stimmt vollkommen

Ein Rückfall muß nicht heißen, wieder ganz unten zu stehen.

0	1	2	3	4	5	6	7	8	9	10
stimmt gar nicht										stimmt vollkommen

Mit einem Rückfall muß ich rechnen.

0	1	2	3	4	5	6	7	8	9	10
stimmt gar nicht										stimmt vollkommen

Ein Rückfall ist zwar schlimm, aber keine Katastrophe.

0	1	2	3	4	5	6	7	8	9	10
stimmt gar nicht										stimmt vollkommen

Nach einem Rückfall habe ich große Schuldgefühle und mache mir Vorwürfe.

0	1	2	3	4	5	6	7	8	9	10
stimmt gar nicht										stimmt vollkommen

Nach einem Rückfall bin ich sehr enttäuscht und lasse mich "hängen".

0	1	2	3	4	5	6	7	8	9	10
stimmt gar nicht										stimmt vollkommen

Schuldgefühle nach einem Rückfall sind eher schädlich, sie führen oft zu weiterem Trinken.

0	1	2	3	4	5	6	7	8	9	10
stimmt gar nicht										stimmt vollkommen

Ein Rückfall ist eine Katastrophe.

0	1	2	3	4	5	6	7	8	9	10
stimmt gar nicht										stimmt vollkommen

Vor einem Rückfall brauche ich keine Angst zu haben.

0	1	2	3	4	5	6	7	8	9	10
stimmt gar nicht										stimmt vollkommen

Anlage 3a1

Für Personen, die in Ausbildung, Umschulung oder regelmäßiger Beschäftigung sind:

Ich habe am Arbeitsplatz Schwierigkeiten (z. B. Unpünktlichkeit, Krankfeiern, schlechte Arbeitsleistung, Unzuverlässigkeit, Verweis, Abmahnung usw.)

0	1	2	3	4	5	6	7	8	9	10
überhaupt nicht										ständig

Ich bin mit der derzeitigen Tätigkeit

0	1	2	3	4	5	6	7	8	9	10
überhaupt nicht										sehr zufrieden

Ich bin mit der Situation am Arbeits-/Ausbildungsplatz

0	1	2	3	4	5	6	7	8	9	10
überhaupt nicht										sehr zufrieden

Ich glaube, daß ich die Probleme am Arbeits-/Ausbildungsplatz

0	1	2	3	4	5	6	7	8	9	10
sehr schlecht										sehr gut bewältige

Anlage 3a2

Für Personen, die in unregelmäßiger oder keiner Beschäftigung sind:

Ich habe mich bemüht, einen Ausbildungs-, Umschulungs-, Arbeitsplatz zu finden durch

☐ Termine beim Arbeitsamt wieviel ....

☐ Ansprechen von Bekannten wieviel ....

☐ Lesen von Stellenanzeigen in der Zeitung/im Computer des Arbeitsamtes
  ☐ jede Woche
  ☐ unregelmäßig
  ☐ höchstens 1 - 2 mal

☐ Schriftliche Bewerbungen, wenn ja, wieviel ....

☐ Persönliches Vorstellen, Bewerbungsgespräche, wenn ja, wieviele ....

Ich bin mit meiner derzeitigen Situation in bezug auf Arbeit

0	1	2	3	4	5	6	7	8	9	10
sehr unzufrieden										sehr zufrieden

Ich glaube, daß ich mit meiner Situation als Arbeitsloser in den letzten 2 Monaten

0	1	2	3	4	5	6	7	8	9	10
sehr schlecht										sehr gut fertig geworden bin

Anlage 3b

Wohnsituation

Ich lebe ☐ allein

☐ mit .... zusammen

Ich wohne ☐ bei Eltern

☐ bei Eltern in eigener, abgeschlossener Wohneinheit

☐ möbliertes Zimmer

☐ Zimmer

☐ Wohnung

☐ Wohngemeinschaft

☐ Sonstiges:

Ich bin mit meiner Wohnsituation

0	1	2	3	4	5	6	7	8	9	10
sehr unzufrieden										sehr zufrieden

In den letzten beiden Monaten habe ich Probleme, die meine Wohnsituation betreffen,

0	1	2	3	4	5	6	7	8	9	10
sehr schlecht bewältigt										sehr gut bewältigt

Anlage 3c

Finanzielle Situation

Ich finanziere meinen Lebensunterhalt durch

- ☐ Arbeitseinkommen (Lohn/Gehalt)
- ☐ Arbeitslosengeld
- ☐ Arbeitslosenhilfe
- ☐ Sozialhilfe
- ☐ Ausbildungsbeihilfe (Bafög, Lehrgeld usw.)
- ☐ Unterstützung durch Eltern, Partner
- ☐ Jobs
- ☐ Sonstiges: ....

Mein monatliches Einkommen beträgt durchschnittlich .... DM.

Haben Sie Schulden?   ☐ ja, wieviel: .... DM   ☐ nein

Die Schulden belasten mich

0	1	2	3	4	5	6	7	8	9	10
gar nicht										sehr stark

Ich bin mit meiner finanziellen Situation

0	1	2	3	4	5	6	7	8	9	10
sehr unzufrieden										sehr zufrieden

Finanzielle Angelegenheiten habe ich in den letzten beiden Monaten

0	1	2	3	4	5	6	7	8	9	10
sehr schlecht bewältigt										sehr gut bewältigt

Anlage 3d

Freizeitsituation

Welche aktiven Freizeitbeschäftigungen (Tätigkeiten, die Sie aktiv und mit ziemlicher Regelmäßigkeit ausüben) haben Sie die letzten zwei Monate ausgeübt, und wieviele Stunden in der Woche haben Sie durchschnittlich damit verbracht?

Freizeitbeschäftigung	Stundenzahl

Wieviele Stunden in der Wochen haben Sie in den letzten zwei Monaten mit passivem Freizeitkonsum zugebracht (z. B. Fernsehen, Radio, Rumsitzen, Rumliegen usw.)?

Freizeitkonsum	Stundenzahl

Welche Freizeitbeschäftigungen/Hobbies hatten Sie früher?

_____
_____
_____
_____

Ich bin mit meiner Freizeitsituation

0	1	2	3	4	5	6	7	8	9	10
sehr unzufrieden										sehr zufrieden

Ich komme mit meiner Freizeit

0	1	2	3	4	5	6	7	8	9	10
sehr schlecht zurecht										sehr gut zurecht

Anlage 3e

Soziale Beziehungen

Ich habe momentan folgende Kontakte und Beziehungen:

- ☐ Person, mit der ich über wichtige persönliche Dinge sprechen kann
- ☐ Partner/Partnerin
- ☐ Freunde/Freundinnen mit regelmäßigem, intensivem Kontakt, wie viele? ....
- ☐ Bekannte (lockerer Kontakt), wieviele? ....
- ☐ Trinkbekanntschaften, wieviele? ....
- ☐ Keine Freunde und Bekannte

Ich bin mit meiner Beziehungssituation

0	1	2	3	4	5	6	7	8	9	10
sehr unzufrieden										sehr zufrieden

In sozialen Beziehungen komme ich

0	1	2	3	4	5	6	7	8	9	10
sehr schlecht zurecht										sehr gut zurecht

Anlage 4

Therapiebewertung

Nachfolgend sind einige Bereiche aufgeführt, in denen mit Hilfe der Therapie eine Veränderung angestrebt wurde. Geben Sie bitte an, wo Ihnen die Therapie in welchem Ausmaß genutzt hat.

Trinkverhalten

0	1	2	3	4	5	6	7	8	9	10
überhaupt nicht genutzt										sehr viel genutzt

Selbstkontrolle

0	1	2	3	4	5	6	7	8	9	10
überhaupt nicht genutzt										sehr viel genutzt

Entspannung, Ausgeglichenheit

0	1	2	3	4	5	6	7	8	9	10
überhaupt nicht genutzt										sehr viel genutzt

Selbstsicherheit, Selbstvertrauen

0	1	2	3	4	5	6	7	8	9	10
überhaupt nicht genutzt										sehr viel genutzt

Aufbau von Fähigkeiten, Dinge anzupacken und zu bewältigen

0	1	2	3	4	5	6	7	8	9	10
überhaupt nicht genutzt										sehr viel genutzt

Kontakte aufzubauen und aufrechtzuerhalten

0	1	2	3	4	5	6	7	8	9	10
überhaupt nicht genutzt										sehr viel genutzt

Freizeitbereich

0	1	2	3	4	5	6	7	8	9	10
überhaupt nicht genutzt										sehr viel genutzt

Arbeitsbereich

0	1	2	3	4	5	6	7	8	9	10
überhaupt nicht genutzt										sehr viel genutzt

Finanzielle Angelegenheiten

0	1	2	3	4	5	6	7	8	9	10
überhaupt nicht genutzt										sehr viel genutzt

Wohnsituation

0	1	2	3	4	5	6	7	8	9	10
überhaupt nicht genutzt										sehr viel genutzt

Beziehung zu wichtigen Personen

0	1	2	3	4	5	6	7	8	9	10
überhaupt nicht genutzt										sehr viel genutzt

Gesamtbewertung

Insgesamt hat mir die Therapie

0	1	2	3	4	5	6	7	8	9	10
überhaupt nicht genutzt										sehr viel genutzt

Die Therapie hat meinen Lebensstil

0	1	2	3	4	5	6	7	8	9	10
überhaupt nicht verändert										sehr stark verändert

Durch die Therapie habe ich gelernt, in Zukunft meine Schwierigkeiten selbst anzugehen und zu bewältigen.

0	1	2	3	4	5	6	7	8	9	10
stimmt gar nicht										stimmt vollkommen

Anlage 5

Trinkprotokoll

Tag und Uhrzeit	Situation innere und/ oder äußere Auslöser	⇨	Gedanken, Erwartungen, Gefühle	⇨	Trinkverhalten (Menge, Beschreibung des Trinkverhaltens)	⇨	Konsequenzen (wie ging es mir danach?) kurzfristig mittelfristig

Anlage 6

Erfassung von Problem- und Versuchungssituationen

Der Alkohol hat Ihnen bisher oft geholfen, Sie unterstützt oder es Ihnen erst gar ermöglicht, bestimmte Situationen anzugehen oder zu bewältigen.

Jetzt, wo Sie sich vorgenommen haben, Ihr Leben ohne Alkohol zu gestalten, werden eine Anzahl von Situationen in Ihrem Alltag auf Sie zukommen, in denen Sie Schwierigkeiten haben werden, Angst erleben werden, sogar versuchen werden, die Situation ganz zu vermeiden.

In verschiedenen Situationen werden Sie ein mehr oder weniger stark ausgeprägtes Verlangen verspüren, Alkohol zu trinken, und die Versuchung wird manchmal sehr groß sein.

Geben Sie nun bitte nachfolgend die Problem- und Versuchungssituationen an, die Sie schon erlebt haben bzw. befürchten. Ob Sie eine solche Situation meistern oder wieder rückfällig werden, hängt entscheidend davon ab, wie schwierig eine solche Situation von Ihnen eingeschätzt wird, welche Fähigkeiten Sie besitzen, diese Schwierigkeiten (z. B. Angst, Gruppendruck, Unsicherheit) angemessen zu bewältigen, und wie gut und selbstsicher Sie sich jeweils fühlen, ob Sie gut oder schlecht "drauf sind", sich sicher oder unsicher erleben.

Schätzen Sie bitte für jede Situation

- das Ausmaß Ihrer jetzigen Fähigkeiten, diese Situation zu bewältigen (Bewältigungsfähigkeit B)

    von   0 = überhaupt keine Fähigkeit bis
    10 = sehr große Fähigkeit

- den Schwierigkeitsgrad dieser Situation (Schwierigkeitsgrad S)

    von   0 = überhaupt nicht schwierig bis
    10 = sehr schwierig

- den Zustand Ihrer Befindlichkeit (Person P)

    von   0 = sehr schlecht und mies drauf, sehr unsicher
    bis   10 = sehr gut und toll drauf, sehr selbstsicher.

Protokoll der Versuchungs- und Problemsituationen

Tag und Uhrzeit	Situation innere und/ oder äußere Auslöser	⇨	Gedanken, Erwartungen, Gefühle	⇨	Verhalten	⇨	Konsequenzen: wie ging es mir danach?	Einschätzung vom Ausmaß der Bewältigungsfähigkeit B Grad der Schwierigkeit S und Zustand der Befindlichkeit (jeweils von 0 - 10)

Anlage 7

Fragebogen zu wichtigen Erlebens- und Verhaltensweisen

im folgenden finden Sie eine Reihe von Aussagen. Bitte kreuzen Sie jeweils Ihre Einschätzung von sich auf der Skala von 0 bis 10 an. Grundlage für Ihre Einschätzung sollte die letzte Woche sein. Lassen Sie bitte keine Zeile aus.

Ich schätze meine körperliche Verfassung als

0	1	2	3	4	5	6	7	8	9	10
sehr schlecht										sehr gut ein

Ich erlebe mich körperlich

0	1	2	3	4	5	6	7	8	9	10
überhaupt nicht										sehr stark belastbar

Ich erlebe mich psychisch

0	1	2	3	4	5	6	7	8	9	10
überhaupt nicht										sehr stark belastbar

Normalerweise weiß ich, was ich tun muß, um Belastungen zu bewältigen.

0	1	2	3	4	5	6	7	8	9	10
gar nicht										immer

Auf Belastungen, von denen ich weiß, daß sie auf mich zukommen, bereite ich mich vor.

0	1	2	3	4	5	6	7	8	9	10
gar nicht										immer

Die letzte Woche habe ich Belastungen

0	1	2	3	4	5	6	7	8	9	10
sehr schlecht										sehr gut bewältigt

Mit meinem Verhalten in Belastungssituationen bin ich

0	1	2	3	4	5	6	7	8	9	10
gar nicht										sehr zufrieden

Ich erlebe mich

0	1	2	3	4	5	6	7	8	9	10
matt, müde, energielos, träge, passiv										wach, aktiv, frisch, arbeitslustig

Meine Stimmung ist

0	1	2	3	4	5	6	7	8	9	10
traurig, deprimiert, bedrückt, "schlecht drauf"										froh, heiter, gut gelaunt, "gut drauf"

Meine Angst vor dem, was auf mich zukommt, ist

0	1	2	3	4	5	6	7	8	9	10
verschwindend gering, nicht vorhanden										sehr groß

Meine Angst kann ich

0	1	2	3	4	5	6	7	8	9	10
gar nicht bewältigen										sehr gut bewältigen

Ich erlebe und verhalte mich kompetent und bin in der Lage, meine Schwierigkeiten

0	1	2	3	4	5	6	7	8	9	10
gar nicht										sehr gut und vollkommen zu bewältigen

Ich fühle und verhalte mich in Alltagssituationen

0	1	2	3	4	5	6	7	8	9	10
sehr unsicher										sehr sicher

Ich erlebe, daß ich meine Gedanken, Gefühle und mein Verhalten

0	1	2	3	4	5	6	7	8	9	10
sehr schlecht										sehr gut kontrollieren kann

Ich erlebe mich, was Anspannung und Entspannung betrifft,

0	1	2	3	4	5	6	7	8	9	10

innerlich unruhig,
aufgeregt, gereizt,
angespannt,
unter Druck

ruhig,
entspannt,
ausgeglichen,
gelassen,
locker

Gedanken an Alkohol sind bei mir

0	1	2	3	4	5	6	7	8	9	10

überhaupt nicht vorhanden

ständig da

Gespräche über Alkohol führe ich

0	1	2	3	4	5	6	7	8	9	10

überhaupt nicht

ständig

Anlage 8

Protokollbogen Entspannungstraining (nach Echelmeyer & Zimmer, 1980)

Protokollbogen "Entspannungstraining" Woche vom .... bis .... Name ....

Datum	Dauer der Übung	Wie stark war ich angespannt bzw. entspannt?							Besondere Beobachtungen beim Üben
	1. ..... Uhr - ..... Uhr	vorher	-3	-2	-1	+1	+2	+3	
		nachher	-3	-2	-1	+1	+2	+3	
	2. ..... Uhr - ..... Uhr	vorher	-3	-2	-1	+1	+2	+3	
		nachher	-3	-2	-1	+1	+2	+3	
	1. ..... Uhr - ..... Uhr	vorher	-3	-2	-1	+1	+2	+3	
		nachher	-3	-2	-1	+1	+2	+3	
	2. ..... Uhr - ..... Uhr	vorher	-3	-2	-1	+1	+2	+3	
		nachher	-3	-2	-1	+1	+2	+3	
	1. ..... Uhr - ..... Uhr	vorher	-3	-2	-1	+1	+2	+3	
		nachher	-3	-2	-1	+1	+2	+3	
	2. ..... Uhr - ..... Uhr	vorher	-3	-2	-1	+1	+2	+3	
		nachher	-3	-2	-1	+1	+2	+3	
	1. ..... Uhr - ..... Uhr	vorher	-3	-2	-1	+1	+2	+3	
		nachher	-3	-2	-1	+1	+2	+3	
	2. ..... Uhr - ..... Uhr	vorher	-3	-2	-1	+1	+2	+3	
		nachher	-3	-2	-1	+1	+2	+3	
	1. ..... Uhr - ..... Uhr	vorher	-3	-2	-1	+1	+2	+3	
		nachher	-3	-2	-1	+1	+2	+3	
	2. ..... Uhr - ..... Uhr	vorher	-3	-2	-1	+1	+2	+3	
		nachher	-3	-2	-1	+1	+2	+3	
	1. ..... Uhr - ..... Uhr	vorher	-3	-2	-1	+1	+2	+3	
		nachher	-3	-2	-1	+1	+2	+3	
	2. ..... Uhr - ..... Uhr	vorher	-3	-2	-1	+1	+2	+3	
		nachher	-3	-2	-1	+1	+2	+3	
	1. ..... Uhr - ..... Uhr	vorher	-3	-2	-1	+1	+2	+3	
		nachher	-3	-2	-1	+1	+2	+3	
	2. ..... Uhr - ..... Uhr	vorher	-3	-2	-1	+1	+2	+3	
		nachher	-3	-2	-1	+1	+2	+3	